LA CIVILISATION DE L'EUROPE DES LUMIÈRES

DU MÊME AUTEUR

EUGÈNE SUE ET LA SECONDE RÉPUBLIQUE, Paris, PUF, 1948.

HISTOIRE DE L'AMÉRIQUE LATINE, Paris, PUF, 1949, 9ᵉ éd., 1976.

SÉVILLE ET L'ATLANTIQUE (1504-1650), Paris, SEVPEN, 1955-1960, 12 vol. gr. in-8° et in-4°. Première partie statistique, avec la collaboration d'Huguette Chaunu.

LES PHILIPPINES ET LE PACIFIQUE DES IBÉRIQUES, Paris, SEVPEN, 1960-1966.

Collaboration à L'HISTOIRE UNIVERSELLE, t. III : ENCYCLOPÉDIE DE LA PLÉIADE, Paris, Gallimard, 1958.

Collaboration au MONDE CONTEMPORAIN, Paris, Hatier, 1962.

L'AMÉRIQUE ET LES AMÉRIQUES DE LA PRÉHISTOIRE À NOS JOURS, Paris, A. Colin, 1964.

Collaboration à L'ESPAGNE AU TEMPS DE PHILIPPE II, Paris, Hachette, 1965.

LAS GRANDES LINEAS DE LA PRODUCTIÓN HISTORICA EN AMERICA LATINA, Caracas, Un. Central de Venezuela, 1965.

LA CIVILISATION DE L'EUROPE CLASSIQUE, Paris, Arthaud, 1966, 2ᵉ éd., 1971.

L'EXPANSION EUROPÉENNE DU XIIIᵉ AU XVᵉ SIÈCLE, Paris, PUF, 1969, 400 p., 2ᵉ éd., 1983.

CONQUÊTE ET EXPLOITATION DES NOUVEAUX MONDES, Paris, PUF, 1969, 3ᵉ éd., 1987.

Collaboration à L'HISTOIRE DE NORMANDIE, Toulouse, Privat, 1970.

Collaboration au BÂTIMENT, ENQUÊTE D'HISTOIRE ÉCONOMIQUE (XIVᵉ-XIXᵉ SIÈCLE), Paris, Mouton, 1971.

LA CIVILISATION DE L'EUROPE DES LUMIÈRES, Paris, Arthaud, 1971.

Collaboration à DOCUMENTS DE L'HISTOIRE DE NORMANDIE, Toulouse, Privat, 1972.

Introduction à la réédition de LA PRÉPONDÉRANCE ESPAGNOLE, d'Henri Hauser, Mouton, 1973.

L'ESPAGNE DE CHARLES QUINT, Paris, SEDES, 1973.

Collaboration à FAIRE L'HISTOIRE, Paris, Gallimard, 1974.

HISTOIRE, SCIENCE SOCIALE, Paris, SEDES, 1ʳᵉ éd., 1974, 2ᵉ éd., 1983.

LE TEMPS DES RÉFORMES. LA CRISE DE LA CHRÉTIENTÉ, L'ÉCLATEMENT, Paris, Fayard, 1975, 2ᵉ éd., 1976; 3ᵉ éd., 1981.

DE L'HISTOIRE À LA PROSPECTIVE, R. Laffont, Paris, 1975, 2ᵉ éd., 1976.

LA MÉMOIRE DE L'ÉTERNITÉ, Paris, R. Laffont, 1975, 2ᵉ éd., 1976.

LE REFUS DE LA VIE, ANALYSE HISTORIQUE DU PRÉSENT, Paris, Calmann-Lévy, 1975, 2ᵉ éd., 1976.

Collaboration à LES TERREURS DE L'AN 2000, Paris, Hachette-Sciences humaines, 1976.

LES AMÉRIQUES, XVIᵉ, XVIIᵉ, XVIIIᵉ, A. Colin, 1976.

LA PESTE BLANCHE, Paris, Gallimard, 1976 (avec Georges Suffert).

L'HISTOIRE ÉCONOMIQUE ET SOCIALE DE LA FRANCE (1450-1650), Paris, PUF, 1977 (avec Richard Gascon).

SÉVILLE ET L'AMÉRIQUE AUX XVIᵉ et XVIIᵉ (avec Huguette Chaunu), Paris, Flammarion, 1977.

LETTRE AUX EGLISES, Paris, Fayard, 1977, 211 p. (avec François Bluche).

HISTOIRE ÉCONOMIQUE ET SOCIALE DU MONDE (en collaboration), t.I, A. Colin, 1977.

LA MORT À PARIS (XVIᵉ, XVIIᵉ, XVIIIᵉ), Fayard, 1978, 2ᵉ éd., 1984.

LA VIOLENCE DE DIEU, R. Laffont, 1978.

LA MÉMOIRE ET LE SACRÉ, Calmann-Lévy, 1978, 2ᵉ éd., Pluriel, 1979.

HISTOIRE QUANTITATIVE, HISTOIRE SÉRIELLE, Paris, A. Colin, 1978.

LE SURSIS, Paris, Laffont, 1978.

LA FRANCE RIDÉE (en collaboration), Paris, Pluriel, 1979.

UN FUTUR SANS AVENIR, HISTOIRE ET POPULATION (avec Jean Legrand), Calmann-Lévy, 1979.

MAIASTRA (en collaboration), Plon, 1979.

HISTOIRE ET FOL, France Empire, 1980.

HISTOIRE ET IMAGINATION, LA TRANSITION, PUF, 1980.

EGLISE, CULTURE ET SOCIÉTÉ, RÉFORME ET CONTRE-RÉFORME (1517-1620), SEDES, 1980, 2ᵉ éd.

HISTOIRE ET DÉCADENCE, Perrin, 1981.

LA FRANCE, HISTOIRE DE LA SENSIBILITÉ DES FRANÇAIS À LA FRANCE, R. Laffont, 1982, et Pluriel, 1983.

CE QUE JE CROIS, Grasset, 1982.

L'EUROPE DES LUMIÈRES, Flammarion, Champs, 1982.

LE CHEMIN DES MAGES, DIALOGUES AVEC GÉRARD KUNTZ, Lausanne, PBU, 1983.

POUR L'HISTOIRE, Perrin, 1984.

LE TEMPS DES RÉFORMES, Ed. Complexe, 1984.

L'EUROPE CLASSIQUE, Arthaud-poche, 1984.

L'HISTORIEN DANS TOUS SES ÉTATS, Perrin, 1984.

L'HISTORIEN EN CET INSTANT, Hachette, 1985.

RÉTROHISTOIRE, Economica, 1985.

AU CŒUR RELIGIEUX DE L'HISTOIRE, Perrin, 1986.

L'AVENTURE DE LA RÉFORME, DDB, Hermé, 1986.

UNE AUTRE VOIE (avec Eric Roussel), Stock, 1986.

LA LIBERTÉ, Fayard, 1987.

DU BIG BANG À L'ENFANT, DDB, 1987.

ESSAIS D'EGOHISTOIRE (en collaboration), Gallimard, 1987.

L'OBSCURE MÉMOIRE DE LA FRANCE, Perrin, 1986.

APOLOGIE PAR L'HISTOIRE, ŒIL, Tequi, 1988.

LE GRAND DÉCLASSEMENT, R. Laffont, 1989.

Collaboration à l'édition du JOURNAL DE JEAN HÉROARD par Madeleine Foisil, Fayard, 1989.

TROIS MILLIONS D'ANNÉES — QUATRE VINGTS MILLIARDS DE DESTINS, R. Laffont, 1990.

REFLETS ET MIROIR DE L'HISTOIRE, Economica, 1990.

BRÈVE HISTOIRE DE DIEU, R. Laffont, 1992.

Préface aux GRANDS ECRITS RÉFORMATEURS de Luther, GF-Flammarion, 1992.

Préface aux PROPOS DE TABLE de Luther, Aubier, 1992.

COLOMB OU LA LOGIQUE DE L'IMPRÉVISIBLE, F. Bourin, 1993.

COLLECTION LES GRANDES CIVILISATIONS
DIRIGÉE PAR RAYMOND BLOCH

PIERRE CHAUNU

LA CIVILISATION DE L'EUROPE DES LUMIÈRES

ARTHAUD

AVERTISSEMENT
DE L'ÉDITEUR

Ce livre reprend le texte de l'ouvrage de Pierre Chaunu, La Civilisation de l'Europe des Lumières, *publié en 1971 par les Éditions Arthaud. L'index documentaire a été sensiblement raccourci. Seuls les illustrations photographiques noir et blanc et couleur ainsi que les tableaux chronologiques ont été supprimés de cette édition; on pourra s'y reporter ainsi qu'à leurs légendes détaillées en consultant le volume relié de la collection « Les Grandes Civilisations. »*

PRÉFACE
(1993)

« Achevé d'imprimer le 2 avril 1971 » : la mise au point de l'illustration et de l'index documentaire avait demandé du temps. Entre la *Civilisation de l'Europe classique* qui paraît en 1966 et la *Civilisation des Lumières*, j'ai fait retour sur mes premières amours des au-delà lointains. L'*Expansion européenne* et *Conquête et exploitation des nouveaux mondes* témoignent. L'*Europe des Lumières* a été rédigée dans la foulée de 1968, comme un dérivatif, un remède au *vague à l'âme* qu'a suscité le spectacle d'un univers de valeurs en loques, la fin, peut-être, des Lumières, comme l'éclatement du Mur de Berlin, dans la nuit du 9 au 10 novembre 1989 marque la fin de l'illusion la plus obstinée de l'avant-dernier avatar des idéologies qui repoussent comme les têtes de l'hydre. La documentation commune aux deux Europes, elles ne font qu'un, est le fruit de dix ans d'enseignement et de recherches à Caen et de lectures passionnées, d'un « Amerindien » qui aurait entrepris le voyage de Colomb, à l'envers.

Connaissant mieux la « démographie » des Indiens que celle des Normands, sans oser m'écrire « ils sont fous ces Européens », j'ai posé, sans m'en vanter, un regard ethnographique sur une Europe saisie dans les regards croisés de deux expériences successives, celle du « charnier natal » et de la quête de la toison des nouveaux mondes.

C'est donc à un jeu cruel que me voilà, vieil historien, requis. J'étais à deux siècles, hier, de l'Europe des Lumières, la distance vient de s'accroître d'un quart de siècle. Nos approches n'ont pas beaucoup changé. Ce monde que nous avons perdu est toujours, je le suppose, le même ; c'est l'angle d'approche, qui n'en est plus tout à fait identique.

Claude Lévi-Strauss en fait l'aveu. Comme lui, je déteste relire. Ce qui a été pesé, puis écrit, est écrit. Pas question donc de toucher à un texte qui a fait son office et qui porte, comme tout livre d'histoire, témoignage sur la période que l'auteur prétend saisir et sur le moment de l'observateur. Je suis presque tenté de dire que la *Civilisation de l'Europe des Lumières* porte indirectement témoignage sur le moment où la vision proposée des Lumières a été élaborée.

La *Civilisation de l'Europe des Lumières* ne faisait pas partie du plan initial des *Grandes Civilisations*. Le désir m'en est venu et je parvins à convaincre l'éditeur pour plusieurs raisons. J'avais eu le sentiment de sacrifier, dans l'*Europe classique*, le XVIIIᵉ, et j'avais eu connaissance du projet d'Albert Soboul : c'était la France révolutionnaire... Nous allions donc sacrifier Newton, Bach et Mozart, Montesquieu, Herschel, dans le ciel et les fossiles sous nos pieds et surtout dans nos têtes, sans parler de la longue approche des mutations techniques qui vont, à partir de l'Europe occidentale, ébranler l'univers comme la révolution du néolithique à partir du Fertile croissant a bâti, voici dix millénaires, ce monde que j'ai encore connu dans mon enfance.

Dois-je rappeler les axes tels qu'ils se dégagent? Les *Lumières* c'est l'application de la parenthèse cartésienne, je dirai, aujourd'hui, un retour bénéfique, bien timide encore, au « mon royaume n'est pas de ce monde ». C'est un point sur lequel je reviendrai. Il me semble que je vois mieux, aujourd'hui, ce qui oppose Lumières et *Aufklärung*, la raison d'une agressivité bien française à l'égard de la tradition chrétienne, où la France voit, ne voit que l'Eglise.

J'ai insisté sur l'invention de l'homme, sur les dix ans de vie supplémentaires. Ces dix ans déplacent une barrière entre cet en deçà et l'au-delà. Ce qui compte ce n'est pas le niveau mais le changement, la dérivée de la courbe.

J'ai insisté sur le gain sur l'éducation du mariage tardif, sur la sur-accumulation de capacités techniques sous-employées. Il suffit d'admirer à Londres, sur la première machine de Watt, la trace des coups de marteau. Ils rendent hommage à l'intelligence et à l'habileté d'humbles charrons de village, Silbermann ou Stradivarius de la révolution industrielle pour demain.

Ai-je besoin de préciser que je ne retranche ni un trait de plume ni un *iota souscrit* de mon texte, que je crois, aujourd'hui comme hier, que ce que j'avais gardé constitue bien l'essentiel?

•

Tout au plus donc je suggère quelques touches supplémentaires, une nuance, un jeu d'ombre et de lumière : notre navette spatiale s'est déplacée. J'avais retenu le « marcher sur la Lune des 21/22 juillet 1969 » devant 800 millions de regards fiévreux. Mais qu'est-ce à côté de l'image de Cobe (23 avril 1992)? Elle rend compte de l'état de l'univers 300 mille ans après le *big bang*, le mur de Planck franchi des 10^{-43} secondes après le commencement, du commencement du temps, si j'en crois le dernier état de la physique quantique. Maintenant je sais mieux qu'hier d'où vient l'ébranlement dont je fournissais le descriptif clinique sans être bien à même d'en rendre compte. Il est facile de constater que les Lumières dans leur modalité radicale à la française restreignent la parenthèse cartésienne (la politique et la religion à l'abri d'une redéfinition mécaniste) à la Morale. Les comportements reprogrammés par les mères, les régents et les vicaires à la congrue forment un volant inépuisable. Est-il prudent de le croire ? « La morale de nos pères, la morale de toujours », s'écrie naïvement Jules Ferry à la tribune de la Chambre, un siècle plus tard, confessant qu'il n'y a dans l'esprit de ces *héritiers* des Lumières d'alternative souhaitée à la morale du Décalogue résumée par le divin maître dans le « Tu aimeras ton prochain comme toi-même », cette pointe désormais dégagée de la Torah (Lévitique 19). Peut-on longtemps faire vivre un bloc de comportements coupé de ses racines, suspendu en l'air, par le seul volant des habitudes transmises par imitation des gestes vers et par l'imprégnation des paroles entendues dans la prime enfance ? Par ce que Jean Delumeau appelle joliment la *religion de ma mère* ?

•

Christophe Colomb m'a joué un tour pendable. Christophe Colomb que les Lumières ont inventé pour faire la nique à l'Espagne, que la philosophie à la française, méprisante de la Ilustración, a identifié avec le *fanatisme*, entendez l'attachement à un catholicisme baroque, panique et devenu au fil des âges persécuteur. Un tour pendable, dont je lui sais gré. Puisque, cinquième centenaire oblige, il m'a contraint à un retour sur moi-même auquel je m'étais bien juré — il ne faut jurer de rien — de ne pas me soumettre. J'ai découvert ce que je savais. On ne découvre jamais que ce que l'on a préalablement construit dans sa tête : voyez précisément

Colomb. A savoir que le passé se reconstruit d'âge en âge, que le passé, qui seul est, n'existe qu'au présent et que la vision que nous avons du passé glisse insensiblement le long de l'axe du temps. Les Lumières de 1993 ne peuvent être exactement les jumelles homozygotes des Lumières du choc de 1968. Vous imaginer sans peine (cf. *Colomb ou la logique de l'imprévisible*[1]) que *a fortiori* le désenclavement planétaire de 1992 ne pouvait être le frère siamois des grandes découvertes des lendemains de la seconde guerre mondiale. La grande leçon pour les historiens des *Annales*, les « nouveaux historiens » aujourd'hui chenus et défraîchis sous nos chevrons que nous avions été, c'est incontestablement celle d'une *causalité* plus large. En un mot, rien ne se crée, certes, *ex nihilo* (le privilège n'en appartient qu'à Dieu). Tout ce que nous avons eu plaisir à mesurer, d'abord, à comprendre, voire à décrire (même si le récit dans *La Civilisation des Lumières* est soumis au régime de la congrue) a une racine dans le passé. La continuité a été le grand acquis de la « nouvelle histoire », mais les événements qui ont suivi les « trente glorieuses », chères à Jean Fourastié, nous ont appris que si seul existe le possible, la gamme des possibles qui n'ont pas été est infiniment plus étendue que l'échantillon étriqué des possibles actualisés : l'histoire est aussi l'immense cimetière des occasions gâchées, voire des risques évités ; pour tout ce qui logiquement avait toutes les chances d'exister, pour un possible *en acte*, combien de possibles écartés.

L'enquête que nous terminons, dans mon séminaire, que je poursuis avec l'aide de Madeleine Foisil (après *La Mort à Paris*, *La Naissance de l'intime au sein des foyers parisiens...*), *Le Basculement religieux de Paris au XVIIIᵉ*, permet d'imaginer quelques vues sur l'essentiel du grand drame religieux français, donc européen, quelques vues des paradoxaux possibles qui n'ont pas été.

On peut imaginer un pape Clément résistant victorieusement aux pressions de Louis XIV, ou un ambassadeur de France à Rome moins inattentif et ne laissant pas passer dans la malencontreuse rédaction de l'inutile *Bulle Unigenitus (septembre* 1713) le paradoxal et inadéquat boute-feux de la 91ᵉ proposition qui avait été rédigée pour être sacrifiée, comme geste de bonne volonté, pourvu qu'on le demande.

Je reconnais volontiers que, du point de vue macro-historique où se placent nos *Civilisations (Europe classique et Europe des Lumières)*, ces infléchissements sont à peine perceptibles. Je pense même que, pris trop tôt en compte, ils eussent brouillé inutilement les pistes.

1. Paris, François Bourin, 1993.

C'est dans une autre perspective que je me placerai maintenant. Faut-il au télescope de *Herschel* qui élargit le ciel de Newton ajouter une batterie de radio-télescopes, ou les messages d'une sonde spatiale?

•

Les historiens universitaires forment entre eux une communauté vivante et chaleureuse. Au dialogue avec le document, ajoutez le dialogue en marge des enquêtes voisines, où je suis porté au simple bénéfice d'une lecture peut-être plus attentive que celle de celui qui n'est plus au même titre impliqué. Il m'est agréable de rendre hommage à Jean Delumeau. Partis de points de vue simplement différents, nos routes se sont rapprochées, et ses savantes, riches, minutieuses et vivantes études m'ont énormément appris. J'ai, dans une *Brève Histoire de Dieu* (R. Laffont, 1992), marqué ma dette et plus particulièrement envers deux livres, *Rassurer et protéger* (1989) et peut-être, plus encore *L'Aveu et le pardon* (1990) dont tout dix-huitièmiste devrait faire son livre de chevet.

S'il est un point qui me semble, désormais, grâce à lui, totalement acquis, c'est bien le caractère autodestructeur de la dérive *rigoriste*, au sein d'un catholicisme où l'Eglise gallicane a joué les boutefeux. Et où, nous l'avons vérifié dans notre *Basculement religieux de Paris*, les plus bullistes des jésuites sont condamnés à en rajouter pour ne pas succomber au chantage en présomption de laxisme des adversaires de la Bulle. Et comme la France — on peut le regretter — est la France et qu'elle n'a jamais pesé aussi lourd en Europe, c'est toute l'Eglise catholique qui est affectée, les chrétientés protestantes, à l'heure de l'illuminisme et du piétisme, n'étant pas en reste.

Il faut donc remonter plus loin encore et c'est ce que, aidé par Jean Delumeau, Jean Bottéro et ce que je peux savoir de seconde main, bien sûr du temps des Pères, je vais m'efforcer maintenant de faire.

Les vraies hiérarchies se lisent, à rebours, sur le grand axe du temps. Au commencement était l'essentiel et l'essentiel vous suivra jusqu'au dernier jour.

Revenons au sein de l'océan de l'*Immanence*, du *Sacré* qui jalonne la conscience vaporeuse de l'espace de nos ancêtres chasseurs en groupe, vous la trouverez avec les pères de toute philosophie, les présocratiques, dans l'Ionie des VIe et Ve siècles d'une *totalité cosmique* qui rassemble en une gerbe toutes les pierres levées, les sources et les troncs d'arbres noueux, tous les jalons de tous les espaces, toutes les hiérophanies en un univers, qu'il soit tout mouvement ou toute impassibilité, Démocrite ou Parménide. Qu'importe qui possède, monopolise, retient *l'être en soi.* Cette tradition, la Chrétienté ne l'a pas ignorée. N'a-t-elle pas fini par cohabiter avec Aristote, un Aristote que Thomas d'Aquin, croit-on, a domestiqué ? Averroès en a fait une lecture certainement plus fidèle. Et c'est aux Ioniens que se rattachent nos barons matérialistes, les Helvétius et les d'Holbach. Ajoutez La Mettrie conforté par le mécanisme encore grossier (attendez au XIXe, le triomphe de la machine de Watt qui impressionne Engels et Marx) et naïf du XVIIe siècle tel que Descartes l'extrapole de la science balbutiante des ingénieurs (mines et armées), matérialisme qui écœure Voltaire et Rousseau.

Nous appartenons globalement (Voltaire et Rousseau inclus) à l'intuition alternative minoritaire de la *Transcendance.* En rejetant la source de toutes choses très au-delà, toutes les antinomies, les apories au-delà de tout horizon même concevable, l'intuition/révélation de la Transcendance aura été la clause maîtresse de notre bail avec le succès.

Or il est clair que le jugement éthique sur la vie, la sanction-compensation, est un emprunt de la religion des Hébreux hellénisés des deux siècles qui précèdent l'ère chrétienne. Tout, au départ, est inclus dans l'Alliance *(Brit)* entre le Dieu de la Tribu, inaccessible, non localisable, et son peuple où chaque conscience de soi ne se sépare pas de la conscience d'être ensemble. L'Alliance établit une barrière entre le peuple et les autres, le respect du commandement se superposant à l'appartenance à l'Alliance, une Alliance entre des vivants et le Dieu vivant des vivants, un Dieu que l'on connaît par la trace laissée dans la mémoire en cet instant qui peut éclater en éternité, si proche et pourtant si distincte de la notion de sur-durée des sciences païennes de la mort. Cette science dont YHWH, Adonaï, l'Eternel dit qu'elle est fausse science, illusoire, qui déplace les tonnes de pierres et de terre des tombeaux qui ne protègent pas les morts mais qui rassurent les vivants.

Et c'est ainsi que sont nées les grandes religions de la Transcendance, que l'on appelle parfois les religions à salut. Il a suffi d'étudier la notion de l'Alliance *(Brit)* d'un petit peuple porteur de l'information capitale à la famille des hommes ; ce qui se produit, tout naturellement, — c'est chose faite au moment de la fixation du *Canon vetero-testamentaire* (de l'hébreu canonique parvenu jusqu'à nous par la copie des Massorètes) —, il y a vingt-cinq siècles, lorsqu'il devient clair que le Dieu de la Tribu, celui qui a dit « j'ai vu la souffrance de mon peuple et je vous ferai sortir du pays d'Egypte », est aussi celui qui a créé l'Univers, déniant à la totalité cosmique qui impressionne si fort les philosophes de la Grèce jusqu'à l'être en soi. « *Bereshith bara Elohim* », « au commencement Dieu créa », quand on a bien compris cela, il est difficile de rejeter l'idée des grands prophètes, contemporains de la forme la plus radicale d'universalisme. Le peuple de Dieu a vocation à s'identifier avec toute la famille des hommes.

C'est aussi la conclusion que les apôtres tirent de l'enseignement du divin maître, de la présence infiniment discrète *(Verus Homos unitus Vero Deo)* du Transcendant, invisible autrement que sous une forme humaine indiscernable entre toutes, au sein de Son Peuple et de la totalité du créé qui lui permet, répondant à l'interrogation angoissée de saint Augustin, de connaître le temps, douloureusement comme nous, le temps à partir du temps.

Le christianisme des premiers siècles, tant que le petit peuple est noyé au sein d'un monde hostile, assure, avec une totale efficacité, l'exorcisme de l'angoisse de la mort, qui est angoisse du néant (un *néant* qui n'est que l'autre forme, la forme alternative de l'être, ce qui est noir, vide, froid, sans fond, lourd de fantasmes, de formes hideuses, insoupçonnées et de la chute sans fond dans le total oubli, la séparation des autres, des aimés, des vivants). (Re)connaître Christ, c'est être sauvé, sentir en soi le désir d'éternité, c'est obtenir la certitude de l'atteindre. Le jugement ne peut être que pour les autres, ceux qui n'ont pas reconnu, parce qu'ils n'ont pas aimé. Toute l'histoire de la Chrétienté est donc l'histoire d'une prodigieuse expansion qui, abolissant la frontière visible du peuple de Dieu, oblige à remplacer la visibilité, l'évidence tangible, par un *test*. Et c'est ainsi que le Jugement n'a cessé de s'alourdir, que la lumière de la vie éternelle s'est chargée d'une Gehenne, non plus de l'éternel refus mais d'une sur-durée, c'est-à-dire une infinitude de temps, torture en soi, doublée d'une infinitude de tortures inutiles puisque sans espoir de salut.

Cette situation, fruit d'une dérive insensible d'abord, devient intolérable dans un premier temps, et dans un second temps incompréhensible.

Intolérable avec la première révolution médiatique, celle de la feuille volante grossièrement imprimée à la foire de Nuremberg, de Francfort, et dans tous les marchés de la Chrétienté latine. C'est la multiplication des nouvelles, des moutons à cinq pattes et des veaux à deux têtes — signes tangibles de la colère de Dieu — et de l'imminence de la fin des temps. Suivant un processus que j'ai décrit récemment, à l'angoisse de la mort individuelle s'ajoute l'angoisse de l'anéantissement de tout espoir d'une forme quelconque de survie à travers la mémoire des aimés dans un monde que nous aurons, la fin des temps venue, définitivement perdu.

L'angoisse de l'imminence de la fin des temps, s'ajoutant à l'angoisse du jugement, est un détonateur psychologique du temps des Réformes. Le besoin créant l'organe, entraîne un retour aux sources, de deux manières, par le dépassement dialectique du salut par la Foi, le *Sola Fide* luthérien dont tous les Réformateurs s'emparent, avec plus ou moins de bonheur, le *Sola Fide* résout la contradiction de l'impossible exigence d'une participation quelconque de l'homme à l'incommensurable du Salut éternel, dans le cadre de l'*individualisme* naissant. La solution espagnole, que l'on peut dégager à travers la belle étude de Michèle Escamilla-Colin, *Crimes et Châtiment dans l'Espagne inquisitoriale, fin XVIIᵉ-début XVIIIᵉ*, Berg International, 1992, 2 vol., 1367 p.), est celle d'un retour à l'Alliance, donc au salut collectif gratuit primitif, dans le cadre du seul vrai peuple fidèle des *Vieux Chrétiens*, le bûcher au centre d'une grande fête (lors de l'*autodafé*) même non sanglante servant à rendre à nouveau visible la frontière, la limite qui cerne les contours du peuple de Dieu et fonde l'assurance de ceux qui sont du bon côté. Le piétisme luthérien et le catholicisme baroque hispano-inquisitorial, vomi par les Lumières (« Les Espagnols qui ne sont pas brûlés sont tellement attachés à leur Inquisition que ce serait faire preuve de mauvaise grâce que de la leur contester », ironise Montesquieu), ont résolu le problème, chacun à sa manière, mais par la gratuité qui, seule, respecte la Transcendance, de l'Angoisse du Salut. La liberté de l'homme étant sauvegardée, puisque l'homme conserve la possibilité de maintenir son refus au seuil de l'instant éclaté, libre, donc, de refuser la convivialité divine. Saint Augustin ne dit-il pas qu'elle requiert que toute concupiscence, entendez tout désir autre que le dévorant désir de Dieu, soit éteinte, donc, pour tous et chacun, l'épreuve par le feu avant le « maintenant, laisse aller » de l'Acquiescement éternel ?

En contrepoint de ces solutions inégalement élégantes et qui répugnent l'une et l'autre à la philosophie des Lumières (à la française, du moins), la dérive janséniste, qui n'est qu'un *ultra-rigorisme*, enfonce l'Eglise gallicane dans une contradiction insoutenable. D'autant que les partisans de la Bulle (entendez de l'autorité du pape et de l'infaillibilité de l'Eglise-institution) sont entraînés dans une surenchère des affres du Jugement. Ils ne défendent la liberté du pécheur que pour mieux l'accabler. Deux formes, au moins, de *jansénisme* cohabitent au XVIIIᵉ. Est-il besoin de rappeler qu'elles n'ont plus grand-chose à voir avec le débat autour de la grâce du début du XVIIᵉ ? Pour le monde parlementaire, la Bulle imprudemment requise par le vieux Roi riche de soucis, et progressivement amoindri par l'âge comme d'autres, marque une rupture avec la tradition *gallicane* que Louis XIV avait durement soutenue pendant la plus longue partie de son règne, et un dangereux recul quant à la nécessaire séparation des deux Royaumes, pour la santé du Roi, donc du corps de ses officiers et, accessoirement, de l'Eglise, du moins on l'affirme, plus ou moins sincèrement. Ce débat, dont l'enjeu principal est un enjeu de pouvoir, va dégénérer en une contestation du pouvoir et en une destruction du système éducatif de 1762 à 1764, avec l'expulsion des jésuites.

Au sein du courant janséniste, on peut distinguer une branche rationaliste proche des élites et un courant illuministe sectaire mais en accord du moins, à travers la quête des signes et les miracles autour de la tombe du diacre Pâris, avec une sensibilité populaire avide de signes tangibles, de gestes concrets et de preuves, une expression populaire de la foi que les élites à quelque partis qu'ils appartiennent croient de leur devoir, vis-à-vis de l'authentique ou vis-à-vis de la raison, de combattre.

Les effets de ces attitudes sont multiples. Un des moins souvent souligné, bien dégagé récemment dans les tomes VI et VII de la *Bible de tous les temps* (Beauchesne), *Le Grand Siècle et la Bible* (1989) sous la direction de J.-R. Armogathe, *Le Siècle des Lumières et la Bible*, sous la direction de Yvon Belaval et Dominique Bourel (1986), est l'incidence sur l'exégèse biblique. L'accès à l'Ecriture sainte qui contient, pour tous les chrétiens, le cœur, le noyau dur, dense de la Révélation (quel que soit le parti adopté quant à la Tradition, pour catholiques donc et protestants), sa lecture, son exégèse se situent bien au cœur du Religieux. Cette lecture, la quête des sens du référant sacré s'impose face à la réaction « philosophique » contre tant de siècles de révérence à l'égard des écritures anciennes, qui préconise le recours exclusif au seul livre de la nature, désormais inépuisable, depuis qu'on peut le feuilleter à travers des multiplicateurs sensoriels de plus en plus puissants.

Les débats du XVIᵉ siècle avaient entraîné — les catholiques étant soucieux d'échapper au reproche réformé de « *contempt of the Bible* » — un repli de l'exégèse biblique sur le *sens littéral unique*, comme J.-R. Armogathe l'a bien montré, véritable régression par rapport à la libre exégèse des Pères de l'Eglise, voire aux quatre sens quelque peu figés de l'exégèse scolastique médiévale. Ce repli est, en partie, responsable, de la regrettable affaire Galilée. Galilée (1564-1642) plus encore que Colomb, ce héros parfaitement justifié des Lumières. Or ce repli est encore renforcé par la crainte de l'illuminisme et par les dérives rationalistes de quelques *piétistes* déboussolés en rupture avec les lourdes orthodoxies des Eglises protestantes du Nord rationalistes et étroitement arrimées au pouvoir des Etats, sans que joue le contre pouvoir ultra-montain que vitupèrent, en terres catholiques, gallicans et joséphistes, sans se rendre compte que cette rivalité est la meilleure garantie contre l'excès. Tant il est vrai que le pouvoir absolu, quel qu'il soit, corrompt absolument.

La racine du vrai défi est autre, il est contenu dans le cri de *Galilée*, dans le *Sidoreus Nunciuns, Le Messager des Etoiles* publié en 1610, un siècle après que le Florentin ait tourné la lunette — elles servent depuis dix ans à faire la guerre — vers le ciel. « J'ai vu en un an dix fois plus de choses que tous les hommes en 5 600 ans. » A force d'ânonner, entendez de répéter sans le comprendre, que Dieu était aussi le créateur, à l'origine donc de la totalité cosmique, au point que les mots « la Création » se sont substitués à « Cosmos », voire « univers », dans l'usage courant, ce point (historiquement second et dogmatiquement premier) du Credo, à force de servir, a perdu tout pouvoir.

Le créateur s'est trouvé cantonné dans le rôle de bailli ou sénéchal voire président du présidial de nos petites querelles. Les fonctions de Juge ont effacé progressivement Création, Transcendance. Dieu à notre service exclusif, telle peut être la dérive, la déformation diabolique de l'insondable Amour de l'Incarnation. Le défi, le destabilisateur est venu de la taille saisie sur l'axe de l'espace puis du temps, de l'univers. C'est une chose de répéter avec les scolastiques et tout philosophe chrétien « *inter finitum et infinitum non est proportio* » et de commencer à mesurer en toises puis en années lumière. A partir de la mesure approchée le 22 novembre 1675 par Olaüs Römer de la vitesse de la lumière, on pourra dire, dans un peu plus d'un siècle, ce mètre du monde moderne. Le temps est déjà dans le ciel, à partir du moment où on comprend que la lumière qui porte l'image n'est pas instantanée, une confirmation tellement plus troublante pointera bientôt sous nos pieds avec les fossiles qui dessinent une histoire naturelle, au sens d'histoire et non plus seulement de connaissance mais comme succession dans le temps d'événements, d'irréductibles non interchangeables.

Réaction de Voltaire et celle plus significative de Newton qui trouve trop longue, encombrante la durée qui nous sépare, en additionnant l'âge des patriarches du premier homme et du *Bereshith*, commencement de l'univers et du temps.

Bien au-delà du sens littéral unique, ce qui trouble vraiment c'est la taille, donc la grandeur comme à nouveau récitée de l'univers. Mais si l'univers est si vaste, et Dieu alors qui l'a créé ? Le maître d'un tel univers peut-il vraiment s'occuper exclusivement de nos petites querelles et s'acharner à punir dans une éternité conçue comme un *infinitum* de temps la faute, voire l'inattention d'un moment ? L'homme est-il vraiment aussi grand que l'implique l'Incarnation au point qu'un seul de ses manquements puisse affecter mieux que l'univers le maître de l'univers.

C'est toujours Voltaire qui dit bien l'essentiel. Ce n'est pas l'existence de Dieu que les multiplicateurs sensoriels mettent en cause, loin de là. Comment douter du grand architecte, de l'intelligence qui a présidé à la mise en place de cette merveilleuse mécanique ? « Mais je n'arrive pas à croire qu'il puisse s'intéresser à moi. » Le grand architecte de Voltaire oscille entre un grand justicier débonnaire et l'intelligence insensible à l'accident, au particulier, de l'authentique Aristote, celui qu'avait bien lu Averroès.

Descartes avait rêvé de renforcer les preuves traditionnelles de l'existence de Dieu d'un supplément sans appel, de même pour l'âme immortelle (mais quelle âme, de quel *peplum* recouverte). On peut se demander si la carrure dont les multiplicateurs sensoriels, ces multiplicateurs de l'information, viennent de doter le Dieu des Philosophes ne rend pas plus énorme encore, plus *incroyable*, sans la grâce, ce qui est le point non central mais vraiment unique de la Révélation.

« J'ai vu la souffrance de mon peuple, je suis venu » car « je vous aime ». Si Dieu est amour et si c'est à l'amour qu'ils se portent entre eux que l'on reconnaît ses disciples, il faut bien admettre que le débat autour de la 91ᵉ proposition et les derniers autodafés de la Suprême ne facilitent pas la tâche des apologètes. Mais qui, en vérité, songe à s'arracher à de pichrocolines colères, querelles pour tenter de retenir un peuple qui échappe ? D'autant que la mort recule. Bien sûr, c'est un piège, une feinte, cet allongement de dix ans, en moyenne, ne rend pas la mort plus facile ; mais ce recul momentané la rend seulement moins visible, moins prégnante. Nous en avons vu les effets à travers les 10 000 testaments de *La Mort à Paris* (1978).

En vérité, rien n'est ébranlé, rien, en profondeur, n'est compromis. Et c'est bien parce que le *socle* des valeurs paraît inébréchable qu'on peut se permettre de respirer. Face à l'excès, la défense s'organise. L'excès c'est aussi l'effet secondaire de la Réforme catholique, des Réveils et du siècle des

Saints, le moment où la dévotion est tellement généralisée par pression sociale, auprès de tous, de ceux qui ont soif d'un supplément et de ceux qui le subissent par sidération, peur du « qu'en dira t-on ? », en un mot par contrainte. Quand on ne comprend plus que Jeanne d'Arc ait pu ne revendiquer rien au-delà de son statut de « bonne chrétienne ».

Ces *gardes bleus* qui présentent les armes au Saint Sacrement, à Paris, en 1793, lors de la dernière procession de la dernière poignée de prêtres constitutionnels non apostats, montrent la solidité du *volant* et, les lendemains des années de déchristianisation, son usure, sa fragilité.

Il me semble que le *défi* que nous traiterons plus à fond dans notre *Basculement religieux de Paris* n'est pas dû, comme au XIXᵉ, à une conception mécaniste, réductrice de l'univers — Watt n'a pas encore réformé la machine de *Newcomen* et les chronomètres ne nous sont pas encore monté au cerveau. Non, c'est le refus d'un trop, l'ambition de conduire tout un peuple au même pas, la démesure de la menace du jugement et la redécouverte mal contrôlée de la Transcendance à travers la taille de l'univers. Quand le Ciel s'éloigne à travers le télescope d'Herschel, il est compréhensible qu'on soit moins sensible à la proximité de la moitié du monde. On comprendra plus tard qu'il ne faut pas accabler tout de suite nos consciences timides de la totalité de la révélation. Il faut prendre son temps, comme Dieu l'a fait au cours de l'histoire. Plus nous comprenons combien il est grand, plus nous avons besoin de sa grâce pour accepter qu'Il puisse vraiment nous aimer. Ce n'est pas l'indifférence qui menace, au XVIIIᵉ siècle, l'alliance traditionnelle, mais un regard plus lucide qui a vraiment besoin de son supplément d'âme.

•

Reste un dernier point, plus classique. Je me demande si la place de la France est totalement explicitée.

C'est par la tête que le poisson pourrit. La France, même si l'Angleterre décolle, est la tête de l'Europe des Lumières, le point vers lequel tous les regards convergent.

Or la France au XVIIIᵉ brille de trop d'éclat pour n'être pas fragile. Le *test*, celui qui ne trompe pas, est l'attitude collective devant la vie. Nous avions l'essentiel en main, mais la démographie historique grâce à Jacques Dupâquier et à Jean-Pierre Bardet a fait de tels progrès qu'on peut mesurer avec toute la précision que permettent les généalogies descendantes l'ancienneté et la racine de l'anomalie française. C'est depuis la fin du XVIIᵉ que commence au niveau des ducs et pairs le refus concerté de la vie. Il est difficile de ne pas y voir un effet précoce de la rage du rigorisme à la française. Si la relation sexuelle dans le mariage est pécamineuse, pour le moins, véniellement même quand elle vise (cf. *Famille et familles dans la France méridionale à l'époque moderne*, Actes de colloque de Montpellier, 1991, université de Montpellier-IIII, Montpellier, 1992) la retransmission de la vie, une telle pastorale ne pouvait qu'encourager une morale du retrait, coupable pour coupable l'acte incomplet, frustrant, et qui ne laisse pas de trace, ne peut-être que sournoisement favorisé.

Le retrait de la vie s'accentue dans le dernier tiers du siècle. Tout se brise, en France, au cours du vrai tournant des années 1760, celles du triomphe du clan parlementaire janséniste, de l'expulsion des jésuites et de la décomposition de l'Etat. La Mennais avait noté qu'au cours du règne de Louis XVI, la pratique religieuse à Paris avait baissé de moitié. Diagnostic, aujourd'hui, pleinement confirmé.

La France est paradoxalement, en Europe, le pôle de la transition chaotique ; elle est le boutefeu qui plonge l'Europe entière dans un quart de siècle de guerres ininterrompues. Les mêmes causes engendrant partout les mêmes effets, ce n'est pas à des causes principalement sociales donc générales qu'il convient d'attribuer un mode particulier. A un effet spécifique, des causes spécifiques.

L'histoire politique se trouve de ce fait réhabilitée. Jean Meyer, dans le *Poids de l'Etat* (PUF, 1983), fournit le point de départ d'une analyse que j'ai systématisée dans le *Grand Déclassement* (Laffont, 1989).

La France à cheval entre plusieurs aires culturelles résulte de la prise de conscience du privilège d'un espace de plus grande paix. L'antériorité du Royaume de la *pars occidentalis du Regnum Francorum* de la *Francia* jointe à l'*Aquitania* comme modèle de l'Etat territorial en Chrétienté et dans le monde n'est pas douteuse. Elle fait partie des leçons communément admises au XVIIIᵉ siècle, mais cette antériorité se paye ; ou plus exactement le Royaume paie au XVIIIᵉ ce qui fut, peut-être, une chance antérieure. Le parallélisme France/Angleterre met sur la voie. Alors que l'impôt en Angleterre suit et dans une certaine mesure précède la croissance de la richesse et de la population, il plafonne en France. Un Anglais paie moins qu'un Français vers 1680, 75 % à 80 % ; il paie deux fois plus en 1780. Sans trop s'en apercevoir, grâce à la courroie parlementaire. Le point haut de la pression fiscale en France se situe entre la révolte des Nus Pieds (1639) et la Fronde (1648).

La sagesse fiscale est louisquatorzienne, la paresse fiscale date de Louis XV et le saut dans le gouffre est la conséquence inattendue de la guerre victorieuse de l'Indépendance des colonies anglaises d'Amérique. La monarchie administrative, au XVIᵉ et au début du XVIIIᵉ, s'est dotée d'un instrument remarquable à court terme : la vénalité des charges que la Paulette achève de rendre pratiquement héréditaire. Ce système présente trois avantages : un impôt indolore bien accepté, une administration compétente et efficace où chacun met au service de l'Etat l'acharnement à défendre un patrimoine et une relative indépendance à l'égard de l'arbitraire central.

Les Etats Généraux de 1614-1615 ont été placés sous le signe d'une résistance de la noblesse à la montée officière, et d'un conflit que la Régente a eu quelque peine à arbitrer. La faute majeure de Louis XIV : avoir laissé tomber en désuétude les Etats Généraux et accentuer la régression des Etats provinciaux. Même imparfaitement, les Etats étaient l'indispensable courroie de transmission. Loin d'affaiblir l'Etat, le *Parliament,* ces Etats à l'anglaise, est son meilleur atout. Et Louis XV et Louis XVI se sont trouvés sans vrai recours contre la résistance officière. A partir de 1762-1764, en dépit du sursaut Maupéou (1771-1774), l'absolutisme à la française est déjà un absolutisme inefficace.

Le principal danger de l'excès est l'engendrement par réaction de l'excès inverse. Et comme la France, même légèrement affaiblie et atteinte par une maladie de langueur dont les effets pervers sont à long terme, est la France, la *crise* de la France est devenue la crise de l'Europe des Lumières. Retardée mais non étouffée, la révolution industrielle débute dans la violence et le sang.

Mais cela est encore une autre histoire que d'autres mieux que moi vous conteront.

Pierre CHAUNU
de l'Institut.

INTRODUCTION

POUR COMPRENDRE
LES LUMIÈRES

ENTRE 1680 et 1770, voire 1780, dates rondes, une réalité s'impose, dense, difficile à cerner, certes, pourtant irréfutable : l'Europe des Lumières. La bien situer, d'abord, dans le temps et dans l'espace. Depuis la charnière des XIIe- XIIIe siècles, une mutation se produit, au niveau du vieil espace méditerranéen, basculé vers le nord, en chrétienté latine. On dira, bientôt, l'Europe. A partir du XVIe siècle, les mutations, au sein de l'espace-temps Méditerranée-Europe, ont pris une dimension planétaire. Tout effort de découpage, toute périodisation, donc, n'en est que plus chanceuse, plus difficile, au fur et à mesure que l'on descend le cours du temps. Moins justifiée ? Certes, non ! Le temps proche, c'est aussi le temps des réalités humaines plus denses, plus complexes, donc plus inégales. Le temps, partant, des chevauchements.

L'Europe des Lumières a cessé de croître que disparaît à peine l'Europe classique, les Lumières n'en finissent pas de s'éteindre ou de se transformer, à la fin du XVIIIe siècle. Elles subsistent au sein de la révolution industrielle, dont elles sont largement responsables. Et ne sommes-nous pas tous, plus ou moins, aujourd'hui encore, des *Aufklärer* ? Du moins, l'étions-nous hier. Du point de vue voltairien de Sirius, les structures les plus voyantes, celles qui s'en tiennent à l'épiderme des choses, qui donnent leur nom à ces avatars d'une même civilisation que l'on nomme, au gré des humeurs, Renaissance, Europe baroque, Europe classique, Europe des Lumières, ont à peine le temps de se faire et de se défaire. Elles se bousculent nécessairement. Elles se superposent. Le baroque, on s'en souvient, recouvre Renaissance et classicisme, il déborde largement sur le XVIIIe siècle.

A la limite, la question est légitime, les Lumières ont-elles même la possession exclusive d'une tranche chronologique d'un temps, en Europe, qui ne soit pas partagé entre un xviie qui n'en finit pas de se défaire avant 1750 et la mise en train des grandes révolutions, celle des sans-culottes et celle des machines ? L'histoire s'organise sur des temps forts. La civilisation scientifique du xxe siècle, par exemple, prend encore appui sur l'aventure de cinq cents esprits qui surent, de 1620 à 1650, fondre en une structure originale des cheminements deux fois millénaires et mettre en mouvement, comme disent nos physiciens, une « masse critique de révolution » dans l'ordre des pensées. De 1620 à 1650, autour des formules de Galilée et de Descartes, le primat mathématique sur la connaissance, en un mot la mathématisation de la structure intelligible de l'univers, s'opère d'une manière irréversible. Nous avons dit ailleurs comment et pourquoi. L'évolution de la pensée mathématique qui permet le passage de l'algèbre à l'analyse, les intuitions de Descartes, géniales, inexactes, sources de difficultés futures mais de gains immédiats, à savoir la réduction de la matière à l'étendue, la séparation de la conscience qui connaît de l'objet qui est connu, auront permis, dans le cadre d'une structure sociale favorable, ce que l'on peut appeler le miracle européen de la pensée scientifique.

Tout depuis lors est commandé par cet authentique commencement. Trente ans, le temps d'une organisation, 1620-1650, quelques centaines de bourgeois, gentilshommes, officiers, proches des strictes disciplines de la marchandise, libérés par la rente et par l'État du souci du gagne-pain quotidien. Le miracle européen de la révolution mécaniste, soyons précis, le deuxième quart du xviie siècle, se place désormais en facteur commun de toute périodisation. Voilà le temps dur sur lequel la civilisation de l'Europe classique organise ses pensées. Voilà le môle temporel sur lequel l'Europe des Lumières, à l'état second, et la civilisation scientifique du xxe siècle même, un peu plus indirectement mais tout aussi sûrement, prennent extension et appui.

Alexandre Koyré, hier, Georges Gusdorf, Serge Moscovici, aujourd'hui, confirment une filiation évidente : « La mutation technique est la fille de ce nouveau rapport au monde. » « Les catégories modernes de l'*expansion* et du *développement* s'inscrivent dans le lointain prolongement de cette transfiguration de l'image du monde et de l'image de l'homme, œuvre décisive du siècle mécaniste. » On ne nie pas l'évidence. Le xviiie siècle se situe bien sur le premier front d'extension de la révolution galiléenne. Comment refuser une filiation que toutes les Lumières, de Voltaire à d'Alembert, de Leibniz à Kant, ont revendiquée ? L'Europe des Lumières, dans cette perspective, ne risque-t-elle pas de se dissoudre en une Europe classique bis ? La civilisation du xviiie siècle est assez originale. On ne perd rien à l'insérer à sa place dans la durée historique.

POUR COMPRENDRE LES LUMIÈRES

L'Europe des Lumières a ses temps forts. Dans l'ordre des pensées comme dans l'ordre des choses. 1680-1715, d'abord. Paul Hazard a eu, jadis, une formule heureuse : la crise de conscience européenne. Dans l'ordre des pensées, la crise de conscience correspond, en gros, à la mise en cause d'une précaution essentielle, à la négation de ce que j'ai proposé d'appeler le secteur réservé du *Discours*. Descartes, on s'en souvient, avait laissé volontairement en dehors de la nouvelle méthodologie le domaine de la politique et de la religion, la relation à Dieu et la relation à l'homme dans la cité. Prudence suivant les uns, juste conscience, je le crois, des étapes, des limites, de la complexité. Descartes laissait donc subsister deux secteurs réservés : celui de la Révélation, celui de la transmission traditionnelle de la hiérarchie sociale et du pouvoir. Spinoza excepté, le partage n'a pas été mis en cause par la première génération des philosophes mécanistes. A la hauteur des années 1680, une barrière cède. Brusquement, les méthodes de l'exploration mécaniste de la nature pénètrent dans les domaines réservés. 1680-1715, voici la religion naturelle, la première affirmation d'une science sociale, et au-delà la revendication d'une action rationnelle *a priori* sur la politique. Dans l'ordre des rapports de l'homme avec l'espace, la génération de la crise de conscience est celle de la mutation. La réinsertion de l'Europe danubienne marque le passage de la petite à la grande Europe stoppée depuis un siècle ; la marche en avant des Européens à l'intérieur du continent américain reprend.

Le second temps fort, c'est, de 1730 à 1770, la *Vital Revolution*. L'Europe des Lumières invente des hommes, au rythme presque partout atteint du doublement en deux générations. A l'intérieur de cette masse humaine, chaque jour désormais plus généreuse, une mutation commence. La civilisation se confond avec le maniement de la langue écrite. Deux frontières divisent la société des hommes en trois couches très inégales : ceux qui lisent en latin, ceux qui lisent couramment en vulgaire et les neuf dixièmes, un peu moins à l'ouest, beaucoup plus à l'est, pour qui la transmission du savoir, l'acquisition de ce qui n'est plus la civilisation mais simplement la culture, se fait par les moyens traditionnels, « voir-faire et ouï-dire ». Le second temps fort, c'est aussi la mise en mouvement de ces deux frontières. La première s'efface, le latin perd son privilège, mais la seconde se renforce. Je serais tenté de parler de la « nouvelle frontière » de l'alphabétisation massive, mieux de l'acquisition d'un niveau de lecture efficace, par une fraction, désormais non négligeable à l'ouest, de la population. Cette « nouvelle frontière » qui avance massivement en direction de la société traditionnelle annonce, à sa manière, les fronts d'acculturation, en Afrique et en Amérique latine, des anthropologues du XXe siècle. Le mouvement commencé en Europe et qui s'achève sous nos yeux est passé, dès lors, sur les autres continents où il attire pour la première fois l'attention d'une science humaine fille des Lumières. Et voilà que la civilisation écrite, la longue mémoire dialectique d'une connaissance conquérante, puise dans l'immense océan des traditionnels. Tout bien pesé, les Lumières, en Europe, ont opéré la première multiplication par dix des cerveaux.

Derrière un sourire où tout semble mesure, équilibre, ordre et facilité, l'Europe des Lumières nous est apparue cela, d'abord : un front d'acculturation, une multiplication dans l'ordre des pensées. Faut-il parler du multiplicateur des Lumières ? La philosophie mécaniste donne son sens au XVIIᵉ siècle, le multiplicateur de la civilisation écrite fournit un des axes de compréhension du XVIIIᵉ siècle. La grande mutation sociale de la structure écrite du langage — est-il besoin de le rappeler ? — commande, en profondeur, les conditions de la mutation économique de la croissance soutenue au XIXᵉ siècle. La civilisation de l'Europe des Lumières constitue bien évidemment la première de toutes les conditions préalables au *take off*, on disait jadis la révolution industrielle. Mais la mutation sociale du langage, l'archéologie de la science sociale pourvoyeuse en techniques administratives du pouvoir politique, c'est la grande chance de l'histoire. Le XVIIIᵉ siècle européen appartient presque tout entier au « proto-statistique ». Il y a donc, pour la première fois, depuis peu, possibilité d'une saisie du XVIIIᵉ siècle dans les rets de l'histoire sérielle, entendez d'une connaissance historique plus ambitieuse qui ne se contente pas de décrire, mais qui mesure, qui dépasse les pensées claires de l'élite, pour les aspirations confuses de l'armée anonyme des sans-grade.

Dans cette perspective, il nous est apparu, après tant de brillants essais dans la ligne d'Ernest Cassirer et de Paul Hazard pour l'essentiel, mais en dépassement, par le recours systématique à la pesée globale qui est une pensée d'historien, qu'il y avait place encore pour une tentative d'explication des Lumières. Cette explication vient peut-être à son heure. Il n'est pas un historien véritable, attentif donc au présent, qui ne cherche à comprendre la crise de civilisation qui depuis 1962 atteint les secteurs de pointe, les secteurs mutants de l'Europe désormais sans rivage, fille du XVIIIᵉ siècle. Le propre de notre temps, au rythme atteint des mutations en cours, avec les moyens de mesure dont disposent les sciences sociales, c'est de permettre à ceux qui en sont à la fois les victimes et les agents d'assister à la mort d'une civilisation. Philippe Ariès a montré comment le XIXᵉ siècle qui prend racine dans l'Europe des Lumières a privé l'homme de sa mort, d'un regard lucide et conscient sur une fin qui n'est qu'un passage : cette

22

prudente parcimonie a compensé la *diminutio* ontologique dont il a bien fallu payer, depuis 1720-1730, une attention plus exclusive à l'instant, à l'objet, à l'environnement. Une réflexion sur la civilisation des Lumières nous place en situation de mieux discerner les signes. Mort ou transformation ? Mort, donc transformation. L'historien ne peut être témoin passif de son temps. Le contrat social de la civilisation des machines à faire et des machines à opérer vite les démarches les plus simples de la pensée est un contrat des Lumières. Les équilibres, les morcellements, les replis, les refuges trouvés au for intérieur, qui ont permis, sans mutilation excessive, en sauvant l'essentiel de la continuité, l'exponentielle croissance des biens, des besoins, des moyens, est un équilibre des Lumières. Le chemin gravi est trop escarpé pour qu'il soit encore possible de revenir en arrière. On peut modifier quelques clauses du contrat, on peut tenter d'aménager le bail, mais la croissance est irréversible. L'Europe des Lumières nous a engagés dans la plus sévère des aventures, elle nous a condamnés à la croissance continue. Elle nous a retiré l'alternative des cavernes, l'illusion même d'un impossible retour au sein maternel. 1680-1780, une réalité profonde, donc, et une réalité qui déborde largement encore sur notre temps. De notre compréhension historique des fils noués au temps des Lumières, dépend en partie notre possibilité d'agir. Agir « en temps réel », agir, donc obéir à la partie centrale irréformable du programme des Lumières ?

●

Le XVIIIᵉ siècle que nous voulons atteindre a quelque chose à nous dire. A travers les Lumières, mot commode, mot authentique pourtant, qui nous vient de ce passé si proche et déjà si lointain, ce n'est pas n'importe quel XVIIIᵉ siècle que le lecteur attend, mais un XVIIIᵉ siècle utile, qui compte parmi les deux ou trois legs les plus importants de notre héritage. C'est pourquoi, pour mieux nous hâter vers le cadre de la vie, la structure autonome de la pensée et le fécond retour des pensées sur les êtres et sur les choses, il paraît utile de marquer une pause, de proposer un guide, soit l'esquisse d'une théorie générale, soit, plus naïvement, les règles très simples d'une grammaire historique propre à déchiffrer le XVIIIᵉ siècle le plus durable, le plus utile aussi à notre temps. Le XVIIIᵉ siècle ne se confond pas tout à fait avec les Lumières. Elles débordent le siècle. Une partie du siècle leur échappe. Les Lumières, c'est le XVIIIᵉ siècle durable, celui qui fait partie de notre patrimoine. Un XVIIIᵉ siècle qui s'inscrit d'abord dans les mots. Partir des mots, partir de l'essentiel. Dans toutes les langues de l'Europe, le même radical sert à construire le mot clef. Les

Lumières : *die Aufklärung, the Enlightenment, la ilustración, l'illuminazione.* « La lumière ou mieux les lumières... un mot magique que l'époque s'est plu à dire et à redire », note Paul Hazard ; avec la raison, la *nave capitane* de tout un vocabulaire. Malgré l'effort entrepris, l'histoire de vingt ou trente mots clefs dans dix langues reste à faire.

Le langage écrit a ses niveaux qui se superposent aux couches difficilement accessibles du langage oral. Le niveau 1, si l'on veut, sera celui des grands traités, science et philosophie, longtemps domaine exclusif de la langue latine. Depuis 1680-1690 toutefois, l'Ouest écrit le plus souvent en vulgaire, le français précédant l'anglais, mais l'Est, allemand, scandinave, danubien, recourt au latin jusque sur l'horizon des années 1770 (voyez Kant). Au niveau 2, la littérature, du théâtre au conte, de l'épître au roman ; au niveau 3, la langue courante des correspondances, la langue écrite automatique, celle qui vient sans réflexion, spontanément, partout sous la plume. Le niveau 4 se situe à la limite extrême des remontées de l'histoire. A la fin du XVIIIe siècle, en France, par le biais des demandes de dispense de mariage et des cahiers de doléances, on arrive à frôler le langage parlé de ceux qui sont à la limite inférieure de l'écrit. Avec la dispense, grâce à l'Église, la doléance, grâce à l'État, par l'entremise du scribe — clerc proche du milieu paysan, il est issu de l'élite des laboureurs —, on peut espérer atteindre le niveau extrême du domaine direct de l'histoire. Pour la France des cahiers de doléances, le niveau 4 englobe des millions, 40 à 45 p. 100 peut-être de la masse totale du pays. Il est possible même que les longues séries de dispenses ecclésiastiques permettent demain, et pour tout le XVIIIe siècle, d'aller plus loin encore, très près d'un niveau 5 qui serait celui de l'expression purement parlée de ceux qui ne savent ni signer ni déchiffrer.

Alors prenons le convoi sémantique des Lumières et de la raison : « philosophie, préjugé, superstition, tolérance, vertu » (Voltaire, *Dictionnaire*) auxquels viennent se joindre « des mots hantises tels qu'abus et réforme, abusif, réformer, constitution, libertés, encore lourds d'archaïques pensées, sujet et citoyen dans leur tension complémentaire, liberté, égalité, droits... » (A. Dupront). Ce convoi est français. L'équivalent existe dans les dix langues écrites de l'Europe. Suivons-le. Il nous permettra, dans le temps et dans l'espace, de dessiner presque à coup sûr la géographie de l'Europe des Lumières. Le convoi glisse d'ouest en est, et du nord au sud. Il plonge progressivement du niveau 1 aux niveaux 2, 3 et 4, puis 5 où il se perd. La descente du vocabulaire des Lumières s'opère sensiblement au même rythme en Angleterre et en France. Le niveau 1 est touché, en France, en Angleterre et en Hollande, dès 1680. Le niveau 2 est atteint vers 1700 ici, 1710 là, submergé autour de 1720. 1720-1730 en Angleterre,

1730-1740 en France, le vocabulaire des Lumières colonise le niveau 3. Le niveau 4 est occupé, Alphonse Dupront l'a bien vu, en 1789 : « Par leur seule présentation les cahiers de 89 attestent [...] une préparation mentale collective à ce que nous dirions aujourd'hui une "analyse de situation" [...] Éduqué par la monarchie administrative, l'entier royaume est capable, et dans d'impressionnantes proportions, de s'auto-analyser en quelques semaines, parfois quelques jours du printemps de 1789. Au niveau le plus commun, il le fait avec des pratiques de tabellionnage, même si c'est la main du curé qui écrit avec des frémissements de vocabulaire dévotieux ou une sensibilité janséniste [...] Doléances ou réformes sont articulées en *corpus* par des intermédiaires d'un niveau culturel solidement établi, et dont on peut dire qu'il est du monde étroit des Lumières — niveau supérieur en l'occurrence — l'assiette inférieure.» Quant au niveau 5, il sera touché au XIXe siècle, lorsque, au sommet depuis longtemps, le convoi sémantique des Lumières, disloqué, aura fait partiellement place à d'autres associations. Véhiculé alors par l'almanach et la littérature de colportage lue à la veillée, il accompagnera, vers 1830, l'érosion des traditions chrétiennes dans les campagnes, à l'époque de Jacquou le Croquant.

Le processus est identique partout, mais il est plus tardif. Le vocabulaire des Lumières est au niveau 1 en Allemagne vers 1700 ; le niveau 4 est peut-être franchi en Allemagne occidentale vers 1800, certainement pas avant la seconde moitié du XIXe siècle dans sa partie orientale. L'Espagne est au niveau 1 vers 1730, seulement à 2 vers 1750. L'Italie précède de quelques années. Le niveau 4 est franchi à l'époque du *Risorgimento* ; le niveau 4 en Espagne n'est jamais atteint avant le début du XXe siècle.

Cette rapide anticipation sur les résultats d'une recherche en cours fournit de la réalité des Lumières une première approche, dans le temps et dans l'espace. Les 120 millions d'hommes que l'on peut dénombrer à un moment donné, mieux, les 500 millions qui se sont succédé en quatre-vingt-dix ans sur un sol qu'on peut appeler, déjà, l'Europe, au XVIIIe siècle, sont loin d'avoir vécu ensemble et en même temps. Les paysans de l'Auvergne (analphabètes à 90 p. 100 encore vers 1770), murés dans leur patois d'oc, ne sont pas les contemporains des paysans-éleveurs du pays d'Auge en Normandie, alphabétisés à 80 p. 100, qui entendent le français et que travaille l'action d'un catholicisme jansénisant assez proche, jusque dans ses refus, de l'esprit des Lumières. Si la distance, déjà, est grande à ce niveau, quel rapport existe-t-il entre les quinze athées dînant, un soir, à la table du baron d'Holbach, à la surprise quelque peu scandalisée de David Hume, et l'atmosphère mystique des communautés juives hassidites de Lituanie ? L'Europe, au XVIIIe siècle, voit s'écarter jusqu'à l'infini l'éventail social de ses cultures. Dans le Norfolk, elle annonce l'Europe agricole du XIXe siècle ; elle est, à Manchester, contemporaine de la révolution industrielle ; à Londres et à Paris, dans un milieu étroit, elle annonce le transformisme. Et pourtant, l'Europe du XVIIIe siècle reste, dans ses profondeurs, l'étonnant conservatoire de sociétés traditionnelles, cinq ou six fois séculaires à l'ouest, beaucoup plus archaïques à l'est et au sud. L'histoire totale du XVIIIe siècle fait penser à un fleuve qui roule des eaux trop inégalement chargées d'alluvions différentes pour pouvoir se mêler.

Au fur et à mesure que l'on descend le cours du temps, la tâche de l'historien se complique. Ce qu'il gagne d'un côté, par une information plus accessible, il le perd de l'autre, par la masse de plus en plus complexe de ce qu'il lui faut comprendre et intégrer. Entre la fin du XVIIe siècle et la fin du XVIIIe, le volume de l'information susceptible d'être traitée peut être multiplié par vingt. Impossible, donc, d'éviter au départ un problème théorique de méthode. L'histoire se doit, certes, de tout saisir. Mais alors comment enfermer dans un système d'explication globale, dans ce que l'on se risque à appeler une « métastructure », le destin de 500 millions d'hommes, répartis en combien de petits univers culturels différents, en une centaine, sans doute, d'espaces-temps irréductibles, 500 millions d'hommes dont seules les élites, confessons-le, ont une histoire vraiment commune ? A tout prendre, l'Europe des Lumières n'existe qu'au sommet, un sommet de plus en plus mince quand on glisse, dans l'espace, d'ouest en est, quand on remonte le cours du temps de 1770 à 1680. On ne doit en aucun cas, pourtant, séparer les élites aux longues histoires des sociétés plus frustes qui les portent, sans avoir part égale à leur héritage. A partir d'un certain niveau de complexité, on ne peut espérer tout intégrer d'un coup. La totalité explicative constitue, certes, la visée. L'intégration se fait par étapes. Elle suppose l'organisation préalable de structures intermédiaires.

Deux dangers menacent l'historien du XVIIIe siècle : une superposition d'histoires désarticulées, une histoire intellectuelle désincarnée, une histoire économique et sociale décapitée, une histoire politique, jeu stérile hors de tout environnement physique et humain ; des retours trop rapides du social et de l'économique sur l'univers autonome des pensées. La civilisation de l'Europe des Lumières se trouve donc au point de rencontre et d'organisation de structures intelligibles construites à partir d'une réalité humaine vivante et concrète.

Peut-être nous faudra-t-il, une fois encore, partir des années 1620-1630, rappeler l'âge classique, le demi-siècle qui précède l'horizon tournant des années 80. Au sein d'une économie maussade, dans un climat social sévère, le miracle de la pensée. En cinquante ans, sur l'outil mathématique, un nouveau système du monde se substitue, d'une manière irréversible, à l'ordre scolastique, réinterprétation d'une synthèse deux fois millénaire. A partir de l'âge classique, plus que jamais, s'affirme la large autonomie de l'histoire des pensées. Un exemple : les mathématiques. Voyez l'algèbre qui joue, au point de départ de la philosophie mécaniste, donc des réussites intellectuelles du XVIIIᵉ et de la philosophie solidaire des XVIIᵉ et XVIIIᵉ siècles, un rôle capital. Au XVᵉ et au XVIᵉ, de tâtonnements en tâtonnements, une symbolique se dégage, l'abstraction progresse, un calcul se pose que le génie de Viète (1540-1603) conduit à un point de cristallisation. De là, l'évolution indépendante de l'algèbre constituée en « discipline formée », donc autonome, avec ses règles, ses lois, sa logique propre, est possible. Le papier, le pain, l'encre et les loisirs assurés, une histoire presque pure, indépendante de tout environnement matériel, unit dans le temps, sur deux siècles, les pensées de quelques centaines d'hommes. L'outil mathématique qui avait été nourri, jadis, des besoins de l'arpenteur, de l'hydraulique italienne récemment et, peut-être encore, des nécessités accrues de la mine et du commerce, s'est, dès avant le miracle scientifique des années 1620-1650, dégagé des contraintes externes, suivant les exigences d'une dialectique propre.

La mathématisation du monde aurait été impossible sans l'existence indépendante de l'outil, en l'occurrence l'outil mathématique. Mais l'outil reçoit à son tour une prodigieuse impulsion des besoins de la nouvelle architecture cosmique. A partir de là, pourtant, comme projetée en avant, aux XVIIIᵉ et XIXᵉ siècles notamment, la pensée mathématique, obéissant à la logique d'un développement interne, court bien en avant des besoins de la construction scientifique. Les géométries pluridimensionnelles (Lobatchevski, Riemann) naissent presque simultanément dans les années 1840, au terme d'une longue méditation commencée par Wallis en 1685, poursuivie par d'Alembert et Lagrange, J. F. Herbart et Grassmann ; au même moment, George Boole (1815-1864) crée l'algèbre binaire. Bientôt, l'unification progressive commence de la mathématique et de la logique formelle intégrées dans un même symbolisme. Vous chercheriez en vain dans l'environnement une causalité : pas d'autre logique qu'interne ; Lobatchevski, Riemann, Boole et les logiciens formels des mathématiques n'en sont pas moins, un siècle avant, les prophètes de notre temps. Sans l'outillage conceptuel qu'ils ont forgé, les sciences physiques des années 1910, la cybernétique des années 1940 butaient sur l'impossible.

Ces considérations nous ramènent au XVIIIᵉ siècle. L'exemple des mathématiques ne plaide-t-il pas en faveur d'une large autonomie des pensées ? A un certain degré de maturation, les disciplines formées, en particulier les plus abstraites, acquièrent le privilège d'un développement autonome. Les constructeurs du monde moderne ont réalisé, à la hauteur des années 1620-1650, un progrès décisif dans l'ordre de l'abstraction. Ils ont donc créé des systèmes de pensée plus indépendants des environnements matériels et des connexions logiques interdisciplinaires, susceptibles d'un déroulement autonome. Ce qui est vrai des disciplines formées l'est tout autant de la nouvelle systématique qui les lie. L'horizon mental de Galilée et de Descartes, en un mot et pour dire vite, se comporte, à la limite, à partir de sa victoire au sommet, vers 1650, sur l'horizon aristotélo-scolastique démantelé et épuisé, comme une « discipline abstraite formée », susceptible, donc, d'une histoire propre très largement autonome. En dehors des pressions de l'environnement qu'il subit et des à-coups dus aux progrès inégaux des disciplines intégrées, il est entraîné dans le mouvement de son propre déroulement logique. Nous le verrons dans notre seconde partie. Le *corpus* de la pensée classique issu de Galilée, de Descartes, de la promotion de l'analyse et du progrès de l'algèbre implique quelques options fondamentales. L'assimilation de la matière à l'étendue, domaine de la géométrie euclidienne, le goût des schémas mécanistes élémentaires d'un univers-horloge, entendez l'affirmation *a priori* de la structure mathématique de la création, garante de la légalité scientifique. Le *corpus* ou, si l'on veut, ce système de pensée, implique aussi l'opposition fondamentale de la nature et de l'entendement. La philosophie cartésienne et postcartésienne appelle donc une théologie de l'absolue transcendance. Le créateur de l'univers « indéfini », garant de l'ordre et responsable du *primum mobile*, s'éloigne progressivement. Il est le Dieu caché presque imperceptible dans la création, accessible toutefois à la conscience. Un Dieu caché et lointain. Sa transcendante grandeur pousse, dans un premier temps, la piété classique vers une paralysante révérence. Ce Dieu infiniment lointain, transcendant jusqu'à l'incommunicabilité, n'en est pas moins le médiateur, fondement de la théorie de la connaissance. Paradoxalement, ce Dieu chassé de la nature se retrouve au centre de toute activité intellectuelle. Entre le connaissant tel que le définit le *cogito* cartésien et l'étendue de la philosophie naturelle, Dieu devient et fondateur et garant, dans un premier temps, de toute théorie de la connaissance.

Les éléments du *corpus* classique forment un ensemble logique d'une grande plasticité. La philosophie mécaniste de l'âge classique, rien qu'en refusant, comme elle est tentée de le faire vers 1680, la parenthèse cartésienne, qui plaçait, on s'en souvient, la religion, la politique et l'architecture sociale au bénéfice de la Révélation et de la tradition, était appelée, même sans contraintes extérieures, à se modifier profondément. Ainsi, le *corpus* classique peut, à la rigueur, engendrer, suivant le jeu interne des forces qui le composent, le *corpus* des Lumières. On peut de même construire un modèle « endogène » de destructuration des Lumières.

Rappelons, pour la commodité, quelques-unes des articulations du glissement dans les dernières décennies du XVIIe siècle. Tout se joue, d'abord, sur le passage à la limite de la transcendance divine. Rejeté en majesté jusqu'au *primum mobile* de la création mécaniste, Dieu s'éloigne. Newton le rappelle un instant. Il redevient omniprésent dans l'hypothèse premier style de la gravitation. Puis il retourne de nouveau aux lointains confins quand, le mystère de la gravitation acceptée comme propriété sans plus de la matière, la mécanique cosmique, avec l'astronomie de Laplace, s'enrichit résolument d'une quatrième dimension, la dimension temporelle. Le perfectionnement, au cours du XVIIIe siècle, de l'univers, horloge construite par le Divin Architecte, confirmait, de décennie en décennie, les hypothèses de Leibniz : « La force motrice de l'univers, sa *vis viva*, ne diminuait pas ; l'horloge du monde ne demandait point à être remontée, ni réparée. » A l'image des chronomètres de marine réalisés par Harrison vers 1770.

L'Architecte divin était peu à peu contraint au chômage technologique. « Ainsi, le Dieu puissant et agissant de Newton, suivant la belle expression d'Alexandre Koyré, qui effectivement gouvernait l'univers selon Sa libre volonté et Sa décision, devient successivement, au cours d'une évolution rapide, une force conservatrice, une *intelligentia extra mundana*, un Dieu fainéant. Interrogé par Napoléon sur le rôle qui revenait à Dieu dans son *Système du monde*, Laplace, qui cent ans après Newton avait conféré à la nouvelle cosmologie sa perfection définitive », pouvait répondre, on s'en souvient : « Sire, je n'ai pas besoin de cette hypothèse. » N'allons pas trop vite. L'automatisme n'est pas absolu. La boutade de Laplace n'a jamais entraîné les foules. Il n'y a aucune contradiction insurmontable, en outre, entre la philosophie mécaniste dans l'univers infini et une théologie du Dieu transcendant. Au cours des hautes eaux religieuses du XVIIe siècle, cosmologie mécaniste et théologie de l'Incarnation se complétaient sans dommage.

Reconnaissons-le toutefois, cette forme de pensée se prête mal au maintien d'une théologie naturelle cohérente. Quelle autre communication peut-on espérer en effet de ce Dieu créateur de l'univers mécaniste conçu à la manière du XVIIe et du XVIIIe, en dehors de Sa propre Révélation ? « Le silence éternel des espaces infinis » libère le terrain à la Parole de Dieu. L'Incarnation ne risque plus de se dissoudre dans le train-train bon enfant du quotidien. Mais que la tension de l'écoute anxieuse se relâche : tout s'effondre. Le Grand Architecte n'a plus rien à faire, moins encore à dire. Le « mécanisme » offre l'alternative : religion de la Transcendance et de la Parole, monde-horloge résolument vide des dieux conciliants et domestiqués. Au niveau d'une partie de l'élite, le Dieu « bête et inutile » des déistes se place dans la cosmologie mécaniste, en alternative possible au *Deus absconditus* de Pascal. Rien, du moins, n'y fait plus obstacle.

Rien ne fait plus obstacle du côté de la philosophie de la nature. Restait l'entendement. La construction d'une théorie de la connaissance aura été la grande affaire et, peut-être, le grand échec du XVIIIe siècle. Se rappeler les options cartésiennes du milieu du XVIIe siècle : au centre, la radicale distance qui oppose nature et entendement, connu et connaissant. Pour Descartes et les premiers cartésiens, le médiateur des idées claires, c'est Dieu. Mais comment résister à la tentation de la totale simplicité, d'une réduction de l'esprit aux lois de la philosophie mécaniste? Locke et, dans sa ligne, Condillac, le sensualisme, cette grande tentation du XVIIIe siècle, sont bien, si l'on veut, la séduction de la totale réductibilité du complexe au simple, la mécanique à l'intérieur de l'esprit. La conscience de celui qui connaît n'est plus que le miroir qui reçoit l'image passive du monde. Il appartient à Emmanuel Kant de rendre à l'entendement sa légitime complexité et d'élaborer enfin une théorie de la connaissance digne du progrès des sciences. A Locke, Berkeley et Hume, Kant concède volontiers les limites de la raison. La métaphysique ne sera plus désormais que la science des limites de la raison humaine. L'âme, du moins la conscience de celui qui connaît, ne sera jamais plus la puérile chambre noire dont la fonction s'était bornée un instant, chez quelques disciples abusifs de Locke, à enregistrer les rayons venus du dehors.

Une chose est sûre : à un certain degré de complexité, une discipline formée (nous avons retenu l'exemple des mathématiques), un corps plus complexe de pensées (la philosophie de la nature et celle de l'entendement, pour employer des expressions chères au XVIIIe siècle), c'est-à-dire en fait la totalité de la connaissance abstraite de Descartes à Kant en passant par Locke et l'aberrant sensualisme, évoluent presque sans interférence extérieure, sous la seule pression des éléments qui entrent dans la composition du système, au départ, d'une dynamique interne, des besoins d'une logique propre. L'autonomie de l'histoire intellectuelle ne date pas du XVIIe siècle. Il suffit de se rappeler comment, en deux siècles, la scolastique thomiste, par glissements internes, a fait place au nominalisme terministe du XVe siècle. L'autonomie de l'histoire intellectuelle sort renforcée toutefois de la grande révolution du deuxième quart du XVIIᵉ siècle. Cette plasticité accrue, on l'observe aussi dans une aptitude à évoluer plus rapidement. Le *corpus* classique (1630-1680) fait place, en un demi-siècle, au système des Lumières, qui commence à se défaire, pour l'essentiel, sous les rigueurs logiques du criticisme kantien. Dans sa chronologie courte, la philosophie des Lumières s'est faite et défaite en un peu moins d'un siècle. La cohérence interne et la dynamique propre des pensées, au sein d'un système de pensée, que ce soit la philosophie mécaniste ou la philosophie des Lumières, il importe maintenant que l'histoire les accepte, que le discours historique les intègre. C'est ce que nous nous efforcerons de réaliser.

Cela, bien sûr, ne va pas sans danger. Au niveau du jeu subtil des pensées, de l'histoire littéraire, de l'histoire philosophique, de l'histoire des sciences, la civilisation de l'Europe des Lumières risquerait, à n'y prendre garde, de se dissoudre dans un système classique bis. En rester là serait trahir la généreuse complexité du vrai XVIIIᵉ siècle, celui de tous les hommes. Un système d'explication « endogène », sans regard sur les hommes au travail et sur les choses, aussi perfectionné que celui de Paul Hazard, de Koyré ou de Cassirer ne suffit pas. L'Europe des Lumières est plus et mieux qu'une Europe classique bis. Locke et Condillac ont exprimé une part de la vérité de leur temps. Oui, l'environnement a pesé d'une manière décisive sur l'entendement des Lumières. Les pensées des Lumières ont, à leur tour, pesé sur les choses.

●

Les choses, l'environnement, dans l'Europe des Lumières, se sont insensiblement mis en mouvement. L'application à l'histoire depuis vingt à trente ans, de plus en plus systématiquement, des méthodes et des techniques statistiques — nous parlons volontiers d'histoire quantitative ou, plus modestement, sérielle — a permis de réaliser d'importants progrès. Nos prédécesseurs, moins bien armés, se sont peut-être trompés, qui ont affirmé trop exclusivement la permanence des structures et des modes de production, la solidarité des genres de vie du XVIIIᵉ siècle avec un long passé qui prend naissance au Moyen Age et peut-être même plus avant. Bien sûr, dans une perspective à très long terme, l'analyse traditionnelle reste vraie, Pierre Goubert, tout récemment, dans l'*Histoire économique et sociale de la France*, lui rend vigueur et crédit. Le décollage, ou démarrage (*take off*) des économistes — il suppose le doublement rapide du rapport des investissements nets au revenu national — se situe à la fin du XVIIIᵉ, non pas avant (Angleterre, 1783-1802 ; France,

1830-1860). Si l'on passe du domaine de l'esprit à celui du cadre matériel de la vie, il faut bien se rendre à cette vérité d'évidence : rien d'absolument fondamental ne se produit du milieu du XIIᵉ jusqu'au milieu du XVIIIᵉ. On assiste à des oscillations de part et d'autre d'une quasi-horizontale. Voyez les niveaux de peuplement. L'Europe occidentale compte à peine plus d'hommes (15 à 20 p. 100) au milieu du XVIIIᵉ qu'à la fin du XIIIᵉ siècle. L'espérance de vie à la naissance, dans l'Angleterre heureuse à Colyton (Devon), atteint quarante-trois ans au XVIᵉ siècle (1538-1624), quarante-deux au XVIIIᵉ (1700-1770), trente-sept au XVIIᵉ (1625-1699). Oscillation ? Non, progrès. L'Angleterre a remporté, au XVIᵉ siècle, avec deux siècles et demi d'avance, une grande victoire sur la mort. L'espérance de vie sur le continent se situe, au début du XVIIIᵉ siècle encore, entre vingt-cinq et trente ans.

Tout, en fait, est question de terme de référence. Entre le véritable démarrage, qui débouche sur la croissance soutenue des sociétés industrielles, et la rigidité des structures du XIIIᵉ au XVIIᵉ siècle, le XVIIIᵉ siècle totalise une somme impressionnante de petites modifications. Les économistes, depuis W.W. Rostow, parlent des conditions préalables au démarrage. Le progrès aura été ainsi, dans la vie de millions d'êtres en Europe, mieux qu'une idée, une expérience. Entre de longs siècles immobiles aux structures matérielles bloquées et l'explosion de la folle croissance où les équipements sont périmés avant d'avoir donné plus qu'une fraction de leurs possibilités, où la mutation fait partie de la structure, le XVIIIᵉ siècle aura été, dans une certaine mesure, le siècle du mouvement, du mouvement ressenti, vécu, conscient. Le siècle du mouvement, donc du progrès.

Progrès agricoles, d'abord ; tout en découle. Les récoltes sont mieux conservées, on gagne un peu sur la semence, les rendements augmentent légèrement : le rendement par tête gagne 10 p. 100 ici, 20 p. 100 là, il stagne ailleurs. Ce gain modeste et décisif se répercute sur toute l'échelle de la production, car le secteur agricole retenait, à la fin du XVIIᵉ encore, près des neuf dixièmes des travailleurs. Supposons, à l'ouest, un dixième d'hommes supplémentaires libérés par le progrès de la production agricole, deux dixièmes au lieu d'un, et qui peuvent se consacrer à l'industrie, au commerce, à l'administration, au commandement, mieux encore, à la réflexion. Les gains plus substantiels dans les autres secteurs prolongent l'effet. Ce qui compte sans doute le plus dans la vie du XVIIIᵉ, ce ne sont pas les machines anglaises — elles sont l'avenir —, c'est l'outil. L'outil parvenu au terme d'une longue évolution, parce que le matériau utilisé est meilleur, la main qui le façonne et l'utilise plus habile, en un mot parce que l'apprentissage a eu plus grande prise sur une génération d'artisans qui lisent. Voyez Rousseau et le milieu de Genève, songez à l'Angleterre lisante, aux noyaux de Frances instruites. Parce qu'on est plus attentif à bien recevoir l'héritage. Voir-faire et ouï-dire, certes, dominent toujours le plan essentiel de la transmission des techniques. A la base, du moins, car le xviiie siècle est le siècle des gros traités, des livres, puis des écoles où s'enseigne l'art de l'ingénieur. Les planches de l'*Encyclopédie* marquent le point de départ timide d'une dignité toute neuve. Des artisans lisent, qui pensent plus hardiment avec leurs mains, des artisans qui entrent en communication avec les techniciens de la pensée.

Reprenons à notre compte cette distinction fondamentale que Fernand Braudel emprunte à l'anthropologie culturelle. Réservons l'usage du mot civilisation aux cultures qui ont atteint le niveau de l'écrit, la civilisation se confondant ainsi avec le secteur de la culture solidaire de l'immense héritage de la transmission écrite. Au niveau de l'artisanat urbain, le xviiie siècle ébauche une rencontre jamais réalisée de la culture et de la civilisation, au bénéfice de la civilisation, certes, au bénéfice plus encore de la culture traditionnelle. Bénéfice par le biais des hommes. L'acquisition très tôt des mécanismes psychomoteurs de la lecture et de l'écriture, l'acquisition par l'écrit de structures intellectuelles complexes, loin d'entraver la transmission traditionnelle des savoirs et des gestes de métier, par voir-faire et ouï-dire, facilite l'acquisition. L'artisan qui lit, à l'intersection de la culture traditionnelle et de la civilisation de l'écrit, acquiert plus vite, retient mieux un savoir-faire qu'il va désormais modeler plus facilement. L'acquisition massive de l'écriture et d'un degré de lecture utile par une fraction, par place majoritaire, de la gent mécanique, cela est vrai pour l'Angleterre, contribue à la mise en mouvement rapide des procédés artisanaux de fabrication, des gestes et des techniques manuelles qui impriment la pensée aux choses.

Le xviiie siècle perfectionne l'outil traditionnel. Et plus spécialement au sein de quelques laboratoires de l'habileté, la fabrique de l'horloge, de la montre, du chronomètre, la manufacture des instruments scientifiques, ces multiplicateurs sensoriels légués par le xviie siècle aux Lumières qui les poussent à un niveau incomparablement supérieur d'efficacité et de perfection, la facture d'orgues, de clavecins et de violons. Dans la victoire tardive du télescope, il y a l'art de couler une matière adéquate et de la polir en miroir, dans le progrès du microscope, la qualité des lentilles. Voyez le verre, le cristal de table, les glaces.

Le xviiie siècle se situe au point ultime d'évolution d'un outillage traditionnel, manié souvent par des lisants qui s'en servent mieux et lui font rendre la totalité de ses possibilités insoupçonnées. Le XVIIIe siècle peut-il se définir comme le siècle de l'outil parfait manié à la perfection, qui va bientôt livrer son grand combat à la machine? L'outil avant la machine, certes. La machine contre l'outil, non. Rien de moins contradictoire que l'outil du XVIIIe et la machine anglaise. Une des conditions, et non des moindres, de la révolution industrielle réside dans l'habileté d'artisans aptes à dominer la matière de leurs mains, à travailler le fer, à réaliser des roues dentées, des pignons, des axes, à résoudre une infinité de petits problèmes pratiques qui s'appellent courroies de transmission, joints hermétiques et qui supposent des trésors diffusés d'habileté et de savoir-faire.

Ces petits progrès ne se laissent pas facilement cerner. Rien dans l'histoire sérielle des rémunérations et des prix ne laisse percevoir une amélioration sensible du niveau de vie des classes nombreuses. On commence à peine à tourner la difficulté, à inventer le document, à trouver un moyen adéquat d'utilisation. Le cadre de la vie matérielle s'enrichit, se diversifie, s'améliore. La maison que l'on construit est un peu plus grande, un peu mieux aérée, un peu moins fruste que celle qu'elle remplace, cela n'est pas vrai seulement des riches. Un lit au lieu d'une basse couche, une armoire au lieu d'un coffre, du linge, un peu de vaisselle. Dans l'intervalle, la population s'est accrue. Qui s'est trompé? L'économie avec son salaire et le prix du pain? L'histoire sociale et l'enquête sur l'habitat qui a chiffré, cubé, mesuré la maison paysanne aisée telle qu'elle subsiste de nos jours encore? Acceptons et dépassons l'apparente contradiction. Ce que les séries des prix ne sont pas parvenues, jusqu'ici, à mesurer, c'est l'objet nouveau, l'objet disponible, la qualité meilleure, le fruit indirectement saisi d'une augmentation sensible de la production dans tous les domaines; acceptons, en attendant mieux, sous réserve d'inventaire, l'inévitable proposition. L'artisanat a réalisé, au XVIIIe siècle, sans investissement direct, un gain appréciable des rendements. Sans investissement autre que celui, indirect, d'une meilleure transmission de la connaissance qui aboutit à des hommes plus nombreux et mieux instruits.

Presque sans investissement immédiat, là réside toute la différence avec le XIXe siècle. Par une attention renouvelée, par une valorisation de l'habitude au détriment de la routine. A l'âge des ordinateurs, on serait tenté de risquer : 50 p. 100 de mieux d'un *hardware* amorti par l'amélioration sans frais du *software*. Le gain modeste réalisé est immédiatement disponible pour l'homme. Deux fois plus d'hommes, un peu mieux éduqués, vivent un peu plus vieux à la fin du siècle. A la fin du XVIIIe l'Europe compte cinq à six fois plus de lisants qu'à la fin du xviie, dix fois plus, peut-être, qui ont franchi le seuil de la lecture efficace, et qui lisent davantage et autre chose. Tout bien pesé, la capacité d'absorption par la lecture a décuplé, en l'espace à peine de deux générations.

•

Nous voici à nouveau en présence d'une contradiction. Solidaire du passé, le xviiie siècle n'en est pas moins siècle du mouvement, du progrès pratique, au ras des choses. Dépasser la contradiction, c'est découvrir ce qui nous est apparu constituer l'explication centrale, la clef de voûte, peut-être, du temps des Lumières. La stabilité des modes de production de la société traditionnelle n'excluait ni la modification, ni le changement qui était le plus souvent un progrès. L'originalité du xviiie siècle ne réside pas dans des modifications individuelles, mais dans la propension qu'y prend le changement à entraîner d'autres changements. Pour exprimer cette réalité, il est commode de recourir à la langue des économistes. Elle parle d'entraînement, de multiplicateur. Nous parlerons donc du multiplicateur de croissance du temps des Lumières.

L'apparente stabilité technique du xviiie siècle est la condition même du multiplicateur de croissance. Les progrès techniques décisifs se situent au niveau du *know how* des économistes anglo-saxons. A la limite donc, ils sont gain pur ; ils précèdent et ils permettent la véritable mutation, celle des machines, qui exige, au départ, le redoutable ascétisme d'un renouvellement complet du matériel de production. Le xviiie siècle, en fin de course de la « civilisation traditionnelle », a vu se réaliser un ensemble de micro-améliorations difficilement décelables mais qui ont entraîné des améliorations importantes de la productivité. Une amélioration appréciable des conditions matérielles de la vie en découle. Elle se produit au bénéfice des couches intermédiaires. La réussite de Rousseau et celle de Diderot expriment l'émergence aux loisirs de la culture de couches sociales qui totalisent plusieurs millions de promus pour l'ensemble de l'Europe. Restent à l'écart, au bas de l'échelle, 40, 50 p. 100 ici et là. La situation matérielle des humbles ne s'aggrave pas. Objectivement, le xviiie n'en est pas moins plus dur aux pauvres. Le décollement des genres de vie de la *lower middle class* aura transformé la grande, tragique mais généreuse société des pauvres en une série de ghettos. La pauvreté perd son contenu traditionnel. Le vocabulaire évolue. Les pauvres d'hier sont les misérables d'aujourd'hui. L'ascétisme laïcisé de la croissance emprunte ses valeurs au puritanisme. La pauvreté est un échec, puisque la promotion semble offerte aux meilleurs. Malthus, en 1798, en tire une conséquence radicale, déniant aux humbles jusqu'à la joie simple de l'amour charnel et du don généreux de vie. On est en droit de sentir à travers la justice bailliagère la montée de la misère française autour de 1770, on peut tout aussi bien être sensible à l'aisance modeste des humbles. Un fossé se creuse qui sépare des nations en puissance le gros tiers sacrifié des futurs citoyens passifs. Mais pour les autres, pour une courte majorité, l'Europe des Lumières, à l'ouest, laisse flotter sur terre un certain sourire. Ce sourire est capital. Il assure le succès des pensées nouvelles. Le Voltaire du *Mondain* a exprimé la promotion des Arouet aux soupers de la Régence, l'*Encyclopédie* est à l'heure du sourire au niveau d'un plus grand nombre.

Une vie toujours aussi sévère et cependant, pour beaucoup, sensiblement moins rude, plus humaine. Une vie plus longue. La vérité moyenne du XVIIe siècle, en dépit des nuances et des exceptions, est dure. Espérance de vie, vingt-cinq ans, une chance sur deux d'atteindre la vingtième année, la perspective d'une ou deux grandes hécatombes. Les survivants payent la traversée collective de la vallée de l'ombre de la mort d'un grand désert affectif.

Or voilà qu'au XVIIIe, preuve irréfutable d'un mieux profond, la révolution vitale s'esquisse. De 1700 à 1800, dix ans ont été en moyenne gagnés. Voyez les records de santé de la *gentry* britannique. Dix ans en plus : la tranche de vie adulte (celle-là seule qui, socialement, compte) a doublé. Comment apprécier une telle modification? Elle est sans équivalent. Elle commande toutes les autres. La révolution à l'égard de l'enfance d'abord. Les froides probabilités n'entrent plus seules en jeu. On peut, en luttant, au prix d'efforts et d'attention, conduire l'enfant à l'âge d'homme. L'aristocratie britannique, une fois de plus, donne le ton. Seigneurs et grandes dames se consacrent à l'éducation. L'enfant mieux aimé, mieux éduqué, n'est pas, au départ, l'enfant rare. La grande mutation de l'éducation et la promotion de l'enfance, c'est, d'abord, la conséquence de chances meilleures sur la mort. A partir de 1730, dans quelques secteurs privilégiés, le combat pour l'enfant vaut la peine d'être livré! Le combat livré transforme le succès initial en victoire.

De 1700 à 1800, une modification profonde intervient des attitudes devant la mort, la promotion du couple acquise depuis longtemps en Angleterre s'affirme sur le continent. La famille conjugale achève de chasser lignage et « frérèches ». Et pourtant, dans 10 à 15 p. 100 des cas, trois générations restent en ligne. Avantage non négligeable pour l'éducation. L'aïeule et la tante célibataire (ne pas oublier que le célibat définitif s'accroît) collaborent à la grande œuvre du siècle.

L'alphabétisation massive est bien le corollaire de la grande victoire sur la mort. Alphabétiser des promus à une mort prochaine est luxe et chimère.

Alphabétiser, c'est, collectivement, fonder un minimum d'espérance sur les chances de survie de l'enfant. Voyez fonctionner le multiplicateur. La population double, la proportion de ceux qui lisent double (c'est un minimum). La proportion de ceux qui atteignent un niveau efficace de lecture augmente plus encore, le matériel mis à la disposition de ceux qui lisent décuple. Quelques secteurs privilégiés de la Nouvelle-Angleterre, de la vieille Angleterre, de l'Allemagne piétiste, de l'axe rhénan, de la France du Nord-Est ont connu des niveaux d'imprégnation par le livre que le XIXᵉ siècle n'a pas dépassés. Tout bien pesé, entre 1680 et 1780, la diffusion du contenu sans cesse élargi de la civilisation écrite, par l'écrit, est multipliée par vingt.

Dans ce domaine encore, les Européens, au XVIIIᵉ siècle, auront expérimenté le progrès ; progrès, non bouleversement. Au sein des sociétés demeurées, pour la meilleure part, traditionnelles, la vie continue à couler dans des structures multiséculaires, familières donc, et parfaitement reconnaissables. A aucun moment, un texte des Lumières ne traduit un sentiment dominant d'étrangeté. Le dépaysement devant le changement suppose la prise de conscience d'un avant et d'un après. Quand se produisent les transformations de la société industrielle, le dépaysement domine. Rien de tel au XVIIIᵉ siècle. Contentement, assurance, certitude découlent de la perception d'une nouveauté dans un système de référence bien en place. La stabilité des structures séculaires est la condition première, au XVIIIᵉ siècle, de la perception du changement, donc de l'expérience vécue du progrès.

Tout y contribue. Au plan intellectuel, par exemple pour l'élite, la prodigieuse mutation, à la fin du XVIIᵉ, de la connaissance historique. Elle enrichit la gamme des références. A la « révolution scientifique » des années 1620-1650, correspond, *mutatis mutandis*, la « révolution de l'histoire » de 1660-1700. D'une technique désormais bien au point de l'établissement critique du texte et du fait, découle une mutation de la donnée précise, dans une connaissance multipliée par dix ou par vingt du passé. Le progrès découle donc de la rencontre de deux structures, une nouvelle structure intellectuelle et une nouvelle structure d'environnement. Le progrès n'est pas seulement affirmé, il est vécu dans le quotidien. Le progrès s'oppose à la longue prison d'une stagnation séculaire, au triomphe apparent des paramètres du passé. Il s'oppose tout aussi bien au bouleversement et à la remise en cause simultanée de tous les termes de référence. Le progrès cesse d'être vécu au XIXᵉ siècle, il est seulement proclamé. Le progrès en tant que perception d'un changement vécu comme une amélioration suppose donc un minimum de stabilité. Le XVIIIᵉ siècle aura été, pour une fraction de plus en plus large de ceux qui lisent, le siècle de la perception généralisée d'une amélioration.

La diffusion d'une large prise de conscience d'un progrès possible au niveau des couches moyennes et supérieures de la société ne fait pas de doute. Les conséquences en France en sont bien connues. Le changement apparaît possible. Puisque le changement est possible, il est nécessairement insuffisant. Le progrès pousse à la formation d'une conscience révolutionnaire. La modalité française de la crise de croissance de la fin du XVIIIe siècle n'est ni la seule possible, ni, sans doute, la plus intéressante.

Le progrès, c'est aussi l'espoir. Or, l'espoir qui se situe dans le temps s'oppose, en France du moins, bien souvent, à l'espérance qui appelle l'éternité. Le progrès, c'est une dimension brusquement nouvelle, une dimension insoupçonnée de la cité terrestre. Il n'est ni plus difficile ni plus facile de croire au ciel au XVIIIe qu'au XVIIe... ou au XXe. Mais il est plus tentant de penser à autre chose. Le progrès ouvre, dans la pratique, plus ici (France), beaucoup moins là (Allemagne, Nouvelle-Angleterre), une apparence d'alternative terrestre à l'eschatologie chrétienne. Un temps de vie adulte statistiquement doublé, un temps mieux rempli de soucis pratiques, de possibles, d'espoirs modestes, autant de pris, pour beaucoup, sur la méditation de l'essentiel. Ne nous hâtons donc pas de faire du raccourcissement eschatologique la condition *sine qua non* du progrès matériel. L'exemple de la Nouvelle-Angleterre met en garde contre ce type de simplisme.

A la fin du XVIIIe siècle, un peu partout, et même en France, l'essentiel reprend en partie ses droits. C'est que le progrès cesse d'être vécu avec l'accélération de la croissance. C'est que l'allongement de la vie rend plus douloureux encore le scandale de la fin de la vie. On meurt aussi difficilement à cinquante ans qu'à trente. Les moribonds en sursis des Lumières pourront l'expérimenter tout à loisir dans l'atmosphère trouble d'une fin de siècle tourmentée et mystique. En même temps que le *corpus* des pensées des Lumières, les structures d'environnement du XVIIIe siècle se défont.

A la fin du XVIIIe siècle, le multiplicateur s'emballe. Le mouvement s'efface devant l'explosion. Les Lumières débouchent sur la croissance soutenue du XIXe et la mutation explosive du XXe siècle. Mais arrêtons-nous un instant pour un bilan provisoire. A la fin du XVIIIe siècle, un point de non-retour est atteint. Faut-il rappeler la multiplication par quatre des lisants, la multiplication par vingt du matériau disponible pour une lecture attentive? Mais que dire de la culture scientifique? Entre la fin du XVIIe et la fin du XVIIIe siècle, il n'est pas déraisonnable de supposer, nous le verrons, une multiplication par presque cent de la donnée d'information. Alors comment tout intégrer dans un système global de la connaissance? Dans une certaine mesure, Kant marque clairement le terme d'une certaine ambition totalisante. Entre les systèmes du XVIIe siècle (Descartes, Spinoza, Malebranche) et ceux du XIXe (Hegel et les post-hégéliens), la distance est immense. La *Critique de la raison pure* paraît en 1781. Il est peu de dates courtes aussi importantes dans l'histoire de la pensée. Le criticisme kantien renferme l'aveu d'impuissance de la raison. Elle ne peut tout expliquer dans la mesure où l'esprit humain ne pourra plus, désormais, réunir la totalité de la moisson qu'il a récoltée. Prométhée est puni. Il ne pourra jouir de la totalité de ce qu'il a acquis au prix de trop d'efforts et de tant de souffrances.

Les Lumières diffusent, brillent et scintillent sur l'étendue brisée d'une connaissance morcelée. Les sciences se détachent, les lettres se constituent en secteur autonome, l'histoire, elle aussi, affirme son exigence de déroulement autonome. Le simple a fait place au multiple. Au milieu de quoi le fait religieux demeure. Le XVIIIe siècle, déjà, propose les solutions du XIXe siècle. Le refuge au for intérieur. Une religion de la relation verticale. Piétisme et laïcité cohabitent sans trop de peine. Après la chrétienté, l'Église s'efface. Les Lumières du XVIIIe siècle sont multiples comme le spectre. Là réside, dans l'acceptation d'une richesse éparse, le legs des Lumières. Faut-il dire son âme? L'âme et le corps, l'âme plus que le corps et souvent, bien sûr, le corps plus que l'âme. Car le XVIIIe siècle a hérité du *cogito* cartésien sa tension fondamentale. La pensée majoritaire du XVIIIe siècle ne se situe pas en retrait sur ce point, mais dans le dualisme hérité de la scolastique chrétienne, voire très en avant. Entre l'âme forme du corps, selon la vieille conception aristotélicienne reprise par les scolastiques, et la chair, le passage se faisait graduellement par étapes. Le XVIIIe siècle a tiré, mieux que le XVIIe, quelques-unes des conséquences pratiques du tournant idéaliste de la philosophie cartésienne. Que le destin de l'âme et celui du corps voué à la transmutation glorieuse du dernier jour se jouent ensemble, rien de choquant dans la tradition médiévale. Aucune tentation d'une âme matérielle et mortelle ne s'insinue dans la droite ligne de l'idéalisme postcartésien. L'opposition ontologique entre le moi pensant et la matière étendue sous-tend le spiritualisme latent de la philosophie de l'*Aufklärung* et des grandes constructions idéalistes du premier XIXe siècle. Aucune tentation, certes. Le danger est ailleurs. Il réside dans une opposition fondamentale et paralysante. L'âme, en son for intérieur, appartient aux cloisonnements des Lumières.

De la parcimonie salvatrice préalable du for intérieur, l'avantage est évident. Le XVIIIᵉ siècle a sauvé par ce biais un essentiel qu'il a transmis au XIXᵉ siècle : le for intérieur et la relation laïque individuelle piétiste de l'âme orante avec le Vrai Dieu, le Dieu transcendant, tenu à l'écart par sa propre légalité d'une création lointaine. Tout un essentiel où l'Église se dissout. La chrétienté réformée traverse presque allègrement ce grand désert de l'Église où l'Europe catholique se crispe dans de dramatiques combats, où les coups sont durement reçus, jamais rendus. La piété qui en découle fuit l'incarnation quotidienne. Elle penche vers l'ascèse intellectuelle d'une irréaliste négation du corps et du sexe.

Salvation au for intérieur, au prix d'une totale autonomie de la connaissance, au prix d'une totale liberté du corps. Ce qui touche le corps est fondamentalement sans importance, dans la pratique du for intérieur. L'idéalisme latent des Lumières spirituelles recoupe à la limite le matérialisme vulgaire de l'épais La Mettrie, voire toute la gamme des philosophies sensualistes. Machine à sensations ou objet dérisoire. Voilà le corps objet, le corps regardé du dehors, le corps jouet de l'âme. L'érotique des Lumières découle peut-être de ce parti pris. On ne communie plus avec le corps. Plus d'érotisme phallique. L'érotisme du XVIIIᵉ est de sensation, il frôle, il effleure, palpe. Et dans l'architecture féminine, les seins enchâssés de dentelles détrônent les larges bassins de la *Venus genitrix*. Le corps objet peut être simple prétexte à des sensations raffinées. Boucher et Fragonard, fruits, à la limite, du *cogito* — on est tenté d'en avancer l'hypothèse dans un sourire —, plaident aussi en faveur du fractionnement irréversible d'une civilisation trop riche qui ploie sur les bords et renonce à jamais à la totalité.

Ces considérations commandent une démarche. Les Lumières explosent dans l'espace, le nombre et l'État. Les Lumières, entendez d'abord des hommes plus nombreux qu'au XVIIᵉ siècle, sur un espace élargi, dans des structures démographiques modifiées, qui se marient, naissent et meurent suivant des modalités anciennes, certes, mais en cours d'évolution. Ce sont des hommes, mieux des sociétés aux prises avec l'État. L'Angleterre et la France d'une part et leurs modalités politiques voisines de vieux pays, de l'autre les despotismes éclairés sur la périphérie, qui sont les États du rattrapage.

Les Lumières, entendez bien plus encore, la mise en marche de toutes les pensées. Les structures mentales de l'âge classique se modifient lentement, elles donnent naissance à une nouvelle civilisation, riche, diverse et multiple. La mise en cause de la politique et de la religion, l'entrée de l'histoire au premier rang de la connaissance. L'autonomie et le primat dévorant des sciences. La marche de l'acculturation des traditionnels. Et puis aussi, au repli de l'âme, une nouvelle sensibilité religieuse.

Mais les pensées des Lumières sont des pensées pratiques en prise directe sur le réel. Nous en suivons l'impact sur l'économie et dans une esthétique indissociable d'un nouvel art de vivre. Une civilisation livre ses secrets dans le cadre de la vie quotidienne. Le XVIIIᵉ siècle voit dans tous les domaines la promotion de la famille. Pénétrer au foyer, partir à la recherche de la beauté, retrouver sur le chemin de Cythère un très subtil art d'aimer.

L'ESPACE ET LES DIMENSIONS DE L'HOMME

PREMIÈRE PARTIE

L'ESPACE ET
LES DIMENSIONS
DE L'HOMME

L ES raisons qui conduisent l'historien à retenir, à partir de 1680, date ronde, la durée de trois générations, un siècle en gros, sont évidemment dictées par l'histoire intellectuelle de l'Angleterre et de la France, dont les réussites se détachent et s'affirment depuis que tout s'est mis à bouger vite dans l'ordre des pensées. La périodisation a toujours intérêt à coller à l'histoire intellectuelle, sans doute parce que l'esprit commande. 1680-1710 ou 1720, l'entrée dans la parenthèse cartésienne, les conséquences politiques, théologiques, ontologiques follement développées de l'option mécaniste et dualiste du début du siècle. Tout le XVIIIe siècle est là, il était déjà en puissance dans le *Tractatus theologico-politicus*, en 1670. Hier, on avait hésité à suivre Paul Hazard dans ses démarches. Aujourd'hui plus d'hésitation possible. La fin du XVIIe siècle marque, tout bien pesé, au même titre que le début du siècle, une grande date de l'histoire globale. On peut faire partir de 1730-1750 l'explosion des Lumières; en fait, la mise en mouvement commence bien vers 1680.

Que se passe-t-il d'important au cours des deux dernières décennies du XVIIe siècle? Attention! Les indicateurs traditionnels risquent d'induire en erreur. Regardons, en effet, l'Europe nombreuse : la France, les Pays-Bas, l'Angleterre, l'axe rhénan, l'Italie du Nord, 900 000-1 000 000 de km², 35 habitants par km², l'Europe dense, l'Europe des réussites. Cette Europe s'essouffle. Tandis que la population continue de plafonner en Angleterre, elle a tendance à baisser en France et en Belgique. De 1680 à 1720-1730, la France perd 10 p. 100, en moyenne, de sa population. Ce malaise n'est pas superficiel. Il affecte la natalité qui baisse, la mortalité qui augmente, l'âge au mariage qui s'élève, la transmission de la vie par l'introduction, au sein des relations conjugales, du *coïtus interruptus* au niveau des lords anglais, des bourgeois de Genève et des ducs et pairs en France ; en même temps, l'espérance de vie reflue dans les îlots les plus privilégiés de l'Angleterre heureuse.

Que s'est-il donc passé ? Embrassons l'ensemble de la vieille chrétienté. Les Lumières révèlent l'entrée en scène d'une Europe frontière, jaillie à l'est et au nord. La population de l'Europe, l'ensemble des deux chrétientés, la latine et l'orthodoxe, avait largement dépassé le cap des 100 millions, aux alentours de 1620, au sommet d'une longue phase de récupération commencée au XVe siècle. Rupture et reflux au début du XVIIe siècle, mais ce cataclysme avait affecté presque exclusivement l'Europe périphérique. Dans son rapport hommes/espace, l'Europe classique était une Europe étayée au centre, bloquée sur ses marges. La prépondérance française sortait renforcée d'un nouvel équilibre. Le rapport de population France/Europe, vers 1660, est à peu de chose près le rapport de population France/chrétienté au début du XIVe siècle.

L'Europe merveilleusement préservée au centre, pour la grande mutation des pensées, est traversée cinquante ans après par l'inévitable contrecoup d'une croissance sur deux siècles de sa population. 1600-1630 avait marqué le point de départ d'un mouvement en ciseaux. Tandis que l'Europe nombreuse continuait une croissance ralentie, l'Europe périphérique refluait en catastrophe. Une partie du nouvel équilibre de la Renaissance cédait le pas. D'autant qu'au début du XVIIe siècle, l'Europe outre-mer cessait, pour un temps, pratiquement de croître. L'Europe du début du XVIIe siècle, encombrée d'espace, s'était refermée sur un nouveau monde clos, incomparablement plus vaste que celui du XIIIe. Dans la mesure où l'invention d'espace, à l'intérieur de la société et de l'économie traditionnelles, a tenu le rôle dans la croissance des pulsions du progrès technique à notre époque, le blocage spatial du XVIIe siècle joue une partie capitale. Outre-mer bloqué, « frontières » de peuplement entravées à l'est, espace contrôlé immense mais fermé, temps propice aux méditations moroses et aux cheminements en profondeur, tel est bien le court et dense XVIIe siècle, de 1630 à 1680. La prospérité du vieux noyau dense central nous a fait interpréter comme un long trait horizontal ce qui était le tragique reflux des Europes périphériques. Un important équilibre est de nouveau modifié à la hauteur des années 1680. Curieuse coïncidence ? Une grande mutation de la pensée rencontre le temps dur d'une vaste angoisse collective. L'affirmation des Lumières sonne, au départ, comme un défi. Leur premier optimisme exprime une démarche collective profonde. Il fallait, certes, beaucoup de foi et beaucoup d'orgueil pour préférer aux certitudes du ciel, l'eschatologie courte d'une terrestre incertitude.

CHAPITRE I

L'ESPACE DES LUMIÈRES

L 'ESPACE des Lumières s'organise à partir de la décennie 80 du XVIIᵉ siècle. L'Europe classique était une petite Europe, bloquée au sud-est par l'Empire turc, coupée de la mer Noire par le khanat de Crimée. La Moscovie d'avant Pierre le Grand, est-ce l'Europe? Voltaire en doute. Répondons, un instant, par l'affirmative. La domination moscovite sur les terres nouvellement acquises restait précaire. Elle poussait une pointe jusqu'à la Caspienne, atteignait l'Oural en son milieu. Son pouvoir était théorique sur les Kalmouks et les Bachkirs. La frange des fortifications, Kharkov, Bielgorod, Voronej, Tambov, Saransk, Simbirsk, Menzelinks, marque, depuis le milieu du XVIIᵉ siècle, la vraie ligne de partage entre le certain (le Nord-Ouest forestier) et l'incertain (le Sud-Est de la steppe). La Russie blessée du Temps des Troubles s'est repliée sur la forêt. La « frontière » russe s'est fermée au XVIIᵉ siècle. La forêt scandinave continue avec la toundra à faire écran au nord, les bords de la mer Blanche et de l'océan Glacial découpent un autre *no man's land*. Partout, sur le continent, à l'est et au nord, partout en Amérique — où le Pérou marque le pas devant les cordillères insoumises des Andes —, en Afrique, en Asie, les empires piétinent. L'Europe a brisé une partie seulement des contraintes qui cernaient son champ d'action. L'Europe classique a conservé, sans plus, les positions du XVIᵉ siècle. Entre la civilisation européenne et les autres mondes, une nouvelle barrière s'est dressée.

Il appartient aux Europes périphériques, à la hauteur des années 1680, de relancer la croissance par l'invention de nouveaux espaces. Les années 80 marquent bien le passage décisif d'une petite à une grande Europe. Jamais, face au reste du monde, l'Europe des Lumières, excentrée par rapport à l'Europe classique et à l'Europe méditerranéenne du temps de la Renaissance, n'aura été, objectivement, plus vaste. La prise de conscience de cette dilatation de l'espace européen s'exprime paradoxalement dans le cosmopolitisme des Lumières, un cosmopolitisme restreint qui n'a jamais dépassé le cadre de l'Europe et repose sur un oubli implicite du reste du monde. C'est un peu l'anticipation de la conquête, en profondeur, des continents par la civilisation-monde à composante européenne. Il est donc, tout à la fois, la prise de conscience de cette mutation, l'oubli des autres cultures et des autres civilisations au-delà des frontières élargies de l'espace européen, la perception généreuse d'une cité des hommes confondue avec la grande Europe.

•

Partons des textes littéraires. En allant des vulgarisateurs tardifs, témoins d'une large diffusion, aux textes fondamentaux qui marquent clairement la relation nouvelle de l'homme à l'espace européen élargi. Deux *minores* ont eu leur heure de succès : Ange Goudar a publié, en 1765-1774, à Cologne, un *Espion chinois, ou l'envoyé secret de la Cour de Pékin pour examiner l'état présent de l'Europe*. Le procédé est éprouvé depuis les *Lettres persanes*. Le marquis de Caraccioli donne à Venise et à Paris en 1777 *Paris le modèle des nations étrangères, ou l'Europe française*. Affirmation de l'unité européenne d'abord. Le Chinois de service d'Ange Goudar s'étonne benoîtement : « Je ne sais pourquoi les Européens ont imaginé de se diviser en petites peuplades, dont les forces n'étant pas en proportions relatives sont continuellement à la veille d'être subjuguées. » Quant au marquis, il s'écrie d'un seul élan : « Italiens, Anglais, Allemands, Espagnols, Polonais, Russes, Suédois, Portugais... vous êtes tous mes frères, tous mes amis, tous également braves et vertueux. » (D'après R. Pomeau.) Caraccioli donne, du même coup, les limites de la cité élargie des Lumières : le monde, c'est-à-dire l'Europe.

L'Europe une, l'Europe comme unité culturelle supérieure. Jaucourt, le plus fécond des collaborateurs de l'*Encyclopédie*, affirme que l'Europe l'emporte sur le reste du monde « par le christianisme dont la morale bienfaisante ne tend qu'au bonheur de la société ». « Les peuples de l'Europe ont des principes d'humanité, osait déjà affirmer Voltaire, qui ne se trouvent point dans les autres parties du monde [...] Les Européens chrétiens sont ce qu'étaient les Grecs. » L'Europe, espace culturel, réintroduit une appréciation favorable du christianisme comme fait européen de civilisation. Et l'*Encyclopédie* textuellement conclut : « Il importe peu que l'Europe soit la plus petite des quatre parties du monde par l'étendue de son terrain, puisqu'elle est la plus considérable de toutes par son commerce, par sa navigation, par sa fertilité, par ses lumières et l'industrie, par la connaissance des arts, des sciences, des métiers. »

L'Europe, espace culturel, c'est aussi le mouvement, le progrès. Hors d'elle, tout est immobile, figé, barbare. « Tous les peuples qui ont négocié aux Indes y ont porté toujours des métaux et en ont rapporté des marchandises [...] Les auteurs anciens qui nous ont parlé des Indes nous les dépeignent telles que nous les voyons aujourd'hui, quant à la police, aux manières et aux mœurs. Les Indes ont été, les Indes seront ce qu'elles sont à présent [...] La plupart des peuples des côtes de l'Afrique sont sauvages ou barbares [...] » (Montesquieu, *l'Esprit des lois*, XX, 21.) A l'intérieur de l'espace culturel européen, vigoureusement affirmé, Montesquieu introduit une bipolarité fondamentale : « Il y a dans l'Europe une espèce de balancement entre les nations du Midi et celles du Nord. Les premières ont toutes sortes de commodités pour la vie et peu de besoins ; les secondes ont beaucoup de besoins et peu de commodités pour la vie. » L'Europe dilatée par la croissance vigoureuse de ses marches se confond non seulement avec l'univers habité, mais elle se construit autour d'une polarité nord-sud qui se moque à juste titre des nations et des États.

Cette dualité nord-sud — elle renferme une réalité objective de plus en plus lourde — appartient vraiment à la représentation spatiale des Lumières. L'Europe est, au départ, une Méditerranée basculée vers le nord. Cette structure, l'Europe, née dans les mots au XVIIe siècle, l'emprunte à la chrétienté latine. Le mouvement de bascule qui parvient à la conscience littéraire du XVIIIe siècle s'enracine dans la très longue durée. Du VIIe au XIVe, le Nord n'avait cessé de gagner au détriment de l'espace méditerranéen cassé en deux par l'insertion de l'Islam. La grande novation médiévale se joue entre Loire et Rhin. La peste noire qui frappe plus au nord, l'invention, la conquête et l'exploitation des nouveaux mondes contribuent à la remontée de la Méditerranée. Cette création de routes, de communications, d'espaces s'accompagne d'une puissante invention artistique et intellectuelle. Les prestiges reviennent sur la Méditerranée. Dans l'ensemble, sur la lancée des XVe-XVIe siècles, le XVIIe siècle continue de surestimer le prestige de la mer Intérieure.

En 1680, conscience est prise d'un nouvel équilibre. Du Midi au Nord, au niveau des représentations, le chapitre n'est plus à écrire. Paul Hazard l'a publié au début de *la Crise de conscience européenne*. Effondrement de l'Espagne, effacement de l'Italie, pleine maîtrise de la France, rude concurrence de l'Angleterre, de la Hollande, de la moitié occidentale de l'Allemagne. « En 1697, à Tübingen, André Adam Hochstetter exalte dans un discours latin [le latin, la langue du Nord] l'utilité du voyage en Angleterre : *Oratio de utilitate peregrinationis anglicanae.* Je ne vanterai pas, dit l'orateur, la fertilité de l'Angleterre, je parlerai bien plutôt de sa science et davantage encore de sa religion. Qui parmi nous ignore avec quel courage viril, sous le règne de Jacques II, des hommes d'élite se sont opposés aux émissaires de la synagogue romaine et ont défendu une cause qu'ils ont en commun avec nous ? » Le début des Lumières est aussi la grande revanche de l'Europe protestante.

Une histoire littéraire du voyage reste à faire ; elle nous apprendrait beaucoup. Le voyage du XVIᵉ à la fin du XVIIᵉ siècle conduit presque immanquablement vers le Sud. Rome est le pèlerinage forcé de l'artiste, Montaigne n'échappe pas à la règle italienne. Le Nord s'instruit au Sud, il élargit son horizon au Midi, il reçoit ses cuisiniers, ses maîtres du Sud. On va chercher au Sud prestige, consécration, bien culturel. Le Sud envoie vers le Nord ses missionnaires, ses maîtres, ses techniciens : s'instruire au Sud, enseigner au Nord.

Le voyage change de sens autour de 1680-1700. Le voyage philosophique, littéraire, sinon artistique, cesse de conduire vers le Sud : c'est le Nord qui appelle. Le voyage culturel des Lumières mène paradoxalement vers l'Europe du Nord. Pour plaider la cause du Nord, voyez, *a contrario*, le voyage d'Espagne. A partir de Mᵐᵉ d'Aulnoy, à la fin du XVIIᵉ siècle, il se fige dans un stéréotype : l'Espagne, sujet d'étonnement, de moquerie et de scandale pour l'Europe extra-pyrénéenne, n'est plus l'Europe ; propylée des anciens et des nouveaux mondes, elle devient la lointaine annexe des espaces extérieurs. La translation de la *peregrinatio* ibérique du domaine du voyage culturel sur le genre exotique dénonce l'excentration de l'espace européen. L'Europe perd une province méditerranéenne au moment où elle gagne des provinces au nord. Mais passons de l'imaginaire à la réalité, au voyage réel, au voyage culturel de l'élite des Lumières. On se plaît à imaginer une recherche facile à conduire, sur une gamme nécessairement limitée des noms connus de la littérature, des sciences et des arts, qui aboutirait à une série de cartes par points du XVIᵉ au XVIIIᵉ siècle. Les cartes du XVIᵉ marqueraient la convergence italienne, celles de la charnière des XVIᵉ et XVIIᵉ une Espagne dans le prolongement italien. A partir de 1680 on verrait l'Angleterre, à partir de 1750 l'Allemagne de l'Est, à partir de 1770 la Russie européenne, c'est-à-dire Saint-Pétersbourg.

L'Europe du voyage est une Europe urbaine. Paris vient loin en tête, bien sûr, Venise, Rome, Florence, par vitesse acquise, tradition, goût du plaisir, Vienne, Londres se classent pour la science, Berlin et Saint-Pétersbourg pour les moyens mis au service des sénateurs de la réputation et de la connaissance par les despotes éclairés, Frédéric ou Catherine, le prince selon l'ordre des philosophes. « Débarquant à Bordeaux, le Westphalien Candide et le Hollandais Martin entendent dire à tous les voyageurs : " Nous allons à Paris " ; ils cèdent à l'empressement général, se disant que ce n'est pas se détourner beaucoup du chemin de Venise où doit les attendre Cunégonde. » A Marseille, comme à Bordeaux, à Lyon, à Calais ou à Strasbourg, les voyageurs du voyage philosophique ne font que passer. « Tous se hâtent vers la capitale des Gaules ou la nouvelle Babylone » : car selon l'Espion chinois d'Ange Goudar, « tout le royaume est dans Paris », cette « capitale du monde européen ». Marivaux va jusqu'à faire dire à l'un de ses personnages que « Paris, c'est le monde », que le « reste de la terre n'est que les faubourgs ». (D'après R. Pomeau.) Marivaux caricature sans le vouloir la dimension spatialement restreinte de l'Europe éclairée par le voyage philosophique.

Le voyage sur le continent fait partie de la formation au XVIIIᵉ des fils de l'aristocratie anglaise. L'Europe du voyage anglais est d'abord française ; elle pousse jusqu'à Venise, déborde éventuellement sur les Pays-Bas, le Rhin et une fraction d'Allemagne, elle ignore désormais l'Espagne. L'Angleterre et la France confessent ainsi, à travers les éléments d'un voyage pédagogique, leur condominium culturel sur l'Europe éclairée. Le voyage anglais sur le continent a contribué à franciser assez profondément, au XVIIIᵉ siècle, la langue anglaise elle-même. L'anglais de la reine, l'accent d'Oxford avec ses syllabes détachées et ses intonations continentales est né, dans une large mesure, du séjour sur le continent des fils de la *gentry* britannique, tandis que l'anglais américain de la Virginie et de la Nouvelle-Angleterre des « Têtes rondes », protégé par la distance et sa rude écorce provinciale, conserve les intonations antérieures au cosmopolitisme européen et francophone du XVIIIᵉ siècle.

Mais revenons à l'espace culturel français. Toute la leçon des représentations spatiales du XVIIIᵉ se trouve ramassée dans les pérégrinations des plus illustres de ses fils. Voyez Rousseau, oscillant entre la Suisse, Turin, les Alpes, Paris et l'Angleterre avec Hume. Voyez Diderot et la Russie européenne de la Grande Catherine. Voyez Voltaire : « Né parisien, il n'a exploré que les pays du Nord, ne s'avançant jamais vers le sud au-delà d'une ligne jalonnée par la Touraine, Lyon, Genève. Ses chemins se dirigent vers l'Angleterre, les Pays-Bas, l'Allemagne, la Suisse. » (R. Pomeau.) La Lorraine, dans cet itinéraire, est plus qu'un lieu de passage : un des foyers de l'ellipse.

Cette géographie est déjà ancienne. Le long périple de Montesquieu de 1728 à 1732 permet d'esquisser une sorte de géographie psychologique de l'Europe des Lumières. Elle commence par l'Autriche « frontière » : Vienne, capitale d'un empire danubien tout neuf, où il rencontre le prince Eugène qui était alors président du conseil de guerre de l'Empire, héros de la « frontière » orientale de l'Europe, vainqueur des Turcs, reconquérant du Danube européen ; il en fera l'éloge dans son traité *De la considération*. Les notes du *Voyage d'Autriche* sont sèches. Les habitants de ce pays très catholique n'ont pas trouvé grâce. Deux seuls élans d'enthousiasme : les mines de cuivre de Hongrie, Kremnitz, Schemnitz, Neusohl (Montesquieu, de 1731 à 1751, tire de ses impressions de voyageur cinq mémoires sur les mines et les routes), l'effort du gouvernement impérial pour ouvrir à la circulation des biens et des idées ce pays montagneux, forestier, sauvage. « Ce beau chemin n'a coûté au pays que 430 000 florins. On a couvert de pierres le dessous et le dessus est couvert de gravier [...] L'Empereur a fait encore de très beaux chemins pour communiquer à ses ports d'Adriatique. On travaillait à un chemin depuis Carlstadt jusqu'à Boucharitz [...] »

De Gratz à La Haye, s'insère un long crochet : le traditionnel voyage d'Italie, dans une parenthèse. Déception, férocité systématique. A Venise d'abord, Montesquieu ne retient que décadence, paresse, débauche : « Il y a, depuis vingt ans, dix mille putains, à Venise, de moins ; ce qui ne vient pas d'une réformation dans les mœurs, mais de l'affreuse diminution des étrangers. Autrefois, il venait, au carnaval, trente à trente-cinq mille étrangers à Venise. A présent il n'en vient guère plus de cent cinquante. » Un reste de tendresse, pourtant, en raison d'une longue tradition d'impiété. Venise fait partie de l'Italie du Nord que l'Europe des Lumières retient dans les structures spatiales de ses représentations. « Il n'y a que les fous qui soient mis à l'Inquisition à Venise. » « Le Milanais est assez bien cultivé pour ce pays qui a été à l'Espagne. » Vertu du Nord. Par contraste : « Il n'en est pas de même du royaume de Naples : les gens de la Calabre ont un manteau, avec lequel ils se tiennent sur une place tout le long du jour, ayant de quoi vivre avec deux sols par jour. J'ai ouï dire que depuis que Minorque est aux Anglais, elle rapporte quatre fois plus qu'auparavant. » La Sardaigne : « Il n'y a ni eau ni vin. L'eau est presque toute saumâtre. » « Je suis parti de Turin, c'est-à-dire d'une ville assez ennuyeuse. » Gênes : « La République est très pauvre [...] Les Génois sont entièrement insociables ; ce caractère vient moins d'une humeur farouche, que de leur avarice suprême [...] Il y a toujours un noble génois en chemin pour demander pardon à quelque souverain des sottises que leur république fait. » « Les familles italiennes dépensent beaucoup en canonisations. La famille Corsini, à Florence, a dépensé plus de 180 000 écus romains dans la canonisation d'un saint Corsini. Le marquis Corsini disait : " Mes enfants, soyez honnêtes gens, mais ne soyez pas saints. " Ils ont une chapelle où repose le saint. Peu de fripons ont tant coûté à leur famille que ce saint [...] Tout

Italien aime à être flatté. » « Quand on entre dans l'État du Pape, on voit un meilleur pays, mais plus misérable. Il n'est pas si chargé d'impôts que le Pays de Florence ; il l'est très peu, mais comme il n'y a ni commerce, ni industrie, il a autant de peine à acquitter ses charges que les Florentins mêmes [...] » Dans l'État romain, l'impéritie engendre le paludisme et la superstition encourage le banditisme : « Mettez Cartouche à Rome! [...] A présent, une simonie publique règne à Rome. On n'a jamais vu dans le gouvernement de l'Église le crime régner si ouvertement. » « Une des choses qui contribuent le plus à peupler Naples, c'est la misère et la paresse des Napolitains. »

De retour d'Italie, Montesquieu traverse l'Allemagne catholique du Sud. Regard sans aménité sur la Bavière et sur l'Allemagne luthérienne. La Prusse de Montesquieu est encore un repoussoir de barbarie ; trente ans plus tard, tout aura changé. Tout au plus, la vallée du Rhin constitue une sorte de havre. De cette géographie sévère, un pôle d'attraction émerge : l'aristocratie anglaise apparaît partout sous un jour flatteur. Une surprise, la Hollande * : en 1729, elle est déchue dans la géographie affective des Lumières au profit de l'Angleterre. Cette déception correspond à une réalité économique. La Hollande ne s'est pas relevée de sa victoire de 1714 ; les charges que lui valent des responsabilités démesurées l'accablent. Passé le temps où Daniel Huet proposait inlassablement le modèle néerlandais. On comprend mal même en France une activité fondée essentiellement sur le négoce. « Le cœur des habitants qui vivent du commerce est entièrement corrompu. » Mais ce recul de la Hollande procède de la promotion d'un Nord plus lointain : « Il est certain que le commerce de Hollande diminue considérablement. Une preuve de cela, c'est qu'Amsterdam s'agrandit et bâtit sans cesse. On ôte l'argent du commerce pour l'employer en pierres et je vois qu'il en sera comme à Venise où, au lieu de flottes et de royaumes, il reste de beaux palais. Cela vient de ce que le Nord commence à négocier par lui-même dans le Midi. Hambourg, Altona, Dantzig vont plus qu'ils ne faisaient dans la Méditerranée. » Le coup d'œil de Montesquieu est confirmé par les travaux récents des historiens quantitativistes. La Hollande, comme l'Angleterre, est attaquée par les herbes orientales et beaucoup plus dangereusement par l'alcool. « Un homme m'a dit que le thé perdait la bourgeoisie de Hollande [...] il se consomme beaucoup de sucre, le mari demeure là deux heures et perd son temps. Les domestiques de même. Ce thé relâche les fibres de l'estomac des femmes ; dont plusieurs, pour remédier, recourent à l'eau-de-vie. »

La déception de Montesquieu se nourrit d'une surprenante découverte : l'intensité, partout, du sentiment religieux. A Utrecht, Montesquieu est plongé en pleine Jérusalem janséniste : « Les jansénistes en France ont eu grand tort d'entretenir des correspondances avec ceux de Hollande [...] » Montesquieu a cette réflexion désabusée : « Les hommes sont grandement sots ! Je sens que je suis plus attaché à ma religion depuis que j'ai vu Rome et les chefs-d'œuvre de l'art qui sont dans les églises. » Le 31 octobre 1729, Montesquieu s'embarque ; il arrive à Londres * le 3 novembre. Enfin ! L'Angleterre des années 20 aura été le paradis retrouvé des Lumières continentales. Trente ans plus tard, il aurait trouvé ce qui semble avoir contribué à lui faire détester la Hollande, l'intensité resurgie de la vie religieuse. Pour le moment, rien de tel, mais un bienheureux terre à terre. « Le peuple de Londres mange beaucoup de viande. » Inégalité des niveaux de vie... « En général, les Anglais sont modestes [...] A Londres, liberté et égalité. La liberté de Londres est la liberté des honnêtes gens, en quoi elle diffère de celle de Venise, qui est la liberté de vivre obscurément et avec des putains et de les épouser [...] » Un peuple civil, discret, courtois, les femmes y sont pleines de retenue, et, bien sûr, « point de religion en Angleterre », c'est la raison de la moralité publique. Ainsi se déforme la réalité dans le pieux miroir de l'Europe philosophique. « Point de religion en Angleterre ; quatre ou cinq de la Chambre des communes vont à la messe ou au sermon de la Chambre, excepté dans les grandes occasions où l'on arrive de bonne heure. Si quelqu'un parle de religion, tout le monde se met à rire. Un homme ayant dit de mon temps : Je crois cela " comme article de foi ", tout le monde se met à rire. Il y a un comité pour considérer l'état de religion, cela est regardé comme ridicule. » « L'Angleterre est à présent le plus libre pays qui soit au monde, je n'en excepte aucune république [...] », et enfin : « Quand un homme en Angleterre aurait autant d'ennemis qu'il y a de cheveux sur sa tête, il ne lui en arriverait rien : c'est· beaucoup, car la santé de l'âme est aussi nécessaire que celle du corps. »

●

Par-delà l'image littéraire et les notes impressionnistes de notre illustre guide, essayons de découvrir la réalité. La littérature de voyage et le voyage philosophique proposent deux Europes. Avec le recul du temps, nous en distinguerons trois. Une Europe méditerranéenne, une très vieille Europe au sud ; l'Europe dense des réussites, l'Europe avancée du XIIIe siècle, elle, reste au centre d'un espace privilégié ; l'Europe des marges « frontières » au sens turnérien et des marches conquérantes. A cette Europe marginale appartiennent les empires nés outre-mer au XVIe siècle.

L'Europe des Lumières est — faut-il le répéter ? — une grande Europe. Disons qu'il y a doublement de l'espace européen, du milieu du XVIIe au milieu du XVIIIe siècle, par la réincorporation de la vieille chrétienté orientale que la distance, la poussée des nomades de la steppe et un destin contraire — l'installation durable des Turcs dans les Balkans et surtout dans les plaines danubiennes — avaient à peu près totalement coupée de la Méditerranée dense des soixante à quatre-vingts millions d'hommes de la chrétienté occidentale. L'extraordinaire croissance des outre-mer européens au XVIe siècle masque trop souvent la réalité de cette *diminutio* à l'est, par rapport au XIIe. Le mouvement qui commence vers 1680 résulte de la superposition de deux composantes : un élément de récupération, l'avance accélérée d'une « frontière » de colonisation.

L'événement capital, c'est bien la réincorporation de l'Europe danubienne, après les dernières flambées, en 1664 et en 1683, de l'impérialisme turc. L'Empire turc, construction archaïque, avait cherché dans un premier temps la solution de ses contradictions dans un mouvement de fuite en avant, sous l'influence d'Ahmed Koeprili *. Il y était encouragé par l'affaiblissement des taquets d'arrêt traditionnels : l'Empire, réduit à 40 p. 100 de son niveau de peuplement, la Russie vidée par le Temps des Troubles, la Pologne exténuée en guerres de conquête au détriment des Russes, l'épuisement économique et moral de Venise. En face du danger turc, la vieille chrétienté n'offrait, en 1660, que la solution archaïque et dépassée d'États trop grands ou trop petits. L'ébranlement qui déclenche un long temps de troubles part de la Transylvanie et de la Hongrie impériale. En 1663, dans l'Empire, comme au temps de Luther, la *Türkenglocke* invite à prier pour le salut de la chrétienté. L'année suivante, l'aide française, près du monastère du Saint-Gothard, et la résistance acharnée des Vénitiens sauvent de justesse ce qui reste d'Europe centrale.

Voltaire, dans l'*Essai sur les mœurs*, fait de la mise au pas de la Hongrie impériale le prétexte sinon la cause de l'attaque de 1683. « De tous les peuples qui ont passé sous nos yeux [...] il n'y en a point de plus malheureux que les Hongrois. Leur pays dépeuplé, partagé entre la foi catholique et protestante [...] Le jeune Emerik Tékélé, seigneur hongrois [...] souleva la partie de la Hongrie qui obéissait à l'empereur Léopold [...] Le grand vizir Kara Mustapha, successeur d'Achmet Cuprogli, fut chargé par Mahomet IV d'attaquer l'empereur d'Allemagne, sous prétexte de venger Tékélé. Le sultan Mahomet vint assembler son armée dans les plaines d'Andrinople. Jamais les Turcs n'en levèrent une plus nombreuse. » 140 000 réguliers, 30 000 Tartares de Crimée... 250 000 hommes en tout. La horde épuise la Hongrie. Cette masse disproportionnée à la faible densité de peuplement de la plaine hongroise est une cause de fragilité. Rien cependant « ne mit obstacle à la marche de Kara Mustapha [...]

Il avança sans résistance jusqu'aux portes de Vienne (16 juillet 1683) et en forma aussitôt le siège. » La résistance héroïque de la population permet l'arrivée des secours. La croisade frappe à la porte de l'Europe des Lumières. L'aide proche suffit. Elle fait éclater la décomposition interne de l'appareil de guerre ottoman. Jean Sobieski de Pologne, Charles de Lorraine, l'armée de la croisade ne dépasse pas 70 000 hommes. Elle est fournie par la Pologne proche, l'est et le sud-est de l'Allemagne : la victoire du Kahlenberg *, à la différence du Saint-Gothard, est une victoire de la « frontière » seule de l'Europe. Le Kahlenberg (12 septembre 1683), la plus grande date courte des XVIIe et XVIIIe siècles, marque le point de départ du doublement territorial de l'Europe.

Dans la plaine du Danube, l'avance autrichienne a la sage lenteur d'une marche derrière une « frontière ». L'Autriche mène de front la mise au pas de l'aristocratie magyare et le refoulement des Turcs. Mohacs (1686), la victoire des Vénitiens qui vengent la perte de la Crète (Candie tombée en 1669) par l'occupation jusqu'en 1715 du Péloponnèse, la prise d'Azov par Pierre le Grand (1696), Zenta (1697), la grande victoire du prince Eugène, scandent les étapes militaires en direction de la paix de Carlovtsi (1699). Les Turcs perdent à jamais le contrôle de la plaine. Des noyaux de colons allemands en assurent la garde. La marche en avant se poursuit avec des chances diverses.

En 1716, la « frontière » danubienne passe par un point haut, confirmé au traité de Passarowitz (21 juillet 1718), le banat de Temesvár, une partie de la Moldavie et de la Valachie viennent s'ajouter à la Hongrie (turque) et à la Transylvanie acquise au cours des quinze dernières années du XVIIe siècle. De 1736 à 1739, au prix de sacrifices à l'est en faveur de la Perse dans la vieille querelle des deux Islams, grâce aux techniciens français, les Turcs marquent des points. Pour près d'un siècle, la frontière politique se stabilise. Les préliminaires de Belgrade (1er septembre 1739) rendaient à l'Empire ottoman les morceaux de Serbie, Bosnie, Valachie arrachés à Passarowitz. La frontière sud-orientale de l'Europe suivra longtemps le Danube, la Save et les hauteurs du banat de Temesvár. Elle laisse à l'Autriche le soin d'organiser en profondeur 300 000 km² d'espace nouveau. Les Lumières abandonnent sans regret les Balkans aux turqueries du rêve exotique. C'est aussi la conclusion que Voltaire en tire vers la fin de l'*Essai sur les mœurs* : « [...] Mustapha Cuprogli [...] reprit une partie de la Hongrie et rétablit la réputation de l'Empire turc, mais depuis ce temps, les limites de cet empire ne passèrent jamais Belgrade ou Temesvár [...] Les célèbres batailles que le prince Eugène a données contre les Turcs ont fait voir qu'on pouvait les vaincre, mais non pas qu'on pût faire sur eux de nombreuses conquêtes. »

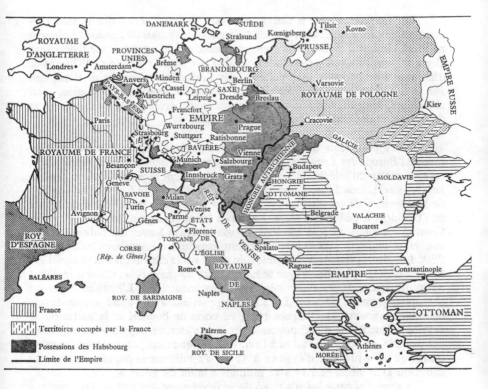

1. L'EUROPE DE LA DÉCENNIE 1680
(D'après le Grosser Historischer Weltatlas.)

Avant la grande mutation qui suivra le Kahlenberg (1683). C'est la petite Europe classique que des forces démographiques, intellectuelles, économiques travaillent et préparent en profondeur pour la grande mutation de croissance du siècle des Lumières.

Pour que soit reprise la marche en avant, il faut d'abord que le raccordement du peuplement se fasse, que les différences de rythme de croissance alignent progressivement la nouvelle Europe marginale sur le noyau dense fédérateur. Il y a là dans l'Europe « frontière » de l'Est par rapport à celle de l'Ouest une différence fondamentale que Voltaire, dès l'*Histoire de l'empire de Russie sous Pierre le Grand,* avait entrevue : « Pour rendre la Russie aussi peuplée, aussi abondante, aussi couverte de villes que nos pays méridionaux, il faudra encore des siècles et des czars tels que Pierre le Grand. »

C'est à la hauteur du monde slave que se situe la grande mutation spatiale de l'Europe des Lumières. En fait, les deux chrétientés se sont rapprochées un moment au XIIe siècle ; un certain désenclavement réciproque s'est produit au XVIe siècle, sous Ivan, à l'époque de Chancellor, de la Compagnie anglaise de Moscovie, de la création en 1580 d'Arkhangelsk. Le XVIIe a achevé de couper de l'Occident le pédoncule slave. La Slavie latine (Pologne, Bohême, Moravie, Croatie) y a contribué à sa manière. Ce sont eux, ces Slaves de tradition latine, qui, en se tournant vers l'Ouest, rejettent dans un isolement total les Slaves de l'Est. Les deux premières décennies du XVIIe siècle détruisent des siècles d'effort. La démographie historique se heurte, face au passé russe d'avant le début du XVIIIe siècle, à des difficultés quasi insurmontables. L'histoire russe est chronologiquement décalée. La Russie appartient à un autre espace-temps culturel. Pays non clos, l'espace russe ne cesse de bouger, et la partie où se développe une forme d'occupation agricole de s'étendre depuis le noyau forestier primitif, au nord, au sud et à l'est. « C'est donc sans preuves très convaincantes qu'on a proposé d'évaluer à 11 ou 12 millions la population russe au début du XVIIe siècle et à 17 à 18 millions à la fin du siècle. »

La zone d'occupation n'a cessé de se développer, du XIIe au XIXe siècle, à un rythme plus ou moins rapide qui reste à fixer. La Russie * se présente comme un noyau dense de population entouré d'une « frontière ». Jusqu'au XVIIe, la frontière s'ouvre sur trois faces : au nord, à l'est, au sud. A partir du XVIIIe, la « frontière » nord se ferme, l'ouverture reste au sud et à l'est. A partir du XIXe, à l'est seulement. Le noyau de diffusion s'accroît beaucoup plus lentement que la « frontière » par l'absorption, au centre, d'anciennes frontières transformées en « vieux pays ».

Il serait intéressant de saisir la réalité russe sur deux plans : noyau dense seul, noyau dense plus « frontière ». Les mouvements de population de ces deux définitions spatiales sont loin de coïncider. Même si les tendances, à la limite, s'apparentent : elles sont, dans la longue durée, orientées à la hausse. Mais la

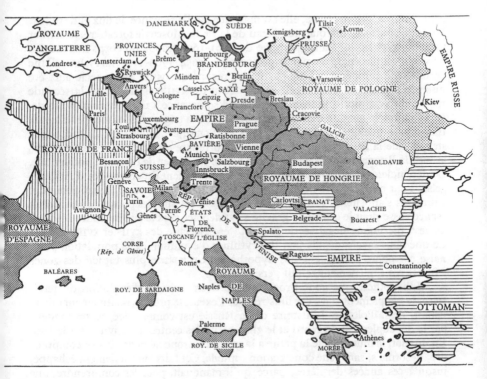

2. *L'EUROPE APRÈS LE KAHLENBERG, VERS 1700*
(Ibid.)

Le fait majeur se situe à l'est : après les traités de Ryswick (1697) et de Carlovtsi (1699), la réincorporation de l'Europe danubienne est commencée.

pente est moindre au centre, elle est marquée par l'alternance de flux et de reflux. Un long tassement marque, au niveau de la vieille Moscovie forestière, le dernier tiers du XVIᵉ siècle. La catastrophe de 1601-1602 frappe un corps malade. La Russie n'est pas épargnée par la peste : 1602, 1654, 1709-1710, au rythme d'une chronologie européenne. Une partie des récupérations du XVIIᵉ siècle aura été dissipée à la fin du XVIIᵉ siècle et au début du XVIIIᵉ siècle. Dans la seconde moitié du XVIIᵉ siècle, la frontière reprend son avance à un rythme plus rapide, vers l'Oural, le long du *trek* sibérien, au sud de la taïga, vers les steppes du sud. Elle répare quelques-unes des brèches du Pomorje *. Mais c'est au sud, sur la steppe, que la Russie avant Pierre le Grand répare ses ruines. En glissant vers le sud, la Russie, paradoxalement, achève de se couper de l'Europe occidentale. Le dépeuplement du Pomorje entraînait l'étouffement du commerce d'Arkhangelsk. Pour remplacer ce port du XVIᵉ siècle situé trop au nord, les solutions des Lumières s'appellent Pétersbourg et Odessa. Elles sont les portes de sortie d'un espace russe dont le centre de gravité s'est déplacé vers le sud au cours de l'anomalie * thermique négative de la petite ère glaciaire des XVIIᵉ et XVIIIᵉ siècles. Ce que nous savons depuis peu des rythmes d'évolution de la population polonaise corrobore pleinement nos hypothèses. Croissance plus rapide des zones « frontières », glissement relatif vers le sud.

L'hypothèse que nous proposons de deux rythmes d'évolution du territoire de peuplement slave est illustrée par l'exemple proche, relativement mieux connu, de la Pologne. L'histoire de la Russie est commandée en profondeur par le dépeuplement du Nord et le glissement des centres d'activité vers le sud. En un mot, la mutation de la petite à la grande Europe ne peut plus se comprendre, désormais, sans cette constatation capitale. Ces faits ont totalement échappé, jusqu'à ces années dernières, parce qu'il manquait, pour les comprendre, une histoire régressive du climat. Nous connaissons désormais l'ampleur de l'anomalie thermique négative des XVIIᵉ et XVIIIᵉ siècles, grâce à l'effort d'un groupe d'historiens, au premier rang desquels, en France, Emmanuel Le Roy Ladurie. Cette anomalie thermique a peu d'influence sur l'histoire de l'Europe profonde, elle commande toutefois des mouvements de grande amplitude sur les franges extrêmes d'extension des cultures. La Russie du Nord gagnée à l'agriculture au XVIᵉ est perdue au XVIIᵉ et au XVIIIᵉ quand l'abaissement de 1 °C de la température entraîne sans doute des replis de plusieurs centaines de kilomètres des limites extrêmes de maturation des céréales. L'été vert donne le signal d'un changement catastrophique durable.

Et pourtant, se garder d'un déterminisme naïf. La modification climatique surprend. Elle contribue aux difficultés russes et scandinaves de la charnière

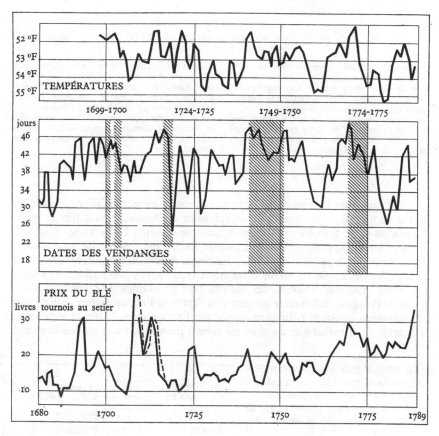

des XVIe et XVIIe, aux épreuves du passage du XVIIe au XVIIIe. Elle tend à orienter l'expansion vers le sud et l'est, au XVIIIe. Le XVIIe a peiné, le XVIIIe s'est adapté, il a trouvé ses réponses dans l'ordre, vraisemblablement, des techniques agraires. La poussée de l'Europe « frontière » se fait quand même en dépit de conditions défavorables. On apprécie à sa juste valeur la vague de fond de la mutation spatiale du XVIIIe, en tenant compte du reflux général des isothermes vers le sud.

← 3. *CLIMAT ET RÉCOLTES*
(D'après E. Le Roy Ladurie, « Climat et récoltes aux XVIIᵉ et XVIIIᵉ siècles »,
in Annales E. S. C., *1960.)*

Diagramme supérieur : températures du prin-
temps et de l'été en Angleterre (moyennes mo-
biles de deux ans ; échelle des températures
Fahrenheit inversée pour permettre la compa-
raison avec la courbe des vendanges).
Diagramme médian : 1° dates des vendanges
en France (comptées en jours à partir du 1ᵉʳ sep-
tembre, moyenne mobile de deux ans) ; 2° maxi-
mum glaciaire des Alpes, en grisé.

Diagramme inférieur : prix du blé (livres tour-
nois au setier de Paris) : à Paris jusqu'en 1710,
sur la base de la courbe de H. Hauser ; en France,
de 1710 à 1789, d'après E. Labrousse ; de 1710
à 1717, courbe de H. Hauser prolongée.
Les corrélations qui unissent prix, production
et variations climatiques sont un des grands
acquis de la recherche historique de ces dernières
années.

●

Pour prendre la mesure du phénomène, on se bornera d'abord à quelques
ordres de grandeur, de qualité et de précision malheureusement très inégales.
Supposons donc tous les problèmes de critique résolus. La Norvège a doublé
de 1665 à 1801 (440 000-883 000 hab.), la Suède est passée, de 1720 à 1800,
de 1 450 000 à 2 347 000 âmes. La Finlande, « frontière » par excellence de
la Scandinavie, triple en moins d'un siècle (1721 : 305 500 ; 1800 : 833 000).
Les États masquent souvent des réalités plus profondes. L'Allemagne, l'Autriche, la Pologne, la Russie se portent vers l'est sous l'action distordante de taux
de croissance inégaux. L'Empire, saigné par l'action cumulative de la crise, de
la guerre, de la maladie et du choc microbien provoqué par l'intense brassage,

4. *LE DOUBLEMENT SÉCULAIRE.*
(D'après les chiffres de E. A. Wrigley,
Société et Population, 1969.)

A gauche les pays, à droite le pourcentage de
croissance annuelle, au centre la tranche chro-
nologique envisagée. Pour l'Angleterre et la
France, on a distingué le siècle et le demi-siècle,
la seconde moitié du XVIIIᵉ siècle étant carac-
térisée dans les deux cas par un taux de crois-
sance beaucoup plus élevé. Au bas de l'échelle,
les vieux pays pleins, la France et l'Italie. Au
sommet, les frontières ouvertes de l'Est : en tête,
l'aberrante Hongrie qui bénéficie des flux migra-
toires de l'Empire. L'Angleterre-Pays de Galles
et la Prusse en position moyenne. Le cas le plus
intéressant est celui de l'Angleterre. Il montre
clairement la relation qui existe entre Vital
Revolution *et révolution industrielle.*

		0,1	0,5	1	2 3
ANGLETERRE ET GALLES	1701-1801				
	1751-1801				
FRANCE	1700-1789				
	1740-1789				
ITALIE	1700-1800				
SUÈDE	1749-1800				
WURTEMBERG	1740-1800				
PRUSSE EST	1700-1800				
POMÉRANIE	1740-1800				
SILÉSIE	1740-1804				
AUTRICHE	1754-1789				
BOHÊME	1754-1789				
HONGRIE	1754-1789				

se serait effondré de 20 à 7 millions de 1620 à 1650. Inégalement, le quart nord-ouest est relativement préservé, la chute plus dramatique à l'est. Ce qui implique, antérieurement à 1740, entre le quart ouest abrité et les trois quarts est frappés, des rythmes de croissance différents. La tendance se poursuit après 1740. La géographie impériale des années 1730-1740 rappelle, dans les grandes lignes, l'avant-guerre de Trente Ans ; à la fin de l'*Aufklärung*, l'Allemagne de Kant et de Fichte est beaucoup plus orientale que celle de Dürer et celle de Leibniz. De 1700 à 1800, la croissance du Würtemberg est de 94 p. 100, celle de la Silésie, éprouvée par la guerre, de 100 p. 100 ; 132,5 p. 100 pour la Prusse orientale, 138 p. 100 pour la Poméranie dont la vertigineuse ascension se poursuit au XIXe siècle.

Bien plus significative encore, l'Europe danubienne. De 1754 à 1789, l'accroissement des États de la vieille Autriche (Autriche, Styrie, Carinthie, Carniole, Tyrol, Bohême, Moravie, auxquels on rattachera la Silésie, en raison du passé) est de 42 p. 100 ; de 1725 à 1789, l'ensemble est passé de 5,5 à 8,5 millions. La Hongrie, dans le même temps, frise le quintuplement de 1,8 à 8,5. De 1750 à 1789, 183 p. 100 encore. La Hongrie, qui représentait moins du quart de l'Autriche en 1725, vaut une moitié en 1789. L'effacement relatif du vieux noyau fédérateur polonais à l'ouest de la Vistule dans la nébuleuse polono-lituanienne est identique ; même mouvement nettement accusé en Russie. Le centre moscovite et le Nord (Pomorje) s'effacent progressivement devant l'ensemble moteur de la nouvelle « frontière » : Oural, Sibérie, Ukraine.

Les dimensions de cette nouvelle Europe de l'Est, l'Europe de la rapide croissance, sont difficiles à cerner. On peut additionner simplement Scandinavie, Pologne, Russie, Empire, Autriche. Vers 1760-1770, cette Europe marginale totalise 75 millions d'âmes environ. En un siècle, de 1700 à 1800, la croissance de l'ensemble a été d'à peine moins de 200 p. 100. Refusant les définitions théoriques, nous nous bornerons aux territoires effectivement contrôlés. La nature de cet ouvrage ne nous permet pas de donner nos justifications. Tout bien pesé, nous proposons. En 1680, cette Europe « frontière », *lato sensu*, groupait, sur 7 millions de km², 38 millions d'habitants. Vers 1760-1770, sur 10 millions de km², 75 millions d'hommes. Vers 1790-1800, sur 11 millions de km², 95 millions d'âmes. Première approximation. Cet ensemble toutefois est un faux ensemble. Le tiers occidental de l'Empire, le noyau Autriche-Bohême, le Danemark et le sud de la Suède, la Pologne à l'ouest de la Vistule et le noyau de peuplement moscovite autour de Moscou n'en font pas vraiment partie. L'Allemagne rhénane appartient à l'Europe dense axiale, le sud de la Scandinavie, les noyaux de peuplement austro-tchèques, polonais et grands-russiens forestiers constituent de très anciennes « frontières », transformées à leur tour en noyaux denses de diffusion. Vers 1760-1770, nous verrions apparaître deux secteurs bien tranchés : les noyaux denses de peuplement d'une part (Pologne occidentale, Autriche, Bohême, Saxe, Silésie, Danemark, sud de la Suède, Centre moscovite) qui oscillent entre 20 et 25 hab./km² et groupent, sur près de 2 millions de km², 35 à 40 millions d'habitants ; les zones frontières proprement dites dont la densité moyenne est de l'ordre de 2 à 4 hab./km².

L'Europe marginale de l'Est porte à elle seule la responsabilité du passage de la petite à la grande Europe. Sa croissance est assurée par la prodigieuse mutation d'une nouvelle « frontière » : Est polonais, Nord scandinave, Poméranie, Prusse orientale, Hongrie, Russie du tchernoziom, Oural, Sibérie. En gros, ces territoires, caractérisés par une forte natalité, une mortalité relativement faible et un solde migratoire positif, passent de 8 à 48 millions d'habitants. Cette multiplication par six ne modifie pas radicalement la densité, qui reste faible. Entre 2 et 4, le plus souvent ; nulle part elle n'atteint 10 à la fin du XVIIIᵉ siècle. La croissance des noyaux denses, qui ont contribué au peuplement des « frontières » ouvertes (passage de 30 à 45-50 millions), ne dépasse pas en revanche la croissance moyenne de l'Europe occidentale dense. L'originalité profonde de l'Europe orientale, au XVIIIᵉ, réside donc dans la présence en continuité d'un espace colonial « frontière » relativement vide, d'une sorte d'Amérique que l'on atteindrait par chariots. L'Europe des Lumières, celle qui observe et qui pense depuis les secteurs denses de peuplement, a découvert cette réalité neuve. Elle l'a parée, souvent, des qualités d'un *El Dorado* : l'Amérique du XVIIIᵉ siècle.

Dans l'ensemble, comme dans l'Amérique des XVIIIᵉ et XIXᵉ, la maison de bois domine. Pétersbourg l'artificielle est en partie de pierre, mais Moscou est en bois. Une maison de bois dure, en moyenne, quarante à cinquante ans, une maison de pierre, deux cent cinquante à trois cents ans. Le bois implique un moindre coût de la colonisation, mais aussi un moindre enracinement. L'Europe orientale n'a pas la stabilité de l'Europe occidentale. Légèreté de la maison, médiocrité de la route. L'Elbe marque une première frontière, la Vistule une seconde, le Niémen une troisième. De l'une à l'autre, le réseau des communications descend d'un cran. Les armées de l'Est peuvent opérer à l'ouest, les armées des États occidentaux échouent à l'est. Charles XII et Napoléon l'établissent clairement. La médiocrité des routes protège l'Europe orientale contre les velléités impérialistes de l'Ouest, non des soubresauts de la steppe.

La différence de densité implique, tout comme elle en découle, des modes d'exploitation qui diffèrent profondément des modes occidentaux. Ils ne manquent pas de surprendre le voyageur. Deux niveaux donc : un niveau proche

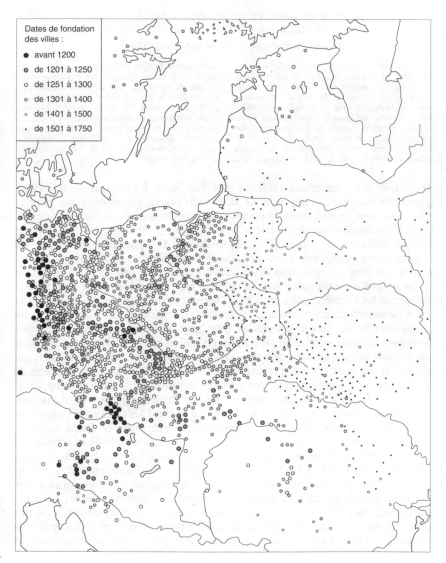

Dates de fondation
des villes :

● avant 1200
◉ de 1201 à 1250
◎ de 1251 à 1300
○ de 1301 à 1400
○ de 1401 à 1500
· de 1501 à 1750

← 5. *ÉTAPES ET DENSITÉ DE L'IMPLANTATION URBAINE*
DANS L'EUROPE ORIENTALE ET BALTIQUE
(D'après le Westermanns Atlas zur Weltgeschichte.)

La civilisation de l'Europe des Lumières est liée à la ville. Le phénomène urbain remonte à l'Antiquité sur le pourtour du bassin de la Méditerranée ; il est lié à la grande révolution démographique, agricole et technique des XIe-XIIIe siècles, qui peuple l'axe médian de la vieille chrétienté latine ; il est beaucoup plus récent à l'est, dans cette Europe que nous interprétons comme une « frontière ». Le réseau urbain médiéval (fin XIIIe) ne dépasse pas

sensiblement la ligne de l'Oder et le soude pannonique du Danube. Quelques points tout au plus, le long de la Vistule. Au début du XVIIIe siècle, la Vistule marque encore une limite. A l'est, plus qu'un réseau très lâche de villes récentes. Elles sont presque toutes postérieures à 1500. De part et d'autre de ce grand axe du peuplement polonais, deux mondes continuent à s'opposer, deux épaisseurs différentes du réseau des présences humaines.

de 20 hab./km², un niveau inférieur à 5 hab./km². La couverture forestière, quand elle existe, ou la steppe, a été beaucoup mieux respectée. Dans la nouvelle « frontière » russe, forêts et marais restent maîtres à plus de 80 p. 100 du sol. C'est le cas du piémont de l'Oural et de la Sibérie. Cette différence qui s'impose à l'œil, saisissons-la au plus près, c'est-à-dire en Pologne. Hubert Vautrin est lorrain, né en 1742, entré à dix-sept ans dans la Compagnie de Jésus, il appartient à une élite de persécutés des Lumières dont on a peu parlé. Il va diriger l'éducation d'un jeune noble dans la Pologne mutilée par le premier partage, travaillée par les Lumières, de 1777 à 1782. C'est « un pays qui n'a pas de pierres et qui a beaucoup de bois », de landes, de lacs et de marais, ruisselant : « [...] les pluies dont le ciel arrose la terre, au lieu de se retirer, après l'avoir abreuvée, dans les ruisseaux comme le sang dans les veines pour rafraîchir et vivifier le sol, se retrouvent partout engorgées ou languissantes. La fonte des neiges, qui n'a qu'un terme et dont la quantité est toujours considérable, fait un océan de la Pologne au printemps, rend les voyages impraticables, séjourne trop longtemps, crée une infinité de marais et une multitude prodigieuse d'insectes. La Lituanie, comme la province la plus plate, a aussi les marais les plus vastes et les plus fréquents, ils ont servi longtemps de remparts à ce duché contre les princes de la Russie rouge : il est encore presque inaccessible de ce côté-là [...] A considérer la quantité innombrable de ces marais, on jugerait l'air très malsain ; ce serait une erreur [...] J'ai habité pendant quatre années le centre d'un marais qui avait plus de 6 000 toises de largeur et une longueur indéfinie ; il se desséchait en grande partie tous les étés sans exhaler la moindre odeur ; l'eau qui restait avait la plus grande limpidité, elle était même plus agréable à boire que celle des puits : cette limpidité est due à la filtration par un sablon pur et la salubrité à la nature même de la vase, qui n'admet que les détriments des roseaux ou d'autres plantes très peu ammoniacales. » Peu d'hommes et des hommes pauvres. « C'est l'homme et les animaux [...] qui infectent de leurs dépouilles les eaux [...] En Pologne [...] les habitants [...] étant peu nombreux, sans habitat et réduits au nécessaire absolu, ils font peu d'ordures [...] Les marais nombreux changent avec le temps la face du sol [...] La quantité immense de roseaux, d'iris et d'herbes dont ils se couvrent [...] est uniquement au profit du fond qui s'élève avec le temps au niveau des terres voisines [...] Ce terrain abandonné se couvre de graminées qui deviennent la pâture des bêtes, jusqu'à ce qu'étant plus desséché, plus décomposé, il se prête à la culture, et reçoive les semences que la main de l'homme y répand [...] Les bois sont souvent sur des marais [...] », d'où l'importance des incendies de forêt. La rigueur de l'hiver surprend par sa dureté, souvent mortelle aux pauvres et aux imprudents.

C'est à ce monde, étrange au voyageur occidental, que l'Europe des Lumières doit sa mutation spatiale. Les pensées pourtant suivent timidement. Kant est le plus oriental des grands. Et Kœnigsberg se tient sur la frange. Il faut attendre la première moitié du xixe siècle pour que la cohorte des pionniers des nouvelles mathématiques marque d'une manière évidente la vraie promotion, en esprit, des nouvelles frontières.

L'espace des Lumières, c'est encore la rive méditerranéenne, la vieille chrétienté, l'Espagne, le Portugal, l'Italie (900 000 km²). L'Europe lui doit tout. Elle a bénéficié longtemps du nombre, des techniques, de la civilisation. Elle a été mutilée au sud, mutilée à l'est; l'Espagne aura été, paradoxalement, la principale « frontière » ouverte de la chrétienté occidentale au xiiie ; ce très vieux terroir agricole n'est pas touché par la grande mutation de la « nouvelle agriculture » des xiie-xiiie siècles, fondée sur la vulgarisation de la charrue à roue, de l'assolement triennal, le doublement de l'espace consacré aux céréales. Avec son araire, son assolement biennal, un rapport terroir-incult de 2 ou 3 à 10, sa lourde, coûteuse et rigide maison de pierre, la Méditerranée latine, solidaire des autres Méditerranées, en est restée pour l'essentiel aux très anciennes solutions; son paysage n'a guère changé depuis les réussites de la cité antique. Les xive, xve et xvie ont été sa revanche. La crise du xive l'atteint moins profondément. On lui doit l'ouverture d'une « frontière maritime », à la fin du xve siècle, le contrôle, hors d'Europe, sur 2 500 000 km², de 12 à 13 millions d'hommes. Mais depuis la fin du xvie, le miracle est fini. L'axe central des communications, l'invention et la décision désertent les rives de la Méditerranée. Progressivement. Galilée, certes, est florentin. L'Empire espagnol fait illusion jusqu'en 1659, l'Italie demeure mère des arts. Même le contrôle de la plus grande Europe outre-mer qu'ils ont créée échappe aux Méditerranéens. L'Amérique reste ibérique à 98 p. 100 en 1700 ; quant aux espaces contrôlés économiquement, elle est, dans le rapport de 3 à 1, exploitée au bénéfice de l'Angleterre, de la France et de la Hollande, voire même de la Hanse.

Ce déclassement de la vieille Méditerranée est ancien ; il faut attendre 1680 pour qu'il passe au niveau des consciences. La stagnation des techniques économiques en est cause. Dans l'Europe de la croissance, la Méditerranée oscille, hésite, piétine. Voyez le compte grossier des hommes. L'Italie évolue ainsi : 1550, 11,6 millions ; 1600, 13,3 millions ; 1650, 11,55 millions ; 1700, 13,4 millions ; 1750, 15,5 millions ; 1800, 18,1 millions. La péninsule Ibérique passe de 9,5 vers 1600 à 7 vers 1700 et un peu plus de 13 à la fin du xviiie siècle. Les deux péninsules ensemble donnent 22,8 millions en 1600, 20,8 millions vers 1700 et 31 millions à la fin du xviiie, soit une densité de 25 hab./km² en 1600, 23 en 1700 et 34,4 en 1800. Mais l'Italie du Nord n'appartient pas vraiment à la Méditerranée, elle est solidaire jusqu'à un certain point de l'Europe heureuse. Sur 810 000 km², donc, les deux péninsules n'alignent plus que 17,4 (1600), 14,7 (1700), 23,9 (1800), autour de 20 hab./km² seulement.

Au début du xviie siècle, quand commence l'âge classique, la population de l'Europe méditerranéenne équilibre sensiblement l'Europe « frontière » de l'Est. En richesse, en prestige, elle l'écrase littéralement. A la fin du xviie siècle, un écart s'est creusé : 38 millions d'un côté, 15 de l'autre. On peut tenter une comparaison plus précise. Séparer, à l'est, le noyau dense de diffusion de la « nouvelle frontière » (2 millions de km² et 30 millions d'hommes, 5 millions de km² et 8 millions d'hommes). Restituer à la Méditerranée ses prolongements outre-mer (800 000 km², 15 millions d'âmes ; 3,3 millions de km², 13 millions d'âmes). On aura trouvé un meilleur équilibre. 7 millions de km², 38 millions d'âmes pour le Nord, 4 millions de km² et 28 millions pour la plus grande Méditerranée. Comparaison n'est pas raison. Ce qui compte, c'est la tendance. Le creux, en outre, ne cesse de se préciser entre la Méditerranée et ses prolongements outre-mer. A preuve la rupture du début du xixe siècle. La force qui s'affirme à l'est s'exprime dans la continuité géographique qui soude les vieux noyaux denses de peuplement aux nouvelles frontières. Il appartiendra à l'Europe dense de se souder un outre-mer. L'Amérique du Nord est la Sibérie de l'Europe occidentale. La construction d'une communauté atlantique, rivale victorieuse dans la compétition, tantôt belliqueuse, tantôt pacifique, de l'Europe de l'Est, appartient à l'âge industriel, non aux Lumières.

Si la Méditerranée en 1680 peut supporter encore, par vitesse acquise, la comparaison avec l'Est, elle est totalement supplantée à la fin du xviiie. 24 millions d'un côté, 50 et 95 de l'autre. Ajoutons l'Amérique des Ibériques. 42 millions d'un côté, 95 de l'autre. Quelle que soit la base de calcul adoptée, l'Europe méditerranéenne, qui représentait environ les trois quarts de l'Europe orientale vers 1680, est autour du tiers vers 1790-1800. Cette comparaison ne supprime pas, d'entrée de jeu, tous les anciens prestiges méditerranéens, ceux que lui confère, notamment, une urbanisation beaucoup plus poussée. En moyenne, pendant tout le XVIIIᵉ siècle, le pourcentage de la population urbaine à la population totale est double en Méditerranée (de 20 à 22-23 p. 100, généralement moins de 10 p. 100 à l'est). La population urbaine de la Méditerranée continue à s'inscrire en égalité, au XVIIIᵉ, avec la population urbaine de l'Europe de l'Est. Cette structure favorise la vie de l'esprit au sud, mais contribue à freiner la croissance démographique.

Le mouvement de bascule de l'Europe vers l'est, tant de fois rappelé, ne doit rien, donc, au centre dense de peuplement, mais tout au dynamisme de l'Est, « frontière » ouverte, et à la stagnation de la Méditerranée. L'Europe méditerranéenne peut se définir, au XVIIIᵉ siècle, comme un espace clos, sans zone d'expansion commode, à l'exception de l'Amérique filtrée par la distance, sans la compensation d'une « frontière » technologique. Pensez à l'Angleterre.

Il en va bien autrement de l'axe lourd de peuplement, le noyau dur et dense de l'Europe des cerveaux : la France, l'Angleterre et le pays de Galles, les Lowlands, le sud de l'Écosse, un morceau du Peel irlandais, les deux Pays-Bas, la Rhénanie, une frange de l'Allemagne occidentale et méridionale, la Suisse, une fraction de l'Autriche alpestre et Vienne, l'Italie du Pô et la Vénétie ; entre 950 000 et 1 000 000 de km². Sur ce million de km², l'Europe qui lit, l'Europe vraie des Lumières, 33 millions d'hommes entre 1680 et 1700, 55 millions vers 1800 — 33 hab./km² au départ, 55 à l'arrivée, un taux de croissance raisonnable de 70 p. 100 sur un siècle, légèrement même supérieur à celui des noyaux denses de peuplement, mais il est vrai aussi de diffusion de l'Europe de l'Est (55 p. 100), supérieur au taux de l'Europe méditerranéenne (50 p. 100).

L'Europe, de 1700 à 1800, a doublé sa population. Vers 1680-1700, 40 p. 100 à l'est, 40 p. 100 pour la masse dense centrale, 20 p. 100 pour la frange méditerranéenne. Vers 1800, 36 p. 100 au centre, 49,5 p. 100 à l'est et 14,5 p. 100 pour la frange méditerranéenne. De prime abord, les marges se sont accrues par rapport au centre qui a reculé en apparence de 40 à 36 p. 100. En apparence seulement : l'Allemagne orientale et la vieille Autriche ont en partie cessé, sous l'action des despotes éclairés, d'être une « frontière ». On pourrait les annexer à la masse centrale qui grouperait, sur un million et demi de km², 80 millions d'hommes, contre moins de 70 au nord et à l'est, et 24 au sud. Cette Europe dense centrale, dans cette nouvelle acception, totalise près de la moitié (48 p. 100). L'Europe s'organise à la fin des Lumières sur un socle dur et dense de 80 à 85 millions d'âmes, avec une densité de 55 hab./km². Que l'on élargisse l'Europe dense à l'Allemagne centrale et orientale ou que l'on garde, pour toute la période des Lumières, la même définition du noyau central, ne change rien à une constante qui commande une saine intelligence de l'espace des Lumières. Au seuil comme à la fin, vers 1680-1690 comme aux alentours de 1790-1800, l'espace de l'Europe des Lumières se répartit entre trois niveaux irréductibles de peuplement : au centre, généralement plus de 40 hab./km², en Méditerranée et sur les vieux noyaux de l'Est autour de 20 hab./km², sur les zones frontières, moins de 10.

Voilà pourquoi la littérature de voyage donne sensiblement le même ton au début et à la fin du temps des Lumières. Mme d'Aulnoy, comme Hubert Vautrin, à un siècle de distance, et aux deux bouts de l'Europe, l'une belle aventurière en Espagne, l'autre jésuite austère, expérimentateur scientifique en Pologne. Les ports secs de la chaîne cantabrique abordés, entre le Guipúzcoa économiquement et humainement solidaire de la France et la vraie Castille, l'Oder traversé, une limite, une vraie frontière a été franchie. Le voyage d'Espagne, depuis Mme d'Aulnoy, appartient, nous l'avons déjà noté, au voyage exotique. Le voyage de Pologne de Vautrin annonce le voyage scientifique de Humboldt aux terres équinoxiales. On herborise et on note. L'Européen de l'Europe dense a, ces invisibles frontières traversées, un sentiment irrépressible de dépaysement. Parcourons une fois encore les notes de voyage de Montesquieu, les notes d'Italie si abondantes ; pour l'auteur des *Lettres persanes*, il y a une Italie européenne au nord, dans la plaine du Pô : le Piémont, la Lombardie, la Vénétie, Florence et Rome y participent (*ratione urbis*), mais le Latium, la Sardaigne, tout le reste rejoint l'exotique...

L'Europe des Lumières est à la fois immense et pourtant fortement soudée. Immense, compte tenu des moyens de transport qui n'ont pas sensiblement changé. Ses dimensions continuent d'ouest en est, du nord au sud, à se mesurer en mois. L'Europe des Lumières s'inscrit toujours dans un espace-temps, disons de trois à quatre mois — nous en avons esquissé la démonstration jadis, du moins jusqu'au milieu du xviiie siècle. Rien de fondamental ne survient avant 1730-1740 en Angleterre, avec la révolution des canaux ; 1760-1770 en France, avec le pavé du roi. On assiste, de 1750 à 1790 — il n'est pas imprudent de le supposer —, à une réduction de 10 à 20 p. 100 des distances-temps sur les grands axes, dans l'Europe dense des 50 hab./km². La réduction des coûts réels, grâce aux nouvelles routes et à leur proximité, est beaucoup plus considérable. Réduction des temps et des coûts réels, cette révolution silencieuse appartient d'abord aux conditions préalables du *take off*. Montesquieu, dans son voyage à travers l'Europe, constate avec satisfaction l'effort de l'Empereur : la route, sommaire, à coups de sable et de gravier, entre Vienne et l'Adriatique, marque dans le paysage le recul des Turcs. L'Autriche, entre 1720 et 1730, n'innove pas, elle aligne péniblement ses nouveaux acquis sur les normes médiocres des États patrimoniques. En 1780, on sent encore, au niveau du réseau routier, le passage de la vieille frontière. Un siècle n'a pas suffi. En 1680, l'Europe nombreuse était, par opposition aux marges orientales, l'Europe des routes. Après un siècle le contraste sort renforcé. Aucune révolution ne se dessine à l'est, une révolution capitale se prépare à l'ouest. Il en résulte que l'opposition spatiale entre les trois Europes, dont les contours n'ont guère bougé, reste, en 1780 comme en 1680, une des clefs de l'explication historique. Le presque doublement de la densité de population (33 à 55) à l'intérieur de l'axe médian nombreux qui a favorisé l'amélioration des transports dans la seconde moitié du XVIIIᵉ superpose ses effets à l'amélioration des transports. Les deux facteurs contribueront à une réduction sensible de l'espace-temps au centre, à un accroissement sensible donc de la communicabilité. L'opposition des deux Europes, centrale et marginale, n'aura cessé de s'accentuer au niveau de la dialectique de l'homme et de l'espace. Une petite Europe dense au centre flotte au milieu d'une immense Europe mesurée en distance-temps, trente fois plus vaste en difficultés à communiquer, et irréelle, un peu comme une revanche planétaire des autres mondes sur l'Europe qui les nie.

Se méfier donc de nos rapports : 40, 48 p. 100, avons-nous proposé comparativement à l'ensemble. Cela suffisait, de toute manière, pour placer cet axe décisif en position de domination. Mais, en richesses créées, en richesses consommées, en communications échangées, l'axe médian signifie bien plus. On peut estimer le revenu par tête de l'Angleterre, vers 1780, à 130-140 p. 100 du revenu français. On peut estimer le revenu français, au minimum, au double du revenu poméranien ou mazovien, à la même date. Entre le bassin de Londres et le centre moscovite, le rapport est sans doute proche de 4 à 1. La Russie lit à moins de 5 p. 100, l'Écosse, l'Angleterre, la Hollande, la Normandie, Paris ou Genève à un taux qui oscille, vers 1780, entre 60 et 90 p. 100. Le nombre de livres par habitant doit être cent fois plus élevé, à cette époque, en Angleterre qu'en Russie. Un beau champ de recherche pour l'histoire sérielle.

Ne nous y trompons pas, l'Europe est vaste, presque trop vaste, à la fin des Lumières, au point de risquer de se dissoudre dans ses deux franges extrêmes : la « frontière » cosaque en Ukraine, les pauvres « pionniers » du *trek* sibérien, et les 3 500 000 créoles et le million et demi de « castas » clairs qu'Alexandre de Humboldt va rappeler à l'attention de l'Europe qui les avait oubliés. Cinq millions d'hommes qui se sentent américains contre l'Espagne et le Portugal, mais « européens » contre les Indiens qu'ils ne pardonnent pas aux empires de vouloir protéger. L'Europe des Lumières, comment lui refuser ses vraies limites ? Elle pousse une pointe sur l'Amour, une autre sur les Appalaches (les États-Unis d'Amérique ne seront jamais que la plus glorieuse des Europes), une autre à l'intérieur des Andes et sur la « frontière » minière du Mexique. Qui pourrait contester aux correspondants privilégiés d'Alexandre de Humboldt, à don Fausto d'Elhuyar, directeur du *Colegio de minería* de Mexico, à Andrés Manuel del Río, professeur au même collège (qui découvrit le vanadium), à la brillante cohorte des géologues minéralogistes, professeurs et ingénieurs des mines du Mexique, presque tous nés en Espagne et appelés pour beaucoup à y revenir, à don José Celestino Mutis, un des grands botanistes du xviiie siècle, à Caldas ou à Montifar, martyrs de la cause séparatiste, qui témoignent si bien de l'influence de Bouguer et de La Condamine, dans le Nouveau Royaume de Grenade, qui pourrait leur contester le droit de citoyenneté dans l'Europe des Lumières ? L'Europe est trop vaste, l'Amérique hispanique régresse au xixe siècle. Après le siècle des Elhuyar et des Mutis, celui des *caudillos*. On ne peut tout conserver, il est sain quelquefois d'abandonner, pour un temps, une province lointaine.

Que cette explosion de « frontières » géographiques ne nous détourne pas de l'essentiel. La « vraie » frontière des Lumières regarde vers l'intérieur. Elle est celle de la pensée scientifique et technique ; elle suppose le monde nombreux des lisants et des communicants : 90 p. 100 des lisants, 95 à 98 p. 100 des opérants de la science expérimentale vivent dans l'axe nombreux au centre. L'Europe des Lumières n'est une grande Europe que sous un certain angle ; elle est, pour l'essentiel, l'Europe ramassée de la communication accrue. En terme d'espace, à peine plus d'un million de km², une densité humaine à 50, quelques centaines de milliers d'êtres humains appuyés sur une réserve potentielle de cinquante millions d'hommes. L'Europe se fédère autour de ce noyau. 80 p. 100 de ce qui compte vraiment. Cette réalité n'avait échappé ni à Frédéric II, ni à Catherine de Russie. Mais où s'arrête la frontière ? Les dimensions de l'Europe des Lumières ne se prennent bien qu'à l'échelle planétaire, par comparaison avec les univers-temps des autres civilisations et des « cultures ». Un certain équilibre s'est établi dans la seconde moitié du xvie siècle au terme du processus de désenclavement planétaire par l'Extrême-Occident chrétien des univers fractionnés qui, jusqu'alors, morcelaient le monde des hommes en autant d'espaces murés aux destins autonomes — nous nous sommes expliqué sur ce point.

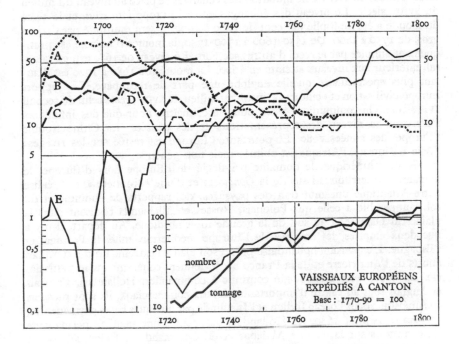

6. LE TRAFIC EUROPÉEN DANS LES MERS DE CHINE

(D'après L. Dermigny, la Chine et l'Occident.
Le commerce à Canton au XVIIIᵉ siècle, 1719-1833, 1964.)

Ces indices portuaires donnent une idée des effets d'entraînement produits par l'intrusion de la navigation et du commerce européens dans l'océan Indien et la mer de Chine. Les jonques chinoises à l'entrée du port de Nagasaki, au Japon (A), le total des entrées à Manille (C), le total des entrées des jonques chinoises à Manille (D) dessinent des horizontales plutôt déclinantes. A ces indices s'oppose le prodigieux élan du trafic européen. Tant par le nombre que par le tonnage, la montée est rapide du trafic de l'Europe en direction de la Chine : B (vaisseaux expédiés d'Europe en Asie), E (vaisseaux occidentaux entrés à Canton) et encadré. Multiplication par dix, sur une durée de moins d'un siècle.

L'isolement, depuis 1550, est brisé. Depuis 1550-1570, la masse globale des échanges entre l'Europe et une fraction limitée des autres mondes a tendance à plafonner. Plateau ascendant de 1560 à 1610-1620, descendant de 1610 à 1640, ascendant de 1640 à 1660-1670. Pas de sensible reprise avant les dernières années du XVIIe. Une mutation des échanges se place au niveau du milieu du XVIIIe siècle. Le niveau des échanges entre l'Europe *lato sensu* et le reste du monde a été multiplié par cent de 1400 à 1600. Il sera multiplié par dix, en gros, de 1750 à 1800. De 1550-1600 à 1700-1750, la montée d'un côté est pratiquement annulée par le recul d'autres secteurs. Le niveau de 1680 est, en général, inférieur aux niveaux atteints en 1600. La montée de 1680 à 1720 est d'autant plus spectaculaire qu'elle englobe une part de rattrapage. Le rapport Europe/civilisation et « cultures », jusqu'au milieu du XVIIIe, reste celui du second XVIe siècle. On communique assez pour se connaître, pour que des influences s'exercent au niveau des représentations et des pensées. La Chine trouble l'Europe des années 1680. Et pourtant, l'Europe est restée sur les rivages ; l'Asie est intacte, l'Afrique est abîmée mais non pénétrée.

Reste l'Amérique, le domaine privilégié de l'Europe hors d'Europe, le domaine des territoires issus de la *Conquista* et d'une « frontière », qui réalise outre-Atlantique une mutation des paysages, des rapports de l'homme et du sol, comparable à celle que Polonais, Russes et Allemands réalisent dans la plaine du Danube et au sud de la grande forêt nordique. Au départ, il n'y a que deux empires, les empires de l'Europe méditerranéenne, le Portugal et l'Espagne. L'expansion hollandaise prend son élan à l'extrême fin du XVIe. Les efforts de l'Angleterre et de la France ne deviennent cohérents qu'au XVIIe siècle. En 1680, cette chronologie continue à commander. Hollandais, Français et Anglais sont au centre d'importants réseaux commerciaux, ils sont présents en Amérique, dans l'océan Indien et l'Insulinde par quelques bases permanentes.

Entre 1670 et 1680, les Hollandais occupent d'une manière permanente six comptoirs sur la côte de Malabar et de Coromandel : Colombo, Jaffna enserrent les côtes occidentales et méridionales de Ceylan ; l'île Maurice est occupée depuis 1638. Malacca contrôle le passage vers les mers de Chine et des épices, Formose, dont les côtes sont en partie contrôlées, contrebalançant l'influence de Macao portugais, un dixième de Java est étroitement surveillé, le contrôle effectif des Moluques assure la liaison annuelle ; l'entrouverture du Japon à Nagasaki est à l'actif d'une filiale de la Vereenigde Oost Indische Compagnie dont la puissance n'a cessé de s'accroître depuis 1602. Les Portugais restent, entre autres, à Goa, Macao, et en plusieurs points à Timor et dans l'extrême est de l'Insulinde. Les Anglais, à Bombay dès 1660, cherchent depuis

1626 à prendre pied à Coromandel. En 1639, le souverain du petit État de Vijayanagar leur accorde une concession à Madras, ils y élèvent le fort Saint-Georges. Toutes les tentatives, toutefois, de l'East India Company pour prendre pied dans le golfe du Bengale échouent au XVIIᵉ siècle. Haziharpur, Balasore, Moogly, Patna et Cassimbaza sont successivement occupés puis abandonnés. La France s'est installée à la Réunion (1638-1639), elle a fini par échouer sur la côte sud de Madagascar à Fort-Dauphin. Chandernagor est occupée en 1673, Pondichéry en 1688. La Compagnie hollandaise des Indes orientales n'en contrôle pas moins 75 à 80 p. 100 des communications maritimes directes de l'Europe avec l'Asie et l'Insulinde. Reste, difficile à chiffrer, mais chaque année déclinant, ce qui continue à filtrer par la voie traditionnelle des boutres arabo-indiens à travers les Échelles du Levant : ce commerce florissant jusque vers 1620 n'intéresse plus guère que la Méditerranée orientale contrôlée par les Turcs, donc la marine grecque et le commerce arménien.

En Afrique, les puissances maritimes s'assurent dans le golfe de Guinée, à la hauteur de l'Angola bakongo et de Sofala, des bases pour la traite. Les Petites Antilles caraïbes abandonnées par l'Espagne sont réparties entre Français, Anglais et Hollandais. Deux grosses brèches : les Anglais à la Jamaïque depuis 1658, les Français en train de s'approprier la côte ouest de l'Espagnole derrière les « Frères de la Côte » reconnus à Ryswick en 1697. Les Scandinaves sont intermittents, les Hollandais ont pris pied à Curaçao, Aruba, Tobago. Anglais, Hollandais et Français multiplient les tentatives sur la côte sauvage de la Guyane. Entre la Nouvelle-Angleterre et la Caroline, les Anglais occupent effectivement 15 000 à 20 000 km² du sol, qu'ils ont, avec l'aide de quelques milliers de Noirs au sud, défrichés de leurs mains pour y planter du seigle, du tabac, de l'indigo. Non conformistes de tout poil, des Écossais aussi, quelques Hollandais laissés, par la défaite de la Compagnie des Indes occidentales, à la Nouvelle-Amsterdam, et des Allemands. Au nord, les Français occupent 2 000 km² dans la vallée du Saint-Laurent, et parcourent d'immenses espaces dans l'étonnante entreprise de la traite indienne.

Tout cela, bout à bout, ne pèse pas lourd. L'Amérique anglaise n'est pas beaucoup plus que l'Irlande du Nord, ce quasi-désert proche que les montagnards presbytériens de l'Écosse commencent à défricher. La nouvelle Europe maritime vise outre-mer, d'abord le contrôle et la sécurité des routes, et, dans les îles, 15 000 à 20 000 km² de terres volcaniques, pour la plantation, avec l'appoint des Noirs cueillis sur les côtes d'Afrique. De quoi assurer un supplément de sucre, là où le miel ne suffit plus, dans l'Europe nombreuse (il suffit à l'est en Russie), un supplément de tinctoriaux et le paradis artificiel de la feuille à pétun... Dans l'invention géographique, l'Europe nombreuse est une tard venue des Lumières et de l'ère industrielle. Ainsi, vers 1680, les Ibériques restent en tête et, en 1780, qui oserait prétendre que l'Empire espagnol, en étendue et en richesse, ne dispute pas encore la première place à l'*Old British Empire*?

Ces empires sont des espaces maritimes, des espaces terrestres, des volumes d'échanges et des hommes. Des espaces maritimes d'abord. Cette notion est essentielle. C'est autour d'un Atlantique en forme de trapèze, autour d'un Atlantique allongé le long des méridiens, autour d'un ensemble de deux triangles dans l'océan Indien, et d'un trapèze dans le Pacifique, que les empires ibériques se sont structurés au XVIe siècle. Tels au milieu du XVIe, tels à la fin du XVIIe. Rien ne bouge avant le milieu du XVIIIe siècle. Les Hollandais ont emprunté leurs leçons aux Portugais. Leur Atlantique méridien, leur océan Indien est un peu plus vaste, un peu plus sillonné au XVIIe que ne l'était l'espace portugais au XVIe, les Anglais ont inventé, entre l'Europe et l'Amérique, un Atlantique trapézoïdal, plus au nord et sensiblement plus vaste. L'Atlantique qui unit Cadix à l'Amérique couvre 20 millions de km², l'Atlantique méridien, entre Lisbonne, l'Afrique et le Brésil : 15 millions de km². L'Atlantique Nord des Anglais et des Français : 15 à 20 millions de km². L'Atlantique parcouru à la fin du XVIe siècle couvrait 30 millions de km², ordre de grandeur raisonnable, mais généreux. L'Atlantique sillonné entre 1680 et 1750, compte tenu des superpositions, totalise, au maximum, 40 millions de km² (dix-huit Méditerranées). A la charnière des XVIe et XVIIe siècles, les Ibériques avaient sillonné 35 à 40 millions de km². Un siècle plus tard, l'arrivée des Hollandais et des Anglais aura ajouté tout au plus 10 millions de km² aux plaines liquides connues, en tenant compte du Pacifique et de l'Indien. Deux siècles après les grandes découvertes de la Renaissance, la géographie des mers connues n'a guère varié. Les navires de l'Europe ne sont jamais sortis de quelques larges couloirs de navigation, qui couvrent au très grand maximum 60 à 70 millions de km².

Nous avons calculé ce que représentait la navigation européenne sur ces espaces maritimes fraîchement annexés, au XVIe et dans la première moitié du XVIIe siècle. Au terme de longues recherches, voici les chiffres : 40 000 à 45 000 unités-voyage. Un voyage dure de 2 à 4 mois. Au total, 3 000 000 de jours de navigation/navire, de 1500 à 1650. De 1650 à 1750, 80 000 unités-voyage, 6 000 000 de jours de navigation/navire. Un siècle : sur 80 millions de km², une moyenne de 180 navires en train de naviguer. Les espaces maritimes du XVIe et du début du XVIIe siècle, quand dominaient les Ibériques, étaient essentiellement hétérogènes, la navigation se faisait par saccades pendant six mois et l'on naviguait par convois. Cela est un peu moins vrai de 1650 à 1750. L'absurde moyenne subsiste donc, à peine modifiée. Les océans impériaux sont gardés de 1500 à 1650, à raison d'un navire par jour pour 1 200 000 km². De 1650 à 1750 à raison d'un navire pour 450 000 km². Objectivement, cela ne change pas grand-chose. Une telle présence reste dérisoire.

Alors faut-il s'étonner que ces beaux empires européens sur mer aient composé? Les Barbaresques en Méditerranée continuent d'exercer une sévère concurrence. Les derniers raids esclavagistes sur les côtes du Levant espagnol, du Languedoc et de la Provence datent du XVIIIe siècle. Mais sur le vaste Océan... Des boutres, des jonques, une petite navigation continuent leur train-train séculaire. De 1500 à 1650, derrière les 40 000 unités impériales, nous avons supposé 40 autres milliers de présences. Au-delà de 1650, le reflux de ce vieux monde condamné par la dynamique Europe est commencé. Derrière les 80 000 unités impériales, supposons 20 autres milliers de présences. Aucun risque de se gêner, peu de chances de se rencontrer. Même les Hollandais, plus efficaces que les Portugais, ne peuvent fermer totalement la mer Rouge aux boutres maures. Les nouveaux maîtres de la mer, Anglais et Hollandais, ne sont pas beaucoup plus efficaces contre les pirates et les forbans que jadis les Ibériques. Cette immensité salvatrice joue au détriment des forts et au service des faibles, au compte donc des vieilles constructions impériales ibériques. La maîtrise de la mer ne devient effective au profit de l'Angleterre que tardivement et progressivement, de 1792 à 1814. Sur mer, les empires issus de l'Europe des Lumières, au début du XVIIIe, restent des entités fuyantes qui masquent leur médiocre puissance derrière de fausses rigueurs juridiques.

Vers 1600, les empires outre-mer couvrent environ 2,5 millions de km². A l'intérieur, toute une gamme de présences, depuis le secteur européen créole jusqu'aux zones amérindiennes acquittant un tribut recognitif et intermittent. En dehors de ces 2,5 millions de km² en Amérique, des zones parcourues repérées en attente et sans hostilité déclarée. En 1680, les choses ont bougé sur deux points. L'Amérique du Nord des Français et des Anglais annexe effectivement 100 000 km² environ, qu'elle prolonge par un terrain de parcours en attente d'un million de km². La zone contrôlée au Brésil approche le demi-million de km². L'Amérique espagnole, pour réussir à conserver le même nombre d'hommes, s'est accrue d'un demi-million de km². Les empires en Amérique, avant la grande mutation des Lumières, vers 1680, embrassent un peu plus de 3 millions de km² auxquels s'ajoutent un million et demi de km² repérés. La « frontière » ultra-marine, à l'ouest, reste très en deçà de la grande « frontière » orientale. Moins de 200 000 Européens hors d'Europe en 1600. En 1680, 600 000 à 700 000, un million entre 1710 et 1720. A partir de 1750, la population blanche de l'Amérique du Nord dépasse la population créole des deux vieux empires ibériques en Amérique. Voilà pour les empires. Du même coup on voit bien ce qu'ils ajoutent à l'Europe. Vers 1680-1690 en accordant au « dominé » amérindien des Indes occidentales le même poids économique qu'à l'Européen (ce qui est excessif), les empires ne dépassent pas 12 à 13 p. 100 de l'ensemble de l'Europe. Voltaire, dans un sens, n'avait pas tort. Une relation que modifie, d'ailleurs, l'explosion spatiale des Lumières après 1750. En valeur ajoutée, toutefois, cette petite frange entraînante a pu peser beaucoup.

En face, que vaut le monde ? Autour de 1680, quand l'Europe (expression géographique, partie turque comprise) monte un peu au-dessus de 100 (85 millions dans la définition plus stricte que nous avons retenue), l'Asie vaut 280 à 350, l'Afrique 60, l'Amérique, dépeuplée par le choc microbien et viral du XVIe siècle, 13, l'Océanie, 2... L'Europe et ses prolongements outre-mer, 120 millions sur 550 (22 p. 100). Face à l'Europe, quand commence la croissance des Lumières, il n'y a plus que la Chine. La Chine sort de la plus terrible des crises. L'invasion mandchoue s'accompagne d'une série de cataclysmes et de ruptures. Le reflux chinois, saisi grâce aux Livres jaunes, de 1600 à 1660, est de l'ordre du repli de la seconde moitié du XIVe, en Europe, un double au simple. 130 millions pour la fin du XVIe siècle, 65 millions vers 1650. Vers 1850, après la plus longue montée continue de son histoire, elle atteint 350 millions. Combien, en 1680, quand l'ordre mandchou a porté ses fruits ? Disons une Europe. Elle grandira un peu plus vite au XVIIIe, un peu moins au XIXe siècle, beaucoup plus vite au XXe, mais, à partir de l'ère des Ting, la vieille égalité un moment ébranlée ne sera plus remise en cause.

Cette vieille égalité est une fausse égalité. Depuis le XIIIe siècle, la distance technologique, en dépit de toutes les apparences, entre la Méditerranée basculée en Europe et le reste du monde, n'a cessé de croître. Profitant d'un faisceau convaincant de recherches, nous nous sommes livré récemment, sur une voie tracée par Fernand Braudel, à quelques calculs, sous forme d'évaluations, dont voici les résultats. La supériorité de l'Europe plonge quelques-unes de ses racines, celles qui ne font pas problème, dans un double choix : en faveur d'une alimentation carnée à base de protéines animales et en faveur du moteur musculaire animal. Il y a montée des protéines animales depuis le XVe siècle dans les bilans européens (recul progressif au XVIe, alignement vraisemblable

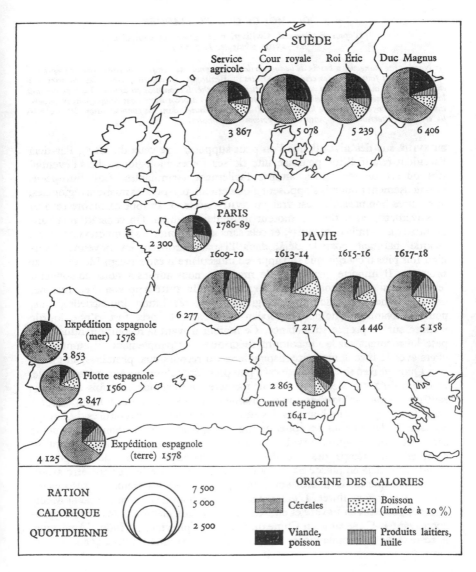

SUÈDE

Service agricole · Cour royale · Roi Éric · Duc Magnus

3 867 · 5 078 · 5 239 · 6 406

PARIS
1786-89

2 300

PAVIE

1609-10 · 1613-14 · 1615-16 · 1617-18

6 277 · 7 217 · 4 446 · 5 158

Expédition espagnole
(mer) 1578

3 853

Flotte espagnole
1560

2 847

2 863

Convol espagnol
1641

Expédition espagnole
(terre) 1578

4 125

RATION
CALORIQUE
QUOTIDIENNE

7 500
5 000
2 500

ORIGINE DES CALORIES

Céréales

Boisson
(limitée à 10 %)

Viande,
poisson

Produits laitiers,
huile

← 7. *DIS-MOI CE QUE TU MANGES*

(D'après F. Braudel, Civilisation matérielle et capitalisme,
xvᵉ-xviiiᵉ siècle, *t. I, 1967.)*

Le Nord, gros mangeur, a besoin de beaucoup de calories que lui fournissent les céréales produites en abondance au sein d'un espace forestier largement ouvert. Paris à la veille de la Révolution est riche, voyez la part de la viande. L'Italie et la Méditerranée sont pauvres (le convoi espagnol de 1641 constitue une exception). Beaucoup de calories, mais des calories bon marché. L'urbanisation amène, à contre-courant de la « dépécoration » des campagnes, un progrès substantiel dans la consommation des protéines animales.

au xviiiᵉ sur des niveaux que l'on peut supposer être ceux du xiiiᵉ). Par-delà l'accident relatif, l'Europe puise une de ses forces biologiques dans l'éventail très ouvert de ses acides aminés facilement assimilables. Les Européens « luxueusement » nourris s'opposent globalement, par-delà les nuances régionales, aux autres hommes. Cela est vrai au xviiiᵉ siècle. L'Europe carnivore recourt massivement, en outre, au moteur musculaire animal. On constate non sans surprise qu'au milieu du xviiiᵉ, et cela sans aucun doute dès la fin du xviiᵉ siècle, chaque habitant possède déjà, dans l'espace européen, en moyenne vingt-cinq fois plus d'énergie que son appareil musculaire n'est susceptible de lui en procurer. Il importe peu pour le moment, nous aurons à nous en souvenir (et c'est ainsi que la croissance démographique du xviiiᵉ a provoqué en Europe, non en Chine, la solution technologique de la révolution industrielle), que, pour cet avantage, l'homme européen ait à payer le prix fort d'une lourde menace sur sa propre subsistance. Ce moteur d'avant la révolution industrielle pèse lourdement sur le « maximum théorique » de peuplement ; il cumule ses effets avec le luxe alimentaire dispendieux du recours aux protéines animales.

Quoi qu'il en soit une chose est à peu près sûre : l'homme européen possède, au début du xviiiᵉ siècle, un moteur par tête, en moyenne cinq fois plus puissant que celui que possède l'homme chinois et dix ou quinze fois supérieur à celui dont disposent les hommes des autres civilisations et des cultures. L'Europe possède à elle seule un peu plus de moyens que le reste du monde. Le moins surprenant de ce rapide survol n'est-il pas de nous montrer qu'au moment où commence le temps des Lumières, les structures monde développé-tiers monde sont déjà en place ? Sans doute depuis le xiiiᵉ siècle, et peut-être avant. L'inégalité que les Lumières vont faire éclater puise ses racines et ses raisons dans la très longue durée. L'émergence que les hommes du bassin de la Méditerranée réalisent en Égypte et en Mésopotamie, aux alentours des années 3500-3000 avant J.-C., se situe en Chine quinze siècles plus tard. L'Inde, l'Amérique, le reste léger du monde viennent après. Ce qui manque le plus aux autres civilisations et *a fortiori* aux cultures, c'est le temps. Vieille Europe et jeune Chine Vieille Europe et jeunes cultures. On ne rachète pas le temps.

Nous nous sommes arrêté longtemps sur l'équilibre au départ ; un équilibre que l'histoire des Lumières va assez profondément modifier au bénéfice de l'Europe, bien sûr, autour de deux dates tournantes : 1680-1690 ; 1750-1760. 1680-1690, dates rondes, sont surtout des dates américaines. La « frontière » américaine, stabilisée depuis le milieu du XVIe, reprend sa marche en avant. Tout commence au Brésil. Deux chiffres résument la croissance brésilienne : 60 000 habitants à la fin du XVIe, 2 millions à la fin du XVIIIe. Le Brésil prend corps et densité un grand siècle après l'Amérique espagnole. Il préfigure l'histoire même de l'Amérique du Nord. Le Brésil, vers 1680-1690, enserrait, dans un tissu lâche de présence, 400 000 à 500 000 km² de territoires plus repérés que vraiment saisis ; le Brésil, vers 1750, arrive presque partout aux bords de l'immense selve amazonienne. Il couvre 3 millions de km². Manaos apparaît en 1674, Cuyaba en 1718, Matto Grosso en 1731, Villa Boa en 1739. Le cycle de l'or et des diamants, qui entraîne la grande mutation spatiale, prend son élan dans les dernières années du XVIIe siècle. On peut suivre sur la courbe des arrivages de l'or à Lisbonne le déferlement de la « frontière » de la mine, à travers le plateau des Minas Gerães : 725 kilos en 1699, mais déjà 4,350 t en 1703 et 14,5 t en 1715, 25 tonnes en 1720, 14 à 16 tonnes très régulièrement de 1740 à 1755.

Par une curieuse mais significative coïncidence, la véritable Amérique de la vraie « frontière » se met en mouvement elle aussi dans les deux dernières

8. *L'EUROPE SANS RIVAGE DE LA FIN DU XVIIIe SIÈCLE* →

(*D'après le* Grosser Historischer Weltatlas.)

A la fin du XVIIIe siècle, l'Europe contrôle toutes les mers, elle tient solidement une fraction des côtes de l'Amérique, de l'Afrique, du Dekkan et de l'Insulinde. La « frontière » russe s'avance le long du trek *; la « frontière » nord-américaine franchit les Appalaches, huit mil-lions de kilomètres carrés sont à peu près contrô-lés de ce que nous appellerons plus tard l'Amérique latine. La pénétration en profondeur des continents, l'acculturation en profondeur des autres civilisations et des cultures sont pour plus tard : seconde moitié, pour l'essentiel, du XIXe.*

9. *EXPLOSION DÉMOGRAPHIQUE DE L'EUROPE HORS D'EUROPE* →

(*D'après P. Guillaume et J.-P. Poussou,* Démographie historique, *1970, selon J. N. Biraben.*)

Après les pentes du démarrage du peuplement dues à l'émigration, notez le parallélisme des taux de croissance. Le reflux de l'Acadie-Terre-Neuve est dû à des facteurs politiques.

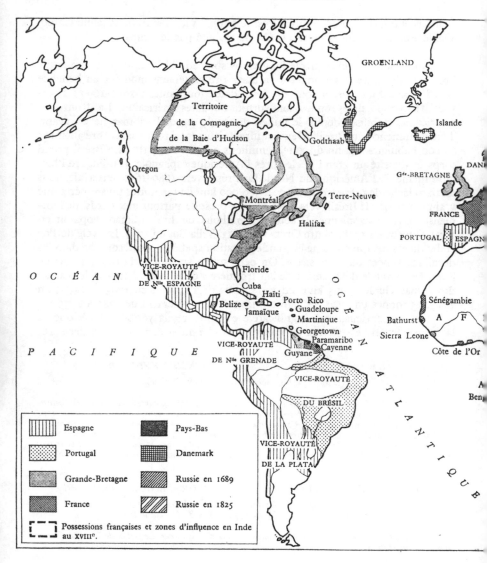

← (Voir légende 8 p. 81.

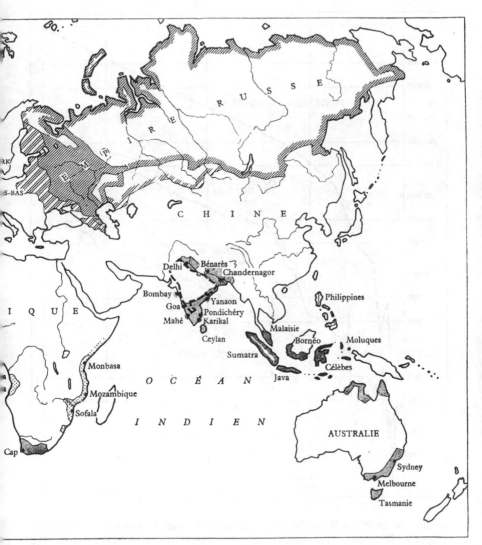

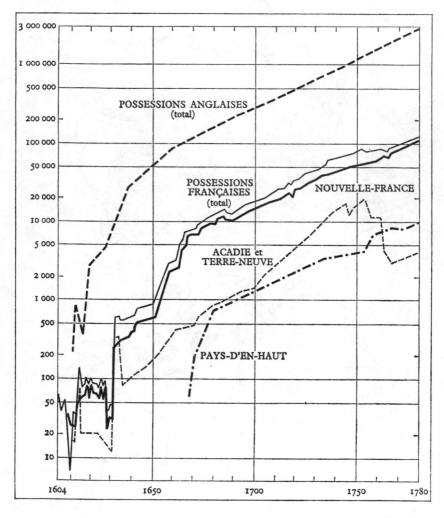

années du XVIIe siècle, au sortir de la terrible crise de 1675-1677 qui faillit emporter la colonisation blanche ; c'est la première grande guerre indienne de l'Amérique non ibérique, la preuve irréfutable de la mise en marche irréversible du rouleau compresseur de la « frontière » ; elle n'est, à tout prendre, qu'un épisode de la lutte que, depuis le xiiie siècle, les sédentaires mènent de plus en plus durement contre les nomades.

Une leçon sûre se dégage des deux Amériques. Victoire facile au Brésil, crise de croissance en Amérique du Nord. La « frontière », immobile depuis le début du xviie siècle sur un plateau presque horizontal, change de cap et de rythme. Un bond en avant s'opère de 1680 à 1730-1740. Il incorpore, au total, un peu plus de 3 millions de km² très inégalement saisis (l'implantation est médiocre au Brésil) aux 2 millions et demi contrôlés au xvie siècle. 1680, date ronde, est, à l'ouest comme à l'est, une grande date de la « frontière » de l'Europe. Le passage de la petite à la grande Europe se joue, là aussi, en 1677, en 1695, au sortir de la crise économique atlantique, au moment précis où commence l'explosion spatiale du Brésil, de la côte sucrière aux plateaux miniers. La mutation de la fin du xviie siècle n'a pas fini de nous surprendre. Cette fermentation sur les franges s'accompagne, nous le verrons, d'un profond marasme interne. Le démarrage colonial, ultra-marin, frontalier, de la fin du xviie siècle, s'apparente au démarrage de l'expansion européenne, au creux d'une vague interne, à la charnière des xive-xve siècles. En cela, il s'oppose au second démarrage au-delà de 1750, en corrélation positive, cette fois, avec la conjoncture interne. Cette fermentation des « frontières » s'accompagne, en outre, d'une

10. *UNE GÉOPOLITIQUE DES MÉTAUX PRÉCIEUX →*
(D'après L. Dermigny, op. cit.)

Deux zones de production s'affirment (voir Soetbeer) : le Brésil pour l'or, environ 1 000 tonnes, le Mexique qui finit par assurer 80 p. 100 de la production américaine d'argent. La production augmente très rapidement dans la première moitié du XVIIIe siècle. Le premier demi-siècle est un demi-siècle de l'or, l'argent du Mexique prend le relais de l'or brésilien défaillant dans la seconde moitié du XVIIIe siècle. Cette substitution relative de l'argent à l'or est un facteur favorable pour la rapide croissance dans la seconde moitié du XVIIIe siècle du trafic de l'Europe avec l'Extrême-Orient, et plus particulièrement la Chine. La corrélation est étroite entre la montée de la production des mines du Mexique et la montée des exportations de métal blanc à Canton. Voyez en effet l'évo-

lution de la ratio (graphique du haut) à Amsterdam (Amsterdam pour l'Europe commerçante du Nord) et à Canton (la porte de la Chine sur l'Europe des Lumières). Au XVIe siècle, avant l'impact brutal de l'économie européenne, la ratio en Chine était inférieure à 5 ; entendez que l'argent y avait alors une valeur double de celle qu'il avait en Europe par rapport à l'or. Ce dénivellement a été une source de profits fabuleux et une des causes des exportations massives du métal blanc européen et américain en direction de l'Extrême-Orient chinois. Bien que très atténuée, cette différence subsiste jusqu'en 1750. A Canton, après cette date, l'arrivée massive, de l'argent du Mexique provoque un moment, de 1770 à 1785, la plus surprenante des inversions : une prime de l'or par rapport à Amsterdam.

reprise de presque tous les trafics. Elle est partout évidente. Des ports anglais jusqu'au lointain observatoire de Manille.

La deuxième mutation se situe à la hauteur du demi-siècle, soixante-dix ans après. L'histoire traditionnelle a masqué l'essentiel derrière un accessoire, le sommet de la rivalité franco-britannique. Cette rivalité découle elle-même du prodigieux bond en avant des « frontières », du recul, partout, des autres civilisations et des cultures. 1750, la « frontière » minière du Mexique part à l'assaut vers le nord du Mexique sec, en avant de l'isohyète des 500 millimètres. Entre 1740-1750 et 1780-1790, l'Amérique espagnole, sans bruit, double. Elle atteint 8 millions de km² contrôlés à l'époque de Humboldt (1799-1804). En Amérique du Nord, la phase finale du conflit franco-anglais est la conséquence directe de la marche en avant de la « frontière » anglaise, en direction des Alleghanys, et du Mississippi dans une perspective plus lointaine.

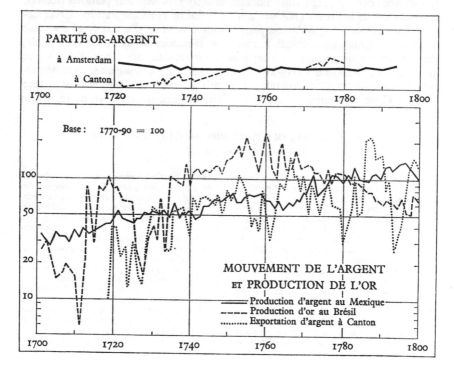

86

1689-1697, 1702-1713, 1745-1748, 1754-1763, tels sont les temps des conflits : 29 années sur 74. Bien sûr, ces guerres sont des guerres impériales, dont l'Amérique n'est qu'un secteur. Elles scandent, à leur manière, les grands moments de la croissance. Elles vont par paire. 1689-1713; 1745-1763. Vous retrouvez deux temps fondamentaux de l'expansion. 1689-1715, le premier démarrage; 1745-1770, le grand coup d'épaule qui déclenche une marche en avant à peu près ininterrompue jusqu'à l'absorption par un pouvoir issu de l'Europe, entre 1885 et 1890, des derniers vides planétaires, le passage de l'espace ouvert à un espace définitivement clos. Désormais, il n'y aura plus de « frontière » facile. A partir du processus enclenché entre 1745 et 1750, deux frontières, la « frontière » spatiale et la « frontière » technologique, entrent en concurrence. Depuis l'ère de l'espace planétaire clos à la fin du xixe siècle, commence le règne exclusif de la « nouvelle frontière ». 1689-1713, 1745-1763, rythme essentiel. Il ne doit pas masquer l'accessoire. Les guerres franco-anglaises vont par deux : 1689-1697, 1745-1748. La France, malgré l'infériorité de ses positions, marque plus de points qu'elle n'en perd. 1702-1713, 1754-1763, c'est la défaite française, partielle en 1713, malgré la perte des postes de la baie d'Hudson et de l'Acadie, point de départ d'une étrange odyssée ; totale en 1763.

Ces guerres atlantiques et européennes sont aussi pleinement américaines. Elles découlent de la rencontre d'un front de colonisation et d'une zone de parcours. La menace française sur les zones de parcours de la traite indienne s'est lentement précisée. Elle est à long terme, puisqu'en organisant la Louisiane (La Salle est à l'embouchure du Mississippi le 9 avril 1682) l'espoir de la Régence apporte des compensations aux revers d'Utrecht (1713). Notez que la construction de la Louisiane * française se situe à la hauteur de la première poussée extérieure des Lumières, 1690-1720. En fait, cette esquisse encore floue d'Amérique française interdisait à l'Amérique anglaise de regarder au-delà des Appalaches. A partir de 1702, le danger se précise du fait de l'alliance franco-espagnole. La Nouvelle-Espagne sert de point d'appui à une nouvelle conquête, en avant même de la « frontière » de la mine. Les premiers raids sérieux dans l'Arizona se placent en 1696 et la création du préside de Peniscola (San Carlos de Austria). En 1700, raid profond chez les Pueblos du Nouveau-Mexique. Danger à long terme et danger immédiat dans la mesure où les coureurs de bois sont souvent tentés de fournir cadres et moyens à la résistance indienne. Cette guerre est la guerre d'une « frontière » prise à revers par une *Conquista*. En dehors de la vallée du Saint-Laurent et de l'embouchure du Mississippi, les installations françaises, faute d'hommes (parce que coupées du bénéfice d'un refuge), sont réduites à l'encadrement pour la traite du monde indien. Le danger pour la « frontière » anglaise : se heurter à un monde indigène organisé, renforcé, maintenu pourtant dans son genre de vie, consommateur d'espace, et pourvu d'armes à feu. Les tentatives maladroites de la frange pionnière, en Virginie, pour poser des jalons en direction du Mississippi (l'Ohio Company, la Loyal et la Greenbier Company), échouent, dans un effort qui vise implicitement à lancer une *Conquista* devant la « frontière ». Le Massachusetts, au nord, n'est pas plus chanceux. Sans l'appui des régiments britanniques, et l'habileté de James Wolf, Québec ne serait pas tombée en 1760. Le traité de Paris (1763), en supprimant la rivalité franco-anglaise en Amérique, réalise une des conditions d'un véritable bond en avant. L'Amérique anglaise passe de 890 000 habitants en 1740 à 1 207 000 en 1750, 1 610 000 en 1760, 2 205 000 en 1770, 2 781 000 en 1780, 3 930 000 en 1790.

Depuis 1740 environ, la rivalité des compagnies française et anglaise, aux Indes, prend un tour dramatique. La facile victoire de Dupleix * en 1740 sur le nabab de Carnatic révéla l'extraordinaire faiblesse politique et militaire du demi-continent, après la décomposition accélérée de l'ordre mogol. On sait comment la Compagnie française réussit, de 1745 à 1754, à dresser un protectorat très souple sur la plus grande partie du Dekkan et la Confédération des Mahrattes, quelque 30 millions d'âmes d'après un compte généreux. Construction sans lendemain pour la France : Dupleix, cela compte, a ouvert la voie à la Compagnie anglaise et à Clive. Le point d'attaque au Bengale, dans une zone nombreuse affaiblie par les oppositions entre hindouistes et musulmans, était meilleur que le Dekkan, lors de la première tentative française, douze ans plus tôt. La bataille de Plassey (23 juin 1757) est une grande date courte. En 1767, le protectorat s'étend du Bengale au pays des Circars. Sous le gouvernement de Warren Hastings, la Compagnie pénètre profondément dans les terres, par le jeu des alliances et des protectorats, isolant progressivement l'intérieur du Dekkan, où Tippou-Sahib conduit, aidé en sous-main par les Français, une résistance acharnée mais sans espoir. La Compagnie anglaise réussit à exercer, vers 1790, une sorte de contrôle sur une cinquantaine de millions d'hommes. Un seuil, cette fois, a été franchi.

Quand les Lumières s'éteignent, l'Europe, hors d'Europe, exerce une sorte de contrôle outre-mer, non comptée la Sibérie, en continuité de présence, sur une quinzaine de millions de km² — 15 millions de km², 75 millions d'hommes. 75 millions d'hommes, environ 45 à 50 p. 100 de la population européenne, en Europe, vers 1780 : 75 millions d'hommes, dont 7 millions de Blancs et un peu plus, déjà, de métis. La mutation qui s'est opérée sur terre, de 1750 à 1780, doublement des surfaces, quintuplement des hommes, ne peut être comparée qu'à la mutation de la *Conquista* au début du XVIᵉ siècle, en corrélation positive avec la croissance à l'intérieur du continent européen, en point d'appui, cette fois, sur une Europe en pleine invention démographique et technologique. En 1780, au terme des Lumières, l'Europe *intra et extra muros* contrôle 30 p. 100 de l'ensemble des hommes. L'érosion des autres espaces culturels-temps est entamée.

La mutation des empires, sur terre, s'accompagne d'une mutation comparable sur mer. Nous avions évalué à 80 millions de km² la surface des océans sillonnée vers 1740-1750 par 180 à 200 navires, en moyenne, chaque jour. Entre 1750 et 1780-1790, en très gros, la surface des océans s'est accrue de plus d'une moitié, 120-130 millions de km² au moins, le nombre des navires, en présences journalières, a décuplé. Cette mutation spatiale fondamentale a des bases technologiques : la révolution du point sûr et facile. Elle est liée à l'existence d'un chronomètre * assez précis pour conserver, pendant des mois de navigation, une heure de référence. Harrison *, puis Le Roy et Berthoud *, 1767-1772. La méthode des distances lunaires et des conjonctions d'étoiles qui permettait à des astronomes habiles un calcul de longitude à terre n'était pas utilisable en exploration rapide, *a fortiori* en navigation courante. 1775-1780, des chronomètres de précision à un prix non totalement prohibitif, les îles cessent de flotter dans l'Océan des cartes. L'exploration du Pacifique est contemporaine du chronomètre.

Bougainville, Cook, La Pérouse *... Malaspina, Vancouver scandent la mutation de l'espace océanique dans la seconde moitié du XVIIIᵉ siècle. On suivra à travers Diderot l'impact de cette nouvelle dilatation planétaire. Bougainville est né à Paris le 11 novembre 1729. Il est de robe. Il a lutté aux côtés de Montcalm. Il a fondé un établissement acadien aux Malouines en 1763, qu'il doit remettre en 1766 à l'Espagne. En 1767 commence le grand voyage d'est en ouest. En janvier 1768, *La Boudeuse* et *L'Étoile* pénètrent dans l'océan Pacifique. Il a observé les Patagons d'un regard anthropologique, il retrouve Tahiti découverte en 1606 par Queiroz d'abord, Wallis ensuite. Les jeunes femmes tahitiennes offrent aux étrangers (avril 1768) une hospitalité qui fait rêver Diderot.

11. LA DÉCOUVERTE DE LA MER DU SUD →
(D'après J. Savant, Histoire mondiale de la marine, 1961.)

Après Bouvet, Bougainville, Cook, Furneaux et La Pérouse, grâce au chronomètre, le grand Océan livre ses secrets. C'est la première superposition de l'œkoumène et de l'espace planétaire, *le lointain point de départ d'un nouveau monde clos. Désormais, on peut mesurer avec précision le chemin parcouru, cartographier, réduire à néant le mythe du continent austral.*

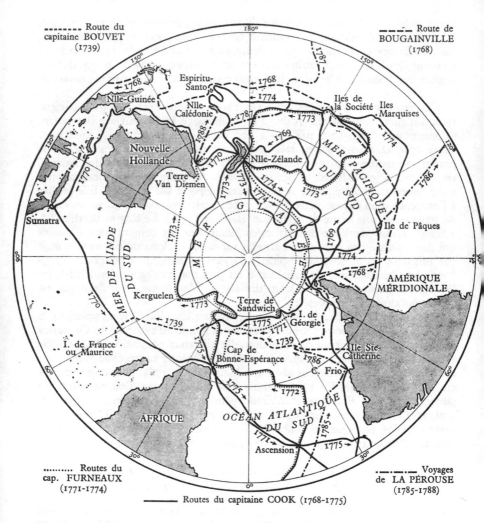

Route du
capitaine BOUVET
(1739)

Route de
BOUGAINVILLE
(1768)

Routes du
cap. FURNEAUX
(1771-1774)

Voyages
de LA PÉROUSE
(1785-1788)

Routes du capitaine COOK (1768-1775)

Les Samoas, les Nouvelles-Hébrides s'ajoutent à la liste des redécouvertes. Mais le point fixé exactement permet de dresser une carte utile. Bougainville débarque à Saint-Malo le 16 février 1769, une circumnavigation bouclée en deux fois moins de temps qu'à l'époque de Magellan et de Sébastien Elcano. Ce gain du simple au double, en deux siècles et demi, mesure le progrès modeste mais sûr des techniques de la mer. Ce que Bougainville a entrevu, James Cook, lui, l'a accompli. Cet autodidacte, né le 27 octobre 1727, a un an de plus que Bougainville. Il a connu la rude école des navires charbonniers britanniques. Le mobile est scientifique : conduire au milieu du Pacifique les astronomes chargés d'observer le passage de Vénus sur le disque solaire, à l'endroit le plus propice démontré par Lalande. L'*Endeavour* part de Plymouth le 25 août 1768 ; il parvient à Tahiti le 13 avril 1769. La Nouvelle-Zélande et une longue frange de côtes australiennes sont le fruit le plus tangible du premier voyage. Le regard de Cook, bien plus que celui de Bougainville, est ethnologique. Sa démarche sûre. L'*Endeavour* entre à Douvres le 13 juillet 1771. Au cours du second voyage (1772-1775), Cook démontre, en franchissant plusieurs fois le cercle polaire, l'inexistence du continent austral. Après le Glacial antarctique, il s'attaque, en 1776, à l'océan Glacial arctique, cherchant vainement la passe nord, et meurt sous les coups des sagaïes des indigènes des îles Sandwich (Hawaii), comme jadis Magellan à Cebu. La Pérouse, Vancouver *, Malaspina achèvent, au cours des années 80-90, de dessiner la carte du plus grand Océan.

Le monde, à la fin du XVIᵉ siècle, s'était refermé sur lui-même, à la limite technique de ses possibilités. Les Européens avaient pu réaliser la circumnavigation, les conditions de la navigation du XVIᵉ siècle ne permettaient pas de conserver toutes les côtes à l'intérieur d'une esquisse même rudimentaire d'économie-monde. Nous avons jadis formulé les lois des grands trafics du XVIᵉ siècle, loi de l'imprévisibilité, loi de la progression géométrique du prix du kilomètre ajouté au-delà d'un seuil variable, loi de l'hétérogénéité des allers et des retours. Les pertes en matériel permettent d'approcher les pertes en hommes. Le rapport des navires à l'aller et au retour est de 10 à 7 dans l'Atlantique espagnol et dans l'océan Indien portugais. On peut estimer qu'à cette lointaine époque, sur les lignes les plus meurtrières (Mexique, isthme de Panama et Inde portugaise), 15 à 25 p. 100 des marins embarqués au départ meurent au cours d'un voyage de deux ans, 20 à 35 p. 100 quand l'aller et retour dure trois ans, plus entre le Mexique et les Philippines. Les chances qu'on a, au XVIᵉ siècle, de faire l'aller et retour Séville-Manille sont faibles. La documentation disponible permettrait d'opérer assez rapidement un calcul valable. Sur plusieurs centaines de cas connus assez faciles à isoler, on tombe à 25, 30 p. 100, moins de la moitié. Sur l'axe Japon-Lisbonne, la situation est comparable. Dans ses plus grands axes, l'univers de l'expansion européenne avait atteint, pour deux siècles, au milieu du XVIᵉ siècle, une sorte d'absolu comparable à la vitesse de la lumière dans l'univers scientifique du XXᵉ siècle : cinq années pour un aller et retour, dans le plus grand axe, mais une chance sur deux, en moyenne, pour chacun de ceux qui tentèrent l'aventure, de revenir jamais vivre entre ses parents le reste de son âge. Le poids d'une distance, si faible soit-elle, ajoutée au-delà de ces limites, est tel qu'il devient impossible d'aller plus loin. Au-delà du Japon et des Philippines, l'espace de l'univers en expansion de l'explosion planétaire à composante majeure ibérique des XVᵉ-XVIᵉ siècles avait atteint son point de flexion et de courbure. Au cours de la seconde moitié du XVIᵉ siècle, donc, un point d'équilibre est atteint. Pour deux siècles, en gros, l'univers de l'expansion européenne a des dimensions absolues. Il n'est pas encore limité par la planète ; il se referme une dernière fois sur lui-même. Ce n'est pas encore la terre qui le borne, c'est le pouvoir des moyens de l'homme. Il ne manquait pas grand-chose aux caravelles, aux galions, aux naves et aux caraques pour enserrer vraiment toute la terre. Mais il leur manquait encore quelque chose.

Voilà fondamentalement ce qui change, avec les *indiamen*, les frégates, les clippers, le chronomètre de Harrison, de Le Roy et de Berthoud : un progrès de 20 p. 100 provoque la désescalade de la distance ajoutée. Le rayon de courbure de l'espace s'allonge suffisamment pour qu'un au-delà devienne accessible et relativement facile après les bouts du monde du XVIᵉ siècle. Le monde s'ouvre, entre 1760 et 1770, pour se refermer rapidement, non plus sur le pouvoir des moyens de l'homme des Lumières, mais bien sur la terre entière. La victoire de la grande Europe débouche sur un univers clos, avant que se ferment les dernières « frontières », dans les dernières décennies du XIXᵉ siècle. Jusqu'au 20 juillet 1969.

CHAPITRE II

LES DIMENSIONS
DE L'HOMME

U N progrès modeste mais pourtant décisif, dans l'ordre de la communication, entre des hommes plus nombreux, pour l'éthique de la croissance, par transfert et détournement de la vieille ascèse chrétienne, pour la construction, sans autre but, d'une cité toujours plus grande, d'hommes toujours un peu plus uniquement consacrés à l'élargissement de cette cité. Plus d'hommes, sur plus d'espace, plus d'échanges, de communications, une pensée plus tournée vers les choses, une interpénétration progressive de la pensée théorique et de la pensée pratique. Mais d'abord plus d'hommes. Sans cette générosité à la base, rien n'est possible. Sans la *Vital Revolution*, pas d'Europe des Lumières, pas de mutation de croissance.

•

Commençons par une « pesée globale ». La pesée globale se situe normalement au terme d'une longue patience. Le doublement de la population européenne est la première donnée à peu près sûre des Lumières : de 1680 à 1800, le doublement en cent vingt ans, quatre générations. Cela ne va pas sans difficulté, nos certitudes sont très inégales, meilleures à la fin de la période qu'au début, meilleures pour l'Europe médiane nombreuse que pour les franges de l'Est et l'Espagne. Nous risquons, bien souvent, de mesurer à l'est les progrès d'un État plus efficace qui enserre mieux la matière imposable, un État recruteur qui compte mieux ses hommes. Une difficulté plus générale découle des limites : elles varient de plusieurs millions de km². Tout dépend aussi des termes choisis. 1680 ne prête guère à discussion. Le fait massif de la révolution qui affecte l'axe dense de peuplement du continent, le démarrage de la révolution industrielle invitent à ne pas dépasser 1780-1790. Le courant des pensées en Allemagne inclinerait à nous arrêter plus tôt, mais la Russie, l'Autriche, l'Espagne, la périphérie incitent à aller plus loin. Le doublement des Lumières est atteint, dans une minorité de cas, en 1770 ; il est obtenu partout, sauf en France (19 millions, 27 millions) et en Italie (12 millions, 18 millions), entre 1680 et 1800. Ces discussions longues et pourtant infiniment trop brèves visent à deux buts modestes : montrer que rien n'est avancé à la légère, expliquer les discordances qui peuvent choquer d'une synthèse à l'autre. Ces contours tracés, la règle du doublement n'en sera que mieux arrêtée.

Le doublement, caractéristique des Lumières ? Mais comment ? Entrons, d'abord, dans l'hypothétique. Nous ne pouvons apprécier la croissance de l'Europe des Lumières que par référence à d'autres continents et à d'autres époques. A d'autres continents. C'est évidemment faire un saut dans le conjecturel. L'Europe, la Chine, l'Amérique coloniale se mesurent au XVIIIᵉ siècle ; l'Afrique, l'Inde, le monde arabe s'évaluent. Supposons la difficulté résolue et faisons momentanément confiance aux pesées des historiens démographes. La population, entre 1680 et 1800, s'accroît de 50 à 55 p. 100. Plaçons l'Europe et la Chine d'un côté de la balance, le reste du monde de l'autre. La croissance des deux masses lourdes se situe entre 220 et 250 p. 100 d'une part ; elle tombe à moins de 10 p. 100 pour le reste des hommes. Le doublement séculaire isole l'Europe des Lumières des cultures et de toutes les autres civilisations. Sauf une, la Chine. Au XVIIIᵉ, l'Europe et la Chine jouent la folle croissance, la Chine un peu mieux encore que l'Europe, le reste du monde choisit la solution paresseuse d'une horizontale séculaire.

La comparaison dans le temps achève de donner au doublement des Lumières sa véritable dimension. Elle est plus chanceuse encore et pourtant tout aussi nécessaire. La comparaison est facile et sûre quand on descend le cours des temps, mais singulièrement chanceuse quand on le remonte. Comparons l'Europe à elle-même. Au-delà de 1680, nous perdons d'ailleurs toute possibilité d'apprécier l'évolution de la population en dehors de l'Europe et de la Chine. Le doublement des Lumières est-il unique ? Cherchons le précédent. La population européenne a sans doute doublé de 1450, date ronde, à 1650, autre date ronde. Elle a dû doubler du milieu du XIᵉ à la fin du XIIIᵉ siècle. Replacée dans la très longue durée, au niveau même de l'analyse macroscopique la plus élémentaire, la différence saute aux yeux.

Le doublement séculaire s'est opéré sur une étendue beaucoup plus vaste que jamais auparavant. Le doublement du long XVIᵉ siècle a demandé deux siècles, celui de la mutation agricole médiévale, sans doute davantage. Les pentes

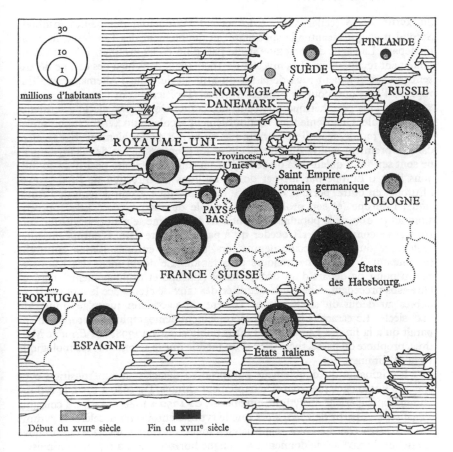

12. *LE MOUVEMENT DES POPULATIONS EUROPÉENNES PAR ÉTATS
AU COURS DU XVIIIᵉ SIÈCLE*

*(D'après P. Léon, Économies et sociétés préindustrielles, 1650-1780, t. II, 1970,
selon M. Reinhard, J. Dupâquier et A. Armengaud.)*

Les trois Europes apparaissent clairement ici, à l'heure du doublement continental séculaire. Rapide croissance en Angleterre qui donne la médiane de la vraie réussite. Trop faible croissance française et italienne, croissance ultra-rapide de « frontière » géographique ouverte à l'est (la Russie, l'Autriche, et principalement la Hongrie).

95

du XVIIIe siècle (celles surtout du second XVIIIe) sont des pentes insolites. Second trait qui accentue la spécificité du doublement des Lumières, le point de départ. La vague du long XVIe siècle part d'un creux profond. Elle est essentiellement récupération. Les niveaux de 1600-1630, dans bien des cas, ne dépassent pas sensiblement ceux de la fin du XIIIe siècle. Pour l'Allemagne et l'Europe de l'Est, oui, pour la France, à peine. Troisième trait : la croissance du XVIIIe est plus périphérique que centrale, la montée du XVIe siècle essentiellement centrale. Quatrième trait : le doublement séculaire du XVIIIe est non seulement plus rapide, mais il ne s'arrête pas au terme du doublement. Il s'accélère dans la première moitié du XIXe siècle et les premiers signes de ralentissement ne sont sensibles qu'au-delà de 1880. Par un solde migratoire positif de 40 millions hors d'Europe par mer et de 10 millions en direction de l'Asie russe, l'Europe, en outre, porte la croissance de l'Amérique. Compte tenu de l'Amérique, l'Europe (et son prolongement) triple de 1800 à 1900. Elle approche alors 40 p. 100 de la population mondiale. Le rythme se maintient jusque vers 1955 et ne commence à rétrocéder qu'à partir de cette date. L'européanisation biologique du monde recule depuis lors, mais son européanisation culturelle se poursuit à un rythme toujours plus rapide. Le doublement des Lumières est au point de départ d'un décuplement (Europe et prolongements) triséculaire sans précédent. Une étude détaillée des taux de croissance le montre. Très faibles au début du siècle, ils ne cessent de s'accélérer jusqu'au milieu du XIXe siècle. Le caractère insolite du déroulement démographique européen n'apparaît qu'à la fin des Lumières. D'où la publication, en 1798, de l'*Essai* de Malthus, prophète du passé, théoricien d'un monde que la « frontière » technologique vient d'éliminer.

L'originalité du doublement européen se détache en superposition avec son seul homologue planétaire, le triplement chinois. De 1680 à 1750, le rythme chinois est supérieur au rythme européen ; de 1750 à 1780, les divers courants s'égalisent. A partir de 1780, alors que le rythme européen s'accélère, le rythme chinois rétrocède. Le *check* malthusien a joué : en Chine, les 320-330 millions du début du XIXe siècle donnent une longue horizontale. La réponse chinoise à la croissance d'un long XVIIIe siècle (1680-1850) n'est pas sans rappeler la réponse européenne de 1630-1700 à un long XVIe siècle. Non plus l'effondrement catastrophique archaïque, mais une horizontale presque séculaire ; jusqu'à une reprise qui se manifeste ici de 1680 à 1730, là à partir de 1930.

La seconde donnée, c'est la manière tout aussi importante dont ce doublement est atteint, en un mot l'allongement de la vie humaine. Révolution capitale qui se produit ici et là par microsecteurs géographiques, révolution qui

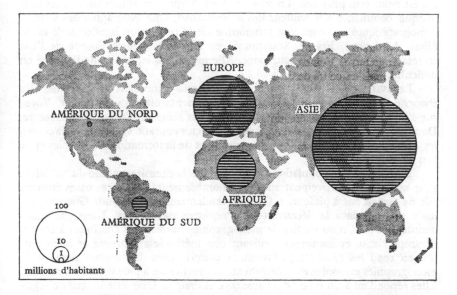

EUROPE

AMÉRIQUE DU NORD

ASIE

AFRIQUE

100

AMÉRIQUE DU SUD

10

1

millions d'habitants

13. L'EUROPE ET LE MONDE AU MILIEU DU XVIII⁰ SIÈCLE
(Ibid., *selon F. Perroux.*)

L'Europe puise sa force dans le nombre de ses hommes ramassé sur un petit espace, dans la croissance soutenue au rythme du doublement séculaire qui va de pair avec la fondamentale révolution de l'éducation. Nous avons retenu pour l'Afrique une hypothèse que certains estimeront relativement basse : quatre-vingts millions.

nécessite une analyse en profondeur. De 1680 à 1750, l'Europe des Lumières et l'Europe classique se chevauchent, les grandes transformations apparaissent un peu partout au-delà de 1750 ; elles sont, à la fin, un aboutissement et plus encore un commencement. Nous renvoyons donc une fois pour toutes à *la Civilisation de l'Europe classique.* C'est par rapport à cet acquis et en développement que nous entendons nous placer. Nous serons donc sensible aux transformations propres aux Lumières, aux progrès acquis depuis quatre ans par la recherche historique.

●

La connaissance que nous avons de la démographie historique du XVIIIᵉ siè-

cle est beaucoup plus fine. En France et en Angleterre sûrement, le protostatistique commence à la hauteur des années 1680. Une géographie des sources
démographiques recouvre une géographie de la révolution intellectuelle et de
l'État. Angleterre, France, Scandinavie en flèche, Russie et Europe de l'Est
en retard mais en cours de rattrapage, Allemagne, Italie, péninsule Ibérique en
difficulté.

Le XVIIIe siècle a eu le souci efficace de la dimension de l'homme. Il a
ébauché l'utilisation systématique des instruments élaborés par l'État. Voyez
sur l'horizon des Lumières, déjà, Vauban * et King *. A nous de poursuivre.
Données directes momentanées, données directes courantes, la tranche, la coupe,
les entrées, les sorties, le compte minutieux de la formation des couples et de
leur fécond labeur.

L'histoire de la population au XIXe et dans la première moitié du XXe siècle
s'est appuyée exclusivement sur les dénombrements *. Sur ces bases étroites,
elle ne tardait pas à plafonner. C'est au lendemain de la Seconde Guerre mondiale que se place la découverte des registres paroissiaux. Nous possédons
maintenant plus d'un millier de monographies paroissiales conduites à travers
l'Europe dense et nombreuse, suivant une méthode rigoureuse et homogène
qui en rend les résultats parfaitement comparables. Un certain nombre de
monographies exemplaires se détachent, auxquelles on a plus volontiers recours.
Elles répondent à un type ; d'où avantage et danger. Une série longue de registres bien tenus et bien conservés, une paroisse rurale — la stabilité rurale céréalière est une condition d'une reconstitution facile et efficace d'un grand nombre
de familles —, ce sont les cas classiques de Crulai, Auneuil, Colyton. Les historiens démographes ont réussi à constituer ainsi, à usage scientifique, dans
l'Europe des XVIIe et XVIIIe siècles, un armorial insolite de lignages paysans,
dont les généalogies, construites au prix de longues patiences, portent une masse
impressionnante de très savants calculs. Ce *who is who?* va-t-il nous donner la
dimension de l'homme? Pas aussi sûrement qu'on ne l'avait cru hier.

En fait, nous avons été prisonniers, pendant quelques années, d'un stéréotype et d'une erreur systématique implicite. Dans la mesure où les premières
monographies ont répondu à des choix rationnels, nous avons étudié systématiquement un certain type finalement minoritaire de population. Les céréaliers,
les limoneux du Bassin parisien. Une nourriture réputée riche, mais finalement
irrégulière et carencée, un espace très ouvert aux mouvements, donc aux épidémies, une hypersensibilité certaine à l'anomalie thermique négative et à
l'anomalie hygrométrique positive des XVIIe et XVIIIe, un espace exceptionnellement clos, un genre de vie empêtré de prestige qui rend ceux qui en sont bénéfi-

ciaires, prisonniers, peu aptes à l'émigration et à l'innovation... Les plaines limoneuses du Bassin parisien, nous le savons aujourd'hui, ont conservé longtemps des structures archaïques, elles ont réagi, lors de l'arrivée des Lumières, par des réflexes propres : un mariage très tardif, une forte mortalité infantile due à l'écrasant labeur saisonnier de la moisson qui pèse sur les femmes, des épidémies violentes en temps de disette, une démographie terne, une tendance latente à la restriction volontaire des naissances par le double recours au *coïtus interruptus* et à l'avortement quelque peu provoqué.

Depuis 1964-1965, la démographie historique a pris un nouvel essor sur des bases renouvelées, en raison du développement des monographies paroissiales villageoises avec reconstitution des familles. En sortant des plaines limoneuses céréalières, grâce aussi au sondage national de l'INED, on a vu se dessiner une France beaucoup plus contrastée que confirment nos enquêtes normandes. Les comportements démographiques se définissent à une échelle microrégionale, suivant une marqueterie dont l'unité est un groupe de paroisses de 10, 15, 20, 30 communautés, parfois moins, exceptionnellement plus. Une difficulté toutefois, les familles que l'on peut suivre et sur lesquelles portent tous nos calculs sont les familles les plus stables. A-t-on le droit d'extrapoler aux autres, aux mouvantes, les leçons qu'elles nous ont permis d'établir? Voilà pourquoi les historiens démographes se sont tournés depuis trois ou quatre ans vers l'étude des mouvements de population. Ces mouvements sont plus importants qu'on ne l'a cru. Le doublement séculaire avec quasi-stagnation dans d'importants districts du centre et quadruplement sur les bords le prouve. Un micropays de cinq cents communautés comme la plaine de Caen révèle l'existence de petites zones déprimées dont la population sans courant migratoire aurait disparu en moins d'un siècle, à côté de groupes de paroisses dynamiques, avec des coefficients de reproduction élevés impliquant un allègre doublement séculaire : paroisses mouroirs et paroisses berceaux. L'existence de microcourants de compensation résout ces apparentes contradictions. Le problème consiste donc à reconstituer désormais les familles migrantes, et non plus seulement les privilégiés de la stabilité. C'est ce à quoi se sont attachés, avec des méthodes un peu différentes, le groupe de recherches de Cambridge et celui de Caen.

Les ordinateurs ont valorisé la vieille série des sources momentanées, trop négligées dans la phase ascendante, vers 1960, de la démographie historique. Dans un premier temps, la démographie historique a été exclusivement verticale. Dans un second temps, nous abordons la phase horizontale. Mais le progrès découle encore d'une troisième démarche : le recours aux modèles. Nous en emprunterons l'exemple à E. A. Wrigley. Les trois clefs de la démographie ancienne sont données par le célibat, l'âge au mariage * des femmes et l'intervalle intergénésique. « Une des caractéristiques importantes des sociétés préindustrielles étrangères à l'Europe, c'est que le mariage, tout au moins pour les femmes, y était presque universel et avait lieu très tôt. » Nous aurons l'occasion de revenir sur cette différence essentielle. Face au modèle du mariage universel et précoce, le modèle du mariage dit « européen », où entre deux cinquièmes et trois cinquièmes des femmes en âge d'avoir des enfants sont célibataires ou veuves. Ce modèle, avec des nuances à étudier, continue à s'appliquer à l'époque des Lumières, dans l'Europe médiane nombreuse, l'Europe méditerranéenne et scandinave. Une seule exception majeure à l'est. Cette structure est, sans conteste, très importante. Elle permet à la démographie des pays de chrétienté de garder une réserve en puissance. Le rythme court, à période d'amplitude réduite, qui s'oppose aux oscillations pluriséculaires des autres continents avec des amplitudes énormes (voyez la Chine et l'Amérique), est la conséquence de cette structure qui est un progrès. Troisième variable, l'intervalle intergénésique. Il varie de 22-23 mois à 35-37 mois sur les statistiques élaborées à partir des registres paroissiaux. L'histoire démographique est à la tête, à l'heure actuelle, de plusieurs dizaines de milliers de familles reconstituées. La large ouverture de l'éventail dans le temps a causé une surprise. On refusait à tort aux sociétés préindustrielles la possibilité de dissocier rapports sexuels et procréation. Il a fallu se plier à la leçon des chiffres. D'abord sonder les possibilités théoriques, d'où le recours à un modèle : « [...] examiner rapidement pourquoi l'intervalle moyen entre les naissances (et partant la fécondité matrimoniale) prend, même sans pratique contraceptive, abstention de rapports sexuels, ou tentative délibérée d'avortement, des valeurs si différentes.

« L'intervalle total entre deux naissances quelconques comprend non seulement l'intervalle égal en moyenne à neuf mois, qui sépare la conception du second enfant de sa naissance, mais encore d'autres éléments susceptibles de varier beaucoup. Tout d'abord, immédiatement après la première naissance, vient la période d'aménorrhée, où aucune ovulation et donc aucune conception ne peut se produire. » C'est, évidemment, la variable par excellence. Entrent en ligne de compte les modes d'alimentation, la fatigue musculaire et nerveuse, l'âge de la mère. Faible plasticité de 20 à 30 ans, variation négative dans le sens de l'allongement avant 20 ans (stérilité des adolescentes), et après 30 ans, plus encore après 40. Mais cette durée dépend essentiellement de l'allaitement. Une variable qui peut aller de 0 à 30 mois et plus. Pendant l'allaitement, l'ovulation est stoppée dans 75 p. 100 des cas environ. Une autre variable intervient en fonction de la nature et de l'abondance de l'alimentation. Wrigley, totalisant toutes les variables, propose : « Elle [la durée de l'aménorrhée] varie sans doute, pour des populations importantes, entre quatre et seize mois, avec des cas individuels qui peuvent naturellement dépasser de beaucoup ces limites. Le minimum est d'un mois. » Ajoutons que ces minima seront beaucoup plus fréquents avec les alimentations plus riches en protéines et le remplacement de l'allaitement naturel par l'allaitement artificiel dans les sociétés industrielles. « Chez un petit nombre de femmes, l'intervalle peut excéder deux ans. »

L'ovulation reprise, un nouveau délai s'écoule avant une nouvelle conception. Il est statistiquement peu probable qu'une femme conçoive pendant le premier cycle ovulaire. « La moyenne, sur une population importante, excède un mois, et dépend pour une part au moins de la fréquence des rapports sexuels. Ici, comme en bien d'autres points concernant la fécondité, l'information est insuffisante. Il se peut qu'une fréquence de dix par mois soit à peu près la moyenne pour les femmes de 20 à 30 ans, mais l'éventail de valeurs possibles va probablement de 5 à 15. » Entrent en ligne de compte l'âge du mari, la durée du mariage, l'alimentation, la fatigue musculaire et nerveuse, la disponibilité du couple. Ajoutons au modèle que certaines épidémies, de grippe notamment, peuvent entraîner l'entrée en jeu d'une variable supplémentaire avec période de stérilité masculine. Wrigley recourt aux leçons du tiers monde, qu'il faut manier avec prudence : « On a relevé, au Liban, parmi les campagnards musulmans sans instruction, une fréquence moyenne de 24,5 rapports par mois au cours de la première année du mariage. » Deux certitudes se précisent de l'étude de la fréquence de ces rapports : celle-ci varie selon les sociétés, au moins du simple au quadruple. Nous verrons l'influence positive des facteurs religieux, des environnements psycho-érotiques globaux. « Dans toutes les sociétés, elle décline avec l'âge et diminue environ de moitié de 20 à 40 ans. L'intervalle entre naissances peut ainsi différer de deux à quatre mois d'une population à l'autre. »

Tenir compte enfin de l'influence sur l'intervalle intergénésique des avortements spontanés. Mort du fœtus, arrêt de l'ovulation consécutif à la période de grossesse et de rejet, délai avant une nouvelle conception. Le retard est de l'ordre, en moyenne, de 5 à 8 mois. Si l'on suppose, hypothèse raisonnable, surtout dans une société où les femmes accomplissent beaucoup de travaux pénibles, « qu'environ un tiers des conceptions se terminent par le décès du fœtus, l'intervalle moyen entre naissances se trouvera augmenté approximativement dans nos deux hypothèses extrêmes d'un mois et demi et de deux mois et demi ».

Il résulte de tous ces éléments une grande plasticité de l'intervalle statistique moyen entre deux naissances. Le minimum théorique est de 16,5 mois, le maximum de 31,5 mois. Le minimum « est presque certainement trop faible pour toute population importante de n'importe quelle époque, car il exige que tous les éléments soient simultanément favorables, ce qui est très improbable. » Recours à l'histoire et à l'observation du présent. Les Canadiennes de Henripin, dans un espace ouvert, extrêmement favorable, au xviiie siècle, avaient un intervalle de 23 mois. La population urbaine artisanale de Villedieu-les-Poêles, au xviiie siècle, de 20 mois à peine, on approche d'un record absolu ; dans quelques régions des Flandres au xviiie, 20 et 23 mois ; dans les communautés des États-Unis qui refusent systématiquement tout contrôle des naissances, avec des conditions d'alimentation du xxe siècle, 21 mois environ. Ces chiffres sont les plus bas observés sur des séries importantes. Ils entrent parfaitement dans les branches du modèle. E. A. Wrigley pense que « la valeur de la limite supérieure, 31,5 mois, est également trop basse ». Voici son raisonnement. Le modèle de 16,5 à 31,5 mois s'applique pratiquement aux femmes les plus jeunes, ayant de 20 à 25 ans, période de fécondité maximale. Dans les campagnes normandes du xviiie siècle, les trois quarts des femmes à cet âge sont célibataires. Les valeurs qui s'appliquent à cet échantillon « sont évidemment inférieures à l'intervalle moyen de l'ensemble de la population considérée, puisque, sauf la durée de grossesse, tous les éléments de l'intervalle entre naissances croissent avec l'âge ».

Dernière précision. Exclure totalement, dans n'importe quelle société traditionnelle, la volonté de dissocier, dans un certain nombre de cas, procréation et rapports sexuels dans le mariage, est une erreur grave. Or l'abstinence volontaire, le *coïtus interruptus* attesté dans la Bible et les pratiques abortives sont de tout temps et de tous milieux. Une masse impressionnante de textes existe. On en connaît en France plus qu'ailleurs, et pour l'Angleterre. On en trouve, denses et convaincants, pour l'Italie et l'Espagne. L'inversion est évidente entre la France et l'Espagne. La contraception fait problème en Espagne au xviie, en France au xviiie.

Revenons au modèle de Wrigley : il doit, pour bien s'appliquer à la réalité du xviiie siècle, faire intervenir la contraception préindustrielle. Tout y est donc question de vouloir. Ces microvouloirs qui font l'histoire en profondeur. Cette contraception de l'époque préindustrielle peut être efficace. Dans l'Europe des Lumières, son recours est marginal. On devra donc ajouter au modèle de Wrigley un délai supplémentaire pour contraception d'étalement et contraception d'arrêt. Il ira, si l'on veut, de 0 à 20 ou 30 mois. A partir de ce moment, le modèle couvre tous les possibles.

L'histoire, suivant en cela une démarche qui est une démarche des Lumières, lie donc, de plus en plus résolument, dans une même interrogation, le passé au présent et le présent au passé. Une première certitude : l'extraordinaire ouverture de l'éventail démographique des Lumières. L'Europe, au XVIIIe siècle, explose par morceaux successifs, elle bouge, elle est tout mouvement, avec la révolution des moyens de transport, conséquence plus que cause. Nous sommes prêts à souscrire pour elle au jugement de Wrigley : « On dit parfois que les sociétés postindustrielles *convergent* vers un modèle démographique, économique et sociologique commun. S'il en est ainsi, on peut opposer à l'uniformité du présent la diversité du passé préindustriel. »

Ainsi la démographie européenne préindustrielle présente une extrême plasticité. Voyez les écarts significatifs : huit ans au niveau de l'âge de la femme au mariage, suivant les catégories sociales ; le mariage aristocratique est plus précoce que le mariage populaire, le mariage paysan plus tardif que le mariage dans les premières concentrations industrielles, suivant les régions. Voyez les écarts intergénésiques : ils vont de 18-19 mois, dans certains milieux aristocratiques restreints, 20-23 mois dans les secteurs frontières de fort gradient, dans des bourgs d'artisans ou de préconcentration prolétarienne, à 35-40 mois dans le Périgord, le pays d'Auge, les mouroirs au sud de la plaine de Caen. Voyez les intervalles protogénésiques, entendez l'intervalle entre le mariage et la première naissance : ils oscillent entre 13 et 19 mois ; voyez enfin les taux des naissances illégitimes et des conceptions prénuptiales, étroitement liées ; ils oscillent de 0,5 p. 100 à 30-40 p. 100 dans les quartiers pauvres de quelques grandes cités de la fin du XVIIIe siècle. Tous ces facteurs combinés aboutissent aux coefficients nets de reproduction les plus disparates : on va des zones de doublement trentenaire (on sait que Malthus tire sa vision apocalyptique d'une extrapolation des anciennes colonies anglaises d'Amérique et de quelques cantons irlandais) à des zones d'effondrement démographique ; nous avons isolé des micropays au sein de la plaine normande, il en existe dans l'Angleterre verte agricole, dans les zones rizicoles inondées circumméditerranéennes qui ont tendance à une réduction de moitié en soixante ans. Du doublement positif en trente ans à la réduction de moitié en soixante ans, la gamme est large. Les tendances les plus fréquentes se situent un peu au-dessus du doublement séculaire ; viennent ensuite les pentes douces (35 à 50 p. 100) en un siècle, beaucoup plus loin derrière, les horizontales. Nous avons observé des situations d'équilibre sur un siècle, de 1720 à 1820, dans de petits secteurs du pays d'Auge : la résultante se situe pour l'Europe médiane, dense et nombreuse, autour d'une croissance de 70 à 80 p. 100 en un siècle ; pour l'Europe orientale, une tendance au doublement en soixante ans avec une moyenne européenne autour du doublement séculaire.

Cette extrême plasticité aboutit à une grande variété dans l'espace et dans le temps. Dans le temps, l'Europe des Lumières est binaire ici, ternaire là. L'Angleterre est binaire, avec une quasi-horizontale jusqu'en 1740, suivie d'une pente rapidement ascendante. La France, le Piémont, l'Espagne sont ternaires, avec une phase horizontale, une phase rapidement ascensionnelle, un plateau faiblement ascendant ici, déclinant là. En Normandie, les comportements paraissent homogènes à l'intérieur d'un petit groupe de communautés, rarement plus de dix à quinze paroisses formant un espace continu, à l'intérieur d'un bourg ou d'un quartier. Rouen, grande ville qui frôle les 100 000, totalise quatre à cinq climats démographiques ; Villedieu-les-Poêles, 2 500 habitants, forme un tout homogène. Les comportements obéissent plus à des critères territoriaux que sociaux. Des unités sociales avec comportement démographique spécifique supposent de forts gradients de différenciation. Il existe un milieu ducs et pairs, à travers toute la France ; nous n'avons jamais réussi à isoler un comportement démographique laboureur distinct d'un comportement manouvrier. La démographie de Villedieu est une démographie de poêliers, tous les habitants de Villedieu ont un comportement de poêlier, travailleurs du cuivre ou non. Oui, le comportement démographique obéit à des environnements complexes. Les Anglais sont arrivés à des résultats à peu près identiques. Il résulte d'études portant sur l'Angleterre et la France de l'Ouest que l'économique ne commande jamais directement ; l'unité de comportement au niveau d'une division essentiellement territoriale montre bien le poids des environnements religieux psychocollectifs. Rien de plus fondamental que l'attitude devant la vie, l'amour, l'autre sexe et la mort. « Les relations causales et les rapports fonctionnels se tissent en tous sens » entre les vivants et les morts, proches dans l'espace et dans le temps. Il en découle un climat, où s'enracine la vie. Dans l'Europe des vieux pays issus d'une relation multiséculaire de l'homme avec le sol, qui se résout dans un paysage, l'unité de comportement démographique, semble-t-il, sera plus territoriale qu'économico-sociale, plus affective qu'économique. Dans l'ouest de la France, l'unité paraît petite, quelques milliers d'hommes et de femmes, au plus 1 000, 1 500, 2 000 feux, les unités peuvent avoir des comportements qui vont du coefficient net de 0,7 à 2-2,5. On aboutit aisément, avec les variables, illégitimité, âge au mariage de l'homme, de la femme, intervalles protogénésique et intergénésique, âge moyen à la dernière naissance, à une cinquantaine de types qui donnent naissance aux tendances les plus di-

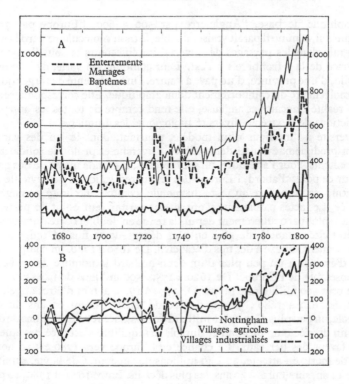

14. LE VALE OF TRENT AU XVIIIᵉ SIÈCLE

(D'après P. Guillaume et J.-P. Poussou, op. cit., selon J. D. Chambers.)

Une vallée fortement industrialisée. 1730-1740 : le tournant. Au-delà, c'est la croissance rapide et soutenue des hommes et de l'industrie. Le graphique B oppose la croissance rapide des villages industrialisés à la démographie beaucoup plus terne des villages agricoles. Le nombre d'enfants par mariage dans les villages indus-

trialisés, qui est de 4 avant 1740, s'élève à 4,4 puis à 4,8, libérant un excédent constant ; pour les villages agricoles, la croissance est moindre et les chiffres plus bas, de 3,3 à 3,7. La croissance démographique favorise la révolution industrielle qui, à son tour, relance l'expansion démographique.

verses, depuis la disparition en deux siècles jusqu'au doublement trentenaire. La France est constituée par quelque 2 000 de ces molécules de comportement démographique de base, l'Angleterre par 500 à 600, l'Europe par 7000 à 8 000 unités si, comme il paraît vraisemblable, le tissu moléculaire perd la finesse de son grain dans les paysages découverts simplificateurs et sous l'action uniformisatrice de la « frontière » à l'est. Leur combinaison varie, dans le temps, d'une ville, d'une province, d'un pays à l'autre. On serait tenté de forger quelque théorie moléculaire du comportement démographique. Elle correspond, semble-t-il, à la réalité française et anglaise, elle rend compte de toutes les apparentes contradictions de l'extrême diversité biologique des Lumières.

Diversité à l'intérieur d'un modèle, pourtant, dont le jeu des variables ouvre un prodigieux éventail de possibles. Diversité et profonde solidarité des comportements. Pour l'atteindre, un seul recours, la grande masse de nos paroissiaux. Sur ce point d'abord, l'Europe des Lumières, solidaire de la vieille chrétienté latine, se pose, face au reste du monde, comme une unité homogène et privilégiée. Les actes paroissiaux y ont atteint partout leur point de perfection. En France, plus particulièrement depuis la tenue en double, l'acte dûment signé, en général circonstancié, de plus en plus dégagé de sa finalité religieuse, est progressivement annexé à des fins d'état civil. De 1680 à 1780, un compte rapide permet d'évaluer à un peu plus d'un demi-milliard le nombre des naissances pour l'ensemble de l'Europe. De 1620 à 1750, 500 millions de naissances aussi et à peu près 500 millions de morts. De 1750 à 1780, autant d'êtres appelés à la vie que de 1620 à 1680 ; 30 ans du second XVIIIe égalent 60 ans du creux XVIIe siècle, un peu plus d'un demi-milliard de naissances et 470 millions de décès, car à la fin du siècle un profond et durable déséquilibre s'est créé presque partout en faveur des berceaux. La chance de l'Europe vers 1780 est ce nombre insolite de morts en attente, 30 à 40 millions de sursitaires de la vie, sursitaires de la vie à 1 an, sursitaires à 20 ans, les plus décisifs. Entre 1680 et 1780, 10 p. 100 d'enfants franchissent, en plus, le cap dramatique de la première année. 20 à 25 p. 100 de vies tronquées, avant la première année, au XVIIe, 20 à 15 p. 100 seulement de 1750 à 1780, 45 à 50 p. 100 de vies tronquées avant l'adolescence, 45 à 30 p. 100 seulement de 1750 à 1780. Oui, la grande chance du XVIIIe est là. Un peu plus d'un demi-milliard d'hommes appelés à la vie de 1680 à 1780, dans toute l'Europe, 160 à 180 millions de vies fauchées, mais 40 millions de vies épargnées, en plus, par rapport au XVIIe, progrès modeste, mais sans prix et sans commune mesure. Entre 1620 et 1680, d'une part, 1750 et 1780, d'autre part, mêmes nombres de naissances, disons 200 millions, mais 110 millions de rescapés d'un côté, 140 de l'autre.

De 1680 à 1780, l'Europe des Lumières, c'est aussi ce milliard 100 millions de baptêmes, de mariages, de décès. Ils ont été enregistrés à 90 ou 95 p. 100, dans la vraie Europe des Lumières, à l'ouest de l'isthme Baltique-mer Noire. A l'est, les registres gagnent progressivement. L'Europe, c'est aussi l'état civil, avec tout ce que ce gain modeste implique quant à la reconnaissance du prix de l'homme. Se rappeler que le Bureau de la statistique des Nations unies, en 1968, donne un enregistrement complet des décès pour 36,6 p. 100 de la population latino-américaine, 6,9 p. 100 de la population asiatique, 3,3 p. 100 de la population africaine. Et voilà ce qui fonde notre certitude : 600 à 700 millions d'actes parvenus jusqu'à nous.

La démographie européenne des Lumières s'affirme, d'abord, dans la formation du couple. Bien marquer les solidarités là où elles se trouvent. L'Europe des Lumières, face au couple, n'est pas une modalité d'Ancien Régime qui s'opposerait à l'Europe industrielle et pourrait s'assimiler au tiers monde actuel. La spécificité de l'espace-temps européen issu de la chrétienté latine n'apparaît nulle part plus clairement que face au mariage; l'Europe des Lumières, dans sa découverte du monde, en a été confusément consciente. Les voyageurs imaginaires de l'Orient philosophique, des *Lettres persanes* au *Supplément au voyage de Bougainville*, l'expriment d'une certaine manière. « Le modèle du mariage de la plus grande partie de l'Europe, tel qu'il existait depuis au moins deux siècles, en 1740, était, autant qu'on puisse le dire, unique ou presque unique au monde. Il n'est pas d'exemple connu d'une population appartenant à une civilisation non européenne qui ait eu un modèle semblable [...] un âge élevé au mariage et une forte proportion de célibataires. Le modèle européen s'est imposé à la totalité de l'Europe, à l'exception de l'Est et du Sud-Est. » (Hajnal.) Dès maintenant, un certain nombre de certitudes : ce modèle bien connu à l'époque des Lumières, loin de s'effacer, s'accentue au XIXᵉ siècle. Ce modèle est antérieur aux Lumières, mais les deux éléments ont une importance inégale.

Le célibat est un recours aristocratique. Le célibat ecclésiastique en fait partie. Le célibat est un recours du XIXᵉ siècle : il appartient à l'arsenal du malthusianisme ascétique. Le modèle européen se caractérise bien plus encore par l'âge élevé au mariage que par le célibat final irréductible ; ce raffinement est relativement récent. Le célibat féminin définitif suppose une aisance, une autonomie économique et surtout un climat de sécurité. Il a tendance à s'accroître avec l'urbanisation. En Bretagne et en Anjou, la courbe du célibat définitif à 50 ans s'écrit ainsi : 8,8 p. 100 de 1690 à 1699, 13 p. 100 de 1750 à 1759, 8,9 p. 100 de 1760 à 1769. Superstructure récente, extension d'un modèle aristocratique au mode populaire. Et pourtant les 7 à 8 p. 100 de célibataires définitives des campagnes françaises du XVIIIe continuent de trancher sur les 2 à 4 p. 100 du front russe et le moins de 1 p. 100 du reste du monde. Ancienneté, par contre, de l'âge au mariage tardif. A la limite, son effet cumulatif est bien plus considérable que l'effet du célibat définitif. L'âge moyen des femmes au mariage dépasse, dans toute l'Europe médiane, occidentale et septentrionale, 25 ans (il n'est pas rare que nous atteignions 28 et 29 ans en Normandie dans de nombreux petits pays, à la fin du XVIIe et dans les premières décennies du XVIIIe siècle). L'Espagne semble présenter une modalité un peu plus précoce, mais l'Italie appartient tout entière, sous cet angle, à l'Europe dense médiane.

Quand apparaît cette structure décisive ? Il est plus difficile de la dater avec précision. A la limite, elle est globalement un signe d'aisance et de prospérité ; elle aboutit à la mise en réserve d'un puissant volant de vie potentielle. Une fois la structure mise en place, dans le temps long, car en conjoncture sa signification est inverse, le temps des noces est différé en période de crise. Une chose est sûre, la révolution est faite au XVIIe siècle. Colyton, dans l'Angleterre heureuse, se marie à 27 ans depuis le début du règne d'Élisabeth. Elle a alors 6,4 enfants par famille et une espérance de vie à la naissance fabuleusement longue, 43 ans. Heureuse Angleterre! Elle se complète progressivement par le jeu du célibat définitif ou du mariage inversé, invoqué jadis par Philippe Ariès : «Il n'est pas rare dans l'Ille-et-Vilaine de voir de tout jeunes gens épouser des filles qui ont 15 ans de plus qu'eux. De cette façon, ils sont moins exposés à avoir beaucoup d'enfants.» Quand cette structure du « nouveau mariage européen » s'est-elle mise en place? Nous manquons pour l'atteindre des secours statistiques du temps des Lumières. Une masse imposante de travaux récents nous permet de supposer que c'est, en gros, chose très avancée déjà, en Angleterre à la fin du XIVe, en Italie et en Allemagne à la fin du XVe. Un peu partout la structure est à 70 ou à 80 p. 100 en place à l'époque de la Renaissance. Mais elle n'est achevée qu'au XVIIe siècle.

En pratique, elle aboutit à la constitution d'une réserve de puissance créatrice. Entre 60 et 40 p. 100 seulement du temps de fécondité est utilisé, au terme d'une assez longue évolution ; un peu moins même, si l'on tient compte de la fécondabilité. Du même coup, à la génération courte des cultures et des autres civilisations, s'oppose la génération longue matri- et patrilinéaire à 33-34 ans. Difficulté supplémentaire pour assurer le remplacement. Le coefficient serait difficile à maintenir, soit en position d'équilibre, soit au-dessus de l'unité, si la mise en place de cette structure nouvelle ne s'était accompagnée d'un allongement substantiel de la vie humaine. Cette structure suppose, bien sûr, la substitution partout, au vieux système agnatique, de la famille conjugale, le fameux *nucleus* cher à nos amis anglais. Elle correspond, en outre, à un optimum pour la transmission du savoir. Le risque, c'est l'orphelin ; on sait le rôle que joue dans la sensibilité populaire, jusqu'au XIXe siècle, le thème de l'orphelin, il correspond à une dure réalité. Au XVIIe, en milieu populaire, nul autre recours que le remariage immédiat. Au XVIIIe siècle, un appel possible commence à se dessiner : la tante, l'oncle célibataire attestés par la littérature.

Dans la société paysanne traditionnelle du XVIIIe siècle, le père apprend les gestes essentiels du métier au fils, la fille reste plus volontiers auprès de sa mère et son apprentissage est vite fait. Le métier, avant la scolarisation, s'apprend entre 7 et 10 ans. Après, entre 11 et 14 ans. Dans le premier cas, l'âge modal du père oscille entre 40 et 45 ans. Dans la seconde hypothèse, de plus en plus fréquente après 1750, l'âge modal du père éducateur oscille entre 44 et 49 ans. Le père éducateur, transmetteur des gestes et des techniques essentiels, initiateur par voir-faire et ouï-dire, en un mot, le père des Lumières, au niveau, s'entend, de la société traditionnelle égratignée par la civilisation écrite, est quadragénaire. L'éducation — l'étude systématique des dispenses de mariage et d'étonnantes séries notariales le prouve, notamment en Normandie — apparaît désormais au cœur des préoccupations. La femme qui sollicite une dispense pour se remarier, le père mourant qui recommande ses enfants n'invoquent pas seulement les besoins alimentaires. L'éducation, préoccupation majeure d'une époque qui a choisi de vider, autour de l'*Émile*, la querelle philosophique du siècle, prend le pas. Les Lumières, en vertu de l'allongement de la génération, ont fait de l'homme de 40 à 50 ans, au sommet de la maîtrise du geste professionnel, l'éducateur par voir-faire et ouï-dire. Rechercher, donc, si les progrès de l'*homo faber* du XVIIIe, si l'apogée des polisseurs de l'outil ne doivent pas beaucoup à cette nouvelle et heureuse coïncidence. Le père quadragénaire, éducateur privilégié, ne succède pas, dans le système de la transmission traditionnelle des Lumières, à un père plus jeune. Il se substitue, en fait, dans une famille conjugale, au vieux mode de transmission par l'ancêtre. Dans l'ordre de la communication du savoir, le XVIIIe siècle, au niveau de la société traditionnelle, représente la succession, sur le front valorisé de l'éducation, de l'homme de 40 ans à l'aïeul de 60. Dans la mesure où le *new pattern* entraîne le recul de la grande unité familiale, un document anglais du début des Lumières, confirmé par le calcul des probabilités, établit que 15 p. 100 des foyers seulement réunissent trois générations. En pratique, une des conséquences les plus importantes du recul de l'âge au mariage : avoir fait passer la responsabilité de la transmission, entendez de l'accroissement de l'héritage, de la vieille génération à celle des adultes ; provoquer le recul de la « tyrannie de la vieille génération » (Le Roy Ladurie). La promotion de l'éducateur quadragénaire des Lumières est liée à une attitude de parcimonie préalable face au mariage. Au terme des Lumières, apparaît avec l'allongement de la vie humaine un auxiliaire capital de l'éducateur quadragénaire : l'aïeul. Déchargé du pouvoir et de la responsabilité, il entretient désormais avec l'enfant des rapports souvent empreints de complicité. Le patriarche, détrôné, apprend l'art d'être grand-père. L'aïeul en sursis, à la fin du XVIIIe siècle, est à la fois aide indispensable dans des tâches d'éducation qui vont aller s'alourdissant avec l'accroissement de la masse globale de l'héritage du savoir, et conservateur de l'héritage traditionnel menacé par l'invasion de l'écrit. Entre le patriarche languedocien — « [...] commandant à son fils, à sa petite-fille et à son petit-gendre [...] on n'a qu'une bourse dont le père est seul à tenir les cordons, le voilà bien ce fils de la famille élargie, quadragénaire, avec ses trois sous en poche [...] » (Le Roy Ladurie) — et l'aïeul de Greuze, pratiquant avant la lettre l'art d'être grand-père, le modèle du nouveau mariage européen s'est interposé. Mme Pernelle tonne et tempête, les grands-mères du XVIIIe siècle sont, à l'ordinaire, plus conciliantes.

On ne se marie pas à 30 ans comme à 15. La famille matrimoniale suppose un mariage sinon d'inclination, du moins de convenance plus personnelle. Se méfier de la littérature. Le nouveau modèle, paradoxalement, est monté, nous l'avons vu, de bas en haut. La vague malthusienne française du XVIIIe s'est propagée de haut en bas. Se méfier de la littérature : elle rend compte des attitudes d'en haut. Le mariage aristocratique, le mariage de la haute bourgeoisie, a pu rester plus longtemps une affaire de stratégie familiale. Le mariage paysan est plus libre. Dans la société d'un monde clos où l'homme doit souvent attendre pour se marier que son père meure et lui laisse la terre, le mariage ne peut être l'affaire des parents. Bien sûr, le consentement est nécessaire jusqu'à 25 ans, mais avant 25 ans on ne se marie pas ou si peu. Or à 27, 28 ou 30 ans, plus d'un marié sur deux (le simulateur l'établit et le registre paroissial le confirme) est totalement orphelin. Le mariage est une affaire de convenance, d'attirance, d'affectivité calme, où le sexe qu'on a longtemps brimé et la passion ont peu à faire. Le mariage des humbles au XVIIIe siècle est une affaire qui met en train une affectivité en demi-teinte. Roméo avait 15 ans et Juliette en avait 12. La Venise aristocratique du XVIe est très loin des Lumières. La révolution du nouveau mariage ne l'a pas encore atteinte. Elle est déjà à Colyton, dans l'Angleterre paysanne. Shakespeare, délibérément, regarde ailleurs. Le mariage à 30 ans marque, avec le recul de l'agencement lignager, la fin de l'entremetteur.

Voyez l'Espagne à la fin du xvᵉ, la Célestine n'a plus d'enfants dans l'Europe des Lumières. Ses sœurs sont toujours à l'œuvre dans l'Inde, en Afrique, en Chine. L'entremetteuse, toujours un peu sorcière — il le faut bien, pour apparier le *yin* et le *yan* —, appartient à l'autre mode de mariage : la Célestine est en chômage dans l'Europe des Lumières. Le parlement de Paris ne lui a-t-il pas refusé ses titres? On ne brûle plus les sorcières * depuis 1670. Nous connaissons le mariage grâce à l'endogamie. Pour étudier les motifs, l'approche devenue délicate, parce que personnelle, nous disposons d'une source unique, les dispenses de mariage, plusieurs centaines de milliers de documents rien que pour la France, un grand travail est en cours (Jean-Marie Gouesse). Le droit canon a élaboré, au cours des siècles, un tissu complexe d'empêchements au mariage par consanguinité et affinité. L'affinité est la parenté spirituelle créée par le parrainage autour du baptême. A l'époque des Lumières, quel que soit le désir de faire jouer les protections, qui se retrouve dans le choix du parrain et de la marraine dans une catégorie sociale en moyenne supérieure, le couple parrain-marraine a fini par calquer le modèle binaire de la famille conjugale : le droit canon, en outre, a adopté une définition très extensive du concept de parenté. L'extension de la parenté aux limites de la mémoire orale est sans doute une invention de clerc, un raffinement d'en haut, de gens habitués, avant l'enregistrement de toutes les naissances, aux savantes généalogies ; elle vise, peut-être, à assurer de nouveaux liens protecteurs qui ne fassent pas double emploi, à étendre le réseau des « amis charnels », mais elle appartient d'abord à un climat de méfiance à l'égard de la sexualité, à une très haute visée concernant le mariage, au désir implicite d'éviter la facile multiplication des couples. Elle a peut-être préparé dans les couches du subconscient la capitale révolution du mariage qui commande, en Europe, l'avènement du nouvel âge.

Nous voyons du même coup, pour la première fois, jouer, au niveau de la formation du couple, la frontière précisée au xviᵉ entre une Europe protestante au nord et catholique au sud. En effet, en rupture avec une tradition canonique en évolution constante, l'Europe protestante a rapidement brisé avec l'extension juridique excessive du lien familial. Cette rupture des réformateurs, sur ce point précis, avec la notion canonique de la parenté empêchante, appartient sans doute à un global qui aboutit très progressivement, au nord, à une valorisation de la sexualité. C'est l'Angleterre qui est laxiste au xviiᵉ, non la France. Du même coup, s'effaçait, en pays protestant, la prime implicite du célibat au niveau des représentations religieuses de la pureté. Cette attitude divergente des Églises sur l'empêchement est d'autant plus paradoxale que le Nord est porté à l'exogamie, tandis que le vieux fonds méditerranéen est endogame.

L'Église catholique a-t-elle livré ici un combat impossible? A-t-elle voulu, société au sommet d'ascètes de la continence, comme étape privilégiée de la communication avec Dieu, marquer nettement la hiérarchie des états, faire comprendre que le sexe implique toujours, même exorcisé par la puissance sacramentelle, une forme de péché? Tension qui écarte la facilité, qui rend vivante, à tout instant, la pédagogique présence du péché, elle aboutit soit à dépouiller la sexualité de tout ce qui ne vise pas à l'essentiel de la procréation, soit, par une déformation que ne manque pas de favoriser la catéchèse jansénisante en France, à préparer par une déformation populaire la mutilante ascèse du *coïtus interruptus*. Dans la pratique, l'Église a affirmé, par ce biais, son omniprésence dans la vie du couple ; elle s'est assuré un droit de contrôle par la dispense.

La dispense, à l'origine épiscopale, a été captée par le pouvoir pontifical. Mais le pape renonce à charger les pauvres. Pour les pauvres, l'évêque agit par délégation. 95 p. 100 de la pyramide sociale jouit sans complexe du privilège de pauvreté. La dispense est introduite par un exposé des motifs. Elle fait l'objet d'une enquête. L'exposé des motifs nous instruit sur les mobiles de la formation du couple. Le curé, neuf fois sur dix, rédige la requête. Il code les informations reçues. La dispense n'échappe pas au décisif problème : comment saisir par l'écrit la pensée de ceux qui sont enfermés dans l'expression orale? Le curé coule les motifs dans un ensemble de stéréotypes pas trop infidèles.

Une chose est sûre. Au niveau du mariage paysan, suivant une même ligne sociale, l'appariage est affaire personnelle. L'amour, le mot n'apparaît pas avant 1780 dans les motifs retenus. Question de vocabulaire. L'amour, dans la langue paysanne, c'est l'amitié ; le voisinage, la longue fréquentation depuis l'enfance sont invoqués. Une autre certitude : la difficulté de vivre seul. La vie suppose la complémentarité fonctionnelle au sein du foyer. Ce foyer qui est le lieu où l'on vit et le lieu où l'on travaille suivant le schéma si bien dégagé par Peter Laslett. Observation importante : on se soucie de l'enfant né, non de ceux qui sont à naître. Le souci de descendance n'apparaît pas directement, Gouesse le montre bien, au coude à coude d'un bocage épais, dans un pays où le coefficient de reproduction est largement positif, où le souci du nom n'apparaît jamais. Au vrai, la vie est assurée de durer. De tous ces textes, dont l'analyse commence, une confirmation se dégage : le mariage est une affaire sérieuse, l'affaire essentielle de la vie. Le rôle des sexes est bien tranché, il varie suivant le milieu : ici la femme veille sur l'économie intérieure, là elle assure les relations avec l'extérieur. Le couple est une association économique pour vivre moins mal. En période de pénurie, on invoque paradoxalement le fait qu'on fera face plus facilement en associant deux misères. Après une saison des morts, on invoque la nécessité de remplacer au foyer l'aïeul ou l'aïeule qui veillait aux soins domestiques. La mort, donc, en temps normal (sauf quand surviennent les crises d'apocalypse, 1693-1694, 1709... et encore, le xviiie les ignore), appelle le mariage ; cette structure dément, sur le général, la structure habituellement décrite et observée, dans l'exceptionnel de la crise. Une affaire sérieuse qui n'isole jamais la passion, l'attirance physique, mais n'exclut pas l'inclination, le choix individuel et les affinités électives. Oui, le mariage des humbles, dans les nouvelles structures du couple, à l'époque des Lumières, est une affaire longuement mûrie. On y entre les yeux ouverts. Cela exclut le coup de tête. Les qualités recherchées ne sont pas d'apparence physique ; la santé, l'absence d'infirmités sont seules requises, les qualités demandées d'ordre moral et de caractère professionnel. La vie est longue ensemble, un peu plus au xviiie siècle qu'au xviie, on s'interroge donc sur le seuil. Une grande impression de sérieux et de dignité se dégage, une promotion individualiste à deux.

En dominant progressivement les pulsions du sexe, la civilisation traditionnelle, en pays de chrétienté, a construit une société du mariage : un monde d'adultes où l'on entre adulte, à âge égal. Il arrive souvent dans la société paysanne que la femme compense largement sa faiblesse par un avantage de maturité. En se mariant à 25 ans, au lieu de 16, la femme, incontestablement, a conquis une part dirigeante à l'intérieur de la communauté conjugale. Rien qui ressemble à un patriarcat, rien non plus à un matriarcat : une société d'égaux pour le meilleur et pour le pire. Ne nous hâtons pas de conclure. Et surtout, pour comprendre la société traditionnelle récente, celle, si lointaine et si proche, des xviie et xviiie siècles, ne pas oublier le reste du monde... Une possibilité de comparaison subsiste, grâce au Japon : on connaît avec précision le sort de la femme japonaise mariée à 16 ans au xviiie siècle et la structure du foyer. Un monde, en dépit des apparences, sépare le couple nippon du couple européen. Il n'est pas douteux que la promotion « féministe » et « familiale » des xviie et xviiie siècles passe par la modification de l'âge au mariage. Philippe Ariès a montré jadis ce qu'il est commode d'appeler la promotion familiale des Lumières ou, si l'on préfère, le grand transfert affectif, une nouvelle concentration affective, dans le cadre de la famille conjugale. La famille lignagère était une cellule économique, un milieu social protecteur et souvent sans doute un grand vide affectif. On devine d'autres liens, d'autres structures, au niveau de la classe d'âge, des communautés de jeu, de travail, de défense, on sait la vie intense et étrange des confréries. Agulhon nous a montré leur ultime avatar dans la Provence de la fin du xviiie siècle : des inhumations à la gastronomie, si l'on veut.

Ces ex-pénitents primitivement chargés de rendre les devoirs aux trépassés ont fini par former, au XVIIIe siècle, des cellules de sociabilité et de folklore, voire même de banquets, de paillardise et d'irréligion. Pas d'erreur d'imputation, nous sommes en Provence, dans une très vieille civilisation de l'*agora*. Quelle que soit l'intensité de chaleur sociale que conserve la confrérie provençale, en passe de se muer en loge maçonnique, c'est une bien petite flamme comparée aux confréries du XIVe siècle. La confrérie se vide, le pèlerinage recule, la fête au village perd un peu de son intensité et de sa truculence ; insensiblement, la vie affective bascule sur le foyer réduit, le père, la mère, les enfants, dans 15 p. 100 des cas, le simulateur et la statistique le montrent, l'aïeule au coin du feu.

La promotion affective de la cellule familiale, Philippe Ariès l'a montrée autour de l'enfant, il a montré qu'elle pouvait porter le cas échéant un commencement de malthusianisme, qu'elle n'était pas contradictoire, du moins, avec la réduction de la descendance. Philippe Ariès a renforcé la vigueur de sa démonstration avec la captation familiale de la mort.

La famille des Lumières se joue sur le couple. Elle suppose de longues fiançailles. J'ai montré jadis leur réduction apparente. 98 p. 100 des fiançailles sont célébrées en France le jour même ou la veille du mariage. Alors changeons de mot. Au plan social, les fiançailles laïcisées sont devenues accordailles, elles ont échappé à l'Église, au niveau de la vie quotidienne ; ce sont les longues, les timides, et le plus souvent, sauf vers la fin, les chastes fréquentations. Ouvrons à nouveau les dispenses, relisons l'exposé des motifs : on s'est longtemps fréquenté, une amitié qui remonte à l'enfance. Mariage différé, mariage de longues approches, école du refoulement ? Même quand il est polisson, le XVIIIe siècle participe à cette contrainte générale, son érotique est faite de frôlements, elle a perdu l'élan élémentaire de l'appel réciproque. Érotique de contact, non de pénétration, elle peut, à la rigueur, se satisfaire du *coïtus interruptus*. Tout passe, on le voit sans peine, par la modification de l'âge au mariage.

Deux questions demeurent : l'endogamie, l'illégitimité et les relations sexuelles hors mariage. Les dispenses permettent d'apprécier surtout l'étude du cercle sur lequel s'exerce le choix du conjoint. Le cercle à l'intérieur duquel se constitue le couple s'élargit : de 5 kilomètres, en gros, en moyenne, à 20 kilomètres autour du clocher. La cassure se situe vers 1750. Et pourtant, sur un *trend* multiséculaire qui tend à la réduction de la consanguinité, la fin du XVIIIe siècle et le début du XIXe siècle ont vu une flambée à contre-courant des mariages consanguins. Les autorités ecclésiastiques, en pays catholique, se plaignent : où sont les scrupules d'antan ? Des mariages réhabilités après 15 ou 20 ans. Des démarches coûteuses entreprises, une cérémonie en présence des enfants et souvent de longs mois de totale abstinence conjugale. Il faut, à la fin, prendre au sérieux cet incident et ne pas perdre de vue l'essentiel, qui reste quand même la chute de la consanguinité dont les bienfaits génétiques sont établis. Mais que penser de la poussée endogame de la fin des Lumières ? Elle ne modifie pas en profondeur une vieille géographie du mariage qui a traversé indemne la révolution de l'âge classique. Une Europe endogame, au nord, est moins tentée par l'inceste. Sauf, peut-être, dans le pays de bocage. Le bocage est incestueux, au pire degré, ce qui n'implique nullement qu'on épouse sa cousine. L'inceste est un accroc, il est de l'ordre du péché. La tension endo-exogamie fait partie d'un choix. Ces deux Europes s'opposent dans le langage. Faites la carte des injures. Des millions de procès les ont pieusement conservées. L'injure du Nord est directe : elle met en cause le comportement sexuel de l'interpellé. L'injure du Sud est indirecte : elle met en cause le comportement sexuel du porte-honneur féminin du groupe. Entre « bougre d'andouille » et « fils de pute », une frontière géographique s'interpose, une frontière qui concerne un essentiel, plus que le couple, la famille. L'injure méditerranéenne est aliénante, elle suppose une structure endogamique de la famille. Le Nord, qui préfère l'exogamie, est plus libre ; en fait, il part d'autres choix. La tendance pluriséculaire affecte les deux Europes, celle qui préfère volontiers la cousine, celle qui choisit résolument l'étrangère, au risque de se perdre ; elle desserre l'étreinte géographique, elle fait partie de la mise générale en communication, l'accroc endogamique sans doute aussi.

La promotion passagère de la cousine au XVIIIe siècle fait partie d'une intraversion généralisée. On peut avec les démographes lier l'avatar à l'introduction de groupes contraceptifs qui limitent le choix par réduction d'une partie des descendants. Une explication plus générale paraît plus satisfaisante. Au siècle des longues fiançailles, au siècle du resserrement affectif sur un noyau familial binaire, au siècle du refoulement comme valeur éthique fondamentale, le choix du conjoint prend une importance extrême : la cousine rassure, elle fait partie du cercle proche ; la cousine est moins frappée que l'étrangère par la tare de l'altérité sexuelle, les cousins ont réalisé entre eux une timide éducation sentimentale. Plusieurs renonceront à franchir l'étape.

Cette victoire difficile, enfin, est-elle bien gagnée ? Aujourd'hui, plus de doute possible. Nous savons qu'elle a été, partiellement, bien gagnée. Auneuil et Crulai avaient donné des chiffres très bas de naissances illégitimes. Nous avons réalisé sur des exemples normands 0,5 p. 100 d'un côté, 2,3 p. 100 de l'autre. Pour l'ensemble Bretagne, Anjou, le sondage donne, pour la période 1740-1829, 1,13 p. 100. Pour l'ensemble de la France paysanne, au XVIIIe siècle,

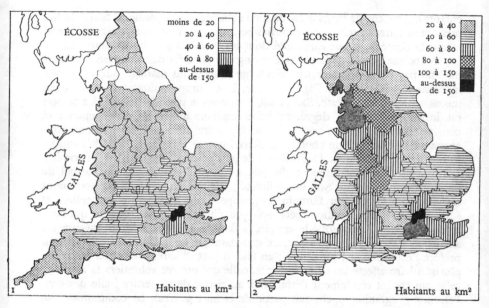

15. RÉPARTITION DE LA POPULATION EN ANGLETERRE
(D'après P. Mantoux, la Révolution industrielle au XVIII⁰ siècle, *1906.)*

L'*Angleterre traditionnelle (1) à la fin du XVII⁰ siècle est centrée sur la ville et le bassin de Londres. L'Angleterre préindustrielle à la fin du XVIII⁰ (2) s'organise suivant deux axes. Une forte tache autour de Londres, un bassin de Londres qui se vide au profit de la capitale, une zone de forte densité industrielle et démographique à l'ouest. On voit donc apparaître, dès la fin du* take off, *la géographie humaine de l'Angleterre industrielle du XIX⁰ siècle.*

1,5 à 2 p. 100. En incluant la population urbaine, on dépasserait sans doute un peu 2 p. 100. Se rappeler l'anomalie des quartiers de l'Est parisien à la veille de la Révolution (30 p. 100). L'illégitimité urbaine diffère moins radicalement du modèle paysan. Les filles de campagne accouchent à la ville. Une petite cité très fertile et artisanale comme Villedieu a par contre un taux relativement bas; Bayeux un niveau élevé.

Le problème des naissances illégitimes est indissociable des conceptions prénuptiales. 15 à 20 p. 100 des premières naissances peuvent être, en pays de bocage, la conséquence d'une conception prénuptiale. Nous avons évalué à 25 p. 100 environ en pays de bocage normand la probabilité de rapports sexuels prénuptiaux, compte tenu de ceux qui n'ont pas abouti à une conception. Un niveau confirmé par l'Angleterre qui, dans de nombreuses régions du bassin de Londres, dépasse les 10 p. 100, un niveau du Nord moins contrôlé. Le pays frison, le monde baltique, en règle générale, semblent avoir donné au temps préparatoire de la fréquentation un contenu sexuel plus prononcé. Notons au passage que le niveau vraisemblable atteint par les rapports sexuels prénuptiaux dans la France laxiste du xviiie siècle reste celui que les travaux sociologiques de Girard fixent pour la France d'avant la première mutation de 1920-1924, avant le gradin beaucoup plus abrupt qui se dessine depuis 1963.

On pourrait consacrer un livre à la grande transformation du mariage qui se place, nous l'avons vu, entre la fin du xve et la fin du xvie siècle, qui se précise au xviie, se consolide au xviiie et s'exaspère, dans une suite de passages à la limite, au xixe, avant de se dissoudre à la hauteur des années 40 et 50 du xxe siècle. Elle est le « discours de la méthode » du social profond, elle se trouve au cœur d'une théorie générale de la société traditionnelle, elle a contribué surtout à délimiter une Europe de la croissance.

●

Dans les règles de son unité, elle ouvre un éventail presque infini de possibles. Mieux vaut, concrètement, nous efforcer de suivre la variété régionale. La variété régionale est, elle aussi, paradoxalement un acquis des Lumières. L'Europe classique offrait un éventail plus fermé. L'Europe classique a donné aux pionniers de la démographie historique l'impression d'un relief en creux. Crise modérée chez les riches et les puissants à l'ouest, rythme cataclysmique en Allemagne et en Russie. A cette géographie en creux succède, au-delà de 1730, une géographie humaine en bosses. Le xviiie siècle, qui a associé la croissance à la variété, qui sépare les cantons restés proches de l'horizontale des secteurs partis en flèche, se situe au terme d'une période incertaine qui va de 1670 à 1730, la *Vital Revolution* des historiens anglais. La *Vital Revolution* commence par un long temps difficile, la crise française de 1693 est une modalité française d'une crise européenne. L'œil du cyclone se déplace : 1698 a pris, en Scandinavie, le relais de notre 93. En Suède, en 1698, la mortalité a atteint, dans plusieurs districts, des niveaux de 9 à 16 p. 100. Dans la province finnoise de Tavastland, les pertes au cours de la famine qui se place ici un peu plus tôt, 1696-1697, auraient atteint 30 à 35 p. 100. Chacun sait que les îles Britanniques plafonnent de 1680 à 1710, que la France reflue lentement à partir d'un point que Jacques Dupâquier place entre la crise de 1693-1694 et celle de 1709-1710. La grande guerre du Nord (1699-1721), modalité baltique de notre Succession d'Espagne, aura contribué à la grisaille scandinave de ces années difficiles.

Se rappeler encore que l'histoire de la peste se joue sur des plans chronologiques différents. La peste, depuis la grande flambée des années 1630-1640, a reflué progressivement dans l'Europe médiane nombreuse, sous l'action efficace de l'État. Les épidémies des années 1660 sont très partielles ; en France, l'État a gagné ; en France, pas en Espagne, où le pouvoir est trop faible pour obéir aux draconiennes exigences des médecins de peste. D'où 1680-1685, troisième vague plus modeste, certes, que celles de 1599-1603 et 1649-1653, mais qui tue encore 250 000 personnes. La peste de Marseille de 1720, due à un instant durement payé d'inattention, ne change rien, fondamentalement, au problème. Progressivement chassée, au sud et à l'ouest d'une ligne Frise-Trieste, la peste s'installe dans le Nord, où elle alterne avec le typhus. La crise de subsistance de 1709-1710 dans l'Europe du Nord a été suivie d'une épidémie de peste, et c'est là la grande différence avec la modalité française ; famine ici, avec épidémie, disette là, sans peste. Elle éclate brusquement et assez mystérieusement en 1708 en Silésie et en divers points de Pologne, elle couve en plusieurs foyers. Les mouvements de troupes et la faiblesse des États nébuleuses ne permettent guère de procéder au cloisonnement. La peste se répand et dévaste l'Europe du Nord au paroxysme d'un grand conflit pour un équilibre difficile, le Brandebourg, la Poméranie, toute la côte baltique sont au palmarès de la grande peste du Nord. La peste de Dantzig a tué 32 500 personnes de la ville et de la banlieue immédiate, une série presque comparable au record marseillais de 1720. Copenhague perd le tiers de sa population en 1710-1711. Kœnigsberg, Riga, Stockholm, Uppsala et Helsinki ont beaucoup souffert. Helleiner rappelle encore que, de source sûre, 11 000 exploitations agricoles étaient provisoirement abandonnées en 1711, en Prusse-Orientale, au lendemain de l'épidémie. Bloquée dans son essor à l'est par l'épais système forestier et marécageux, la peste portée par les armées se rabat à l'ouest. En 1712, la Bohême et l'Autriche sont touchées ; en 1713, la grande peste du Nord pousse une pointe jusqu'au piémont alpestre en Bavière.

Tout semble en place, en 1710, pour une catastrophe. Est-on au bord d'un nouveau xive siècle ? Certainement pas. Qui ne pourrait raisonnablement prévoir une résurgence du climat sévère des années 1630-1640 ? La crise de 1690-1710 est une crise biologique longue d'ancien type, réussie ici ou là, mais avortée à l'échelle de l'Europe. De cet échec qui est une vraie victoire, car il

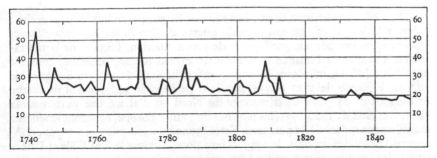

16. LA VICTOIRE SUR LA MORT
(D'après E. A. Wrigley, op. cit.)

Taux brut de mortalité en Norvège de 1740 à 1850 (pour 1 000 habitants). Nous avons choisi la courbe norvégienne parce qu'elle est exceptionnellement longue et significative. Elle *montre comment se fait la victoire sur la mort, d'abord par l'atténuation de l'accident cyclique. Le 20 p. 1 000 est atteint au milieu du XVIIIᵉ siècle. Extraordinaire avance du Nord.*

n'y a de victoire pour l'homme que sur la mort, l'épisode de Marseille nous révélera tout à l'heure quelques-uns des mécanismes. La *Vital Revolution* du xviiiᵉ siècle, c'est d'abord la suppression des reliefs en creux de l'ancienne démographie, les accidents interdécennaux (xivᵉ, 1630-1650, 1690-1710), leur amenuisement par paliers et l'effacement progressif de l'accident cyclique traditionnel. Wrigley a choisi pour le démontrer la belle courbe longue de la Norvège. La mutation s'aligne peu à peu sur les bonnes années. Mais c'est bien autre chose aussi.

Le Nord d'abord, avec ses modalités de « frontière », une pointe d'archaïsme au départ, un rythme accéléré de transformation dans la seconde moitié du xviiiᵉ siècle. L'ensemble scandinave, autant qu'on puisse en juger, se présente comme relativement homogène ; 1660-1690, la durée d'une génération relativement favorable, correspond à un bon temps un peu terne, l'intercycle Colbert du siècle de Louis XIV. Les décennies 1660 et 1680 furent pacifiques et marquées par une succession de bonnes récoltes. Entre deux, la guerre 1675-1679 et quelques mauvaises récoltes n'empêchent pas le *baby boom* des premières années 70. Les années 1690-1720, par contraste, sont beaucoup moins favorables. Le démarrage du Nord se situe partout, dès la décennie 1720 (les meilleures années entre 1720 et 1750). Le second xviiiᵉ s'inscrit sur la lancée, mais le rythme reprend à partir de 1790.

B. Gille, synthétisant ce que l'on sait sur l'espace scandinave, peut écrire : « Après la longue et épuisante grande guerre du Nord, les pays scandinaves entrent dans une période pacifique et de reconstruction. Le taux de la mortalité en Suède et en Finlande demeure à un niveau remarquablement constant et très bas [...] En moyenne, le taux de mortalité était de 21,2 en Suède et de 20,8 en Finlande de 1721 à 1735, jamais il ne dépasse 24, jamais il ne tombe en dessous de 18 [...] » Ce démarrage du Nord est d'abord une victoire sur la mort. Les taux de 1720-1735, les plus bas de toute l'Europe, ne seront améliorés durablement qu'un siècle plus tard. Cette étonnante conquête ne sera pas entièrement consolidée au-delà de 1735. Il faut donc, comme le font Gille et Utterström, les imputer partiellement à un concours heureux de circonstances. Par delà la conjoncture, la Scandinavie permet de mesurer l'effet à long terme de l'alphabétisation. C'est le progrès de la culture écrite, avec une nourriture saine et abondante, un regard plus intelligent et plus attentif sur la vie, qui permet cette première percée européenne durable contre la mort.

Une Scandinavie rurale (« aux environs de 1800, 90 p. 100 de la population vivaient à la campagne »), une Scandinavie inégalement croissante : la pente s'accroît du centre vers la périphérie frontière. Le vieux Danemark, enfermé dans un espace clos, très largement défriché, a un destin qui rappelle la Hollande. En Norvège, les courbes annuelles assez nerveuses dénotent une pointe d'archaïsme, particulièrement sensible par comparaison avec la Suède. La croissance suédoise est un peu moins rapide (la Suède, comme le Danemark, est le vieux pays d'un ensemble Suède-Finlande). La Finlande est la frontière forestière de la Suède, de la Scandinavie traditionnelle. La Finlande suédoise est un Canada issu de la grande guerre du Nord, en 1720, avec une population amputée d'un cinquième et bouleversée dans le rapport des sexes, marquée par une épidémie venue de Russie en 1729, une passe difficile de 1737 à 1743, due au passage à l'âge d'homme des classes creuses nées pendant l'occupation russe, et une flambée épidémique que nous retrouvons curieusement un peu partout. A part ces incidents, des conditions étonnamment bonnes : cette population de pionniers luthériens (la minorité orthodoxe convertie par des missionnaires russes vit à l'écart) en est au triplement séculaire.

Plusieurs traits donnent à l'exemple finlandais sa pleine signification. D'abord l'explosion de croissance finlandaise est due, plus encore qu'à l'augmentation de la natalité, à la chute de la mortalité. La Finlande associe une natalité scandinave améliorée (un enfant de plus par couple), en retrait toutefois par rapport au Canada ou à l'Amérique du Nord anglo-saxonne et germanique, à une mortalité scandinave. Grâce au froid, peu favorable pendant six mois à la propagation microbienne, au cloisonnement forestier, à une nourriture abondante et à un niveau de culture élevé. La *Vital Revolution* a été la récompense d'un peuple de liseurs, parce que la gymnastique qu'elle commande rend plus apte à un regard intelligent sur les choses. La vie d'un enfant dépend d'abord de l'attention maternelle. Le rude labeur du Nord est un labeur d'hommes. La femme des franges du Nord a en moyenne plus de temps à consacrer à l'enfant que la femme des plaines limoneuses ou des coteaux méditerranéens. Ceci explique cela. A noter que la frange finlandaise appartient, face à la Russie orientale, à la modalité européenne du mariage : un mariage jeune, comme il est de coutume dans les zones pionnières, mais un mariage toujours très largement après vingt ans.

Nous avons déjà signalé le dynamisme de l'Est. Le dynamisme russe passe par un paroxysme, entre 1762 et 1782. Autre secteur de croissance rapide, la Hongrie. A la fin du XVIIIe siècle, l'espace hongrois se referme progressivement et la donnée statistique s'affermit. Un certain tassement se produit après la folle croissance de 1690 à 1770. A la fin du XVIIIe siècle, suivant les calculs de Zoltan David, il y avait en Hongrie « en 1787, 3,5 millions de Hongrois, 1 550 000 Roumains, 1 250 000 Slovènes, 1 050 000 Allemands, 340 000 Ruthènes, 300 000 Serbes, 120 000 Croates ainsi que 280 000 habitants appartenant à diverses autres nationalités ». Une partie des taux de croissance insolites du milieu du XVIIIe s'expliquent par l'âge au mariage « oriental » autour de 20 ans ou avant, qui prévaut en Russie, dans l'est de la Pologne et en Hongrie. Mais aucun gain sensible sur la mort. Le ralentissement de la fin du XVIIIe s'explique par la fermeture d' « anciennes frontières », la guerre, des flambées épidémiques. Le contraste est grand avec la Scandinavie. Tandis que Russie et Hongrie donnent quelques signes passagers de ralentissement, on assiste à une sorte de revanche d'un Orient moins profond. La Pologne morcelée explose. La Bohême est à son tour en plein essor démographique. Les études de L. Karnikova et l'article de Paula Horska l'ont prouvé récemment. De 1785 à 1799, un accroissement de 11,5 p. 100 est obtenu avec une natalité de 43 p. 100 environ et, fait intéressant, une mortalité relativement faible dans un système occidental de mariage tardif.

Le XVIIIe siècle méditerranéen ressemble à un XVIe siècle amélioré, en symétrique par rapport à la fluctuation négative d'un long et catastrophique XVIIe siècle. L'Italie, relativement épargnée par le creux du XVIIe siècle, joue par rapport à l'Espagne « frontière » le rôle volant de vieux pays. En Espagne, la zone périphérique, Catalogne, Valence, Portugal du Sud, Cantabrique, marque le triplement séculaire en contraste avec le tassement relatif du Centre et le

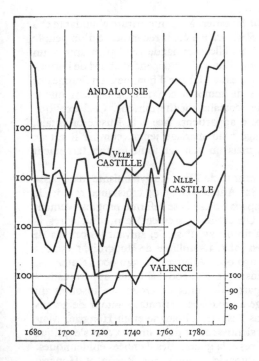

17. *PRIX-INDICES DES GRAINS EN ESPAGNE*

(D'après E. J. Hamilton, War and Prices, 1947.)

Voici la classique évolution des prix des grains dans les quatre secteurs régionaux tradition- nellement retenus en Espagne : Andalousie et Valence pour le Sud atlantique et méditerranéen, Nouvelle-Castille/Vieille-Castille et Léon au centre et au nord. La montée est rapide, sans repentir à partir de 1720. La lente érosion de la monnaie de compte superpose ici ses effets à la chute universelle au XVIIIᵉ du pouvoir d'achat du métal monétaire. La zone effondrée se situe, comme en France, entre 1670-1680 et 1720. Notez la relative placidité de la courbe valen- cienne — la mer atténue l'accident cyclique. Le développement des cultures du riz (dangereux en raison de la malaria) fournit un complé- ment et un substitut aux grains (blé, orge) traditionnels dans l'alimentation méditerra- néenne. La Vieille-Castille et la Nouvelle- Castille bloquées dans les hautes terres de la meseta, zones en voie de dépeuplement, en dehors des grands courants de transformation de l'Europe des Lumières, ont conservé au XVIIIᵉ les courbes heurtées du XVIIᵉ siècle européen. L'accident cyclique entraîne encore au centre de l'Espagne la mort cyclique. Plus sûrement, il contribue à mettre en marche des courants migratoires : l'Espagne centrale se vide au profit de la périphérie, et, à partir de 1770- 1780, de l'Amérique.

doublement de l'ensemble. La montée italienne du XVIIIᵉ siècle est imputable à deux facteurs : l'atténuation de la crise cyclique, comme partout, un léger accroissement de la natalité par rapport au creux du XVIIᵉ. Les taux de morta- lité en Lombardie, à la fin du XVIIIᵉ, restent étonnamment élevés, comparés aux standards du Nord. De 1768 à 1779, une mortalité double de la mortalité scan- dinave du début du XVIIIᵉ siècle. Ces taux de mortalité élevés en Lombardie, relativement fertile et apparemment heureuse, sont à mettre en corrélation étroite avec l'analphabétisme persistant, la malaria et le travail des femmes. La structure moléculaire accusée des comportements démographiques caractérise encore la Méditerranée.

Wrigley a dénoncé, chiffres à l'appui, la plaine marécageuse qui tue dans l'Angleterre du XVIIIe siècle ; la plaine marécageuse qui tue ne s'impose nulle part plus clairement à l'attention des arithméticiens sociaux éclairés que dans les pays méditerranéens. Quel contraste avec le marais à tourbe, le marécage sain sur les filtres à sable de Pologne et de Biélorussie ! Les ministres éclairés de Charles III aiment le riz pour sa valeur alimentaire, mais, populationnistes conséquents, craignent la rizière imprudemment inondée. Le petit royaume de Valence, qui explose au XVIIIe sur ses 22 000 km² et triple sa population, juxtapose les pépinières d'hommes, les pays naisseurs d'un intérieur escarpé et les mouroirs en creux à malaria. Nul n'a mieux saisi le contraste entre micropays naisseurs et cuvettes mouroirs qu'Emmanuel Le Roy Ladurie dans les pages classiques de ses *Paysans de Languedoc*.

Voilà la Méditerranée, relativement immobile, assez insensible aux nouveautés des Lumières, contrastée, avec ses pays à haute pression et à basse pression, source de courants sans cesse renouvelés.

La France méditerranéenne et l'Italie du Nord font aussi partie de l'Europe médiane nombreuse. Plus que n'importe où ailleurs, là se joue le sort du monde. En ce domaine par excellence du *new pattern* du mariage, l'Europe a su créer des hommes et, dans les secteurs les plus privilégiés de son vaste domaine, les instruire, leur faire franchir d'une manière victorieuse la première étape du grand combat contre la mort, un combat victorieux qui se termine nécessairement sur une défaite. Sur ce million cent ou deux cent mille km², dans cette vieille terre des hommes, où vingt-cinq générations de 30 à 50 millions d'hommes se sont succédé, depuis sept siècles, dans ces pays humanisés où forêts, landes, incults ne sont jamais que de faux paysages naturels, souvent anciens terroirs aménagés et dégradés, la théorie moléculaire des comportements démographiques résout à peu près tous les problèmes.

Dans le cadre d'une structure rigoureusement définie, les fourchettes à l'intérieur desquelles se produisent les oscillations des variables débouchent sur un nombre presque illimité de possibles. L'unité, la molécule de comportement démographique, comprend, disons en gros, de 1 000 à 50 000 âmes. Les résultantes du jeu des variables vont de l'extinction d'une masse moléculaire constituée en isolat en un siècle et demi — empressons-nous d'ajouter que la constitution en isolat est purement théorique — au doublement en moins de cinquante ans.

Les structures générales ont peu varié du XVIIe au XVIIIe siècle. Les molécules en état de dilatation rapide sont désormais en plus grand nombre. Permanence des structures quant aux variations saisonnières, par exemple. Le calendrier des mariages est un compromis heurté entre les exigences de la vie professionnelle et les absolus du calendrier liturgique, plus scrupuleusement respectés en pays catholique. Ces impératifs restent très astreignants, nous pouvons le vérifier, dans les paroisses anglicanes du Peel irlandais. D'importantes différences apparaissent d'une paroisse à l'autre. Elles sont dues aux conditions de la vie économique : céréaliers, éleveurs bocagers, artisans poêliers, colporteurs, marins, premiers ouvriers de manufacture du Lancashire n'obéissent pas aux mêmes impératifs. Une chose est sûre, le temps des noces ne dépasse jamais deux cents jours, l'amplitude est toujours énorme ; elle a tendance, pourtant, à s'atténuer après 1750.

Plus significative, la variation saisonnière des naissances, donc des conceptions. L'amplitude, en paroisse rurale, atteint ou approche le simple au double (15 à 20 p. 100, de nos jours, dans les pays industriels). Il faut déduire de cette indiscutable variation une importante oscillation dans les rapports sexuels et dans les avortements spontanés dus à la fatigue ; le folklore le sait, qui célèbre les miracles du printemps. Buffon avait constaté qu'à Paris les trois mois où il naissait le plus d'enfants étaient mars, janvier et février, soit un maximum de conceptions en juin, avril et mai. Le creux en pays céréalier est toujours profond à la fin de l'été, pour deux raisons : le grand nombre des femmes enceintes, après les rapports sexuels fréquents du printemps, la fatigue des corps en cette période de travail intense. Jusque vers 1730-1740, en pays à dominante céréalière, on observe au même moment, août, début septembre, une pointe des décès d'enfants en bas âge, pointe traditionnellement attribuée aux entérocolites estivales. Elle disparaît progressivement, au XVIIIᵉ siècle, avec le fléchissement des conceptions. Les deux facteurs sont liés : la fatigue des femmes contraintes au dur labeur des champs provoque et la baisse des conceptions et le décès des enfants par ralentissement de la lactation et inattention. La modification des courbes après 1750 est un signe de vie plus humaine. Le fléchissement d'août est d'autant plus intéressant qu'il contraste avec l'euphorie sexuelle des vendanges en pays de vignobles.

La variation saisonnière des conceptions ouvre un chapitre passionnant de psychologie collective régressive des comportements. L'abstinence quadragésimale de carême semble bien avoir appartenu à l'ascétique médiévale. Elle s'observe statistiquement par l'ensellement de novembre. Elle était bien marquée dans l'Angleterre des XIVᵉ et XVᵉ siècles. Quelques vestiges subsistent encore en Bretagne et dans l'Anjou, dans la seconde moitié du XVIIIᵉ siècle. L'abstinence sexuelle de carême semble bien avoir craqué, dans la contestation générale, au XVIᵉ siècle, des règles d'ascétique collective. Dans l'Allemagne rhénane catholique du XVIIIᵉ siècle, la pratique subsiste par son contraire, l'étonnant défoulement collectif du carnaval. Le carnaval qui, de tradition, commence le 11 janvier et a tendance à durer, fin XVIIIᵉ, jusqu'à la Mi-Carême, se célèbre au sein des ménages par une fête sexuelle dont on note les effets neuf mois plus tard. Étonnant armistice, dans cet axe joyeux de l'Europe rhénane, en terre de la difficile paix d'Augsbourg, entre tenants d'andouille et de Carême-Prenant.

Les courants ascétiques n'ont peut-être pas aussi totalement renoncé qu'on est tenté de le croire. Une anomalie a frappé : dans beaucoup de paroisses du diocèse de Lisieux, un effondrement des conceptions de mai, un contre-printemps que ne justifie ni l'économie, ni l'éloignement des couples. Des échos nous parviennent de comportements analogues dans d'autres lieux. Une seule explication : la renaissance d'une abstention périodique liée au culte marial, dans un climat de crypto-jansénisme latent, en fait d'arnaldisme pratique, dont le plat pays de Lisieux offre un bon exemple.

Il faudra suivre attentivement dans toute l'Europe catholique le curieux temps de mai : il ouvre une porte capitale. L'abstinence de mai ouvre la voie au malthusianisme du *coïtus interruptus*. Il appartient à un climat de méfiance sexuelle exacerbée. Dans le diocèse de Lisieux précisément, l'évêque traque la vieille coutume du mariage dominical. En dépit du sacrement, en dépit de la bénédiction cérémonielle du lit nuptial, le mariage, le *coïtus*, est impur ; il est une concession dangereuse. L'ascétique janséniste, qui a repris avec prédilection un vieux thème médiéval prenant racine aux sources grecques de la primitive Église, s'oppose à la tradition hébraïque vétéro-testamentaire, privilégiée en terre protestante où elle retrouve une tendance ancienne liée aux épanouissements solaires des longs jours du solstice d'été. L'impureté est inhérente à l'acte, à la souillure interne. La souillure est liée au contact profond. La femme reçoit l'impureté de l'homme, elle en reste marquée à jamais, l'homme reçoit l'impureté du contact interne avec l'organe qui sécrète le sang menstruel, l'impur par excellence. La génération est à ce prix. La souffrance de l'enfantement purifie partiellement, mais le long écoulement menstruel rappelle le caractère indélébile de l'impureté féminine. Dans cette sensibilité cathare, l'impureté n'est pas effacée par la génération : la génération ne résulte-t-elle pas, au contraire, de l'acte total, avec le plaisir dans la souillure ? Voilà comment l'ascèse sexuelle finit par ouvrir la porte aux pratiques de l'acte incomplet, voire aux abstinences destinées à éviter la génération. Dans la mesure où la matérialité de l'acte est établie par la génération, l'absence de génération finit par effacer l'impureté de l'acte. Rien n'est, évidemment, plus contraire à toute théologie chrétienne ; on comprend toutefois le mécanisme psychologique du glissement.

La morale religieuse du XVIIe siècle, au niveau d'un néo-augustinisme ajusté au climat idéaliste issu du *cogito*, est une morale religieuse de la pureté : la pureté à la place de l'amour, la pureté, non l'humilité dans le don généreux. Le XVIIIe a hérité cette conception de l'éthique chrétienne. C'est elle qui est prêchée, c'est elle qu'introduit l'acculturation religieuse du catéchisme, l'écrit pénétrant, en acte, au niveau des comportements. La morale de la pureté tend vers une orientation sexuelle, orientation fondamentale, au moment où se réalise la prodigieuse ascétique du *new pattern* matrimonial, entendez la castration par inhibition purement volontaire de 40 à 50 p. 100 de la classe d'âge en état, désir et pulsion, de s'accoupler et de procréer. Malthus lui-même, en 1798, n'a rien conçu d'autre qu'un renforcement de cette prodigieuse et à la limite magnifique ascèse collective. Un tel succès ne peut être obtenu sans une réorientation massive des vouloirs. Tout l'effort de la société religieuse se tend vers ce prodigieux exercice de continence. Hors mariage, le signe de la chute c'est l'enfant, l'enfant du péché que saint Vincent de Paul, génie de la charité, s'efforçait d'arracher à la mort (la mort, à laquelle les nouvelles rigueurs aristocratiques et urbaines de l'éthique de la pureté vouent cet enfant du péché, jadis enfant de l'amour, qu'admettaient, aux XIVe et XVe siècles, les grands lignages paysans aux patriarcales tolérances). Dans le mariage, voilà de nouvelles intrusions, la multiplication, fin XVIIe-début XVIIIe, des réhabilitations qui imposent aux fautifs de longues et cruelles abstinences ; voilà, ici et là, l'idée étrange de faire revivre, à la hauteur de mai, mois de l'amour-pulsion dédié à l'Amour purifié de la Vierge, la catharsis d'une forme d'abstinence abandonnée au XVIe siècle. N'était-ce pas introduire dans l'esprit populaire, au plan du mariage, les réactions de dissimulation, de culpabilité liées aux accouplements furtifs et condamnés, pour lesquels des travaux récents ont prouvé qu'une très ancienne théologie morale préférait l'accouplement incomplet au *coïtus* naturel ?

Une déviation coupable de la morale de la pureté, l'impact d'une catéchèse acculturante maladroite allaient, au XVIIIe siècle, dans les pays catholiques touchés par le néo-augustinisme (la France, une petite partie de l'Italie du Nord, la Belgique, l'Espagne), valoriser une vieille pratique connue depuis toujours, le *coïtus interruptus*. Ce climat implique l'usage exclusif d'une contraception de retrait masculin. Il exclut toute autre tentative, il est peu favorable aux premiers tâtonnements d'une contraception par interposition de corps étrangers qui s'imposeront plus tard sans entrave en pays protestant. D'un côté, l'acte est refusé ; de l'autre, il est accepté. D'un côté, le mobile économique est rejeté au second plan ; de l'autre, il s'introduit plus librement.

Nous avons du même coup la clef de deux attitudes collectives différentes, celle de l'Angleterre et celle de la France. Les pratiques contraceptives sont courantes dans l'Angleterre de la fin du xviie siècle : voyez les pairs, voyez la chute de la natalité à Colyton, dans des proportions qui excluent toute autre explication. Le recours est tactique, il est accepté sans gloire; que le climat s'améliore, il est abandonné sans regret. C'est à partir de 1730, au-delà de 1750, que France et Angleterre divergent. La contraception du retrait, dans le climat pseudo-ascétique néo-augustinien, est à peu près indéracinable sans une mutation fondamentale des structures affectives et mentales. Les conditions économiques n'y font rien. La prime éthique accordée au refus de la vie, jaillie dans ces conditions, est un poison qui pervertit valeurs et vouloirs, s'enracine et se transmet comme une syphilis de l'âme. Quand l'Église, vers 1750, s'apercevra de l'ampleur de la perversion accomplie, donc du danger, elle aura perdu pouvoir ; elle parviendra pourtant à freiner l'extension de la pratique dans les zones de piété traditionnelle (Bretagne, par exemple), peu touchées par ailleurs par une sensibilité néo-augustinienne ; elle ne parviendra jamais pourtant à déraciner la monstruosité intellectuelle et morale de la valorisation éthique d'une mutilation volontaire de l'accouplement humain. Le refus de l'enfant par ascèse plus que par hédonisme constitue la perversion spécifique du climat psychologique français.

Nous avons insensiblement atteint le niveau des variables. Les pratiques contraceptives sont de tout temps et de tous lieux. Les modes frustes en sont connus, le recours en est plus ou moins répandu. En règle générale, elles sont plus urbaines que rurales, elles touchent plus volontiers les pays ouverts que les pays couverts, elles affectent de préférence les pays où l'homme depuis des siècles abonde, les pays plus anciennement et fortement peuplés. Les intervalles varient, on s'en souvient, en moyenne un peu plus que du simple au double. Dans les structures respectées du mariage tardif, le jeu est de cinq ans sur les moyennes les plus générales, le mariage aristocratique étant exclu parce que systématiquement précoce, compensé il est vrai par un célibat féminin définitif plus important. La population obéit partout à un rythme encore assez mystérieux dont on commence seulement à comprendre qu'il s'articule autour d'une période au moins égale à la durée d'une génération. En Angleterre, la croissance accélérée accole plusieurs générations au cours d'un long paroxysme, de 1750 à 1860.

Voyez la France, ce faux ensemble parce que vraiment démesurée : elle paie d'un xviiie siècle modeste une très longue croissance du milieu du xve aux années 1680 et le creux relativement modéré d'un XVIIe siècle tardif. Et pourtant, de 1730 à 1770, en dépit de ses micropays malthusiens, la France s'est accrue à un rythme européen. Voyez l'Angleterre : elle a atteint 4 millions d'habitants vers 1300 ; elle s'y maintient péniblement jusqu'au milieu du XIVe ; elle est alors centrée sur le bassin de Londres ; elle s'effondre en 1350, tombe à 2 millions vers 1380-1390, n'arrive pas à décoller pendant cinquante ans, elle triple presque d'un seul élan de 1430-1440 à 1630-1640. Une Angleterre à 6 millions d'habitants apparaît quand éclate la première révolution, dont la densité au centre ne dépasse pas la densité médiévale mais qui a conquis les marges hercyniennes de l'Ouest et du Nord en direction des confins difficiles de l'Écosse. L'Angleterre ne paye pas son triplement d'un reflux, mais d'un plateau séculaire. De 1640 à 1750, la population anglaise se maintient sur une horizontale presque parfaite. C'est peut-être au XVIIe siècle que l'Angleterre prépare le plus sûrement l'explosion de croissance de la fin du XVIIIe. Le pla-

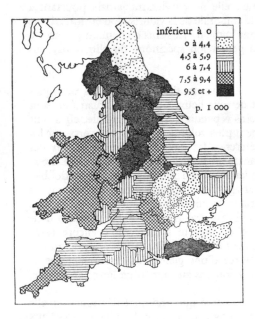

inférieur à 0
0 à 4,4
4,5 à 5,9
6 à 7,4
7,5 à 9,4
9,5 et +

p. 1 000

*18. LA RÉVOLUTION
DÉMOGRAPHIQUE
DANS L'ANGLETERRE
DU XVIIIe SIÈCLE*

(*D'après Ph. Deane et W. A. Cole,*
British Economic Growth, *1964.*)

L'Angleterre réalise à peu de chose près, au XVIIIe, le doublement séculaire. Mais l'Angleterre, comme la France, juxtapose des microclimats démographiques très différents. Ils vont du coefficient net de 0,9 à des niveaux de 1,5, 1,6, 1,7, 1,8. Cette carte prouve donc, en dépit des oppositions, un certain nombre d'analogies entre le cas français et le cas anglais au XVIIIe siècle. Seule change la proportion des composantes : les composantes dynamiques l'emportent en Angleterre, les composantes ternes en France. Il y a à Londres et autour de Londres une zone en blanc incapable d'assurer le remplacement de la génération. L'Angleterre de la Vital Revolution se situe au nord ou à la périphérie. Notez que l'excédent des naissances est particulièrement important dans la zone la plus touchée par l'industrialisation. Cette zone assure à la fois l'industrialisation, l'émigration vers Londres et en direction de l'Amérique. C'est elle qui porte la fortune et la puissance de l'Angleterre.

fonnement du XVIIe siècle ne résulte pas tant d'accidents économiques et épidémiologiques exogènes que d'un recul de la natalité par élévation de l'âge au mariage. Voyons Colyton et étendons-en la leçon, un peu vite, à l'ensemble de l' Angleterre.

	Age au mariage		Nombre d'enfants par ménage	Espérance de vie
	H	F		
1538-1624				43
1560-1646	27	27	6,4	
1625-1699				37
1647-1719	28	30	4,2	
1700-1774				42
1720-1769	26	27	4,4	
1770-1837	27	25	5,6	

Brownlee place même 1741 légèrement au-dessous de 1711. La légère croissance des îles Britanniques, de 1701 à 1750, est due uniquement à la courbe ascendante de l'Écosse et de l'Irlande. Rien de plus différent que la croissance de l'Irlande et celle de l'Angleterre, en dépit de pentes apparemment voisines : doublement de l'Irlande en un siècle, accroissement de 60 p. 100 pour l'Angleterre. La croissance de l'Irlande est obtenue sans modifications importantes, par maintien d'une natalité élevée avec une mortalité élevée, une espérance de vie courte, par défrichement de la lande, par gain modeste sur le genêt et la tourbe. Frappée au XVIIe siècle, l'Irlande récupère et prend possession de son sol. Son XVIIIe siècle paysan est à l'heure du XIIIe sur le continent.

Le blocage malthusien du XVIIe caractérise l'Angleterre, il a permis une économie d'hommes, un investissement sur l'éducation. Ce blocage parcimonieux a été obtenu essentiellement par l'élévation de l'âge au mariage, par un ascéti˛sme collectif, sans valorisation éthique ou affective. Cette parcimonie dramatique n'empêche pas un léger recul de la durée de la vie par rapport aux gains prodigieux de la fin du XVIe siècle. On peut être sensible aux reculs et aux tassements, il serait plus juste de privilégier la consolidation pour l'essentiel de l'acquis, au cours d'une passe nécessairement difficile.

Le paradoxe, c'est la reprise : elle se fait sur deux plans, en direction de la natalité, baisse lente de l'âge au mariage, réduction de l'intervalle intergénésique dans une population bien nourrie. Le départ démographique ne précède pas, il

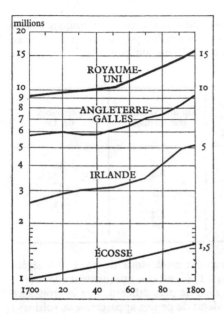

19. LA POPULATION DES ILES BRITANNIQUES

(*D'après les chiffres de Ph. Deane et W. A. Cole, ibid.*)

Les îles Britanniques, l'Angleterre d'abord, appartiennent, au XVIIIe siècle, à l'Europe de la croissance, de la mutation, du développement, donc du doublement démographique séculaire. *L'Écosse, pour laquelle d'ailleurs les données sont rares, s'accroît à un rythme assez modeste et régulier ; elle fournit, il est vrai, un très grand nombre d'immigrants à l'Angleterre, au nord de l'Irlande, à l'Amérique. L'Irlande, l'Angleterre-Galles et l'ensemble du royaume changent de rythme au milieu du siècle. 1750-1760 pour l'Angleterre, 1770 pour l'Irlande sont le point de départ d'un décollage démographique. Les croissances démographiques s'effectuent d'ailleurs selon des modalités différentes en Angleterre et en Irlande. La croissance anglaise est une victoire sur la mort et une multiplication d'hommes éduqués, la croissance irlandaise une simple multiplication sans progrès. C'est elle qui inspire les condamnations haineuses et les extrapolations fragiles de Malthus, prophète du passé.*

accompagne l'avance d'une frontière technologique. Ce qui est capital dans l'exemple anglais, c'est la plasticité conservée par ce modèle familial. La raison profonde de cette différence d'attitude réside dans le climat psychologique du prémalthusianisme français. A un accommodement tactique, à un retrait d'attente, la France paysanne a opposé une inversion des valeurs qui aboutit à une culpabilisation de l'acte procréateur normal. Les structures sociales, le maintien en France d'une petite paysannerie d'exploitants, le léger décalage chronologique de l'ouverture de la « frontière » technologique ont contribué à accentuer une différenciation. Cependant, la France et sa périphérie ne se différencient de l'Angleterre qu'au cours des vingt ans qui précèdent la Révolution. Tout se joue, en gros, de 1770 à 1790.

La France, au XVIIIe siècle, a gagné 7 millions d'habitants, dont 1 million par suite d'annexions; si le taux est faible en masse humaine ajoutée, cela représente quand même trois fois le gain de l'Angleterre de 1700 à 1789, une fois et demie le gain des îles Britanniques. On comprend que la disparité ait échappé aux hommes du XVIIIe siècle, habitués à compter en totaux plus qu'en proportions. La France s'est accrue d'une Angleterre et cela a frappé les imaginations. « L'augmentation relative en 90 ans serait de l'ordre de 32 p. 100, ce qui correspond à un taux de croissance annuelle de 3 p. 1 000 seulement.» De 1730 à 1770, la France a fait plus des trois quarts de son gain. Le taux, sur près de trente ans, se maintient à 6 p. 1 000. Tout se brise à la hauteur des années 1772-1773, 1779-1783. La croissance de 1730 à 1770 est une croissance à l'anglaise, une croissance qui permet un gain qualitatif autant que quantitatif. Mais le fléchissement trop tôt de la natalité rend l'avantage fragile. Quand viennent les mauvaises années 70 et 80, un accident banal, la fragilité de l'équilibre de croissance français éclate. La France n'a plus une marge suffisante de sécurité. De 1750 à 1770, pour dix généralités, les taux ont oscillé de 7,8 à 10,7 p. 1 000; de 1779 à 1784, une natalité de 37,7 p. 1 000 fait face à peine à une mortalité

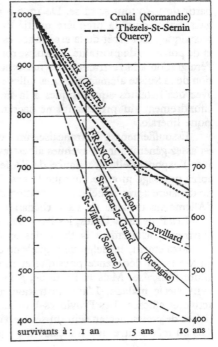

20. ÉCONOMISER LA VIE
(D'après l'Histoire économique et sociale de la France, t. II, 1970.)

Ce graphique montre les chances de survie à la naissance, un an, cinq ans et dix ans, dans un certain nombre de paroisses bien étudiées et dans la France selon Duvillard. Presque toute la Normandie est mieux placée que Crulai. La France qui réussit à sauver l'enfant est aussi celle qui apprend à lire. Le graphique de Goubert rappelle les diversités françaises : plusieurs milliers de « molécules de comportement démographique » réparties en une centaine de types. Les résultantes qui se dégagent de l'agrégat disparate français sont particulièrement abstraites, coupées en fait de toute réalité. D'où la nécessité, pour longtemps encore, des monographies régionales et microrégionales.

qui a sauté de 31,4 p. 1 000, mortalité correcte, presque scandinave, à 36 p. 1 000. L'espace français est loin d'être homogène. « Une France dense dans l'ouest du Bassin parisien et de la Bretagne piétine. » (J. Dupâquier.) En Bretagne en raison d'une énorme mortalité, en Normandie à cause de la prédominance des molécules de comportement démographique malthusien, la population recule. Un quart de la France en plein rattrapage assure les trois cinquièmes de la croissance française : la Lorraine, l'Alsace, le Hainaut, le Midi, Languedoc, Alpes, sillon rhodanien, Massif central, pied des Pyrénées, Corse. Cette « frontière » française va du doublement de la Franche-Comté au quadruplement du Hainaut, en passant par le presque triplement alsacien (dont la croissance est peut-être un peu surestimée par une sous-évaluation au départ). On comprend mieux la France en observant ce qui se passe à ses limites. Le Piémont anticipe et dramatise la crise française de la fin de l'Ancien Régime : la première moitié du XVIIIᵉ est prospère, le Piémont est parti pour le doublement séculaire ; à partir de 1750 tout se brise. De 1750 à 1806, le Piémont perd les deux tiers du gain réalisé dans la première moitié du siècle (un balancement séculaire très archaïque). Cet arrêt de la croissance est la conséquence d'une forte émigration et de poussées de mortalité. La Suisse romande, provisoirement saturée, combine l'émigration à la restriction des naissances. Le mouvement débouche en direction de la Suisse alémanique. Les villes : Zurich, Bâle, Berne, sont des mouroirs avec des natalités squelettiques à la fin du XVIIIᵉ, contamination française et effondrement du protestantisme sacramentaire, en pleine évacuation théologique libérale.

Essoufflement à la française, un large recours contraceptif, le diagnostic est assez général sur les avenues alpestres et rhénanes de la France. En contraste avec l'exponentielle croissance de l'Allemagne à l'est de l'Elbe, la Rhénanie, après une sage montée, marque le pas, le Wurtemberg se place sur un rythme de croisière après la belle récupération de la fin du XVIIᵉ et du début du XVIIIᵉ, l'Allemagne urbaine de l'axe rhénan a des tentations contraceptives précoces.

Les Provinces-Unies, les Pays-Bas espagnols devenus autrichiens et Liège illustrent parfaitement la thèse des oscillations de croissance des vieux pays. Paradoxalement, la Belgique a quelque chose d'anglais, tandis que la Hollande du XVIIIᵉ (sa décadence physique et morale avait frappé Montesquieu) a une allure française. Mais la Belgique, à l'inverse de la France, récupère un long XVIIᵉ siècle malade. L'administration autrichienne s'est révélée relativement active et efficace. Les Provinces-Unies, par contre, ont été un îlot de prospérité et de croissance au sein du sévère XVIIᵉ siècle. Le XVIIᵉ n'est-il pas hollandais au même titre que français ? De 1500 à 1700, les Pays-Bas avaient connu une ligne de croissance étonnamment calme et régulière, au point de dépasser les pays du Sud, situation inouïe, quant à deux millénaires d'histoire. Doublement en deux siècles : 1500, 900 000 à 1 000 000 ; 1700, 1 850 000 à 1 950 000 ; 1750, 1 900 000 à 1 950 000 ; 1775, 2 078 000. Presque horizontale au XVIIIe, plus que doublement au XIXe et doublement de 1900 à 1950. La courbe hollandaise du XVIIIe s'explique par le XVIIe : la « frontière » technologique des polders, des polders faciles, et l'effet intérieur induit du grand commerce colonial ont permis la croissance continue dans la ligne du XVIe. La Hollande du XVIIIe siècle est moins contraceptive qu'exportatrice d'hommes. Il y a des Hollandais mêlés aux Bas-Allemands partout en Amérique et à l'est. La Hollande a nourri l'univers au XVIIIe d'obscurs et rudes tâcherons des techniques de pointe.

La marqueterie normande est un bon exemple, pour finir, parce qu'elle offre sur un faible espace la gamme la plus large des possibles. Et pourtant, peu de régions sont aussi aberrantes. Elle est une modalité catastrophique, dans une France qui échappe, nous l'avons vu, à la seule vraie richesse, la généreuse création de l'homme. Le mélange normand contient tous les éléments moléculaires de comportement, le mélange est riche, mais sa composition aberrante. Limitons-nous aux 20 000 km² de la basse Normandie. Nous y trouvons des zones en pleine expansion démographique. Le Nord cotentin, une ancienne zone « frontière » de défrichement récent. Ici, l'homme double en soixante à soixante-dix ans, avec une natalité forte sans excès, six à sept enfants par ménage, mais une mortalité basse, et une espérance de vie élevée. Les conditions de vie les meilleures. Villedieu-les-Poêles, le petit bourg des travailleurs du cuivre, donne une modalité particulièrement dynamique dans le peloton de tête.

A l'autre extrémité, les mouroirs de la plaine de Caen. Malthusianisme stupide associé à une mortalité élevée. Sans raison apparente. On meurt et on vient de la périphérie pour y mourir. A l'autre extrémité, surtout le pays d'Auge : le miracle, le dangereux miracle, le faux miracle de l'équilibre. Le couchage en herbe s'est fait ici avec un abaissement parallèle de la natalité et de la mortalité. Ne crions pas victoire. Au-delà de 1770, ce dangereux équilibre est rompu et la balance devient souvent négative. Cette parcimonie excessive ferme la porte aux mutations ultérieures. Le malthusianisme de la région de Lisieux appartient, au départ, au modèle d'inversion ascétique.

Entre ces pôles, la grisaille du Bessin. Bayeux est un petit mouroir, le Bessin médiocrement dynamique, avec un peu de contraception limitée par un tempérament porteur de pulsions. Une région qui s'est située très tôt autour d'un optimum de peuplement. La dominante modérément contraceptive a réalisé un faux équilibre, à la merci, à la fin du siècle, des effets du vieillissement. A côté de la variable territoriale, la variable sociale. On la saisit, dans la longue durée, grâce aux généalogies, pour quelques groupes privilégiés. (S. Peller, T. H. Hollingsworth, L. Henry.) Trois leçons au moins. Les familles du sommet ont, face au mariage, un comportement qui les différencie du tout-venant. Mariage plus précoce. Une espérance de vie meilleure. L'étude de Peller permet de suivre l'ampleur du gain sur la mort. La comparaison de Hollingsworth et de Henry teste, au-delà de 1730, la divergence radicale des modèles français et britannique. Ducs et pairs en France, familles genevoises et pairs anglais ébauchent, de 1670 à 1730, le même repli contraceptif. A partir de 1730, ducs et pairs et grands bourgeois genevois s'installent dans un malthusianisme de plus en plus stérile, les ducs anglais rejoignent la masse dans leur prisée, à nouveau, plus généreuse de la vie. Sauf dans les cas français et genevois, le modèle aristocratique tend, au xviiie siècle, à s'aligner sur le modèle populaire. Un léger tassement de la vitalité des riches et des puissants, une augmentation de la vitalité des humbles avant la distorsion malthusienne du xixe siècle, le siècle des Lumières, dans l'ensemble de l'Europe, atténue la différence de comportement démographique social pour accentuer la divergence régionale. Le comportement territorial prime toute autre modalité. Et cela caractérise aussi le xviiie siècle européen.

●

La démographie historique déborde de plus en plus. Parmi les portes ouvertes, l'anthropologie physique réintroduite par Emmanuel Le Roy Ladurie. La dimension de l'homme que nous cherchons à atteindre est aussi une dimension physique. L'homme, au xviiie siècle, est en moyenne plus petit. Les blonds sont plus nombreux dans l'Europe des Lumières que de nos jours. La répartition des types humains a changé — on commence à savoir dans quelles proportions —, les variations permettent d'atteindre, indirectement, niveaux de vie et migrations. La recherche commence à peine. Les premières cartes sont sorties. La mesure physique de l'homme peut être menée à travers l'Europe. Pensez aux possibilités offertes par le commerce des soldats mercenaires, les possibilités presque infinies des archives militaires prussiennes, sans parler des 2 200 000 dossiers de Vincennes, pour le seul xviiie siècle.

Qualité physique, mais combien plus attrayantes les avenues en direction de l'anthropologie culturelle! Quand on possédera pour l'ensemble de l'Europe le film en cartes successives de l'alphabétisation et du progrès des langues nationales sur les dialectes locaux, on aura la clef la plus sûre des inégalités du démarrage et de la croissance. Dix ans de travail encore, au moins, sur registres paroissiaux, livres de raison, journaux. On oublie parfois les livres de raison. Celui de Pierre-Ignace Chavatte, qui meurt en 1693 à Lille, la patrie de l'étonnante Antoinette Bourignon, nous apprend beaucoup, grâce à André Lottin, sur les débuts de l'alphabétisation des traditionnels. Chavatte est un pauvre, un manuel sans horizon, et, dans son métier, un médiocre qui n'a pas percé. La qualité de son écriture, sa maîtrise du français, malgré ses défaillances, surprennent. Une partie du petit peuple de Lille depuis un siècle se met progressivement à lire. Les premières écoles de Lille remontent à 1554 ici, 1584 là. Lille a été talonnée par la proximité des pays protestants. Un texte de magistrat de 1664 le dit : « Il importe grandement que les enfants, de quelque qualité ou condition qu'ils fussent, soient instruits soigneusement en leur tendre jeunesse en tout ce qui touche et concerne la foy catholique apostolique et romaine pour quoy avoit été principalement instituée ladite escolle. »

Chavatte lit, Chavatte écrit, mais ce contemporain de Bayle est un homme du XVIe siècle : sa culture, sa sensibilité s'apparentent un peu à celles qui émanent de la Bibliothèque bleue de Troyes. L'alphabétisation constitue une étape fondamentale ; seule l'alphabétisation totale peut donner ses chances à la révolution technique qui est d'abord révolution mentale. Et pourtant, cette condition nécessaire n'est pas suffisante : Chavatte donne l'exemple d'une superposition sans entraînement ou, si l'on préfère, d'une culture de rêve et d'évasion. Les humbles alphabétisés ne sont pas nécessairement en transit, hors du champ de la culture traditionnelle qui continue à transmettre son héritage par ouï-dire et voir-faire ; cependant, c'est en leur sein seulement que les modifications des gestes, l'amélioration des outils, la rationalisation des actes productifs sont le plus susceptibles de se produire et de se propager.

Le processus d'alphabétisation explose au XVIIIe siècle ; il était enclenché depuis la fin du XVe et le début du XVIe. La Réforme, pour faire tache d'huile, suppose de larges plaques de liseurs potentiels, un ensemble de moyens pour multiplier et diffuser l'écrit. Une fois consommée, la scission entre les deux chrétientés a tendance à accentuer une différence qui existait au départ. La Réforme protestante, sous cet angle, est non une cause, mais un accélérateur de déséquilibre. L'alphabétisation suppose d'abord un commencement d'uniformisation linguistique, qu'elle contribue ensuite à accélérer. Au service de l'uniformisation, nous trouvons bien sûr l'Église et l'État.

En Italie le toscan, en France le dialecte d'entre Seine et Loire, l'allemand moyen à l'est, l'anglais contre les gaéliques de l'Ouest profond et retardataire

— la réforme du pays de Galles au XVIe s'est faite en gaélique ; en Espagne, dans l'espace castillan privilégié, le bien-dire de Tolède le cède, début XVIe siècle, à celui de Burgos et de Valladolid, mais le catalan-valencien résiste, après avoir perdu l'Aragon ; le portugais se détache du galicien et surmonte au XVIIe siècle la tentation de s'effacer devant le castillan. Plus subtilement au XVIIIe, le français tente, à la dimension de l'Europe, au niveau des élites de la terre et de l'État, le coup qui lui a ouvert le contrôle des 200 000 km² des dialectes d'oc. L'opération culmine en Allemagne, vers 1770, puis reflue en profondeur sous l'action revendicatrice de la *upper middle class*, en Russie, quinze ans plus tard, au moment où Rivarol proclame l'universalité de la langue française. Pour réussir, il a manqué l'État.

Une géographie linguistique subsiste au XVIIIe, qui est comme une géographie culturelle. Le Roy Ladurie l'a vue naître au XVIe. Dès le XVIe siècle, deux Midis s'opposent, un Midi prématurément bilingue, gagné par la Réforme, qui signe chez les notaires, et un Midi profond imperméable au français. Le français, à l'autre extrémité de son aire géographique, a gagné, autour de la Cour du XVIe au XVIIIe, le centre de Bruxelles * et fait basculer au niveau des villes et des élites la Wallonie ambiguë, carrefour d'influences romanes et thioises, dans le camp de la francophonie. Revenons au Midi et empruntons à Le Roy Ladurie une image éclairante : la coulée du français vers le sud, le long du versant rhodanien du Massif central, devient « cette frange pionnière du défrichement culturel », « elle fait contraste avec les zones d'ombre voisines [...], toutes régions arriérées et qui le resteront longtemps : en 1570, d'après les statistiques des signatures, en 1680-1686, d'après les cartes de Maggiolo, la dégradation culturelle s'accentuera progressivement quand on ira, par régions successives, du bas Rhône à la haute Garonne. »

Soit, « par les statistiques de signatures, une comparaison Est-Ouest (Montpellier-Narbonne); à Montpellier [...] vers 1575 [...] 25 p. 100 d'analphabètes seulement chez les artisans, contre 33 p. 100 à Narbonne. Encore une majorité artisanale instruite est-elle beaucoup plus éclairée à Montpellier : dans cette ville, la plupart des artisans non analphabètes savent signer intégralement leur nom ; à la même époque à Narbonne, la moitié des individus dans la même catégorie usent d'initiales [...] A Montpellier, le français est pratiqué de façon courante dès 1490. A Narbonne, plus tard. » Le propre de ces disparités, c'est de se conserver et de s'accroître. « Un siècle plus tard, en 1686-1690, les cartes de Maggiolo traduisent toujours un dégradé qui mène du Gard (où 30 à 39 p. 100 des hommes signent leur nom) à l'Hérault (20 à 29 p. 100), puis à l'Aude (10 à 19 p. 100), enfin à la Haute-Garonne (moins de 9 p. 100). »

Toutes choses étant égales, un deuxième front s'ouvre un peu partout en France, à la hauteur des années 1680 : alphabétisation, francisation, de 5 à 10 p. 100, la grande œuvre du premier XVIᵉ siècle. A la limite, vers 1680-1700, dans toute l'Europe (Pologne et Russie exclues). L'alphabétisation de l'élite urbaine et de l'aristocratie campagnarde suppose, partout sur les trois quarts du territoire européen, un bilinguisme de fait. Ce bilinguisme pour une élite plus mince est en réalité un trilinguisme, en raison du latin. A Toulouse, occitan, français, latin. En Pologne, en Hongrie, dans l'Est profond, on revient à un bilinguisme de fait : le latin poursuit, au XVIIIᵉ, son rôle ailleurs révolu de langue véhiculaire de culture.

L'avance de l'Europe protestante est ancienne et considérable. Voyez l'Angleterre et l'Écosse. Elle se répercute à tous les échelons. Lawrence Stone

21. ORIGINES SOCIALES DES ÉTUDIANTS A L'UNIVERSITÉ DE GLASGOW AU XVIIIᵉ SIÈCLE (D'après les chiffres de W. M. Mathew, « Glasgow Students, 1740-1839 », in Past and Present, n° 33, 1966.)

A. Administration. — B. Armée, marine. — C. Église. — D. Industrie et commerce. — E. Loi. — F. Médecine. — G. Nobles et propriétaires fonciers. — H. Enseignents. — I. Petits exploitants. — J. « Citoyens ». — K. Divers.
L'Écosse vient largement en tête, au XVIIIᵉ, de la diffusion en profondeur de la culture écrite. L'avance de l'alphabétisation se répercute à tous les échelons de l'échelle du savoir que nous avons proposée (v. p. 146). Au niveau le plus élevé, le savoir universitaire. Celui-ci déborde de plus en plus sur des secteurs sociaux modestes qui, nulle part ailleurs en Europe, n'accèdent encore à ce niveau élevé de la connaissance. Le plus étonnant, c'est la part des petits exploitants, l'équivalent de nos laboureurs et haricotiers, plus du quart un moment. Là réside un des secrets du rôle des Écossais dans le développement technologique à l'époque de Watt. Tout aussi significative, la permutation entre noblesse-propriétaires fonciers et industrie-commerce. Voilà la grande ouverture. Industrie-commerce : 50 p. 100. Tout un monde qui ne se contente plus d'être intelligent avec les mains. L'accès de cette couche sociale à l'université va transformer le savoir universitaire.

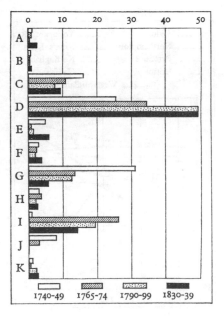

distingue cinq degrés. Au niveau 1 on déchiffre. C'est celui que mesurent nos paroissiaux. Il ne permet pas une acquisition autonome. Le niveau 2, difficile à cerner, est celui de la véritable mutation, l'accession à une lecture utile, l'écriture et le calcul. C'est le niveau que dispensent la plupart des écoles paroissiales de l'Église presbytérienne d'Écosse, le niveau d'une partie du plat pays anglais. Le niveau 3 permet la tenue d'une comptabilité. Le niveau 4, qui est plutôt un niveau 3 bis pour une autre catégorie sociale, comprend l'acquisition de la culture classique. Le niveau 5 est le niveau universitaire (universités et *Inns of Court*). Nous ne mesurons que le niveau 1 avec certitude, mais une corrélation existe entre celui-ci et les autres degrés. La véritable révolution culturelle s'est faite en Angleterre au XVIIᵉ siècle. Comme le prouve la rapide montée du niveau 1. En 1600, 25 p. 100 des hommes lisent et signent (15 p. 100 en Écosse, 16 p. 100 en France, d'après Valmary et Fleury). En 1675, l'Angleterre atteint 45 p. 100, la France, entre 1688 et 1720, 29 p. 100. L'Écosse est partie plus tard, mais monte plus rapidement; elle est en tête à partir de 1680. Le rythme de l'alphabétisation est le même en France et en Angleterre au XVIIIᵉ, ce qui veut

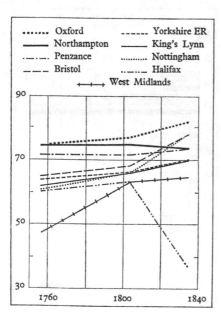

22. LA NUANCE RÉGIONALE
(D'après L. Stone, « Literacy and Education in England, 1640-1900 », in Past and Present, nᵒ 42, 1969.)

L. Stone construit son graphique sur les signatures des registres paroissiaux, actes de mariage, hommes seulement. Devant le phénomène majeur de l'alphabétisation, même l'Angleterre n'est pas parfaitement homogène. Les écarts cependant sont beaucoup moins grands qu'en France. Cette relative homogénéité avantage la petite Angleterre (le quart de la France), en favorisant la constitution d'un marché national uniforme. Au milieu du XVIIIᵉ siècle, l'éventail est assez largement ouvert entre une Angleterre alphabétisée (Oxford, Northampton, Penzance, au-dessus de 70 p. 100) et les secteurs retardataires, Halifax et West Midlands surtout. La seconde moitié du XVIIIᵉ siècle voit l'éventail se fermer. Les secteurs retardataires rattrapent. C'est particulièrement vrai pour les Midlands. Vers 1800, quand la révolution industrielle s'accélère, presque toute l'Angleterre masculine compte entre 65 et 75 p. 100 d'alphabétisés. Au-delà de 1800, conséquence de la révolution industrielle et du travail des enfants, une nouvelle dispersion. L'Angleterre perd une partie de son avance et la progression se ralentit.

Legend (graph):
- ······· Oxford
- —— Northampton
- ·—·—· Penzance
- — — Bristol
- ------ Yorkshire ER
- —— King's Lynn
- ·········· Nottingham
- ··—··— Halifax
- +—+—+ West Midlands

23. ANGLETERRE ÉDUQUÉE
(Ibid.)

A. *Esquires and Gentlemen (Écuyers et nobles)*.
— B. *Clergy and Professional Men (Clergé)*.—
C. *Artisans and Tradesmen (Artisans)*. —
D. *Yeomen and Husbandmen (Laboureurs et haricotiers)*. — E. *Labourers and Servants (Manouvriers et domestiques)*.
« Il n'y a de richesse que d'hommes », mais précisons : que d'hommes éduqués. Ce graphique livre un des secrets des Lumières et, sans conteste, celui de la réussite de l'Angleterre. Il s'appuie sur les signatures au mariage par licence des fiancés dans l'archidiaconé d'Oxford et dans le diocèse de Gloucester. Aucune surprise pour les clercs de l'Église anglicane et les nobles. Depuis le XVIe siècle, ils sont alphabétisés à 100 p. 100 ou peu s'en faut. Mais ce qui compte et ce qui particularise l'Angleterre en Europe, c'est évidemment la rapide montée vers une alphabétisation à peu près totale des artisans et commerçants et, un peu en arrière, des laboureurs et haricotiers. Tout en bas, pourtant, exclue de la nation (Gregory King le soulignait déjà à la fin du XVIIe siècle), une seule catégorie sociale reste en dessous des 50 p. 100 : les manouvriers et les domestiques.

24. L'EUROPE ÉDUQUÉE
(Ibid.)

L'alphabétisation des hommes (par les signatures des registres paroissiaux) est suivie ici en France, Angleterre, pays de Galles et Écosse. La courbe française est la plus sûre. L'Angleterre a pris son avance au XVIe siècle. Elle est dépassée par l'Écosse au XVIIIe. La France commence son rattrapage dans la seconde moitié du XVIIIe siècle. En fait, la France juxtapose en Normandie, autour de Paris, dans l'Est, des secteurs aussi alphabétisés que les Lowlands et les environs de Londres, avec des cantons (Midi, Auvergne) qui se tiennent entre 10 et 20 p. 100 seulement. Par-delà les nuances, ce qui compte plus encore, c'est l'énorme décalage entre l'Europe alphabétisée (Grande-Bretagne, France, Rhénanie, Pays-Bas) et une Europe traditionnelle profonde à l'est et au sud.

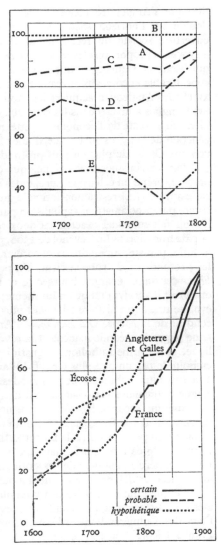

dire que l'Angleterre conserve son avance proche de l'ordre du simple au double sur l'horizon 1680 des Lumières. Or, si l'on se reporte à la très large ouverture sociale du recrutement universitaire au xviiᵉ siècle, il est évident — voyez la proportion élevée des *yeomen* et *husbandmen* (laboureurs et haricotiers) qui lisent et signent — que l'avance anglaise sur le continent est bien plus considérable encore, aux niveaux 3 et 5 de la diffusion de la civilisation. C'est au xviiᵉ que l'Angleterre acquiert les atouts de son envolée de la fin du xviiiᵉ. Le xviiᵉ anglais a investi dans les cerveaux. F. Crouzet a bien montré cette avance, hier, au niveau de l'économie. Cette révolution s'accompagne d'une victoire générale de l'anglais qui refoule, d'une manière irréversible, les dialectes celtiques vers un Ouest de plus en plus profond et arriéré.

Un calvinisme sociologique, qui coïncide avec une lecture profonde et précoce, prend en écharpe l'Europe des Lumières, Le Roy Ladurie l'a durement caricaturé : « [...] restriction formelle au plaisir, tolérance tacite à l'usure, ascétisme par proclamation, capitalisme par prétérition »; il a, du moins, le mérite d'avoir fait coïncider exactement deux révolutions. Son pouvoir est durable sur la pâte humaine : « Le Cévenol de 1500, paillard et gaillard, épris de danse jusqu'à la folie, papiste, superstitieux et sorcier, sombre dans la nuit de l'oubli et dans les profondeurs du subconscient. Un peuple nouveau naît [...] religion épurée, *libido* censurée, épargne bourgeoise et liberté chrétienne. Ce peuple est triste et libre : il survivra tel qu'en lui-même, bien au-delà des camisards [...] Et l'on évoque une autre histoire tellement plus vaste et tellement semblable : celle qui conduit de la *Merrie Old England* à l'Angleterre puritaine. » L'Angleterre puritaine gagne la seconde manche et la révolution industrielle. La Réforme catholique, la Réforme catholique augustinienne surtout, c'est-à-dire à la française, emboîte le pas un peu plus tard. Il lui arrivera, en Bretagne par exemple, d'être à la fois plus ambitieuse et plus modeste, en tentant de faire l'économie de la langue véhiculaire nationale de culture.

Sur une seconde ligne de l'acculturation conquérante par le livre, la masse énorme du corps français. La « frontière » pionnière du défrichement culturel se lance un peu partout, à la fin du xviiᵉ siècle, à la conquête du grand Ouest. Deux fois plus d'hommes, mais dix fois plus de liseurs, lisant plus et mieux. La « frontière » pionnière de l'essentiel met en mouvement, vers 1680, le grand multiplicateur des possibles, faut-il ajouter l'accentuateur des disparités ?

Ce que l'initiative privée a mis en place au xviᵉ, ce que les consistoires réformés ont fait, ici et là, préparant ainsi les succès futurs des *Dissenters*, les grands États des Lumières l'ont ordonné. Louis XIV, en 1698, prévoit pour le géant France l'école élémentaire généralisée ; l'exécution demande les trois quarts d'un siècle. L'attaque de la « frontière » est rapide, là où existent de fortes élites de liseurs : voyez la coulée rhodanienne qui aligne ses signatures précoces dans la masse difficile des pays d'oc, voyez la Normandie qui signe à 90 p. 100 pour les hommes et 60 p. 100 pour les femmes vers 1770-1790... dans le pays d'Auge, le Bessin, une partie du Nord Cotentin, avec, de-ci, de-là, des pointes à 90, 95 p. 100, hommes et femmes. La France qui lit la première tourne autour de Paris, frange la Normandie, pousse à l'est et descend le Rhône. A quelques avatars près, les lecteurs du XVIIIe préparent la France industrielle des XIXe et XXe siècles. Et c'est un peu dans le même temps, au cours de la seconde moitié du XVIIIe siècle, que l'avant-dernière étape de la conquête du territoire national par la langue française est franchie. Elle est indissociable de l'alphabétisation au niveau révolutionnaire explosif, proche des 50 p. 100. Ce sont l'État, les besoins d'une administration envahissante qui brisent patois et dialectes, F. Brunot l'avait déjà noté, au stade où « l'ignorance du français » devient « une gêne et un danger ». Avec l'annonce, le 25 juin 1787, de la généralisation d'un régime municipal sur l'ensemble du territoire, la vie pratique va faire de l'usage courant du français, d'abord pour les hommes et sensiblement plus tard pour les femmes, une obligation de la vie quotidienne.

La Prusse agrandie de la Silésie va faire son rattrapage à la fin du XVIIIe et rejoindre définitivement l'Ouest culturel. Du moins, telle est la volonté de Frédéric. « Après la guerre de Sept Ans », dans ce royaume qui a dépassé cinq millions d'âmes, « il rend obligatoire l'école élémentaire entre cinq et treize ans. Les parents paient pour l'entretien des maîtres et sont responsables de l'assiduité de leurs enfants. Le caractère utilitaire de l'Édit apparaît avec l'obligation pour les instituteurs d'avoir préalablement appris au Séminaire de Berlin " la culture de la soie ", les vieux soldats, les invalides de guerre feront, à l'en croire, d'excellents maîtres d'école sous la surveillance des pasteurs. » (François Bluche.) Rôle identique, un peu plus discret, en France, des vieux soldats : les armées du XVIIIe ont été les auxiliaires de la « frontière » conquérante de l'écrit. A la différence de la horde baroque de Wallenstein, les soldats formés au *drill* ont conduit à leur manière quelque essentiel *Kulturkampf*. En trente ans, la Prusse, cette Allemagne slave incertaine, cette colonie retardataire pour techniciens étrangers, ce terrain de manœuvre privilégié de la *diaspora* huguenote, a réussi l'un des plus beaux rattrapages culturels de l'histoire. L'école prussienne, fille de la caserne, prépare l'Allemagne des prix Nobel des années 1890-1930.

Nous aurons d'ici peu assez de données pour cartographier la grande mutation culturelle du XVIIIe siècle. En tête de l'Europe calviniste, l'Écosse presbytérienne des Lowlands, l'Angleterre dissidente ; presque à égalité, l'Allemagne minoritaire, « réformée », piétiste. Elle fournit, en outre, quelques ferments à la frontière pionnière américaine. La *diaspora* huguenote a fait bouger la Prusse, elle a été l'artisan du rattrapage de la Poméranie, du Brandebourg, de la Prusse, du *take off* culturel de l'Europe baltique. Le plus spectaculaire des gains — la performance est moyenne —, c'est encore la France. La Réforme catholique dans sa modalité acculturante de masse, la modalité augustinienne, en a été le ferment; elle conserve cette vocation à travers la lente dégradation du XVIIIe siècle. Voyez en Italie le rôle des écoles pies ; en Espagne, le catholicisme éclairé du second XVIIIe siècle est superficiellement touché, mais le retard est de deux siècles.

La structure moléculaire qui rend compte de la juxtaposition des comportements démographiques s'applique à la révolution culturelle. Une France pauvre au sud et à l'ouest s'oppose désormais à une France riche au nord et à l'est, France d'oïl et France d'oc, France de l'isthme européen, donc de la communication, avec des niveaux genevois d'alphabétisation populaire profonde, de lecture intense et difficile, France celte de bout du monde, de finistère, France cul-de-sac paradoxalement océane... France riche de nouveau au nord-ouest, mais sur les mers bordières, les *narrow sea* du Channel, normande et picarde. Le Roy Ladurie a délimité un Sud à l'écart de la mutation, l'Est aquitain, le sud du Massif central, Poitrineau a plongé au sein d'une lamentable Auvergne, exportatrice de gueux analphabètes avant l'inversion du XXe siècle. Le premier sondage de l'INED publié délimite un Ouest profond (cinq départements bretons, Maine-et-Loire et Vendée) : de 16,1 à 23,2 p. 100 pour les garçons, de 7,5 à 11,8 p. 100 pour les filles. L'enquête de Maggiolo situait déjà la Bretagne, l'Anjou, la Vendée dans les régions les plus en retard. En 1786-1790, l'ensemble de la France donnait 47 p. 100 pour les hommes, 27 p. 100 pour les femmes, avec une amplitude de 10 à 90 p. 100 suivant les régions de haute et basse scolarisation.

On voit une nette croissance de l'alphabétisation de 1750 à 1770. En Normandie, elle porte les paroisses heureuses de 60 à 90 p. 100 pour les hommes, de 30 à 60 p. 100 au moins pour les femmes. Un classement par générations (dates de naissance et mariages) permet d'apprécier, dans l'Ouest lointain, le plafonnement parfois plongeant des dernières années de l'Ancien Régime et l'effondrement de l'époque dite révolutionnaire, en raison « de la désorganisation de l'enseignement paroissial ». La France, de nouveau, marque le pas par rapport à l'Angleterre.

L'alphabétisation de la masse n'est qu'une étape, la plus directement et globalement mesurable ; elle n'est pas la première, nous l'avons vu ; elle est suivie, au début de l'ère industrielle, d'une troisième vague, le passage de l'alphabétisation à une véritable instruction primaire. La Prusse réussit à superposer rapidement la deuxième et la troisième vague, cela fait partie du rattrapage de l'Allemagne de l'Est. L'avance, au XVIIIe siècle, de la frange pionnière de la frontière culturelle vers les couches profondes de l'Europe traditionnelle dépasse largement la marée de 1450 à 1550. En masse, non en difficultés, en volume, non en pourcentages, l'Europe des Lumières a gagné à la civilisation écrite dix fois plus d'hommes que le XVIe ne s'en était acquis. Par rapport au niveau de base initial, 1450 ou 1680, le gain relatif est comparable.

•

Cette victoire est indissociable de la victoire sur la mort. Elle s'est faite sans éclat. Les éclats viennent à l'aube du XIXe siècle, avec la vaccine de Jenner (1798). De sursis en sursis, l'Européen moyen du XVIIIe a arraché près de dix ans sur la mort * ; dix ans après vingt-cinq ans, c'est beaucoup plus qu'un doublement de la vie adulte. Au bénéfice de l'enfance. L'universelle passion du XVIIIe siècle pour l'éducation résulte en partie de cette constatation implicite, presque toujours inconsciente. On n'investit pas sur la mort ; l'alphabétisation générale n'est rentable qu'avec une espérance de vie suffisante. Les plus hauts degrés d'alphabétisation (Angleterre, Écosse, Scandinavie) sont concurrents d'une réduction massive de la mortalité juvénile ; les plus bas niveaux accompagnent des mortalités infantiles archaïques.

Les grandes victoires du XVIIIe siècle ont toujours été des victoires modestes. La plus grande de toutes découle d'un ensemble presque imperceptible de succès modestes. La démographie cyclique l'avait noté. L'atténuation de l'amplitude cyclique, c'est l'espacement, la réduction progressive des rencontres périodiques collectives avec la mort. La modification, dégagée récemment par Philippe Ariès, de la sensibilité et des gestes collectifs devant la mort découle pour une part appréciable de cette mutation. La mort se replie au for familial. A la limite et dans un premier temps, la mort, au XVIIIe siècle, pour des générations qui ont connu les hécatombes de 1693 et de 1709, se fait discrète. Voyez toutes les séries paroissiales, mieux, provinciales et nationales... Le rabotage des courbes de mortalité est impressionnant sur la longue durée. Voyez surtout les courbes nationales, là où elles existent ; imaginons une courbe européenne qui ne peut être qu'hypothétique : les accidents cycliques ont, au XVIIIe siècle, tendance à s'éliminer. L'accident est local, il est bref, la mort frappe là, puis s'arrête.

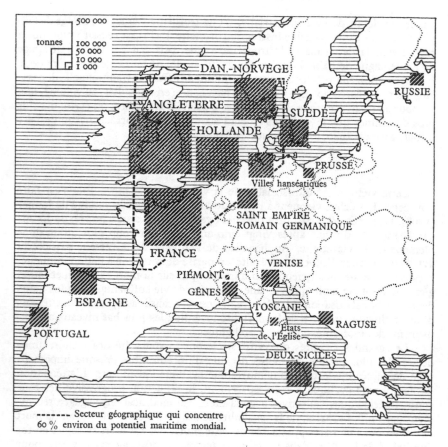

------- Secteur géographique qui concentre
60 % environ du potentiel maritime mondial.

La mutation modeste des communications est le facteur numéro un de la lutte contre la mort. La faim aiguë, la faim qui tue, disparaît à peu près totalement, à l'ouest du Niémen, devant une mobilité légèrement accrue des vivres et des hommes. Les céréales de secours circulent par mer. Dans la Méditerranée du XVIe siècle, Fernand Braudel avait évalué à 2 millions d'hectolitres, chiffres ronds, le commerce maritime du blé. Ce chiffre est peu de chose à côté des mouvements de blé de la Baltique au XVIIIe. La capacité des flottes a décuplé.

LES DIMENSIONS DE L'HOMME

Cette carte montre le volume respectif des flottes marchandes européennes au moment du take off anglais. L'Atlantique et ses prolongements (Manche, mer du Nord, Baltique) surclassent définitivement et de loin la Méditerranée. Deux flottes dominent toutes les autres, l'anglaise et la française, qui se placent autour déjà du million de tonnes. Immédiatement après, la Hollande, le Danemark-Norvège, la Hanse. Ce qui donne une extraordinaire concentration, des deux tiers environ du potentiel maritime mondial, autour des côtes de la mer du Nord, de la Manche et des prolongements atlantiques immédiats. La flotte française en 1786-1787 talonne encore la flotte anglaise de très près. L'écart se creusera de 1790 à 1815. Tenir compte cependant, pour bien marquer la distance, des rapports de population : Angleterre, Hollande, Hanse et Danemark-Norvège, dont la population dépasse de peu la moitié de la population française, disposent de trois fois plus de navires.

Un volant de blé maritime de plusieurs millions de quintaux assure la protection des côtes de l'Europe contre la faim. Grâce à la route et au canal, une partie de l'Europe, à l'ouest, est devenue côtière. L'Angleterre riche, tout entière, est incluse, à partir de 1750-1760, dans la zone de la protection côtière. Une partie de la France y entre. Il y a prime évidente d'est en ouest en faveur de l'Europe riche qui est aussi l'Europe mince.

Révolution du pavé et du canal. A l'ouest, les choses ont tendance à aller au-devant des hommes. A l'est, à l'inverse, les hommes vont au-devant des choses. Mais le résultat est le même. La Prusse circumbaltique, sous la protection stratégique du blé russe et de finances relativement solides dans une zone de monnaie faible, s'entend à merveille à drainer à son profit les victimes de l'archaïsme économique de l'Europe centrale. De 1740 à 1786, la Prusse, malgré la guerre de Sept Ans, avec ses relents sauvages, ses grands flots barbares de Hongrie et de Russie, ses remontées d'un temps révolu à l'ouest depuis la guerre de Trente Ans, passe de 2,4 à 6 millions d'âmes. Là-dessus, 1,2 pour la conquête de la Silésie (1 million) et de la Prusse polonaise (200 000). Le doublement en quarante-six ans, de 2,4 à 4,8, est imputable pour l'essentiel au croît naturel et à l'immigration. Henri Brunschwig évalue le solde à 285 000 âmes. Frédéric II fixe la part de la colonisation interne dans l'accroissement prussien à 1,1 million d'âmes. Les 285 000 migrants jeunes ne sont pas tellement incompatibles avec le 1,1 million du roi de Prusse.

La colonisation, à l'époque du Grand Électeur, avait été une colonisation de cadres et de techniciens huguenots et hollandais. Frédéric II remplit la Prusse avec les *morituri* en sursis de l'Europe archaïque. Le parapluie baltique de la Prusse et les communications améliorées du XVIIIᵉ sauvent, au profit de l'Allemagne de l'Est, les sursitaires de la mort des conjonctures anciennes de l'Europe continentale.

Le tournant, c'est la guerre de Sept Ans. Avant 1756, les agences de Hambourg et de Francfort-sur-le-Main recrutent encore, par vitesse acquise, à l'ouest, un matériau cher et rare. Déjà, les migrants hussites, que la misère en Bohême et l'intolérance mettent en marche, fournissent les gros bataillons : 3 200 familles travaillent à canaliser l'Oder et à drainer sa vallée. Le vieux Fritz se frotte les mains dans son français des Lumières. Le *Drang nach Osten* est d'abord une poussée vers le nord et une poussée vers la mer. « Frédéric fixe [...] à la même époque, dans le duché de Magdebourg, un grand nombre de saisonniers venus de Thuringe [...] L'œuvre devient systématique après la paix de Hubertsbourg [...] entre Oder et Netze, en dix ans, 15 000 colons. » (François Bluche.) Dans le pays de Magdebourg, 2 000 familles sur d'anciennes terres de la Couronne. De 1740 à 1775, 13 000 familles dans le duché de Prusse, entre 1763 et 1780, 40 000 personnes en haute et basse Silésie... 50 000 colons pour la Baltique-Poméranie, 12 000 pour la vieille marche électorale de Brandebourg, plus proche de la saturation.

Mais voilà 1770-1771, une conjoncture d'une amplitude dépassée, de nouveau, sur l'Europe continentale : 40 000 misérables, menacés par la mort, prennent la route salvatrice du nord. « Les disettes des années 1770 et 1771 ayant dirigé 20 000 Saxons et autant de sujets de Bohême vers les États de Frédéric II, " ils furent, dit ce dernier, reçus à bras ouverts " : une partie de ce flot est bientôt orientée vers la Prusse polonaise, zone à germaniser, province que les travaux du génie rural entrepris entre Netze et Vistule ouvrent à la colonisation [...] »

A l'ouest, la conjoncture ne tue plus, parce que le blé arrive. Parce que la pomme de terre n'a pas attendu Parmentier, en Angleterre et en Irlande ; la pomme de terre, cette « frontière » technologique, remplit l'estomac des pauvres. A l'est, la conjoncture ne tue plus, mais elle met en mouvement. Elle chasse, pousse en avant, vers des frontières qui ne sont pas toutes lointaines. La conjoncture archaïque de l'Europe continentale contribue aux taux de croissance verticaux des « frontières » intérieures. Nous avons vu la Prusse. Tout cela, bien sûr, est un gain pour l'homme. Les Saxons et les Tchèques en route vers le paradis prussien annoncent les Irlandais du XIXe siècle en route vers le paradis américain.

Atténuation puis disparition de la mort cyclique. Quelles en sont les conséquences pratiques ? La fin de la mort cyclique transforme le subconscient collectif, elle modifie la pyramide des âges. Le mal cyclique était, nous l'avons rappelé dans *l'Europe classique*, après dix ans d'études passionnées de la crise par toute une génération d'historiens, une mort sélective. Elle écourtait la vie des vieillards, accessoirement elle élaguait quelque peu le tronc de la pyramide, elle creusait surtout au niveau des nouveau-nés et des enfants. Le rabotage séculaire de la courbe des morts est, d'abord et essentiellement, une réduction de la mortalité infantile. Une chance supplémentaire pour les appelés à la vie, donc un encouragement à leur consacrer le temps d'une éducation plus soignée, cette éducation qui confère à son tour une chance de vie supplémentaire.

Chute de la mortalité globale. Au lendemain de la crise sévère de 1690-1720, des avancées de la vie tiennent en partie aux morts anticipées des mauvaises années : elles sont sans précédent par l'amplitude bénéfique. Voyez la Suède en flèche. De 1711 à 1735, le district central de Närke se tient entre 23 et 24 p. 1 000. Un taux de la fin du xixe à l'ouest. Supposons réglé le problème de l'enregistrement, l'effet de récupération effacé, les taux de ce quart de siècle ne sont pas intégralement consolidés. La Suède, le Danemark et la Norvège, pourtant, restent en dessous de 30 p. 1 000, cette barre de malheur du passé. La Finlande fait mieux et la Nouvelle-Angleterre détient le record. En tête pour le recul global de la mort, les bordures et les frontières maritimes froides de l'Europe. L'Angleterre en seconde ligne. Elle remonte en première ligne après 1780. De la fin du xviie au milieu du xviiie, l'espérance de vie à Colyton passe de 37 à 42 ans, mais ce n'est qu'une récupération. L'Angleterre, au début du xviiie siècle, est globalement mal placée sur le front pionnier de la conquête sur la mort ; nos sources hésitent un peu ; 1701 à 1740, la mort gagne : 1701, 28,6 p. 1 000, 1731-1740, 35,8 p. 1 000! L'Angleterre fait en partie les frais d'une urbanisation record et de facilités nouvelles dont les conséquences sont mal appréciées. Londres, le gigantesque mouroir londonien (10 p. 100 de l'Angleterre ; Paris, 2 p. 100 de la France) et l'alcoolisme, lors de la catastrophe nationale de la *gin drinking mania* qui culmine peu avant 1740, se combinent avec les séquelles des mauvaises récoltes et des épidémies persistantes de 1709. A partir de là, le progrès est constant. L'affaiblissement de la mortalité de 1741 à 1750 : 33 p. 1 000 au lieu de 35,8 p. 1 000 dans la précédente décennie, est de récupération. 1750 marque le point de départ de la longue marche du front pionnier contre la mort : 1751-1760, 30,3 p. 1 000 ; 1791-1800, 26,9 p. 1 000.

La France vient assez loin derrière. Mais toutes les données concordent. Tout d'abord, les moyens directs. « En Beauvaisis, la proportion des plus de 60 ans dans le total des décès d'adultes variait de 28 à 40 p. 100 au xviie ; elle est de 43 à 61 p. 100 pour la période 1771-1790. Dans le Saumurois, on passe de 35-38 à 47 p. 100. » (M. Reinhard.) Partout, recul de la mortalité infantile, de 27, 35 p. 100 à 25 p. 100, de 32,8 à 28,7 p. 100, de 24,7 à 15,9 p. 100. Nous avons presque toujours dans les secteurs de la Normandie heureuse des taux inférieurs à 15 p. 100.

Dans le pauvre Languedoc, l'espérance de vie des adultes est passée par un minimum à la fin du XVIIe, imitant le mouvement anglais, sous l'action d'une recrudescence de la variole et du pourpre ; elle remonte dans la seconde moitié du XVIIIe. Mortalités infantile et juvénile reculent. En Auvergne, la vie des adultes reste précaire, mais les chances des enfants et des jeunes sont meilleures après le cap du milieu du siècle. La grande bataille se livre au niveau de l'enfance. Les disparités régionales sont énormes, signe d'archaïsme. Elles vont des 180, 140 p. 1 000 de nos exemples bas normands aux 244 et 286 de Sotteville-lès-Rouen et d'Ingouville (près du Havre), en passant par les 177 de la banlieue sud de Paris et les 191 de Thézels-Saint-Sernin en Quercy. J. Dupâquier, pour vingt paroisses rurales du Vexin français, suit les aléas de la victoire sur la mort.

1738-1743, 243 p. 1 000, premier maximum ; 1749-1758, 161 p. 1 000, le minimum est bien creusé ; puis une partie du terrain est perdue : 1759-1768, 182 p. 1 000 ; l'amplitude s'atténue et la tendance s'affirme : 1771-1779 : 138 p. 1 000 ; 1780-1785 : 171 p. 1 000 ; 1786-1792 : 122 p. 1 000. La France, à la fin de l'Ancien Régime, n'a pas encore doublé le cap des 30 p. 1 000. Le Hainaut oscille, de 1774 à 1781 et de 1785 à 1787, de 26,7 à 34,3 p. 1 000. « Pour l'ensemble des généralités [...] de 27,3 à 38,9 p. 1 000 pour la période 1770-1779 », avant la remontée de l'Ancien Régime, lors de la mauvaise décennie prérévolutionnaire : « 28,2 à 44,3 p. 1 000 pour la période 1780-1787 ».

L'espérance de vie, pourtant, a bougé. Pour le médiocre ensemble Bretagne-Anjou-Vendée, le cap des trente ans est largement dépassé (hommes, 34 ans ; femmes, 38 ans). Une autre approche donne 32,5 ans pour les générations nées entre 1740 et 1749, 40 ans pour celles nées entre 1750 à 1759. Bourgeois-Pichat fait apparaître de son côté, de 1775 à 1800, une mutation brutale de l'espérance de vie, à la naissance, à un an, à 5 ans et à 14 ans. La France rattraperait même, au cours de cette fin de siècle, en dépit de l'accident des années 1780-1784, une partie du retard pris par rapport au cas exceptionnellement favorable de la Suède.

On peut suivre avec une particulière précision l'avance du front contre la mort dans les milieux favorisés. Pour les *Europe's ruling families* de Peller, la mutation de la vie humaine se situe bien au XVIIIe siècle, là et exclusivement là.

Sur 100 personnes appartenant aux familles dirigeantes de l'échantillon, les chances respectives d'atteindre 70 ans sont par rapport à la naissance :

	Hommes (p. 100)	Femmes (p. 100)
1500-1599	6,9	10,2
1600-1699	6,3	12,6
1700-1799	16,8	19,2
1800-1849	25,5	34,3
1949-1951 (Blancs, U. S. A.)	51,7	67,5

Pour ceux qui survivent à 50 ans, les chances d'atteindre 70 ans suivent la même évolution. Gain substantiel au niveau aussi de l'âge adulte : à 50 ans, l'espérance de vie qui était de 11,2 au XVIe siècle, 12,9 au XVIIe, passe à 13,9 et 15,2 au XVIIIe et pendant la première moitié du XIXe pour les hommes (12,5, 13, 14,5 et 15,2 pour les femmes). Aux différents âges de la vie, le calcul de Peller situe de même et sans conteste le progrès décisif. La transformation la plus significative est celle qui se lit sur l'espérance de vie des hommes à 15 ans. Le gain est de 9 à 10 ans, un quart de vie adulte en plus. Les familles ducales anglaises de Hollingsworth réagissent plus vite et plus clairement encore, l'Angleterre est bien au sommet, à la pointe de la révolution et de l'hygiène :

	Espérance de vie à la naissance			
	Morts violentes incluses		Morts violentes exclues	
	H	F	H	F
1480-1679	27,0	33,1	30,1	33,9
1680-1729	33,0	33,6	34,7	33,7
1730-1779	44,8	48,2	45,8	48,2
1780-1829	47,8	55,4	49,5	55,5
1880-1954	54,6	70,2		

La mortalité des enfants de moins de cinq ans était passée, dans le même temps, de 34,27 p. 100 à 20,18 p. 100 pour les garçons, de 29,28 p. 100 à

15,9 p. 100 pour les filles. Dans l'ordre de la mortalité infantile, l'avance anglaise du XVIIIe siècle est énorme. Elle est acquise, simplement, sans découverte médicale importante, par le respect scrupuleux des règles élémentaires de propreté et de bon sens. On a observé que, dans la *gentry* britannique, au début du XIXe siècle, la mortalité infantile était moindre que dans les quartiers pauvres de New York en 1930. L'hygiène de vie et le repos des mères pendant la grossesse faisaient mieux que toute la science médicale du XXe siècle, avant la révolution des sulfamides et des antibiotiques.

L'allongement de la vie humaine est bien, à la limite, la seule grande affaire du XVIIIe siècle. Il est dû à un ensemble de petites causes multiples qui ont formé, insensiblement, une masse critique de transformation. Le caractère à la fois géographique et social de la mise en marche du front contre la mort conduit à des solutions simples. Les conditions matérielles de la vie — l'Angleterre est en tête aussi des transformations économiques : une nourriture plus abondante, moins carencée, plus équilibrée, un toit de tuiles à la place de la « glue », le chaume qui protège mal contre le froid et l'humidité, et retient parasites et bactéries ; une maison un peu mieux construite, le progrès de la cheminée, des fenêtres plus larges, ce luxe qui complique la construction des murs et demande de la menuiserie et du verre (le papier huilé disparaît même chez les pauvres au XVIIIe siècle). Voilà pour l'économique, l'État vient ensuite. Il veille sur la circulation de modestes connaissances. Les intendants implantent en France des écoles de sages-femmes. Ils bouclent Marseille, distribuent des boîtes de quinquina, envoient les médecins de peste, ces dictateurs redoutés de l'hygiène publique. De par le roi, la peste ne doit pas tuer hors de Marseille et d'une mince tranche du Midi provençal et languedocien. De par le roi... La vie des sujets fonde la richesse du prince.

Retenons, pour finir, un certain regard sur les choses de la vie, sur le corps, sur les objets, les aliments, le cadre de la vie quotidienne. La première victoire sur la mort est empirique. Il n'est pas surprenant que cette victoire soit anglaise. Tous ceux qui se sont penchés récemment sur cette importante question sont unanimes dans leur diagnostic : séries statistiques péniblement élaborées, d'un côté, grandes étapes de l'histoire médicale, de l'autre. Le grand bond en avant de la frange pionnière de la vie sur la mort précède largement les progrès de la médecine. La connaissance médicale avance par paliers : le XIIIe, le XVIe, la mutation du début du XIXe siècle, la mutation pastorienne, la mutation depuis 1942.

La révolution de l'allongement de la vie humaine précède de cinquante ans au moins la clinique de Laennec, de vingt ans l'invention de Jenner. Revenons à Jenner : l'inventeur de la vaccine n'est pas prophète du XIXᵉ siècle, il est le plus grand des empiriques du XVIIIᵉ siècle. Les sciences de la vie piétinent au XVIIIᵉ siècle ; elles n'en sont pas aux modèles opérationnels. Les hypothèses de Lepecq de La Clôture et de Vicq d'Azyr, sur les influences du climat, de l'environnement et du sol, sont, *in abstracto*, intéressantes. Au moment où elles sont formulées, faute de moyens, de mesures, d'une connaissance des structures cellulaires, en raison des corrélations multiples qu'elles appellent, les pistes de Vicq d'Azyr sont de fausses pistes, elles supposent l'informatique. Une médecine trop hâtivement scientifique, au XVIIIᵉ siècle, est vouée à l'échec. Mais il lui reste l'observation, l'attention, le bon sens, l'amour du monde et de la vie. L'hygiène empirique du XVIIIᵉ a changé les dimensions de l'œkoumène, elle est à 50 p. 100 responsable de la condition préalable la plus importante du décollement et de la croissance soutenue. Elle est clef de l'environnement sans lequel la pensée du XVIIIᵉ siècle n'aurait pu aller jusqu'au terme de sa propre évolution mais elle est, avant tout, le produit le moins contestable de la pensée des Lumières. Derrière Jenner, il y a aussi Locke et Bacon. Une confiance dans la donnée des sens, qui est le complément contradictoire du *cogito*, porteur de la mathématisation des Lumières.

Point sensible entre tous, voici l'obstétrique. En Angleterre, dans la seconde moitié du XVIIIᵉ, l'accouchement dans des établissements hospitaliers apparaît. Ne pas se hâter de porter le fait dans la colonne des profits. Les maternités ont été des mouroirs jusqu'à la révolution pastorienne, des foyers endémiques de fièvre puerpérale. Reportons-nous aux statistiques plus fines du XIXᵉ siècle : L. Lefort, en 1866, chiffre, en France, les pertes des femmes en couches à 34 p. 1 000 en maternité, 4,7 p. 1 000 à domicile ; même disparité en Angleterre, avec une moyenne générale plus basse : 4,83 p. 1 000 pour l'ensemble, de 1855 à 1867. Les maternités ne constituent pas, *a priori*, un progrès. Voir, cependant, à qui elles offrent leurs services. La chambre de maternité dans un hôpital de Londres, vers 1760-1770, vaut mieux que les bouges où les filles-mères de Nantes se font voler, accouchent et meurent à la même époque. Les forceps sont apparus très tôt en Angleterre, mais leur utilisation progresse lentement dans la seconde moitié du XVIIIᵉ siècle. La France, sous l'impulsion de quelques intendants, suit. Une source évalue à un cas sur 1 500, environ, le recours à une délivrance artificielle. Mac Keown et Brown observent que l'élément décisif fut moins un changement dans la technique obstétricale qu' « une amélioration de l'hygiène dans la salle de travail ». C. White, dans un important traité d'obstétrique, *A Treatise on the Management of Pregnant and Lying in Women*, paru à Londres en 1773, recommande avec force la propreté et une ventilation généreuse des lieux. Les remarques de White vont loin, elles constituent à elles seules une petite révolution médicale. Un long combat sera nécessaire pour que soit admise dans le corps médical et dans le corps social l'influence de l'environnement sur la santé et la maladie. Les idées de White gagnent du terrain dans l'Angleterre préindustrielle, avec la possibilité de les faire passer dans la pratique : le savon, le verre, la brique cuite à la houille, les cheminées qui tirent, produits meilleurs, moins chers, plus abondants. Dans la *upper* et dans la *middle class*, la maison anglaise s'ouvre à l'air et au soleil ; le bilan reste à faire de ces micromodifications qui s'additionnent en un grand progrès.

Il est tôt pour aller plus avant. Les maladies obéissent à des cycles que nous entrevoyons à peine : recul de la lèpre, poussée de la syphilis, avances récurrentes de la peste, poussées du typhus, avances du choléra que les communications font sortir des bastions de l'Est ; poussée de la variole jusqu'à Jenner, malgré la dangereuse variolisation, grandes avancées de la scarlatine au début du XVIIIe siècle, avancées des terrains typhiques ici et là dans les décennies 1770-1780... Montée de la tuberculose, cette punition de l'urbanisation rapide au nord de la Méditerranée, en dehors du bouclier des ultraviolets des ciels bleus du 40e parallèle.

Nous avons suivi, jadis, les dernières convulsions de la peste. Traquée en France, battue en Angleterre, elle reflue sur les bords, s'accroche longtemps en Espagne où Cadix est menacée, au début du XIXe siècle ; elle a poussé ses raids, à l'aube du XVIIIe siècle, sur la Baltique. Sur son chemin, elle a trouvé les officiers du roi, là où la monarchie a donné naissance aux puissants rouages d'une machine administrative. On cloisonne l'espace, on brûle les hardes, on multiplie les lazarets et la quarantaine en ces points faibles, par excès de communications, que sont les ports.

Nous reviendrons sur la peste de Marseille, en hommage à l'étude de Carrière, Courdurié et Rebuffat, parce que Marseille, en 1720, prouve au moins deux choses : la peste est un archaïsme ; la peste roule autour de l'axe médian de l'Europe nombreuse qui accumule les moyens et prépare les pensées de la grande mutation. Marseille, en contact direct avec les Échelles, foyers endémiques, et par elles avec l'Inde profonde, est en première ligne, tellement sur ses gardes, tellement maîtresse de ses moyens empiriques et sûre, à force de jouer victorieusement avec le feu, qu'elle se laisse surprendre, Marseille ne croit plus à la peste. Mais devant le vieux danger proche aux mémoires, l'Europe des Lumières fait bloc, oubliant guerres et frontières.

« [...] En ce mois de mai 1720, Marseille ne pensait pas à la peste. Elle avait pour la dernière fois frappé en 1630 et en 1649. Personne ne s'en souvient ; quant aux marins, à Constantinople et aux Échelles, ils la connaissent comme un mal endémique, exotique, avec lequel ils sont habitués à compter, le paludisme des coloniaux du XVIIIᵉ siècle. » En 1719, 265 navires étaient revenus du Proche-Orient, « 5 000 matelots s'étaient répandus dans la ville, qui, peut-être, sans le savoir, l'avaient frôlée, au détour d'une escale. » Entre le danger et les 100 000 habitants, l'écran d'une protection efficace. « Les Infirmeries — ce superbe lazaret créé par Colbert — recevaient marchandises et équipages pour les quarantaines purificatrices. » La meilleure organisation sanitaire de la Méditerranée. « Soixante-dix années d'efficacité signifiaient soixante-dix années d'oubli. » Cette ville nombreuse, 93 000 habitants, un peu plus peut-être, est une ville dense, 1 000 habitants à l'hectare, dans les quartiers populaires ; c'est une ville catholique, d'une piété bien méditerranéenne, exubérante et sincère, quelques dizaines de juifs et quelques centaines de protestants couverts n'y changent rien. A la fin du XVIIᵉ siècle, elle comptait 771 prêtres et 752 religieuses ; au sommet, une grande figure d'évêque, digne de la Réforme catholique, un Gascon de souche protestante, Mgr de Belsunce, prélat qui réside, trop froid, trop digne, trop rigide pour plaire, résolument en faveur de la Bulle, ce qui lui vaut de solides inimitiés jansénistes.

Au début de 1720, Marseille doit faire appel, ce qui ne pose pas trop de problèmes, au volant des blés du Nord baltique et de la Méditerranée. Une certaine tension sur le marché, mais Marseille a de quoi manger : elle fournit, depuis mars, du blé à la Provence, Law même promet du papier pour acheter du blé au Levant. Les prix ont monté (indice janvier 1718 : 97,6 ; juin 1720 : 190,3) mais le mal est général. Marseille, comme le reste de la France, souffre de l'inflation.

« Le 20 juin rue Belle-Table, étroite et sombre [...] que les beaux quartiers ignorent [...] une femme meurt en quelques heures. Signe ? Un charbon sur la lèvre. » Marie Dauplan, 58 ans, une miséreuse. Huit jours s'écoulent, un décès sur une centaine. Le 28 juin, Michel Cresp, tailleur, meurt subitement, 45 ans. Aucun signe. Le 30 juin, Anne Durand, 37 ans, sa femme réfugiée chez sa mère, le suit. Trois morts, trois rues, aucune réaction. Marseille ne fait pas le rapprochement, ne croit pas à la peste. Le 1ᵉʳ juillet, deux nouvelles victimes, deux femmes encore, un charbon sur le nez, « signe connu, presque rassurant, mais l'autre, des bubons ». La mort frappe encore, plusieurs fois par jour, du 1ᵉʳ juillet au 9 juillet, cantonnée aux bas quartiers. « Morts négligeables, donc Marseille les écarte. »

Le 9 juillet, un adolescent (13-14 ans) mourant dans un beau quartier, de vrais médecins, les Puysonnel, père et fils, à son chevet. Le diagnostic tombe sans barguigner : « C'est la peste, disent-ils aux échevins. » Dans la maison du petit Issalenc, le mal fait tache. Alors seulement les premières mesures. « On attend la nuit, et sur les onze heures, M. Moustier, premier échevin, s'y rend sans bruit, fait venir des portefaix des Infirmeries, les encourage à monter dans la maison, et ayant descendu le mort et la malade, les leur fait porter, avec des brancards, hors de la ville, dans les Infirmeries : y fait aussi conduire toutes les personnes de cette maison, les accompagne lui-même, avec des gardes pour que personne ne s'en approche et il revient ensuite faire murer à chaux et à sable les portes [...] Aucun ne survit et pour tous, signe du danger perçu, enterrement dans la chaux vive. » La peste, maintenant, est aux Infirmeries. La ville, cependant, essaie encore de nier la relation entre l'accident de la rue Jean-Galant et ce qui se passe au lazaret. Il y va des relations commerciales de Marseille avec le reste du monde. Pendant quelques jours encore, la comédie continue. Et pourtant, dans les bas quartiers, déjà, comme des mouches, les pauvres meurent. M. Sicard, le fils, médecin, en a donné nouvel avis, le 18 juillet. Le 26 juillet seulement, les échevins décident la mise sur pied du dispositif d'alarme progressivement élaboré par les médecins hygiénistes vainqueurs de la peste au XVIIe siècle. Chaux, cantonnement, renvoi des pensionnaires, évacuation du bétail. Le 31 juillet, 3 000 mendiants sont chassés. « L'éminente dignité du pauvre ne les protège plus. » Un retour de flamme du XVIe siècle. Le 2 août, le grand feu de sarments sur les remparts tente d'exorciser la peur par la peur, des centaines de maisons sont murées. Aux « morituri » emmurés, les « commis étapiers » distribuent les vivres pour une courte et morose survie. Les corbeaux en plein jour transportent vers la chaux des Infirmeries leurs lots de cadavres. La fuite des aisés et des prudents est maintenant bloquée. Les chemins de la fuite se sont, les uns après les autres, fermés. La peste est dans les églises ; plus de jeux, plus de réunions, plus de culte. Le 9 août, les premiers tombereaux à cadavres brinquebalent. « Il meurt alors cent personnes par jour. » Mi-août, « il meurt alors trois cents personnes par jour ». Fin août, cinq cents morts par jour. Début septembre, mille morts par jour. Les crochets à cadavres maniés par des forçats transformés en croque-morts, bardés de toile cirée, presque plus de prêtres. Le viatique donné au bout de pinces de 2,60 m de long. On meurt dans la rue... « Seuls sont enlevés les corps les plus atteints, qui, séjournant dans les rues depuis une dizaine de jours, tombent en morceaux quand on les touche [...] corps monstrueux, enflés et noirs comme du charbon, d'autres également enflés, bleus,

AVIS AU PUBLIC

**26. LA PESTE
A MARSEILLE,
3 SEPTEMBRE 1720**

*(D'après C. Carrière,
M. Courdurié et F. Rebuffat,
Marseille ville morte,
la peste de 1720, 1968.)*

*Ce beau texte peut-il se passer
de commentaires ? On notera
l'absence de référence religieuse
précise. « L'Action méritoire[...]
et la gloire qu'ils acquerront de
servir leur Patrie [...] » Le raccourcissement eschatologique, le
grand repliement sur le for intérieur est commencé. Cette laïcisation prise sur le vif est
d'autant plus symptomatique
que nous la saisissons lors de
la grande catastrophe « médiévale » de la peste de 1720, cette
remontée des profondeurs.*

RIEN n'eſtant plus neceſſaire que de
faire enlever & enterrer les Cadavres ,
Meſſieurs les Echevins exhortent les perſonnes zeléesqu'ily a dans la Ville , d'avoir
la bonté de ſe preſenter & de monter à
Cheval pour contribuer à l'enlevement & à
l'enterrement des Cadavres , par leur preſence
& par les ordres qu'ils donneront à ceux qui
s'emploïent à des pareilles Fonctions , outre
l'Action meritoire qu'ils féront, & la gloire
qu'ils acquerront deſervir leur Patrie dans
une occaſion auſſi eſſentielle , la Communauté donnera des gratifications à ceux qui
voudront en recevoir, & on rembourſera
tout ce que ces perſonnes zelées donneront
pour l'enlevement & l'enterrement des Cadavres , tant dans la Ville qu'à la Campagne.
A Marſeille le 3 Septembre, 1720.

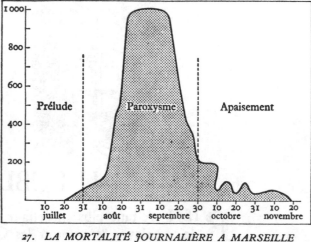

Prélude   Paroxysme   Apaisement

10 20 31   10 20 31   10 20 30   10 20 31   10 20
juillet   août   septembre   octobre   novembre

*27. LA MORTALITÉ JOURNALIÈRE A MARSEILLE
PENDANT LA PESTE DE JUILLET A NOVEMBRE 1720*
(Ibid.)

violets et jaunes, tous puants et crevés, laissant la trace du sang pourri. » Les grandes fosses communes égalisatrices et la chaux...

Se dévouant sans relâche, calmes, courageux, dérisoires, magnifiques et tragiques : des échevins, le Père Millet de la Compagnie, quelques religieux qui contrastent avec le clergé paroissial, généralement terré ou enfoui, « Henri François Xavier de Belsunce de Castelmoron, évêque de Marseille, abbé de Notre-Dame des Chambons, conseiller du roi [...] Vêtu d'une soutane de soie, relevée " très haut " sur le bras, une éponge trempée dans le vinaigre sous le nez, seul, parcourt la ville », distribuant aumônes, réconfort, confessant les mourants.

Crescendo, decrescendo. Le 15 octobre, il ne meurt plus que cent personnes par jour ; 18-20 octobre, 20 morts par jour... Du 6 au 15 novembre, la mortalité remonte à 50 ; légère rechute encore à la mi-décembre. Au début de 1721, avec la vie, on voit apparaître le premier corbillard, de la décence dans la mort. « [...] Il véhiculait au grand jour son cadavre inoffensif. Voiture rassurante, elle était curieusement symbole d'espoir ; elle disait que le Moloch insatiable était redevenu le commensal habituel et raisonnable de la vie des hommes. » Marseille se retrouvait en 1721 avec 50 000 habitants. Une fringale de mariages et la montée des baptêmes n'effacent pas d'un trait les effets durables de cette grande et archaïque saison des morts.

Marseille marque la fin de la peste dans l'Europe nombreuse. Par la surprise au départ : Marseille ne se serait pas laissé prendre sans une fausse assurance, fille d'une génération française installée dans la sécurité. L'ampleur, l'efficace de la réaction, au plan national et international, montre la possibilité d'une action rationnelle délibérée, modeste mais utile, une prise non négligeable sur les choses ; cette irruption du Moyen Age montre que pour l'étroite Europe des Lumières vacillantes, le Moyen Age est révolu. La surprise, le mécanisme en a été démonté. Place, donc, à l'événement. Qu'un coup de dés, jamais, ni la science sociale ne sortiront, pas plus que le hasard, totalement du champ de l'histoire. Le *Grand Saint Antoine*, capitaine Jean-Baptiste Château, de Marseille, après dix mois et trois jours d'absence, rentre le samedi 25 mars 1720 ; il avait fait escale à Smyrne, Mosconossy, Chypre, Seyde, Sour, Tripoli, Chypre, Livourne. De la routine. Deux cent cinquante entrées comparables chaque année, en provenance de terres où la peste tranquille est simplement endémique. Le *Grand Saint Antoine* a eu cinq morts suspects en cours de route, mais il a des patentes de santé en bonne forme et un certificat en règle du médecin de santé de Livourne, un expert pourtant. Le 25 mai, le bateau « s'ancra à l'île de Pomègue, comme n'importe quel navire venant du Levant ou de Barbarie », pour la purge traditionnelle. La peste est à Damas et dans ses environs, en janvier 1720. Château a chargé, sans s'en douter, des marchandises infestées, des balles de coton (brut), six portefaix mourront à Marseille pour les avoir maniées. Un Turc embarqué était certainement pestiféré... Château, enfin, grosse imprudence, l'enquête le révèle, avait acheté à Tripoli des « cordages et une méchante toile provenant d'un vaisseau anglais dont tout l'équipage, selon la rumeur publique, était mort de la peste ». Marseille avait « toute confiance en la solidité et l'herméticité de son complexe sanitaire ». Une série de petites négligences l'ont rendu perméable. Ajoutez à cela, faute d'expérience, un diagnostic mal ou tardivement fait, le linge des marins en quarantaine distribué aux familles ; par le linge, les puces, et par les puces, la peste.

En symétrique inverse, l'ampleur des mesures qui bloquent le mal. Nous avions signalé jadis le cas du Régent acceptant de bonne grâce, contre la lettre des traités, les mesures prises à Cadix. Marseille, ville morte et isolée, par mer d'abord, et par terre, du reste du monde. Le parlement d'Aix, le 30 juillet 1720, interdit les communications aux muletiers et aux voituriers à peine de la vie. La ville est ravitaillée par mer, au bout de la pique, sans aucun contact. L'interdit de Marseille s'étend aux autres ports français. La France, un an plus tard, n'est pas libre de communiquer avec Marseille sous peine de subir le boycott de l'Europe. Témoignage d'une grande peur, mêlée d'un peu de malveillance. Il faudra trois ans et deux mois pour que Cadix finisse par s'entrouvrir au commerce de Marseille avec mille réserves et restrictions. Une lettre du consul Partyet, en date du 4 octobre 1723 (A. N. A. E., BI 228, fᵒ 246) annonce la presque incroyable nouvelle : le jeudi 30 septembre 1723, « on donna enfin l'entrée en cette baye à deux navires de la Nation venant de Marseille après quinze jours de quarantaine, ils sont chargés de savon, d'alun et autres marchandises non susceptibles de contagion. Deux tartanes venant de Cète en Languedoc eurent aussi l'entrée le même jour. » Et Partyet conclut son rapport en ces termes : « l'admission a fait grand plaisir à nos négociants puisque voilà peu à peu la liberté de nostre commerce en Espagne *presque* entièrement rétablie ». *Presque* seulement : juillet 1720-octobre 1723, le temps d'une grande peur.

La dernière grande peste de l'Occident (à Marseille, en Languedoc, en Provence, on lui doit bien 100 000 morts, 50 000 sûrs à Marseille) est une peste à puces, sans rat. La peste, on le sait, se présente sous trois formes, elle se transmet du rat à l'homme, normalement par la puce du rat. La peste, maladie endémique du rat noir, explose en épidémies périodiques, l'épicentre est dans l'Inde, les relais en direction de la Méditerranée, aux Échelles du Levant. Des populations de rats noirs sont atteintes par la peste ; ils meurent en grand nombre ; les puces qu'ils portent les abandonnent massivement pour l'homme ; quand les rats meurent en masse, l'homme est menacé.

La peste de Marseille n'appartient pas au cycle classique, mais au second, plus rare, de la peste interhumaine, à un seul vecteur, la puce non plus du rat mais de l'homme. « La simple addition des cas humains dus à la piqûre des puces de rat ne peut donner, au plein feu de l'infection, qu'une morbidité ne dépassant pas 5 p. 100 en un mois par exemple, alors que la multiplication des cas par transmission interhumaine peut amener une morbidité de 80 p. 100 dans le même laps de temps [...] » « En somme, la puce du rat additionne, celle de l'homme multiplie. »

Peste bubosepticémique interhumaine : une épidémie à peine sur dix prend cette forme. La peste de Marseille appartient à la famille des hécatombes historiques, celles du xivᵉ (1348, pulmonaire, exclusivement), du xviᵉ et, sans doute, du début du xviiᵉ, non aux épidémies méditerranéennes classiques que l'on connaît au Moyen-Orient et au Levante espagnol (dans la décennie 1680). La lente réaction des médecins y trouve son excuse. Bubosepticémique interhumaine : normalement, c'est par millions qu'on aurait, quelques siècles plus tôt, compté les victimes. De 100 000 au million, la différence est à porter au bénéfice des États. Le magistrat interdit à la peste de tuer les sujets du roi. Du même coup, on comprend les réactions un peu insolites et quelque peu démesurées, en France, en Espagne, en Italie, au Portugal, dans l'Empire, en Autriche, dans la Hanse, en Hollande, en Angleterre. Ne pas oublier, toutefois, que dans son bon combat, Dieu a aidé le roi. Le rat noir reste le meilleur allié de la peste. On ne peut juguler facilement le cycle de la peste. Depuis la fin du XVIIe siècle, le rat noir recule, chassé par un concurrent plus fruste et mieux doué, le rat d'égout, ou surmulot, venu de Norvège. Il atteint la France, à la fin du premier tiers du XVIIIe siècle. Ce rustaud refuse le rôle traditionnel de second vecteur. Ce bienfait venu du nord s'ajoute à d'autres. Il n'y aura plus de peste de Marseille.

●

La mort, au XVIIIe siècle, change de face. Marseille, janvier 1721 : « On commença, alors, à voir des funérailles pour les morts de maladie ordinaire. On voyait avec plaisir un enterrement parce qu'on était accoutumé à voir jeter les cadavres pour ainsi dire à la voirie, de sorte que ce qui était un objet de tristesse dans un autre temps était dans celui-ci un sujet de joie. »
Toute la pensée des Lumières se détourne du scandale de la mort. Elle a refusé la parenthèse cartésienne, étendu l'hypothèse mécaniste là où elle n'a pas de point d'insertion, tenté de faire basculer sur le temps l'eschatologie. Il lui faut une mort discrète, qui puisse se faire oublier. Bien regardé en face, le corbillard propret et rassurant de Marseille suffit à donner sa minuscule mesure à l'énorme effort appliqué de la philosophie des Lumières. En un mot, la mort n'a plus droit dans la cité ; elle est affaire personnelle, évacuée, avec tout un essentiel encombrant, sur le for intérieur et le cercle de famille.
La mort publique est devenue familiale. Suivons Philippe Ariès. L'Europe et l'Amérique, c'est-à-dire la chrétienté, ont connu quatre styles de mort. Première étape, la mort silencieuse, vétéro-testamentaire, du premier Moyen Age qui se survit chez les paysans de Tolstoï, le visage tourné contre le mur, le dos aux vivants, face à face avec Dieu. Seconde étape, la mort publique, baroque déjà, du second Moyen Age au XVIIe siècle. Moment décisif de la vie sociale, mort-spectacle pour l'édification des vivants. Troisième étape, le cercle se rétrécit. La mort reste consciente, mais dans un cadre social réduit au cercle familial (le XVIIIe siècle est solidaire, là aussi, du XIXe, enraciné dans les mutations du XVIIe). Quatrième étape, la mort de plus en plus clandestine, dissimulée au mourant, puis aux vivants, par l'effacement du deuil, cette ultime concession. « La mort d'autrefois, note Ariès, était une tragédie — souvent comique — où

l'on jouait à celui qui va mourir. » Voltaire a excellé dans ce genre : il a répété vingt fois, mais assez mal mimé, le dernier acte, en juillet 1778. « La mort d'aujourd'hui est une comédie toujours dramatique où on joue à celui qui ne sait pas qu'il va mourir. »

Les trois premières étapes s'opposent globalement, certes, à la quatrième. Le passage de la seconde à la troisième demande un siècle environ. Le peuple retarde de cent ans sur l'aristocratie. Ce tournant important permet d'approcher un essentiel des Lumières.

Au XVIIIe siècle, comme au XVIIe, depuis toujours « il était entendu comme une chose normale, que l'homme savait qu'il allait mourir, soit qu'il s'en aperçût spontanément, soit qu'il eût fallu l'avertir [...] La mort était alors rarement subite [...] et la mort subite était très redoutée, non seulement parce qu'elle ne permettait pas le repentir, mais parce qu'elle privait l'homme de sa mort. Il fallait être fol pour ne pas voir les signes, et moralistes et satiristes se chargeaient de ridiculiser les extravagants qui refusaient l'évidence. » Le rôle des proches, des amis spirituels, c'est d'être, quand il le faut, des *nuncii mortis*. Le médecin de don Quichotte, mécontent de son pouls, lui recommande « quoi qu'il en fût, qu'il pensât à la santé de son âme, parce que la santé de son corps connaît un grand péril ».

« Plus on avance dans le temps, plus on monte dans l'échelle sociale et urbaine, et moins l'homme sent de lui-même sa mort prochaine [...] » Le médecin du XVIIIe siècle a renoncé au rôle de *nuncius mortis*. Les amis n'ont plus à intervenir, le repliement sur le noyau familial s'est opéré. Progressivement. Dans les milieux populaires, dans la première partie du XVIIIe siècle, la mort, le plus souvent, reste publique. « Le mourant ne devait pas être privé de sa mort. » Il fallait aussi qu'il la présidât... Dès que quelqu'un « gisait au lit, malade », sa chambre se remplissait de monde, parents, amis, voisins, membres de confréries. Les fenêtres et volets étaient fermés. On allumait les cierges. Quand, dans la rue, les passants rencontraient le prêtre qui portait le viatique, l'usage et la dévotion voulaient qu'ils le suivissent dans la chambre du mourant, même s'il était inconnu. L'approche de la mort transformait cette chambre en une sorte de lieu public. D'où le sens de la phrase de Pascal, « on mourra seul », dont le paradoxe voulu souligne, par contraste avec la foule des présents, la solitude psychologique du mourant. Bien sûr, les prêtres avaient essayé de mettre un peu d'ordre dans cette cohue, les médecins des Lumières, à la fin du XVIIIe, veulent éteindre les cierges et ouvrir les fenêtres par hygiène.

Chacun avait vu tant et tant de fois mourir qu'il répétait sans trop de mal les paroles et les gestes qui, au moment de la mort, lui revenaient en mémoire.

Cette humble occupation des dernières heures aidait les vivants et le moribond. Le xviiie siècle a suivi lentement le repliement de l'élite. Restif * de la Bretonne (*les Nuits de Paris*) fournit un témoignage sur un style de mort parisien du second xviiie siècle. « Certain soir, comme il passait rue de l'Égyptienne, aujourd'hui disparue, Restif fut attiré par un son de clochette : un prêtre accompagné d'un clerc portait le viatique. » (Pierre Gaxotte.) Alors le pornographe, l'ami des philosophes, retrouve le beau geste de la tradition chrétienne : « Restif se souvient [...] il suivit, répondant avec le prêtre au psaume que le clerc récitait. En la petite rue Verdet, on monta au cinquième, chez un pauvre scieur de bois à brûler. » « Mon frère, lui dit le prêtre, votre vie a été innocente et pénible, espérez en la bonté de Dieu; vous n'avez eu que peines dans votre vie ; les biens vous attendent dans l'autre ; quand on a été avec résignation aussi malheureux... — Moi, interrompit le moribond, mais j'ai été le plus heureux des hommes, j'ai eu la meilleure femme, de bons enfants, du travail, de la santé... j'ai été des plus heureux. Le prêtre pleura, l'embrassa et prenant le viatique : — Mon Dieu! voici un temple digne de vous. Il communia le malade, et s'agenouilla pour réciter le Te Deum. » (xviiie siècle larmoyant!) Interprétation limitée, mais, bien plutôt, solidité de la tradition intacte, profondeur du mystère chrétien.

L'humble et noble scieur de Restif mourait à Paris à la veille de la Révolution comme un paysan du xviie siècle. Au sommet, la modification était commencée, la mort accaparée par le cercle familial. La captation familiale de la mort au xviiie siècle relève de deux structures. Elle est un aspect de la promotion familiale générale. L'enfant et le mourant appartiennent plus que jamais au petit cercle des proches. La famille conjugale saisit une part sans cesse accrue d'affectivité. Mais aussi, la société ne peut plus intégrer la mort. La pensée des Lumières a, par commodité, largué, en France du moins, et en Angleterre — mais l'Angleterre se repent — tout prolongement eschatologique. Devant la stupidité du tombeau, elle est sans réponse ; au nom commode du *distinguo* laïciste et du repli au for intérieur, l'élite des Lumières se décharge de la mort et du mourant sur le cercle restreint de la famille conjugale.

Et pourtant, sur la lancée du christianisme épuré de la double Réforme, dans un souci d'hygiène, l'élite au xviiie siècle (le confort des vivants d'abord) n'hésite pas à perturber gravement les gestes essentiels de la société traditionnelle. On enterre vite au xviie et au xviiie. Jusqu'aux alentours des années 1720, on enterre le lendemain, dans l'église. De-ci de-là, entre 1720-1750, un cruel et sans doute nécessaire combat chasse la dépouille des humbles de l'église, pour la terre bénite mais précaire du cimetière. Au même moment, l'évêque de Lisieux interdit le mariage le dimanche. Lutte contre la superstition du cadavre. Méfiance du sexe jusque dans le sacrement qui l'autorise, religion de l'âme, pensée de l'élite. Les exigences de l'hygiène introduisent pourtant une inégalité nouvelle devant la mort. L'hygiène ne chasse pas les nobles et les clercs de la nef et du chœur. Placer, en dehors du toit protecteur du temple et de la présence rassurante et réelle du sacrement de l'autel, les pauvres qui sont légions, suffit. L'éminente dignité des pauvres! Sous leurs traits, savoir discerner le visage du Christ du Jugement! Ces pensées sont peut-être familières au scieur de la rue Verdet. Elles seront sous peu étrangères à l'élite. Aux philosophes, bien sûr, et aux chrétiens. Ame et pureté, grandeur de Dieu, primat moral, et pensées claires, une richesse conquise en chasse une autre. Animisme des pauvres? Mystère de l'Incarnation!

Pour lors, les hommes des Lumières sont fiers de leur courte victoire sur la mort. Dix ans de sursis, donc multiplication par deux. Les cadavres au cimetière et une agonie discrète. « Le sommeil de la raison engendre des monstres. » Goya * a illustré avec son génie baroque cette pensée classique. Les lumières de la raison n'ont rien à dire. Les premières générations des Lumières ont éludé. La sûreté des gestes acquis, les impressions d'une enfance chrétienne les y auront aidées. Pas indéfiniment. Le second XVIIIᵉ siècle, hors de France, aura fini par le comprendre.

CHAPITRE III

AU SOMMET
DE LA PYRAMIDE SOCIALE
L'ÉTAT DES LUMIÈRES

Dans l'espace-temps d'une Europe dilatée, les dimensions de l'homme ont, pour la première fois, réellement changé. La dilatation de l'homme est la première donnée objective que saisit la philosophie des Lumières. Elle l'encourage à pénétrer dans le domaine réservé de la politique et de la religion. Cette dilatation de l'homme commande, de l'extérieur, la pensée de l'*Aufklärung* ; elle est indissociable de l'État, agent actif, agent efficace de cette conquête de l'homme sur lui-même.

Par sa volonté d'espace et de puissance, l'État a poussé en avant les franges pionnières ; par souci de mieux saisir, de mieux compter l'homme, l'État a construit la donnée statistique de base. Sans elle, donc sans l'État, pas d'arithmétique sociale, pas de débordement, faute de données, de l'esprit scientifique, mécaniste, en direction de l'homme. L'État se trouve à l'origine de la science sociale, cette nouvelle promue du xviiie siècle. L'État a conduit la lutte contre le mal qui lui prend ses sujets, l'atteint dans sa richesse. L'État — et le surmulot, le rat gris de Norvège — sont venus à bout de la peste : « *A fame, a peste, a bello, libera nos, Domine.* » La faim est plus rare et la guerre s'est humanisée.

L'État bourgeois, l'État superstructure ? Si l'on veut, mais structure décisive et fluide. Il est au centre de toute construction sociale, moteur de changements. L'État est force de transformation. Inégalement. Son rôle relatif est plus grand dans l'Europe périphérique que sur l'axe médian nombreux. L'État des Lumières s'est attaqué à une tâche gigantesque : le rattrapage, aligner les « frontières » sur le centre, construire d'ouest en est et du nord au sud, par l'émulation et les impératifs de l'équilibre, à grands traits, un espace-temps homogène. Ainsi il n'est pas question d'évacuer l'État d'un essai d'explication des Lumières. La tentation irait plutôt à l'inverse : accorder à l'État une place démesurée. A la limite, l'État des Lumières reste, pour l'essentiel, le legs brillant du passé.

Comment échapper aux rapports entre l'État et la pensée ? Partie souvent d'une méditation politique, il est fatal que la pensée des Lumières revienne sur l'État et qu'elle influence ceux qui conduisent son destin. Un regard sur les choses incite à discerner, au-delà de l'apparence, les grandes articulations de l'espace. Au centre, sur l'axe médian, une forme d'État référence évolue peu, dans la mesure où la révolution pour lui est d'hier ; autour, sur les franges, le véritable État des Lumières, un État aux prises avec une réalité qu'il s'efforce de maîtriser : l'État de la quête passionnée du rattrapage.

•

Le XVIIIe siècle, en Europe, n'est pas un siècle de bouleversement dans l'ordre politique. L'espace commande. De 1680 à 1780, la carte a souvent changé ; elle a même été profondément remaniée en 1713 ; ces changements s'effectuent dans un ordre logique qu'il est facile de comprendre. Deux Europes s'imposent au regard, de part et d'autre d'une ligne Hambourg-Trieste : d'un côté, stabilité, ancienneté, croissance soutenue, rapide mais sans à-coups et toujours maîtrisée ; de l'autre, mouvements et à-coups d'un espace non entièrement saisi ; un Ouest stable s'oppose à un Est plus fluide ; les frontières se déplacent à l'est plus facilement qu'à l'ouest, d'autant qu'à l'ouest, les rapports des hommes et de l'État sont étroits. L'État, en France, en Angleterre, aux Pays-Bas, dans les Provinces-Unies *, agit directement sur les hommes. A l'est, il est l'État des seigneurs, *junkers*, magnats, grands propriétaires. Entre lui et le plat pays des paysans défricheurs, une structure seigneuriale et domaniale s'interpose : partager la Pologne, c'est redistribuer dix mille domaines ; assimiler l'Alsace, c'est faire œuvre de longue haleine, conduite avec tact et magnifiquement réussie en cent cinquante ans d'efforts, sans fausse note. Les États, à l'ouest, ne se confondent pas toujours avec une réalité nationale avancée, sauf en France et en Angleterre ; cependant, à l'intérieur d'un cadre territorial ancien, de vieux rapports d'habitude se sont établis qu'il n'est pas facile de bouleverser. A cet égard, bien mesurer le niveau des réalités : les dix provinces du Sud aux Pays-Bas *, le duché de Milan, Naples constituent des ensembles d'habitudes ; est grave ce qui taille, plus que les translations au sommet : l'annexion du Roussillon en 1659 qui démantèle le principat catalan, la lente érosion des Pays-Bas espagnols, de 1659 à 1679, par la France de Louis XIV, le déplacement de la frontière traditionnelle, en 1748, entre Lombardie et Piémont qui provoque transferts de population et oscillations démographiques. Ces petites modifications sont de réelles modifications. De même, à la rigueur, l'annexion de la Silésie par la Prusse, entre 1740 et 1742, constitue au niveau des hommes un événement plus important que le premier partage, en 1772, d'une Pologne qui n'existe plus.

Quand, en 1713, par contre, Utrecht rattache à la monarchie autrichienne la périphérie de l'empire européen de l'Espagne, Pays-Bas, duché de Milan, royaume de Naples, Sardaigne (en 1720, Sardaigne et Sicile permutent du Piémont à l'Empereur), il crée un nouvel équilibre au sommet, sans rien modifier des rapports des hommes avec le prince, dans le cadre de la réalité d'habitude qui les lie. Il importe peu, à la limite, que les Pays-Bas espagnols deviennent autrichiens ; Pays-Bas, Milan, Naples, Sicile sont seuls des réalités. L'État est à ce niveau. Le système dynastique n'est pas beaucoup plus, au départ, qu'une alliance un peu contraignante.

Plaçons-nous à la hauteur de la réalité principale, l'État territorial constitué du xve au xvie siècle. A l'ouest, zone de fort peuplement, de relations anciennes de l'homme avec son milieu, l'État a trouvé ses limites et s'y maintient. Depuis 1680, rien de plus que des ajustements sur les bords, le travail de l'État se fait à l'intérieur de limites confirmées. La géographie politique a perdu pour un temps toute plasticité. Pas d'autres jeux qu'un peu d'équilibre veillant à l'affirmation du *statu quo*, à la défense des intérêts, au renforcement de la richesse de l'État.

Voyez la France : de 1680 à 1780, deux modifications importantes seulement, l'incorporation progressive de ce qui reste, en 1766, de la Lorraine, l'achat de la Corse en 1768. Les variations à grande amplitude se situent aux colonies. Elles affectent la prospérité de l'État, non son corps. L'Angleterre affirme sa position dominante à l'intérieur des îles Britanniques. Depuis 1703, l'union avec l'Écosse n'est pas seulement dynastique, les structures du Royaume-Uni s'ébauchent sur un plan d'égalité entre Anglais et Écossais. La colonisation, au xviie, du nord-est vide de l'Irlande a contribué à affirmer la solidarité anglo-écossaise. Dominée par les grands propriétaires, soit anglais, soit ralliés à l'espace culturel et économique anglais, l'Irlande, en pleine croissance démographique, ne fait pas problème. Le processus uniformisateur s'achève en 1800 par le *bill* d'Union. Iles Britanniques, France, 80 p. 100 de l'Europe médiane, l'espace des réussites est politiquement bien cerné. A l'intérieur de l'Italie, les changements sont dynastiques, non territoriaux, à l'exception de la frontière Piémont-Lombardie. L'Allemagne, à l'ouest et au sud, n'a subi, en 1713, que des ajustements limités. L'équilibre atteint, au terme de

28. *L'EUROPE*
DES TRAITÉS D'UTRECHT
(*D'après le* Grosser Historischer Weltatlas.)

L'équilibre atteint au début du XVIIIᵉ siècle traverse sans modification radicale la totalité du siècle des Lumières. France, Angleterre, Espagne, les grands États à l'ouest ont trouvé leur point d'équilibre. L'Angleterre tient dans sa mouvance l'ensemble des îles Britanniques. La France dense, riche en hommes, est presque achevée, l'Espagne débarrassée de ses mouvances encombrantes en Italie et aux Pays-Bas. Le grand fait nouveau au début du XVIIIᵉ, c'est l'Autriche. L'Autriche qui vient de réintroduire trois cent mille kilomètres carrés de territoires danubiens dans les circuits européens et qui succède à l'Espagne dans le rôle de tuteur contesté des Italies et des Pays-Bas morcelés. L'Empire et l'Italie appartiennent à des titres divers à l'Europe dense. Leur morcellement politique, l'émiettement des petits États territoriaux se prêtent aux modifications. L'Empire voit déjà s'esquisser le rôle fédérateur de l'État brandebourgeois prussien. Au-delà de l'Oder, avec la Pologne et la Russie, commence le monde archaïque des États nébuleuses, simples fédérations de grands domaines, qui laissent en dehors des courants d'échange des produits et des pensées les neuf dixièmes de leur population.

166

Maison de Bourbon — en France / en Espagne

Maison de Habsbourg

Grande-Bretagne

Union en 1714 — Hanovre

Limite de l'Empire

Christiania
ROYAUME DE NORVÈGE
Stockholm
ROYAUME DE SUÈDE
ROY. DE DANEMARK
Copenhague
Kœnigsberg
POMÉRANIE SUÉD.
PRUSSE
HOLSTEIN
MECKLEMB.
PROVINCES-UNIES
dam
HANOVRE
BRANDEBOURG
Berlin
ROYAUME DE POLOGNE
S-BAS
AUTR.
Cologne
HESSE
SAXE
Dresde
SILÉSIE
EMPIRE
Wurtzbourg
BOHÊME
Palat.
Wurt.
BAVIÈRE
Vienne
Lorraine
Munich
ROYAUME DE HONGRIE
MOLDAVIE
ANCE
AUTRICHE
Budapest
SUISSE
TYROL
CARINTHIE
SAVOIE
Dé DE MILAN
Venise
BANAT
VALACHIE
PIÉMONT
Parme
RÉP. DE VENISE
CROATIE
SLAVONIE
RÉP. DE GÊNES
ÉTATS DE VENISE
BOSNIE
TOSCANE
DE
DALMATIE
BULGARIE
CORSE
(Rép. de Gênes)
L'ÉGLISE
EMPIRE
Rome
ROY. DE
orque
.-Br.
1713)
ROY. DE SARDAIGNE
Naples
NAPLES
OTTOMAN
ROY. DE SICILE

trente ans de guerres, en 1648, est maintenu entre une Allemagne catholique qui stagne et une Allemagne protestante qui bouge, suivant un stéréotype qui flatte philosophes et protestants, au temps de l'*Aufklärung*. Les Pays-Bas, les Provinces-Unies et Liège ont eux aussi trouvé des limites stables. L'Espagne n'a été affectée qu'en apparence par le traité d'Utrecht. Elle est allégée des responsabilités impériales qu'elle avait cessé d'assumer et dont la tradition l'écrasait. La politique italienne des Farnèse vise un nouvel équilibre en Méditerranée, elle donne satisfaction à l'Espagne catalane, valencienne, l'aide à accepter l'hégémonie politique centralisatrice renforcée de la Castille. A l'ouest, bon gré mal gré, l'État travaille en profondeur, car les places sont chères.

France, Espagne, 500 000 km², îles Britanniques, 315 000 km² d'unification politique et de prise de conscience nationale à des degrés différents. L'Europe médiane est aussi le domaine des États moyens : le Portugal, 90 000 km², Naples, 70 000 sans la Sicile, un peu plus de 100 000 avec la Sicile ; Venise a reculé, son territoire italien couvre 31 400 km², à la fin du XVIᵉ siècle, les possessions extérieures en doublaient l'étendue ; depuis 1720, la Sérénissime, avec l'Istrie, la côte dalmate et les îles Ioniennes, n'atteint pas tout à fait 50 000 km². Grosso modo, c'est la taille du royaume de Sardaigne, 62 500 km², et des États de l'Église (44 000). Les Pays-Bas autrichiens et les Provinces-Unies tombent à 27 000 et 30 000 km². Le Milanais s'est vu ramené de 16 650 km² (1600) à 8 350 (à la fin du XVIIIᵉ). La Toscane est à 20 000, Parme à 5 700, Gênes, sans la Corse, à 5 000. L'électorat de Mayence, le plus grand des électorats ecclésiastiques, couvre 6 150 km² ; Hanovre, le plus petit des électorats laïcs, 13 000 (son sort depuis 1714 est étroitement lié à l'Angleterre), la Bavière (un million d'habitants) et la Saxe se tiennent sur la ligne des 30 000 km².

L'Europe occidentale a conservé aussi de petits États, grosses seigneuries de l'Ouest allemand, républiques suisses groupées ou non à l'intérieur du lien lâche de la Confédération. Genève a un caractère exemplaire : son exemple implicite sous-tend les démonstrations politiques de Jean-Jacques Rousseau. Tout l'espace à l'ouest est partagé entre quatre grandes masses : îles Britanniques, France, Espagne, Portugal, les petits États et les États moyens occupent le flanc est, dans l'axe Italie, Alpes, Rhénanie, entre Rhin et Elbe. Ils font tampon entre l'Ouest et les nouvelles étoiles qui grandissent et hésitent à l'est.

L'est de l'Europe, pays en plein rattrapage de peuplement, avec ses franges pionnières à l'intérieur et à l'extérieur, n'a pas trouvé son assiette territoriale. Là seulement, la géographie des États est en pleine évolution. Cela tient à l'échec des vieux systèmes territoriaux, les États nébuleuses, le Saint-Empire, la Pologne. La Pologne (850 000 km²), confédération de diétines et républiques de magnats, entendez dix mille grands domaines, attend le partage (1772, 1793, 1795). La constitution ultérieure d'un État national polonais passe par la destruction préalable d'un système politique contemporain, à l'ouest, du xᵉ siècle. Aucun État territorial ne s'étant révélé capable d'être l'Ile-de-France ou la Prusse de ce grand espace incertain, l'intervention du dehors était fatale : elle sera salutaire. L'Empire, par sa superficie et sa structure, s'apparente à la Pologne. A la différence toutefois de la Pologne, l'espace allemand voit émerger de grosses unités territoriales : l'Autriche massive mais excentrée, la Prusse plus modeste mais mieux placée, qui préparent une organisation spatiale plus conforme aux besoins de la croissance économique.

L'Empire n'a cessé de se vider lentement du peu de substance politique que lui avaient laissé la catastrophe démographique de 1630-1640 et la paix de Westphalie (1648). La tension traditionnelle Nord-Sud, sur un critère religieux (Allemagne protestante-Allemagne catholique) mis au goût des Lumières (efficacité/lumières-obscurantisme/immoralité), ne facilite pas la survie du mythe impérial. Lorsque Nicolaï se livre à des jugements aussi sévères qu'injustes sur la Bavière, il traduit un mépris du Nord pour le Sud : « Autant la Bavière est encombrée de couvents et d'ecclésiastiques, autant elle est dépourvue d'écoles » ; jugement injuste, comme celui de Risbeck sept ans plus tard, en 1788. L'Allemagne catholique du Sud se venge, à sa manière et à ses dépens, en refusant tout ce qui se fait en dehors d'elle. Gellert, Kleist, Klopstock, Wieland, Lessing *, Kant et le jeune Fichte ne sont pas ses contemporains. On est tenté d'évoquer deux espaces-temps non communicants au plan de la culture. Le Nord, que caressent les séductions prussiennes, ne pardonne pas aux États catholiques du Sud de regarder en direction de l'Autriche.

Ce qui reste d'Empire achève de craquer, au début du xviiieᵉ siècle, sous le poids d'une Autriche devenue démesurément danubienne. « Entre 1648 et 1707, il y a eu une véritable tentative de politique économique impériale. » (F. Dreyfus.) Des textes publiés, de 1676 à 1689, sous l'aiguillon de la menace française ont tenté d'établir des règles commerciales communes applicables à l'ensemble des États territoriaux de l'Empire. Ingomar Bog risque aujourd'hui l'image osée d'une sorte de marché commun. Mais Leibniz ? Il est bien le contemporain de Spinoza et de Locke. Spinoza a lancé le *Tractatus* au secours de la cause perdue du parti républicain ; Locke est le théoricien des vainqueurs de la *Glorious Revolution* et Leibniz, l'irénique, le conciliateur des contraires, l'homme de la continuité infinitésimale, a livré un combat pour l'Empire, sa pensée s'est modelée sur un défi politique. Leibniz est le plus grand, il n'est pas seul : pendant longtemps, les juristes s'appliquent à parfaire une définition

29. *L'EMPIRE ET L'AUTRICHE*
(Ibid.)

Cette partie centrale de l'Europe est celle qui, sur le plan politique, a connu les plus grands changements. La France a poussé en avant ses frontières dans l'ancien couloir lotharingien-bourguignon. L'Autriche a absorbé l'Europe danubienne arrachée aux Turcs. Un processus de regroupement autour de quelques États territoriaux moyens est timidement enclenché dans l'Empire. Voyez la Saxe, le Danemark, le Hanovre qui bénéficie de l'union dynastique depuis 1714 avec l'Angleterre, la Bavière promue aussi à la dignité électorale et surtout le Brandebourg-Prusse. Ce processus de regroupement territorial se superpose au processus en profondeur de recolonisation à l'ouest et de colonisation du sol à l'est. Les longs cheminements du XVIIIᵉ siècle préparent l'explosion du XIXᵉ siècle.

L'ÉTAT DES LUMIÈRES

France
| en 1648 | en 1789 |

Saxe
| en 1648 | en 1789 |

Monarchie Autrichienne
| en 1648 | en 1789 |

Hanovre
| en 1648 | en 1789 |

Prusse Brandebourg
| en 1648 | en 1789 |

Danemark
| en 1648 | en 1789 |

Bavière
| en 1648 | en 1789 |

Limite de l'Empire
| en 1648 | en 1789 |

Bornholm

Kœnigsberg

PRUSSE

Dantzig

Lübeck
POMÉRANIE
ANTÉRIEURE

Stettin

PRUSSE
OCCIDENTALE

Berlin

ROYAUME DE POLOGNE

Leipzig

SAXE
Dresde

Breslau

SILÉSIE

Prague

BOHÊME

Cracovie

GALICIE

Lvov

Nuremberg

E M P I R E

BAVIÈRE
Munich

AUTRICHE

Vienne

Presbourg

BUKOVINE

Salzbourg

Budapest

MOLDAVIE

Gratz

ROYAUME DE HONGRIE

TYROL

CARINTHIE

HONGRIE
AUTRICHIENNE

SLAVONIE

BANAT

VALACHIE

Belgrade

CROATIE

EMPIRE

OTTOMAN

ROYAUME
DE NAPLES

juridique de l'Empire, une pléiade de jurisconsultes s'y emploient. Voici Reinking, Seckendorff, Aramäus, Limnäus, Conring, Chemnitz, Pufendorf... et Leibniz. L'excentration danubienne de l'Autriche compromet le rêve impérial. Un parti hostile à l'Autriche se renforce. H. Henniges, dans ses *Meditationes ad Instrumentum Pacis Caesareo-Suecicum* (dix gros volumes parus à Halle, dans l'orbite de la Prusse, de 1706 à 1712), attaque les constitutions impériales : « [...] la guerre de Sept Ans accentue bien, évidemment, le conflit juridique sur l'Empire. Les pamphlets anti-impériaux fleurissent, l'on voit même des rééditions d'œuvres anti-Habsbourg contemporaines de la guerre de Trente Ans. »

La Diète siège désormais à Ratisbonne, sur le Danube, trop au sud, trop près de l'Autriche. Elle est formée de trois collèges : Collège des Électeurs, Collège des princes et Collège des villes, Mayence, Trèves et Cologne, les trois ecclésiastiques rhénans ; Saxe, Brandebourg, Palatinat, Bohême, auxquels sont venus s'adjoindre la Bavière et le Hanovre. Au milieu du xviiie siècle, Auerbach dénombre, siégeant de droit dans la Diète des princes : « 31 princes ecclésiastiques, 39 prélats, 59 princes séculiers, 75 à 80 comtes immédiats. A cet ensemble s'ajoute le Collège des villes où sont représentées 52 villes d'Empire. » 269 États sont présents à la Diète, mais tous les États jouissant d'une indépendance de fait n'y sont pas représentés. Depuis 1663, la Diète siège en permanence, sans que l'empereur ait besoin de la convoquer. A sa tête, le Directoire d'Empire est exercé de plein droit par l'Électeur de Mayence. En matière religieuse, la Diète se scinde en deux sections : une section catholique présidée par l'Électeur de Mayence, une section évangélique, par l'Électeur de Saxe. Cette division fait apparaître le curieux anachronisme des institutions impériales : l'Empire est protestant à 65 p. 100, la Diète en majorité catholique, catholiques l'Empereur et le Directoire. Un publiciste huguenot s'en plaignait jadis : « Il y a tant d'évêques, tant d'abbés et d'abbesses qui ont voix dans les Collèges des princes [...] qu'ils y étouffent pour ainsi dire les protestants. » On comprend la désaffection du Nord à l'encontre d'une institution dans le sillage de l'Autriche.

Les frontières politiques flottent à l'est, en raison de la faiblesse de l'État. L'Empire, la Pologne, inadaptés, sont au couchant. Le cas de la Suède traditionnellement associée est très différent. La Suède avait constitué, au xviie siècle, un *mare balticum, mare suecicum*. Son installation en Poméranie, aux embouchures de l'Elbe, de la Weser et de l'Oder, avait un caractère commercial, son installation en Carélie, Ingrie, Estonie, Livonie, une empreinte colo-

30. L'ESPACE DANUBIEN

(D'après V.-L. Tapié, Monarchies et peuples du Danube, *1970.)*

Cette carte s'efforce de traduire le bariolage ethnique de l'Autriche, à la fin du XVIIIe siècle, à une époque où il ne pose pas encore de problème à l'État composite des Habsbourg. On voit un peu partout, vers l'est, les traces de la « recolonisation » allemande des territoires arrachés à la domination turque. C'est en Hongrie que l'Europe au XVIIIe siècle obtient les taux de croissance démographique les plus élevés (presque le quintuplement).

31. SCANDINAVIE ET MARE BALTICUM
(*D'après* le Grosser Historischer Weltatlas.)

Dans l'espace forestier presque vide de la péninsule scandinave et du bouclier baltique, les ajustements politiques sont nombreux et importants aux XVIe et XVIIe siècles. C'est en 1660 seulement que la Suède, prolongée par sa « frontière » finlandaise, prend sa forme définitive. Tandis qu'elle refoule l'ensemble Danemark-Norvège à l'ouest, la Suède contrôle un moment

niale. La mort de Charles XII, du moins, aura débarrassé la Suède de cet encombrant héritage. Le traité de Nystad (1721) contribue à faire de la Suède

la *quasi-totalité des côtes baltiques, secteur d'approvisionnement en bois et en céréales de l'Europe nombreuse à l'ouest. Le fragile empire transmaritime doit abandonner ses prolongements baltiques à la pression conquérante du fort noyau de peuplement russe. La perte de la Carélie, de l'Ingrie, de l'Estonie, de la Livonie,* est *sans grande conséquence ; beaucoup plus grave, en 1809, l'annexion de la Finlande qui dissocie un espace culturel depuis longtemps constitué autour d'une langue de culture (le suédois littéraire) et d'une foi qui s'exprime dans les structures originales d'une Église (luthérienne épiscopalienne).*

un État national pourvu en Finlande d'une large frange pionnière. On a vu, face à la mort, la qualité au XVIIIe du succès suédois.

L'effondrement de l'archaïque empire baltique de la Suède sanctionne une réalité : la montée de la Prusse, de la Russie et de l'Autriche. La constitution de l'Autriche, comme géant continental, pièce maîtresse de l'équilibre européen, se situe à la hauteur des années 1680. 650 000 km² d'un seul tenant, plus, en 1713, les quatre cinquièmes de l'Italie espagnole (115 000 km² sur 143 000) et les Pays-Bas (25 000 km²), une armée permanente de 150 000 hommes, des finances détestables. Construction brillante mais hâtive, trop vite poussée, englobant des territoires de fort peuplement et de vieilles traditions contradictoires, et 300 000 km² de territoires coloniaux à peupler, à construire. Les excroissances italiennes et belge affaiblissent l'Autriche. Leur réduction en étendue, après Aix-la-Chapelle (1748), est la condition *sine qua non* du travail en profondeur entrepris par Marie-Thérèse.

La Prusse est, sur le plan de l'État, la construction la plus intéressante du XVIIIᵉ siècle, avec la Russie. L'État russe est le nouveau venu du demi-siècle ; sa construction hâtive repose sur une simplification décisive : la Russie de Catherine II est, plus encore que la Prusse ou que l'Autriche, une construction à deux étages, une construction qui se distingue de la Pologne. La Pologne n'est qu'une confédération de magnats, la Russie, tout bien pesé, un « petit État » qui exerce une autorité directe sur 2 millions d'hommes, un gros électorat, d'une certaine manière, qui disposerait des ressources que lui concèdent les propriétaires — par dizaines de mille — de 20 millions de paysans.

Laissons le monde scandinave — Suède, Finlande, Danemark, Norvège appartiennent, en fait, à l'Ouest —, monde aux contours fermés, bien délimités. L'Autriche, la Prusse et la Russie se partagent l'Europe orientale, elles refoulent la Pologne-Lituanie et la Turquie, poussant à l'intérieur et à l'extérieur une frange pionnière en marche. La géographie politique de l'Europe de l'Est, tard venue à l'État, par suite plus simple, n'offre que de grandes masses : la Prusse, ramassée, limitée, solide, toute en profondeur ; l'Autriche, lourde et contradictoire, mais riche en hommes et en ressources, vieille déjà parmi les jeunes ; la Russie, terre dynamique, empêtrée d'espace, puissante, lointaine et barbare. Ces jeunes États sont instables et revendicateurs d'espace. Leur croissance et la réduction des distances compliquent le jeu de l'équilibre européen.

Au début du XVIIᵉ, un jeu simple : France-Espagne, avec, en réserve, les petits États de l'Europe protestante pour faire l'appoint contre la puissance catholique de l'Espagne (Hollande, nord de l'Allemagne, Angleterre et Suède). 1680-1720 : tout se joue à trois. France, Angleterre, Autriche. La France remorque l'Espagne réduite à la péninsule et mal reliée aux Indes, l'Angleterre fait l'appoint avec la Hollande, l'Autriche avec ce qu'elle peut d'Empire.

Depuis 1689, tout est dominé sur le continent par la querelle franco-anglaise, dont l'enjeu est un ensemble de « frontières » lointaines. La France nombreuse mais engagée, bon gré mal gré, sur le continent, dans le jeu de l'équilibre européen, finit par perdre le terrain conquis. L'Angleterre reste maîtresse, par la mer, des nouvelles « frontières » ultramarines. 1776-1783 ne modifie pas en substance le verdict prononcé, au terme de la guerre de Sept Ans, en 1762 et 1763. Le jeu à trois se joue à partir de cette donnée ; puis, à partir de 1740, il se joue à quatre, la Prusse s'ajoutant à la France, l'Angleterre et l'Autriche, et finalement, à partir de 1756, à cinq avec la participation de la Russie.

Ce jeu est capital pour la Prusse, qui double sa mise de 1740 à 1786 ; pour l'Autriche qui consolide les trois quarts de ses fantastiques conquêtes de 1683 à 1719 ; pour la Russie qui va y gagner un morceau de Russie blanche et une large porte sur Azov, la mer Noire et la Crimée. La France, protégée par l'Europe médiane des États moyens, ne risque plus grand-chose. Personne ne conteste plus sa définition territoriale après 1713, la monarchie administrative n'a pas beaucoup de revendications extérieures ; quant à l'Angleterre, elle cherche sécurité et richesse : protéger un équilibre politique contre le danger jacobite, qui est, aussi, refus des extrémités, Écosse, Irlande, nord de l'Angleterre, contre l'hégémonie du bassin de Londres ; paralyser la France sur mer, par la terre, et s'assurer ainsi le monopole des nouvelles frontières outre-mer.

En revenir, enfin, aux vraies questions — et d'abord les prix : que coûtent ces inévitables frottements aux bords des États, les appétits bienfaisants des jeunes rassembleurs de terre à l'est? La question est légitime. Faute d'une recherche conduite à temps, on ne peut encore répondre. Risquer une pesée grossière : les armées permanentes, 500 000 hommes au début de notre période, 800 000 un siècle plus tard. L'accroissement des armées est plus faible en moyenne que celui de la population. Le soldat du XVIIIe est un technicien entraîné ; son modèle, en Prusse : les grenadiers du roi de Prusse coûtent cher. La guerre au XVIIIe est savante, elle est intelligente, le coût du soldat entraîné protège contre le massacre inutile. Les exceptions sont à l'est : l'armée massive des Hongrois et des Russes dans la guerre de Sept Ans exhale un fumet désagréable à la Wallenstein. Le dernier mot, pourtant, reste au *drill* du roi de Prusse : les victoires de Frédéric II sont des victoires de l'intelligence sur la barbarie. Entre le XVIIe et la période révolutionnaire, le XVIIIe, domestiqué, policé, apparaît comme le siècle où le prix démographique de la guerre a été le moins lourd. Sur l'autre plateau de la balance, faut-il placer ce que les armées apportent? Elles sont un facteur de mobilité sociale, un front de diffusion des techniques et du savoir ; fait évident pour la France, et bien plus pour la Prusse, les armées y ont joué un rôle capital dans la promotion sociale, culturelle et intellectuelle d'une fraction non négligeable de la population. Elles ont détourné vers l'extérieur des tensions, désarmé des troubles potentiels. A côté des sanglantes explosions sociales de la première moitié du XVIIe, le XVIIIe, en dépit du *motín de Esquilache* (1766) ou des jacqueries de Bohême et de Moravie (1770-1771-1775...), est un siècle de paix intérieure, payée au prix d'une catharsis de guerre disciplinée aux frontières. Une recherche comparative ne manquera pas d'établir que le XVIIIe a réussi, à un prix relativement bas, une canalisation presque parfaite des pulsions agressives. La Suède est à peine gênée par la grande guerre du Nord, les records de la croissance sont contemporains, presque partout, des deux plus grands conflits du XVIIIe, Succession d'Autriche et guerre de Sept Ans. Au tribunal de l'histoire quantitative, l'État des Lumières à la recherche d'un équilibre européen gagne à coup sûr son procès : efficacité, rentabilité ; loin de gêner la croissance, en outre, les rivalités entre États auraient été, dans la seconde moitié du XVIIIe siècle, accordons-le à David S. Landes, un facteur d'émulation, une condition préalable au *take off*.

●

L'État, au XVIIIe siècle, a bien mérité des Lumières. La pensée du XVIIIe siècle est une pensée politique. La philosophie naturelle mécaniste est née d'une extension analogique paradoxale : l'application à la nature créée par Dieu des techniques, méthodes et recettes de l'art de l'ingénieur de la Renaissance. Les sociétés humaines dans leurs rapports organiques complexes ne seraient-elles pas, à leur tour, susceptibles de la même analogie de l'être ? Peut-on imaginer que les bourgeois méthodiques et appliqués, libérés par la montée de la rente et le retrait du profit, associés par l'office à la gestion de la chose publique, promus au genre de vie aristocratique, résistent à la tentation de soumettre la donnée sociale aux méthodes affirmées et affinées dans le secteur de la philosophie naturelle ? La division entre l'ordre social et l'ordre naturel est, à la limite, insoutenable. La gestion de la cité échapperait-elle à l'*imperium* de la raison ? L'analogie ontologique par où Dieu livre à l'homme l'emprise sur la nature ne trouverait-elle pas son point d'insertion sur cette pointe du social, le domaine de la cité, des institutions, les rapports d'ordre, la politique ?

La crise de conscience européenne est, en premier lieu, le point d'application au secteur jusque-là réservé à un comportement purement traditionnel, malgré Machiavel et malgré Bodin, des démarches de la révolution scientifique ; l'évidence rationnelle et la séduction des idées claires, la recherche de la légalité dans l'observation méthodique des apparences, la voie des fils de Descartes et des fils de Bacon. Le XVIIIe siècle a ses maîtres à penser ; ils appartiennent tous à la génération du XVIIe siècle finissant : Locke, universellement avoué, Spinoza, renié et redouté, Leibniz, le maître de la pensée allemande. Dans la mort, Spinoza entre le premier, en 1677 ; Locke en 1704 ; Leibniz ferme la marche en 1716. Ces hommes ont joué ou voulu jouer un rôle politique. Leur pensée, de toute manière, est une pensée pratique, cela est à peine moins évident pour Spinoza. Appartenant à une minorité ethnique et religieuse difficilement tolérée, sauf dans le refuge d'Amsterdam *, minoritaire de la minorité, menacé à l'intérieur de son groupe, Spinoza a profondément ressenti et apprécié le privilège de vivre en Hollande, sous le gouvernement des frères de Witt. On a pu discuter sur l'ampleur, les modalités et la nature des interactions entre l'œuvre et l'environnement. Une chose est sûre : les deux traités politiques représentent la moitié de la production du philosophe et le *Tractatus theologico-politicus*, paru en 1670, est le seul ouvrage publié du vivant de l'auteur. Que le second traité, le posthume *Tractatus politicus*, soit ou non directement influencé par le drame de 1672, au point d'être l'apologie passionnée des frères de Witt, comme le veut Gebhardt, est une question secondaire. Spinoza tire à sa manière la leçon de l'histoire telle qu'il la connaît, au seuil du siècle de l'érudition, et la leçon des événements de Hollande tels qu'il les a intensément vécus. Le libre exercice de la pensée constitue la fin supérieure de la cité ; le sous-titre même du *Tractatus* de 1670, le traité des autorités théologiques et politiques, en pose le principe : « où plusieurs démonstrations sont données de cette thèse : la liberté de philosopher ne menace aucune ferveur véritable ni la paix au sein de la communauté publique. Sa suppression, bien au contraire, entraînerait la ruine de la paix et de toute ferveur. » L'admirable plaidoyer *pro domo* : ce minoritaire, toujours un peu menacé, mais matériellement assuré grâce au profit commercial accumulé par la génération précédente et devenu rente, en ce siècle de la rente, Spinoza propose, pour la première fois, comme fin suprême à la cité, cette forme exquise de bonheur individuel : la liberté absolue de penser, de publier, de s'exprimer, de convaincre, d'écrire.

« Dans ses lignes les plus accentuées, la position de Spinoza est nette : la démocratie, ou gouvernement du peuple, serait le régime le plus simple, le plus naturel, le mieux fondé en raison. A l'appui de la démonstration théorique s'offre l'exemple de l'État des Hébreux [...] à défaut seront jugés acceptables les régimes où l'exercice du pouvoir est resté collectif, sans que, rigoureusement, l'exercice du pouvoir s'y conçoive selon les règles d'un gouvernement par le peuple entier. Dans la proche expérience, les Provinces-Unies et plus particulièrement la province de Hollande — avec ses Régents — répondaient à cette définition large de l'État libre. » (Madeleine Francis et Robert Misrahi.) La dureté, il faudrait dire la haine, qui perce dans le ton, voilà ce qui frappe d'abord, en dépit des pesanteurs latines. Voltaire, soixante ans plus tard, est léger, presque timide, dans ses critiques. « Si les hommes avaient le pouvoir d'organiser les circonstances de leur vie au gré de leurs intentions, ou si le hasard leur était toujours favorable, ils ne seraient pas en proie à la superstition [première phrase de la préface du *Tractatus*] [...] au contraire ils prennent les délires de l'imagination [haine de l'imaginaire, commune au XVIIe siècle], les songes et n'importe quelle puérile sottise pour des réponses divines [...] *La superstition est le plus sûr moyen auquel on puisse avoir recours pour gouverner les masses* [...] bien entendu, le grand secret du régime monarchique et son intérêt vital consistent à dompter les hommes, en travestissant du nom de religion la crainte dont on veut les tenir en bride ; de sorte qu'ils combattent pour leur servitude comme s'il s'agissait de leur salut, et pensent non s'avilir mais s'honorer au plus haut point lorsqu'ils répandent leur sang et sacrifient leur vie pour appuyer les bravades d'un seul individu. En revanche, on ne saurait imaginer ni entreprendre rien qui soit plus désastreux dans une libre république ; car la liberté générale de toute évidence n'admet point que le jugement individuel soit assiégé de préjugés ni soumis à une contrainte quelconque. »

Écrit en 1665, publié en 1670, au sommet de la Hollande patricienne, quand monte à l'horizon le retour possible des orangistes, ennemis des chrétiens libéraux, les alliés tactiques de Spinoza — comment ne pas être sensible aux interactions ? —, le premier *Tractatus* est impensable sans la Hollande. Spinoza est bien autre chose. Notons seulement que sa réflexion, comme la réflexion du XVIIIe siècle, est partie d'un ensemble de données politiques. De la réalité de son temps, elle dégage le fondement logique d'un usage concret de politique au sein d'une forme concrète d'État. Ce qui est vrai du premier *Tractatus* l'est plus encore du second. « En réalité, le *Tractatus politicus* est un ouvrage plus théorique et plus objectif encore que le *Tractatus theologico-politicus*. Les allusions copieuses à l'histoire hébraïque ont disparu, elles ne sont remplacées que par des allusions courtes, implicites à l'histoire soit de la Hollande soit de l'Europe du temps [...] du premier Traité [...] Spinoza reprend toute la thèse centrale : entre les gouvernements sous lesquels les humains se trouvent devoir vivre, le meilleur est la démocratie. A défaut, on apprécierait les qualités de tout gouvernement collectif, aussi réminiscentes que possible, dans la pratique, de la démocratie [...] : dans le *Tractatus theologico-politicus*, l'auteur parlait, historiquement, du régime populaire, dont les deux autres régimes découlaient par dégradation progressive. Dans le *Tractatus politicus*, il part analytiquement du régime où la personne souveraine est un individu humain, pour s'élever, après une série de condamnations subjectives, d'abord au gouvernement d'une fraction du peuple minoritaire, puis au gouvernement du peuple entier [...] » (Madeleine Francis.)

Reprenons le sous-titre du second *Tractatus* ; il semble résumer le programme politique des Lumières dans la première moitié du XVIIIe siècle ; programme individualiste de dégagement, à la fois modeste et ambitieux : « Traité de l'autorité politique, dont l'objet est de montrer quelles devraient être les institutions dans une société de forme monarchique — et dans celle également où gouverne une élite — si l'on veut que le régime ne dégénère pas en tyrannie, mais que la paix et la liberté des citoyens y soient préservées de toute atteinte [...] »

Toute la vie de Locke, ce fils de marchand qui hésita entre la cléricature anglicane et la médecine, est pétrie de politique. Médecin particulier de lord Ashley, comte de Shaftesbury, il accompagna son maître en France (en 1672, de 1675 à 1679). Lié aux adversaires de l'absolutisme catholicisant, Locke vit cinq années encore, de 1684 à 1689, en exil politique. Il rentre avec le prince d'Orange et la *Glorious Revolution*. Le nouveau régime reconnaît sa dette par une proposition flatteuse d'ambassade auprès de l'Électeur de Brandebourg, qu'il décline pour raisons de santé.

La plupart de ses œuvres sont politiques, elles répondent à des problèmes politiques. Outre les *Anatomica* (1668) et le *De Arte medica* (1669), on lui doit un ensemble de réflexions inspirées par la situation religieuse de l'Angleterre sous la restauration. Dans le *Sacerdos*, dans ses anodines *Réflexions sur la République romaine*, le haut clergé anglican, lié au parti de la prérogative royale, est visé sous un masque transparent. Du contingent (l'Acte d'uniformité *antidissent* de Charles II), on passe insensiblement au général. L'*Infaillibilis scripturae interpres non necessarius* dit tout dans son titre : la Bible et la Bible seule, le titre contient tout le programme du radicalisme protestant au XVIIIe. L'*Essai sur la tolérance* (1666) limite le bénéfice de la tolérance aux non-conformistes protestants, dont les catholiques sont naturellement exclus au nom de l'intérêt de l'État. Quant à l'*Essai sur l'entendement*, point de départ au XVIIe siècle de toute théorie sur la connaissance, n'est-il pas né, suivant le témoignage de James Tyrrell, de problèmes pratiques de politique religieuse ? Dans ses conversations de l'hiver 1670-1671 avec James Tyrrell et David Thomas, Locke se serait aperçu que « les principes de la morale et de la religion révélée » (le *quid*, déjà, de la morale) ne pouvaient être établis solidement avant d' « examiner notre propre capacité et de voir quels objets sont à notre portée ou au-dessus de notre compréhension ». Kant, qui place les plus hautes spéculations de l'être dans le prolongement des évidences de la raison pratique, fondant une ontologie aux ambitions réduites sur les certitudes de l'expérience morale, procède de la même manière.

C'est la philosophie politique de Locke qui commande l'*Essai sur l'entendement*, et non l'*Essai sur l'entendement* qui commande son analyse politique. « Locke a lutté [...] contre la théocratie anglicane [...] contre ces deux thèses solidaires : le pouvoir du roi est un pouvoir absolu et de droit divin ; le pouvoir du roi est un pouvoir spirituel non moins que temporel et il a le droit d'imposer à la nation une croyance et une forme de culte. » (Bréhier.) Ce corollaire-là est particulièrement dangereux : manié sans retenue, il est susceptible, une fois de plus, comme au temps de Laud, de faire sauter l'équilibre instable sur lequel repose la paix sociale anglaise. Il est, dans ces conditions, d'intérêt primordial de bloquer tôt la logique infernale de l'absolutisme anglais qui menace à chaque instant la paix publique et l'équilibre du corps social. Le pouvoir royal apparaît dans ce système « comme une donnée impénétrable à l'analyse, un mystère ». Pour critiquer la théorie du pouvoir royal, Locke met au point la méthode qui lui servira pour la rédaction, plus tard, de l'*Entendement* : décomposer les idées complexes en facteurs simples. Avant de s'en prendre aux idées innées dans leur ensemble, Locke s'est exercé sur le pouvoir royal. A la différence de Spinoza, infiniment plus pénétrant, Locke ne recourt pas à l'histoire. L'idée du pacte social est courante à la fin du XVIIᵉ siècle. L'État social n'est pas naturel, le parti pris sous-tend et justifie la parenthèse cartésienne. Étudier, d'abord, ce qu'est l'homme à l'état de nature. Locke tourne résolument le dos à Hobbes (1588-1679). Le redoutable cynique n'a-t-il pas été le théoricien du pouvoir absolu, d'un pouvoir absolu fondé sur une construction rationnelle de la société, « d'où se déduit cette conséquence que toute révolution est illégitime » ? Décidément, la philosophie anglaise, au seuil du XVIIIᵉ siècle, s'écrit en termes politiques. Locke, bien sûr, penche du côté de la thèse du droit des gens ; une *lex insita rationi*, une loi morale naturelle s'impose avant le pacte. A titre de droit naturel, Locke admet le droit de propriété (repris par Jefferson en 1776 dans la Déclaration d'indépendance) fondé sur le travail, donc strictement limité à l'étendue du sol que peut couvrir le labeur du *pater familias*. Locke refusant l'innéité, il lui faudra démontrer les règles de justice : empiriste et chrétien, il s'appuie sur le Dieu de la Bible : « Tu ne déroberas point [...] Tu honoreras ton père et ta mère [...] afin que tes jours soient prolongés [...] », le seul commandement à sanction immédiate. Le « pacte social » de Locke est un contrat très limité, il ne crée aucun droit nouveau, « il est un accord entre des individus qui se réunissent pour employer leur force collective à faire exécuter ces lois naturelles, en renonçant à les faire exécuter par leur propre force ». Ainsi se trouve justifiée la pratique traditionnelle anglaise, que les Stuarts, après les Tudors, s'acharnent à combattre. La conception purement nominaliste et utilitaire de Locke limite rigoureusement le pouvoir civil. Du moins fonde-t-elle parfaitement, en pays protestant, dans le *Bible Kingdom*, un pouvoir d'autant plus solide qu'il est restreint. Le citoyen ne doit obéissance au pouvoir que s'il agit selon les lois permanentes et non selon des décrets improvisés. Il y a donc un pouvoir législatif. Le droit naturel de propriété interdit au souverain de lever un impôt qui ne serait pas consenti. Voici, philosophiquement fondé, le rocher du contrôle parlementaire que Charles II et Jacques II, instruits par le sort réservé à Charles Ier, n'ont jamais osé contourner. Entre le sujet et le roi, le pacte est bilatéral. Le droit à la révolte est la sanction populaire à la violation par le souverain du pacte social.

Locke apporte la justification théorique de la *Glorious Revolution* compartimentée de 1688. Il apporte également un fondement théorique à cette pratique anglaise commandée par la complexe diversification du protestantisme anglais. Il ne s'agit pas ici, comme en France, en Italie (ou plus tard dans l'Autriche de Joseph II), de limiter les empiètements sur le pouvoir civil d'un pouvoir spirituel autonome — l'Église d'Angleterre s'intitule « Église protestante d'Angleterre établie par la loi » —, mais bien de fixer les limites jusqu'où peut aller cette législation. Locke va donc chercher la justification théorique de la tolérance doublement limitée dans la pratique whig, tolérance au sein du *Bible Kingdom*. Le souverain n'a pas à intervenir dans les croyances de ses sujets, « sinon dans le cas où ces croyances s'expriment dans des actes contraires au but de la société politique » : le papisme qui encourage, souvenir des Poudres, l'intervention d'un gouvernement étranger, l'athéisme, entendez le refus du Dieu de la Révélation biblique strictement ou largement interprétée (du fondamentalisme au libéralisme extrémiste, en passant par toutes les nuances de l'orthodoxie), puisque Dieu, et Dieu seul — avantage ou fragilité du rejet de l'innéisme —, fonde ces droits naturels que la société politique a pour but et justification de préserver. Même si, chez Locke, le refus de l'histoire et l'artifice du contrat l'opposent dans une certaine mesure à Spinoza, il n'est pas douteux que la pensée de Locke découle de l'observation de la pratique anglaise, qu'elle fournit au parti whig un corps systématique de doctrine.

Le passage en extension de la pratique politique anglaise à la théorie globale de la connaissance, atomisme mental de la réduction de la pensée à la donnée simple, aboutit à la construction d'une philosophie non plus en relation avec une idée scientifique de l'univers, mais avec la donnée d'un ensemble et d'une pratique institutionnels. Locke nous permet ainsi de mesurer la portée, les conséquences et les dangers de l'entrée des nouvelles démarches à l'intérieur de la parenthèse cartésienne.

Leibniz (1646-1716), luthérien, est de beaucoup le plus grand des trois, même si son influence est moindre. Il devient en 1670 conseiller à la Cour suprême de l'Électorat catholique de Mayence. Chargé d'une mission en France en 1672, il rentre en Allemagne après un séjour en Angleterre et en Hollande, pour devenir bibliothécaire du duc de Hanovre. Mathématicien incomparable, le plus grand peut-être de son temps — sa formulation du calcul infinitésimal va beaucoup plus loin que celle de Newton —, il passe une partie de sa vie à constituer les sources historiques de la maison de Brunswick (les *Scriptores rerum brunswicensium illustrationi inservientes*, 1701...). On doit à ce rassembleur de vouloirs la fondation, en 1682 à Leipzig, des *Acta eruditorum*. La vision politique de Leibniz va bien au-delà de la vision de Spinoza et de Locke. Nul, cependant, ne peut nier l'insertion historique profonde de son action. Il a parcouru l'Empire et l'Europe à l'heure du péril turc, il a mesuré les menaces qu'engendre la division ; il a cherché, pour y faire face, la paix religieuse, l'union de l'Empire et de la chrétienté. L'union ne peut sortir de l'atomisme simpliste de Locke. Leibniz répond : combinatoire, monade, infinitisme. La pensée de Leibniz s'est attaquée aux problèmes fondamentaux de son temps. Sans rien rejeter de la tradition aristotélicienne, tout en conservant l'acquis cartésien, Leibniz dépasse les contradictions de l'univers infini. Le calcul infinitésimal marque, dans l'histoire de la pensée, une étape presque aussi importante que le *Discours* cartésien. Du même coup, la pensée de Leibniz est susceptible de s'accrocher à des problèmes politiques d'une complexité beaucoup plus grande. Il n'a jamais séparé, dans son désir d'ordre et de dépassement combinatoire, le destin politique de la nébuleuse allemande et de la chrétienté déchirée et les difficultés issues de la prodigieuse multiplication de la connaissance.

République de Hollande, monarchie tempérée en marche vers le glorieux compromis de 1688, poussière allemande et contradictions issues du retrait de la chrétienté devant la réalité tangible des États territoriaux sont bien au point focal des maîtres à penser des Lumières. Est-il excessif de dire que la réalité politique des années 1680-1690 est à la pensée des Lumières ce que l'art de l'ingénieur hydrographe et l'astronomie, après Tycho Brahé, sont à l'époque de la révolution mécaniste, entre 1620 et 1650 ? Aux alentours de 1670-1680, l'État est entré au cœur de la réflexion théorique et il n'en sort plus.

Le modèle anglais est inlassablement présenté en France, tout au long de la première moitié du xviiie siècle, par les plus grands : Voltaire et Montesquieu. Le parti philosophique ne rejette pas le système politique français. Il trouve suffisamment d'appui au niveau des Conseils ; du Régent à Choiseul, en passant par les frères d'Argenson et Malesherbes, dans la mesure où il a conquis la ville, entendez la haute robe parisienne, la bourgeoisie en transit de noblesse ; il a bonne prise sur l'État. Il offre au pouvoir une alliance tactique contre la résistance des cadres moyens de l'administration, attachés par vitesse acquise à des attitudes commandées par des mentalités du xviie siècle. La proposition anglaise est tout au plus une indication de tendance, une proposition d'infléchissement. Le *Tractatus theologico-politicus* est plus cité que véritablement utilisé. Il faut attendre la seconde moitié du xviiie siècle, le *Contrat social*, pour qu'une seconde étape s'ouvre dans les relations entre la pensée politique des Lumières et l'État. En dépit des épines d'une polémique quotidienne, Voltaire est bien trop historien pour céder, en politique, à la tentation du « théorico-déductif », trop historiciste et trop anglomane pour partir d'une construction *a priori*. Il faut se garder de l'équivoque. L'*a priori* de Locke est un faux *a priori*. La position de ce révolutionnaire pour le continent est éminemment conservatrice. L'apriorisme de Locke, l'artifice du contrat, découle en réalité d'une volonté de justification *a posteriori*. Son but : consolider l'acquis et compléter l'œuvre de la *Glorious Revolution*. Voltaire, c'est Locke et l'Angleterre ; Voltaire, c'est le siècle de Louis XIV, la monarchie administrative colbertienne animée par un personnel (ministres et intendants) gagné aux idées du jour. Descartes réduit à la méthode, la physique de Newton, tolérance à l'égard des mal-pensants de la religion populaire, déisme, morale et religion naturelle. Voltaire, la bourgeoisie de basoche et d'affaires (par affinité élective), n'a besoin que d'être protégé contre les prétentions archaïques des ducs de Rohan ; la monarchie administrative, éclairée par les lumières de la raison, satisfait son besoin d'ordre et d'efficacité. Elle assure l'enrichissement de l'élite, elle protège la liberté de pensée contre l'obscurantisme de la populace, le primat de l'élite éclairée sur la masse en proie à la connaissance traditionnelle, au fanatisme, à la superstition. Montesquieu représente une nuance capitale. *L'Esprit des lois* est l'œuvre d'un Locke qui aurait étendu son champ d'observation à la totalité du temps de l'histoire et à l'œkoumène, tel qu'une connaissance sociale neuve permet de l'atteindre. Montesquieu propose à l'Europe deux modèles : le modèle anglais, difficilement exportable, ou une monarchie administrative amodiée par le renforcement des corps intermédiaires esquissé dans la contre-révolution avortée de la Régence. Avant 1762, pas une fausse note. La réflexion politique des Lumières est efficace dans la mesure où elle accepte l'existant, dans la mesure de son réformisme modéré, empirique ; elle part, même quand elle affecte de le dissimuler, d'un modèle issu de l'observation rationnelle d'une réalité politique et sociale complexe. Après 1762, Rousseau reprend, avec beaucoup plus de force, l'hypothèse du *Contrat*. Est-il besoin de le rappeler, lui aussi a son modèle implicite, la cité de Genève. Superficiellement, Rousseau est, par rapport/à Genève, dans la relation de Locke à la constitution traditionnelle anglaise, de Voltaire au siècle de Louis XIV ou de Montesquieu à la contre-révolution du temps de la Régence. Mais l'analogie est superficielle ; les modèles implicites de Locke, Montesquieu et Voltaire sont, si l'on veut, des modèles opérationnels, le modèle genevois de démocratie directe est lié à un archaïsme, une survivance dans un secteur où les contingences de l'histoire ont entraîné un ratage de l'État territorial étendu ou moyen. De ce fait, appliqué à l'Europe concrète du second XVIIIe, le modèle de Rousseau est irréaliste, révolutionnaire. Après les sommets atteints par la rigueur scientifique de Montesquieu, il tourne la pensée politique européenne vers l'utopie, une utopie utile, qui servira de moyen d'expression aux revendications prématurées des obscurs et des rétrogrades de l'évolution. Ce que la modalité française de la nécessaire révolution bourgeoise véhicule d'archaïsme et de prophétisme verbal, elle le doit en partie à Rousseau. Dans la brèche ouverte par le *Contrat social*, une pensée régressive et récessive alourdit les Lumières d'un courant d'utopie, Gabriel Bonnot de Mably (1709-1785), le frère de Condillac : « Communisme, suppression de la propriété individuelle, éducation destinée à préparer le peuple à l'égalité, simplification de la religion, enseignement de la morale par l'État », tels sont les principes d'une œuvre qui se dégage progressivement des *Entretiens de Phocion sur le rapport de la morale avec la politique* (1763) et, surtout, de la *Législation ou Principes des lois* (1776). Au moment où l'économie anglaise se prépare au saut décisif du décollement, on mesure ce que peut avoir de rétrograde ce courant utopiste, vénéneuse excroissance sur le rameau théorico-déductif de la constructive réflexion politique des Lumières.

Diderot représente assez bien la politique de l'*Encyclopédie*. Une réflexion un peu courte sur la nature et la structure de l'État, le pragmatisme des Lumières. Diderot a été l'agent stipendié de Catherine. Maupertuis, La Mettrie, Grimm, Helvétius et *a fortiori* Voltaire, à la génération antérieure, avaient été beaucoup plus libres au service de Frédéric II. A la fin de sa vie, après le séjour forcé de 1773, Denis Diderot déchantera. Fini le temps des beaux projets (les Mémoires pour Catherine II). Il lui arrivera de distiller un peu de fiel, de faire preuve de clairvoyance et de laisser percer quelque désillusion. S'arrêter là serait rester à la surface des choses. Diderot est Diderot, mais l'alliance de l'*Encyclopédie* et du despotisme éclairé qu'il scelle par son mariage « mystique » avec la Grande Catherine, comme l'alliance beaucoup plus digne de d'Alembert avec Frédéric II, correspond à une réalité profonde. L'État existe, il est une des grandes réalités de l'Europe, une des clefs de sa grandeur, de son efficacité. La philosophie des Lumières est une philosophie de la nature sociale, elle tourne le dos à une systématique impossible pour une action pratique immédiate. Le personnel de l'État est, socialement, pour l'essentiel, gagné au « Parti ». Ou bien il est réellement, comme en Angleterre et en France, acquis aux trois quarts aux idées nouvelles, ou bien, comme Frédéric II et Catherine, il affecte, pour une raison tactique d'efficacité, de compter au nombre des nouveaux religionnaires. Entre l'État tel qu'il est et le programme des Lumières, il y a, pour l'essentiel et à court terme, coïncidence d'objectifs. L'élite des philosophes de l'État vit à l'ouest ; ils sont d'expression française ou anglaise. Les philosophes qui parlent latin ou allemand sont de vrais philosophes. Avant Kant et Fichte, la politique n'a jamais été au cœur de leurs méditations. Attendons la systématique de Hegel. Les philosophes d'expression française, s'ils se montrent réservés parfois sur le modèle de la monarchie administrative française qu'ils veulent amodier de pratiques anglaises, sont au service idéologique sans réserve du despotisme éclairé : parce qu'il exerce son pouvoir ailleurs, sur l'Europe périphérique, l'Europe de la croissance, son service est de rattrapage, sa visée plus économique que sociale, plus administrative que politique. Mais de cela la pensée des Lumières n'a cure, elle se satisfait des apparences. Pensée pragmatiste, réformiste, l'alliance de la philosophie des Lumières et du despotisme éclairé n'a rien qui puisse choquer : elle est dans la nature profonde des choses.

●

Deux modèles politiques, deux formes d'État dominent l'histoire politique des Lumières. La monarchie tempérée anglaise, l'État profondément refondu par la *Glorious Revolution*, l'Angleterre de Locke et de Gregory King, bientôt l'Angleterre de la pratique accidentelle et logique du cabinet, l'Angleterre du grand commerce triomphant, de la nouvelle agriculture, des canaux, des premières machines. La monarchie administrative française, telle que le personnel de Colbert l'a portée à sa pointe de perfection au siècle de Louis XIV. Le modèle français souffre de son ancienneté relative. L'Angleterre offerte en modèle est celle d'après 1688 et surtout d'après 1714, quand la conjoncture hanovrienne introduit et renforce la pratique du cabinet. Ne pas se laisser prendre aux apparences : l'opposition France-Angleterre est un jeu d'école français et anglais, plus français même qu'anglais. Depuis l'Europe périphérique, la nuance s'estompe. Modèles français et anglais sont modèles d'efficacité ; faut-il dire les monarchies de l'État efficace, appuyé sur des finances assurées, une flotte invincible et la plus forte des armées permanentes ?

L'insularité britannique n'accepte plus d'autre modèle qu'elle-même. L'irrédentisme jacobite peut être interprété comme un refus de la domination anglaise par la périphérie celte (Écosse, Irlande, nord-ouest de l'Angleterre), dans une perspective de *sectional division*, un phénomène de sous-développement relatif, révélateur des disparités de croissance. On a trop tendance, en France, à diminuer la portée du danger jacobite : se rappeler l'ampleur du mouvement en 1715, la persistance des craintes en 1722, le regard anxieux longtemps vers l'Écosse, l'Irlande et le continent. Une partie des combinaisons politiques continentales du cabinet répondent à une estimation, peut-être excessive, d'un danger réel. Oui, le siècle de Hobbes est passé, qui proposait implicitement aux Stuarts l'exemple de l'absolutisme français. La pensée politique anglaise ne trouve plus d'exemple qu'en elle-même, voire éventuellement dans les expériences constitutionnelles de la libre et plastique Amérique.

Mais la France : la pensée politique y balance entre l'Angleterre et un proche passé. La monarchie, oui, mais au sommet du siècle de Louis XIV ; Voltaire aime l'efficace et le gouvernement des bourgeois, l'*Encyclopédie* manie le mythe de Henri IV, Montesquieu a ses faiblesses pour les formes inachevées du xvie siècle, le modèle anglais est proposé du bout des lèvres, Montesquieu l'a démonté dans *l'Esprit des lois*. Un ensemble institutionnel est dicté par un environnement : le déterminisme géographique de Montesquieu est naïf, certes, et contraignant, commandé par la dynamique de l'histoire. Un modèle, donc, ne se copie pas. L'Angleterre offre des exemples, le modèle anglais est anglais, valable pour la seule Angleterre, l'excellence de la réussite britannique peut utilement inspirer législateurs et magistrats. La pensée politique française cherche pour la monarchie française des solutions françaises ; elle est efficace, donc modestement réformiste : les intendants des Lumières n'ont-ils pas transformé la province française en un champ ouvert d'expériences fécondes ?

La France et l'Angleterre sont, à leur tour, le modèle universel de tout le reste de l'Europe, constituée comme une énorme périphérie, consciente de son retard, province d'une métropole bicéphale. Sur la périphérie orientale ou méridionale de l'Europe, ce bipolarisme de fait ne place pas la France et l'Angleterre à égalité au plan des représentations. La prime accordée en France à l'expérience anglaise est un signe de développement. Rares sont les bons esprits qui, hors de l'axe médian de l'Europe des réussites, préfèrent la nuance anglaise à la nuance française. La monarchie administrative de Louis XIV revient constamment sous la plume de Frédéric II. L'Italie multiple, l'Espagne en procès d'unification, Marie-Thérèse à Vienne, tous pensent à Versailles. L'Europe de l'Est souffre encore, au XVIIIe siècle, d'un inachèvement de l'État ; rares ceux, au niveau de l'élite — mais l'élite seule dans l'Europe de l'Est est susceptible de penser en termes d'État —, qui n'en ont pas claire conscience. La limitation de la prérogative royale, seul moteur de la construction administrative, est un luxe ; il faut, pour la vouloir, que le quadrillage administratif soit chose faite. La fascination à l'égard du modèle anglais est une attitude française. La périphérie européenne n'est pas isochronique à son centre de rayonnement. La pointe d'archaïsme du modèle français le rend plus attrayant et plus accessible.

Renvoyant pour le détail à *l'Europe classique*, et plus encore à *la Civilisation de l'Ancien Régime* d'Albert Soboul, nous nous bornerons à souligner ces quelques traits qui nous paraissent essentiels. L'État anglais s'est profondément transformé au sommet, de 1688 à 1720-1730. La Couronne dangereusement affaiblie reprend quelque poids après 1760, grâce à la brillante personnalité, au départ, de George III ; cependant le gouvernement de cabinet est irréversiblement acquis. Il assure plus qu'ailleurs la domination sur l'État d'une classe dirigeante constituée par l'association, en équilibre parfois délicat, des grands propriétaires fonciers et des maîtres du grand commerce. Les manufacturiers, issus du sommet de la classe moyenne, sont représentés provisoirement par le *moneyed interest* du grand commerce. Leur entrée dans la classe politique est postérieure à 1832.

A la hauteur des années 1780, une certaine lassitude se manifeste dans l'opinion de la classe moyenne à l'encontre de l'oligarchie parlementaire. Cela est sensible notamment, lorsque se pose en 1784 la question du patronage de la Compagnie des Indes orientales, qui échoit finalement, sous la pression d'une opinion politique hors cens, à la Couronne. L'Angleterre, vers 1780, au sortir de l'épreuve de la guerre d'Amérique, sent le besoin d'un pouvoir arbitral que l'affaiblissement de la Couronne, sous les deux premiers rois germanophones George Ier et George II, avait diminué. Le retour des tories au pouvoir, les premières années du ministère du second Pitt marquent une tentative de rajeunissement administratif.

Le système anglais est très fluide au sommet : il assure une parfaite harmonie entre les impulsions successives du pouvoir et les besoins de la classe dirigeante. Cette fluidité au sommet s'accompagne d'une grande rigidité à la base. Il en va à l'inverse dans la nuance française : la rigidité est au sommet, le gouvernement des ministres et des conseils a perdu progressivement la possibilité de sentir les courants et les besoins de l'élite très large de la nation. C'est là sa faiblesse. Cette rigidité au sommet est compensée par une administration à la base, sous l'impulsion des intendants, plus active, plus entreprenante que la vieille administration anglaise assurée, pour l'essentiel, par les corps privilégiés de marchands à l'échelon urbain, par la *gentry* locale à l'échelon rural. Les raisons profondes de la divergence franco-anglaise sont plus sociales que politiques.

En fait, la clef du modèle social anglais doit être cherchée beaucoup plus haut : le siècle décisif — nous le comprenons mieux aujourd'hui —, c'est le XVIᵉ. *Mutatis mutandis*, l'Angleterre a fait en partie, au XVIᵉ, ce que la France fait d'un coup, et brutalement, à la fin du XVIIIᵉ siècle. Un double transfert social s'est produit au XVIᵉ. La confiscation des biens du clergé régulier s'est faite, pour une large part, au bénéfice de la noblesse, en échange d'un affaiblissement des redevances seigneuriales. Une nuit du 4 août, incomplète, mais précoce et diffuse. Du même coup, la principale barrière qui s'interpose entre la noblesse et le sommet de la hiérarchie villageoise et urbaine s'efface. Peter Laslett a montré qu'au XVIIᵉ siècle, déjà, les cadets, garçons et filles de la *gentry*, épousent normalement filles et garçons de la *yeomanry*, en s'adaptant aux activités économiques et au genre de vie de la *upper middle class*, situation proprement impensable sur le continent. D'où l'extrême fluidité sociale. La noblesse n'a pas besoin de se constituer en caste. Elle joue le jeu plus avantageux de la croissance économique.

De toute l'Europe, la noblesse française est proportionnellement la moins nombreuse. Depuis les grandes réformations du ministériat de Colbert, la noblesse est passée, en gros, de 3 à 1,5 p. 100. La mise en place au XVIIᵉ de la monarchie administrative a contribué à renforcer la tendance à la « castification » de la noblesse française ; le mécanisme en a été étudié par Jean Meyer, sur l'exemple breton. Tout se joue entre 1668 et 1672. La Bretagne se ruine progressivement depuis le milieu du XVIIᵉ. Une structure sociale archaïque, des tensions (la révolte tardive, dans une France redevenue calme, des Torreben, en 1675, le dit assez), la réformation, modalité bretonne d'un effort au plan national, est une tentative d'alignement, elle se marque par une réduction importante de la noblesse : la noblesse bretonne a perdu le quart de ses effectifs dans la réformation colbertienne de 1668 à 1672, « [...] environ 6 000 " maisons ", disons [...] 6 000 ménages. Au coefficient 5 [...] 30 000 personnes. A quoi s'ajoutent 5 000 personnes supplémentaires qui ont échappé à la réformation et, enfin, un minimum de 8 à 10 000 personnes déboutées ou désistées. » Avant la réformation, 40 000 personnes, 2 p. 100 ; après, 30 000, 1,5 p. 100, en conformité avec le modèle national. « La réformation de 1668 fait partie, précise Jean Meyer, de tout un programme, lié à la politique fiscale de Colbert dont elle est l'une des pièces essentielles [...] », elle découle d'une option de politique sociale qui marque d'une manière irréversible, pour plus d'un siècle, l'histoire de la France. A la limite, l'explosion de la fin du xviiie en découle. La réformation fait partie d'un choix, la mise à l'écart de la noblesse d'une part des responsabilités essentielles à l'intérieur de la monarchie administrative. Le contraste est particulièrement évident avec la Prusse et l'Autriche. La noblesse française compense cette mise à l'écart par un renforcement de ses privilèges, essentiellement fiscaux. Ce qui implique l'infléchissement de la noblesse très ouverte du xvie à la noblesse relativement close de la fin du xviiie.

Cet infléchissement se retrouve au niveau de la répartition des richesses. La noblesse française représente un cas unique en Europe. Nulle part la fraction de la terre qu'elle tient directement n'est aussi réduite. Les tentatives de reconquête du sol du xvie siècle sont stoppées au xviie ; Albert Soboul a dressé la carte précise de la propriété nobiliaire. Dans toute l'Europe, la part de l'exploitation noble d'Espagne en Angleterre, d'Angleterre en Allemagne, d'Autriche en Russie, est supérieure. La noblesse française s'est réfugiée dans une forme archaïque de propriété. Elle tire, à la fin du xviiie, presque autant de la propriété proprement nobiliaire de l'ensemble de ses droits sur les tenures paysannes que de son domaine propre. Cette structure freine les transformations économiques ; elle constitue un grave obstacle sur la route de l'extension territoriale de la nouvelle agriculture. Elle est partie prenante d'une structure sociale et mentale : la noblesse française, après les réformations, a misé massivement sur la rente. Cette mentalité de rentier explique l'ancienneté des comportements malthusiens au sommet. La crise passée, la noblesse anglaise, après 1730, renonce à la limitation des naissances ; la noblesse française y recourt par secteurs successifs et contribue à conférer à ces attitudes devant la vie un prestige nobiliaire qu'elles n'ont nulle part ailleurs. Le climat économique de la fin du xviie se prêtait au repli seigneurial de la noblesse (masse salariale stable, légèrement en hausse, recul du profit, hausse rapide de la rente). La conjoncture du xviiie se renverse (masse salariale en hausse modérée, hausse rapide du profit, chute de la rente). Prisonnière de la rente, la noblesse française répond par une extension de ses prises : droits seigneuriaux, nouvelle marche en avant des champarts sur la tenure paysanne, mainmise sur l'État. Elle y cherche moins la puissance et la décision que la rente. La noblesse française pratique la politique des emplois réservés — voyez la marine, l'armée, l'épiscopat —, moyennant quoi elle laisse Necker au Contrôle général. La politique des réformations a contribué à l'explosion sociale de la fin du XVIIIᵉ. Partout se renforce, à travers l'Europe, une conscience de l'élite. Elle prend des formes différentes. En Espagne, l'élite tend à se confondre avec la noblesse. Les ministres éclairés des Bourbons se sont inspirés de la politique des réformations. Le corps, de toute manière, en dépit de conditions très différentes, subit la séduction du modèle français. En Angleterre, la conscience de l'élite est vive ; elle rapproche propriétaires fonciers et maîtres du grand commerce, de plus en plus brassés par une politique d'intermariages. En France, une conscience de l'élite se constitue entre noblesse d'épée et haute robe, elle tient à l'écart la haute bourgeoisie. La France est, avec l'Espagne (que son archaïsme protège contre une situation révolutionnaire), le pays d'Europe où la « castification » de la noblesse et son option sur toutes les formes de la rente paralysent la formation d'une conscience de l'élite.

Le modèle anglais fond l'ancienne noblesse, qui s'est ouverte en aristocratie, et la haute bourgeoisie en une classe dirigeante qui contrôle l'État. La classe dirigeante peut, par les *enclosures*, opter pour la *new agriculture*, c'est-à-dire le progrès économique, et préparer par l'élimination d'une petite propriété paysanne, facteur de retard technologique, les transferts de population vers le secteur industriel. Il en va autrement en France, où blocage social et politique vont de pair. L'échec de la réforme fiscale a été souvent décrit, aboutit au coup d'État Maupeou de 1771, et à la reculade de 1774. La capitulation de Louis XVI en 1774 devant les anciens parlements condamnait à l'échec toute réforme politique importante. La monarchie administrative, qui avait fait preuve de 1660 à 1680 d'une rare plasticité, achève de se bloquer en 1774. Repliée sur elle-même, coupée du profit, condamnée à la spéculation immobilière, au formariage et à la rente, en période de reflux, la noblesse part, à contretemps, dans un but défensif, à la conquête de nouvelles positions (quatre quartiers, regards sur les communaux par droits de triage, etc.). La réaction aristocratique, dans la mauvaise conjoncture des années 1770, menace l'État et l'équilibre social. Cela ne doit pas masquer l'essentiel. A savoir, la véritable dimension des grands États des Lumières et leur lent progrès. La France vient en tête, suivie d'assez loin par l'Angleterre.

L'État s'est accru, lentement, méthodiquement, tout au long du siècle, pour le plus grand profit, tout bien pesé, de l'ensemble du corps social. Pour la

France, deux prises très simples. Roland Mousnier nous donne l'état numérique de la fonction publique. La grande mutation se situe aux XVIe et XVIIe siècles. Un office pour 10 km² et 380 habitants en 1665. Avec les familles, le service de l'État occupait, armées exclues, 230 000 personnes au début de notre période. Il n'est pas beaucoup plus nombreux un siècle plus tard. La masse globale de l'impôt offre une autre prise. On peut toujours se reporter à la vieille étude de Clamageran. En 1690, les rentrées d'impôt atteignent 110,8 millions (directs, 40,8 ; indirects, 70) de livres. En 1715, 175 millions ; 156 en 1733 ; 567 en 1786, soit, compte tenu de la dévaluation, 832 tonnes d'équivalent argent en 1690 ; 2 541 tonnes en 1786. La population s'est accrue d'un tiers, les prix ont doublé. En gros, la puissance financière de l'État en France, prix et population constants, s'est accrue de 1690 à 1788 de 10 p. 100 environ. La révolution, à l'ouest, est en arrière ; le XVIIIe siècle est un siècle de consolidation.

Le malaise français est rarement perçu du dehors. La France, parée des prestiges du siècle de Louis XIV, donne toujours le modèle de la monarchie administrative ; elle est portée par le rayonnement de la langue qui a supplanté l'italien et le castillan, puis le latin, même en Hongrie, dans les pays scandinaves et aux Provinces-Unies, comme langue universelle de culture, à partir des années 1630-1640. Le sommet de la francisation culturelle de l'élite européenne se place entre 1760 et 1770. A partir de 1770, l'allemand reprend progressivement son droit de cité dans l'Empire et part à l'assaut des classes moyennes dans toute l'Europe danubienne. La position du français, incomparable jusqu'à la fin du siècle, contribue à imposer le modèle français de monarchie administrative.La monarchie administrative française à travers le mythe du siècle de Louis XIV est aux sources d'inspiration du despotisme éclairé. Il a suscité une énorme littérature ; le mot, la problématique, l'intérêt appartiennent à l'historiographie allemande du XIXe siècle ; dernier en date, l'excellent essai de François Bluche : « Monarchie absolue rénovée, Louis XIV sans les jésuites, mise de l'État au service des Lumières (point de vue de l'*Encyclopédie*), mise des Lumières au service de l'État (point de vue des princes), coercition exercée dans un but raisonnable (avis intemporel des tenants de la dictature habile) [...] » Avant les formules, les faits. Frédéric II (1740-1786) est le prince par excellence, Louis XIV revenu sur la terre pour l'État au XVIIIe siècle. C'est à travers la Prusse de Frédéric II que l'Europe de l'Est et du Sud au XVIIIe s'applique à une imitation de la monarchie administrative louis-quatorzième ramenée à des proportions plus modestes et ajustée au goût du jour. Frédéric II, dans l'histoire de l'État des Lumières, aura joué en fait le rôle de médiateur. L'État brandebourgeois prussien à partir de 1740, l'immense et diverse Autriche de Marie-Thérèse à partir de 1742, la Bavière de Maximilien III à partir de 1745, le Portugal de Pombal depuis 1750, Bernardo Tanucci à Naples (1755), Guillaume Dutillot, secrétaire des Finances à Parme (juin 1756), Charles III en Espagne (1759), Kaunitz à Vienne en 1760 ; Catherine II monte sur le trône en Russie (1762), Pierre-Léopold en Toscane (1765), en 1770 le Prussien Johann-Friedrich Struensee prend la direction des affaires à Copenhague aux côtés de Christian VII, pour peu de temps : le 19 août 1772, quelques mois après la chute de Struensee, Gustave III en Suède assure la direction effective des affaires ; Joseph II enfin, de 1780 à 1790, soumet l'ensemble disparate de ses États au rythme effréné de son réformisme tatillon. L'Europe danubienne, l'Europe méditerranéenne, l'Est profond, tel est l'espace ; il correspond à la quasi-totalité de l'Europe attardée. La chronologie est claire. 1740 est le point de départ. Le mouvement fait tache à partir de 1750.

Quel lien entre toutes ces expériences, en dehors du modèle : France de Louis XIV et relais prussien? Le despotisme éclairé, dans la seconde moitié du XVIIIᵉ siècle, à l'époque du démarrage démographique, des « fronts pionniers », c'est l'État du rattrapage, une forme d'État adaptée aux espaces assez faiblement exploités, à des structures économiques et sociales archaïques, conduit par une élite de culture, de mentalité et souvent d'expression françaises qui s'efforce de combler un retard inégal. Cette forme d'État s'adapte mieux dans les espaces vides de l'Est que dans les vieux centres de peuplement de l'Europe centrale (Bohême, Autriche, Bavière) et méditerranéenne, en chrétienté non catholique qu'en pays catholique. Bluche met en garde : « Ce régime qui domine [...] les régions de l'Europe où le retard économique et social s'était longtemps opposé à la modernisation du gouvernement et de l'administration, ne saurait être confondu avec le triomphe des Lumières. » Oui, les structures sociales, la tradition nationale y pèsent plus lourd que les structures mentales transposées depuis l'Europe occidentale : « Le prince que l'on dit éclairé » n'est jamais un pur philosophe, ni tout à fait un physiocrate. Pourtant, sans le courant rationaliste de la fin du XVIIᵉ siècle et sans les complicités philosophiques de l'âge des Lumières, il est probable que le despotisme éclairé n'eût trouvé ni sa doctrine, ni son style, ni les formes indispensables à un rayonnement séculaire. Comme le despotisme des physiocrates, le régime cher aux princes éclairés est une monarchie absolue, administrative, comme le système de Louis XIV, soucieuse de développement économique, afin de combler un retard préjudiciable à la force même de l'État. « Son originalité tient à trois éléments : l'ambiance des Lumières, l'imitation politique de la France du Grand Siècle, l'utilisation d'un outillage économique emprunté à l'Angleterre et qui faisait défaut à Louis XIV [...] Le despotisme éclairé nous apparaît aujourd'hui dans sa suite pratique, souvent cynique, parfois cruel. Il ne porte plus ses falbalas ; il s'est débarrassé de son clinquant : c'est Louis XIV sans perruque.» (F. Bluche.) L'histoire ne fait pas de saut. Grattez Saint-Pétersbourg, il reste le mir, le servage, une modalité propre d'existence, dix siècles de retard.

L'Europe médiane dense et l'Allemagne à l'est de l'Elbe appartiennent au même espace-temps. Le raccordement est ancien de cinq siècles environ ; des disparités subsistent, elles sont importantes, de degré plus que de nature. Le génie de Frédéric II est hors de cause. Né en 1712, mort en 1786, il a régné quarante-six ans (1740-1786) et laissé, en un français digne de Humboldt, plus de cent volumes. Mais la réussite du grand Frédéric suppose aussi le Brandebourg, très vieille avancée de l'Europe à l'est. Le Brandebourg a bénéficié de la fantastique mutation de l'Europe à l'est. Cet ancien finistère devient un centre-relais, une charnière entre l'Ouest dense, développé, et l'Est profond, retardé. Il suffit de comparer le voyage de Voltaire en Prusse, en 1750, et celui de Diderot en Russie, en 1773. 22 jours d'un côté, 53 ou 119 de l'autre, le Brandebourg est au centre de la nouvelle Europe.

Le second État allemand ne compte encore que 2 300 000 habitants en 1740, après le Grand Électeur (1640-1688) et Frédéric Ier (1688-1713, depuis 1701 premier roi de Prusse). Berlin *, modeste « ville de bois et de brique endormie sur les eaux noires et lentes de la Sprée », compte 150 000 habitants en 1786. Elle est devenue, très loin derrière Londres et Paris, une des quatre à cinq capitales intellectuelles de l'Europe : 30 000 hommes de garnison, certes, mais un équipement de tout premier plan. Leibniz avait rédigé en 1707 les statuts de la future académie de Berlin, inaugurée quatre ans plus tard. Pour elle, Frédéric II prit une option résolument scientifique. Le soin en fut confié au Malouin Maupertuis (1698-1759) sur la recommandation de Voltaire. Maupertuis s'y consacra tout entier de 1740 à 1743. Il avait participé avec Clairaut à la mesure du méridien ; on lui doit la première formulation d'un transformisme intégral. Autour de Maupertuis, le petit Berlin des années 1740-1750 se hisse au rang de capitale scientifique : Euler, d'Alembert, d'Argens, Diderot, Helvétius, La Mettrie, Voltaire s'y rencontrent et s'y succèdent. Très progressivement s'avance la relève allemande : Johann Heinrich Pott (1692-1777) s'attaque au bismuth, aux aluns, l'universel mordant de l'ancienne teinture — une science à la limite de la technique —, Andreas Sigismund Margraff, premier Berlinois admis à l'académie de Berlin, pour la soude, la potasse, la métallurgie du zinc... un autre génie pratique. Berlin réussit même à la fin du siècle le tour de force d'être tout à la fois la capitale hors-les-murs de l'Europe francophone et la capitale incontestée de l'*Aufklärung* protestant d'expression allemande. En 1773, Frédéric II ne faisait-il pas obligation à l'Académie de publier en français ? « Les académies, pour être utiles, doivent communiquer leurs découvertes dans la langue universelle. » Et c'est encore Berlin qui, en 1782, propose le prix que gagne Rivarol, ce qui n'empêche pas Lessing, Mendelssohn, Frédéric Nicolaï de se tourner vers ce même Brandebourg. Mendelssohn, figure de proue d'une bourgeoisie intellectuelle juive toute neuve à l'est, Lessing et surtout l'infatigable Frédéric Nicolaï animent à Berlin le « Club du lundi ». Après avoir créé à Leipzig la bibliothèque des Belles-Sciences (1757-1758), Nicolaï fixe à Berlin les grandes publications d'un rationalisme très largement et très positivement déiste. Voici successivement les *Lettres sur la plus récente littérature allemande* (Berlin, 1759-1762), la *Bibliothèque allemande générale* (Berlin, 1765-1792) et la *Nouvelle Bibliothèque* (Berlin, 1793-1805). N'est-ce pas, là encore, auprès de la bourgeoisie juive de Berlin, si proche et mentalement si loin des Jérusalem hassidites de Lituanie, dont l'essor est favorisé par la tolérance active de la Cour, que se forment, dans les années 1785-1786, Alexandre et Guillaume de Humboldt ?

Avoir fait pousser sur les sables de la Sprée cette Athènes du Nord constitue le grand titre de gloire de l'État prussien. « Si la Prusse périt, l'art du gouvernement retournera vers l'enfance », ainsi parle Mirabeau, cet enthousiaste. Bluche le rappelle avec raison : « L'État prussien n'est pas une création des Lumières. » La marche du Nord-Est y fixe, depuis le xviie, les techniciens du calvinisme occidental : ce sont eux les artisans, dans ce monde neuf, dans cette Amérique au petit pied, où tout est possible, d'un État « contre les États ». Frédéric II est d'abord le continuateur. L'État prussien se caractérise encore, par rapport au modèle français du xviie siècle, par deux archaïsmes qui facilitent la prise en relais vers l'est : la place des paysans, le rôle de la noblesse. L'émancipation paysanne, à l'est, n'est pas commencée. En Prusse, du moins, le servage ancien n'empire pas.

Frédéric II, après quelques velléités, s'est adapté à cette situation. En 1763, il avait bien ordonné la suppression du servage en Poméranie ; l'année ne s'était pas écoulée qu'il abandonnait la partie : « Il demeure fidèle, toutefois, à la politique dite de conservation des sujets », patriarcale et fiscale, « qu'il a héritée de son père [...] et qu'il pousse plus hardiment », et à un ensemble de mesures modestes mais efficaces. « A défaut de révolution [...] une importante évolution : dans le royaume de Prusse le serf devient un mainmortable. » (F. Bluche.)

Utilisation efficace des structures sociales ; de même pour la noblesse. La noblesse, à l'est, est nombreuse comme en Espagne, à la différence de la France, mais c'est une noblesse active, liée au sol, rompue au service ; elle se confond, à peu de chose près, avec l'élite : « Si quelques hobereaux siègent inutilement dans les diètes-fantômes des provinces, des milliers de *junkers*, formés dans les compagnies de cadets-gentilshommes ou dans les cadres de l'administration, ont remplacé un amour-propre stérile et particulariste par l'orgueil qu'inspire le service du roi et celui de l'État. » « La noblesse encadre les 150 000 ou les 200 000 hommes » de l'armée ; elle fournit tous les cadres moyens et supérieurs de l'administration. Noblesse prussienne, voire noblesse étrangère (de Saxe, du Mecklembourg, du reste de l'Empire), mais noblesse « parce que d'ordinaire la noblesse a de l'honneur ». Saluons cette pensée commune à Frédéric et à Montesquieu. « Le roi de Prusse ne prétend pas imposer une révolution à un pays qui ne la souhaite pas. » Le progrès ne se fait bien que par une évolution progressive et accélérée, il exclut désordre et à-coups.

Utilisation efficace, en habile dépassement dialectique, des structures mentales des Lumières. Déiste, d'un déisme sec, plus vide de perspective eschatologique que le faux athéisme panthéiste de Maupertuis et de Diderot, Frédéric II entend sauver coûte que coûte l'État du reflux ou de l'effondrement des structures mentales et affectives de l'espace-temps chrétienté. La tradition prussienne, en harmonie avec la tradition du continent (Angleterre whig à l'écart, Angleterre tory incluse), fonde l'autorité du prince et la souveraineté de l'État par le droit divin et les « lois naturelles », légalité d'une *natura naturata* voulue par Dieu. Frédéric relève le défi, il part donc de Locke et de son contrat accordé aux réalités d'une société archaïque et à la tradition de l'État fort. « Pour Frédéric II, qui rejoint ici Hobbes et Wolf, le peuple a consenti, une fois pour toutes, à ce que tous les pouvoirs soient confiés au monarque. Consentement philosophique et tacite, qui n'a pas besoin d'être exprimé par des institutions, des paroles ou des actes. Ce consentement est légitime, par le fait que la dynastie royale est appliquée au bien public, qu'elle seule a de ce bien public une notion juste et claire. Pour Frédéric II, la royauté n'existe que parce qu'elle rend des services. Ce contrat tacite crée des " liens indissolubles " entre le monarque et la nation : " Le prince est à la société qu'il gouverne ce que la tête est au corps ". »

Grâce à ce tour de force logique, la réalité objective de l'État fort, soutenu auprès du peuple par l'enseignement des Églises protestantes et amplement justifié par l'immensité des services rendus, par les exigences concrètes du rattrapage, se trouve mise au goût de l'élite de l'Ouest. L'élite des Lumières, en France et en Angleterre, qui se contente à bon compte, peut continuer de prêter son aide psychologique au rattrapage périphérique du despotisme éclairé.

L'Allemagne orientale est le seul secteur géographique de l'Europe périphérique où conditions au départ et efficacité de l'action conduite ont permis la réussite de l'opération rattrapage à 100 p. 100. En seconde position, l'Allemagne catholique, le vieux glacis Habsbourg et la « frontière » danubienne. Maximilien III, Joseph de Wittelsbach (1745-1777), conduit bon train la modernisation de la baroque Bavière. A Munich comme à Vienne, toutefois, les résistances sont plus grandes que sur la Sprée. Il a fallu d'abord sauver l'Autriche qui a failli périr, entre 1740 et 1748, de sa croissance désordonnée, de la malencontreuse rencontre de deux poussées diachroniques.

La poussée de la « frontière », au lendemain du Kahlenberg, suffisait. Le malheur voulut qu'une partie des forces nécessaires à la grande œuvre de la construction de l'Europe le long des plaines danubiennes fût dilapidée dans l'héritage anachronique de la périphérie espagnole. L'Autriche sortait grandie, mais tiraillée et alourdie du traité d'Utrecht. La guerre de Succession est l'inévitable conséquence de cette dualité. Qu'elle s'en soit sortie est à la fois miracle et l'honneur de Marie-Thérèse. Grâce à une excentration vers l'est, c'est autour de la jeune Hongrie que l'empire danubien de Vienne est finalement sauvé. Haugwitz, chancelier d'Autriche (1748) et de Bohême (1749), et Kaunitz (1760-1780) ont tenu compte d'une dualité qui masque une diachronie. La Hongrie a sauvé l'État danubien : les magnats ont reçu le prix de leur fidélité sous la forme d'une sorte de droit à l'archaïsme. Les 300 000 km² de la partie hongroise sont un compromis entre une frontière interne de peuplement et un lointain Moyen Age à l'écart des Lumières. Le prix est élevé. Les transformations technologiques se situent en Bohême, en Autriche ; la Hongrie reste agricole, son commerce extérieur se limite aux exportations des grands domaines, en dépit des rendements très bas, liés à une faible densité de peuplement et à un médiocre niveau de vie. Beaucoup de souplesse, en revanche, envers « les possessions éloignées, Pays-Bas et Milanais, Haugwitz et Kaunitz en ont limité la " centralisation " [au demeurant très relative] aux terres d'Empire ».

Un État sans moyens au départ, auquel on a donné des moyens. Les rentrées au début du règne se situent à 20 p. 100, pour une population sensiblement égale, des rentrées fiscales françaises, une armée permanente de plus de 100 000 hommes. De tous les pays de la vieille monarchie, c'est la Bohême, proche de la Silésie devenue concurrente, qui est la plus profondément transformée. Les troubles de 1770-1771 et 1775 sont le signe d'un malaise, mais aussi d'une importante mutation, voyez une croissance démographique record. C'est en Bohême que Raab (l'année de la suppression des jésuites), conseiller au Conseil du commerce, un physiocrate, ose s'attaquer au servage : un processus commence, qui s'achève en 1848 seulement. La Bohême, au plan social, est à peu près sur la ligne de développement du Brandebourg, de la Poméranie et de la Prusse, le reste de l'Europe danubienne plusieurs siècles en arrière.

Avec Joseph II, le rythme change. « A Vienne, un jeune Empereur, dévoré d'ambition, avide de gloire, n'attendait qu'une occasion pour troubler le repos de l'Europe », proclame Frédéric, le bon apôtre. Joseph II entend déborder le triangle de transformation délimité par les ministres de sa mère. Il enclenche un procès de germanisation de l'Europe danubienne, par commodité. Son imprudence aux Pays-Bas, vieille terre de liberté municipale, partie prenante de l'Europe développée, provoque une résistance qui frise la révolte. L'œuvre économique est considérable, elle achève de préparer les bases du *take off* industriel du triangle Bohême-Moravie-Autriche au XIXᵉ siècle.

Le joséphisme, cette politique religieuse qui fait tache d'huile sur toute l'Europe catholique, s'oppose à la tolérance pétrie d'indifférence pragmatique de Frédéric II. Faut-il parler d'intolérance éclairée ? Joseph II est trop chrétien pour ne pas avoir tenté de mettre sa puissance au service de ses préférences pour un catholicisme éclairé, à l'opposé de la sensibilité baroque de ses peuples : un culte, comme le rêve le richérisme radical des jansénistes presbytériens du XVIIIᵉ, d'allure presque calviniste ; une religion intellectuelle de rapport ontologique ; une pratique axée sur le respect scrupuleux d'une morale de la pureté et, bien plus encore, du service, on dirait volontiers de la présence au monde. Des options qui sont, au demeurant, celles des Lumières. Elles comportent implicitement une *diminutio capitis*. Comme les meilleurs de son siècle, « il refuse la vie contemplative tout entière, l'ascétique et la mystique [...] il semble ignorer la communion des saints et la réversibilité des mérites. » (F. Bluche.)

Personne n'a poussé aussi loin ce qu'on a pu appeler l' « intégrisme » de la politique laïque. Son sens de la primauté de l'État retrouve la théologie politique de la seconde génération réformée. « Le droit divin révélé par la Sainte Écriture, et le droit naturel reconstitué par la raison humaine sont les deux bases du pouvoir monarchique. Leibniz, Wolf ou Martini, en laïcisant les théories de Bossuet, consolident la souveraineté puisque celle-ci a désormais la double caution du fondement religieux et d'un soutien rationnel. »

Partant de là, tout valse dans l'Église : divisions diocésaines, désignation aux charges, formation des clercs, réduction de la puissance régulière. « Mon frère, le sacristain » — le mot est de Frédéric II — entre dans le détail : guerre aux statues, réduction du luminaire, censure des sermons, pour un prêche pratique, ordonné au bien du royaume terrestre, civique et moral.

Point positif, l'édit de tolérance de 1781, malgré ses limites et ses arrière-pensées. Il vise à éviter l'exode des minoritaires tchèques en direction de la Silésie devenue prussienne. La tolérance se borne aux grandes confessions chrétiennes, limite l'exercice du culte au strict minimum, permet toutefois le doublement, en moins de dix ans, des protestants dans les États héréditaires germaniques : 73 000 en 1782, 136 000 en 1788. Ajoutez, avec trente ans de décalage sur la Prusse et un peu plus de réserve, l'insertion sociale des juifs (1781, fin de l'obligation de résidence en ghettos et des signes distinctifs sur le vêtement), l'ouverture des universités : à Vienne comme à Berlin, la bourgeoisie juive en profite largement, l'histoire intellectuelle en porte témoignage.

Le changement de rythme de 1780 ne favorise pas forcément l'alignement de l'Europe danubienne sur les niveaux de développement de l'Ouest. Le « joséphisme » préfigure l'erreur des révolutionnaires français. Le déiste Frédéric a moins choqué les consciences chrétiennes que le catholique sincère que fut Joseph II. On ne gouverne pas les consciences. Il n'a pas compris la valeur du catholicisme baroque, sa parfaite ordination au legs de la culture traditionnelle des campagnes. Pour utiliser cette richesse, il fallait d'abord comprendre et aimer. Le drame du joséphisme résulte d'une modalité des tensions et de la distance qui sépare la civilisation de l'écrit de la richesse culturelle du niveau traditionnel de la transmission.

A partir de ces deux pôles du despotisme éclairé, il y a dégradation dans le succès. L'espace méditerranéen est peut-être le plus résistant. La transformation de l'Espagne, au XVIIIe siècle, est profonde, mais elle ne date pas de l'avènement de Charles III. Dans l'ordre de l'arithmétique politique, voyez l'énorme effort du marquis de La Ensenada *. La phase farnésienne du règne de Philippe V, déjà à la hauteur des années 1717-1718, annonce une modalité avant la lettre de despotisme éclairé. Peu de choses subsistent pourtant de l'œuvre énorme des Patiño, Ensenada, Aranda, Floridablanca, Godoy au XIXe siècle. La crise atroce de 1808-1814 arrive trop tôt, elle compromet en outre l'idéologie au nom de laquelle les ministres de la monarchie centralisatrice et uniformisatrice avaient agi. Quant à Pombal (1750-1777), en dépit et sans doute en raison d'une agressivité tapageuse, il n'a pas réussi à combler le retard du Portugal (le Nord surtout), qui est globalement le finistère d'un finistère. Ses meilleurs succès se situent en Amérique. L'Italie fournit un modèle d'explication qu'on peut étendre au Portugal.

L'effort le plus considérable est fourni à Naples. L'échec y est flagrant. Au nord (Toscane, Parme, Plaisance), où se multiplient les résistances, le bénéfice est durable et le solde positif. Voyez la Toscane où se tiennent, en 1786, au synode de Pistoïa, les grandes assises du catholicisme éclairé, dans sa modalité jansénisante au terme d'une évolution vers un réformisme radical et une pratique purement intellectualisée. C'est dans l'Italie du Nord des écoles pies, plus modérément mais progressivement alphabétisée, que se prépare le XIXᵉ siècle, les conditions du tardif rattrapage de l'Italie. Alors, tournons-nous vers le social : ce qui paralyse l'Italie, c'est le *latifundium*, l'habitat rural excessivement concentré, le vieil assolement biennal qui a échappé à la mutation technique des XIIᵉ-XIIIᵉ siècles, l'incapacité à vouloir et à payer l'insertion populaire dans la civilisation écrite. Du même coup, la clef est fournie du succès relatif de l'Italie toscane, piémontaise et lombarde ; il tient à un certain prix de l'homme et à l'effort qui lui est consacré. Ajoutons que joue à plein, en Toscane, la superposition entre la langue parlée et la langue écrite.

L'échec relatif du despotisme éclairé dans le Midi méditerranéen est dû à une population nombreuse, difficile à remuer. Peu de « frontière » intérieure (Sierra Morena, Èbre aragonaise...), l'Amérique est trop lointaine, l'Italie sans vides. Restent les marécages, mais les techniques manquent pour les réduire. Une population dense, fière, attachée à un long passé, une élite qui a échappé au tournant de la révolution scientifique et qui est tentée d'en appeler du présent, ou d'un passé proche, à un passé plus lointain. Qui dira le poids, dans la Toscane du XVIIIᵉ, du trop brillant *Quattrocento*, le poids, pour la Rome du XVIIIᵉ, de la Rome impériale et chrétienne? Trop d'hommes, trop de passé ; le despotisme éclairé arrive trop tard, avec un décalage d'un siècle au moins, pour assurer l'essor de l'Espagne et de l'Italie. L'Espagne part sans assise, l'Italie décolle à peine. Le XIXᵉ siècle y est mal préparé, un peu mieux dans l'Italie la moins méditerranéenne que dans la péninsule Ibérique, un peu mieux en Catalogne, en Biscaye et aux Asturies qu'au Portugal et en Andalousie.

Peut-on parler encore de despotisme éclairé en Scandinavie? A peine. Les structures scandinaves s'ordonnent progressivement au XVIIIᵉ siècle sur le modèle anglais. L'État suédois tend vers une sorte de compromis entre l'Angleterre de la *Glorious Revolution* et le Brandebourg de Frédéric. La Norvège est à l'écart, mais le Danemark a quelque chose de hanovrien, il souffre d'une pointe d'archaïsme ; la Suède sort renforcée de l'épreuve où elle perd la Baltique : population croissante, mortalité la plus faible d'Europe, une espérance de vie qui talonne les records absolus de la Nouvelle-Angleterre et surtout une alphabétisation poussée et précoce ; la modernisation de l'État suédois s'opère lentement, donc sûrement : liberté de la presse, par étapes, dans un pays qui a le goût de lire, les dispositions de l'édit de 1766 sont confirmées par l'ordonnance du 26 avril 1774. Tolérance pour les catholiques (mieux qu'en Angleterre) et promotion allemande de la minorité juive urbaine. Tout un investissement culturel, enfin : tels le nouvel opéra de Stockholm d'Adelcrantz, et l'académie des Dix-Huit, en 1786, sur le modèle français.

Le Nord profond est à l'est : c'est la Russie, une fois franchi l'écran polonais. Quand une infime pellicule de grands propriétaires polonais prend conscience de la menace qui pèse, à court terme, sur les frontières de l'État nébuleuse, il est trop tard. Et pourtant, la Pologne, nous l'avons vu, participe à la prospérité orientale du second XVIIIᵉ siècle. Le premier partage de 1772 lui a donné comme un souffle en détachant deux provinces vides (Russie blanche et Prusse polonaise) et le lourd complexe galicien qui apporte à l'Autriche plus de difficultés que de moyens, avec son inestimable réseau religieux et ethnique. En voulant bien ignorer quelques millions de paysans, Léo Gershoy a pu s'émerveiller : « [...] après ce coup terrible, une nouvelle idée de liberté se fit lentement jour à travers le pays ». Dissolution des jésuites, une évolution des rapports de l'Église et de l'État empreinte d'un super-joséphisme (on dit ici febronianisme), sous l'action du chancelier Zamoyski. Le fait majeur est le fameux statut de l'éducation nationale fixé par la commission de 1773 : pour alimenter la réforme, les biens confisqués de la Compagnie. Éducation, économie, Zamoyski essaie même par l'exemple d'encourager les grands propriétaires à desserrer l'étreinte du servage. « Le mouvement de réforme devait atteindre son apogée [...] avec la nouvelle constitution de 1791, qui instaurait une monarchie héréditaire selon le modèle de la monarchie française réformée [...] » Tout cela arrive trop tard ; on ne remonte pas trois siècles en vingt ans. Russie et France prennent le devant après s'être concertées en 1793. L'œuvre de réveil qui s'ébauche à partir de la commission pour l'éducation nationale de 1773 a manqué de temps, certes, elle est allée pourtant à l'essentiel. Elle s'est attaquée au retard culturel de la Pologne : ses choix simples en faveur d'une culture scientifique et d'une alphabétisation massive sont excellents. L'apparition des noms polonais dans les sciences mathématiques et physiques dès le début du XIXᵉ part de cet effort, le reste suit.

Restait la Russie, le grand mirage des Lumières. Entre la mort de Pierre le Grand (1687-1725) et l'avènement de Catherine II (1762-1796), Catherine Iʳᵉ (1725-1727), Pierre II (1727-1730), Anna Ivanovna (1730-1741), Élisabeth

Petrovna (1741-1761) et Pierre de Holstein (1761-1762) que son épouse allemande fait assassiner préventivement au cours d'une révolution de palais,
un relent de sérail. Il y a deux mondes, en Russie, qui s'ignorent : une paysannerie qui s'enfonce dans un servage renforcé et que l'aspiration de la « frange
pionnière » soulage un peu, un monde plaqué qui respire par Saint-Pétersbourg.
Sur une société archaïque et orientale, un effort commence au XVIIe pour fabriquer *ex nihilo* un État à l'occidentale ; Catherine ne tombe pas du ciel, « elle
arrive sur un terrain étroit mais assez bien préparé. A l'ancienne " douma des
boïars ", anarchique et féodale, a succédé un organe neuf de gouvernement,
le Sénat [...] plus ou moins calqué sur le modèle suédois [...] créé en 1711,
renforcé en 1720, organisé en 1722. » Le Sénat russe tient à la fois du Conseil
privé de Louis XIV et du directoire prussien de 1723, celui-là même que
Frédéric II mit en veilleuse. Sur une structure sociale paysanne, legs d'une
évolution sans interférence occidentale, une économie d'échanges est venue se
plaquer. Avant les grandes mutations technologiques de la fin du XVIIIe, le
fer au bois de l'Oural concurrence sur le marché anglais le fer de Suède.

Voyez fonctionner, en Russie, l'État du rattrapage. Au départ, Catherine
était la vraie tsarine de l'aristocratie féodale, mais elle renoue avec Pierre le
Grand. Elle cherche à être mieux que la tsarine du *dvoriantso*, et tout en par-
courant l'empire elle lance des appels à l'intelligentsia occidentale qui l'entend,
flattée. Elle correspond avec d'Alembert, achète Diderot, étudie Montesquieu
(1764-1766) et Beccaria (1767), *le Traité des délits et des peines* dont la lecture
est réconfortante au pays du knout. La grande commission législative étale ses
travaux de 1767 à 1768 : elle réunit des représentants de toute la Russie légale,
entendez le petit État, les 2 à 3 millions d'hommes, si l'on veut, d'un Brandebourg assis sur 20 millions de serfs : « [...] la noblesse, les villes, les paysans
libres et les peuples allogènes, au total 564 députés, dont 79 seulement pour la
paysannerie », ou plutôt la couche infime des paysans libres. La commission
est installée à Moscou le 30 juillet 1767, transférée à Pétersbourg en janvier 1768,
brutalement dissoute le 18 décembre. La commission travaille sur l'*Instruction
pour la commission chargée de dresser le projet d'un nouveau code de lois*, le *nakaz*,
« l'un des documents les plus célèbres de l'histoire idéologique du despotisme
éclairé. Il s'ajoute au mécénat, à la correspondance politique, au souci de propagande et de publicité pour assurer à la tsarine sa réputation d'impératrice
philosophe. » (Bluche.) De l'effort de réforme, un point paraît durablement
acquis, l'élargissement du *dvoriantso* aux dimensions d'une élite.

Alors, le bilan : la Sémiramis du Nord ne mérite ni tout l'encens qu'elle a
reçu de ses thuriféraires naïfs ou vénaux, ni toute la sévérité qui aujourd'hui,

souvent, poursuit son œuvre. Elle n'a pas rompu avec une option en profondeur, esquissée au XVIᵉ, renforcée au XVIIᵉ et au début du XVIIIᵉ, caricaturée sous son règne. L'État russe des Lumières est une réalité, mais une réalité modeste. Catherine gouverne une Russie légale, une Russie réelle de 2 à 3 millions de sujets. Elle abandonne à 100 000 propriétaires et quelques dizaines de milliers de fonctionnaires de 15 à 25 millions de paysans. Cette princesse allemande gouverne un gros électorat « allemand », un Brandebourg-Prusse comparable à celui que Frédéric II hérita du Roi-sergent et qu'elle n'a pu ni su porter à la dimension objective de la Prusse du vieux Fritz. Mais la Prusse, après 1763, ne vaut-elle pas presque une Autriche ? Nettement plus qu'une Russie... Non, Catherine n'a rien fait pour intégrer la masse paysanne dans une nation qui ne commence à s'élaborer qu'après les réformes, au XIXᵉ, du tsar libérateur.

La Russie de Catherine nous rappelle seulement cette vérité : l'Europe des Lumières compte à son service 180 millions d'êtres à la fin du XVIIIᵉ siècle, sur le territoire de l'Europe strictement entendue, mais l'appartenance à l'Europe de la meilleure partie de ces hommes est pour l'essentiel fictive. La véritable Europe des Lumières, celle qui lit, qui pense et s'exprime dans un système de pensée qu'il nous reste à essayer de définir, n'a jamais dépassé deux dizaines de millions d'hommes concentrés, pour les neuf dixièmes, sur l'axe médian nombreux que nous avons proposé.

Reprocher à Catherine de n'avoir rien tenté pour annexer la Russie aux Lumières, voire plus modestement à la civilisation de l'écrit... Procès dérisoire : franchir cette étape dépassait son pouvoir. Le travail qui se poursuit, grâce à l'État, en Russie, à la fin du XVIIIᵉ siècle, n'est superficiel qu'en apparence : la Russie — comme la Prusse avec le décalage chronologique de l'épaisseur d'une génération — se dote, sous l'égide de l'État, d'un équipement culturel limité à un petit nombre. Voilà pourquoi, au tableau d'honneur de l'intelligent-sia occidentale, la Sémiramis du Nord, à la hauteur des années 1770, remplace l'Athènes du Nord des années 1750 : l'engouement successif pour les deux grands despotes (Frédéric, 1750 ; Catherine, 1770) correspond à un *take off* de l'équipement intellectuel, culturel et scientifique. A la séduction intellectuelle s'ajoute l'attraction des places. Les louanges de l'intelligentsia marquent *a contrario* le point de mise en place d'un équipement culturel de type européen occidental et de classe internationale.

Non, on ne brûle pas les étapes, et la première étape passe nécessairement par la constitution d'une élite. En Russie, plus qu'en Prusse, le rapport au nombre des élites, par référence aux normes de l'Ouest, est dérisoire : la supério-rité numérique du vieil Ouest est écrasante. Cependant, les élites nordiques et orientales, les élites du rattrapage ont bénéficié, dans la mise en place des organes de la transmission, d'un choix fait par les meilleurs experts. En Russie, à peine moins qu'en Prusse, ce choix a porté sur les parties les plus neuves, les plus dynamiques de la nouvelle civilisation ; ce choix joue en faveur des sciences et plus particulièrement des mathématiques.

En Pologne la commission de l'Éducation de 1773, en Russie l'effort qui suit la grande et vaine commission de 1767-1768, le *take off* intellectuel de l'Europe des Slaves du Nord aboutissent à la formation d'une élite restreinte au niveau le plus élevé dans l'ordre de la science la plus abstraite. Gain modeste, mais sans prix : entre 1770 et 1790, se préparent, au niveau de cette élite étroite, les conditions du renfort scientifique du premier XIXe siècle. De l'Est, bientôt, les prophètes d'un nouvel âge se lèveront, de Nicolas Lobatchevski (1792-1856) à Dimitri Mendeleïev (1834-1907). Le génie suppose d'abord l'honnête transmission de l'acquis. Dans ce secteur, et là seulement, le rattrapage a été complet.

●

Moscovici disait hier : le XVIIIe siècle a été par excellence le siècle de la politique, donc le siècle de l'État. L'État est au cœur de ses pensées, mais il est d'abord au cœur de son histoire. L'État est au cœur de l'histoire du XVIIIe, dans la mesure simplement où il s'y accomplit de grandes choses. L'État, ce secteur où on lit et, infiniment plus encore, où l'on écrit, l'État qui appartient presque tout entier au domaine du voulu, du délibéré, l'État, pourtant, est au terme d'une longue tradition. La plus belle des constitutions du XVIIIe siècle n'a jamais été écrite et ne le sera jamais. L'État modèle par excellence, l'État qui a porté la réflexion de Locke, est coutumier. L'État, au sommet de la civilisation écrite et de la culture traditionnelle, appartiendrait-il, lui aussi, dans une certaine mesure, au domaine du voir-faire et ouï-dire ? Particllement, il est le secteur des codes, des ordonnances, le fabricant n° 1 des longues archives et leur conservateur, mais il est aussi du ressort des tours de main, des habitudes de service, de révérence et d'obéissance, qui font la puissance et la force, la durée qui assure le succès et la croissance, générateurs de la grande mutation d'ordre et de puissance de la fin du XVIIIe au dernier tiers du XXe siècle. On peut avoir renoncé à toute eschatologie, tomber du déisme à un athéisme de fait, se mouvoir dans un néant de pensées absurdes et, comme Frédéric II, croire à l'État. L'État a été légué au XVIIIe siècle. Les formes les plus élaborées datent des années 1660-1680 (France), 1689-1720 (Angleterre) ; c'est alors qu'elles ont cristallisé. Toutes les autres sont des formes dérivées, plus frustes, qui s'acharnent à assurer le rattrapage.

Le rattrapage — la grande tâche de l'État des Lumières, non de l'État à l'époque des Lumières — à son tour modèle l'État : il fait éclater son utilité, il lui vaut un supplément de révérence et de crédibilité. L'État n'est pas sensiblement transformé en un siècle, de 1680 à 1780, mais il est multiplié.

L'État a, tout bien pesé et totalisé pour l'ensemble de l'Europe, quatre à cinq fois plus de moyens en 1780 qu'en 1680 ; il a suivi dans ses conquêtes les fronts pionniers, les secteurs de développement, mais il est resté très semblable à la donnée reçue au départ. L'État est aussi secteur des lentes, des fructueuses sédimentations. L'État, cette pointe subtile de l'équilibre social, a contribué à la croissance et, bien plus encore — voyez les équipements culturels —, au développement. Le ressort essentiel qui meut les hommes au sommet comme à la base de la pyramide de l'État est l'émulation.

La chance de l'Europe, une des clefs de l'explosion de la croissance soutenue, comme jadis la chance de la Grèce, c'est la division, et sans doute les guerres qu'elle engendre. Sans la division de l'Europe en États jaloux, craintifs et rivaux, pas de rattrapage. Paradoxalement, la division politique de l'Europe a mieux assuré un pouvoir uniformisateur dans l'entropie, donc la croissance par les tentatives toujours vaines de rattrapage. Le rattrapage, but imposé par l'État, assure la croissance de la périphérie sous-développée, relance le désir de « distance garder » de l'axe médian des hautes réussites. Rattrapage et dépassement, méfiance, expansion et recherche d'un équilibre précaire contraignent l'État à une action transformatrice en profondeur.

Le cosmopolitisme de l'élite francophone du XVIIIᵉ siècle est le fruit, non le moindre, de l'heureuse division de l'Europe en États de taille inégale et rivaux. La division utile au démarrage. Sans jugement sur l'avenir. Pour maintenir les tensions à un niveau tolérable, les États ont leurs armées et leur diplomatie. Au-dessus, se situe le travail constructif des iréniques, de Leibniz qui propose seulement la substitution d'une guerre interne à une guerre externe sur la « frontière », à ce bon abbé de Saint-Pierre * (*Mémoire pour rendre la paix perpétuelle en Europe*, Cologne, 1712, *Projet pour rendre la paix perpétuelle en Europe*, Utrecht, 1713, *Projet de paix perpétuelle entre les souverains chrétiens*, Utrecht, 1717) qui, jusqu'à sa mort en 1743, s'efforce de trouver le passage de l'équilibre des diplomates à la paix perpétuelle d'une chrétienté éclairée.

L'émulation, avec le profit, moteur de rattrapage de la périphérie, de développement de l'axe médian, aura été, sans que la pensée des Lumières en ait eu toujours la claire vision, un des plus sûrs apports de l'État traditionnel à la grandeur de l'Europe, au moment où se préparent les conditions de tous les dépassements.

DEUXIÈME PARTIE

LA MISE
EN MARCHE
DES PENSÉES

D ANS le système que nous proposons pour une intelligence si possible utile du XVIIIe siècle — la fin du XVIIIe siècle nous porte tous —, les Lumières sont à l'intersection de deux structures génératrices de mouvement. Deux structures en mouvement, mais à des rythmes différents : un cadre de vie très ancien, un système de pensée révolutionnaire hérité du siècle précédent.

Au XVIIIe siècle, un cadre de vie et un système de pensée relativement indépendants : la fondamentale modification des pensées, de 1620 à 1650, a été le fait d'un tout petit nombre d'hommes, dans un espace réduit ; la petite Europe scientifique se confond avec la petite Europe politique, moins la Méditerranée qui, après Galilée, sort pratiquement du jeu. Jamais la civilisation du langage écrit, renforcée, désormais, d'une civilisation du langage mathématique, n'avait atteint un tel degré d'autonomie. Bien sûr, la philosophie grecque a besoin de la cité. Aux constructeurs de l'univers infini du XVIIe, l'État territorial assure, avec la tranquillité de la rente, ce calme tragique, face aux exigences d'ordre qu'ils ont reçues de la Révélation et des méthodes comptables. Beaucoup sont fils de bourgeois, sortis à une ou deux générations de l'échoppe d'un vendeur de drap ou de quelques lointains et proches collecteurs de taille. Bien sûr, la pensée au départ se dégage lentement et difficilement des choses, des environnements, du pratique donc du social, mais bientôt elle atteint un degré d'indépendance qu'il est commode d'exprimer par une structure. Cette large autonomie de la pointe entraînante de la pensée découle d'une part d'un saut irréversible dans l'abstraction, de l'autre de la sage parenthèse cartésienne. Sur cette sagesse, le développement des pensées s'effectue de 1630 à 1680, au rythme jamais ralenti d'une progression géométrique, facilitée par la rigidité de l'environnement.

Le XVIIIe siècle a vu la modification insensible de cet environnement. Nous l'avons suivie sous trois angles, dilatation de l'espace, multiplication du nombre des hommes et surtout prolongement de la vie humaine, le tout favorisé par un perfectionnement de l'État. Une des conditions de la révolution du décollement des connaissances se trouve modifiée : le quasi-paramètre de la civilisation matérielle, du cadre économique et social de la vie entame un processus de modifications accélérées. Le moment arrive où cette modification est perçue, où elle rencontre la mutation, au sommet, des pensées. Au vrai, dans le global du vécu, rien n'est aussi totalement séparé. Mais notre artifice d'analyse recoupe quand même une réalité. Après cinquante ans libérateurs d'une étonnante autonomie de la connaissance, une remontée se produit de la structure des choses sur les pensées, une volonté de dépassement des maîtres de la pensée, un regard impérialiste sur le domaine réservé de la politique et de la religion. Après la linéaire croissance de 1630 à 1680, la révolution scientifique change de rythme et de style. Le faisceau de ses ambitions s'élargit.

Il nous faut retrouver les pensées, au moment où elles sont de nouveau tentées par les choses. La révolution des pensées de 1620-1650, le bond en avant des sciences mathématiques et de la mécanique céleste de 1650 à 1680 se développent désormais suivant une logique propre que nous allons essayer de comprendre. Après les structures de l'environnement, revenons à la pensée, au moment où la structure de la pensée recoupe les environnements. La structure de la pensée subit dans les sciences abstraites les premiers effets du freinage des rendements, le monde des appelés à la spéculation s'élargit, un certain recul de l'abstraction en découle. Ce que la pensée perd en force, elle le gagne en étendue. L'environnement mutant du XVIIIe se trouve ainsi incorporé aux structures de la pensée. Après avoir répondu à l'incitation superficielle des choses, le retour massif de la pensée sur les choses transforme en révolution la marche mutante des conditions matérielles de la vie. Nous serons alors arrivés, en 1780, au seuil déjà de la troublante histoire de notre temps...

CHAPITRE IV

ÉLARGISSEMENT DU CHAMP DE LA CONNAISSANCE

UNE révolution qui a cinquante ans est déjà une vieille révolution. Et pourtant, même au niveau des quelques dizaines de milliers d'hommes qui l'ont profondément vécue, elle n'a pas épuisé ses effets, elle n'a pas achevé de remporter la victoire.

La réduction phénoménologique de la science aura été peut-être le combat le plus difficile à gagner ; Descartes, après l'avoir emporté, s'est empressé de le perdre. Il pense que sa mécanique globale du monde atteint à une saisie véritable de l'être. Descartes confond, *de facto*, physique et métaphysique. Entendez que, jusque vers 1730, la confusion est courante sur tout le continent. Il faudra s'en souvenir pour comprendre le dogmatisme de la réduction mécaniste qui durcit le climat de la philosophie de la crise de conscience européenne. Mersenne avait poussé très loin le scrupule phénoménologique : « notre science refait l'image des choses, mais les choses ont leur nature propre » ; quant à Descartes, il savait qu'au-delà de sa physique quelque chose de la réalité échappait encore. Lui, mais pas forcément les cartésiens forcenés des écuries de Fontenelle dans les années 1700-1730. Le modeste Newton le sait mieux encore. En restreignant son champ à celui des phénomènes, la philosophie mécaniste dégageait la place d'une connaissance autonome de la science en cours de formation, de la théologie, qui suppose la donnée objective de la Révélation, une métaphysique, au sens précis du terme, une ontologie. Malebranche, dans une formule heureuse — elle aura un long retentissement —, a dit approximativement : « Laissons à la métaphysique l'étude du mystérieux pouvoir " efficient " des causes, la science doit se contenter de connaître les lois. » Le XVIIIe siècle ne maintiendra pas facilement l'équilibre, la philosophie vulgaire du XVIIIe rejettera même jusqu'au distinguo malebranchiste, et dans sa prisée légitime de la science phénoménologique il lui arrivera de reléguer la métaphysique au niveau de l'opinion.

Cette réduction de la science à l'état phénoménologique, au XVIIe siècle, aboutit en fait à la démolition d'une structure plusieurs fois millénaire de l'affectivité, au niveau d'abord de l'élite. La masse des lisants, en majorité, n'est pas immédiatement effleurée par le nouvel ordre des pensées. Le collège est humaniste, la littérature des grandes civilisations parle les catégories d'Aristote, quant à la littérature des pauvres, elle conserve dans un fabuleux imaginaire une civilisation morte au sommet. La masse même des lisants continue à sentir le monde de la connaissance, avec le langage courant et l'ordre catégoriel d'Aristote.

C'est Galilée sans doute qui, dans le *Dialogo*, en 1632, avait le mieux exprimé l'émoi des savants, disons des connaissants de la vieille école. « En les détournant des " natures " éternelles, on leur démolit " cet asile, ce Prytanée " où ils s'abritaient. » (Lenoble.) Pour répandre la science nouvelle, « il faut d'abord travailler à refaire les cerveaux des hommes ». Plus que le cerveau, tout l'ordre des valeurs est en cause.

Les cieux inaltérables, pour un peuple brusquement atteint de cécité et de surdité, auront cessé de chanter la gloire de Dieu, les étoiles décrochées de la sphère des fixes, dénuées de masse, après les planètes, au cours de la seconde moitié du XVIIe, seront alignées comme tous les corps jadis célestes sur la matière terne du sublunaire. Pourquoi inaltérables? La vie désormais s'identifie au mouvement. Prisée du mouvement, du transitoire, donc du cycle de la naissance et de la mort, des générations et des corruptions. L'inaltérabilité perdue, confondue avec la mort, la déchirure affective est profonde.

Alexandre Koyré a brossé en des termes inoubliables le passage du monde clos à l'univers in(dé)fini. Nous en avons tiré les conséquences affectives et religieuses. Le monde infini s'accommode de la théologie du Dieu caché, il gomme l'alternative religieuse d'un anthropocentrisme reposant. La représentation d'un univers infini, confondu avec l'espace géométrique euclidien, interdit toute théologie qui ne placerait pas en son centre le mystère de l'Incarnation. Mais si elle s'accommode de l'Incarnation historique, point de rencontre éternel du Dieu transcendant et de la totalité du créé et du temps, elle exclut pratiquement l'incarnation diffuse à laquelle se plaît l'expérience religieuse populaire au niveau de la société traditionnelle. Le nouvel univers, enfin, de la philosophie mécaniste opère dans le temps une mutation plus troublante encore, mais comparable à la mutation spatiale. Le monde a une histoire, et puisque la Terre est un morceau refroidi, détaché du Soleil, une histoire de la Terre s'impose :

le P. Kircher en a écrit le premier chapitre géologique dans son baroque et saisissant *Mundus subterraneus* (1664-1665). Le monde perçu, en outre, s'agrandit, grâce aux multiplicateurs sensoriels, d'un au-delà de la perception. On devine l'effort épistémologique exigé par l'intégration des deux dimensions supplémentaires, de l'atome à l'étoile, du ciron à Sirius. Que viennent, à la hauteur des années 1670, le défi du dynamisme newtonien et l'agression du microscope manié par le grand et étrange Leeuwenhoek, et voilà l'Europe intelligente projetée, enfin, aux limites de la première étape de la révolution scientifique.

Avec les lois de Newton, en effet, le mécanisme simpliste au départ se dépasse en dynamisme. La perception fine, l'ouverture à l'investigation scientifique d'un au-delà de la perception qui est, pourtant, de même nature, un sensoriel en extension, non un au-delà sensoriel, grâce aux multiplicateurs visuels, microscopes et lunettes, appelle d'autre part un nouvel outil conceptuel. Faut-il dire tout simplement le nouveau calcul ? Calcul des fluxions, développement du binôme, calcul infinitésimal qui permet le dépassement pratique, opérationnel du fini et de l'infini et, aux portes de ce nouvel univers plus vaste, mais aussi plus hermétique : Newton et Leibniz. La mystérieuse attraction de Newton, la petite perception de Leibniz, l'infiniment petit de Leeuwenhoek ont risqué, un instant, de jeter à terre la science nouvelle. Au moment où Picard mesure la distance de la Terre au Soleil, au moment où Olaus Römer, le 22 novembre 1675, livre la véritable dimension de l'univers (mais cela, il l'ignore) en calculant la vitesse exacte de la lumière, la philosophie mécaniste menace de se briser. Une atmosphère de panique, presque de tension : Malebranche contre Leibniz et tous contre Newton. De petits noyaux étroitement cartésiens continueront à rompre, jusque vers 1730, des lances au service du mécanisme vulgaire du début du XVIIᵉ. En fait, la révolution scientifique, pour être pleinement consommée, suppose les deux grands acquis des années 1670-1680, la deuxième révolution scientifique, à savoir le nouveau calcul et la gravitation universelle. La gravitation, c'est-à-dire la légalité à l'état pur, dépouillée de la représentation sensible de la physique de la poussée. Newton, sans le secours panpsychique que lui-même n'a pas totalement rejeté, c'est l'ascétique de la légalité. Or la révolution scientifique comporte bien, avec le langage mathématique, l'avènement de la loi comme structure intelligible de l'univers.

Oui, Newton c'est aussi la réduction phénoménologique radicale de la science. « Comme à Leibniz, le dynamisme [permettait à] Newton de rétablir la finalité : dans la nature, de trouver Dieu le " Pantocrator " dans la " Philosophie naturelle ", c'est-à-dire au sommet de la physique. » Le mécanisme cartésien des cartésiens attardés est présenté du même coup par une apologétique un peu courte comme un ferment d'athéisme. Et pourtant, ce qui était ridicule du temps de Descartes n'est pas dépourvu de vérité à partir de 1680. En acceptant sans chercher à la matérialiser, après l'avoir enserrée dans un modèle mathématique, la force mystérieuse qui structure l'univers, Newton s'approchait en tâtonnant, sans l'atteindre, de l'aboutissement philosophique des Lumières, « la distinction kantienne du réalisme empirique et de l'idéalisme transcendantal ». Le passage se fait hardiment à la limite. Se méfier toutefois des anticipations hâtives.

Le progrès de l'astronomie et de la physique mathématique, à l'aurore du deuxième jour de la révolution scientifique (les années 1680 donc), influence le tournant philosophique des Lumières. La métaphysique comme systématique et ontologie se dévalue après Malebranche et peut-être à cause de lui. Sa naïveté choque. Elle blesse les scrupules des croyants, Jurieu dénonce l'irrévérence inconsciente de l'oratorien. Plus nombreux sont ceux qui refusent de soumettre la connaissance à l'autorité de la Révélation. Mais laissons Malebranche. Le mystère du siècle qui commence par refuser le mystère, c'est la connaissance. Quel rapport entre le moi connaissant et l'ordre des apparences ? Perception, raison, connaissance et connu, moi et univers. Son problème est là. Au ras des choses et de l'humaine condition. La réduction phénoménologique de la science libère, dans le premier temps, le secteur d'une philosophie autonome. Elle entraîne dans un second temps la réduction de la métaphysique à une philosophie de la connaissance, tout un siècle passionné d'efforts contradictoires.

En développement logique, au terme de la seconde révolution scientifique, l'historien des idées ne manquera pas d'entr'apercevoir déjà la révolution philosophique. Cette réponse tardive à une question clairement posée s'appelle la *Critique de la raison pure*, 1781, un siècle plus tard.

●

La philosophie mécaniste puis dynamique entraîne une dilatation de la connaissance qui implique un fractionnement de la connaissance en secteurs de développement de plus en plus autonomes obéissant à des structures propres. La première de ces cassures est celle qui sépare le domaine des lettres d'un domaine des sciences au sens restreint que lui confèrent trois siècles d'évolution sémantique. Georges Gusdorf a cherché le tournant, il le place vers 1730. En 1683, Bernard Lamy, dans les *Entretiens sur les sciences*, appelés à un grand succès, garde l'ancienne acception, à savoir toutes les disciplines qui peuvent être objets d'enseignement. En 1723, Fontenelle prononçant l'éloge funèbre de Leeuwenhoek retrouve Lamy. Mais, en 1751, Duclos *, dans ses *Considérations sur les mœurs de ce siècle*, distingue expressément « les lettres, les sciences et les arts ». Paradoxalement, la séparation *de facto* aura précédé l'évolution sémantique. Voyez les académies *, ces académies qui forment une pièce de ce qu'il est commode d'appeler le multiplicateur.

Une fois le processus enclenché, la nouvelle connaissance appelle la nouvelle connaissance, le succès, le succès. Voilà le multiplicateur, la boule de neige. Le multiplicateur dépend d'abord du volume global des communications, entendez du nombre des hommes, qui double de 1680 à 1780 et, pour l'essentiel, de 1730 à 1780. La communicabilité est plus grande en milieu urbain. La population urbaine s'accroît plus vite. Elle fait un peu mieux que tripler de 1680 à 1780 avec quintuplement de ces centres privilégiés que sont les métropoles de plus de 100 000 habitants. Du même coup, le réseau augmente. La mutation est sensible et bénéfique à l'est, où des seuils sont franchis. Voyez le Brandebourg et la Prusse. Les réseaux de communications mutent, en Angleterre à partir de 1740, en France à partir de 1760. Voilà pour le multiplicateur physique.

Mais la structure de la population se modifie aussi : plus d'adultes, donc plus d'hommes doués de longue mémoire. Le frein le plus insurmontable à la transmission du savoir est que tout se trouve chaque fois compromis par la mort, l'acquisition recommence, avec chaque homme, de zéro ; voilà pourquoi l'effet d'un prolongement de dix ans de la vie humaine dans le secteur de la vie adulte est, de toutes les pièces du multiplicateur, la plus efficace. Le xviiie siècle, qui se trouve au début du processus de l'allongement (un gain de vie adulte est d'abord allongement, avant d'être vieillissement), en recueille tous les avantages, et seulement les avantages. Plus tard, avec la restriction des naissances, qui creuse le pied de la pyramide, viennent les aspects négatifs. Il est difficile de chiffrer l'effet cumulatif de tous ces facteurs. Bout à bout, au xviiie siècle, l'avantage est énorme.

L'essentiel est dû à la transformation et à la multiplication des moyens consacrés à la transmission et à l'acquisition des connaissances. La carte de l'alphabétisation commande tout, les chances du progrès scientifique sont en corrélation, non avec la population totale, mais avec la population ayant libre accès à la culture écrite, c'est-à-dire, en fait, avec le seuil de l'acquisition autonome, beaucoup plus difficile à atteindre que celui de l'alphabétisation. Ce seuil dépend beaucoup de la nature de l'instruction reçue. Au tableau d'honneur, voici de nouveau les dissidents religieux d'Écosse, d'Angleterre et de Nouvelle-Angleterre. De bons systèmes d'acquisition scientifique aussi, dans les pays neufs protestants, à l'est ; à côté de l'Écosse, encore la Prusse. Cependant, entre ces systèmes et l'alphabétisation, une corrélation persiste. Alors, face à cet essentiel, l'aptitude à participer à la transmission, à la diffusion et au progrès d'une culture préscientifique, agissant sur les choses ; une carte idéale de l'Europe peut être imaginée, sinon dressée. On y verrait l'Angleterre et l'Écosse combler la plus grande partie de leur retard démographique sur la France. Pour un tiers de la population de la France, un poids spécifique des trois quarts. L'Irlande serait un point à peine perceptible, l'Espagne difficilement discernable. L'Italie pèserait une Belgique et la Hollande deux à trois Italies, la Prusse à peu près autant que toute l'Allemagne. Deux points forts en Europe centrale, le Brandebourg et la Bohême ; l'Allemagne protestante écraserait l'Allemagne catholique. La Prusse arriverait à 50 ou 60 p. 100 environ de l'Angleterre ; l'ensemble allemand à 70-80 p. 100 de la France, la Prusse (6 millions) pesant trois fois la Russie (30 millions). Cette carte préfigurerait celle des réussites scientifiques de la première moitié du XIXe siècle : France, Angleterre, Allemagne du Nord, avec une flèche en direction de la Bohême et de l'Autriche, en direction de la Pologne russe et de la Russie, et très peu de chose au sud.

Un exemple précis : la France. Les jésuites, ces éducateurs de la haute classe moyenne, avaient compris très tôt — les *Mémoires de Trévoux* le montrent — l'intérêt de la philosophie mécaniste. Ils acceptèrent de faire place assez large aux mathématiques à côté du latin et renoncèrent sans drame, dans la pratique, à la physique d'Aristote ; le R. P. de Dainville l'a bien vu. L'implantation est acquise dans les dernières décennies du XVIIe siècle, mais elle a progressé, en qualité et en profondeur, au XVIIIe. On mesure du même coup quelle victoire de l'« obscurantisme éclairé » a représenté en France, comme partout, l'expulsion de 1762. La Prusse ayant réalisé, à quatre-vingts ans de distance, l'étonnant doublet de recueillir les jésuites français après les huguenots. « En 1700, cinq provinces françaises de la Compagnie de Jésus enseignaient la physique dans 80 collèges sur 88. » Paris et le Sud-Est étant les mieux pourvus. En « 1761, 85 collèges sur 90 [mais surtout, grâce à la fréquence croissante des cours, progrès qualitatif], 62 collèges ont une chaire annuelle et 23 un enseignement tous les deux ans. » Plus important, l'enseignement mathématique. Outre cinq chaires d'hydrographie, les jésuites enseignaient, en 1761, « les sciences exactes dans 21 collèges. Qualité des maîtres : désormais, dans la majorité des cas, les " mathématiciens " sont des professeurs de carrière. » Cette évolution a été favorisée par la création des chaires royales. De toute manière, on assiste, au niveau de la direction, à une prise de conscience de l'importance de la culture scientifique au moment même où s'opère l'évolution sémantique que nous avons retenue. « Les mathématiques doivent s'apprendre dès la jeunesse [...] », notait-on avec pertinence. Parmi ce personnel, beaucoup de gens estimables et, à défaut de chercheurs originaux, toute une série de traducteurs et d'adaptateurs des travaux de pointe parus en Angleterre. « [...] Le P. Pézenas publia [...] le *Traité des fluxions* (1749) et le *Traité d'algèbre* de Maclaurin (1750) [...] en 1767, le *Principe de la montre* de M. Harrison et le grand *Cours d'optique* de Smith, enrichi de notes. Son élève, le P. Rivoire [...] Michell et Canton (1752) [...] Brook Taylor (1757). Les PP. Blanchard et Dumas donnaient une édition augmentée des *Tables de logarithmes* de Gardiner, " plus belle et plus correcte que l'original anglais ", déclare Lalande. » Tout aussi intéressante, l'évolution des contenus. Pour ne pas rebuter les élèves, les bons pères ont une tendance à enseigner, dans la ligne de Pluche, une physique plus descriptive et expérimentale que mathématique ; les jeunes nobles ont pu, du moins, dans d'honnêtes embryons de laboratoire, contracter très jeunes le goût des cabinets de physique. Dimension nouvelle encore, la place faite à l'histoire de la science. Rien n'est plus susceptible, en effet, de dégager concrètement la notion envahissante de progrès, que l'impact de la structure d'environnement contribuera à étayer d'exemples, à condition de trouver pour l'accueillir un esprit formé. Grâce à ce type d'enseignement et aux courants littéraires, la condition sera de plus en plus souvent réalisée. « Il n'est pas de cours, note le R. P. de Dainville, où on ne rencontre des exposés précis des conceptions d'Aristote, d'Épicure, de Descartes, de Gassendi, ou des chimistes sur la matière des divers systèmes du monde. »

Bien sûr, les choses ne vont pas toujours sans tirage. La XVe Congrégation générale avait rompu des lances pour un retour offensif de l'aristotélisme. Vain combat d'arrière-garde. Soutenue par le parlement de Toulouse, notamment, la science nouvelle continue sur son irrésistible lancée. Paradoxalement, le ralliement cartésien des années 30 et 40 n'est pas pur d'arrière-pensées. Il s'agit pour beaucoup de contrer la vogue naissante du newtonisme. Le P. Castel suspecte Newton, vers 1720, de ressusciter « les amitiés, les exigences, les appétits, les appétences des philosophes nos aïeux, dont Descartes avait débarrassé la science [...] » (F. de Dainville), contrecoup des craintes formulées au sommet, quarante ans plus tôt, par Malebranche et Leibniz. Une querelle des nations, mais aussi une opération technique. On assiste à de curieux retournements. Contre Newton, propagé en France par Voltaire et Maupertuis vers 1730 et les encyclopédistes au-delà de 1750, les jésuites ont pris appui sur le spiritualiste Descartes contre le camp newtonien taxé de matérialisme. La querelle de l'attraction universelle avait du moins servi à purger des qualités la physique des collèges. Le cap est bien doublé entre le premier et le deuxième tiers du XVIIIe siècle, avec un siècle d'avance sur l'Espagne et un demi-siècle sur l'Italie. C'est au niveau de l'enseignement des mathématiques que fut conduit le grand, l'ascétique combat pour l'abstraction. Le tournant, là aussi, se place vers 1730-1740.

Si le travail des jésuites l'emporte par la masse, il n'est pas isolé. La ligne de l'Oratoire est parallèle. Par affinité, l'Oratoire est cartésien et scientifique. Les liens se sont serrés au XVIIIe siècle : « [...] grâce à l'élan donné au XVIIe siècle par des savants comme le P. Malebranche, le P. Lamy, le P. Jaquemet, le P. Prestet, l'Oratoire a pu connaître une lignée de maîtres comme le P. Reyneau, le P. de Mercastel, le P. Mazières, dont les élèves [...] ont assuré, jusqu'à la Révolution, un véritable foyer de culture scientifique. Le P. Cotte, l'un des créateurs de la météorologie, en est un des derniers témoins, à la veille » de la Révolution. (Pierre Costabel.) L'Oratoire a compté parmi ses maîtres Joseph-Nicéphore Niepce (1765-1833), futur inventeur de la photographie, parmi ses élèves, Cassini IV, Laennec, Monge et Bernard Lamy * (1640-1715) qui, entre autres titres, a été l'auteur de bons manuels de mathématiques longtemps réédités. Le mouvement est général puisque même les bénédictins, mauristes surtout, comprirent la nécessité de réduire le temps consacré aux langues mortes, au profit des sciences.

Le point faible de l'enseignement scientifique, en France, découle du vieil appareil universitaire, totalement incapable de se réformer. Il faut en sauter l'échelon. Quel contraste avec l'Allemagne de l'Est (voyez Halle), l'Écosse, et même l'Angleterre! Rien, ou presque, entre le collège qui donne les bases et les nombreuses sociétés, foyers de transmission informelle du nouveau savoir.

C'est en dehors du cadre supérieur traditionnel que l'indispensable instrument de la transmission et du progrès se constitue. Voyez la médecine : à côté du médiocre noyau central, formé par les facultés et les collèges de médecine, « vingt-deux facultés et vingt-deux collèges de médecine au début du XVIIIe siècle » (Pierre Huard), voici les éléments d'un réseau de secours : Collège royal et Jardin du roi, à Paris, enseignement hospitalier déjà, les dynamiques écoles de santé dépendent de la guerre et de la marine, sans parler des écoles privées fondées par des particuliers ou des ordres religieux. «Enfin, des sociétés savantes, des journaux spécialisés, des encyclopédies contribuaient à centraliser les informations médicales et réalisaient un enseignement postuniversitaire à l'usage des praticiens.» Faut-il évoquer aussi la qualité des relations intermédicales? Les contacts les plus fructueux se nouent avec l'Angleterre. « [...] Morand, Fr. Hunauld, Durocher (1783), Tenon (1786), Antoine Dubois, Chopart, Dezoteux, de Jussieu, J.-J. Suë (1783), Broussonnet vont faire des voyages d'étude en Angleterre [...] Inversement, Élisabeth Nihell, la meilleure sage-femme de Londres, W. Smellie, le grand accoucheur, A. Monro, William Hunter (1743-1748), Callisen (1755), Pringle, Sharp (1750), Mathieu Baillie (1788), Tobias Hawkins, Smolett, Rigby, Bromfield, Gardiner, Cadwalader, Bulfinch, Jones, John Jefferies (1785), Bell, Morris, John Morgan, Astley Cooper (1792) viennent sur le continent. L'Académie royale de chirurgie et la Société royale de médecine ont de nombreux associés anglais, comme la Royal Society de Londres s'est associée plusieurs Français.» La qualité, le niveau et la facilité des échanges internationaux constituent bien une des grandes chances du XVIIIe siècle. Ils compensent largement le recul du latin comme langue médicale internationale. Le plus grand courant de traduction se fait dans le sens de l'anglais au français, d'où l'importance des traducteurs. « Certains sont à la fois médecins et philologues.» A côté d'un Lefebvre de Villeneuve (1732-1809), à côté de Bosquillon († 1816) ou Jault, professeurs au Collège royal, un grand nombre de médecins savent assez couramment l'anglais pour assurer la traduction de l'indispensable outillage, voyez Lassus, Sabatier, Thion de La Chaume, Duchanoy, Baron, Coste, Chaussier, Pinel, Le Bègue du Presle, Suë. D'autres traducteurs ne sont pas médecins mais assez versés en matière médicale pour faire œuvre utile ; dans cette catégorie, on retiendra Le Moine, Genest, Audibert.

La matière médicale avait été, autour de 1650-1660, le centre d'un combat entre tenants de l'aristotélisme et amants des nouvelles doctrines. L'enseignement de la pharmacie n'avait disposé, en France, jusqu'en 1777, que de moyens modestes. « A Paris, une institution domine [...] C'est la fondation, en 1576 [...] d'un établissement charitable qui devait contenir [entre autres] une officine pour la confection des médicaments [...] et un jardin botanique pour la culture et l'étude des simples. Cet établissement fut bientôt le lieu de rendez-vous préféré des apothicaires. Leur communauté l'ayant pris en sa charge, dès 1624, il devint le " Jardin des Apothicaires ", siège, plus tard, en 1777, du Collège de pharmacie [...] » (Charles Bedel.) La chimie fit une entrée prudente et progressive, en raison des méfiances hippocratiques à l'encontre de cette fille supposée de Paracelse. Au XVIIIe siècle, le verrou est poussé. Parmi les plus célèbres enseignants, Étienne-François Geoffroy (1672-1731), l'auteur des *Tables des affinités chimiques*, et son jeune frère, Claude-Joseph Geoffroy (1685-1752).

« Louis XVI, le 25 avril 1777, décida de réunir [...] maîtres apothicaires et [...] apothicaires privilégiés de Paris en un seul collège [...] le 10 février 1780 [il édicta des] statuts. » Un pas était franchi. En province, seul Montpellier se plaçait sur un pied comparable, et Nantes, loin derrière.

Progrès, partout, des sciences. Voyez le Collège royal : « Au commencement du XVIIIᵉ siècle [d'après le Registre des délibérations en date du 6 novembre 1707], sur vingt chaires d'enseignement, onze sont consacrées aux lettres [...] Neuf chaires aux sciences : deux de mathématiques, quatre de médecine, chirurgie, pharmacie, botanique, une chaire de Ramus [fondée par Ramus, destinée à l'enseignement et au progrès des mathématiques], enfin deux chaires de philosophie grecque et latine » (Jean Torlais) qui, évolution révélatrice, tout en ayant conservé leur ancienne appellation, avaient glissé vers un enseignement presque exclusivement scientifique. L'obligation du latin, jalousement conservée, est un signe tenace d'archaïsme. Le Collège a abrité le mathématicien Philippe de La Hire * (1640-1718), l'homme des mathématiques appliquées à la navigation, à l'art des télescopes et des microscopes, Antoine René Mauduit (1731-1815), l'abbé Jean Terrasson (1670-1750), Pierre Charles Le Monnier (1715-1799), Nicolas Andry (1658-1742), rédacteur du *Journal des savants*, Louis Daubenton * (1716-1800), le célèbre naturaliste.

Dans le domaine en plein essor des sciences de la nature, le Jardin du roi élargit son champ d'action : « De 1635 à 1718 s'étend ce que l'on pourrait appeler la période " médicale " de l'histoire du Jardin royal. » (Yves Laissus.) C'est l'époque où tous les moyens sont bons pour tourner le rempart aristotélicien, hippocratique et galliénique, ce monstre de tradition qui s'appelle faculté de médecine. Le bon combat livré est gagné ; le Jardin royal des plantes médicinales, bientôt appelé symboliquement Jardin royal des plantes, et plus simplement Jardin du roi *, peut être considéré comme la base logistique privilégiée de la diffusion des connaissances de pointe dans le secteur des sciences naturelles et physico-chimiques. Point sensible de cette évolution, le « droguier, créé dès 1695 et considérablement enrichi par Fagon, perd son ancien aspect d'officine et, désormais consacré aux trois règnes de la nature, devient, en 1729, " Cabinet d'histoire naturelle " [...] En 1739, quelques jours avant de mourir, Du Fay [...] dans une lettre au ministre Maurepas, désigne Buffon. Buffon portera cinquante ans le titre d'intendant [du Jardin du roi]. » (Yves Laissus.) Il lui imprime durablement sa marque. De plus en plus, le Jardin s'ouvre à des savants de tous horizons. Parmi les géants, entre 1784 et 1793, Lacépède, Faujas de Saint-Fond, Lamarck et Geoffroy Saint-Hilaire.

La botanique reste à l'honneur. En 1636, La Brosse donne une liste de

1 800 plantes, il y en a déjà 4 000 en 1665. En 1788, l'école compte 6 000 plantes. Avec Bernard et Antoine de Jussieu *, on herborise de plus en plus en dehors de Paris. La promotion de la chimie est symbolisée par la désignation de Four-croy, en 1784. L'anatomie, science auxiliaire et paramédicale, avait fait son entrée (désir toujours de tourner la Faculté) avec un personnage curieux de l'entourage de Séguier, ami de mal-pensants, distillateurs et autres personnes de mauvaise réputation, Marin Cureau de La Chambre, en 1636. Son fils François lui succède. Après lui, Dionis, qui prêche Harvey, subit l'assaut du Parlement et, dans un épilogue digne de Tartuffe, est sauvé par le roi. Après Dionis, plus que des grands : Duverney, Hunauld, Winslow, Petit, Portal.

Énorme promotion intellectuelle, réduction progressive d'une barrière millénaire, legs de la cité grecque qui oppose citoyens et esclaves, la science, disons plus exactement la philosophie naturelle, ne fait plus fi de la technologie. Descartes et Galilée ont réhabilité l'art de l'ingénieur. On ne saurait faire la part trop large dans la diffusion, la transmission et les progrès de la révolution scientifique, aux grandes écoles d'ingénieurs de l'État. La France, dans ce domaine, a servi de modèle à l'Europe et au monde. Elle a été étroitement imitée, en Prusse, en Russie, en Autriche, par tout l'effort de rattrapage du despotisme éclairé et, aussi, dans l'Espagne de Charles III, et jusqu'au Mexique.

Au tout premier plan, les ponts et les mines. « De 1747 à 1775, on assiste à la curieuse évolution du Bureau des dessinateurs qui [...] se transforme peu à peu en école d'ingénieurs. De 1775 à la Révolution, définitivement reconnue comme école par un acte de Turgot, elle fonctionne de manière harmonieuse » (Gaston Serbos) et constitue un remarquable exemple de parfaite adaptation.

Dans la constitution très progressive d'un corps, on suit, du même coup, la lente promotion de la route, simple travail de terrassier et de maçon jusque vers les années 1660-1670. Un arrêt du 12 janvier 1668, à l'initiative de Colbert, stipule qu' « un architecte ou ingénieur devait être nommé pour la conduite de ces ouvrages ». Dans un arrêt du 7 mars 1676, le titre d'architecte du roi fait son apparition, bientôt prolongé éventuellement en commissions d' « ingénieurs de S. M. » ; les ingénieurs sont encore des « temps partiels ». Le plus gros effort se déploie aux frontières. « Parmi les ingénieurs commissionnés, des moines appartenant à l'ancienne congrégation des " frères pontifes " [...] Le frère Romain [...] est finalement nommé ingénieur de la généralité de Paris par un arrêt du 11 novembre 1695. » (G. Serbos.)

Un corps se constitue par étapes avec, à l'origine, la lente mais sûre montée des besoins. 1715, 1716, 1733, 1743 donnent les jalons, Trudaine lui imprime sa marque. Trudaine (1703-1769) n'était pas un technicien au départ. « Il avait reçu la formation classique de la plupart des grands commis. » Avocat au parlement de Paris, maître des requêtes, intendant de généralité, rude école : « nommé intendant des finances et conseiller d'État en 1734, il est chargé neuf ans plus tard, en 1741, du détail des ponts et chaussées ». Au départ de la rationalisation, le désir de tirer meilleur parti du travail des corvéables. Dans ce dessein, Trudaine établit « à Paris, en 1744, un bureau spécial composé à l'origine de trois dessinateurs », dont Mariaval, habile cartographe. Le bureau s'accroît rapidement. Le dessin des routes appelle la carte. « Trudaine eut l'idée de faire donner, au bureau même, une certaine instruction scientifique et technique aux employés [...] » Trudaine fait donc appel à Jean David (alias Jean Rodolphe) Perronet, en 1747. La jeune école lui doit beaucoup : « Perronet va, pendant quarante-sept ans, façonner cette école, tout en assurant la construction de vingt et un ponts dont plusieurs étaient encore en service avant la dernière guerre. [En raison du haut niveau requis, parallèlement à l'école proprement dite,] de bonne heure les aspirants élèves prirent l'habitude de faire une instruction préparatoire dans une école créée en 1739 par le grand architecte Jacques François Blondel (1705-1774). » (G. Serbos.) Un système de recrutement extrêmement sélectif permet la constitution d'un véritable corps d'élite où s'illustrèrent « de Cassart, Chézy, Gauthey, Lamandé, Brémontier, Lamblardie, Liard, Sganzin, Prony, Gayant, Bruyère, Tarbé de Vauxlaire ... ». L'École des ponts, avec les Écoles des mines, prépare la voie aux réalisations révolutionnaires.

La minéralogie est intimement liée, au XVIIIe, aux techniques minières. Dans ce domaine, les Allemands furent longtemps rois, rattrapés au cours du siècle par les Anglais. Le rôle des traducteurs est considérable. Traduction de l'allemand et du suédois à travers l'allemand. On doit à l'initiative de d'Holbach la traduction, en 1753, de la *Minéralogie ou Description générale des substances du règne minéral* du chimiste suédois Wallerius, d'après une édition allemande. On doit, dans le même temps, à d'Arclais de Montamy, la *Lithogéognosie ou Examen chymique des pierres et des terres en général* de Pott. (D'après Birembaut.)

La constitution d'un corps des mines, en France, contribue à combler un retard (un des rares secteurs où l'Ouest est en retard sur l'Est). Au départ, le souci du Régent et un homme, le chimiste Jean Hellot (1685-1766). « Essayeur en chef à la Monnaie, Hellot était alors attaché au contrôle général des finances, où il était chargé de l'examen technique des projets présentés au Conseil lorsqu'ils concernaient les arts, et, plus particulièrement, les teintures et les mines. » (A. Birembaut.) Hellot charge Baron d'une mission, en 1742, auprès des principales mines de charbon. Fresnes, Anzin, le Forez sont visités. Une circulaire d'Orry aux intendants, en septembre 1742, marque le tournant d'une prise de conscience et le mariage science-technologie. « Les exploitations pour la fouille et l'exploitation des mines de charbon de terre se sont, depuis plusieurs années, multipliées dans le royaume et peuvent devenir extrêmement utiles par l'emploi que l'on peut faire à différents usages du charbon de terre au lieu du bois dont la rareté commence à se faire sentir dans plusieurs provinces [...] » Le travail préparatoire aboutit à l'arrêt du Conseil du 14 janvier 1744 « portant règlement pour l'exploitation des mines de houille ou charbon de terre ». Dans un premier stade, formation commune des deux corps, les élèves pour les mines furent formés à l'École des ponts et chaussées. « Trudaine offrit aux directeurs [...] des mines d'admettre à l'École des ponts et chaussées les jeunes gens qu'ils croiraient devoir recommander. [Auparavant,] Orry avait envoyé, en avril 1742, Étienne François de Blumenstein, âgé de vingt-six ans, en Saxe et au Hanovre [se former aux frais de l'État. Palliatif.] Quatre élèves au moins furent admis, en 1751, à l'École des ponts et chaussées, pour y recevoir la formation conçue par Trudaine. Le plus brillant, Antoine Gabriel Jars (1732-1769), dont le père était aussi dans les mines de pyrite de Saint-Bel et de Chessy [...] ne reste que deux mois à l'école. » Un arrêt du Conseil du 21 mars 1781 créa quatre inspecteurs des mines et des minières du royaume : Monnet, Duhamel, Gabriel Jars et Pourcher de Bellejeant.

Les transformations de Paris multiplient dangereusement les fouilles. Un accident survenu en 1776 dans une exploitation de la région parisienne hâte la prise de conscience ; elle incite à une réglementation contenue dans un arrêt du 15 septembre.

Antoine Dupont, apprécié par Turgot et Malesherbes, « tenait, rue Neuve-Saint-Médéric, une école où il donnait des " cours de mathématiques théoriques et pratiques sur les éléments et sur la haute géométrie ", ainsi que des cours sur la marine et l'hydrodynamique. [L'arrêt du 25 septembre 1776 autorise Dupont] à ouvrir une école de géométrie souterraine [...] » (A. Birembaut.) Solution d'attente. Longtemps après la Bergakademie de Freiberg (novembre 1765), un arrêt du 19 mars 1783 porte création d'une école des mines. La direction en est confiée à Sage, titulaire de la chaire de minéralogie docimastique. L'enseignement est couplé avec celui de Daubenton au Collège royal de France. Dans les quinze dernières années de l'Ancien Régime, les traités de technologie minière en français se multiplient : les ouvrages de Sage, de Duhamel remplacent ceux d'Antoine-François de Gensanne (?-1780).

Technologie scientifique, l'hydrographie. L'évolution sémantique traduit à sa manière le progrès des sciences. « L'hydrographie, au XVIIe siècle, englobait au sens large l'ensemble des sciences et techniques de la mer. » (Russo, S. J.) C'est le sens que lui donne le P. Fournier dans sa classique *Hydrographie* (1ʳᵉ éd., 1643). A partir de la fin du xviiᵉ, et durant le xviiiᵉ siècle, le sens se restreint à l'art de naviguer, l'art du point et du rumb. Les manuels disaient plus modestement : « art du pilotage », « art de naviguer ».

Un effort d'enseignement, marqué par un changement de rythme et de cap, à partir des années 1670-1680. Aucune technique n'appelle davantage une formation mathématique. L'incidence est donc considérable. Les collèges jésuites ont ouvert la voie, préparé les sentiers. Les besoins de la marine poussèrent à l'institution. 1683, trois écoles furent créées pour les futurs officiers. L'enseignement scientifique en est confié aux jésuites.

Le xviiiᵉ a découvert la technologie. Secteur après secteur, la technologie change de plan. De l'apprentissage par voir-faire et ouï-dire, elle passe au livre — manuels et grands traités —, de l'enseignement mutuel à l'enseignement encadré et institutionnalisé. Dans le même temps, elle est, par pans successifs, gagnée par la philosophie mécaniste ; la rigueur mathématique née des besoins de l'ingénieur, purifiée et renforcée par l'ascèse de l'abstraction pure, fait retour à la technologie qu'elle fortifie, transforme et pousse vers de nouvelles conquêtes. Rien de plus important que ce va-et-vient technique-science, science-technique.

Point de départ d'un véritable enseignement technique, élémentaire et moyen, les écoles gratuites de dessin. En 1746, à Paris, le projet du peintre A. Ferrand de Monthelon (1686-1752) ; Rouen suit (1746), puis Toulouse (vers 1750), Reims (1752), Marseille (1753), Lille (1755), Lyon (1756), Amiens (1758). En 1766-1767, l'école gratuite devient École royale gratuite de dessin. Ainsi étaient jetées en France les bases d'un enseignement des beaux-arts.

Voici encore les constructeurs de la marine où l'on retrouve la marque du grand et universel Duhamel du Monceau * (1765). Euler s'est penché sur ces problèmes, établissant le lien science-technique. A Duhamel succède Borda, en 1784.

Au milieu du siècle, avec les énormes besoins de la levée des territoires nationaux de l'Europe, les géographes et géomètres, longtemps formés sur le tas, passent à l'apprentissage scolarisé. « Trudaine eut l'idée d'un bureau qui forme " les géographes et dessinateurs des plans et cartes des grandes routes et chemins du royaume ", sous la direction d'un ingénieur expérimenté. » (F. de Dainville.) A Perronet ce soin, en 1747 : il avait créé à Alençon, en 1742, un petit bureau de ce genre. L'institution fait tache d'huile. Lorsque Cassini se vit confier par Louis XV, le 7 juillet 1747, la tâche écrasante d'étendre à l'ensemble du royaume le bijou d'exactitude qu'il avait réalisé pour la Flandre, il commença par créer une école d'ingénieurs qui lui fournit ses propres techniciens. Sans la formation mathématique reçue au collège, les problèmes de recrutement, de toute manière difficiles, eussent été impossibles. Plus modeste, mais dans le même esprit, et dans la foulée physiocratique, voici l'École de boulangerie (1780), sur des idées lancées par Cadet de Vaux et Parmentier.

Le plus gros consommateur, la pépinière de la formation, de la diffusion, du progrès scientifique, fut l'armée. L'enseignement scientifique fait de rapides progrès dans les écoles militaires et d'artillerie. Les grandes écoles d'artillerie datent de 1720. L'émulation entre États joue son rôle. Le modèle français fuse et diffuse. Autrichiens, Espagnols, Piémontais emboîtent le pas les premiers ; la balistique est consommatrice de mathématiques. A partir de 1758, le génie se sépare. Le niveau scientifique s'élève si vite qu'il faut bientôt créer ces écoles préparatoires et d'accompagnement que sont les écoles militaires élémentaires.

Comme pour les ingénieurs des ponts, nous voyons fonctionner un aspect particulier du multiplicateur, le processus de remontée. On crée un enseignement technique supérieur, le niveau scientifique de compréhension s'élève rapidement qui rend obligatoire un enseignement technique préparatoire, à dominante scientifique. On pourrait étendre encore la démonstration à l'enseignement des gardes de la marine (les officiers du pont), où l'ordonnance de 1764 établit, avec le système des trois classes, le principe de l'avancement au mérite. Le privilège de la naissance dans le plus aristocratique des corps ne dispense pas des fourches caudines de la trigonométrie, de l'astronomie et de l'analyse. Il en va de même pour l'École royale du génie de Mézières.

L'État et l'intérêt souvent désintéressé des particuliers contribuent au multiplicateur. Voyez la physique expérimentale, non pas celle qui est au point de départ des malheurs de Candide, mais celle de l'abbé Nollet : elle fut la coqueluche des honnêtes gens. Faut-il dire le « virtuose » à l'anglaise ? Ne soyons pas trop sévère. Le xvIIIe a entrepris la transformation décisive du goût, il a créé un climat d'opinion qui porte la philosophie naturelle mécaniste en marche vers la science.

Au départ de tout, court-circuitant la résistance aristotélicienne de l'Université, les académies. Coexistence pacifique, en Angleterre, où l'Université et la Royal Society « ont bon nombre de membres en commun ». En Italie et en France, les académies jouent pleinement le rôle d'universités suppléantes et souvent de contre-universités. L'État territorial moderne a prêté sa caution. La première, l'Académie florentine del Cimento (1657-1667). La Royal Society suit à Londres en 1662 ; l'Académie des sciences, à Paris, en 1666.

La philosophie mécaniste est portée, au départ, comme un grand dessein :

« Les sociétés savantes sont une utopie de la pensée scientifique. L'Académie développe un thème mythique propre à la pensée d'occident. [Elles dégagent au départ un fumet prémaçonnique, comme un relent de Rose-Croix.] Regroupement des savants et [...] organisation raisonnée de leurs efforts pour le bien de l'humanité.» (Gusdorf.) Mersenne, le premier en France, en même temps que Bacon en Angleterre, y avait songé. Un grand dessein semblable aura animé le groupe d es éditeurs de Brouaut, Mme Colnort l'a bien vu. Cet esprit d'académie sous-tend le réseau mis en place, de 1660 à 1730-1740, à travers toute l'Europe. L eibniz en a été le commis voyageur à travers l'Allemagne. Il propose dès 1667 un plan d'académie : il faudra attendre trente-trois ans pour qu'il se réalise à Berlin. Mais l'État de Brandebourg-Prusse a mieux : à Halle, la prem ière université pénétrée de l'esprit nouveau, où enseignaient Christian Thomasius et Christian Wolf (en dépit de l'incident célèbre de 1723). « L'expérience de Halle prou ve la possibilité de féconder la recherche par l'enseignement et l'enseignement par la recherche.» Halle n'est peut-être pas isolé ; voyez Altdorf, près de Nuremberg. Même phénomène à Leyde, avec Boerhaave (1668-1738) et ses élèves et continuateurs immédiats, Musschenbroek * et 's Gravesande *. Heureuse Hollande !

Multiplicateur des académies prolongées par les sociétés de pensée ;

32. LE CONTENU DE L'ÉCRIT EN FRANCE AU XVIIIe SIÈCLE →
(D'après Livre et Société dans la Fr ance du XVIIIe siècle, *1965.)*

I. *1715-1719.* — II. *1750-1754.*
Le Journal des savants *est l'organe du milieu académique, bastion d'un cartésianisme mécaniste, sur quelques points dépassé, gagné au courant philosophique ; les* Mémoires de Trévoux *ont été créés par la Compagnie de Jésus pour contrebalancer dans l'élite l'influence du* Journal. *Par-delà ce qui les oppose, on peut envisager ce qui les unit.* Journal des savants *et* Mémoires de Trévoux *rendent compte des courants de la connaissance, du contenu de l'écrit. Ehrard et Roger ont relevé les comptes rendus et les ont classés par contenu. De 1715 à 1750, on note sur toutes les sources un très net recul de la théologie, un quasi-plafonnement du droit, de l'histoire et des belles-lettres, une montée à la verticale des sciences et des arts, c'est-à-dire l'orientation progressive de la culture vers un contenu plus scientifique et tech-* nique. *De 1715-1719 à 1750-1754, recul donc, mais aussi dégradation, du contenu de la littérature théologique. Voyez l'apologétique et la controverse se substituer à la patristique, à la liturgie et à la dévotion. L'intérêt pour l'herméneutique biblique se maintient. Le recul du droit canon et de l'histoire ecclésiastique confirme la laïcisation de la culture. Face à la civilisation scientifique, les* Mémoires de Trévoux, *malgré leur intérêt, sont plus statiques, tandis que le* Journal des savants *sacrifie la médecine et les sciences naturelles à la physique et aux mathématiques. Face aux belles-lettres, par contre, ce sont les* Mémoires de Trévoux *qui évoluent plus que le* Journal des savants. *Ce qui compte avant tout, c'est, sur toute la ligne de la civilisation écrite, le recul de la science sacrée et la montée des secteurs de la connaissance les plus étroitement liés à la « philosophie mécaniste ».*

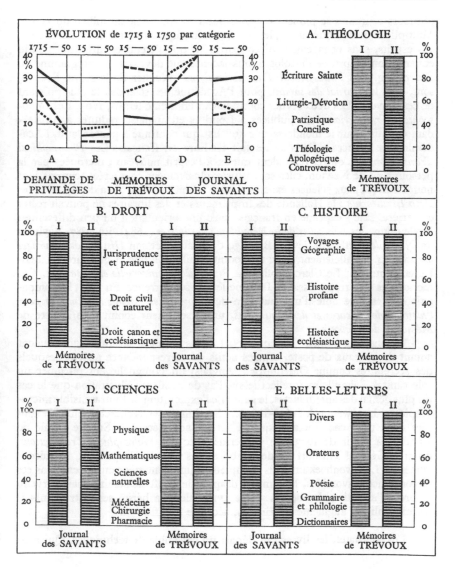

plusieurs centaines se piquent de physique expérimentale au milieu du xviiie. Multiplicateur des journaux * ; les revues scientifiques « sont le lien d'une société des esprits, sans engagement ni constitution, qui s'étend en droit au monde entier, selon l'esprit de l'idéologie sous-jacente que développe le programme de Oldenburg. Les *Philosophical Transactions*, bras séculier de la Royal Society, sont, avec le *Journal des savants* pour l'Académie des sciences, le plus puissant de ces moyens. Les deux revues commencent en même temps, 1665. Les *Philosophical Transactions* sont publiées à Londres en anglais, traduites à Amsterdam en latin pour le monde savant de l'Est qui continue à penser latin, l'Académie des sciences à Paris se les fait traduire en français. Les *Philosophical Transactions*, en outre, répondent mieux à l'esprit nouveau ; marquées par la personnalité de Newton, elles sont plus exclusivement consacrées (comme leur nom l'indique) aux sciences exactes. Grâce à Leibniz, Leipzig a depuis 1682 les *Acta Eruditorum* : la Hollande des imprimeurs et des libraires ne pouvait rester en arrière. Elle s'exprime en français, avec une orientation un peu différente : Bayle donne les *Nouvelles de la République des lettres* (1684). En 1687, Bayle et les *Nouvelles* s'effacent devant Basnage de Beauval et son *Histoire des ouvrages des savants*. Parallèlement, avec une pointe philosophique et littéraire, le théologien protestant Le Clerc publiait sa *Bibliothèque universelle et historique*. Ces monopoles sont trop puissants. Ils appellent la concurrence. En 1701, la Compagnie de Jésus se dote d'une manière de *Journal des savants : Mémoires pour l'histoire des sciences et des beaux-arts*, universellement connu sous le titre de *Mémoires de Trévoux*.

Voyons l'instrument à l'œuvre : « [...] les sociétés savantes constituaient autant de bureaux de poste, centres actifs de correspondance auprès desquels des secrétaires comme Oldenburg [l'Anglais] ou Fontenelle ont pu jouer un rôle capital d'aiguilleurs intellectuels ». Pas de meilleure illustration que le cas du plus génial des autodidactes, le géant de l'exploration de l'ultrasensible microscopique, Leeuwenhoek (1632-1723). « Ses immenses recherches ont été exposées dans trois cent soixante-quinze lettres adressées à la Société royale de Londres à partir de 1673. Par l'intermédiaire des *Philosophical Transactions*, observe Georges Gusdorf, et des publications qui s'en inspiraient, les découvertes de Leeuwenhoek ont pris l'ampleur d'un phénomène européen. Sans ces circonstances favorables, le commis drapier de Delft ne serait jamais parvenu à forcer l'attention des doctes ». Le xviiie siècle a hérité ses instruments, il les multiplie, il augmente les tirages, accélère la diffusion.

Les journaux, les livres, au départ un ensemble de techniques. Qui n'est pas sensible à la régulière démultiplication du système par excellence de diffusion de la pensée ? Où sont les impressions incertaines de la première moitié du xviᵉ siècle dont les caractères friables s'écrasaient rapidement après trois cents tirages ? Le livre s'assure. Épreuves mieux corrigées, caractères bien détachés, formats plus commodes ; entre le format minuscule des libelles et l'immaniable *in-folio*, l'*in-octavo*, l'*in-quarto* plaident les exigences du livre moderne : 1660-1680, 1720-1740.

Entre la première et la seconde moitié du xviiᵉ siècle, la géographie du livre s'est profondément modifiée. Anciennement : le nord de l'Italie, Pays-Bas, axe rhénan, avec Lyon, Anvers, Venise et Bâle. La géographie du livre de 1660 à 1750 fait apparaître les nouvelles lignes de force de l'intelligence et de l'économie. Une France parisienne et circumparisienne avec des articulations sur Rouen et la Champagne, un repli de l'Allemagne rhénane, un mouvement de retrait des Pays-Bas sur la Hollande, l'effacement de l'Italie et l'affirmation puissante de l'Angleterre. Au-delà de 1750, à ce centre inchangé, une frange s'ajoute, l'Allemagne de Gutenberg reprend sa place et les capitales du Nord et de l'Est profond s'allument une à une sur le tableau de bord du livre.

A cette géographie nouvelle correspond une modification de l'aspect et des coûts. Le livre imprimé se détache de ses origines, il s'aère, il multiplie les blancs avec la baisse de prix du papier. L'objet précieux et rare prend l'aspect robuste et simple d'un objet courant accessible aux échelles intermédiaires d'une élite de l'intelligence et de l'aisance.

Il faudra poursuivre une histoire quantitative du livre. Henri-Jean Martin l'a entreprise au niveau de la production. On peut la concevoir également à l'arrivée. Les inventaires après décès, le contenu des bibliothèques, ce que nous entrevoyons nous permet de supposer, entre 1680 et 1780, dans l'Europe de l'Ouest, où l'implantation du livre est ancienne, un décuplement du stock existant. Cette multiplication se fait par deux voies. Dans le milieu aisé et qui lit, là où l'on trouvait cinquante livres, on en trouve facilement deux cent cinquante. Le livre est un objet qui s'use peu et qui se conserve facilement. Avec l'extension et la modification du contenu de l'alphabétisation, le livre franchit pour la première fois des portes closes. Les bibliothèques bleues, les contes, qui foisonnent fin xviiᵉ, sont le signe de conquête culturelle et sociale. La lecture qui est ainsi diffusée à travers les bibliothèques populaires est une culture de rêve, archaïsante et rétrograde. On regrette les livres de la piété populaire du xviᵉ, qui s'adressaient, il est vrai, à une autre couche. Et pourtant, même la Bibliothèque bleue est un instrument de progrès ; elle contribue au perfectionnement de la lecture par récompense immédiate, elle dégage peu à peu, parmi les lisants déchiffrant, des lisants capables d'une utilisation difficile du langage écrit, dans la catégorie des lecteurs à haute voix, notamment à la veillée collective au coin du feu, éclairée par les cosses de haricots, chandelle du pauvre. Pour cela, il fallait un outil abondant, bon marché. Voyez les coûts. L'étude, pour l'essentiel, reste à faire.

La presse du XVIe est en bois, avec quelques revêtements métalliques. D'où usure, fragilité et résistance par frottement. Les premières vis de pression en métal apparaissent à Nuremberg vers 1550. La frisquette (fin XVIe) empêche les taches sur la feuille : gain de qualité et maniement plus rapide. Mais l'acquisition la plus importante est apparue à Amsterdam, chez W. Jansw Blaeu : « [...] au barreau de pression, il adapta un contrepoids au moyen duquel la platine était automatiquement relevée, sans que le pressier fût obligé de repousser de la main le barreau de pression. » (Maurice Audin.) La presse hollandaise, bientôt améliorée, peu à peu diffuse du Nord.

Début XVIIIe siècle, un certain nombre d'améliorations du matériel d'imprimerie font un instrument simple, de maniement facile, robuste, d'un prix relativement abordable : les presses de cabinet. Le cabinet dérive du progrès de la culture et du goût de la collection. Bijoux, tableaux, porcelaines, chinoiseries, herbiers, livres s'accumulent, et au début du XVIIIe les presses de cabinet. Construites sur le modèle des presses d'imprimerie, elles permettent, sans connaissances particulières de l'imprimerie, d'imprimer catalogues, pièces ou écrits pour une diffusion restreinte à l'intérieur d'un public éclairé. « L'engouement [...] pour ces machines fut grand : nous en trouvons l'écho dans de petites livraisons mises à la disposition des "amateurs éclairés". Un manuel bibliographique du XVIIIe siècle [...] propose une "machine typographique" pouvant imprimer des "livres étendus en vers ou en prose", dans un meuble en forme de secrétaire d' "environ 2 pieds 6 pouces quarrés de surface plane" ». (M. Audin.) Le catalogue parle d'une diffusion de vingt-cinq à cent machines et annonce un prix, 6 000 livres. Réalité ou escroquerie ? Cette mode marque le franchissement d'un seuil dans la parfaite maîtrise, sans découvertes techniques révolutionnaires, d'un outil déjà ancien. Les machines à imprimer de cabinet illustrent une loi que nous avons déjà formulée. Elle correspond au développement d'un besoin, un siècle et demi avant les premières machines à écrire.

L'imprimerie semble saisie, au milieu du XVIIIe siècle, d'une sorte d'inquiétude fébrile, elle a joué sur les marges, tiré le maximum de ses possibilités. La demande la pousse, elle piétine dans l'attente du moteur et de l'impression rotative. « On s'en prend donc, en attendant, à des problèmes mineurs : facilité du maniement des pages issues de la typographie — possibilité de conservation de ces éléments — presses de formes révolutionnaires et mieux adaptées à leurs fonctions — recherche de matières premières plus abondantes — fabrication plus rapide de ses supports, etc. » (M. Audin.) Sous l'action d'une croissance exponentielle de la demande, une prérévolution des équipements périphériques isole le goulot d'étranglement de l'impression à plat. Vers 1750, quelque chose d'essentiel commence à bouger : suppression de l'étançonnage qui gêne le développement des cordes destinées à porter les feuilles de papier imprimées. Cette obligation conduit à augmenter le poids du socle. En 1772 apparaît à Bâle, vieille capitale de l'imprimerie, la première presse métallique massive, sans les jumelles de bois qui ornent encore les planches de l'*Encyclopédie*. « Le support supérieur de tout l'appareil de pression était constitué par une pièce de métal en forme d'arc, au centre de laquelle coulissait la vis de pression. » (M. Audin.) Guillaume Haas en était l'inventeur. Interdits par voie de justice, Haas et fils n'en poursuivent pas moins leur effort. L'appareil, à partir de 1787, diffuse à travers l'Allemagne et la Suisse.

Après Bâle, Paris : 1781-1783, Laurent Anisson, directeur de l'Imprimerie royale, et François-Ambroise Didot * se disputent la paternité d'une invention capitale, la presse à platine à un coup. 1784, Philippe-Denis Pierres et Robert parviennent à supprimer le barreau de pression. Pierres puis Genard perfectionnent la machine. 1790, William Nicholson introduit l'encrage au rouleau, la possibilité, donc, d'un encrage automatique. En 1795, enfin, dans l'Angleterre de la révolution industrielle — mécaniciens nombreux et experts, métal de qualité bon marché, capitalisme entreprenant à l'affût de la technique —, lord Stanhope, aidé de son mécanicien Walker, fabrique une machine entièrement en métal qui totalise tous les progrès techniques depuis 1750. Une merveille produite déjà en petite série. Depuis 1770, ce qui compte, c'est le rythme de diffusion du progrès. Là où il fallait un demi-siècle, la diffusion s'opère en cinq ans, à travers l'Europe nombreuse, sous la pression d'une demande qui s'affole.

Mais la presse n'est pas tout ; restait la forme. Les imprimeurs se sont battus à la recherche d'une matière qui prenne et garde la forme. Trois voies : une matière tendre, argile, plâtre, un mélange plus complexe mais qui ne permet pas de nouveaux moulages ; le moule de métal produit à chaud, avec le danger des bulles qui effacent et les difficultés de démoulage ; le moule en métal froid qui use les poinçons. Même rythme entre 1780 et 1800 ; tout entre simultanément en mouvement grâce à Hoffmann, Carez, Pierres, Bouvier, Stanhope, Tilloch et Wilson.

Tous les moyens techniques cumulés ont permis, à titre d'hypothèse, la multiplication par dix du stock de lecture de l'Europe médiane, de 1680 à 1780; par vingt à l'est, dans les secteurs de rattrapage; entre dix et vingt, donc, pour l'ensemble de l'Europe. Volume global de l'imprimé, très bien; mais des livres, pour quoi faire? François Furet s'est penché sur le problème avec des méthodes et une problématique d'historien quantitativiste. La France, peu ou prou, parlera pour l'Europe. « La chance veut qu'au XVIIIᵉ siècle l'historien se trouve fort, dans le domaine du livre, d'une série de sources quantitatives très précieuses : celles de l'administration de la librairie [...] Depuis la Renaissance, la monarchie française a conquis la haute main sur la production littéraire du royaume. Elle en tient soigneusement registre à la chancellerie, qui délivre la permission d'imprimer, ou au dépôt légal qui reçoit les ouvrages parus [...] » (F. Furet.) Ces sources suppléent à la défaillance des bibliographies.

« Le roi de France permet plus de livres que n'en supportent la Sorbonne ou les grands magistrats. » Voyez la crise de l'*Encyclopédie*. L'autorité monarchique qui a confié pendant douze ans la Librairie à Malesherbes pousse dans le sens de la diffusion des Lumières, du moins des Lumières raisonnables, qui favorisent le progrès et ne menacent pas l'État.

« Entre 1723 et 1727 — date où recommencent les registres, après une lacune qui va de 1716 à 1723 —, on peut dénombrer 31 716 ouvrages qui demandent un privilège [...] », 12 610 se contentent d'une permission tacite. La pratique plus souple (elle offre moins de garanties aux auteurs et libraires) de la permission tacite ne se répand vraiment qu'après l'entrée en 1751 de Malesherbes à la Direction (24 par an avant ; 126 après ; à partir de 1767, privilèges et permissions s'équilibrent sensiblement). Bien sûr, même mises bout à bout, les deux séries ne couvrent pas la totalité de la production française, mais les rapports internes, à l'intérieur de cette série couvrant plus des trois quarts (?) d'un total insaisissable, ne peuvent être contestés.

Deux mille livres de privilèges, entre 1723 et 1727, font « apparaître comme une priorité l'importance des fondements surnaturels du monde social : plus d'un tiers d'ouvrages de religion ». Peu de commentaires de l'Écriture, nous sommes en terre catholique, après la condamnation de Quesnel, moins de patrologie, peu d'Augustin, le jansénisme se vide. Cependant une énorme littérature de dévotion populaire, étroitement surveillée, de sensibilité quesnelo-arnaldienne. Importance, encore, du droit canon.

La place généreuse de l'histoire ne peut manquer de frapper, d'une histoire moderne, presque exclusivement européenne, mais où la nouvelle périphérie tient une large place : France, certes, mais Angleterre, Espagne, Italie, et Russie, Pologne, Suède. « Le monde extra-européen est celui des voyages, qui transforme le présent non plus par le temps mais par l'espace. »

L'essentiel du savoir profane est constitué par « les sciences et les arts ». Sciences, arts et belles-lettres approchent de la moitié. La culture change de cap. La réponse est déjà trouvée à la question hâtivement formulée : des livres, pour quoi faire? Des livres au service de la nouvelle civilisation. Le multiplicateur fonctionne, dès 1723-1727, en France, à plein. L'Angleterre et l'Allemagne protestantes donneraient un son de cloche comparable. France, Angleterre, Hollande, Allemagne protestante produisent environ 90 p. 100 des livres autour de 1725. La morale et la métaphysique dominent les lettres, la médecine prend le pas à l'intérieur des sciences. Trait caractéristique d'un XVIIIe siècle fortement engagé. Toutefois — archaïsme et bouchon solide à faire céder —, les « arts libéraux » (dont la musique forme l'essentiel) écrasent de leur volume l'agriculture et les arts mécaniques.

Un sondage au milieu du siècle (1750-1754) et un à la fin (1784-1788) permettent de suivre le mouvement : respectivement, 1 793, 2 728 et 2 285 livres. D'une part les constantes relatives, d'autre part le mouvement. « Les permanences [...] expriment à travers tout le siècle le maintien d'un grand type d'écriture et de sa demande sociale. » (Furet.) Le droit s'enrichit des développements de la jurisprudence, l'histoire se laïcise, elle gagne ; elle conserve ses orientations modernes et proche-orientales, mais l'histoire ecclésiastique rétrocède de 25 à 15 et 11 p. 100. « Au fil du siècle, le grand nombre de livres consacrés à l'ancienne France — carolingienne notamment — traduit la formation d'une conscience nationale antiabsolutiste, où la nostalgie nobiliaire des assemblées franques s'infléchit en pédagogie constitutionnelle. » Stabilité relative et stabilité des articulations internes, dans la rubrique belles-lettres, avec deux nouveautés, la poussée des dictionnaires et l'effacement des classiques latins (sur lesquelles Furet s'interroge, hésitant à voir trop tôt le point de départ d'une tendance).

Plus importantes, quand même, les modifications : le recul de la préoccupation religieuse, la montée de la culture scientifique et technique ; « [...] à travers les livres, toute une culture [...] apparaît comme une durée et comme une grande habitude sociale, deux des catégories bibliographiques échangent, au contraire, leurs dimensions respectives entre 1724 et 1789 : la théologie, les sciences et les arts [...] Les deux mouvements semblent très progressifs et réguliers ; ils ne confirment pas l'hypothèse de Daniel Mornet qui confine au premier demi-siècle la grande bataille antireligieuse. » (Furet.) Les deux positions se placent simplement à deux niveaux différents de la réalité sociale. La campagne antireligieuse conduite au sommet avant 1750 porte ses fruits après 1750, dans un secteur moyen. Avec le malthusianisme, l'implacable processus de déspiritualisation est une spécificité française et cause profonde d'échec relatif. Le reflux est grave : il porte sur les livres de la liturgie et de la dévotion et ne laisse subsister qu'une apologétique (vérités chrétiennes « philosophiquement » démontrées) rationaliste médiocre.

Le secteur majoritaire : « les sciences et les arts », de 330 à 686 et à 742, de 25,6 p. 100 à 40 p. 100 à la fin du siècle. Ce « ne sont pas seulement les instruments de la laïcisation du monde. Ils apparaissent déjà [...] non plus ornement, ni même simple savoir, mais moyens spécifiques de l'homme, atouts de son aventure. » (Furet.) Le livre est un outil, il appartient au multiplicateur, il met ses forces accrues au service d'une nouvelle éthique du savoir. Un savoir qui découle, comme le veut la démarche des Lumières, de la raison et des sens.

Les sens : au niveau de la civilisation, la grande bataille livrée au XVIᵉ siècle a été gagnée au XVIIᵉ siècle, de la vue sur l'ouïe. Ouï-dire est cantonné au secteur rétrograde du traditionnel. Les sens : Bacon prend, au XVIIIᵉ, une tardive et incertaine revanche sur Descartes. Le besoin a multiplié l'organe ; la victoire des multiplicateurs sensoriels a renforcé la confiance dans l'attestation des sens. La répartition de l'industrie des instruments de mesure, au XVIIIᵉ, recoupe la carte du développement industriel et scientifique : Provinces-Unies et Grande-Bretagne restent en tête. Vitesse acquise et privilège ancien ; la Hollande, par ailleurs en crise, garde le meilleur. Au-delà de 1750, l'Angleterre la dépasse et surclasse la France. En Angleterre, les fabricants d'instruments scientifiques se sont regroupés librement à l'intérieur de la Clockmakers Company et de la Spectacle Makers Company. Fin XVIIIᵉ, toutefois, une remontée relative de la France et de l'Italie s'esquisse.

La fabrication d'instruments de mesure est une industrie de pointe de plus en plus dépendante d'un niveau technologique global. Voyez le problème de l'alésage qui, dix ans durant, bloqua Watt dans la réalisation de sa machine, jusqu'à la solution obtenue en 1774 par J. Wilkinson. Dans le système d'échanges qui s'instaure, l'industrie des instruments scientifiques procure plus qu'elle ne reçoit. D'où l'intérêt de son implantation ancienne. Daumas évalue à trente ou quarante ans en moyenne l'avance anglaise sur la France, au XVIIIᵉ siècle, pour la qualité et l'homogénéité des métaux.

Le milieu anglais, en outre, est entraînant. Vaucanson, le premier, réalise « en 1760, un tour parallèle muni d'un porte-outil à déplacement mécanique » (M. Daumas). Mais ses prouesses techniques sont restées sans écho, « de sorte que l'Anglais Maudslay et l'Américain D. Wilkinson ont pu réinventer, plus de vingt ans plus tard, le chariot porte-outil [...] [Il en va de même pour] le tour à fileter avec guidage de l'outil par une vis mère et munie d'un équipage de roues dentées permettant la réalisation de plusieurs pas de filetage avec la même vis mère », inventée par Senot en France, sans écho et sans entraînement, alors que Maudslay l'impose en Angleterre. Un tel type de tour commande les possibilités futures du microscope.

La victoire technologique est liée au remplacement du bois par le métal : c'est évident pour le tour. Au progrès de l'horlogerie, elle-même productrice d'instruments de mesure, l'industrie des appareils scientifiques doit le meilleur de son acquis. Pendant cinq siècles, les horlogers furent, à chaque époque, les constructeurs des mécanismes les plus précis. « Très tôt, ils imaginèrent des outils permettant d'effectuer avec sûreté les opérations les plus délicates : machine à fendre et à égaliser roues et pignons, à tailler les fusées, à adapter la longueur des palettes de l'échappement et leur écartement à ceux des dents de la roue de rencontre, à calibrer les engrenages. » (Daumas.) Mais quelles exigences, aussi, quant à la qualité de la matière! L'horlogerie mit en application les premières connaissances précises sur les propriétés thermiques des métaux. On sait l'importance du régulateur thermique pour les montres de marine. 1715 : voici Graham, un Anglais bien sûr, avec son balancier compensé à godets de mercure ; « en 1726, Harrison invente son gril bimétallique ». Pour étudier les propriétés thermiques des métaux, pyromètres, dilatomètres sont dus à l'industrie des horlogers. Berthoud, qui réalisa, en partant de Harrison, le premier véritable chronomètre de marine, réussit le premier une étude à température constante. Et voilà encore le premier thermostat, que Berthoud appelle pyromètre.

Au XVIIIᵉ, la technique progresse indépendamment de la science, la science reçoit plus de la technique (voyez Descartes et l'art de l'ingénieur) que la technique de la science. Condorcet, dans l'émouvant éloge qu'il fit de Vaucanson devant l'Académie des sciences, a marqué assez clairement le rapport, en même temps que le processus, du progrès mécanique. « [...] Le génie, dans cette partie des sciences [la mécanique appliquée], consiste principalement à imaginer et à disposer dans l'espace les différents mécanismes qui doivent produire un effet donné, et qui servent à régler, à distribuer, à diriger la force motrice [...] On peut inventer des chefs-d'œuvre en mécanique sans avoir fait exécuter ou agir une seule machine comme on peut trouver des méthodes de calculer les mouvements d'un astre qu'on n'a jamais vu. »

Le besoin de l'astronomie prime encore au XVIIIᵉ siècle. L'Europe des Lumières continue à regarder le ciel. L'infra, le microscopique de Leeuwenhoek la déroute ; redoute-t-elle cette complexité du grand œuvre de Dieu ? L'astronomie d'observation, au XVIIIe, est mue par les besoins de l'explosion géographique de la carte et de la route maritime, plus encore par le noble désir de vérifier Newton. L'astronomie de position est consommatrice d'appareils de précision. L'emploi du flint, le polissage des grands miroirs répondent.

Au début, deux observatoires * dominent l'Europe et le monde : l'Observatoire royal de Paris, 1672 ; Greenwich * qui suit de peu, en 1675. Paris est lié à quatre générations de Cassini, qui s'y succèdent jusqu'en 1793. La liste des instruments est limitée. Chaque observateur amène son matériel. C'est ainsi qu'à la mort du grand Picard (1620-1692), Louis XIV racheta ses appareils pour pallier une lacune. Langlois a été, au XVIIIe, le fournisseur attitré de l'Observatoire et de l'Académie. Ce matériel cher se renouvelle lentement : « [...] le quart de cercle fabriqué par Langlois en 1742 a été employé d'une façon continue jusqu'en 1793 [...] Il avait été redivisé en 1779. » Outre l'Observatoire royal, M. Daumas dénombre à Paris plus d'une douzaine de petits observatoires, Luxembourg, la Marine... L'abbé de La Caille travaillait à l'observatoire du collège Mazarin, Lalande à l'observatoire du Collège de France. En province, quinze observatoires sérieux.

Greenwich débute modestement : Flamsteed *, premier astronome royal, en est aussi, à partir de 1676, le premier utilisateur ; Halley lui succède avec des exigences précises. Après surtout le milieu du XVIIIe, Greenwich décolle. Les observatoires se multiplient tout au long du siècle, gênés toutefois par la faible luminosité du ciel anglais. Le grand William Herschel, l'inventeur du monde des étoiles, travaille à Plougth. Oxford et Cambridge sont en bonne place. L'Italie est favorisée par son ciel, mais elle n'a plus de constructeurs ; elle se fournit donc en France et en Angleterre.

La géographie des observatoires permet de suivre la montée de l'Allemagne de l'Est et du Nord. Leibniz avait pesé, pour la création de Berlin décidée en 1700, achevée en 1711. Après Nuremberg, Berlin, voilà Göttingen, Magdebourg, Kassel, Giessen, Mannheim, Altdorf, Schwezing, Wurtzbourg. Bernoulli, en tournée d'étude en 1768, est assez favorablement impressionné, il l'a dit dans ses *Lettres astronomiques* de 1771, mais il constate que le matériel est anglais. L'Autriche suit à distance. A Vienne, deux observatoires seulement, et tardifs ; celui du collège des jésuites, symboliquement le premier (1735). Viennent ensuite Gratz, Tyrnau (Hongrie), Cremsmunster (des bénédictins en haute Autriche). L'observatoire de Vilna est fondé en 1753, Saint-Pétersbourg en 1725, Upsal et Stockholm en 1739. La Hollande possède Leyde depuis 1690, Utrecht depuis 1726. Genève, Cadix, Séville et Lisbonne se placent en bon rang.

La couverture géodésique de la France et de l'Europe nombreuse, les opérations de mesure du méridien en Laponie et au Pérou exigèrent un important matériel. A quoi s'ajoute une demande croissante de la part des cabinets de physique, où d'authentiques savants cohabitent avec des gens du monde, amateurs curieux, parfois éclairés. Un des plus grands inventeurs et réalisateurs d'appareils d'expérimentation de cabinet fut le Hollandais Jan Van Musschenbroek qui travaille, entre autres, à la demande du physicien 's Gravesande, professeur à l'université de Leyde, qui lui rend hommage dans ses *Elementa mathematica experimentis confirmata* en 1719. Il semble même que Musschenbroek, 's Gravesande et Desaguliers, le huguenot réfugié en Angleterre, rénovateur de la franc-maçonnerie, aient fait un moment équipe.

La Hollande, grâce à Leeuwenhoek, reste le centre privilégié de l'exploration visuelle de l'infiniment petit au XVIIIe; le microscope bute sur un certain nombre de murailles techniques, qu'il ne réussit pas à faire sauter. Comme pour l'imprimerie, l'amélioration, énorme certes, est presque uniquement périphérique. En fait, cette limite ne constitue pas nécessairement une gêne scientifique. Bien au contraire, la biologie balbutiante, purement typologique et descriptive, sans assise physico-chimique, est littéralement submergée par une masse écrasante d'informations due à une multiplication par cent du pouvoir de l'œil, première escale sur la route de l'infiniment petit ; elle ne parvient pas à utiliser, ni même à classer ; on peut parler d'indigestion et d'affolement. « Depuis Leeuwenhoek, Hooke et Huygens jusqu'à Fraunhofer et Chevalier en 1825, le système optique des microscopes ne s'est pas amélioré. Les microscopes simples restèrent d'une façon générale supérieurs aux microscopes composés. » (Daumas.) L'habileté de l'observateur est, dans ces conditions, un facteur très important. Elle assure à Leeuwenhoek une supériorité inégalée. Le pouvoir séparateur ne suit pas le grossissement. C'est la grande infériorité des appareils du XVIIIe sur ceux postérieurs à 1845. Van Cittert a donné les limites du matériel du XVIIIe. Les microscopes simples ont un pouvoir séparateur de 1/100 de millimètre pour un grossissement de 20 ; de 1/800 de millimètre pour un grossissement de 360. 1/800 de millimètre : la limite extrême du regard en profondeur du XVIIIe siècle. Les microscopes composés, pouvoir séparateur de 1/400 pour un grossissement de 250, font moins bien.

Autour de ce mur de l'acuité visuelle, la marge de l'ingéniosité technique est considérable : parmi les acquisitions durables, mentionnons « mouvement rapide et mouvement lent, condensateur de lumière, platine à déplacement micrométrique ». Les progrès de l'équipement périphérique micrométrique sont évidemment liés aux progrès de l'horlogerie fine : problèmes d'alésage, de filetage, technique de la fabrication des roues dentées et des vis, toute une micro-technologie de pointe dont le périphérique micrométrique bénéficie.

Les progrès sont importants au cours de la décennie 1740-1750 : les deux mouvements, platine dégagée d'accès facile, accessoires multiples et rationalisés. Ces progrès sont dus à des constructeurs français et anglais, et, fait nouveau, signe de l'importance des besoins de l'information et du volume de l'économie, ils sont désormais rapidement diffusés et commercialisés. Deux noms : John Cuff et, un peu plus tard, le duc de Chaulnes *.

A l'autre extrémité, même problème : le xviiie a multiplié, rentabilisé, tiré profit des multiplicateurs sensoriels du xviie siècle. La fin du xviie a légué, en matière de lunettes et de télescopes, des monstres qu'un siècle d'efforts parvient, progressivement, à domestiquer. L'astronomie du premier xviiie reste une astronomie du proche système solaire, une astronomie donc à la lunette. Le télescope (comme le microscope à réflexion conçu par Descartes) bute sur le miroir. Pendant la première moitié du xviiie siècle, on est réduit donc aux télescopes de Gregory : ces petits objets de salon ne rendirent aucun service à l'astronomie. La découverte du platine dans le Nouveau Monde, qui, avec le laiton, donne un alliage facile à fondre et à polir, permet un pas, mais son prix est un obstacle. La mise au point pratique se situe en 1786 seulement, avec Carochez. « Vers le milieu du siècle, les télescopes de Short commencèrent à garnir les observatoires. Short en fabriqua pendant plus de vingt-cinq ans, de 1732 à 1768. » Le télescope de Short est un Gregory grandi, répondant cette fois aux besoins de l'observation scientifique.

On pourrait poursuivre. L'exploration de la nature suppose des moyens, un souci de précision, le refus de l'à-peu-près. Deux leçons éclairent le jeu du multiplicateur sensoriel. Un palier a été atteint à la hauteur des années 1680. Le xviiie n'innove pas, il domestique progressivement la fantastique machine que le xviie lui a léguée. Le xviiie est le siècle des équipements périphériques des multiplicateurs sensoriels du xviie, rien de fondamentalement nouveau n'apparaît avant le second quart du xixe siècle. Ce ralentissement est plutôt bénéfique. La science du xviiie ne peut assimiler et traiter suivant les épures de la philosophie mécaniste toutes les informations fournies par les multiplicateurs sensoriels. Se rappeler que la quantité d'informations varie suivant le carré du pouvoir séparateur du microscope. La loi des multiplicateurs sensoriels peut donc s'écrire ainsi. Quand leur efficacité objective croît suivant une progression arithmétique, la quantité d'informations procurées avance suivant une raison géométrique. D'où le vertige des années 1680 devant le microscope trop habilement manié par Leeuwenhoek. Les difficultés des systèmes optiques permettent le rattrapage malgré ou en raison des progrès des systèmes périphériques dans la première moitié du XVIIIe. Au-delà de 1750, la tendance se renverse. Les multiplicateurs sensoriels sont progressivement rattrapés par les besoins de la science. La rapidité de diffusion des améliorations en rend compte. A partir de 1770, sous la pression de la demande, le rythme des améliorations de détails se précipite. On aboutit à un véritable étranglement jusqu'à la mutation de l'outil après 1825. Les systèmes optiques ont donc joué pleinement au XVIIIe siècle leur rôle de multiplicateurs d'informations.

Voilà grossièrement retrouvés, dans quelques axes importants, les « mécanismes » du « multiplicateur » de la connaissance. Ils partent de l'homme, du nombre, de l'allongement de la vie adulte, de l'alphabétisation élémentaire, de l'éducation secondaire, des organes de la recherche, et de la pensée, des progrès des moyens mis au service du langage écrit, jusqu'à la multiplication par cent et mille de l'information reçue grâce aux systèmes optiques multiplicateurs du sens par excellence. Sans cet environnement en partie reçu, en partie né des besoins de la philosophie mécaniste, l'aventure de l'esprit serait insaisissable. Il fallait commencer par ce long détour avant de déboucher sur quelque essentiel.

●

La modification se poursuit sur l'horizon 1680 dans le secteur moteur de la révolution mécaniste, la mathématique, structure de l'univers, donc l'astronomie. 1675, la vitesse de la lumière, les dimensions véritables du système solaire. Avant William Herschel (1738-1822), ce Leeuwenhoek du ciel, l'astronomie à la lunette perfectionnée est une astronomie du système solaire. La mutation opérée par Herschel part du début du XIXe et dure jusqu'au *red-shift* de Hubble (1925) et l'agression des radiotélescopes (1962-1963).

Avec Römer et Picard, l'éclatement du cosmos clos d'Aristote cesse d'être spéculation, il est mesure. Les calculateurs de la décennie 1670 ont marqué la première étape de l'astronomie expérimentale. L'étape 1675, *mutatis mutandis*, correspond, dans l'histoire de la pensée en action, à juillet 1969 : un simple aboutissement. Mais cet aboutissement est un point de départ ; Newton calcule à partir de ces données. De l'intuition des météores à la réalité de 1675, moins de quarante ans se sont écoulés, peut-être un millénaire pour la pensée et plus encore pour la sensibilité. Car c'est bien la sensibilité de l'élite consciente de la république des savants qui est affectée par les glorieux calculs de la décennie 1670.

L'intuition mécaniste, la nature écrite en langage mathématique, supposait l'outil mathématique. C'est pourquoi l'essentiel des années 1630-1640, c'est évidemment l'analyse algébrique, arrivée à point dans la masse critique de transformation de la révolution mécaniste. L'élément capital de la mutation des années 80 se trouve également au niveau de l'outil mathématique. L'analyse de Descartes et de Fermat s'est émoussée devant la complexité insoupçonnée de l'univers. « S'il fallait résumer [...] l'essentiel des découvertes du siècle (le XVIIᵉ), on signalerait d'abord l'analyse spécieuse de Viète [...] et ses deux prolongements, théorie des équations algébriques, géométrie analytique, puis l'analyse infinitésimale avec ses deux branches d'abord distinctes : calcul différentiel et calcul intégral qui ne trouveront leur lien étroit et leurs dénominations mêmes que chez Leibniz et Newton. » (J. Itard.) Une étape, les indivisibles, vieux problème de la mathématique grecque, relancé et désembourbé grâce à l'algèbre littérale par Cavalieri, Descartes, Fermat et Roberval. Une étape importante est franchie par un autodidacte anglais de génie, John Wallis (1616-1703) ; le principal mérite de Wallis * et de ses études : les séries convergentes. Huygens qui est un homme de formation savante (1629-1695) s'attaque à ces problèmes : Pascal et Wren * (1632-1723), l'architecte, le reconstructeur de Londres, travaillent sur le cycloïde.

Le coup de pouce en direction de la seconde mutation fondamentale de la mathématique est dû à Huygens et à son pendule : « Il lui faut trouver la forme des lamelles réglant la longueur du fil pour que la masse du pendule simple décrive bien la roulette. » (J. Itard.) Le jeu instructif des développés et des développantes.

Le mérite de la grande synthèse appartient à la troisième génération ; ramasser toutes les données éparses, en dégager les leçons, jeter les ponts, forcer la difficulté, Newton (1643-1727) et Leibniz (1646-1716). Le pas franchi, Newton et Leibniz reçoivent le renfort d'un élève tardif, Huygens (1629-1696), de quinze ans leur aîné, pour les besoins du pendule.

C'est en 1676, à quelques mois d'intervalle, que le cap décisif de ce que l'on peut vraiment considérer comme le calcul infinitésimal a été franchi, même si la mise en forme définitive attend encore plusieurs années. La formulation de Newton est plus claire, plus directement accessible, la voie de Leibniz plus riche d'avenir. Newton a bénéficié des travaux de Huygens et d'Isaac Barrow (1630-1677). Vers 1665, Newton, à vingt-deux ans, fait les premiers pas vers le calcul des fluxions. Il découvre le développement du binôme : une partie des découvertes de 1665-1671 ne voient le jour que beaucoup plus tard. Les écrits latins de 1669 et 1671 sont publiés en anglais, respectivement en 1711 et 1736. Ils ont alors un intérêt essentiellement historique. Une partie, pourtant, des procédés du nouveau calcul, diffusés antérieurement par le canal des communications inter et extra-académiques, sont publiés dans les deux traités fondamentaux de 1687 et de 1704, les *Philosophiae naturalis principia mathematica* et l'*Opticks*. Leibniz a mûri la grande découverte entre 1672, lors de sa visite à Paris qui lui permet un contact avec Huygens, et 1675 ; la publication définitive en est contenue dans deux articles célèbres des *Acta Eruditorum* de 1684 et de 1686.

Oui, Newton et Leibniz sont bien, sur l'horizon 70-80, les coïnventeurs de l'analyse infinitésimale moderne. Ils puisent certes directement dans l'acquis de la génération qui précède, mais la mutation qui se produit autour de 1680 est une des plus importantes, tant pour l'histoire des mathématiques que pour l'histoire de la pensée logique et de la pensée tout court. Pour la première fois, l'opérationnel entre dans l'infini, il passe à la limite, il jette un pont entre le fractionnel et le continu. La victoire de 1680 est du même ordre que celle de 1630. Pour trouver une date comparable, il faut attendre 1880 (quand les intuitions de Riemann et de Lobatchevski, après leur mort, commencent à porter), voire 1898-1915, le temps du second miracle de la science.

Ajoutons à cela que c'est en 1686 que la mécanique céleste newtonienne reçoit sa formulation, et, avec elle, la première équation globale de l'univers. Outil mathématique et architecture macroscopique de l'univers en relation étroite. Mais la vie, mais l'autre dimension dans l'emboîtement des mondes ? William Harvey (1578-1657) avait été, avec le *De motu cordis* en 1628, le Descartes et le Fermat des sciences de la vie. La haine lucide des aristotéliciens de la Faculté, au temps de Guy Patin et de Molière, le prouve. Sur l'horizon 70-80, une mutation comparable avec les spermatozoïdes ; le grand, le presque unique problème de la biologie, au XVIIIᵉ, est celui de la génération. Aux portes d'un autre infini : Leeuwenhoek, l'observateur au microscope.

Depuis vingt à trente ans, l'étude de la génération s'était placée sur le plan rassurant de l'ovisme et de l'épigénèse. L'ovisme est aristotélicien. Pour Aristote, tout vient de l'œuf, la machine formatrice du fœtus et la nourriture nécessaire à son accroissement ; la semence mâle n'intervient qu'en communiquant le mouvement. Le XVIIᵉ siècle, poussé par le principe d'unité et de simplicité, avait été tenté d'étendre la théorie aux vivipares. Le premier préoccupé par ce problème fut Harvey. Harvey, le premier des ovoïstes, n'avait pas vu les ovaires (pour lui, l'œuf, *ovum*, est produit par l'utérus), pas plus qu'il n'avait vu le liquide séminal pénétrer dans l'utérus. C'est à Nicolas Sténon (1638-1697) qu'appartient, en 1667, à Florence, sur une femelle de chien de mer, la découverte ou la redécouverte des ovaires comme producteurs de semence. Sténon publie en 1667 ; il lance l'idée que « les testicules des femmes doivent être analogues aux ovaires » (Émile Guyénot), et que l'ovaire envoie dans l'utérus « des œufs ou quelque matière apparentée aux œufs ». Les *Philosophical Transactions*, à qui rien n'échappe, y font écho dans un numéro de février 1668. Sans bases, les bons esprits travaillent et s'excitent. J. Van Horne, Regnier de Graf, Theodor Kerekring, C. F. Garmann, Swammerdam (1637-1680); enfin Malpighi (1628-1694) — l'épisode est célèbre —, dans une communication adressée à la Royal Society le 25 mars 1669, raconte « qu'ayant examiné à la lumière du soleil un œuf de poule fécondé mais non incubé [il avait observé une cicatricule semblable à celle des œufs en développement. Au centre, un cercle blanchâtre, une zone] dans laquelle se trouvait le corps du poulet. » (Guyénot.) Il confirme son observation en 1672.

La théorie tenace de la préformation et de l'emboîtement des germes est lancée : « Soit un œuf qui renferme un fœtus destiné à devenir une fille. Or un fœtus possède déjà ses ovaires contenant des œufs où se trouvent les fœtus de la génération suivante. Autrement dit, les fœtus des générations successives se trouvent emboîtés les uns dans les autres, de plus en plus petits. Cela revient encore à dire que notre mère Ève possédait dans ses œufs emboîtés les uns dans les autres, les fœtus de toutes les générations passées, présentes et futures. » (Guyénot.) La théorie enchante Swammerdam. Il entrevoit un bon parti d'apologétique chrétienne : « Toute l'humanité [...] contenue dans les lombes d'Adam et d'Ève. » Swammerdam voit la possibilité d'asseoir sur ce principe « la cause de la tache originelle [...] [tous les hommes étant] cachés dans les reins des premiers parents ». L'apologétique, à ce niveau, appelle des contre-apologétiques. Hartsoeker, en 1694, s'amuse à calculer la taille des fœtus préformés de la génération du Jugement dernier dans le ventre d'Ève.

Or, en 1697, dans une lettre adressée au secrétaire de la Royal Society, Leeuwenhoek fait part d'une découverte qui va bouleverser les sciences de la vie, l'équivalent de la mesure de Römer, deux ans plus tôt. « Un jeune étudiant du nom de Ham [ayant apporté à Leeuwenhoek du sperme humain dans lequel, avec le microscope,] il avait observé des animalcules vivants », le célèbre drapier hollandais, qui voit tout, regarde, décrit, commence la plus passionnante des interprétations : il y a bien dans le sperme des organismes vivants; Leeuwenhoek se passionne; de l'homme, il passe à une large gamme de vivipares et peut affirmer que la semence de différentes espèces, homme compris, « renferme un nombre immense [d'animalcules mobiles] munis d'une queue ayant cinq à six fois la longueur du corps » (Guyénot.) L'alerte donnée par les

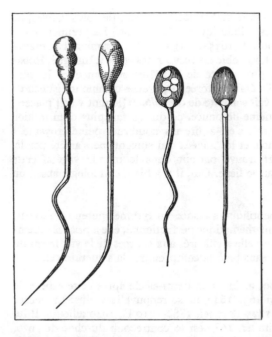

33. UN REGARD SUR LA VIE

Leeuwenhoek a tout vu. A commencer par les spermatozoïdes qu'il a su isoler dans le liquide séminal du chien. Remarquez la précision du dessin : la tête et le flagelle. L'observation est signalée dans une lettre à Brouncker, secrétaire de la Royal Society; elle est publiée au n° 142 (1678) des Philosophical Transactions.

Philosophical Transactions, on cherche des animalcules. Homberg, Geoffroy, Lister, Camerarius, Lancisi, Vallisneri, tous confirment : Leeuwenhoek a bien vu, il a raisonné juste, la génération ne se fait pas par le moyen d'œufs imaginaires emboîtés et préformés ; ces animalcules ou vermicules de la semence mâle jouent un rôle important dans la génération. Bien sûr, rien n'est joué, et le XVIIIe siècle hésite. La biologie de la génération butera bientôt sur l'insuffisance du microscope, qui paraissait si merveilleux et si affolant à la fin du XVIIe. Il faut attendre Caspar Friedrich Wolff * (1733-1794), le père de l'embryologie descriptive, entre 1759 et 1768, Lazzaro Spallanzani * (1729-1799) surtout, qui, malgré ses préjugés ovistes, fait avancer la connaissance, grâce à l'étude expérimentale de la fécondation mise au point par lui chez des animaux (grenouilles, crapauds) que leur mode de reproduction extériorisée désigne tout particulièrement pour ce genre d'expériences ; Wolff, Spallanzani, un siècle en moyenne après le génial regard de Leeuwenhoek.

L'horizon 1670-1680 n'a-t-il pas entrevu la cellule? « Tous les micrographaphes, au XVIIe siècle, ont vu et figuré des cellules végétales [les plus lisibles] ou tout au moins leurs membranes cellulosiques. » (Guyénot.) La première mention en est faite par Robert Hooke * (1635-1703), en 1667. Examinant au microscope une lamelle de liège, il « lui semble apercevoir des pores ». Intrigué, Hooke fait une nouvelle préparation plus mince de la même substance : « Je puis, dit-il, me rendre compte qu'elle était perforée et poreuse comme un gâteau de miel [...] » « Il compta qu'il y avait soixante de ces *cellules* [le mot y est] placées, bout à bout, dans un dix-huitième de pouce, ce qui en fait plus d'un million (1 666 400) dans un pouce carré, c'est-à-dire un nombre à peine croyable. » (Guyénot.) Hooke, dans les mois et les années qui suivent, ne s'arrête pas là, il traque systématiquement et trouve partout dans le monde végétal cette structure cellulaire entrevue sur le liège. Oui, il y a bien, en biologie aussi, un merveilleux horizon 1680.

De là, la connaissance scientifique s'avance au rythme soutenu du XVIIIe. Elle est dotée d'un instrument mathématique perfectionné, elle a pris les dimensions exactes du système solaire ; elle a effleuré, aux sources de la vie, le jeu du *yin* à côté du *yan*, elle a noté, sans bien la comprendre, la structure cellulaire des végétaux.

Le miracle de l'horizon 80, moins d'un demi-siècle après cette espèce de miracle grec, celui de l'horizon 1630-1640, ne se renouvellera plus. La pensée ne mute plus vraiment avant 1825-1840 ici, 1880-1910 là, 1940 ailleurs. Il lui faut plus d'un siècle pour assimiler. 1680 est le contrecoup du choc de 1630. Dans l'ordre des pensées, 1630 et 1680 sont une gigantesque et double « *conquista* ». Le long XVIIIe siècle scientifique, de 1680 à 1825, inventorie, occupe le terrain, n'en finit pas d'exploiter, d'organiser, de tirer vanité de l'élargissement fabuleux du domaine de la pensée, une pensée devenue hargneuse qui s'ébroue sans obstacle et sans limite. Le XVIIIe siècle laisse jouer le multiplicateur. Ne simplifions pas.

En fait, l'image du siècle de la croissance facile des pensées (je dirais volontiers le siècle de la roue libre) s'applique surtout aux années qui vont de 1700 à 1750. Le dogmatisme simpliste de l'*Encyclopédie*, son rationalisme pataud, apte à rallier les foules des nouveaux venus de la culture écrite, s'explique aussi par sa position sur la chronologie du savoir. L'*Encyclopédie* est au bout de la roue libre : loin de l'élan merveilleux, mais aussi de l'angoisse des grandes époques... A partir de 1760 ici, 1780 là, les difficultés surgissent. Il ne suffit plus de déduire, de suivre, de vérifier. Les multiplicateurs sensoriels eux-mêmes déçoivent. Pour comprendre mieux la vie, il faudrait aller au-delà, dix fois, vingt fois, mille fois au-delà du pouvoir séparateur des microscopes ; pour sortir utilement du système solaire, il faudrait mieux que la lunette et le télescope de Short, l'outil mathématique lui-même s'enferme dans une sorte de perfection formelle, avant l'agression des hérétiques du xixe siècle.

C'est aussi ce qui rend la pensée plus exaltante à la fin du xviiie siècle ; au sommet du moins, voici enfin le trouble qui avait déserté un instant le siècle de Voltaire et de Mme du Châtelet. Bien sûr, l'angoisse des vraies interrogations intellectuelles risque d'échapper à une histoire à grands traits. François Furet note avec raison, au niveau d'une écriture de masse, la récitation des banalités, l'encyclopédisme vulgaire à l'époque des éditions de Panckoucke. Nous n'en aurons pas fini avec les fils des petits côtés de Voltaire. Toute coupe structurelle dans le langage d'une époque est géologique. L'horizon qui affleure vers 1730, au sommet, celui de l'exaltation agressive du nouveau savoir, peut être recouvert, déjà, d'une mince pellicule en 1780, une coupe en révèle la pénétration en profondeur. L'esprit voltairien affecte plus de monde en 1780 qu'en 1730. Cela dit, notre interrogation pour l'heure est au sommet. Or, au sommet des pensées, sur le front de la recherche, on voit se constituer peu à peu, de 1760 à 1780, les premières interrogations, les premiers éléments d'une masse de transformations qui conduit aux explosions scientifiques du xixe siècle, 1825-1840... 1880-1910... plus loin encore 1940...

Le « Grand Siècle, c'est le xviiie que je veux dire [...] » Michelet entendait marquer ainsi sa préférence pour un siècle qui invente plutôt que pour une période qui illustre. Les perspectives doivent être inversées. Le xviie et le xixe inventent, le xviiie illustre, accumule et prépare. Le milieu du siècle est lisse, les sommets sont sur les bords.

Sur sa lancée du nouveau calcul, la fin du xviie aboutit à une sorte de classicisme de l'outil mathématique. Dès le milieu du xviiie, Diderot, qui n'est pas orfèvre, traduit le sentiment qu'un sommet est atteint, un absolu qu'on ne pourra plus dépasser. Son panpsychisme latent, qui le fait osciller du déisme à un athéisme apparent, en restant toujours fidèle au panthéisme, le détourne des mathématiques. Le xviiie, qui a, dans la lignée sans portée des Helvétius, d'Holbach et La Mettrie, poussé le mécanisme jusqu'à l'absurde, a failli renoncer à l'axiome même de son succès, la nature écrite en langage mathématique du *Saggiatore*.

Pour deux raisons au moins, la montée des sciences nouvelles : le xviiie a eu la passion de la vie ; les sciences de la nature prennent le pas ; l'histoire et les sciences sociales balbutiantes font une entrée massive. La mécanique céleste, la mathématique pure ont un siècle. Elles n'en sont plus au stade des découvertes faciles, ni de la nouveauté qui séduit. Les femmes savantes du xviiie ne jouent plus à la lunette, elles suivent l'abbé Nollet et se passionnent pour le mystère électrique. La chimie * ne commence qu'à l'extrême fin du xviiie, la théorie atomistique se dégage au milieu du xixe siècle. Sans une physico-chimie atomistique, les mathématiques n'ont pas de prises sur la nature complexe de la matière et *a fortiori* de la vie. La poussée des sciences naturelles ramène la connaissance au stade typologico-descriptif. Pour Diderot, bon public, les mathématiques donnent la clef de la mécanique céleste, mais elles sont sans prises sur la complexité du réel.

Seconde raison de ce retrait par rapport au panmathématisme du xviie, la complexité même des mathématiques nouvelles qui décourage l'amateur. Les pédagogues jésuites du xviiie avaient raison de dire que l'initiation devait s'en faire jeune.

Le progrès de la mathématique conduit le mathématicien dans un ghetto doré qui contraste avec la position qu'il tenait au xviie siècle. Trois étapes à peu près évidentes : un énorme foisonnement au début, dans la foulée des inventions de Newton et de Leibniz ; une génération du milieu du siècle dominée par Euler, d'Alembert et Lagrange * ; le sommet du classicisme mathématique, avec la publication des grands traités de l'école de Paris, Lagrange, Laplace *, Monge, Legendre et Lacroix. A noter que la mathématique, au xviiie, reste cantonnée à l'Europe nombreuse : France en tête, Angleterre et Suisse avec les frères Bernoulli * et le grand Euler.

René Taton a pu prêter aux Suisses, aux pépinières de Genève et de Bâle, patries des Bernoulli, des Hermann, des Euler, un rôle décisif dans l'« évangélisation » mathématique de l'Europe qui réanime les foyers italiens en veilleuse et prépare la levée des glorieuses moissons du xixe à l'est, quand Russes et Polonais formés à la fin du xviiie siècle contribueront à la naissance du troisième âge mathématique.

Le mathématicien est, au xviiie, le premier savant technicien — c'est le prix, avantage et handicap d'une antériorité et d'une primauté — sollicité, à prix d'or, par les princes soucieux du rattrapage à l'est, mobilisé par les opérations géodésiques et géoastronomiques du siècle. Fini le temps des amateurs, fini aussi celui des génies universels : il n'y aura plus de Descartes ni de Leibniz. Le fractionnement de la culture, c'est, comme le veut Gusdorf, la grande cassure qui détache les belles-lettres, la philosophie de l'arbre de la connaissance, en même temps qu'elle spécialise une culture scientifique, mais le fractionnement de la culture, c'est aussi la grande cassure dans la famille scientifique *stricto sensu* qui isole le mathématicien pur, par sa technicité, du rameau commun.

Paradoxe qui a failli briser le miracle scientifique au milieu du XVIIIe, quand biologie, sciences naturelles, physique anecdotico-expérimentale flottent, séparées du regard vigilant de la première en dignité de toutes les connaissances strictement humaines. Au début et à la fin des Lumières, une comparaison s'impose entre les deux plus grands esprits du siècle.

Leibniz, le dernier des grands philosophes à système, est, plus que Newton, le coïnventeur du nouveau calcul. Newton, le mécanicien du ciel, est, en revanche, aussi un peu philosophe, au sens où nous l'entendons. A l'autre bout, Kant n'ignore rien de la science de son temps. On lui doit même la première ébauche de la théorie cosmologique que l'on prête d'ordinaire à Laplace, mais on n'imagine pas Kant collaborant avec Laplace et Monge au perfectionnement de la géométrie descriptive ou à la mécanique céleste. La philosophie mécaniste avait établi un empire mathématique sur la connaissance ; le multiplicateur des connaissances, la course à l'abstraction aboutissent à une conséquence paradoxale : la fermeture de la mathématique séparée de l'univers des connaissances du langage commun, dans un premier cosmos clos de l'abstraction pure. R. Taton a défini le XVIIIe mathématique comme un monde interdit déjà à l'amateurisme. Le cloisonnement mathématique est exemplaire, d'autres suivront. Sur ce point encore, le processus mathématique précède et entraîne. Le mathématicien est le polytechnicien avant la lettre d'un monde qui reconnaît son empire. Le mathématicien du XVIIIe est un peu dans la position du théologien du XIIIe et du logicien du XVe. « Euler s'intéresse aussi bien à la musique qu'à l'optique et à la théorie de Newton. » (Taton.) D'Alembert, philosophe publiciste, traite de musique et de mécanique appliquée. Laplace débouche sur la théorie de la chaleur. Monge, Legendre, Meusnier et Laplace contresignent, en 1785, le procès-verbal de la grande expérience de Lavoisier * sur la composition de l'eau.

Dans un premier temps, formalisation, développement, perfectionnement du nouvel outil : grand feu sur l'analyse infinitésimale. Elle commande, il est vrai, par-delà l'histoire des mathématiques, le progrès de toutes les connaissances. La première volée est celle des analystes anglais, depuis C. Hayes (1704), H. Ditton (1706), J. Hodgson (1736) ; la seconde est celle des Suisses et des Français : Daniel Bernoulli (1700-1782), Euler (1707-1783), Clairaut * (1713-1765), d'Alembert (1717-1783), suivis par Lagrange (1736-1813), Monge (1746-1818), Laplace (1749-1827) et Legendre * (1752-1833). Calcul des variations, approfondissement de la notion générale de fonction, avec Euler surtout, puis Lagrange. Progrès massif de l'algèbre qui occupe désormais la place d'armes que la géométrie avait tenue dans la citadelle, avec les imaginaires, les algorithmes illimités, la théorie des nombres. Parce que la bonne société du

XVIIIe a la passion du jeu, Moivre, Stirling, Maclaurin et Euler prennent la suite de Pascal, Fermat, Huygens et Jacques Bernoulli, dans le secteur des probabilités. Probabilités et statistiques sont bien en avance sur les besoins timides d'une science humaine dans l'enfance.

Et pourtant, le XVIIIe a eu aussi ses grands et purs géomètres : la perspective utile à l'artiste, la géométrie descriptive, la géométrie analytique. Monge *, en 1777, entreprend ses premières recherches qui vont faire muter la géométrie infinitésimale. Le XVIIIe a poussé à sa perfection la mécanique classique. Nécessité dictée du dehors par l'astronomie pendant et après Newton. Euler marque, en 1736, l'acte de naissance de ce que l'on peut appeler sans anachronisme la mécanique rationnelle, suivi par d'Alembert dont le *Traité de dynamique* de 1743, publié à vingt-six ans, consacre une jeune gloire internationale. Avec la mécanique des fluides, où alternent de nouveau Euler et d'Alembert, la mathématique tend la main en direction de la « philosophie naturelle ».

L'astronomie du XVIIIe siècle cesse d'être l'antichambre de la métaphysique ; c'est une rigoureuse astronomie de position qui, ayant renoncé aux inquiétudes ontologiques du XVIIe, loin des problèmes de cosmogenèse des astrophysiciens de l'ère des radiotélescopes, jardine son système solaire, vérifie Newton et travaille à la défaite radicale des cartésiens obstinés du continent. Il faut attendre la fin du siècle pour que Herschel (1738-1822) pose un regard interrogateur des planètes sur les étoiles. Simple passage de la topologie à la topographie céleste, l'astronomie stellaire, *a fortiori* l'astronomie galaxienne, demande des moyens et une théorie physico-chimique de la matière qui s'élaborera plus tard, à partir seulement des intuitions de Mendeleïev et des travaux de Planck.

S'éloigne-t-on de la mécanique céleste, le domaine par excellence de la mathématisation, la part du descriptif s'accroît. L'optique est depuis longtemps gagnée. Descartes en a fait une annexe de la géométrie. Au XVIIIe, la voilà au cœur de la querelle pour ou contre Newton. Le continent hésite. Voltaire a jeté tout son talent littéraire dans la balance. *Les Éléments de la philosophie de Newton* paraissent à Londres en 1738. Grave problème : le rayon lumineux subit-il l'attraction universelle ? Newton et Voltaire s'interrogent, il est vrai, sur la nature de la lumière. Voltaire, comme Newton, pense que la vitesse de la lumière est affectée par la densité du milieu. On discute, on vérifie, on s'acharne, les amateurs s'en mêlent : Marat, l'ami du peuple, et Goethe, tandis qu'Euler continue à défendre une théorie vibratoire. L'optique géométrique a épuisé son champ. L'étude de la lumière débouche sur la structure de la matière. L'acoustique, au siècle de la musique, la physique de la chaleur, au siècle de

ELÉMENS

DE LA

PHILOSOPHIE

DE NEUTON,

Mis à la portée de tout le monde.

Par M^R. DE VOLTAIRE.

L'ESPÉRANCE ME GUIDE

A AMSTERDAM,

Chez ETIENNE LEDET & Compagnie.

M. DCC. XXXVIII.

**34. VOLTAIRE VULGARISA-
TEUR DE NEWTON**

La publication des Elémens *date de
1738. L'ouvrage a joué un rôle capital
dans la diffusion sur le continent de
la pensée de Newton. « Mis à la
portée de tout le monde. » Voltaire
a eu le génie de la vulgarisation au
meilleur sens du terme.*

Réaumur (1683-1757), des premiers thermomètres et des besoins industriels
d'énergie, se constituent.

Aux portes de l'anecdotique et du mystérieux, la troublante électricité.
Magnétisme et électricité ont contribué à la substitution du « virtuose » à l'honnête homme. Au centre de la physique des salons, ils ont aidé au ralliement de
l'opinion publique, ils ont été les catalyseurs de l'évangélisation scientifique de
la société. Enfin, et c'est là l'important, ils rendent tous leurs droits à l'observation. Le XVIIIe s'est appuyé sur quelques minces constatations de Hooke, de

Picard, de Hauksbee et de Guericke. Au début du siècle, un Anglais et un Français, Stephen Gray (1666?-1736) et surtout Charles François Du Fay (1698-1739) apportent des faits rigoureusement contrôlés, Gray sur la conductibilité, Du Fay sur l'électrisation par influence et, découverte capitale, sur les deux électricités. On n'est pas loin des notions de charge et de champ. Du Fay meurt trop jeune, mais il a fait des disciples : l'abbé Nollet, dans salons et cabinets de France et des Europes, infatigable missionnaire de l'évangile électrique. Pour l'amusement des foules et les expériences des savants, le milieu du siècle perfectionne ses machines électriques et jette dans la bataille la fameuse bouteille de Leyde. Il appartiendra à un dissident de la plus lointaine « frontière », le Pennsylvanien Benjamin Franklin *, de systématiser cet acquis : conservation de l'électricité, électricité positive et négative, sans omettre l'application pratique du paratonnerre. A la fin du siècle, l'électricité ébauche son tournant avec Priestley * et Coulomb.

Lavoisier (1743, mort sur l'échafaud en 1794) fit sortir la chimie, entendez la connaissance de la structure intime de la matière, du Moyen Age où elle piétinait. Pendant un siècle, l'hypothèse ingénieuse de la phlogistique avait fait écran ; la chimie avait un long combat à mener pour se dégager des structures mentales alchimiques ; il lui manquait un point d'insertion quantitatif et un instrument de mesure sûr, la balance perfectionnée. A Lavoisier, aidé par une admirable épouse, le mérite d'avoir trouvé, par le cycle de l'oxygène, le point d'insertion du quantifiable.

Le XVIIᵉ a eu la passion du ciel et le ciel l'a récompensé : la mécanique céleste était le point d'insertion rêvé de la mathématisation. Le XVIIIᵉ a eu la passion de la terre et de la vie. Ce changement de regard découle de la logique même des choses. Le succès du quantitativisme fait tache d'huile. La conquête systématique du savoir s'opère depuis le bastion premier conquis. Ce glissement n'est pas sans rapport non plus avec la réduction eschatologique. Le regard sous la terre et dans le mécanisme de la vie va soulever des problèmes de concordance que les philosophes du XVIIIᵉ sont heureux de lancer dans la polémique antichrétienne. Se rappeler la génération, les flèches contre la préformation et le concordisme naïf du pieux et mystique Swammerdam. Deux affaires émergent : les fossiles et les balbutiements du transformisme.

Les fossiles sont d'observation courante. Deux mille ans, au moins, de réflexion stérile préparent une éclosion tardive dans la seconde moitié du XVIIIᵉ siècle. Se méfier de l'enthousiasme de Guyénot que la passion aveugle. Et bien voir que l'obstacle à contourner vient moins du littéralisme biblique que de l'antimécanisme foncier de la tradition aristotélicienne. Le concordisme étroit n'est pas dans la droite tradition théologique ; c'est une arme d'adversaires. Le long siècle des deux réformes de l'Église l'ignore. Les cieux de Newton chantent, bien plus que ceux d'Aristote, la gloire de Dieu. La théologie du *Deus absconditus* est absolument libre d'identifications hâtives ; elle prépare le repli au for intérieur. Voyez Th. Burnet, ce bon protestant un peu fondamentaliste : il publie à Londres, en latin, en 1681, sa *Théorie sacrée de la Terre*. Tout y est scientifiquement expliqué, pas un iota de la Genèse qui ne soit intégré. La mode est anglaise. Elle rend compte, un siècle et demi à l'avance, du choc de Darwin. Quinze ans après Burnet, Gregory King calcule la croissance de la population de la Terre, de deux unités à 500 millions en un peu moins de six mille ans, chronologie biblique fondamentaliste. Voilà pour l'Angleterre, les apparences sont du côté de Guyénot. Mais passons sur le continent. Voyez la réaction en France de Bossuet, le plus étroitement vétéro-testamentaire, attentif à l'interprétation littérale pourtant. A propos de Burnet, il juge : « C'est un roman bien écrit, et un livre qu'on peut lire pour s'amuser, mais qu'on ne doit pas consulter pour s'instruire. » L'obstacle à une histoire de la nature est profond. Le concordisme n'intervient qu'après coup.

Et pourtant, Burnet est un bon témoin, avec le temps de la dimension historique qui s'insère comme un coin dans l'ordre de la connaissance. Le XVIIe siècle qui s'achève en 1680 avait établi une minéralogie plate, descriptive, rigoureuse et précise. Avec Robert Hooke (1635-1703) surtout, « qui utilisa le microscope pour l'étude des petits animaux fossiles » (R. Furon). Sa *Micrographia* de 1665 est un chef-d'œuvre tranquille d'observations minutieuses, judicieusement rendues. Or, en rapprochant la structure des images fossiles de celle des plantes et des animaux connus, Hooke peut même être classé parmi les lointains précurseurs inconscients du transformisme. Contemporain des premiers travaux de Hooke, le monumental *Mundus subterraneus* (1664) du R. P. Athanasius Kircher * (1601-1680) allie à la masse d'informations tirée de la longue expérience des mineurs allemands, un peu du romantisme tellurique de l'Europe germanique. Voilà pour le passé.

Ce stratisme descriptif est révolu. Vient 1680. On passe à une histoire de la Terre. Elle est, d'entrée de jeu, marquée par la polémique religieuse. Burnet ouvre naturellement la marche de ceux que Guyénot appelle les diluviens. Les diluviens sont naturellement fils du *Bible Kingdom* britannique. Après Burnet, John Woodward * publie en 1702 son *Histoire de la Terre* et toute une théorie aussi ingénieuse que fragile de la liquéfaction universelle. Le déluge a totalement dissous l'écorce terrestre, et la matière ainsi brassée s'est ensuite déposée en couches concentriques : « J'ai dit qu'à l'époque du déluge, tandis que les coquilles se trouvaient en suspension dans les eaux, en même temps que le sable et la matière résolue en ses éléments constituants [...] cette matière dissoute, pénétrant dans les coquilles les a remplies : celles-ci prêtèrent ainsi leur forme à cette matière qui les pénétrait et lui servirent de moules, de matrices. » Et des pages sont consacrées aux coquilles du déluge protégées des eaux par leur consistance fibreuse. L'introduction de la dimension historique a d'abord marqué une régression. Après Woodward, Whiston encore en 1708. Le déluge est daté : 24 novembre 2349 avant J.-C. La Terre ayant séjourné deux heures dans la queue d'une grande comète (se rappeler l'ébranlement de la comète), qui est faite de vapeurs, il en résulte des pluies extraordinaires (*et cataractae coeli apertae sunt*, traduit la Vulgate). « Sous l'influence de l'attraction exercée par la comète [Whiston publie vingt-deux ans après les *Principia*], les liquides contenus dans le grand abîme, agités de mouvements violents, rompirent l'écorce terrestre et se répandirent à la surface du globe (*et rupti sunt fontes abyssi*).» Toutes ces eaux devaient affaiblir la Terre. Depuis, les hommes vivent moins vieux, les animaux aussi, la Terre est mille fois moins peuplée et mille fois moins fertile... Buffon aura belle de censurer. Le Zurichois Jean Scheuzchzer emboîte le pas. Les diluviens appartiennent tous à l'Europe protestante, là où le trouble est le plus profond.

Rien de plus difficile à manier que la dimension historique au commencement d'une science, le xviiie reprend vite la collecte du document. Des centaines de collectionneurs modestes de cabinet alignent des fossiles. De temps en temps, on se livre. Nicolas Lange de Lucerne publie à Venise, en 1708, *De l'observation brute à l'observation orientée* ; voilà, en 1718, une anodine remarque d'Antoine de Jussieu (1686-1758) sur les pierres des environs de « Saint-Chaumont » (Saint-Chamond en Lyonnais). Ce sont presque toutes des plantes étrangères qui approchent ce que l'on observe couramment en Amérique et aux Indes occidentales et orientales. Jussieu est-il sur la voie de l'histoire des climats ? Non. Et pourtant aucun concordisme ne le gêne. Sinon le bon sens. Toute observation, à longueur de vie humaine, continue d'enseigner la donnée immuable : « Ce qui a été, c'est ce qui sera... Quoi de neuf sous le soleil ? » Le transformisme suppose une mutation de toute la structure mentale. Il attend avec le progrès, dans l'environnement, un changement observable à vue humaine. Jussieu fait un saut logique qui n'est pas le nôtre. Pour nous, le temps implique devenir. Pour Jussieu, le changement ne résulte pas d'une évolution, il implique une catastrophe. Peut-être parce que l'environnement, en ce début du xviiie, donne plus d'exemples encore de ruptures en catastrophe que d'évolutions progressives. « Quant aux plantes elles-mêmes, elles se seraient développées bien loin dans les Indes » (où elles sont, donc où elles ont été ... Voyez *l'Ecclé-siaste*) ; des Indes, elles seront venues à Saint-Chamond sous l'influence de « révolutions prodigieuses et subites ». Comment ? La mer les aura arrachées et transportées jusqu'en Europe pour les « déposer dans les lieux où l'eau n'était plus qu'une petite quantité et pouvait s'évaporer ».

Pour ébranler le fixisme, il aura fallu plus qu'un cataclysme, un siècle de progressive avance de l'historicisme, le poids d'une structure sociale, d'un environnement où, le progrès ayant fait son ouvrage pratique, la plasticité des choses, des êtres et des structures devient peu à peu donnée d'expérience humaine quotidienne, d'un vécu concret dans le laps d'une vie d'homme, statistiquement prolongée de dix ans. Pour comprendre le saut logique de Jussieu, il faut remonter au vieux bon sens de la société traditionnelle. Pas besoin de faire intervenir le concordisme biblique. Ou alors, il faudrait annexer Voltaire aux concordistes chrétiens. Dans une lettre de 1746, dans l'article « coquille » du *Dictionnaire*, Voltaire a décoché maintes flèches à la paléontologie naissante : les poissons pétrifiés ? des poissons rares, rejetés de la table des Romains parce qu'ils n'étaient pas frais; les coquilles ? des pèlerins de Syrie les ont rapportées, dans le temps des croisades, etc. Voltaire refuse de voir les fossiles, sa sensibilité se braque, même devant les amoncellements des falaises de Touraine. Buffon, plus tard, tire la conclusion : « Se peut-il que des personnes éclairées et qui se piquent même de philosophie, aient encore des idées aussi fausses à ce sujet ? »

Nous sommes tous du parti de Buffon. Comprendre pourtant le parti de Voltaire. La dimension nouvelle de la création, une sorte de démesure géologique, voilà ce qui fait peur à Voltaire, à beaucoup de chrétiens et à la majorité des hommes du XVIIIe. Après l'éclatement de l'espace, voici le temps et son insupportable interrogation. Voltaire accepte bien de rire des six mille ans de l'exégèse fondamentaliste et anthropomorphique de la Genèse, mais le temps qu'il propose, le temps chargé de l'histoire, reste un temps méditerranéen, à la taille du cosmos clos transposé de la cité grecque au *Siècle de Louis XIV*. Voltaire hait la dimension religieuse du temps géologique, « car mille ans sont à tes yeux comme le jour d'hier quand il n'est plus » (Ps. 90), comme il hait la dimension insolite de l'*Éthique* spinozienne. Peut-être a-t-il peur pour la science ? En ce sens, sa légèreté même est raisonnable. Se garder de tout entreprendre en même temps. Voltaire, notez-le, retrouve par ce biais la parenthèse cartésienne. Bien plus, a-t-il peur pour l'option humaniste fondamentale des Lumières. Dieu était au centre, cinquante ans plus tôt, à l'époque de la théologie théo-centrique du *Deus absconditus*, comme dans la vision augustinienne et pascalienne; l'homme a pris sa place dans l'humanisme militant des Lumières. Cela implique une sagesse de la science, nulle démesure n'est plus dangereuse que celle du temps. Qu'aurait pensé Voltaire du mur des cinq milliards d'années de nos actuelles cosmogonies physico-relativistes et de l'univers de la fuite ? Le refus de Voltaire de meubler le temps d'une histoire de la Terre indépendante de l'homme traduit une démarche extrêmement profonde de l'esprit. Voltaire n'était pas un sot. Que l'homme qui a diffusé Newton, que l'auteur de l'*Essai sur les mœurs* ait eu ce haut-le-cœur devant la première esquisse de transformisme, s'explique par l'influence de l'environnement traditionnel et peut-être aussi par une conception fixiste de l'espace, qui contamine le temps. Se rappeler que l'univers de Voltaire, solidaire de l'espace de Leibniz, et encore de l'espace et du temps de Kant, est un espace unifié, donc anthropomorphisé. « Tous les conseils de prudence de l'esprit scientifique, note Jacques Merleau-Ponty se référant à l'espace-temps du XVIIIe et du XIXe antérelativistes, ne pouvaient prévaloir contre des assertions fondamentalement audacieuses comme : l'espace est partout euclidien, le temps partout uniforme ; une horloge cosmique bat la seconde pour tout l'univers, une grande équerre marque l'angle droit à l'échelle des astres, géométriquement semblable à l'équerre infinitésimale qui permet de repérer l'incidence du rayon lumineux sur la surface de la molécule : une sorte de panthéisme de la mesure protégeait secrètement du vertige sceptique l'agnosticisme métaphysique du physicien [qui n'est pas encore celui de Newton, mais qui est celui auquel tend incontestablement Voltaire]. Le *primum movens* d'Aristote avait mal supporté la réforme de la dynamique ; un *primum metiens* avait pris sa place. » L'espace à l'équerre et le temps uniforme exigent, par assimilation psychologique, au-delà de l'histoire humaine jalonnée, un temps vide, un temps qui n'a pas le droit d'être. Ne pas surestimer les possibilités du XVIIIe siècle moyen. Son principal mérite, savoir garder raison, savoir marquer donc le pas et les étapes. La vraie victoire du transformisme, le triomphe pratique du darwinisme, est contemporaine de l'atomisme quantique. Le XVIIIe siècle invente simultanément le fixisme qui est dans son génie, tandis que certains esprits hétérodoxes, de Buffon à Maupertuis, en route vers Lamarck, réunissent les éléments d'une révolution qui réalise, à la fin du XIXe siècle, l'égalisation, en dignité dans la connaissance, du temps sur l'espace.

La notion d'espace était pour la biologie une conquête capitale. Carl von Linné (1707-1778) appartient à la Suède de la connaissance. Fils d'un pasteur, il fit ses études à Lund et Upsal, voyagea autour de la Baltique. Linné appartient à l'Europe qui s'exprime en latin, et nous restons tributaires de sa systématique végétale. A ce stade, ce qui vaut, c'est l'acuité du regard. Sa méthode, « basée sur la disposition des organes reproducteurs [...] et appelée fréquemment système sexuel [repose en effet] sur le nombre des étamines, sur leur soudure, ainsi que sur la sexualité des fleurs » (Adrien Davy de Virville). Partie des hypothèses de Linné, la systématique se constitue à pas de géant. C'est aussi à cette nécessaire étape intellectuelle que se heurtent les hérétiques de l'historicisme naturel. Dans la préhistoire du transformisme, Guyénot fait un sort à De Maillet qui publia à Bâle en 1749 un ouvrage curieux, plein des idées les plus fécondes, avancées sans un commencement de preuve, et des conceptions les plus folles, sous un titre dans le goût de la mauvaise didactique des Lumières : *Telliamed ou Entretiens d'un philosophe indien avec un missionnaire français sur la diminution de la mer, la formation de la Terre, l'origine de l'homme, etc.* La sagesse vient de loin, dans la tradition de l'Orient philosophique. Tous les terrains sont sortis de la mer, à preuve les fossiles que l'on retrouve jusqu'au sommet des montagnes.

Buffon (1707-1788) est sérieux. Leibniz faisait de la Terre et des planètes autant d'anciens soleils fluides. Descartes avait eu, dans les météores, l'intuition d'une Terre détachée du Soleil. Buffon admet plus clairement que « toutes les planètes avaient fait partie d'un même astre dont le Soleil représente la partie centrale. La Terre allant en se refroidissant, il se formait un noyau central encore très chaud constitué par une matière vitrifiée, et une écorce solidifiée [...] » : en embryon, toute la théorie qui culmine au début du xxe siècle chez Suess. Une ébauche des âges de la vie, avec les seuls animaux actuels, l'apparition de l'homme en dernier, tout cela est esquissé dans l'*Histoire de la Terre*, dès 1744, achevé dans les *Époques de la nature*, 1778. Nous voilà, dans l'histoire de la nature, au seuil de ce que Serge Moscovici nomme joliment « l'univers froid et l'univers chaud ».

L'évolution de Buffon est extrêmement intéressante. Ce grand touche-à-tout appartient presque à un autre âge, on pense aux chimistes hétérodoxes, aux antimécanistes antiaristotéliciens du xviie, aux hommes de l'univers chaud hantés par le froid. Lui aussi a été hanté par la chaleur et le refroidissement de la Terre, qu'il essaie de saisir dans l'expérience puérile des boulets portés au rouge, une gymnastique prétexte qui a aussi peu de portée scientifique et autant de valeur psychologique que la langue de bœuf de Montesquieu. Buffon et les préévolutionnistes échappent à la rigueur mécanicienne. Le seigneur de Montbard, l'antimécanicien, avec son regard lourd sur les choses de la vie et du sexe, est l'introducteur de la durée dans une philosophie naturelle devenue histoire naturelle. L'agression qu'il commet blesse, au-delà du concordisme biblique fondamentaliste qui ne fait pas problème, toute une structure de la pensée. Il force la parenthèse du temps extra-humain. C'est pourquoi, à la limite, Buffon est dangereux. Introduites trop tôt, ses idées auraient risqué de gêner l'achèvement de l'édifice du mécanisme qui est pédagogie et propédeutique de la science. Revenons aux *Époques de la nature* et suivons la marche insidieuse du temps. Le xviiie s'achève. Nous sommes en 1778. La condamnation très partielle de la Sorbonne n'a pas gêné le maître de Montbard, nouveau patriarche d'un autre Ferney. Il n'y aura plus de procès Galilée, seulement l'assassinat de Lavoisier. La Sorbonne ne représente pas l'Église; en outre, la condamnation vise les digressions plus que le fond même. Le fond, c'est l'histoire ; l'histoire qui a conquis péniblement le social et le politique, l'histoire qui a bousculé la parenthèse cartésienne et que l'univers mécanique n'est pas encore tout à fait prêt à recevoir, parce qu'elle introduit une quatrième dimension dans l'épure, et que cette complication soudaine risque de tout compromettre.

Buffon, le premier, « ose exprimer une opinion précise sur la durée des temps géologiques : " Les couches stratifiées [...] résultent d'une sédimentation sous les eaux qui s'est prolongée pendant des millénaires et non pas seulement pendant les quarante jours du déluge. " Divisant, lui aussi, l'histoire de la Terre en ses époques, il a l'extrême audace d'en fixer la durée minimum à 75 000 ans. » (R. Furon.)

Est-ce là tant d'audace ? Descartes et Mersenne, cent cinquante ans plus tôt, jouaient volontiers sur quelques dizaines de millénaires, en plus des six mille de la chronologie biblique fondamentaliste. Mais, en réalité, ils n'avaient que faire de ce temps inutile. Le monde d'Aristote, clos dans l'espace, est temporellement infini (et non pas éternel comme on a coutume de le dire) : saint Thomas d'Aquin s'en était fort bien accommodé. C'est aussi que le temps, avant la double remontée historisante, naturelle et humaine du xviiie siècle, est un temps creux, vide, sans conséquence. Le temps de l'histoire naturelle de Buffon, comme le temps historique de l'*Essai sur les mœurs*, auquel il s'apparente en dépit de tout ce qui sépare les deux hommes, est un temps du xviiie, un temps concret, meublé, non pas le temps vide des philosophes. « Aux objections qui lui sont faites, il répond en créant la méthode de calcul de la durée de sédimentation. [L'application apparaît dérisoire et inopérante.] Constatant la minceur des feuillets des ardoises, il observe qu'une marée ne peut guère déposer que 1/12 de ligne d'épaisseur de sédiments, ce qui [...] nécessite 14 000 ans pour le dépôt d'une colline argileuse de 1 000 toises [...] » (R. Furon.)

Une machine est mise en place, les mécanistes orthodoxes la craignent confusément. On pourrait suivre les cheminements tâtonnants d'une prégéologie, d'une prépaléontologie, d'une préhistoire dont les balbutiements, comme les intuitions de Buffon elles-mêmes, appartiennent à peine au xviiie siècle.

L'espace abstrait de la mécanique céleste est limpide, compatible, par son acte de baptême, avec l'esprit des Lumières ; les épaisseurs encombrantes des temps géologiques sont difficilement réductibles, préromantiques. C'est que l'esprit des Lumières est fragile, les Lumières sont menacées par leur succès. Le monde allait se clore, géographiquement, au XVIIIe ; mais le XVIIIe a créé une autre « frontière », plus dévorante, qui n'a cessé de croître : la « frontière » de la connaissance et de l'information. Le multiplicateur des Lumières a eu raison, définitivement, de l'unité de la culture.

●

Le temps géologique est un tard venu. Il est tenu en réserve jusqu'au moment où la pensée scientifique peut l'assimiler. Le temps, dans l'histoire humaine de la nature, est contemporain de la physique quantique. L'horizon 1680, pourtant, s'est nourri de temps. Mais le temps des Lumières est un temps humain. Le XVIIIe siècle se joue sur l'histoire ; il est aussi le siècle de la constitution d'un secteur autonome des sciences humaines. Deux sommets en témoignent : *l'Esprit des lois*, 1748, *l'Essai sur les mœurs*, 1756.

A-t-on bien mesuré le travail, derrière ces deux maîtres livres du XVIIIe ? Pour Mme du Châtelet, qui n'aimait pas l'histoire *, Voltaire écrivit un essai sur l'histoire générale, qui porte finalement le titre d'*Essai sur les mœurs*. Bien sûr, il y a un antihistoricisme des Lumières, il est bruyant, il fait illusion. La révolution mécaniste a tourné le dos à l'histoire. La légalité scientifique exclut l'événement. Quand, sur l'horizon 1680, une famille d'esprits pénètre le domaine réservé de la politique et de la religion, la construction hâtive que les rationaux entendent substituer à la sagesse de la tradition et à la vérité contenue au dépôt de la Révélation est calquée sur l'apriorisme cartésien des années 1630. L'entrée des rationaux dans la parenthèse cartésienne est cartésienne, au mauvais sens du mot, aprioriste, théorico-déductive. Les rationaux sont des théologiens auxquels manque seulement une Parole de Dieu.

Rousseau appartient à cette espèce, et Diderot. Toland, en Angleterre, fait partie de la famille. « Quand Rousseau s'enquiert de l'origine de l'inégalité, il commence par ces mots superbes : " Écartons tous les faits ". Après quoi, selon une impeccable dialectique, il déduit ce qui a dû être. » (R. Pomeau.) Diderot a trop d'imagination et son déterminisme étroit ne saurait admettre le caprice de l'histoire. Voltaire a écrit *le Siècle de Louis XIV* de front avec la *Métaphysique de Newton*. Voltaire, malgré tout, est d'une autre taille ; il tient, lui, le XVIIIe siècle par les deux bouts : rationalisme postcartésien, empirisme et sensualisme anglais. Voltaire a franchi la Manche, il est à cheval sur deux empires. René Pomeau a pu écrire avec finesse : « Entre les philosophes de Cirey, l'*Essai* naît d'une reprise du dialogue de Leibniz avec Locke, poursuivi à travers tout le siècle. A l'ordre de la raison raisonnante, Voltaire oppose la réalité empirique de l'histoire. Il veut faire comprendre à son amie [et à son siècle] que l'humanité n'a d'existence qu'historique ; que métaphysique et mathématique apparaissent seulement dans les sociétés où les conditions favorables sont réunies. Il veut convaincre Émilie qu'il vaut la peine de s'intéresser à l'histoire ainsi conçue comme étant celle de l'esprit humain. » L'*Essai* a mûri pendant dix-sept ans ; d'édition en réédition (1756, 1761, 1769, 1775), Voltaire l'a retouché. La publication de l'*Histoire de Charles XII* date de 1731-1732, *le Siècle de Louis XIV* s'échelonne de 1739-1740 à 1751, les *Remarques sur l'histoire* sortent en 1741, les *Nouvelles Considérations sur l'histoire* en 1744. Le *Précis du règne de Louis XV* a connu plusieurs éditions depuis 1751, l'*Histoire de la guerre de 1741*, 1755-1756, l'*Histoire de l'Empire de Russie sous Pierre le Grand* sort en 1763. C'est dire assez la place de l'histoire au sommet de l'effort de toute une vie.

Le temps de Voltaire est un temps proche : *le Siècle de Louis XIV*, dont il a proposé l'exemple aux despotes éclairés, est pour lui, et pour toute l'Europe des Lumières, le point de départ du nouvel âge ; son temps historique est celui des étapes de la civilisation. Sa chronologie est à mi-chemin entre la périodisation traditionnelle, qui est catastrophique, et le temps continu et cyclique de Kant à Hegel. « Quatre âges heureux » sont retenus au début du *Siècle de Louis XIV*, qui sont « ceux où les arts ont été perfectionnés, et qui, servant d'époque à la grandeur de l'esprit humain, sont l'exemple de la postérité ». Siècle « de Philippe et d'Alexandre, et celui des Périclès, des Démosthène, des Aristote, des Platon, des Apelle, des Phillis, des Praxitèle [...] second âge [...] celui de César et d'Auguste [...] Le troisième [...] celui qui suivit la prise de Constantinople, les Médicis, Florence, les Italies [...] Le quatrième siècle est celui qu'on nomme le siècle de Louis XIV [...] celui des quatre qui approche le plus de la perfection. Enrichi des découvertes des trois autres, il a plus fait [...] que les trois ensemble [...] La saine philosophie n'a été connue que dans ce temps [il est clair que le siècle de Louis XIV englobe le temps présent] [...] il s'est fait dans nos arts, dans nos esprits, dans nos mœurs, comme dans notre gouvernement, une révolution générale qui doit servir de marque éternelle à la véritable gloire de notre patrie. Cette heureuse influence [...] s'est étendue en Angleterre, elle a excité l'émulation dont avait alors besoin cette nation spirituelle et hardie, elle a porté le goût en Allemagne, les sciences en Russie elle-même, ranimé l'Italie qui languissait [...] » Tout est là, le progrès, le choc en retour de l'environnement, la prise de conscience du mouvement, la solidarité du XVIIIe avec le XVIIe mécaniste, point de départ du progrès continu. Le partage de l'empire intellectuel du monde entre la France et l'Angleterre, la confusion, enfin, entre histoire et histoire du progrès de l'esprit humain.

Cette préférence pour un temps proche, qui est un temps dense, n'exclut pas chez Voltaire le souci d'un plus lointain passé qui rejoint le début de l'histoire de la civilisation. Occasion de décocher quelques flèches. Le XVIIIe siècle a le souci des origines. Voyez les très brèves *Remarques sur l'histoire* : « Que gagne-t-on à redire que Ménès était le petit-fils de Noé? », voilà pour le bon Rollin. « Et par quel excès d'injustice peut-on se moquer des généalogies de Moreri, quand on en fabrique de pareilles [...] ? Certes, Noé envoya sa famille voyager loin, son petit-fils Ménès en Égypte, son autre petit-fils à la Chine, je ne sais quel autre petit-fils en Suède. Les voyages alors formaient les jeunes gens [...] il a fallu, chez nous, nations modernes, des dix ou douze siècles pour s'instruire à un peu de géométrie, mais les voyageurs dont on parle étaient à peine arrivés dans des pays incultes qu'on y prédisait les éclipses [...] Confucius en cite trente-six, dont les missionnaires mathématiciens ont vérifié trente-deux. Mais ces faits n'embarrassent point ceux qui ont fait Noé grand-père de Fo-Hi [...] »

Progrès de l'historiographie ancienne, arrivée des autres civilisations : la question se posait depuis 1680. Bossuet y avait été sensible. Le concordisme biblique — l'a-t-on assez dit — est une réponse maladroite à une question posée, sans aménité, une question obtuse à la Smerdiakov. Voltaire utilise à fond l'erreur de ses adversaires : il leur doit l'élargissement de l'horizon historique. L'histoire de la Chine ancienne est une donnée des missionnaires de la fin du XVIIe. La chronologie de la Chine étant plus longue que celle de la Genèse (bien que la civilisation chinoise soit, objectivement, plus courte que celle de la Méditerranée), les exégètes s'efforcèrent de concilier l'une et l'autre. « Horn (1666) et le P. Pezron (1691) imaginèrent que Fo Hi [premier empereur chinois de la chronique traditionnelle] n'était autre chose qu'Adam. » (R. Pomeau.) Solution idéale. Vallemont, plus modeste (1696), l'identifie avec Noé, et le P. Foucquet (1730) avec le patriarche Énoch. Quant à l'ancienneté des éclipses chinoises et l'exactitude des faits rapportés par la chronique, Voltaire emprunte, semble-t-il, à l'histoire de l'astronomie chinoise du P. Gaubil (1732) qui avait fixé à 2155 avant J.-C. la première éclipse observée par les observateurs chinois. De même que prétransformisme et fixisme sont un effet du multiplicateur des connaissances biologiques, concordisme et relativisme sont l'effet simultané du multiplicateur historiographique et géographique.

L'explosion de la Méditerranée en économie-monde est l'acquis des années

1480-1530. L'implantation missionnaire, le fait des années 1560-1650. Une masse énorme d'éléments d'information est réunie. Parce que la mission ne peut éviter totalement la transculturation, les missionnaires ont créé l'ethnographie, l'histoire et la géographie comparées des civilisations. Cette richesse revient sur l'Europe, après un temps moyen d'un demi-siècle. Le choc en retour se situe sur l'horizon 1680. Dans le domaine d'une information nécessaire à la constitution d'une science humaine, le miracle des années 1680 correspond au miracle scientifique de 1630.

Effet chinois du multiplicateur, effet plus proprement historique encore. Au chapitre X de l'*Essai sur les mœurs*, Voltaire se livre à un exercice proche avec une information plus étendue et une ironie plus lourde. Son érudition chaldéenne a été puisée à la meilleure source, chez les pères et les maîtres de l'histoire. L'érudition littéraire s'est emparée de l'épisode. Au cours de l'été 1754, pour éviter Maupertuis, l'ennemi en religion philosophique, à Plombières, et préparer en paix la publication de l'*Essai sur les mœurs*, Voltaire fait retraite à l'abbaye de Senones. Après Schoepflin et Pfeffel à Colmar : « Ces gens-là savent l'histoire comme nos Français savent des chansons », ce sera la rencontre avec Dom Calmet : « aller chez ses ennemis pour se pourvoir en artillerie ». Dom Calmet, une réplique du caractère d'Hermagoras ; « il " n'a jamais vu Versailles, il ne le verra point ; il a presque vu la tour de Babel, il en compte les degrés [...] " » : Dom Calmet, abbé de Senones, alors âgé de quatre-vingt-trois ans, n'a jamais entendu parler de Mme de Pompadour, mais il a écrit plusieurs dizaines d'in-folio sur les deux Testaments, et même une histoire universelle. Auprès de ce puits de science, Voltaire cherche l'origine des commandements de l'Église. Il suit, l'œil inquiet, le vieillard se hissant au faîte de branlantes échelles pour atteindre d'énormes volumes. Tout le monastère s'attelle à l'œuvre impie de l'*Essai*, les moines trouvent les pages, les lignes et les citations [...] » (R. Pomeau.)

Jean Orieux, lui aussi, s'est arrêté à Senones : « Bienheureuse halte [...] Voici le diable fait ermite [...] il n'a pas besoin de jouer la comédie, il est tout à fait lui-même. Nous le voyons, ce clerc anticlérical, ce catholique pétri de catholicisme et de rébellion, nous le voyons chez lui. Il respire l'air de son enfance studieuse, l'air de sa vraie famille, celle de Louis-le-Grand. La bibliothèque le transporte : elle est aussi riche que celle de Saint-Germain-des-Prés! La frugalité du réfectoire, sa netteté, le pur, le pieux, le docte langage des moines le ravissent, la disciplin e, le tr avail, la paix, la douceur : c'est son idéal, il le trouve à Senones. Il dit qu'il y a vécu délicieusement. Il ne dit pas dévotement. Personne ne le lui a demandé. »

L'épisode est symbolique. Il marque une filiation. La science historique a de profondes racines chrétiennes unies. La suite le prouve : Voltaire quitte Senones pour Genève ; il y retrouve sa propre bibliothèque... « Il puise aussi dans la bibliothèque de Genève que dirige l'érudit Abauzit. Il ne se prive pas non plus de recourir à la science des pasteurs, ses amis, les Vernes, les Vernet, les Bottens. » (R. Pomeau.) Fantastique travail préalable. Ce qui est vrai de l'*Essai* l'est combien plus encore de *l'Esprit des lois*. Derrière chaque ligne, les centaines d'in-quarto, d'in-folio de l'érudition déployée depuis un siècle se profilent. Pour écrire *l'Esprit*, Montesquieu, on s'en souvient, a parcouru l'Europe. Il a parcouru l'Allemagne en quête « de Grotius, de Pufendorf, de Barbeyrac, de Heineccius ». Nous lisons quelque part dans ses pensées (*l'Esprit des lois*, XI, 191) : « Je rends grâce à MM. Grotius et Pufendorf d'avoir exécuté ce qu'une grande partie de cet ouvrage demandait de moi, avec cette hauteur de génie à laquelle je n'aurais pu atteindre. » L'histoire littéraire, friande du jeu des sources, a relevé dans la liste de ses lectures (qui faillirent en vingt ans lui coûter la vue) des listes qui occupent des pages. Beaucoup plus encore que la science de l'*Essai sur les mœurs*, la légèreté de *l'Esprit des lois* résulte d'une prodigieuse érudition totalement maîtrisée.

Le multiplicateur de l'histoire et des « sciences humaines ». La philosophie mécaniste a fait trop souvent oublier cet autre aspect de la grande aventure de l'esprit. Elle n'a pas la même portée ; surtout, elle ne se déroule pas suivant le même schéma. Le développement des sciences humaines est beaucoup plus ancien. Il s'est fait par étapes. La philosophie d'abord, et l'étude critique des textes : elle atteint un premier point de perfection avec Laurent Valla (1411-1457) ; on connaît l'impact au moment de la Réforme ; elle essuie un certain discrédit à l'âge mécaniste. Surtout, technique d'approche et de compréhension du texte, elle n'a pas, au niveau des futures sciences de l'homme, le pouvoir fédérateur qui sera celui des mathématiques. C'est sur un modèle de science exacte, sur l'idée de légalité, que la science humaine s'organise au xviiie siècle, en sautant à pieds joints sur la vieille ligne de développement philologique. « Les lois, dans la signification la plus étendue, sont les supports nécessaires qui dérivent de la nature des choses ; et dans ce sens tous les êtres ont leurs lois, la Divinité a ses lois, le monde matériel a ses lois ; les intelligences supérieures à l'homme ont leurs lois ; les bêtes ont leurs lois. L'homme a ses lois. » (*L'Esprit des lois*, I, 1.) Notez bien l'enchaînement : « le monde matériel a ses lois [les lois de la philosophie mécaniste] [...] L'homme a ses lois ».

La philologie classique traverse le xviie sans éclat, et refait surface, à la fin du siècle, avec Du Cange et Richard Simon. Italienne au départ, elle tend à devenir un attribut de la basse germanité. Leyde, l'Athènes philologique, accueille les réfugiés de l'Allemagne protestante, Philipp Clüver (Cluverius), créateur de la géographie historique, Friedrich Gronow (Gronovius, 1611-1671), numismate et orientaliste. Plus tard, Hadrien Relandus (1676-1718) y travaille l'hébreu, le vieux persan, les langues de l'Inde et de la Malaisie. Leyde, proche de la capitale, de la Compagnie des Indes orientales *, jette un pont entre l'Antiquité classique et l'Est profond.

La philologie a aussi son horizon 80. La renaissance scientifique allemande, au lendemain du trou noir démographique de la guerre de Trente Ans, a un axe philologique. Voyez le rôle de Christoph Keller (Cellarius, 1638-1707) dans la constitution de Halle : professeur et bibliothécaire, il est associé par le Grand Électeur à la création, en 1694, de l'université, que Christian Wolff * (1679-1754) illustre au XVIIIe. Cellarius est à peu près contemporain de Du Cange (1610-1688). Vers la fin du XVIIe donc, la conquête scientifique du Moyen Age. Cellarius publie en 1677 un manuel de basse latinité, *Antibarbarus latinus sive de latinitate mediae et infimae latinitatis* ; son *Historia medii aevi* sort en 1688 ; elle suit de quelques années le *De re diplomatica* de Mabillon dédié à Colbert.

Les branches diverses des disciplines « hors philosophie mécaniste » se rapprochent, se pressent et s'entraînent pour une explosion de croissance, de 1680 à 1730 : elles forment le socle de connaissances sur lequel Montesquieu et Voltaire appuient les éléments de leurs synthèses.

Nous voyons naître une linguistique préscientifique, mais déjà rationnelle. Le latin a perdu, en Espagne dès le XVIe, en France au XVIIe, en dépit des apparences, en Italie au XVIIIe. Ses derniers bastions, dans les deux premiers tiers du XVIIIe, sont au nord. Il se défend mieux dans les pays germaniques, mais l'allemand balaie le latin à partir de 1770. Dans le domaine linguistique comme dans tous les autres, l'horizon 80 des Lumières subit le choc de l'élargissement planétaire : « Les 72 langues de la Tradition [qui avaient puni Babel] ont fait place à des estimations qui varient entre 1 500 et 6 000 idiomes. » (Gusdorf.)

Le XVIIe a préparé le travail du multiplicateur des Lumières. L'étude méthodique et systématique des langues européennes est champ privilégié des Allemands, des Hollandais et des Anglais. Roth, missionnaire, s'attaque au sanscrit en 1664 ; mais le gros morceau, c'est le chinois. A côté d'Athanasius Kircher (1667) et de Christophe Mentzel (1685), les grands sinologues de la Compagnie de l'horizon 1680 des Lumières, les travaux pionniers de Bright au XVIe sont des balbutiements de préhistoire. A Leibniz appartiennent les premières intentions cohérentes d'une science linguistique comparatiste. « Leibniz considère le domaine linguistique comme un règne naturel. » (Gusdorf.) La linguistique ainsi comprise fournirait des éléments pour une histoire de l'esprit humain. Leibniz, dans ce secteur, préfigure Montesquieu dans l'ordre du droit et des institutions comparées : « La méthode sera inductive : il faut recueillir sur le terrain le plus grand nombre possible de documents par une enquête appropriée. » Le chrétien réformé et irénique Leibniz n'hésite pas à conclure alliance avec ces maîtres de l'information, les missionnaires, à la fin du XVIIᵉ encore presque toujours catholiques. D'une idée de Leibniz devait sortir, grâce à Catherine II et à Pallas, les *Linguarum totius orbis vocabularia comparativa Augustissimae Cura collecta* (1787-1789).

Parallèlement à ces grands projets, les grammaires des principales langues européennes se constituent. La France s'honore de la *Grammaire générale et raisonnée* d'Arnauld et Lancelot (1660), « inséparable, note Gusdorf, de *la Logique ou l'Art de penser* d'Arnauld et Nicole (1662) », soit une logique comme métalangage, avant d'arriver à la logique actuelle comme métamathématique, tandis que les Anglais avec John Wallis et John Wilkins s'orientent vers une physique du langage.

L'herméneutique biblique constitue un chapitre des sciences humaines en formation sur l'horizon 1680. Elle est intimement liée à la crise de conscience. Au centre des sciences de l'homme et du multiplicateur qui a contribué au trouble des esprits à la fin de l'unité de la culture, il y a l'histoire, que Voltaire puisait dans les in-folio de Dom Calmet à Senones. Mythistoire et chronique pure appartiennent à un passé qui culmine, peut-être, dans le *Discours sur l'histoire universelle* de Bossuet (1681), prolongé par la polémique *Histoire des Églises protestantes* (1688). Bossuet est passé très près d'une parfaite réussite, victime — paradoxe pour un théologien catholique — de son trop strict vétérotestamentalisme. Il lui a manqué l'accès au mystère du temps de la patience. Bossuet s'est arrêté à la deuxième époque, celle de Charlemagne. La promesse d'un second discours n'a pas été tenue ; cette défaillance n'est pas fortuite. L'histoire moderne, dont se délecte Voltaire, embarrasse Bossuet. La théologie de l'histoire ne s'est pas accompli tout de suite dans la fin de l'histoire, et le dessein de Dieu, s'il est sûr, échappe dans le détail à ceux qui attendent dans la foi, avec le Retour glorieux, la fin différée du temps et de l'histoire. Bossuet, qui ne l'ignorait pas, a négligé la nouvelle herméneutique biblique. Née dans les pays protestants, elle pouvait troubler la théologie réformée. Elle n'aurait pas dû gêner la théologie catholique qui s'appuie sur une conception ouverte de la Révélation. Or nous voyons, avec Bossuet, s'esquisser un de ces curieux retournements : l'Église gallicane adopte, au XVIIIᵉ siècle, une exégèse « protestante », presque fondamentaliste. Ce catholique intelligent refuse l'élargissement, dans le temps et dans l'espace, que lui apportent missionnaires jésuites et moines bénédictins. Son espace-temps exclut par omission la Chine et l'Amérique du Plan de Dieu. Sa chronologie la plus courte (à la fin de sa vie, il concède les mille ans de plus des Septante) exclut du Plan de Dieu un lointain récemment acquis. Il a fallu réhabiliter l'histoire. Les cartésiens de la main droite n'ont pas vu, longtemps, l'énorme travail qui s'accomplissait sous leurs pas. L'attitude hostile de Malebranche (1638-1715) est exemplaire, elle s'oppose à l'attitude ouverte de Leibniz (1646-1716). Malebranche est français, nourri de la *Logique de Port-Royal*, Leibniz est protestant, irénique et allemand, curieux de l'essor de l'historiographie catholique. Les résistances à l'histoire viennent d'abord du milieu cartésien et des chrétiens attachés à la donnée dogmatique. Voilà pourquoi le milieu port-royaliste et oratorien, la branche arnaldiste et plus tard malebranchisante de l'Église gallicane donnent le ton des attitudes ambiguës devant la dimension historique de l'horizon 1680, Louis Thomassin (1619-1695) et Bernard Lamy (1640-1715) entre autres.

Louis Thomassin, de l'Oratoire, théologien de la Grâce, historien du dogme ; quand il publie en 1687 le second tome du *Traité de l'unité de l'Église*, le protestant Basnage qui l'attaque doit lui reconnaître « une grande connaissance des Pères et une profonde lecture ». Bernard Lamy, malebranchiste et jansénisant, avec Thomassin, « minor » capital des années 1680, a consacré sa vie à l'enseignement et au progrès de la philosophie mécaniste. Ses *Entretiens sur les sciences* sont maintes fois réédités, mais il a tout autant donné sur l'Écriture, l'Évangile et l'origine des fêtes de l'Église. Face à la nouvelle érudition, les réactions de Lamy sont celles d'un « scientifique » avant la lettre. « Qu'est-ce qu'un homme qui sait toutes les langues orientales [...] Je le regarde comme une bête de charge. » La réaction du littéraire Thomassin devant le traité de Mabillon sur les espèces eucharistiques est plus intéressante encore. Elle creuse mieux le fossé. « [...] Vers 1674, au sujet de la dissertation de Mabillon *De Pane eucharistico azymo ac fermentato*, le Père, d'ordinaire si pacifique, se mit cette fois presque en colère, critiquant le bénédictin à propos de ce qu'il appela sans indulgence une érudition aussi intempestive que superflue. » (Gusdorf.) Cette réaction révèle une difficulté à voir développer dans un déroulement temporel une donnée dogmatique. Le P. Thomassin est malade d'une insolite mutation du temps *. Sa réaction s'apparente à celle de Voltaire devant Buffon. Le multiplicateur des Lumières a incorporé aussi la révolution mauriste.

La mutation de l'histoire est liée sans doute à la rivalité de la chrétienté cassée en Europe protestante et Europe catholique. Aux *Centuries de Magde-*

bourg, la catholicité post-tridentine avait jadis répondu par les *Annales Eccle-siastici* de Baronius. La mutation historiographique est liée à une longue réponse catholique. Le concile de Trente ayant posé la continuité de la Révélation dans le déroulement temporel, en réponse au primat renforcé de l'Écriture, l'érudition catholique est condamnée à l'histoire tout comme la science protestante à l'herméneutique scripturaire.

Les bollandistes, d'abord Heribert Rosweyde. Comme il était logique, la nouvelle dimension historiographique de l'Europe est née sur une frontière douloureuse, la Flandre déchirée, à quelques kilomètres des terres réformées, Anvers, 1607. Donner à la communion des saints une dimension historique. Voici les *Acta Sanctorum*. Les deux premiers volumes sortent des presses d'Anvers en 1643. De 1659 à 1714, la collection bénéficie de la direction de Papebroch (Daniel Van Papenbroek, 1629-1714). Pour cette construction exemplaire, Papenbroek avait entretenu une correspondance avec une société européenne de l'histoire érudite : Muratori, Mabillon, Baluze, Du Cange, Le Nain de Tillemont, Leibniz, et combien d'autres... « Tous les saints de partout, y compris les saints orthodoxes, furent cités à comparaître, le but avoué étant de " désencombrer " » l'histoire du christianisme de tous les éléments légendaires qui, peu à peu, ont proliféré dans les siècles passés. » (Gusdorf.) Beau programme des Lumières et point de départ de ce catholicisme éclairé qui forme, entre zélanti et jansénistes, la charpente religieuse de l'Europe catholique au XVIII\u1d49 siècle.

Une seconde étape vise une histoire érudite, critique et savante de l'Église. Y travaillent Jean de Lannoy, Du Cange et Adrien Bailet (1649-1706) qui trouve grâce auprès de l'*Encyclopédie*. Mais les vrais maîtres de la révolution érudite, que Jansénius et Saint-Cyran avaient entrevue dans leur retraite studieuse du camp du Prat, ce sont évidemment les bénédictins de Saint-Maur. Ils sont à la science historique ce que Viète est à l'algèbre, Newton à la mécanique céleste et Lavoisier à la chimie. La réforme bénédictine au XVII\u1d49 part de Lorraine. Toute la France bénédictine se place, depuis 1618, sous le patronage de saint Maur. Dom Grégoire Tarrisse, élu supérieur général en 1630, donne la nouvelle impulsion, conseillé par Dom Luc d'Achery (1604-1685) qui rédige les directives érudites de la nouvelle méthode critique.

La gigantesque machine mauriste construit sur des millions d'heures de travail le matériau de base des synthèses historiques des siècles futurs. Elle fixe les règles d'établissement du texte et du fait, suivant un processus rationnel que Laurent Valla avait aperçu et qui constitue aujourd'hui encore la charpente de la critique historique. Il est difficile de discerner les auteurs de ce géant collectif. Seuls les plus grands émergent : Jean Mabillon (1632-1707), bien sûr Bernard de Montfaucon (1655-1741). Autour du foyer de Saint-Germain, capitale érudite de l'Europe, quelques laïques même, au premier rang Du Cange (1610-1688), seigneur universel de la latinité médiévale et bénédictin par l'esprit ; port-royaliste notoire, Louis Sébastien Le Nain de Tillemont (1637-1698), historien à l'école de Port-Royal. Une famille de la grande robe parisienne où l'on respire la culture au berceau. Le Nain, comme il faut s'y attendre, passe aux Petites Écoles, puis par le séminaire janséniste de Beauvais ; il est ordonné en 1676, après une lente et méthodique préparation de rigueur saint-cyranienne. Dans l'affaire du Formulaire, il est du côté des rigoristes. Cet historien qui annonce les Lumières est un spirituel du Pur Amour, un homme tout proche de Pascal. S'en souvenir pour bien comprendre qu'il n'y a nulle part solution de continuité. Cet auteur d'opuscules spirituels, ce théologien augustinien rigoureux est surtout un historien exemplaire de l'école érudite et antique. « Si l'*Histoire des empereurs* et les *Mémoires pour servir à l'histoire ecclésiastique* font la réputation de Tillemont auprès des historiens du christianisme, sa renommée chez les médiévistes vient, depuis un siècle au moins, de sa *Vie de Saint Louis.* » (Bruno Neveu.)

On pourrait poursuivre la démonstration. Replacés dans cet ensemble, Pierre Bayle (1647-1706) qui a été mal compris jusqu'aux études d'Élisabeth Labrousse, Richard Simon * (1638-1712), Jean Le Clerc (1657-1736) perdent une partie de leur apparente agressivité.

1630 a fait éclater le petit monde clos d'Aristote ; 1680 a mesuré l'espace démultiplié du système solaire, donné à l'Europe classique, en train de s'ouvrir aux Lumières, la dimension historique. Le multiplicateur historique de la durée est une des explications de la pensée des Lumières. L'herméneutique biblique qu'elle apporte contribue à la donnée complexe de sa relation à Dieu.

CHAPITRE V

LA PENSÉE DES LUMIÈRES
LA RELATION A DIEU

E XISTE-T-IL une pensée des Lumières? L'historiographie du XIXᵉ siècle en a accrédité l'idée, l'historiographie romantique dit oui et les deux réponses les plus qualifiées, depuis 40 ans, sont positives. Celle d'Ernest Cassirer et celle de Paul Hazard. Il n'est pas question bien sûr de s'inscrire en faux contre une évidence. Pourtant nuancer. Le XVIIIᵉ siècle d'abord ne se confond pas avec le XVIIIᵉ siècle français. La périodisation a son importance : savoir que le rythme anglais précède la France de dix ou quinze ans, que la France précède et bat la mesure des pensées du continent, qu'elles cheminent très vite en direction du quart nord-est protestant, que la Prusse fait relais, que la Hollande vit sur le continent à une heure plus anglaise que française, que l'Italie répond plus vite et mieux aux sollicitations françaises que la péninsule Ibérique.

Mais la nuance régionale va bien au-delà. Cela s'explique par l'existence, au XVIIIᵉ siècle, d'espaces-temps de mieux en mieux caractérisés. Laissons l'Italie ; en dehors de Vico (1668-1744), elle a peu à dire et Vico est à part. Laissons l'Espagne. Elle répète sans avoir bien compris. Ses problèmes : se procurer, contre l'Inquisition, les hardiesses jansénisantes et précritiques du XVIIᵉ siècle français. L'Espagne intelligente participe au XVIIIᵉ par le catholicisme éclairé d'une étroite élite et le pragmatisme d'une alphabétisation tardive. Nous avons vu la latinité fuir vers le nord, où l'attend la mort du loup. Leibniz est un philosophe latin, largement polyglotte. L'enracinement latin de Leibniz (né en 1646) est plus fort que celui de Descartes, de cinquante ans son aîné, mais Kant, né en 1724, écrit pour l'essentiel en allemand et pense en allemand. La Hollande de Spinoza et la Suède de Linné s'accrochent encore jusque vers

1770, qui consacre la victoire de l'allemand, à l'est de l'Europe française. 1770, le terme extrême de l'Europe latine. Au-delà, elle n'est plus qu'anecdote. L'Angleterre a achevé de franchir la barrière au début du XVIIIᵉ siècle. Newton l'a fait entre 1686 et 1704. Berkeley * (1685-1753), comme Locke, philosophe en anglais. Le *De Motu* (1720), écrit à Lyon, est un accident. Alors comptons trois Europes, plutôt que quatre, trois espaces culturels en liant le latin, la latinité dispersée, cet archaïsme et cette peau de chagrin, à l'allemand. L'Europe des Lumières est trilingue. Anglais, toujours ; français, d'abord ; allemand en troisième position.

A ce niveau, la tentation n'est certes plus d'opérer la réduction française des Lumières. La tentation est plus pernicieuse : réduire les Lumières à la tension d'un couple. Entre la France et l'Angleterre, les oppositions sont sensibles : empirisme, sensualisme, induction, rationalisme critique, systématique, déduction, les pensées française et anglaise se complaisent dans leur particularité réciproque. Le voyage continental est un voyage français ; l'anglomanie atteint le niveau d'un système. L'altérité se réduit à une dualité. Il y a la France, l'Angleterre et un reste du monde gris. On est français, anglais, ou huron. De part et d'autre de la Manche, axe des Lumières, il ne peut y avoir qu'une seule qualité d'étranger.

Une véritable alternative existe pourtant : l'*Aufklärung*. On peut trouver une modalité franco-anglaise des Lumières dans la contrariété même des attitudes et des points de départ ; les cheminements français et anglais s'attirent constamment et se repoussent. Une ligne franco-anglaise est plus riche. Cependant insuffisante. La pensée anglaise des Lumières est bien plus qu'une nuance. Pour être parfaitement compréhensible, elle a besoin de venir s'inscrire sur une des extrémités de l'Europe protestante, en position charnière entre la France et l'*Aufklärung*. La pensée française des Lumières apparaît alors comme une aile marchante d'un tout qu'elle est loin d'entraîner. Les Lumières ainsi comprises cessent d'être antireligieuses : elles sont adaptation et réinvention. La philosophie allemande ayant échappé à la tension nature/entendement, c'est à elle qu'il appartient de dénouer la contradiction et de dépasser l'impasse dans laquelle *via* française et *via* anglaise se sont enfoncées.

Il y a donc une chronologie, une périodisation et une nuance régionale dans l'histoire des pensées. 1680-1715, 1715-1750, 1750-1790, pour la France, et, dans une large mesure, pour l'Angleterre. 1680-1715, la crise européenne. Le choc du multiplicateur. Tous les contrecoups : de l'espace, des autres civilisations, du temps, du mécanisme triomphant.

1715-1750, la phase critique, la négation devient système. La crise de conscience déborde du cercle étroit des chercheurs de pointe pour constituer l'attitude de toute une élite. La période critique dure plus longtemps en France qu'en Angleterre et prend une forme que l'*Aufklärung* ignore. 1750-1790 : le glissement social et le retour aux systèmes.

Après les facilités de la destruction, les difficultés de la reconstruction. Les nouvelles Lumières s'articulent sur une métaphysique des mœurs, la nécessité de construire l'éthique, morale individuelle et morale de la cité. Rousseau et Kant. Sur cette ligne franco-britannique, l'*Aufklärung* apparaît comme une modalité propre et tardive. La phase critique est atténuée. La nouvelle herméneutique biblique prend une forme scientifique, dans un cadre universitaire d'Église. Le tournant se prend plus tardivement mais fortement entre 1770 et 1780 ; la direction intellectuelle de l'Europe glisse de Londres et Paris vers Kœnigsberg, l'empire est partagé. Un schéma sur la pensée des Lumières est nécessairement simplificateur. Reste en dehors la masse profonde des hommes. Et pourtant, les pensées de l'élite sont bien celles qui comptent.

•

La pensée des Lumières doit beaucoup à l'action, sur l'horizon 1680, du multiplicateur de la connaissance, qui nous a longtemps retenu. Entre 1630 et 1680, l'information accumulée dans tous les secteurs représente cinq fois peut-être le legs du temps qui précède. Le rythme ne cesse de s'accélérer. Vers 1680, cette réalité commence à être perçue. Elle éclate dans la querelle des anciens et des modernes. Qui peut échapper à la force de conviction des modernes ? Le succès de la philosophie mécaniste a fait merveille. On commence à mesurer la différence et la supériorité du modèle mécaniste, dans ses diverses applications, sur l'ancienne physique des qualités. La connaissance ancienne avait le mérite de s'exprimer dans un langage directement dérivé du langage commun, elle n'était qu'une explication *a posteriori*. La science nouvelle ne permet pas encore de peser directement sur le cours des choses, elle permet du moins d'en prévoir le cours. Voyez les considérations de Bayle sur la comète de 1680.

Ce succès entraîne une confiance accrue dans l'efficacité des modèles rationnels sur la conduite des choses. Le mystérieux, qui échappait aux lois naturelles, voit son champ réduit. Y a-t-il un domaine qui échappe aux lois naturelles ? On peut, raisonnablement, s'interroger. La projection hâtive des progrès réalisés de 1630 à 1680 incite par induction à en écarter l'hypothèse. Est-ce même tolérable ? Voyez Montesquieu : « Les lois [...] sont les rapports nécessaires qui dérivent de la nature des choses et, dans ce sens, tous les êtres ont leurs lois, la Divinité a ses lois. Ceux qui ont dit qu'une " fatalité aveugle a produit tous les effets que nous voyons dans le monde " ont dit une grande absurdité, car quelle plus grande absurdité qu'une fatalité aveugle qui aurait produit des êtres intelligents? Il y a donc une raison primitive ; et les lois sont les rapports qui se trouvent entre elle et les différents êtres et les rapports de ces divers êtres entre eux. Dieu a du rapport avec l'univers, comme créateur et comme conservateur : les lois selon lesquelles il a créé sont celles selon lesquelles il conserve. Il agit selon les règles, parce qu'il les connaît ; il connaît les règles parce qu'il les a faites, parce qu'elles sont en rapport avec sa sagesse et sa puissance.

« Ainsi la Création, qui paraît être un acte arbitraire, suppose des règles aussi invariables que la fatalité des athées. Il serait absurde de dire que le Créateur, sans ces règles, pourrait régler le monde, puisque le monde ne subsisterait pas sans elles. »

Manifeste des Lumières? Il affirme la totale intelligibilité. Le monde et son principe, Dieu (Dieu ou Nature naturante), sont totalement intelligibles. L'homme n'en perçoit qu'une part infime. Le mystère subsiste, comme un momentanément ou un définitivement irréductible, non en raison d'une différence de nature, mais de dimension, entre l'intelligence du monde et ce faible reflet qu'est l'intelligence humaine. « Dieu créa l'homme à son image, il le créa à l'image de Dieu » (Genèse, I, 27) ; il n'y a pas dans cette perspective différence de nature, mais de taille. Les lois que nous atteignons sont vraies, comme la loi de l'attraction de M. Newton, mais elles sont partielles. Cette affirmation est un acte de foi qui s'apparente au pari de Pascal. La première génération de philosophes mécanistes l'avait formulée à peine moins clairement. Sans l'hypothèse préalable de l'intelligibilité, entendez de la réduction de la nature aux lois de l'esprit, tout effort d'exploration mécaniste du monde est voué à l'échec. Le Dieu qui se Révèle dans l'Écriture et à l'Église a été le garant d'ordre des constructeurs de l'univers mécaniste, sur l'horizon 1630. Dans la pensée de Montesquieu, le garant d'ordre subsiste, mais il n'est plus le même : « [...] la création, qui paraît un acte arbitraire, suppose des règles aussi invariables que la fatalité des athées [...] La Divinité a ses lois [...] Il serait absurde de dire que le Créateur, sans ces règles, pourrait régler le monde [...] » Le garant d'ordre de Montesquieu est plus proche de la *Natura naturans* de Spinoza que du Dieu de l'Exode, qui se définit à la fois par la relation ontologique « Je suis celui qui Suis [...] », mais surtout par la relation personnelle qu'Il choisit d'établir avec l'homme : « Je suis le Dieu de ton Père [...] J'ai vu la souffrance de mon peuple [...] » Le garant d'ordre de Montesquieu est indifférent, sans doute « impersonnel », mais cet aspect est secondaire. L'affirmation centrale des Lumières est celle de la légalité et de l'intelligibilité. Elle n'est pas contradictoire avec le contenu de la Révélation, qu'elle relègue au for intérieur. Ce qui peut être un moyen de lui restituer son contenu et de l'épurer.

Paradoxalement, l'affirmation de totale intelligibilité conduit à un agnosticisme pratique, à un retrait modeste. Le multiplicateur de la connaissance révèle à la fois la solidité de l'hypothèse et la différence du contenant et du contenu. La vérité ne peut s'atteindre que partiellement, fragmentairement, non sur une intuition globale, mais sur une conquête pièce à pièce du domaine naturel. Du même coup, dans une deuxième phase, la philosophie mécaniste aboutit à un scepticisme quant à la possibilité de lier la totalité de la nature et de l'entendement dans une explication globale. Le multiplicateur de la connaissance, en montrant un moyen efficace d'atteindre une approche partielle de la réalité, en dégageant la notion de phénomène, achemine la philosophie naturelle mécaniste vers une phénoménologie : il conduit donc au scepticisme face aux systèmes, dont la succession même indique la vanité ; il tend, vers 1680 et encore vers 1710-1720, à une double attitude. D'une part la griserie du *sapere aude*. Rien ne doit résister. Jamais tout ne sera atteint, mais tout peut être atteint. Au départ, question de choix... A la limite, question de temps. Mais toute autre recherche de la vérité est vaine. On ne peut prendre la corde d'un arc. La méthode de la philosophie mécaniste, qui ordonne les apparences selon la logique des modèles mathématiques, est la corde. Les autres chemins éloignent, ils égarent. D'où un certain nombre de corollaires plus ou moins nécessaires.

Tout est intelligible, même la relation à l'être... Y aura-t-il place pour la religion ? La parenthèse s'arrête-t-elle sur la Révélation de Dieu ? Dieu a-t-il droit, avec l'homme, et l'homme avec Dieu, à une relation particulière qui, sans exclure la loi, déborderait la loi ? « Il agit selon les règles [...] parce qu'elles ont un rapport avec Sa Sagesse et Sa Puissance [...] » Non seulement ce monde, mais tous les mondes possibles, suivant une réminiscence leibnizienne, nous dit Montesquieu, ne peuvent se maintenir à l'être qu'au prix de règles constantes. Montesquieu interdit à Dieu d'établir la relation particulière que la Bible affirme : « Je suis le Dieu de ton Père [...] je t'ai appelé par ton nom. »

Ce choix est possible, il n'est pas nécessaire. L'*Aufklärung* ne l'a pas fait, tout en acceptant la légalité. Quand Montesquieu interdit à Dieu d'établir une relation particulière débordant la relation générale, il s'engage personnellement au for intérieur. Une Europe des Lumières chrétienne témoigne qu'ils sont des possibles non nécessaires de la philosophie mécaniste. Voyez Leibniz. Voyez Malebranche, conciliant légalité et particularité, la loi pour lui c'est l'ordre : la loi découle d'une nécessité qui est en Dieu. Et cela dès 1678. Nous lisons en effet, dans *la Recherche de la vérité* (Robinet) : « Il y a contradiction que Dieu n'agisse point par les voies les plus simples [...] Dieu ne peut employer plus de volonté qu'il n'en faut pour exécuter ses desseins, de sorte que Dieu agit toujours par les voies les plus simples par rapport à ses desseins. » La légalité, dans la philosophie mécaniste, a été au départ une projection intuitive découlant d'un besoin d'ordre placé en Dieu, mais qui devient un sujet d'expérience : elle découle du champ de la connaissance mécaniste constitué comme terrain épistémologique du savoir. Cette légalité donnée du multiplicateur peut être placée comme en dehors et au-dessus du *primum movens*. C'est la position de Montesquieu. Et c'est pourquoi son Dieu est si proche de celui de Spinoza. Il est lié du dehors. Dieu, c'est la légalité froide. Dieu n'est autre que la Nature naturante, position à laquelle Diderot arrive par des voies différentes. Mais la légalité peut être incorporée au vouloir de Dieu. Leibniz ici, Malebranche là le prouvent.

Au moment — vers 1730 — où les premières difficultés surgissent, le multiplicateur de l'environnement vient au secours du multiplicateur des connaissances, avec la prise de conscience du progrès dans les choses. La croissance du domaine de la légalité, les succès remportés entraînent en pratique des réductions par compensation. Le temps est valorisé. L'espérance s'y reporte, elle devient espoir ; voilà la réduction eschatologique des Lumières. La tentation existe d'un transfert. L'expérience allemande et, à moindre titre, anglaise, montre qu'elle n'est pas fatale.

Les Lumières, en fait, appellent de nouveaux équilibres à partir des nouveaux acquis. La réinsertion dépend de la tradition théologique. Elle diffère beaucoup d'une province à l'autre. Là où elle s'appuie sur une puissante construction scolastique (l'Europe catholique), le rééquilibre est plus difficile. En compromettant les bases philosophiques de la construction théologique, les Lumières semblent mettre en cause le contenu de la Révélation. Avec des constructions théologiques plus indépendantes du support philosophique, l'Europe protestante soutient mieux le choc, en apparence et au départ. Le tassement religieux au for intérieur s'y fait plus facilement, sans drame. D'où l'élan des grandes mystiques du Nord, à partir de 1770-1780.

L'entrée en jeu du multiplicateur a d'autres conséquences plus profondes : sinon la fin, la difficulté des systèmes. Après Malebranche et Leibniz, reste Wolff. En fait, Descartes, Spinoza, Malebranche et Leibniz ont proposé les derniers grands systèmes rationalistes. Jusqu'à Kant, qui tire la conséquence d'un échec. Kant, soixante ans après Leibniz, tire un trait sur une longue histoire de la pensée. Après lui, il n'y aura plus d'ontologie. L'ontologie échappe à l'homme. Elle est activité vaine. Du même coup, le rationalisme criticiste fonde en raison la légitimité du for intérieur, de la relation particulière à Dieu, la possibilité, sinon la nécessité d'une Révélation. Dans la conception kantienne, il y a place pour une activité religieuse, le rationalisme total et modeste de Kant laisse tout son champ à un christianisme refusant ce qui n'est pas l'essentiel : le rapport à Dieu, dans l'ordre du salut. Le rationalisme kantien tolère, mieux il appelle, une conception piétiste de la religion.

Mais Kant vient au terme d'un drame : la rupture du discours philosophique, en philosophie naturelle et en philosophie de l'entendement. Cette scission est latente depuis le XVIIe siècle. La connaissance de la nature, depuis le succès mécaniste, cesse d'être philosophique au sens courant : elle fait place à une philosophie mécaniste qui glisse de l'être aux apparences. La philosophie naturelle ne peut plus prétendre à une explication globale : elle ne peut progresser qu'historiquement. L'*Essai sur les mœurs* le dit, sans cesse la connaissance a besoin de la dimension historique. Elle est un *human progress.* « Les progrès de l'esprit humain sont si lents, il a fallu chez nos nations modernes des dix ou douze siècles pour s'instruire un peu de la géométrie [...]» (*Remarques sur l'histoire.*) Du temps pour un peu de géométrie. Voltaire découvre une durée que l'on ne soupçonnait pas ; le multiplicateur mauriste de l'historiographie la restitue, non pas d'une manière abstraite mais toute jalonnée concrètement de réalité historique, pour arriver au vrai savoir, qui est un peu de géométrie. La grande systématique tirée de l'enchaînement des idées claires doit faire place à la construction, pas à pas, de la science mécaniste. Même quand la philosophie mécaniste de la nature mute avec la prodigieuse intuition, la géniale induction de Newton, il faut un siècle de vérifications et le voyage de Laponie au Pérou, viseurs à l'œil et attirail de trigonométrie au dos, pour mesurer. La philosophie naturelle à l'époque des Lumières se sépare de la philosophie ; elle se résout en une science qui ne s'écrit plus, à partir des effets accumulés du multiplicateur sur l'horizon 1770, qu'au pluriel.

Les Lumières, de même, font raison de ceux qui ne représentent qu'une caricature des pensées du XVIIIe siècle. Ainsi le matérialisme vulgaire n'est qu'une excroissance sans portée. Ni Helvétius, ni d'Holbach, ni La Mettrie : le premier publie *De l'esprit* (Amsterdam, Paris, 1758) ; l'intarissable baron d'Holbach (Paul Henri Dietrich) son *Système de la nature ou des lois du monde physique et du monde moral* (Londres, 1770, 2 vol.), toute la litanie vulgaire des pamphlets antireligieux; le gros La Mettrie, qui mourut d'apoplexie, médecin de formation et bouffon du roi de Prusse de son état, quelques livres et un bon titre, *l'Homme machine*. Comme Cassirer l'a bien montré, ces systématiques grossières trahissent l'esprit des Lumières : ne sont-elles pas la négation la plus pernicieuse de la philosophie mécaniste ? Leur mécanisme est purement intuitif, il tourne le dos à la mathématique. Avec La Mettrie, plus de science, plus de morale, plus d'effort et, à la limite, plus de langage. Mais, surtout, le matérialisme vulgaire est un retour à l'ontologie, alors que la grande conquête du xviiie réside dans la transformation phénoménologique progressive du savoir. Julien Offray (de La Mettrie) imagine l'homme sur le modèle de la chienne de Malebranche. Le matérialisme vulgaire sapait, en outre, par un passage hâtif à la limite, les deux bases de la pensée des Lumières, la morale et la connaissance. La morale, préoccupation du xviiie : la nouvelle pensée revendique l'organisation du champ politique et les rapports sociaux qui appartenaient à un ordre traditionnel ; un parti, en outre, désire supprimer les Églises ; la morale, de ce fait, tend à devenir une métaphysique des mœurs. Jusqu'au jour où Kant propose de fonder ce qui tient lieu, désormais, d'ontologie, sur la donnée intuitive de la morale. Au terme d'une évolution commencée par le *cogito*, la philosophie criticiste, un siècle et demi plus tard, substitue l'impératif catégorique au *Cogito, ergo sum*. Le comportement moral de l'homme est une donnée aussi irréductible et aussi importante que le moi pensant.

L'ontologie, à l'époque des Lumières, cède la place à une métaphysique de l'entendement : la philosophie des Lumières saute à pieds joints sur Leibniz et revient à Descartes. Descartes avait renversé l'ordre traditionnel de la philosophie en fondant la certitude de la physique sur la connaissance de Dieu et de soi-même. Sa métaphysique est une théorie de la connaissance. Leibniz avait tenté de revenir à l'ordre du sens commun. Mathématicien comme Descartes, plus que Spinoza et que Malebranche, comme eux il est mécaniste. Mais ce mathématicien revient à la logique d'Aristote, ce mécaniste réhabilite les formes substantielles. Leibniz avait dit contre Descartes : « La question de l'origine de nos idées n'est pas préliminaire en philosophie et il faut avoir fait de grands progrès pour la bien résoudre. » Mais le multiplicateur de la connaissance et les progrès de la philosophie mécaniste ont raison de cette sagesse. Multiplication par cinq de la masse globale de l'information, de 1630 à 1680, par dix au moins de 1680 à 1780. Rien ne résiste à cette évidence. La réflexion philosophique se trouve face à face avec le problème capital. Construire, pour répondre au besoin d'une progression géométrique de la connaissance, une théorie valable de la connaissance. D'une part, parce qu'elle est l'affaire essentielle du xviiie, mais aussi parce que la connaissance à laquelle le xviiie a tout sacrifié est l'angoisse des Lumières. C'est là, à ce niveau central de l'activité humaine, que le XVIIIᵉ siècle a besoin de certitude.

Il fallait bien partir de l'effet du multiplicateur sur ce qui est quand même pensée des Lumières. La démarche est abstraite. Alors, venons-en aux êtres et aux œuvres. Recourons aux classiques de l'érudition littéraire : Mornet, Hazard. *Les Origines intellectuelles de la Révolution française* restent un livre utile. Mornet a eu l'intuition d'une histoire littéraire quantitative, construite sur la répétition des thèmes et faisant large place, à côté des grands, aux *minores*. Il partait — quoique assurément persuadé du contraire — d'une caricature : « L'idéal catholique et absolutiste ». Même grossière, une caricature retient toujours un fragment de réalité. « [...] L'homme a été créé par Dieu pour obéir à Dieu. » Mornet ignore le Pur Amour. « La volonté de Dieu lui est transmise par des intermédiaires qu'il ne doit pas discuter, auxquels il n'a pas le droit de résister [...] L'homme ne doit donc avoir qu'une pensée : gagner la vie éternelle [...] » (Gagner la grâce !) Mais cet ordre soulève les résistances de l'intelligence et de l'instinct. D'où la mise en cause de la parenthèse cartésienne, c'est-à-dire du partage accepté entre un domaine de la connaissance empirique et rationnelle, d'une part, et celui de la Révélation. Crise de conscience européenne, écrit Paul Hazard, choc sur l'horizon 80, dirons-nous, du « multiplicateur » mécaniste et historique de la connaissance. Avec Paul Hazard (1935) une dimension nouvelle pour l'histoire : la psychologie collective. En vingt-cinq ans, quels « grands changements psychologiques », quels contrastes, quels brusques passages : « De la stabilité au mouvement... De l'ancien au moderne... Du Midi au Nord... Hétérodoxie... Pierre Bayle. » Soit, en raccourci, entre 1680 et 1715, tout le jeu subtil, par avance, des pensées du XVIIIᵉ siècle. En tête de l'attaque contre les croyances traditionnelles, les rationaux, une vieille famille, la queue, nous le savons désormais, du vieil averroïsme. Car le christianisme a toujours été rejeté. Seulement les vieux rationaux de tous les temps, qui sont aussi les frères et les fils des *Libertins érudits* de René Pintard, trouvent, entre 1670 et 1680, de nouveaux alliés et des raisons supplémentaires de douter contre le large consensus social qui pousse encore, pour peu de temps, à l'acceptation du pacte de chrétienté. Van Dale, Bekker et « la négation [disons l'incompréhension] du miracle, Richard Simon et l'exégèse, Bossuet et ses combats, Leibniz et la faillite de l'union des Églises » ; face à cette négation, Hazard aperçoit, déjà, les deux voies du XVIIIᵉ siècle : l'empirisme de Locke, le déisme et la religion naturelle, le droit naturel, la morale sociale, le bonheur sur la terre, la réduction eschatologique sensible, en Angleterre d'abord et, plus durablement, en France, la science et le progrès. Et puis, déjà, en réserve, les valeurs imaginaires et sensibles qui, cultivées au nord, reviendront en masse pour triompher partout, quand le sensible Jean-Jacques commence à supplanter le roi Voltaire. Voici, avec Hazard, le pittoresque de la vie, le rire et les larmes, l'instinct, l'inquiétude et le sentiment, puis ces ferveurs qui, de Mme Guyon au piétisme allemand, en passant par les carmélites de Compiègne, prouvent que le Saint-Esprit continue à rassembler de jour en jour ses élus dans l'attente de la parousie, sous Voltaire comme sous Néron.

1680-1715, la répétition générale. 1715 : le xviiie siècle s'ouvre, après une période de tension, 1690 en Angleterre, 1713-1715 en France, sur l'ère de la critique universelle. Télémaque travesti, l'*Iliade* bafouée, les Persans de Montesquieu, le Chinois de Goldsmith, Swift et *Gulliver*, en 1726. « Asmodée s'était libéré [...] il entrait dans les églises pour s'enquérir du credo des fidèles [...] il ne s'exprimait plus avec la lourdeur [...] avec la cruauté triste de Pierre Bayle, il gambadait, il folâtrait, démon rieur. » (P. Hazard.) Mais Swift a l'humour triste qui convient à la grande manie du *gin*.

En même temps, sous l'effet de la réduction eschatologique et du multiplicateur de l'environnement, le bonheur. L'appel de Pope, « *Oh Happiness! Our Being's End and Aim! Good. Pleasure. Ease. Content! Wate'er thy Name!* », a été entendu, Mauzi le prouve pour la France. Et Jefferson le fixe, pour toujours, dans le texte de la Déclaration d'indépendance. Les chrétiens eux-mêmes se résignent et l'apologétique recourt au bonheur. « Dans ce mélange, on faisait entrer la santé. » Le gain de santé et l'allongement de la vie sont sensibles à la *upper middle class* à partir des premières années du xviiie, « non plus une prière pour le bon usage des maladies, mais des précautions pour que la maladie ne vînt point [...] ». De bonnes recettes prosaïques, en tête celle du marquis d'Argens, ce pédagogue en platitude qui fait fortune : plus de trente volumes et les romans. « Les *Lettres juives* ont eu au moins 10 éditions, les *Lettres cabalistiques* 7, la *Philosophie du bon sens* 13, les *Lettres chinoises* 8, sans compter une édition générale des œuvres en 23 volumes (1768). »

Plus encore que le bonheur, la raison est signe de ralliement. Une raison qui renonce à l'ontologie et se met, du même coup, à l'abri du doute. « Le pyrrhonisme, éternel ennemi, venait d'une ambition démesurée [...] Grâce à une modération qui est sagesse, le pyrrhonisme est vaincu. » Kant, en 1784, a lancé la meilleure formule : *sapere aude*. L'*Aufklärung*, c'est l'exigence et l'autonomie affirmées de la pensée rationnelle, mais le rationalisme allemand est rarement allé au-delà d'un protestantisme très libéral. Le maître à penser de l'Allemagne, dans l'interrègne de Leibniz à Kant, Christian Wolff, est le type même du chrétien éclairé, qui va jusqu'à l'extrême limite du libéralisme sans jamais perdre l'essentiel de la Révélation. L'incident dont il est la victime en 1721 prouve combien la piété allemande est restée, au XVIIIe, sourcilleuse et profonde. Mais partout en dehors de l'Allemagne, où s'observent libéraux et piétistes, le Dieu des chrétiens est mis en accusation. On a peine à imaginer jusqu'où peut aller une haine qui s'exprime après avoir été longtemps contenue. A partir de d'Holbach, jusqu'aux déchristianisateurs de 1793-1794, la France a eu ses malades de la mort de Dieu, la petite cohorte des ennemis de Jésus-Christ. Elle se recrute en nombre parmi les émigrés de l'Est. Les exemples les plus révélateurs sont les plus anciens : Pietro Giannove (1676-1748), Johann Christian Edelmann, de famille luthérienne, né en 1698 et qui a survécu au milieu du siècle, sa *Göttlichkeit der Vernunft* date de 1741, et le curé Meslier, d'Étrépigny en Champagne.

Meslier est né en 1664 d'une famille ardennaise de paysans aisés. Un curé lui apprend à lire et s'occupe de son apprentissage. Ordonné prêtre, pourvu d'un bon titre ecclésiastique de 100 livres, il prend possession de la cure d'Étrépigny le 7 janvier 1689. De 1689 à 1729, une vie sans histoire. Ce médiocre, ce vulgaire, laisse à sa mort le plus étonnant bréviaire de la haine macérée au cours d'une vie ennuyeuse d'imposture. Meslier a perdu la foi, mais il n'entend pas perdre sa place, ni prendre de risques. En quarante ans, il a parachevé sa vengeance, une dogmatique du contre-pied et un catéchisme politique de l'antiphrase, dans un mouvement qui n'est pas sans faire penser aux contre-éthique, contredogmatique et contre-cérémonial de la sorcellerie paysanne des XVIe et XVIIe siècles : il souhaitait « [...] que tous les grands de la terre et tous les nobles fussent pendus et étranglés avec des boyaux de prêtres ». Sur ces bonnes paroles, le doux pasteur invoque Brutus et Cassius (on a quelques lettres classiques), appelle de ses vœux les Jacques Clément et Ravaillac de l'avenir. Le cas Meslier est intéressant, dans la mesure où Voltaire, Helvétius et d'Holbach l'ont inlassablement salué comme un héros et un précurseur.

Plus que le dieu chrétien, ce qu'un fort courant littéraire refuse, c'est la Révélation : effet pratique du multiplicateur des connaissances à l'âge mécaniste. L'acquisition rationnelle de la connaissance s'est superposée, au niveau de beaucoup de consciences, à la notion chrétienne de la connaissance révélée. Le refus de la Révélation particulière est de l'ordre de la nouvelle foi. La violence de l'attaque antireligieuse, dans la première moitié du XVIIIe, a un caractère religieux : parce que les pensées nouvelles se glissent dans des structures mentales héritées du temps de chrétienté et qu'il y a substitution.

L'attaque suscite une réaction apologétique, de forme et de qualité diverses, rarement efficace. Laissons le cas ibérique. Au Portugal, quelques années avant Pombal, l'exécution capitale d'un mal-sentant, le 18 octobre 1738; après Pombal, en 1778, Francisco Manoel do Nascimiento, qui ne croit pas au déluge et au péché originel, est emprisonné et n'échappe à ses juges que par la fuite. A Orbec, une sorcière jurée est brûlée au début de la Régence, mais le cas est limité et la motivation religieuse des parlementaires de Rouen n'est pas prouvée. Il s'agit de répression dans un petit pays où la criminalité paysanne inquiète les magistrats. La Toscane est libérale, Rome et Naples sévères. A Berlin, tout est possible en matière religieuse, à condition de ne pas toucher à l'État. En terre philosophique, l'apologétique s'essaie au ton du siècle. « En 1757, l'*Histoire des Cacouacs* commença de courir Paris.» Par 48 degrés de latitude sud, assure plaisamment Moreau*, on a découvert récemment une tribu plus ignorée que celles des Caraïbes, aux mœurs bizarres et transparentes : « L'origine des Cacouacs, si on les en croit, remonte jusqu'aux Titans, qui voulaient escalader le ciel. Les Cacouacs étudient la nature en tout, ils ne lui bâtissent point de temples parce que cela aurait l'air d'un culte et que les Titans leur ont laissé pour maxime qu'il faut connaître et non adorer [...] ». Le pamphlet antiphilosophique de Jacob Nicolas Moreau est plein de drôlerie, au point que ces messieurs de l'*Encyclopédie* le prennent mal et requièrent le magistrat. Les Cacouacs* font rire, mais ne vont pas loin. En Angleterre la défense est meilleure. *The Trial of the Witnesses of the Resurrection of Jesus*, de l'évêque anglican Sherlock, paru à Londres en 1729, porte juste et fort. Berkeley lance dans la bataille *On the minute Philosopher : in Seven Dialogues containing an Apology for the Christian religion against these who are called Freethinkers*.

Deux hommes se détachent sur le front des apologètes : Warburton*, évêque de Gloucester, avec l'*Alliance between Church and State* (1736) et l'habile *Divine legation of Moses* (1738). « Que les syllogismes de Warburton soient probants, note Hazard, c'est ce qu'on peut contester, mais qu'ils aient agi, c'est ce que prouvent abondamment les répliques de Voltaire. » Joseph Butler, élevé dans le *Dissent* mais futur évêque anglican, accepte Locke ; son apologie part de l'empirisme, d'où son immense succès. Butler ne se raidit pas, il concède à temps, part à la contre-attaque. L'excellence de l'*Analogy of Religion Natural and Revealed to the Constitution and Course of Nature* (1736) s'explique par l'habitude contractée d'une polémique sans recours au bras séculier. La résistance dans les pays catholiques est paralysée par la querelle janséniste et le coup qui frappe la Compagnie de Jésus. Ce coup est parti du Portugal en 1757, la France suit en 1764. En 1773, les jésuites exclus de toute l'Europe catholique ne trouvent plus guère de refuge qu'auprès de Frédéric II et de Catherine.

Le pape s'incline. La bulle *Dominus ac Redemptor*, en date du 21 juillet 1773, dissout officiellement la Compagnie.

Sur le vide ainsi creusé, le parti philosophique propose : la religion naturelle, la morale, l'Être suprême suffisent, plus de culte. Mais combien de nuances... Dans son agnosticisme empirique, Locke, convaincu de la vérité de l'Évangile, ouvre une brèche que Milton avait déjà pratiquée. Locke n'a pas besoin de la dualité de substance ; il rouvre le procès sur l'âme, que Pomponazzi avait instruit jadis, ou, plus exactement, son agnosticisme empirique passe à côté de ce problème pour lui inutile. Une phrase de l'*Essay concerning human understanding* était passée presque inaperçue en Angleterre. Voici le passage, dans la traduction de Coste : « Nous avons des idées de la matière et de la pensée ; mais peut-être ne serons-nous jamais capables de connaître si un être matériel pense ou non, pour la raison qu'il nous est impossible de découvrir si Dieu n'a pas donné à quelques amas de matière disposés comme Il le trouve à propos, la puissance de percevoir et de penser ; ou s'Il a joint et uni à la matière ainsi disposée une substance immatérielle qui pense [...] »

Voltaire a détourné cette phrase, s'en est emparé et, après l'avoir déformée, en a fait l'arme de guerre de toute sa vie. C'est, au vrai, qu'en pays catholique, sur la tradition scolastique et le renfort cartésien, l'immortalité de l'âme est plus importante que la Parole de Dieu. L'ordre des facteurs, pour Locke, était différent. Cela apparaît bien dans la treizième lettre philosophique qui porte la bataille sur le terrain de l'âme. Si elle affecte quelque prudence, la pensée de Voltaire s'y montre éloignée de la pensée de Locke. C'est pourtant le Locke voltairien qui sera adopté partout sur le continent, contre le Locke véritable. Voltaire est revenu plus de cent fois sur ce point, pour lui essentiel. Il s'exprime sans ambiguïté dans sa lettre à La Condamine, le 22 juin 1734 : « Ma lettre sur Locke se réduit uniquement à ceci : la raison humaine ne saurait démontrer qu'il soit impossible à Dieu d'ajouter la pensée à la matière. Cette proposition est, je crois, aussi vraie que celle-ci : les triangles qui ont même base et même hauteur sont égaux. » La lettre commence par une pointe anticartésienne, car on est en France : « Notre Descartes, né pour découvrir les erreurs de l'Antiquité, mais pour y substituer les siennes [...] s'imagine que l'âme arrive dans le corps pourvue de toutes les notions métaphysiques [...] ayant toutes les idées abstraites, remplie enfin de belles connaissances, qu'elle oublie malheureusement au sortir du ventre de sa mère. »

Voltaire avait porté un coup très dur à la religion naturelle, poussé par la main gauche, l'aile radicale de l'*Encyclopédie*. Il n'est pas sûr qu'il ait assez tôt compris son erreur tactique. Ne pas brûler les étapes. Jean Ehrard tire argument du revirement de Voltaire dans l'affaire de l'athéisme des sages chinois. Penchant vers le déisme vide, vers 1730, Voltaire semble avoir rallié, à la hauteur du *Dictionnaire philosophique*, un théisme (le changement de mot est révélateur) plus précis. Cette espèce de conversion se placerait en 1751. Elle vient en réaction contre une aile gauche compromettante. Elle n'est sans doute pas dépourvue de motivation sociale. Le Credo du théiste est à la fois plus fourni et plus précis que celui du déiste. Le Voltaire dernière manière a donné, dans un article de 1765 repris dans le *Dictionnaire philosophique*, une définition du théiste qui prend presque valeur de profession de foi : « Le théiste est un homme fermement persuadé de l'existence d'un Être suprême aussi bien que pensant, qui a formé tous les êtres étendus, végétants, sentants et réfléchissants, qui perpétue leur espèce, qui punit sans cruauté les crimes et récompense avec bonté les actions vertueuses [...] Le théiste ne sait pas comment Dieu punit, comment il favorise, comment il pardonne ; car il n'est pas assez téméraire pour se flatter de connaître comment Dieu agit ; mais il sait que Dieu agit et qu'il est juste. Les difficultés contre la Providence ne l'ébranlent pas dans la foi, parce qu'elles ne sont pas de grandes difficultés, et n'ont pas de preuves ; il est soumis à cette Providence, quoiqu'il n'en aperçoive que quelques effets et quelques dehors, et jugeant des choses qu'il ne voit pas par les choses qu'il voit, il pense que cette Providence s'étend dans tous les lieux et dans tous les siècles. »

Faut-il faire une classification de l'élite française ? Laissons l'athéisme aux barons de la finance, le déisme à la très haute bourgeoisie et le théisme à la *upper middle class*. Le mérite d'avoir donné un contenu affectif à la religion naturelle appartient à Rousseau. Et bien que l'itinéraire du vicaire savoyard soit aussi éminemment personnel que l'éducation réservée à Émile, cet itinéraire a une vaste portée. Rousseau, en fait, n'a guère de mérite. Il revient à la religion de Genève, calvinisme transformé par l'ultralibéralisme rationaliste, mais sauvé par *the light within* de la double inspiration. La réaction de Mgr de Beaumont est injuste, certes, mais lucide. C'est sous cette forme que la religion naturelle constitue un réel danger pour l'Église au niveau, non plus d'une petite élite, mais des 30 ou 40 p. 100 de ceux qui lisent. Le mandement, du moins, est à l'origine d'un chef-d'œuvre, la lettre de « J.-J. Rousseau, citoyen de Genève, à Christophe de Beaumont, archevêque de Paris ». La genèse de la profession de foi qui est le sommet de l'*Émile* (1762) se lit dans la sixième promenade du *Promeneur solitaire*. Mme d'Épinay rapporte, dans ses Mémoires, une incartade devenue célèbre après coup : « Et moi, messieurs, je crois en Dieu [...] Je sors si vous dites un mot de plus. » Outre Genève, Rousseau reçoit l'influence de l'Angleterre. Le déisme de Bolingbroke et celui de Pope ont une chaleur que n'a pas le théisme de Voltaire : « *Nature and truth are the same everywhere, and reason shows them everywhere alike* ». La première épître de l'*Essay on Man* paraît au mois de février 1733. La quatrième épître, signée cette fois du nom de Pope, en janvier 1734. Le succès de l'*Essai sur l'homme* est proprement fabuleux. Son action converge avec celle de l'*Émile* à partir de 1762. Rousseau connaît Pope, il cite Nieuwentyt. Prise et reprise avant d'être publiée, la profession de foi qui, au départ, tenait la balance égale entre philosophie et parti dévot, finit par pencher résolument vers un christianisme élargi, le christianisme libéral de l'*Aufklärung*, point de départ d'un courant de religiosité idéaliste, sociale, humanitaire et morale, qui conduit au moins jusqu'à Tolstoï.

Suivre la religion de son pays, tant qu'elle ne contredit pas la morale que Dieu a mise au fond du cœur. Je suis un être moral, donc je suis, remplace implicitement le *cogito* cartésien. « Je consultai les philosophes [...] je les trouvai tous fiers, affirmatifs, dogmatiques même dans leur scepticisme prétendu [...] Je pris donc un autre guide et je me dis : Consultons la lumière intérieure [*the light within* quaker, la première esquisse non formalisée de l'impératif catégorique, cet avatar rationaliste du piétisme allemand], elle m'égarera moins qu'ils ne s'égarent, ou, du moins, mon erreur sera la mienne... » La filiation calviniste de cette manière de dire et de sentir est confirmée par cet autre passage : « Je vous avoue aussi que la majesté des Écritures m'étonne [...] que la sainteté de l'Évangile parle à mon cœur. Voyez les livres des philosophes avec toute leur p mpe, qu'ils sont petits près de celui-là. Se peut-il qu'un livre à la fois si sublime et si simple soit l'ouvrage des hommes ? Se peut-il que celui dont il fait l'histoire ne soit qu'un homme lui-même ? » Voilà donc la double inspiration, suivie d'un coup de chapeau au saint Socrate priez pour nous d'Érasme l'irénique et de tous les humanistes du XVIᵉ. « Quand Platon peint son juste imaginaire couvert de tout l'opprobre du crime et digne de tous les prix de la vertu, il peint trait pour trait Jésus-Christ : la ressemblance est si frappante que tous les Pères l'ont sentie et qu'il n'est pas possible de s'y tromper [...] »

Il n'est pas excessif de dire que le XVIIIᵉ pivote sur l'*Émile*. L'aile française se rabat sur la *via media* anglaise en route vers l'*Aufklärung* mystique. Le destin tragique de l'homme réémerge. Les dix ans de délai accordés par la mutation de la vie humaine n'ont rien modifié. Les cœurs, de nouveau, sont partagés.

L'érudition littéraire ne suffit pas. Venons-en aux philosophes, les vrais. Jamais la communication n'a été plus facile entre la philosophie et la littérature. Ces hybrides, que l'on dit philosophes à la française, ont d'ailleurs fait avec talent la liaison. La philosophie du XVIIIe oscille entre une métaphysique des mœurs et une métaphysique de l'entendement.

Le XVIIIe siècle a passé son temps à critiquer Descartes, dont il est issu : Voltaire, on s'en souvient ; Leibniz l'a fait au nom d'un rationalisme plus exigeant, d'une philosophie mécaniste amenée au stade du calcul infinitésimal, du retour à Aristote et au sens commun qui éclaire l'intérieur de l'extérieur. Leibniz avait bien vu comment la réduction substantielle cartésienne conduisait à Spinoza, l'écueil que, malgré la séduction exercée, le XVIIIe siècle dans son ensemble a voulu passionnément éviter. La définition cartésienne de la substance, ou bien rend douteuse, comme on le voit chez Malebranche, l'existence du monde, ou bien porte en germe la négation de l'âme individuelle. Or le XVIIIe veut bien l'alliance de Spinoza contre la religion révélée, mais il redoute plus encore de perdre le moi individuel, cet axe de la réussite occidentale, dans l'âme du monde.

« Tout le système de Leibniz est commandé par l'infinité du monde et par l'impossibilité d'y découper aucune réalité qui ne soit infinie à sa façon [...] » (Bréhier.) Cette projection de la complexité politique de l'espace allemand et de la philosophie mécaniste dans le champ de la conscience convient aux Allemands, mais elle ne convient guère aux Français et aux Anglais. C'est, au vrai, qu'en Angleterre, l'aristotélisme est toujours resté à la surface et que la France ne reviendra jamais sur l'inversion fondamentale du *cogito*. Remplacer l'ontologie par une métaphysique de la connaissance, c'est un tournant que Descartes a fait prendre aux Français, même quand ils croient s'inspirer de Locke.

L'*Essai* — *Essay on human understanding* — (1690) reste jusqu'à Kant le livre de chevet du siècle. « Pope raconte qu'une jeune Anglaise, qui faisait faire son portrait, voulut que le peintre la représentât tenant dans la main un gros volume, les œuvres de Locke [...] » (Hazard.) Destouches, dans *la Fausse Agnès*, « met en scène une jeune fille qui s'est fait passer pour folle, après quoi elle montre qu'elle est parfaitement raisonnable en expliquant la doctrine de l'*Essai*».

Le point de départ de l'*Essai*, nous l'avons vu, est politique. En montrant la nature et les limites de l'entendement humain, il fonde la tolérance. Si Locke gagne, du même coup il écarte les systèmes qui ont atteint au seuil du XVIIIe une sorte d'apogée. L'*Essai* de Locke est polémique, il réhabilite l'empirisme violemment attaqué par Cudworth en 1678. Dissociée, du même coup, l'idée que la démonstration de l'existence de Dieu implique les idées innées, que l'adage *Nihil est in intellectu quod non prius fuerit in sensu* conduit à l'athéisme que Locke exècre d'instinct. La pensée anglaise, en raison de son refus séculaire

de la *via media* aristotélicienne, oscille entre une tradition foncièrement idéaliste et une tradition résolument sensualiste.
L'*Essai* est conduit comme une réfutation. Pour le lecteur continental, derrière Cudworth, Descartes semble visé. Le xviiie siècle accepte le rationalisme du *cogito*, mais l'idéalisme fondamental qu'il implique le gêne. Locke va permettre aux esprits superficiels de conserver la religiosité rationaliste de Descartes, sans s'embarrasser du Dieu garant de la connaissance et sans risquer de dissoudre le moi pensant dans la tentation spinozienne.
L'innéisme est une doctrine du préjugé, dangereuse en ce qu'elle amène à proclamer l'infaillibilité. Quant à l'existence de Dieu, pas de preuve ontologique, si difficile à manier, sous la plume de Descartes ou de saint Anselme. Locke s'en tient à une variété de la preuve *a contingencia mundi*, qui ne suppose pas une idée préconçue de Dieu. Contre les imaginations théologico-philosophiques du lyrisme rationaliste (Malebranche et Spinoza), contre la folie mystique des sectes et l'oppression papiste, Locke oppose le caractère raisonnable de la *via media* chrétienne. Il publie en 1695 un traité, *The Reasonableness of Christianity*, à ne pas confondre avec le rationaliste *Christianity without mystery* de Toland (1670-1722), paru l'année suivante. Pragmatisme des Lumières au départ, dans le berceau britannique de la voie moyenne.
Comment « amener l'esprit à la nature inflexible des choses et à leurs relations inaltérables »? En dépit de tout ce qui les oppose, Locke comme Descartes sont des idéistes. Locke cherche d'abord ce que sont les idées simples. Sont simples les idées qui ne peuvent nous être communiquées, si nous ne les tenons pas de l'expérience, telles que celles du froid, de l'amer, etc. Les idées simples se répartissent en trois catégories. Idées simples de sensation; idées simples de réflexion; idées qui sont à la fois de réflexion et de sensation, entendez les idées d'existence, de durée, de nombre. Chez Locke, comme chez Descartes, l'idée est représentation des choses. Cette adéquation est le fondement même de toute la théorie de la connaissance. Mais le lien, chez Locke, est beaucoup moins rigide. En tant que physicien, Locke se rallie aux conclusions de Robert Boyle (1627-1691), pour qui seules les qualités d'étendue, figures, solidité, mouvement, existence, durée et nombre sont des « qualités premières ». Même ces idées simples, même ces qualités premières ne donnent aucune indication sur la substance réelle des choses. Ce relativisme de Locke est fondamental ; il peut conduire soit au phénoménologisme scientifique, soit à l'idéisme radical de Berkeley.
Pour Locke et pour tout le xviiie siècle, l'idée de sensation est l'élément dernier de la connaissance et la représentation, dans une certaine limite, de la

réalité. Voltaire en reste là, et le continent derrière lui. « La spéculation de Locke sur les idées complexes doit [...] mettre fin à de vaines discussions philosophiques, en montrant qu'elles ne sont que " des combinaisons d'idées simples ". On arrive à une sorte d'atomisme psychologique. La substance, autre grave problème, n'est qu'une fausse idée simple, " une idée complexe prise pour une idée simple ". » (Bréhier.) Toute idée est représentative, mais incomplètement représentative. On aboutit à une distinction entre les sciences idéales (mathématique et droit) absolument certaines et les sciences expérimentales, sujettes à révision, par ratures successives.

Le système de Locke n'est, en fait, qu'un habile compromis, représentatif donc et annonciateur du génie du XVIIIe, tout d'apparente rigueur et de pragmatique, moyen terme entre « un art combinatoire qui composerait toutes les connaissances possibles avec les éléments simples définis [une application du mécanisme à la théorie de la connaissance] et un empirisme qui jugerait, d'après l'expérience et l'usage [...] Jamais il n'y eut un esprit plus sage, plus méthodique, un logicien plus exact que M. Locke ; cependant il n'était pas grand mathématicien. Il n'avait jamais pu se soumettre à la fatigue des calculs ni à la sécheresse des vérités mathématiques qui ne présentent, d'abord, rien de sensible à l'esprit ; personne n'a mieux prouvé que lui qu'on pouvait avoir l'esprit géomètre sans le secours de la géométrie. » (Voltaire.) Locke a fait révolution même en littérature, « montrant que l'art d'écrire ne consistait pas à appliquer des règles et des préceptes, et procédait bien plutôt de l'activité intérieure de l'âme » (P. Hazard), donnant « à l'impression, à la sensation, une place qu'on ne leur avait pas encore reconnue. Je ne dois rien à la nature, disait Stern à Suard [...] je dois tout à l'étude prolongée de quelques ouvrages : l'Ancien et le Nouveau Testament ; et Locke, que j'ai commencé dans ma jeunesse, et que j'ai continué à lire toute ma vie. Dans ce sens, Locke est à l'origine d'une littérature qui enregistre [...] les réactions du moi devant les phénomènes qui viennent le frapper [...] la littérature de la sensation. » Voilà pourquoi l'influence de Locke ne cesse de croître dans la seconde moitié du siècle, avec le retour au sentiment, au moi subjectif, à travers les deux grands qu'il a marqués : Rousseau et Kant, après avoir engendré Berkeley, Condillac et Hume.

Berkeley (1685-1753), évêque anglican de Cloyn, réformateur utopiste aux Amériques, activiste pratique de la charité. Plus nettement encore que pour Locke, la philosophie telle que Berkeley la comprend se réduit à une théorie de la connaissance. « *Esse est percipere aut percipi.* » Berkeley pousse à la limite une tendance de la pensée du XVIIIe siècle. Il n'est pas un épiphénomène, mais au cœur et à la racine.

Le *cogito* est une tautologie, la pensée coupée des sens une orgueilleuse entreprise qui conduit au repliement et à la folie. « Vaine est la distinction entre le monde spirituel et le monde matériel [...] Rien n'existe proprement que des personnes », des moi pensants, plus simplement « des choses conscientes ». L'immatérialisme de Berkeley s'enracine dans sa théorie de la vision. Nous ne voyons pas les distances, nous les interprétons. Pris au pied de la lettre, Berkeley eût été dangereux, puisqu'il ébranlait la philosophie mécaniste et la valeur normative des mathématiques ; son immatérialisme, du moins, fait un pas décisif sur la voie nécessaire de la phénoménologisation de la connaissance.

Étienne Bonnot de Condillac (1715-1780) : une famille parlementaire, une entrée discrète dans les ordres, une longue hésitation... Condillac, à la fin de sa vie, était peut-être chrétien. L'*Essai sur l'origine des connaissances humaines* est de 1746. Il n'y a point d'idée qui ne soit acquise et ne vienne, soit immédiatement des sens, soit de l'expérience. Aucune proposition mentale ne saurait se passer de signe. On lui doit, peut-être, la redécouverte de l'importance du langage comme outil de la pensée et médiateur de la connaissance.

Le *Traité des systèmes* (1749) fait un sort à l'histoire. Une théorie sensualiste de la connaissance, liée à une valorisation du langage et insérée dans le processus historique du développement de la connaissance. L'œuvre culmine dans le *Traité des sensations* de 1754. La fameuse hypothèse de la statue, artifice pédagogique qui a frappé la postérité, est dû à Mlle Ferrand. Condillac modernise et radicalise Locke. Au sensualisme de Locke, Condillac ajoute la notion d'une éducation progressive des sens. Nous apprenons à voir, à goûter, à sentir, à toucher...

Le *Traité des sensations* est un livre écrit sur commande dans un contexte où il faut replacer Berkeley et les premières opérations de la cataracte. Prouver expérimentalement la réalité du sensualisme est une grande pensée du XVIIIe siècle. L'aveugle de naissance, habitué à une appréhension purement tactile du monde extérieur, reconnaîtrait-il le cube placé devant ses yeux tout à coup ouverts ? « Il ne le pourrait pas, répondait Molyneux, il ne le pourrait pas, répondait Locke, il ne le pourrait pas, répondait Berkeley. » (Hazard.) Or, voici que le chirurgien Cheseldon opère, pour la première fois, un aveugle de naissance par cataracte, en 1728. On se passionne, on multiplie les expériences, Diderot s'enflamme (*Lettre sur les aveugles à l'usage de ceux qui voient*, 1749). Le sensualisme allait triompher. La technique de Cheseldon donnait raison à Locke contre les innéistes, mais il donnait raison plus encore à Philonous, entendez à Berkeley, l'auteur d'un « système qui, à la honte de l'esprit humain et de la philosophie, est le plus difficile à combattre, quoique le plus absurde de tous ». Les Cacouacs avaient fait fond sur Condillac pour réfuter Berkeley. Diderot l'en avait prié. L'entreprise, malheureusement, tourne mal. Parti du sensualisme empiriste le plus radical, Condillac basculait du monde extérieur sur une métaphysique de l'âme, vers une psychologie pure de la connaissance pour soi. Condillac glissait vers une nouvelle forme de spiritualisme. Il fait partie des sources directes de Kant.

Reste Hume (1711-1776). Cet Écossais a passé une partie de sa vie en France. Ses premières œuvres (*A treatise of human nature*, 3 vol., 1739-1740, une tentative pour introduire la méthode du raisonnement expérimental dans les sciences morales) sont mal accueillies. Le succès vient avec les *Philosophical Essays concerning human understanding* (1748). L'entendement, la métaphysique de la connaissance, au cœur du multiplicateur, est l'objet privilégié du discours. Avec Hume, un des penseurs à vide les plus rigoureux du XVIIIe siècle, démonstration par l'absurde est faite de l'impasse dans laquelle s'est engagée cette espèce d' « ontologie » de la connaissance qui traduit la transmutation réalisée par le multiplicateur : l'homme au centre, à la place de Dieu. Après Locke, après Berkeley, « il restait, dit-on, à Hume, à ruiner, avec la notion de substance, celle de causalité en général [...] » Hume a voulu faire de la métaphysique de l'entendement une science aussi rigoureuse que la philosophie naturelle mécaniste de Newton. Il est l'étape préalable qui permet, à partir de Kant, la reconstruction phénoménologique de la philosophie, l'accompagnement philosophique d'une connaissance scientifique entraînée dans une croissance géométrique. La critique de Hume fait place nette. Il démontre l'hypocrisie du déisme. Le Dieu des philosophes est aussi anthropomorphe que celui des bigots.

L'idée de causalité n'est pas essentielle à notre entendement. Sensations présentes et impressions souvenirs. C'est tout. Notre pouvoir se borne à les associer. La causalité n'est que l'induction d'une association répétée.

La masse des connaissances s'est accrue, la vie humaine s'est allongée, la philosophie mécaniste a permis de belles réalisations pratiques... Mais toutes les certitudes d'hier se sont effondrées. L'univers infini est vide. Les Cacouacs et les bigots sont renvoyés dos à dos. Place est faite au sommet. Pour une remontée des hautes eaux religieuses.

Le XVIIIe siècle philosophique s'achève dans un dépassement définitif en 1781, lors de la publication de la *Critique de la raison pure*. Emmanuel Kant (1724-1804), de Kœnigsberg, un homme de condition modeste. Son père était bourrelier. Sa mère, intelligente et cultivée, avait suivi avec passion la prédication piétiste d'Albert Schultz (1692-1763), de Halle. Partisans d'une lecture solitaire de la Bible, d'une religion du pur esprit, détachée des détails du culte extérieur, les piétistes redoutaient particulièrement, de toutes les embûches de Satan, *Schwärmerei* et *Aberglaube*, exaltation et superstition. Toute la vie et la pensée de Kant portent l'empreinte de ce « jansénisme protestant ». Dans la modeste université de Kœnigsberg — sept chaires seulement —, on lui enseigne Wolff, les mathématiques et la physique newtonienne : une très forte culture scientifique qui lui permet de s'informer de la totalité du connu. Docteur en 1746, neuf ans de préceptorat (1746-1755) le frottent à l'élite de la société prussienne ; de 1755 à 1797, Kant exerce ponctuellement ses tâches d'enseignant : vingt-six à vingt-huit heures d'enseignement par semaine, sur toute la gamme du savoir.

Kant est un libéral, toujours tenté de faire confiance à l'homme éclairé par la raison que Dieu lui donne, respectueux de l'ordre et de l'État, condition formelle d'une évolution progressive qui, partie de l'*Aufklärung*, débouche sur le XIXᵉ siècle, en donnant à son temps une conception purement phénoménologique de la science, une théorie enfin valable de la connaissance, montrant la profonde harmonie qui, par-delà les oppositions formelles, existe entre le fond de la Révélation chrétienne et l'univers rationnel, condition de l'ordre et du progrès.

La pensée de Kant, formée à partir de la dissertation latine de 1770, culmine dans la *Critique de la raison pure* (1781), trouve son expression la plus durable dans cette *Métaphysique des mœurs* que le XVIIIᵉ avait vainement cherchée. Jusqu'à la fin de sa vie, Kant a oscillé entre le protestantisme libéral et universaliste et *the light within* du piétisme de son enfance. Mais Kant s'identifie d'abord à la nouvelle métaphysique, entendez le dépassement de la métaphysique. Kant reprend, formalise et dépasse toutes les théories de la connaissance du XVIIIᵉ siècle. Il est particulièrement tributaire de Berkeley et de Hume. La métaphysique ne pourra plus jamais prétendre à l'ontologie, elle ne pourra prétendre à autre chose qu'à fixer les limites de la raison humaine. Tels sont les *Prolégomènes à toute métaphysique future*. L'esprit humain ne se borne pas à enregistrer les signes venus du monde extérieur. L'esprit les interprète, les transpose, suivant les catégories a priori de la raison. Kant donne au temps, et surtout à l'espace newtonien, une valeur absolue. La notion d'espace est le type même de la représentation a priori. On peut bien concevoir un espace vide d'objets, non un objet qui n'occuperait aucun espace. L'espace est donc condition de la possibilité des phénomènes.

Cette théorie de la connaissance prépare l'essentiel : cette forme supérieure du *cogito*, l'impératif catégorique de la raison pratique. L'âme cesse définitivement « d'être la chambre noire dont la fonction se borne à enregistrer les rayons venus du dehors » (Hazard). La sensibilité perçoit suivant des formes *a priori*, l'entendement lie suivant des catégories *a priori*, la connaissance dépend d'un élément *a priori* qui l'organise. Nous ne sommes plus les esclaves de la loi naturelle en morale comme en psychologie, c'est notre âme qui fait la loi : « Révolution telle que toute la philosophie antérieure semblait s'écrouler, et qu'à la fin on se mit à dédaigner celui qui avait été le sage Locke, l'admirable Locke, le seul penseur qui avait compté depuis Platon. » (P. Hazard.) Sa dignité intrinsèque était rendue à l'homme, la science définitivement installée dans la modeste organisation des apparences, une place centrale était donnée à la morale au cœur de la vie religieuse.

Kant consacre la totale autonomie de la connaissance, de l'État et de la relation ontologique qui est le domaine de la religion naturelle ou révélée. La place du for intérieur est restreinte, mais inexpugnable. Kant est le philosophe du partage laïc, le conciliateur de l'exigence absolue de la connaissance mécaniste et de la relation fondamentale de l'homme à Dieu. Ses conceptions de l'espace et du temps peuvent être modifiées, sa théorie de la connaissance perfectionnée, mais la remise en cause de ses conceptions centrales est aussi impensable que l'abandon de la mathématique ou la promotion d'une science qui serait plus et mieux qu'une phénoménologie. Le maintien d'une société libre, susceptible d'assurer le progrès sans compromettre la dignité fondamentale de l'homme sur qui la Parole de Dieu a été prononcée, passe par la révolution kantienne. A partir de Kant, tout est possible. Sans lui, rien qui concilie à la fois la liberté et le progrès, l'ordre et la dignité, les droits de la cité dans le temps et l'aspiration légitime à la vie éternelle.

Kant a cherché dans son *Traité* de 1793 une forme de christianisme réduit à l'essentiel, susceptible d'une démonstration rationnelle qui correspond à une aspiration profonde du XVIIIe. En fait, Desaguliers, au début du XVIIIe, et le premier groupe des maçons anglais, persuadés de la fin des religions révélées, s'étaient lancés dans une entreprise analogue. Cette tentative, Kant ne l'entreprend pas pour lui-même. Le piétisme allemand lui suffit. Sa religion purement rationnelle est une pure alternative. Tentative vouée à l'échec, mais révélatrice d'un besoin que le XVIIIe lègue, insatisfait, au XIXe. Les religions révélées sont en crise, mais Desaguliers et Voltaire en ont prédit trop vite la fin. Ce que le XVIIIe siècle découvre à partir de 1760, c'est, un peu, la densité et l'autonomie du fait religieux : Voltaire était prêt à concéder la nécessité sociale d'une religion pour le peuple; Rousseau distingue la religion de l'homme (le théisme) et la religion de la cité (*Du contrat social*).

« Reste donc la religion de l'homme ou le christianisme, non pas celui d'aujourd'hui, mais celui de l'Évangile, qui est tout à fait différent [...] » Rousseau ne réussit pas à sortir totalement des contradictions qu'il a posées et qui correspondent à une aspiration profonde. Le modèle de Rousseau est un modèle de l'Europe protestante. Si Kant, philosophe de l'entendement, est dans la ligne de Locke, Berkeley, Hume, Condillac et Leibniz, il est, dans sa construction religieuse, dans la ligne de Rousseau. Le modèle est un modèle du Nord. Un christianisme national (religion protestante établie par la loi), avec sa hiérarchie, son organisation, ses fêtes, qui enseigne la morale, assez souple pour ne gêner personne (la *Church of England* mieux que l'*Evangelische Kirche*), qui conserve l'essentiel de « la religion de l'homme, ou le christianisme [...] de l'Évangile », et, pour l'élite, le théisme, peut-être le Credo du vicaire savoyard, avec les possibilités ouvertes par la franc-maçonnerie mystique, les communautés piétistes ou bien la *light within* et l'activisme pratique du méthodisme wesleyien.

Alignement sur le Nord. Surestimant la force du jansénisme presbytérien de la fin du XVIIIe, les Constituants ont rêvé d'un catholicisme gallican qui serait l'Église multitudiniste et populaire établie par la loi. Des États généraux transformés en Assemblée nationale ne peuvent refaire d'un coup l'histoire sanglante d'un XVIe siècle gonflé de forces et de violence.

L'histoire religieuse obéit à un rythme qui lui est propre, certes en liaison constante avec l'histoire intellectuelle et l'histoire affective, mais pourtant autonome. Le XVIe et le XVIIe correspondent à une phase longue de richesse et de bouillonnement. Les eaux du Nord sont montées les premières, la retombée se produit plus tôt. Dès 1650 ici, dès 1660 là. L'Europe méditerranéenne, qui est aussi l'Europe catholique, reflue un peu plus tard. Mais, sur l'horizon 1680, la piété bat en retraite, le creux se dessine, le XVIIIe siècle se place normalement en retrait. Premier point. Le second point, un rythme très largement séculaire ne saurait masquer de profondes différences régionales et sociales. Régionales, suivant un axe est-ouest. Le retrait des eaux est plus sensible dans l'Europe catholique et plus particulièrement en France. Mais le creux français est aussi relatif. Les eaux sont exceptionnellement basses dans la France du XVIIIe en raison aussi du sommet atteint au XVIIe.

Notre appréciation du reflux, au XVIIIe, est liée à l'observation d'une couche étroite. Elle affecte, en France et en Angleterre, une élite qui oscille entre 5 et 20 p. 100. La couche atteinte par l'indifférence se creuse rapidement, en Angleterre, vers 1725-1730, mais les Réveils la réduisent très vite. La France donne l'impression d'une usure lente mais constante. L'étude de Furet est parfaitement éclairante. Les besoins en livres de piété restent constants et élevés jusqu'au milieu du XVIIIᵉ; la demande reflue après 1750. Le travail de démolition de l'*Encyclopédie* porte ses fruits. Mais le succès de l'*Encyclopédie* correspond, bien plus sûrement encore, au refroidissement religieux de la *middle class* des lisants.

Les cheminements de la Réforme catholique continuent au niveau des campagnes jusque vers 1710-1720. La vie religieuse se maintient sur un niveau élevé jusque vers 1740-1750. La morale sexuelle nous renseigne : rien de profond n'est affecté avant 1780 dans les campagnes; les grandes villes, en revanche, échappent dès 1760-1770. Paris, en 1789, est largement déchristianisé. En France, les rythmes différents de l'évolution dans l'élite et dans la masse ébauchent, dès la fin du XVIIIᵉ, le mouvement en ciseaux qui se manifeste au XIXᵉ siècle : retour de l'élite, éloignement extérieur des masses.

La remontée des eaux religieuses se produit très tôt en Allemagne et en Angleterre. Si les masses ont été affectées, à Londres, par l'impiété du début du XVIIIᵉ, l'Allemagne, la Pologne, la Russie ne permettent pas de déceler des oscillations sensibles en milieu populaire. L'Allemagne est pieuse. En Russie, la résistance du Raskol, la vie intense des pèlerinages et l'art de l'icône laissent à penser que les paysans vivent dans une relation avec Dieu qui ne dément pas ce que Dostoievski et Tolstoï nous ont rapporté pour le XIXᵉ siècle. L'Est, grâce à l'orthodoxie, au Raskol et au hassidisme (dans les communautés juives de Pologne-Lituanie), constitue la grande réserve mystique de l'Europe.

Deux problèmes généraux se posent, qui influent sur les courants religieux des Lumières : une frontière de la connaissance, l'herméneutique biblique, une frontière de la sensibilité, le rapport avec les zones de la magie et de l'infrareligiosité. Le progrès de la connaissance historique, l'évolution de la notion de temporalité affectent, aux XVIIᵉ et XVIIIᵉ, le traitement extérieur et scientifique du contenant objectif de la Révélation. Le problème s'était posé au XVIᵉ siècle, lors de la première Réforme. La théologie médiévale, dans son ensemble, affirmait une Révélation close, mais, en pratique, sacrifiait le contenant de la Révélation au profit d'un édifice conceptuel rationnel plus philosophique que théologique, aboutissant à une Révélation *de facto* ouverte. La Réforme protestante répond par une Révélation close *de jure* et *de facto*.

La double inspiration, arme de guerre lors de la séparation, recours permanent pour les sectes et pour tous les Réveils, est maniée avec prudence par les grandes Églises protestantes; cependant, elle reste profondément ancrée dans les communautés de fidèles. Elle est à l'origine de tous les Réveils, du piétisme de Wesley, et de tous les fondamentalismes qui ont fleuri dans l'Angleterre du xviie et trouvé refuge dans l'Amérique du xviiie siècle.

Le concile de Trente, en face, a commencé la formulation d'une théologie de la Révélation ouverte. L'Église catholique n'en a pas tiré toutes les conséquences. C'est, au vrai, que la fameuse réponse, l'Écriture et la tradition nécessaire pour justifier la condamnation des Églises séparées, ne s'écartait pas de l'implicite traditionnel, l'Écriture interprétée, éclairée grâce à la tradition de l'Église.

C'est ainsi que l'on vit se développer deux fondamentalismes bibliques dans l'Église. Un fondamentalisme protestant qui apparaît à la fin du xvie; il semble que les Églises protestantes s'en détachent assez vite, sous l'influence de la double inspiration, qui permet une compréhension évolutive de la Parole qui, éternelle, apporte à chaque siècle la part d'injonction que Dieu réclame, la part de vérité qu'Il a décidé de dévoiler. Un fondamentalisme biblique catholique décalé dans le temps. Ce n'est pas le pape qui réagit à Copernic, mais Luther. La frontière de catholicité à l'intérieur de l'Église va entraîner une meilleure connaissance de l'Écriture chez les catholiques et un respect scrupuleux de la lettre. Afin de pouvoir retourner l'argument protestant. Vous retranchez, nous maintenons. La tentation fondamentaliste catholique est renforcée par deux prises de position : le choix du concile de Trente en faveur de la seule Vulgate, le long refus de la langue vulgaire. Ce sont les protestants qui vont être habitués à un texte flottant ; la multiplicité des traductions aide à dégager l'esprit au-delà de ce qui cesse d'être la lettre. La traduction unique de saint Jérôme conduit à un lettrisme scripturaire. Le texte biblique, en pays catholique, est toujours cité en latin, dans une forme intangible ; l'imprégnation biblique est bien plus grande en pays protestant, mais le texte biblique est moins rigide en raison de la variété des traductions retenues. Second facteur d'évolution divergente, le choix progressif des Églises protestantes en faveur du canon hébraïque à la place du canon grec des Septante. Dans la mesure où la Bible catholique est, au départ, un outil qui sert moins, elle est aussi un outil moins plastique. Paradoxalement, le littéralisme biblique, après avoir été la grande force, et aussi un peu la faiblesse, des puritains anglais, devient, à partir de 1630-1640, un trait assez tardif de la chrétienté catholique.

Une évolution de l'herméneutique biblique était inévitable. Le véhicule humain de la Parole de Dieu rend témoignage, accessoirement, sur des états successifs de civilisation. La divergence est plus nette depuis l'adoption de la physique mécaniste. Elle ne gênait pas le pieux Newton qui discernait dans la lecture quotidienne de la Bible la Parole de Dieu attestée par l'Esprit, de la gangue humaine évolutive. L'affaire Galilée est vite dépassée. Un problème nouveau se pose avec l'intrusion de la dimension historique. Une étude critique de la Bible laisse apparaître une juxtaposition de récits, parfois divergents, du moins complémentaires, formés à des époques différentes. Le miracle de l'attestation est d'autant plus grand qu'il s'appuie sur une inspiration diffuse et progressivement mûrie au cours de l'histoire, cette longue pédagogie de Dieu. Le comprendre implique une réinvention comparable à la formulation dogmatique des IVe et Ve siècles, à la scolastique thomiste au XIIIe. La crise de l'herméneutique, à la fin du XVIIe, c'est l'affaire Richard Simon.

L'idée de l'historicité apparaît au milieu du XVIIe dans les œuvres de Grotius et de Louis Cappelle. Cappelle et Grotius écrivent en latin et leurs idées sont débattues sans émoi entre spécialistes.

Le *Léviathan* de Hobbes (1588-1679), paru en anglais en 1651, est plus troublant parce qu'en anglais. Hobbes, cavalier anglican, absolutiste et anti-romain, se heurte à l'absolutisme biblique des partisans du Commonwealth. La religion étant une affaire d'État, l'interprétation de la Bible doit être, en dernier ressort, une affaire d'État. « La Parole de Dieu doit être autant que possible identifiée avec les commandements de la raison et de la justice (*dictates of reason and equity*) » (d'après G. Gusdorf), dont il est dit également dans l'Écriture qu'ils « sont inscrits dans le cœur de l'homme ». Hobbes a, en face de la Bible, une attitude qui annonce celle de Locke, mais plus nettement de Lessing (1729-1781), forme accomplie du mysticisme rationaliste allemand des Lumières. La lumière intérieure identifiée avec la raison invite à un choix rationnel dans le contenu du message biblique. La position de Hobbes, à la limite, aboutit à vider la Bible du message divin ; dans la pratique du *Léviathan*, Hobbes s'arrête à des positions de bon sens au départ d'une saine critique. Le Pentateuque ne peut être entièrement de Moïse. Hobbes, partisan de la philosophie mécaniste, hésite devant le miracle. Il n'est peut-être pas loin de la théologie du miracle, signe privilégié. Hobbes est, avec Isaac La Peyrère, l'inventeur des préadamites. La Peyrère, un siècle avant Jean Astruc (1684-1766), flaire que le Pentateuque est issu de la juxtaposition de récits différents et accolés. Spinoza, à côté de cela, se distingue moins par sa science philologique et historique des textes bibliques que par son refus d'accepter la Révélation particulière. Spinoza ne peut admettre d'autre révélation qu'universelle et rationnelle, donc son herméneutique découle d'un présupposé différent du présupposé judéo-chrétien, mais de nature analogue. Le maniement, par Spinoza, d'une herméneutique critique contribuera peut-être au retrait traditionaliste particulièrement sensible dans la chrétienté catholique.

Et voilà Richard Simon (1638-1712), exclu de l'Oratoire en 1678 à la suite de la publication de son *Histoire critique du Vieux Testament*. Il en va assez vraisemblablement de Richard Simon comme de Pierre Bayle, totalement réinterprété, récemment, à la lueur des travaux d'Élisabeth Labrousse. De même que le sceptique Bayle est, en matière religieuse, un calviniste de la *light within*, en difficulté avec toutes les Églises, y compris la sienne, l'Église wallonne de Hollande, de même, peut-être, Richard Simon, père d'un prémodernisme catholique, fut-il un chrétien sincère ?

Richard Simon avait vu, semble-t-il, tout l'avantage que le catholicisme pouvait tirer de la nouvelle herméneutique sur l'adversaire protestant. Si la Bible est la tradition ancienne de l'Église, comment arrêter le dialogue à la génération des Apôtres ? La position protestante ne peut se justifier qu'en raison de l'Incarnation de la Parole; mais une partie du lettrisme réformé du XVIIe siècle se trouve mis à mal. A la décharge d'une longue erreur de l'histoire, comme beaucoup de persécutés sincères, il se défend mal. Ce catholique apparemment désireux de marquer l'avantage de son Église sur l'Église rivale n'a publié son œuvre que grâce à la fidélité d'amis protestants. Cela aussi, sans doute, contribue au trouble. Grâce à l'irénique Hollande, l'œuvre se poursuit contre le traditionalisme de Bossuet. Les positions dures du catholicisme gallican sur l'horizon 1680, et au-delà, sont lourdes de conséquences. Elles sont dictées par la peur qui est liée au reflux de la ferveur qui rend l'Église vulnérable, donc durcie dans un refus nouveau de mouvement. Ces positions de l'Église de France — qui a pris la tête de la Réforme catholique — engagent toutes les Églises. La révocation de l'édit de Nantes compromet l'effort irénique de rapprochement et de compréhension mutuelle qui s'esquissait. Leibniz ne peut plus rien.

Le non à l'herméneutique historique rend difficiles les adaptations que le catholicisme éclairé du XVIIIe juge souhaitables. La persécution antijanséniste après la bulle *Unigenitus* (1713) offre à l'Europe rationaliste le spectacle réjouissant d'un anachronique conflit. La persécution antiquiétiste décourage et compromet le mysticisme pour plus d'un siècle et contrarie la vocation mystique du catholicisme. Le ressourcement mystique de la fin du XVIIIe vient, paradoxalement, de l'Europe protestante du Nord.

Seconde et troublante frontière, le contact avec l'infrareligieux traditionnel. L'Europe des Lumières décide d'ignorer cette forme d'infrareligiosité traditionnelle qui s'appelle sorcellerie. Comment et pourquoi les juges qui, pendant des siècles, acceptèrent la sorcellerie, condamnèrent des milliers de malheureux au bûcher, décidèrent-ils à la fin du XVIIe siècle de renoncer, et cessèrent-ils de poursuivre ceux qui passaient pour être vendus au diable ? Robert Mandrou, dans un livre récent, a répondu. Nous nous sommes efforcé d'étendre ses conclusions. Renvoyons à ces études. Le magistrat refuse, en outre, sur l'horizon 1680, de reconnaître la réalité du fait de possession. Il sera suivi, progressivement, par l'Europe du Nord d'abord, du Midi longtemps après. Le magistrat, qui appartient à l'élite, donc ne répond plus au vœu du peuple, à une époque où la voix du peuple contre les sorciers se fait entendre à peine moins fort qu'un demi-siècle plus tôt, quand l'Europe du Nord brûlait joyeusement sa ration mensuelle de sorcières jurées. Dans la perspective de la théologie du second XVIIe siècle — elle est solidaire dans son comportement pratique sur ce point de la philosophie des Lumières —, la possession et, a fortiori, le satanisme positif des sorciers jurés ne sont plus reconnus du même coup ; faute d'être discernés, ils perdent toute réalité, parce qu'ils sont devenus inutiles.

Après l'attaque massive du XVIIe siècle contre les couches inférieures de la civilisation traditionnelle, l'Europe des Lumières, appuyée sur le front acculturant de l'école, a décidé d'ignorer délibérément les vieilles civilisations, qui achèvent de mourir sur les bords des forêts, dans les marais et les finistères.

•

Est-ce à dire que tout est rompu avec le mystère ? C'est précisément au moment où la civilisation coupe les ponts avec le vieux fond magique et parfois satanique des champs, que l'on voit, venant du Nord, d'étonnantes résurgences qui rappellent que rien ne s'achève totalement.

Swedenborg * (1688-1772) propose à la Suède, lassée d'une Église luthérienne touchée par le rationalisme de l'Aufklärung, les moyens de communiquer avec le monde invisible. Swedenborg, dont l'influence est grande en Allemagne, se situe dans les rangs du piétisme qui suscite dans toute l'Allemagne une obsession du démon. Conçu par Spener, à la fin du XVIIe, comme un mouvement de foi typiquement allemand, sans formulations, organisations ni barrières, le piétisme, fondamentalement un Réveil, s'éparpille dans les nuances les plus surprenantes ; il englobe mystiques et réveillés, catholiques aberrants, quakers, aventuriers. Avec Francke *, il est à Halle. Il pénètre dans le Sud ; dans le Würtemberg, le comte de Zinzendorf (1700-1760) le transplante parmi les persécutés moraves. Avec Hamann * (1730-1788), il polémique contre Kant et prend de plus en plus, vers la fin du siècle, des formes paramystiques et théosophiques.

Le Würtemberg a son mage, F.-Ch. Oetinger (1702-1782) de Goeppingen ; le piétisme son poète, F.-G. Klopstock (1724-1803). Swedenborg appartient à la famille. Il taille dans l'Écriture, rétrécit le Canon, dialogue avec les morts. A un niveau inférieur, en France, Mesmer * (1734-1815) met sous l'autorité de Newton l'astrologie classique. Ses expériences de métapsychologie électrisante font courir les salons avides de mystère, de frisson, de sécurité et de sensation. Le pasteur zurichois Gaspard Lavater * (1741-1800), auteur d'une *Physiognomonie* (1772), réunit par les traits du visage le présent au passé et à l'avenir. Martinez et Saint-Martin * (1743-1803) réussissent à pénétrer dans la francmaçonnerie, en France même où elle est la plus rétive à ce genre d'influences.

Tous ces courants s'appuient sur la branche mystique de la franc-maçonnerie, qui prolonge en Allemagne la vieille fraternité des Rose-Croix et dont l'esprit diffère des loges françaises, issues des loges de Londres, gagnées tôt à un rationalisme encyclopédique avant la lettre et agressif. Dans le même temps, Lessing (1729-1781), après avoir beaucoup cherché et hésité, se tourne vers l'Inde et un aménagement de panthéisme oriental. Jacobi * (1743-1819) a recueilli la dernière vision du monde de celui qui est la figure la plus représentative de l'*Aufklärung*. « Lessing croit à l'éternité du monde, il tient la métaphysique de Spinoza pour la meilleure et en approuve le déterminisme. Il ne sépare pas Dieu de l'univers ; il en fait l'Ame du Monde », *Deus sive Natura*, disait Spinoza. On mesure pourtant la différence ; ayant gagné la science, le mécanisme peut abandonner désormais la philosophie, l'âme du monde, donc, « dont l'univers, corps vivant, produit [...] le rythme des existences individuelles. Un Dieu transcendant est une solution profondément ennuyeuse. » (A. Rivaud.) Derrière Lessing et Swedenborg, une partie de l'Europe des salons, de l'Europe de l'Est, avant Mme Krudener et le tsar Alexandre, va s'engager allègrement sur la voie du *Samsâra* et du *Karman*. « Tout est en Dieu ; les âmes s'élèvent vers lui dans leurs transmigrations. Toutes les âmes expriment, tour à tour, un des aspects de l'Essence infinie de l'âme universelle. Panthéisme, immanence, métamorphose et même métempsycose [...] »

A la fin du XVIIIe siècle, l'Europe, en profondeur, reste une chrétienté. Elle doit beaucoup, certes, à l'habitude. Voyez la France révolutionnaire. En 1789, 90 p. 100 de messialisants, 95 p. 100 peut-être de pascalisants, pour l'ensemble du royaume, population urbaine comprise. La tourmente révolutionnaire passée, le diocèse d'Orléans, quand tout ce qui pouvait être rattrapé l'a été : campagne — Orléans exclu —, hommes de plus de 20 ans, pascalisants, 3,8 p. 100; de 13 à 20 ans, 23 p. 100 ; femmes de plus de 20 ans, 20 p. 100 ; de 13 à 20 ans, 67 p. 100. 100 p. 100 de baptisés et 99,9 p. 100 d'enterrements religieux. La vie religieuse n'est plus poussée par la contrainte sociale. Le respect humain joue même contre la communion pascale des hommes. Mais les chiffres sont là. En dix ans, la pratique traditionnelle s'est repliée de 90 p. 100 à 10-15 p. 100, laissant le champ à un tout petit conformisme de la naissance, du mariage et de la mort. L'habitude sociale avait masqué, au XVIIIᵉ siècle, l'ampleur du reflux religieux. Le cas français est exceptionnel par son amplitude et sa brutalité, comme pour le malthusianisme. Et pourtant, quelle richesse spirituelle, ici et là! L'Angleterre, au grand souffle de Wesley, s'est réveillée, engagée dans un activisme pratique de tradition calvinienne, et que dire de la Russie profonde, et des Jérusalem juives de Lituanie?

L'Europe juive est un curieux microcosme du drame spirituel qui se joue sur un niveau plus large pour la masse chrétienne. Tandis qu'une élite sociale, en majorité séphardite, s'assimile aux milieux rationalistes, souvent mystiques, et au protestantisme libéral, les communautés de l'Est vivent, à la fin du XVIIIᵉ, l'équivalent du premier XVIIᵉ siècle chrétien à l'époque du Raskol et du siècle des saints.

La chrétienté est un moment historique du temps de l'Église. Un temps qui s'achève au XVIIIᵉ siècle. Peu nombreux ceux qui en ont conscience. Peu nombreux ceux qui l'appellent de leurs vœux. L'Europe souffre d'un raccourcissement eschatologique. C'est là le prix du retour de la pensée des Lumières sur les choses. Toutes les forces sont, désormais, mobilisées pour l'aménagement de la Terre, pour la courte durée d'une vie un peu plus longue. Les sursitaires de la mort se mettent à l'œuvre.

TROISIÈME PARTIE

LE RETOUR
DE LA PENSÉE
SUR LA VIE ET
SUR LES CHOSES

L A pensée des Lumières est née, nous avons dit comment, à l'intersection de deux structures. Elle est issue de la révolution mécaniste. Son développement est accéléré et infléchi par le jeu des multiplicateurs. Le multiplicateur de la vie humaine, vers 1730, vient relayer le multiplicateur de la connaissance, qui entre en action plus tôt, à partir de 1680. Dans la mesure où elle se résigne volontiers à la *diminutio capitis* d'une radicale réduction eschatologique, où elle combine rationalisme pratique et empirisme de la précision, la pensée des Lumières a tout naturellement prise sur les choses et sur la vie. On a évoqué avec raison le pragmatisme des Lumières. La philosophie mécaniste est née d'une assimilation générale de la structure de l'univers aux architectures artificielles de l'art de l'ingénieur. Comment, en retour, ne servirait-elle pas cet art de l'ingénieur de toute la maîtrise acquise, de l'assurance et de l'exaltation gagnées dans les concordances de la mécanique céleste? La philosophie mécaniste est une invitation à inventer des machines. Entre la représentation du monde et l'outil, un dialogue s'instaure qui profite à l'outil. L'ingénieur a pour lui cette habileté du savant mécaniste qui forge et perfectionne, chaque jour, pour rien, un instrument apte, indifféremment, à la représentation et à l'action. L'Europe des Lumières est armée pour un réaménagement de l'espace et du milieu. L'homme s'est poussé au centre. Et pas seulement l'homme, mais le corps ; pas seulement le corps, mais les sens ; pas seulement les sens, mais le plaisir.

Le retour de la pensée sur les choses constitue à lui seul beaucoup plus que la matière d'un livre. Honnêtement, il en faudrait trois. Retour de la pensée sur l'économie. Et, au cœur, l'énorme question des conditions préalables à l'explo-

299

sion de croissance soutenue, que l'on appelait traditionnellement la révolution industrielle. Retour de la pensée sur la société, c'est à peu de chose près la matière du livre d'Albert Soboul. Dans une perspective un peu différente, il l'a traité avec une science et une précision qui dispensent d'y revenir. Retour de la pensée sur le cadre de la vie, qui est d'abord un cadre de beauté, sur l'art, sur la vie quotidienne, l'esthétique et l'érotique. Ne pouvant traiter ici même l'ample matière de ces trois livres, heureusement déchargé d'une partie de ces tâches, nous nous bornerons à quelques suggestions, en vue de nouvelles recherches.

CHAPITRE VI

ÉCONOMIE, VIE MATÉRIELLE
DÉPART DE LA CROISSANCE

Retour sur l'économie. L'optimisme des Lumières et son humanisme sont en partie commandés par la prise de conscience progressive des modifications de l'environnement. Or, cette modification est d'abord d'ordre économique. Dans aucun domaine, l'historiographie n'a autant et si bien travaillé. Des centaines de monographies ont été publiées qui, toutes, convergent. Mais le moment n'est plus aux monographies ni à l'étude des crises, comme il y a vingt ans. La récolte est belle, elle est concluante. L'histoire s'attaque maintenant à une plus grande tâche. Les administrations du dernier siècle de l'Ancien Régime nous ont livré matériel brut (registres paroissiaux, portuaires, octrois, impôts *ad valorem*) ou éléments de statistiques préélaborés qui permettent, au prix d'un gros effort, de passer de l'anecdotique, même représentatif, du fragmentaire au continu. L'histoire s'est attaquée au grand problème de la croissance. Deux études peuvent servir d'exemple : Phyllis Deane et W. A. Cole, sur la croissance de l'économie britannique à partir de 1688 (où elle prend appui sur le bilan de Gregory King), et l'histoire quantitative de l'économie française, en cours de publication, sous l'impulsion de J. Marczewski et de J. Markovitch. Tout récemment, l'*Histoire économique et sociale de la France* d'Ernest Labrousse et de Pierre Léon apporte une gerbe impressionnante d'éléments nouveaux.

Ces études de croissance des « espaces nationaux » se font nécessairement à grands traits. Nous avons mis en train une étude plus fouillée, sur un espace plus restreint, les 30 000 km² de la Normandie, qui en est encore à ses débuts. Un peu partout des entreprises se préparent dans un même esprit. A ces études globales sur une couverture nationale (300 000, 500 000 km²) ou régionale (30 000, 40 000 km²) s'ajoutent désormais des études sectorielles. Deux sont en cours, ou sur le point d'aboutir. Secteur clef, le secteur agricole. Plus de 80 p. 100 au départ, 70 à 75 p. 100 à l'arrivée, du produit national brut. Le secteur agricole entraîne tout, par sa masse, sinon par son dynamisme ; en outre, seul il permet le doublement des hommes, sans lui l'Europe n'aurait pas ajouté, à la fin du siècle, quelques dizaines de millions de sursitaires de la mort, qui modifient non seulement les choses mais les pensées, qui créent un moment d'euphorie ici et là, que l'habitude et l'arrivée de l'échéance dissipent, quand viennent, avec les succès, les vraies difficultés de la fin du siècle. Une de ces enquêtes est consacrée au bâtiment, jusque vers 1880, en France et sur le continent.

•

Venons à l'agriculture. Deux énormes dossiers, un grand débat. Slicher Van Bath, en Hollande, a réuni 11 462 informations concernant les rendements, du IXᵉ siècle au début du XIXᵉ, pour toute l'Europe. Il s'en dégage une forte présomption d'accroissement de la productivité au XVIIIᵉ siècle, une meilleure utilisation de la semence. Second dossier récent : les dîmes. Les premiers résultats sont moins univoques. Une oscillation séculaire apparaît qui calque les rythmes séculaires de la conjoncture économique et de la population. Une utilisation non critique des premières dizaines de dossiers décimaux en cours de dépouillement laisserait supposer une grande stabilité des rendements. Les variations seraient dues essentiellement aux avances et aux reculs des surfaces cultivées. La croissance du XVIIIᵉ serait, dans cette perspective, moins optimiste que celle de l'historien hollandais, plus quantitative que qualitative. Les évaluations de J.-C. Toutain pour la France, dans l'enquête de J. Marczewski, dégagent cependant, pour la production des céréales panifiables, de 59,1 millions de quintaux en 1701-1710 à 94,5 millions en 1803-1812, une croissance beaucoup plus importante que celle de la population. E. Le Roy Ladurie a montré pourquoi, malheureusement, on ne pouvait guère faire fond sur ces chiffres. Dans l'état actuel de la recherche, la production agricole en Europe continue en partie à nous échapper. Plusieurs certitudes, toutefois. Il y a eu progrès dans l'utilisation de la semence : le dossier Slicher Van Bath est irréfutable. Ce progrès, essentiellement qualitatif, a été plus rapide à l'ouest qu'à l'est, entendez dans le secteur de haut développement technologique.

Un violent contraste existe entre la première et la seconde moitié du XVIIIᵉ siècle. Le progrès est lent au début, certains ont pu le nier, il est rapide à la fin ; plus personne, raisonnablement, ne le conteste.

Le progrès de la production est dû, dans la première moitié du xviiie siècle, essentiellement aux défrichements ; dans la seconde moitié, aux défrichements encore (aux défrichements presque uniquement dans l'Europe orientale), mais de plus en plus, et en Angleterre presque exclusivement, aux progrès technologiques. Progrès lent au début, rapide à la fin, lié, à l'est, surtout à l'accroissement des surfaces et, en Angleterre, aux améliorations technologiques. La situation est intermédiaire en France. La diffusion du progrès technique dans l'agriculture est l'œuvre d'un petit nombre d'entreprises pilotes de type capitaliste, pourvues de capitaux et, plus encore, de ce *know how* des économistes anglo-saxons. Il est indissociable dans l'agriculture d'un regard plus attentif sur les conditions de développement des plantes. A titre d'exemple, et d'exemple de poids, une ébauche, dans les secteurs de pointe de l'agriculture anglaise, de sélection des graines et, un peu partout, une meilleure conservation de la semence.

L'Angleterre a réalisé, au xviiie siècle, une révolution agricole indissociable de la révolution industrielle, née de l'effort intelligent d'un petit nombre d'entrepreneurs sollicités par un marché urbain important (Londres, seul, concentre 12 à 15 p. 100 de la population), illustration de ce que peut faire, sur le plan technique, le véritable empirisme, c'est-à-dire une attention intelligente aux choses et la volonté de peser sur elles, dans un but modeste et précis : obtenir une amélioration. La révolution anglaise (le mot est traditionnel, mais il n'est pas excessif) est motrice. Elle a joué par l'exemple et elle a gagné, secteur par secteur, toute l'Europe, en commençant par la France. La rupture avec l'assolement triennal en constitue le trait essentiel : la substitution du trèfle à la jachère restitue l'azote au sol (on ignore le processus physico-chimique, mais on constate une amélioration au lieu de l'épuisement attendu), l'introduction des plantes sarclées à l'intérieur de l'assolement, les fameux navets (les *turnips* de Townshend rapportés du Hanovre), contribue au nettoyage en profondeur du sol. Ce trait vaut d'être souligné ; la révolution anglaise au plan agricole n'invente pas, elle est plus économique que strictement technique : le *turnip* et la betterave sucrière viennent d'Allemagne, la première idée de l'assolement sans rupture, de Flandre, le bétail sélectionné, du continent. Mais les gentilshommes anglais du xviiie, mus par le désir de gain et éduqués par la tradition empiriste britannique, mettent en mouvement la masse critique de transformations qui provoque le décollement de l'agriculture, un *take off* qui est dû tout entier à un ensemble impressionnant de petites et à un nombre restreint de grandes modifications techniques, et qui aboutit à un progrès de la production presque uniquement imputable (là réside la révolution) à une amélioration radicale des rendements à l'hectare et par tête.

De 1700 à 1820, sur un espace parfaitement clos — jamais dans l'histoire des hommes un tel résultat, en si peu de temps, n'avait été obtenu —, la production des grains (d'après P. Deane et W. A. Cole), c'est-à-dire la production qui reste clef, évolue ainsi en Angleterre :

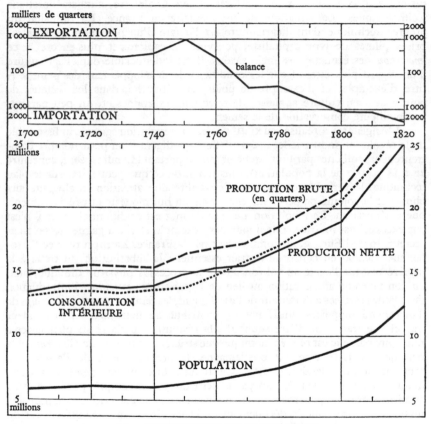

35. AGRICULTURE ET POPULATION
(D'après les chiffres de Ph. Deane et W. A. Cole, op. cit.)

En haut, la balance qui fait apparaître une Angleterre légèrement exportatrice jusque vers 1770, importatrice très modérément à partir de cette date. Ce graphique, extrait des statistiques

Pour comprendre la portée de ce doublement séculaire sans précédent et sans équivalent, tenir compte du fait qu'à la fin du XVIIIe à peine plus du tiers de la population active est occupée dans le secteur agricole. L'Angleterre d'alors se nourrit, avec une densité, vers 1780, de 50 hab./km². Pour la première fois, un homme nourrit trois hommes au travail, un homme travaillant la terre parvient à fournir la nourriture à douze ou quinze de ses semblables ! Mais le grain n'est qu'un aspect du problème, les progrès de l'élevage sont plus rapides encore et plus significatifs. La production de la viande de mouton et de la laine s'est accrue plus vite que la production des grains, la production de la viande de bœuf plus lentement. Pour la laine, par exemple, où les choses sont relativement mieux cernées, la croissance s'inscrit dans le rapport 40 millions de livres en 1695, 57 en 1741 et 94 millions en 1805. Étonnante Angleterre ! Un mur a été franchi. A partir de là, la croissance soutenue, l'explosion démographique, donc la seule vraie richesse, celle de la multiplication des âmes, des consciences, des intelligences, et le progrès sont possibles. Comment le miracle s'est-il produit ?

Beaucoup mieux même que novation au sens strict, tout semble d'abord problème de diffusion, de transmission. Voyez les raves. Leur utilisation a été inspirée aux agronomes et aux grands propriétaires anglais par l'exemple flamand. Mais il a fallu un siècle et demi environ de féconds tâtonnements : « Ni Googe (1571), ni Richard Weston (après 1645), qui préconisaient leur culture dans les champs, leur association avec le trèfle et les fourrages artificiels, n'avaient eu le moindre succès. Ce n'est que longtemps après eux qu'on les a considérés comme des initiateurs. » (D. Faucher.) Arthur Young * s'est amusé à dire que Richard Weston « avait été un plus grand bienfaiteur que Newton ». La grande révolution, si on en retient l'idée, doit être cherchée au niveau de la prairie artificielle, ce fournisseur d'azote au sol et de nourriture des animaux, ce double producteur donc de protéines. La nouvelle technique a cheminé lentement, dans l'Angleterre du XVIIe siècle, sans parvenir à s'imposer, puis, dans un système irréversible d'entraînement, elle explose au XVIIIe.

Si l'Angleterre est le moteur de l'Europe agricole des Lumières, le Norfolk en est le modèle, Arthur Young l'a assez dit. En 1794, le Norfolk exportait plus de blé que tout le reste de l'Angleterre. Au milieu du XVIIIe siècle, le continent, après l'Angleterre, découvre le Norfolk. La première description enthou-

du pays de Malthus, est le graphique anti-Malthus par excellence. Les subsistances augmentent au même rythme que la population et la richesse s'accroît depuis le XVIIIe siècle, en Europe et dans ses prolongements outre-mer, beaucoup plus vite que le nombre des hommes éduqués. Ce graphique illustre par la même occasion le grand miracle de l'agriculture à l'anglaise.

siaste de ce type d'agriculture se lit, en France, en 1754, dans l'*Encyclopédie*. Elle avait été précédée, observe A. J. Bourde, d'informations dispersées. Les transformations du Norfolk pilote s'expliquent par un long passé. Le Norfolk qui a attiré l'attention des agronomes est en réalité le secteur de pointe de toute une moitié sud-est de l'Angleterre en pleine transformation : si le Surrey est légèrement en retrait, Suffolk, Essex et Kent talonnent le Norfolk. Les raisons profondes de cette mutation technologique importante sont d'ordre social. Il est impossible de ne pas évoquer le fameux problème des *enclosures*. Le droit d'enclore, qui s'accompagne d'un partage des communaux, marque la fin d'un âge agricole, l'âge de l'*openfield* et de l'assolement triennal, la grande conquête à l'ouest du Moyen Age constructeur de cathédrales. Le point de départ timide des *enclosures* se place traditionnellement au xvie siècle. Il est indissociable d'une révolution mi-sociale, mi-religieuse, qui aboutit à un amenuisement sans aucune mesure, sur le continent, du régime seigneurial. Parti entre 1515 et 1551, le mouvement se maintient jusque vers 1580 ; après une longue interruption, il repart au début du xviiie siècle. En 1850, le paysage anglais aura été totalement bouleversé. Pour cette transformation qui commande les possibilités de progrès technique, la classe des grands propriétaires bénéficie, grâce au Parlement, de la complicité de l'État. Voyez la courbe des *bills of enclosure* : 3 actes en douze ans sous la reine Anne ; 1 par an, de 1714 à 1720 ; 33 de 1720 à 1730 ; 35 de 1730 à 1740 ; 38 de 1740 à 1750 ; mais 156 de 1750 à 1760 ; 424 de 1760 à 1770 ; 642 de 1770 à 1780 ; 287 de 1780 à 1790 ; 506 de 1790 à 1800 ; 906 de 1800 à 1810.

Effacement de la *yeomanry*, montée d'une classe de fermiers capitalistes qui, à côté des grands propriétaires et peut-être plus encore, sont à l'affût du progrès technique, source de profit. Comme dans le reste de l'Angleterre, le système féodal s'efface très tôt : dans le Norfolk, vers le milieu du xvie siècle, les propriétaires nobles avaient reçu pour leurs terres une rente en argent. Cette évolution favorise l'individualisme agraire ; elle entraîne le désir d'obtenir des productions négociables, les *money crops* ; elle brise le carcan communautaire. Les *enclosures* commencèrent ici plus tôt qu'ailleurs. On fait remonter traditionnellement le point de départ du mouvement au xve siècle ; dès le xvie, le Norfolk travaillait pour l'approvisionnement de Londres. Les améliorations technologiques importantes se situent entre 1660 et 1680. Voici le marnage et les fumures systématiques avec des fumiers bien conservés, ayant gardé leur pouvoir fertilisant, l'insertion dans l'assolement de productions susceptibles d'assurer une alimentation abondante du bétail pendant l'hiver, grâce à un système de grande propriété et de champs étendus ; le Norfolk

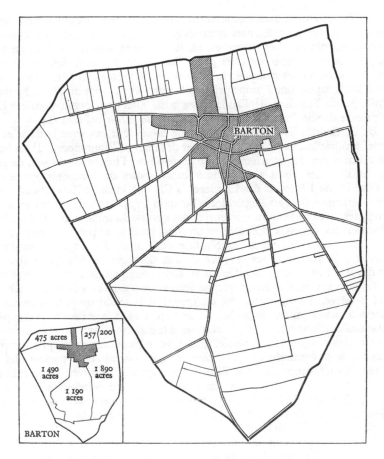

36. AVANT ET APRÈS LA MUTATION DES ENCLOSURES
(D'après D. Thompson, The British People, 1760-1902, 1969.)

On reconnaît les trois soles, legs de la grande novation du Moyen Age, en Angleterre, à Barton, comme sur le continent. Barton reste « ouverte » jusqu'à la fin du XVIIIe siècle. Au paysage traditionnel succède un paysage typiquement anglais : grands champs géométriques soigneusement enclos, admirables laboratoires de la novation agricole qui permet de multiplier des hommes robustes et instruits, condition de la révolution des moyens et des pensées.

rompt prématurément avec l'assolement triennal. A cette situation privilégiée viennent s'ajouter des influences externes grâce à un intense système de communications maritimes. Les Flandres et la Hollande avaient réalisé, en vase clos, sans jamais obtenir un effet généralisé d'entraînement, des transformations. Ces expériences connues, imitées et réinterprétées en Angleterre font tache d'huile depuis une Europe privilégiée qui borde la mer du Nord, Norfolk, Suffolk, Kent, Flandres, Hollande, mais aussi Hanovre, organiquement lié à l'Angleterre depuis l'avènement de la dynastie de Hanovre, en 1714.

De là, Charles Townshend rapporte le *turnip*, qui est, avec le trèfle et les prairies artificielles, la loi et les prophètes de la nouvelle agronomie. Il est imité « par certains grands propriétaires que le comté eut l'heureuse fortune de posséder et dont les noms sont comme les symboles des réussites agricoles » (A. Bourde) de l'Europe des Lumières. « Charles, vicomte Townshend, ne se tourna sérieusement vers l'agriculture qu'après 1733. Mais dès 1706, ses livres de comptes révèlent la culture intensive des navets, du trèfle et du sainfoin, l'introduction des génisses d'Écosse et un souci particulier pour l'élevage laitier, tous aspects caractéristiques du Norfolk occidental. En 1732, Townshend, qui avait déjà augmenté les revenus de son domaine de 900 livres sterling, avait dès lors èn vue de multiplier les *enclosures* auxquelles, avec le marnage et la culture des navets, il attribua essentiellement ses réussites. » Cook de Holkham prend la relève. A vingt-deux ans, en 1776, il débute sur un petit domaine de 43 acres à peine (moins de 20 ha) et, de 1776 à 1842, par une série d'expérimentations et d'essais heureux, il parvient à transformer tout un district en une sorte de gigantesque ferme pilote. Les « assemblées agricoles qu'il tenait à l'occasion de la tonte de ses troupeaux, et qui rassemblaient parfois plus de six cents invités venus de toute l'Europe », acquièrent une renommée internationale. Ce fut le cas, notamment, en 1784. Mécanisme exemplaire de l'entraînement, Cook de Holkham, mais encore Arthur Young, William Marshall, sir John Sinclair, Nathaniel Kent complètent cette aristocratie de la révolution agricole pilote du Norfolk.

Le système du Norfolk, empirique et expérimental, lié à des conditions favorables et à l'esprit d'entreprise et d'expérimentation d'une élite intelligente de *gentlemen farmers*, attentifs à l'amélioration des assolements, sera balayé au début du XIXe siècle par la combinaison machinisme/chimie agricole qu'avait proposée Jethro Tull. Jethro Tull ★ (1674-1741) représente l'autre aspect d'un même mouvement de transformation. Et comme nul n'est prophète en son pays, Jethro Tull, plus abstrait, inspiré par un modèle méditerranéen, plus théoricien, préscientifique, séduisit les Français. Il devait publier ses idées dans un livre paru à Londres en 1731 (rééd. 1733, 1751) : *The horse-hoeing husbandry or an essay on the principles of tillage and vegetation wherein is shown a method introducing a sort of vineyard culture into the corn fields, in order to increase their product and diminish the common expense by the use of instruments described in cuts.* Ce Locke de l'agronomie allait rencontrer son Coste en la personne du plus grand agronome du continent, Duhamel du Monceau, qui contribua à son succès européen en publiant son grand traité avec un titre qui est un hommage : *Traité de la culture des terres suivant les principes de M. Tull, Anglais*, Paris, 1750-1756, 6 vol. (nombreuses rééd.). « Né en 1680 [? d'autres sources donnent 1674], c'est en 1699 que, selon Marshall, il commença ses expériences d'agriculture. Comme les jeunes gens distingués, ses contemporains, il fit " le grand tour " et étudia la culture et les différentes productions du sol des pays qu'il visita. » (A. J. Bourde.) Son regard est méditerranéen, ce qui explique son succès en France et sur le continent. Il connaît bien l'Italie, il a vécu trois ans en Languedoc autour de 1709, tragique expérience. Cet Anglais a été frappé par l'arboriculture vinicole ; il cherche à introduire « *a sort of vineyard culture into the corn fields* ». Townshend était un pur expérimental, Tull cherche, à l'aide de la philosophie mécaniste, à comprendre « l'anatomie et la physiologie des racines et des feuilles et [...] leur façon de se nourrir ». Il insiste sur l'importance du blé et des plantes nouvelles, raves, navets, sainfoin, luzerne. Il écarte le fumier, dont il ne comprend pas le rôle, tout pour lui dépend de l'eau que les plantes vont chercher dans le sol, donc la clef de la nouvelle agriculture réside dans les labours profonds et répétés. Conséquence logique d'une science qui est celle, malheureusement incomplète, des meilleurs travaux de botanique et de physiologie végétale, à la fin du XVIIᵉ siècle, des Grew, Bradley, Woodward. Il vise et obtient une occupation permanente du sol et préconise la mécanisation maximale des travaux, contemporain passionné des toutes premières machines qui commencent à s'insérer dans le procès de la production industrielle de son temps en Angleterre. Deux éléments ont manqué à Tull, une biologie physico-chimique des plantes et du sol, le machinisme poussé des XIXᵉ et XXᵉ siècles.

La véritable solution réside dans l'association en dépassement des méthodes faussement opposées du Norfolk et de Tull, entendez l'association de l'empirisme et de la science, de l'induction et de la déduction, de l'assolement et de la machine. La véritable solution est en avant, au XIXᵉ siècle, mais tous les éléments sont rassemblés dans l'Angleterre du XVIIIᵉ siècle. Elle a réussi beaucoup plus que le doublement de la production, le doublement à surface égale et à main-d'œuvre égale, donc le premier doublement séculaire de la productivité, dans le secteur économique qui conditionne directement la vie. Cette victoire, qui est celle de la vie, est, à 50 p. 100 au moins, une victoire du retour de l'esprit sur les choses, un bon exemple du pragmatisme des Lumières.

La France, dont les performances techniques sont assez médiocres (voyez la pomme de terre : Parmentier réalise à la fin du XVIIIᵉ siècle une diffusion qui est comparable à celle obtenue en Angleterre et en Irlande à la fin du XVIIᵉ), a joué un rôle de relais dans la diffusion sur le continent de la technologie et de l'agronomie britanniques, non sans lui imprimer une teinte systématique qui est propre à son esprit. Une mutation bibliographique se produit autour de 1750. On est frappé par le petit nombre d'ouvrages de technologie agricole au XVIᵉ et au XVIIᵉ, d'où le succès d'Olivier de Serres. Le « *Théâtre d'agriculture* [qui date de 1605] est en somme le dernier traité d'agriculture générale avant la *Nouvelle Maison rustique* de Léger [1700]. Un siècle s'écoulera [en France], entre 1600 et 1700, sans qu'aucun ouvrage d'envergure soit publié, à la seule exception de l'*Instruction pour les jardins fruitiers* de La Quintinie (1690). Et pourtant, les rééditions d'ouvrages anciens et dépassés témoignent d'un besoin non saturé du public (cent trois pour la *Maison rustique*, entre 1570 et 1702, et vingt pour le *Théâtre d'agriculture* au XVIIᵉ siècle). » (A. J. Bourde.) Dans la première moitié du XVIIIᵉ siècle s'élabore pourtant cette philosophie systématique issue d'une réflexion hâtive sur l'agriculture : la physiocratie qui appartient aux grands courants d'idées du XVIIIᵉ siècle. L'*Essai physique sur l'économie animale* de Quesnay * a paru en 1736, la *Philosophie rurale ou Économie générale et politique de l'agriculture* de Mirabeau en 1763, à Amsterdam. Voltaire, à qui rien n'échappe, a vu la mutation d'intérêt du milieu du siècle : « Vers 1750 [...] la nation rassasiée de vers, de comédies, d'opéras, de romans [...] de disputes philosophiques, se mit à raisonner sur les blés. » La France n'est pas seule touchée, l'Angleterre, l'Italie, la Suisse, les pays de langue allemande participent à cette floraison. Une bibliographie donne vingt-six titres au XVIᵉ, douze cents pour le XVIIIᵉ. Bien entendu, comme l'observe plaisamment Voltaire, « tout le monde les lit, excepté les laboureurs ». « Mais " tout le monde ", c'était les bourgeois propriétaires, les nobles ruinés [...] ou cette noblesse instruite qui prête attention à ses domaines. » (D. Faucher.) Et les sociétés d'agriculture font relais.

Tournant de 1750 marqué, en France, par la personnalité et l'œuvre exemplaire de Duhamel du Monceau. Le Townshend français est un grand commis, un savant, un homme de plume. Né à Paris en 1700, d'une famille aisée, il possédait « argent, terres dans le Gâtinais, à Denainvilliers »

(A. J. Bourde). Études au collège d'Harcourt, intérêt pour les sciences de la nature, célibat qui donne liberté d'esprit, une étroite collaboration avec son frère, Alexandre Duhamel de Denainvilliers, célibataire comme lui, et avec tous les savants de son temps. « L'ambition de Duhamel [dit Condorcet, fut de] se rendre l'interprète des sciences auprès du peuple. » (A. J. Bourde.) Sous sa plume, un mot obsession : humanité. « Il est hors de doute que Duhamel, qui d'ailleurs fut conservateur en matière sociale et politique, eut toujours à cœur de promouvoir les individus les plus actifs, les plus travailleurs, les plus intelligents des ouvriers, des artisans et des artistes. C'est ce que Condorcet déclare expressément quand il décrit son activité dans les établissements artisanaux qu'il contribua à fonder. » Il entra à l'Académie des sciences en 1728. Ses travaux (plus de cent volumes) furent traduits dans toutes les langues; il était membre correspondant de presque toutes les sociétés savantes d'Europe. On songera un instant à lui à la tête du Jardin du roi, en 1739. Buffon lui fut préféré, hésitation honorable. En compensation, Maurepas le nomme inspecteur général de la Marine. Parmi les découvertes nombreuses d'une vie consacrée à la recherche, une, d'apparence modeste, est capitale : elle a trait à la conservation des grains. On voit, dès 1734 et 1748, apparaître ses premières notes sur l'étude de la ventilation. Ce savant modeste et utile plaide bien la cause du pragmatisme des Lumières. Maillon essentiel dans la transmission du progrès technique.

Plus qu'un problème purement scientifique, voire même technique, la lente préparation de la révolution clef, la révolution agricole est affaire de diffusion, de décloisonnement. Entre l'apparition des innovations agricoles du VIIIe siècle et la diffusion au XIIIe, il a fallu quatre siècles. Un siècle seulement, au XVIIIe, entre les premières expériences sérieuses et leur diffusion. Ce rythme de l'entraînement est la conséquence heureuse du multiplicateur des Lumières. La mutation industrielle est à bien plus forte raison encore la conséquence du multiplicateur. De son intelligence dépend, en partie, une saine appréciation des politiques à appliquer de notre temps aux problèmes du rattrapage et de la croissance harmonisée. Tout se joue en Angleterre et rayonne, de là, sur le continent. Le tableau construit par Deane et Cole (voir page 334), condensé d'années d'efforts, de milliers d'épuisants calculs, plaide en faveur de la précocité statistique de l'Angleterre.

Rien de comparable dans le passé. L'Angleterre de la seconde moitié du XVIIIe siècle appartient déjà au futur. A partir de 1780 surtout, les chiffres désignent le *take off* sans phrase. Presque doublement de la population, peuplement des frontières lointaines, et pourtant une multiplication du produit par 2,5 et du revenu par tête par 1,6. Tous les témoignages sont concordants

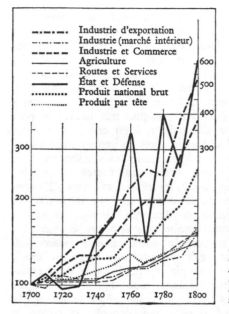

Industrie d'exportation
Industrie (marché intérieur)
Industrie et Commerce
Agriculture
Routes et Services
État et Défense
Produit national brut
Produit par tête

37. LA CROISSANCE DE L'ÉCONOMIE ANGLAISE

(*D'après les chiffres de Ph. Deane et W. A. Cole, op. cit.*)

Deux séries totalisatrices illustrent le take off *de la fin du siècle : de 1700 à 1800, passage du produit national brut et du produit par tête des indices 100 à 251 et 100 à 160. Jamais rien de comparable avant et ailleurs. Se rappeler que rien n'eût été possible sans la sage montée de l'agriculture de 100 à 143. Mais on voit sans peine les vrais secteurs entraînants : industrie et commerce, moins le marché intérieur — qui monte au rythme à peine de la population — que le marché extérieur dont témoignent les industries d'exportation (de 100 à 544). Chaotique au rythme de la guerre (le grand conflit franco-anglais et la domination des océans et des nouveaux marchés), le secteur État-défense. Il est évident, pourtant, que les besoins accrus des États territoriaux en conflit ont été un facteur entraînant de progrès technologique et de transformation économique.*

et David S. Landes, récemment, en a réuni un convaincant florilège ; ce n'est pas seulement une Angleterre privilégiée, mais c'est une Angleterre profonde, à l'exception de 30 à 35 p. 100 de rejetés dans leur propre patrie : le niveau de vie de l'Angleterre diffère de celui du continent. Une Angleterre qui mange de la viande, boit trop d'alcool, se chauffe déjà au charbon de terre, dans une maison de briques, couverte autrement qu'en chaume : un paysage nouveau chasse l'ancien. Les besoins de ce premier marché intérieur de masse contribuent, autant et plus que les marchés extérieurs, à entraîner la croissance de l'économie britannique. Le décollage de l'Angleterre a une valeur qui dépasse le cas anglais puisque, par entraînement, il affecte l'Europe continentale, les ex-colonies anglaises d'Amérique, puis le processus enclenché de secteurs géographiques de plus en plus larges, après avoir préparé le relais d'autres secteurs géographiques entraînants. Nous ne pouvons reprendre ici toute l'histoire de l'exemplaire croissance anglaise du XVIIIᵉ siècle. Depuis Mantoux, deux certitudes se sont précisées. Le privilège anglais est très ancien, il remonte, au moins, au XVIᵉ ; les longues séries de Colyton l'expriment. Une espérance de vie insolite, quinze ans de mieux que le continent à la fin du XVIe, si Colyton parle bien au nom de l'Angleterre. La démographie confirme ce que les longs cheminements des économistes nous ont appris. L'écart continue de se creuser, F. Crouzet l'a bien montré, au cours du XVIIe siècle, entre l'Angleterre et les secteurs favorisés du continent, principalement la France. En un mot, à la révolution industrielle du XVIIIe siècle nous avons substitué une vision plus

38. INDICES DES SALAIRES DANS L'INDUSTRIE ANGLAISE DU BATIMENT

(Ibid.)

L'indice 100 a été choisi pour l'année 1770. A gauche, l'éventail réel des salaires. La comparaison entre la colonne de gauche et celle de droite donne le prix de l'habileté. L'ouvrier confirmé, le compagnon, reçoit une rémunération double de celle du simple manœuvre. Seconde leçon : l'extraordinaire ouverture de l'éventail géographique des rémunérations. Entre Londres, secteur cher, et Oxford, le rapport est presque, lui aussi, du simple au double. En léger retrait par rapport à Londres, le Kent proche. Le Lancashire, presque autant qu'Oxford, témoigne d'une Angleterre meilleur marché. Le taux élevé

de la rémunération du travail à Londres appartient au modèle décrit par Wrigley, qui fait de Londres le moteur des transformations de la société et de l'économie anglaises, de 1650 à 1750. A droite, l'évolution des séries régionales. On aura été sensible à l'énorme éventail au départ et à la réduction des distances à l'arrivée. En 1790, les salaires anglais ont tendance à s'aligner sur le niveau de Londres. La grande Angleterre du début du XVIIIe, aux économies désarticulées, fusionne peu à peu dans un marché national unique. Et cela aussi constitue une condition préalable au take off.

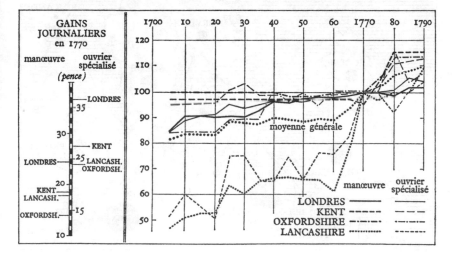

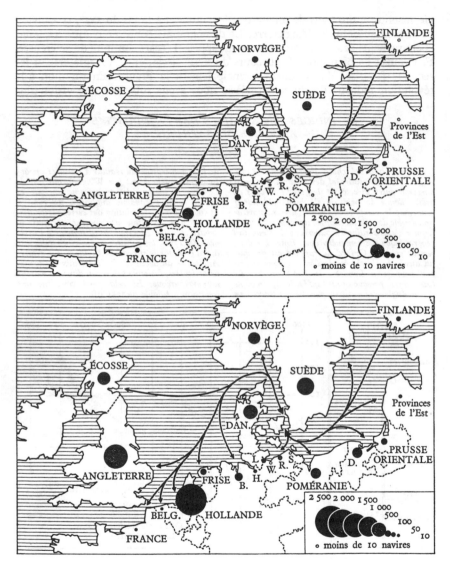

ÉCONOMIE, DÉPART DE LA CROISSANCE

← 39. *AVANT ET APRÈS LA MUTATION MARITIME DES LUMIÈRES*
(*D'après P. Léon, op. cit., selon N. Ellinger Bang.*)

Les précieux péages du Sund permettent de mesurer dans la très longue durée entre Baltique d'une part, mer du Nord et Atlantique d'autre part, un des axes essentiels du grand commerce maritime de l'Europe. La mutation se suit à l'œil de 1665 à 1770. La Hollande dominait seule en 1665, son empire est partagé en 1770.

L'Angleterre et l'Écosse équilibrent le trafic hollandais à la fin du XVIIIᵉ siècle, même en direction de la Baltique. Dans tous les domaines, le second XVIIIᵉ siècle voit la montée de la puissance révolutionnaire britannique. Triomphe de l'intelligence, de l'éducation, entraîné par une croissance démographique soutenue.

complexe. Une très lente progression relative de 1550 à 1780 place l'Angleterre à 15 ou 20 p. 100 au-dessus des secteurs les plus avancés du continent ; la vraie révolution explose de 1780 à 1830.

•

On n'en finit pas de s'interroger sur la révolution anglaise. Presque autant de réponses que d'économistes et d'historiens. Deane et Cole plaident la complexité ; au terme d'un des efforts les plus réussis de l'histoire quantitative, trois aspects leur semblent s'imposer : « population, récoltes et commerce maritime ». Nous avons vu les deux premiers points, le facteur entraînant du grand commerce colonial a pu être chiffré, Amérique du Nord et Indes occidentales jouent un rôle de pointe après 1763 ; l'Angleterre décolle vraiment après 1780. La guerre de l'Indépendance ne lui fait pas perdre le marché des anciennes colonies, qui restent dans une étroite dépendance économique. « Population, récoltes, commerce maritime », nous serions tenté d'écrire « invention » d'hommes et « frontière » technologique. « Aucun pays n'a été, comme la Grande-Bretagne, entre 1780 et 1800, un foyer d'inventions aussi cohérent et aussi autonome. » (M. Daumas.) La frontière technologique de l'Europe est à 80 p. 100 anglaise. Cette part s'explique. L'Europe des Lumières, plus et mieux encore que la France, n'est-ce pas l'Angleterre ? L'horizon 80 y a été plus précoce, plus révolutionnaire et plus profond. L'empirisme enfin, dans la pensée anglaise, l'emporte sur l'apriorisme rationaliste. L'empirisme est éminemment pratique. Il pousse tout naturellement devant lui une « frontière » de transformation technologique. Maurice Daumas insiste : expansion du machinisme plus que révolution industrielle ; nous dirions volontiers, de 1760 à 1830, en Angleterre d'abord, en France, aux Pays-Bas, en Allemagne ; ensuite avance rapide, soutenue, accélérée d'une « frontière technologique » qui doit presque tout à la rapidité de la communication, à l'entraînement, à

40. *LES EXPORTATIONS ANGLAISES AU XVIIIe SIÈCLE →*
(D'après les chiffres de Ph. Deane et W. A. Cole, op. cit.)

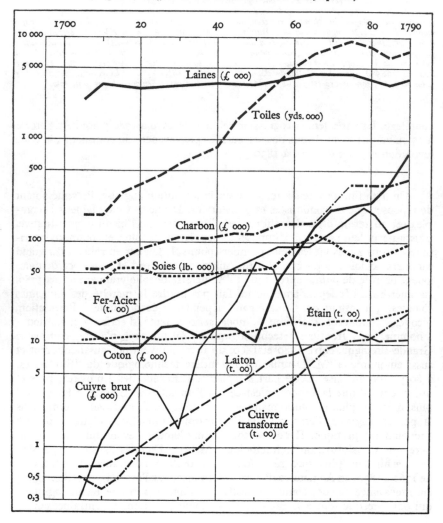

On a retenu les principaux secteurs (agriculture exclue) des exportations. L'orientation à la hausse est générale. Face à l'exportation, les économies de branche anglaise se répartissent entre deux pôles : les vieilles activités presque à l'horizontale (la laine, la soie, l'étain) ; les nouvelles activités qui décrochent à partir de 1740-1750. Les toiles montent allègrement, le coton décolle. Entre les deux : le cuivre travaillé, le fer et l'acier, la houille qui fait volant. En 1790 encore, les lainages continuent à l'emporter sur le coton dans la balance des exportations. Au coton pourtant l'avenir, comme l'orientation du graphique le montre bien.

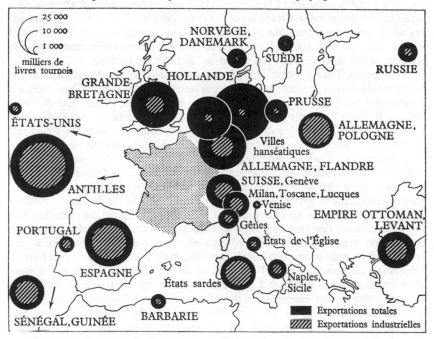

41. STRUCTURES DU COMMERCE EXTÉRIEUR DE LA FRANCE EN 1787
(D'après P. Léon, op. cit., selon A. Arnould.)

Cette carte révèle la structure profonde de l'économie française, et partant les équilibres géographiques de la croissance économique européenne à la fin du XVIIIe siècle. Le rapport clef est celui des exportations industrielles aux exportations totales. Cette part est importante vers le sud. Face à la Méditerranée et aux colonies, l'économie française est en position de force ; face à l'espace maritime du Nord (Manche, mer du Nord, Sund) dominé par la puissance économique britannique en pleine mutation, la France est en position de faiblesse. Elle retrouve une position privilégiée en Pologne. La France du Nord et de l'Est appartient à l'Europe mutante, le Sud aux secteurs traditionnels de l'économie européenne. Une frontière économique fondamentale coupe en deux à la fin du XVIIIe siècle l'espace français.

l'observation, à la volonté d'obtenir un mieux modeste, précis, concret, à une certaine aisance, à l'intérêt des capitaux pour cette nouvelle frontière. Progrès scientifique à l'époque de la philosophie mécaniste et progrès technique participent peut-être à un même climat mental collectif, mais le progrès technique, jusqu'en 1830, ne doit pratiquement rien à la science, la science doit plus à la technique que la technique à la science. Daumas le pense, qui met en cause une accélération du processus traditionnel. Voyez l'industrie textile : « Si l'on reprend l'histoire des inventions auxquelles elle doit sa mécanisation, on voit qu'il s'est écoulé, parfois, un siècle et demi entre les premiers tâtonnements pour la réalisation des machines et l'utilisation industrielle de celles-ci. »

Le textile. Tout vient de là. L'histoire en a été écrite par Mantoux en 1906. Le point de départ remonte aux dernières années du XVIe siècle, à ce métier à tricoter des bas (*stocking-frame*) inventé par un gradué de l'université de Cambridge, William Lee, en 1598. Le XVIIe siècle n'en a rien fait, il a cherché assez vainement dans le domaine de la soie. Ce qui manque, ce sont les structures capitalistes et le climat mental créé par la lente descente sociale de la philosophie mécaniste. Tout se joue, on s'en souvient, autour du coton. L'intérêt lainier veille, il obtient du Parlement l'interdiction des indiennes. De ce fait découle tout un ensemble de réponses, dont laine et coton bénéficient tous deux. La mise en branle du processus qui aboutit à la masse critique de transformation : 1733, John Kay *, la navette volante (*fly-shuttle*). L'invention « qui doit être regardée comme l'origine de toutes les autres est un simple perfectionnement de l'ancien métier à tisser » (P. Mantoux). Comment faire des pièces plus larges ? Le gain de productivité était considérable mais il n'était pas recherché. Désormais on manque de fil. Voilà entamé le processus de la rupture d'équilibre motrice. John Wyatt et Lewis Paul s'attaquent au problème du fil. Un brevet, notez-le, est enregistré le 24 juin 1738. La solution c'est la *spinning-jenny* de Hargreaves *, une petite machine facile à faire et qui correspond bien au stade intermédiaire du processus de concentration, l'étape du marchand manufacturier qui conserve les vieilles structures du système domestique, tout en réalisant un minimum de concentration au niveau de la répartition de la matière première, de l'achat et de la construction des machines, et de la vente du produit fini. La *jenny* est de 1765, le *water-frame* d'Arkwright de 1767. Or c'est Arkwright qui a frappé l'esprit des contemporains, peut-être parce qu'il a fait fortune mais surtout parce que sa grosse machine, technologiquement moins réussie que celle de Hargreaves, annonce le dernier stade de la concentration, le système manufacturier. A partir de là, tout est possible : de 1775 à 1785 le rythme s'affole, la révolution technique dans le textile est commencée.

« Lorsque l'invention semble aboutir rapidement, comme dans le cas du *water-frame* d'Arkwright ou de la *jenny* de Hargreaves, on leur trouve des antécédents qui remontent au dernier quart du XVIIᵉ siècle. » Notez le dernier quart du XVIIᵉ siècle, notre horizon 80, toute l'épaisseur du temps des Lumières pour les deux machines exemplaires entre toutes de l'histoire de la traditionnelle révolution industrielle. Pour le coke métallurgique, même processus depuis les années 1600 : lent d'abord, puis rapide, de l'horizon 80 au milieu du XVIIIᵉ siècle. « Dans l'histoire des techniques, l'invention n'est que très rarement réduite à la dimension d'un seul événement dû à un seul personnage. » Arkwright, Hargreaves, Newcomen et Watt sont des repères commodes et il est normal que justice leur soit rendue, comme à Jenner, le plus grand des empiriques au regard attentif à la vie et aux choses, cet inventeur d'hommes. « C'est une opération complexe qui, avant de déboucher sur les innovations industrielles, bénéficie d'une expérience parfois longue de plusieurs siècles, accumulée de génération en génération, et à laquelle prennent part des individus séparés presque toujours par le temps et l'espace. Elle ne prend une forme achevée que lorsque l'époque le permet. Il faut pour cela qu'un certain nombre de facteurs concourent à la rendre à la fois possible et utile, que le milieu dans lequel elle doit apparaître ait atteint le niveau de maturité indispensable. » (M. Daumas.) Le rythme s'accroît au fur et à mesure qu'on se rapproche de la période contemporaine. L'accélération est décisive au XVIIIᵉ siècle. Pas assez, toutefois, pense Daumas, pour que l'on puisse parler de révolution.

Un problème capital, l'énergie, le moteur. Entre les balbutiements de Savery et de Newcomen et la machine de Watt, entre la machine atmosphérique et la machine à vapeur, une étape décisive a été franchie, mais comment? L'Europe, au XVIIIᵉ siècle, n'est pas réduite au seul moteur humain. En cela, elle se sépare du reste du monde, autres civilisations et cultures. L'Europe carnivore, nous l'avons dit, recourt massivement au moteur musculaire animal. Vers le milieu du XVIIIᵉ siècle, on peut évaluer le troupeau européen à 14 millions de chevaux et 24 millions de bœufs (F. Braudel), soit un moteur animal de 10 millions de chevaux-vapeur. En face de ce potentiel, le moteur musculaire humain (de 50 millions de travailleurs, très largement comptés sur 100 millions d'habitants) représente un peu moins d'un million de chevaux-vapeur (900 000). Viennent ensuite le « bois équivalant, peut-être, à 10 millions de chevaux ; ensuite les roues hydrauliques entre 1 million et demi et 3 millions de chevaux [...] enfin la voile, 233 000 chevaux au plus, sans compter la flotte de guerre ». Deux leçons peuvent être tirées de ces chiffres. Si on totalise moteur musculaire, animal, bois, roues hydrauliques, force éolienne, moulins et voiles, on constate non sans surprise qu'au milieu du XVIIIe siècle, chaque habitant possède déjà, en Europe, en moyenne, vingt-cinq fois plus d'énergie que son appareil musculaire n'est susceptible de lui en procurer. L'Européen dispose déjà d'un moteur cinq fois plus puissant que le Chinois — l'homme des autres civilisations — et dix fois supérieur à celui des hommes des cultures. Mais ce moteur est insuffisant. Surtout, il entre en concurrence avec la vie humaine. Moteur musculaire animal et bois (à 85-90 p. 100) disputent le sol à la nourriture de l'homme. En cela, le recours au charbon de terre est capital. Liège et Newcastle, grâce à la mer qui résout le problème de transport : « 30 000 tonnes annuelles en 1503-1564, 500 000 tonnes en 1658-1659. » Depuis 1700, en dehors de l'énergie calorifique, l'énergie fossile donne, grâce à la machine à feu atmosphérique de Newcomen, avec une déperdition extraordinaire et des rendements infimes (1 p. 100), un tout petit appoint d'énergie noble, mécanique. « La production [de Newcastle] vers 1800 est sans doute au voisinage de 2 millions. » La production anglaise atteint alors 11 millions de tonnes. Depuis 1780, la vraie mutation du moteur est en train de s'opérer dans le laboratoire anglais.

Mais avant d'arriver à Watt, la mutation du moteur porte d'abord sur l'amélioration des outils traditionnels, 20 millions de chevaux imputables à des sources musculaires et végétales directement empruntées aux cycles de l'oxygène et de l'azote, un moteur biologique concurrent et dangereux. L'appoint de la houille apporte un premier et modeste desserrement. En face, roues hydrauliques et moulins à vent esquissent, depuis des siècles, la percée technologique. Le problème capital est celui du matériau. Le moulin à vent, jusqu'au milieu du XVIIIe siècle, a une transmission intégralement en bois : une amélioration sensible se produit vers 1750 ; elle est due à l'introduction du métal. « John Smeaton fut peut-être le premier à faire employer la fonte pour consolider et renforcer les charpentes classiques de bois. » (M. Daumas et B. Gille.) Le métal réduit les frottements : le rendement d'un moulin, au milieu du XVIIIe, avec engrenage en bois, ne dépassait pas 39 p. 100 ; Edmund Lee, encore un Anglais, « introduit le gouvernail » qui permet d'utiliser toujours au maximum la force du vent. La diffusion du gouvernail fut freinée, toutefois, par la difficulté à réaliser industriellement un mécanisme métallique robuste et bon marché.

Le moteur hydraulique est beaucoup plus important. C'est lui qui a procuré l'énergie nécessaire, lors de sa première phase, aux manufactures anglaises. Jusqu'en 1830 en Angleterre, 1860 en France, le moteur hydraulique reste en tête. Les machines à feu atmosphériques sont même, dans certains cas, curieusement associées comme régulateurs et comme appoints : « lorsque la hauteur de chute était insuffisante, on employa des machines Newcomen à relever l'eau du niveau inférieur au niveau supérieur du coursier ». Dans ces conditions, l'amélioration de la coupe des pales et de la transmission est capitale. Un léger gain de productivité étant multiplié par l'ampleur de l'implantation. Mariotte, Newton et surtout Daniel Bernoulli, en 1727, s'intéressèrent au problème des pales. La principale amélioration n'est pas due aux travaux théoriques des savants, mais aux tâtonnements systématiques, à des expériences sur modèles réduits : John Smeaton, à nouveau, en 1762 et 1763, et Borda, pour la France, en 1767. C'est à Smeaton, en Angleterre — parmi beaucoup d'améliorateurs restés anonymes —, que l'on doit la montée régulière des rendements des moteurs hydrauliques entre 1750 et 1780 ; elle permet et elle commande, tout ensemble, le passage du « marchand manufacturier » au *factory system*. En Allemagne, au milieu du siècle, avec la collaboration d'un savant cette fois, le grand Euler, apparaissent les turbines à eau, dont le progrès est gêné par des difficultés concrètes de résistance des matériaux. L'amélioration du moulin à vent et de la roue hydraulique libère à court terme beaucoup plus d'énergie. La percée technologique se situe, toutefois, au niveau de la machine à vapeur. Cette réalité anglaise avait frappé Marx et Engels.

Il a fallu pour cela un siècle de tâtonnements et l'obstination d'hommes au génie de réalisateurs, au premier chef Newcomen — après Worcester, Denis Papin et Savery ; c'est à son nom que la première étape est liée. Il naquit à Darmouth, dans le Devon, en 1663 et mourut à Londres en 1729. Bien sûr, il eut connaissance du brevet de Savery déposé en 1698 ; sans doute a-t-il été en relation avec Robert Hooke, le secrétaire de la Royal Society. Même à ce stade, la science, disons plus simplement la philosophie mécaniste, n'est pas totalement à l'écart. Mais Newcomen est presque à 100 p. 100 un manuel — un manuel qui sait lire, qui a appris à compter, un acculturé de l'alphabétisation systématique de l'Europe protestante. Quand il commence, avec succès, ses premières manipulations en 1703, il exerce la profession de « quincaillier et marchand d'outils, ou mieux, de forgeron, dans sa ville natale ». Le principe est simple : la force extensive de la vapeur est communiquée à un piston vertical. « Le refroidissement de la vapeur et sa condensation laissaient à la pression atmosphérique s'exerçant par l'ouverture supérieure du tube la charge de repousser le piston vers le bas. » On ne cesse, au cours de trois quarts de siècle, d'améliorer la première Newcomen (fermeture automatique des robinets qui remplace l'enfant préposé à ce travail, etc.), mais le principe reste le même et le rendement très faible, de l'ordre de 1 p. 100. Watt, c'est quand même un peu autre chose. James Watt (1736-1819) est un empiriste, presque un manuel (il était préparateur d'appareils scientifiques à l'université de Glasgow), qui a été élevé et qui a vécu dans un milieu intellectuel ; disons que son sens de l'observation, que son empirisme se nourrissent au contact de la science théorique. « Il ne fait aucun doute que Watt était un homme cultivé. [Le progrès est sensible de Newcomen à Watt.] On peut se demander s'il ne l'est pas devenu à cause du succès de sa première machine à vapeur, grâce auquel il a acquis une position sociale qui l'a mis en relation avec ses amis de Birmingham, toujours cités, mais succès qui n'a pu être la seule conséquence des connaissances acquises au contact des professeurs de l'université de Glasgow. » (M. Daumas.)

Et pourtant, une atmosphère mentale est un tout. La philosophie mécaniste n'intervient pas directement, mais indirectement, par les habitudes de pensée qu'elle façonne. « James Watt était le petit-fils d'un mathématicien et le fils d'un notaire de Greenock, en Écosse [un dissident aussi, presbytérien]. D'une santé délicate, il reçut une première instruction dans sa famille et apprit à exécuter des travaux de menuiserie qui lui firent acquérir une grande habileté manuelle. [Cette association de la main à l'esprit est un trait des milieux de tradition puritaine.] Il avait repris ses études non sans succès, lorsque les difficultés éprouvées par sa famille l'obligèrent à chercher un métier. » De ses mains il travailla d'abord à Londres, chez un fabricant d'instruments de navigation, avant d'être préparateur à l'université. Cette initiation à la technologie de pointe parascientifique de son temps a son prix. L'ambiance dans laquelle il a vécu « a pu l'aider à acquérir des habitudes intellectuelles rigoureuses, des méthodes de jugement pragmatiques ; ces qualités l'ont profondément servi ». Si l'on regarde, en revanche, les connaissances scientifiques de l'horizon 1750-1770, rien qui pût servir. « On peut se demander quelles sont celles qui l'auraient aidé à surmonter les insuffisances de son génie inventif. A l'égard de la science, il se trouvait à peu près dans la même situation que Papin, Savery ou Newcomen, après les travaux d'Otto de Guericke et la découverte du vide. » Mais il a une autre aptitude liée à une ambiance de rigueur et favorisée par la disponibilité des capitaux, une prodigieuse force de concentration : « Watt a été l'homme d'un seul problème » ; quinze à vingt-cinq ans d'une vie sur un seul problème. Quelle voie plus économique que ce luxe prodigieux ? C'est ce qui sépare Smeaton de Watt. « Si les connaissances scientifiques avaient été en mesure d'aider à cette création, peut-être Smeaton aurait été l'homme de la machine à condensateur. » Comme pour le moteur à explosion, la découverte de Watt s'est faite grâce à des qualités mentales dont la philosophie mécaniste a bénéficié et auxquelles elle a contribué, mais sans le secours direct de la science. Bien au contraire, c'est la thermodynamique qui est née de la généralisation de la machine de Watt et non l'inverse. 1769, le premier brevet ; 1780, Watt et Boulton, quarante machines à condensateur vendues. Cinquante ans seront nécessaires pour conquérir l'Angleterre, et quatre-vingts pour dépasser, sur le continent, le moteur hydraulique. L'histoire de Watt et Boulton est passionnante, dans la mesure où elle montre, en action, l'esprit et les moyens, le génie inventeur de machines, les moyens et les injonctions du capitalisme. Tout le mélange détonant de la pragmatique et unique Angleterre de la fin du xviiie siècle, généreuse en hommes, parcimonieuse devant la mort, respectueuse du partage entre le ciel et la terre, appliquée à tout bien mener de front, où l'attente du royaume de Dieu, avec Wesley, est occupée par l'activisme pratique d'un *Dissent* efficace.

D'abord, le « front technologique » est un. Il couvre tout en bloc. La découverte isolée, trop en flèche, est inopérante, mise en réserve pour des temps meilleurs. Sans l'aléseuse de Wilkinson, la machine à condensateur de Watt est irréalisable, faute d'une étanchéité suffisante entre le piston et le cylindre. Vaucanson en France fait des prodiges, mais ses prodiges n'ont aucun pouvoir d'entraînement. C'est la punition de l'avance de son génie. On pourrait refaire la démonstration pour les métiers et les broches ; les résultats seraient convergents. Voyez encore la métallurgie : elle commande le matériau par excellence, le fer, puis l'acier. Une première révolution industrielle limitée a peut-être été bloquée au xve siècle par le manque de fer. La mécanique du premier xviiie siècle est encore une mécanique en bois, fragile, énorme, qui multiplie les frottements. Pensez aux moulins. Suivre le fer, c'est donc suivre l'histoire de la mutation industrielle. Un économiste polonais, Stefan Kurowski, a même prétendu « que toutes les pulsations de la vie économique se saisissent à travers le cas privilégié de l'industrie métallurgique : elle résume tout, annonce tout » (d'après F. Braudel). La production de fer dans le monde, en 1800, était, pense Fernand Braudel, très inférieure à 2 millions de tonnes. Vers 1525, la production de fer en Europe se situe autour de 100 000 tonnes. L'Allemagne vient en tête (30 000 t), l'Espagne en seconde position, la France en troisième place et l'Angleterre en quatrième position (6 000 t). L'Angleterre aurait atteint 75 000 t vers 1640, quand le bois vint à manquer. Vers 1760, Russie comprise, la production européenne pourrait osciller entre 145 000 et 180 000 tonnes. Vers 1720 (Deane et Cole), la production de fer britannique est estimée à 25 000 tonnes, elle reste stationnaire, voire déclinante, jusqu'en 1750. Le goulot du bois la tient. L'industrie mécanique britannique importe son fer brut de Suède pour les qualités supérieures, et de l'Oural russe pour les bas prix. A partir de 1760, la solution technique est en vue, la croissance commence. 10 000 tonnes en plus. De 1757 à 1788, le taux de croissance par décennie est de l'ordre de 40 p. 100. Il dépasse 100 p. 100 de 1788 à 1806 : 68 000 tonnes en 1788, 125 400 en 1796, 250 000 en 1806, 325 000 en 1818, 678 000 en 1830. Le démarrage du fer marque bien le démarrage de l'industrie britannique, avec ses deux seuils : 1760, premier ébranlement, 1780, bond en avant. C'est pendant la Révolution et dans les quelques années qui la précèdent que la France, malgré les efforts de Calonne, a perdu la partie. La croissance de l'économie britannique est alors irrésistible. Le charbon, simple accompagnement, suit le mouvement : 5 millions de tonnes en 1760, 10 millions par an à la fin de 1780, 11 millions au moins en 1800. En 1805, la production du fer a même atteint 5,9 p. 100 du produit national brut, un pourcentage du XXᵉ siècle. La production court tant bien que mal derrière les besoins. Faut-il rappeler que les premiers rails sont en bois, puis en bois revêtu de métal, puis en fonte, bien avant l'acier ?

Nulle part, sans doute, les difficultés à vaincre n'auront été plus considérables. C'est aussi que des échappatoires et des recours géographiques se sont offerts. Le fer, de 1680 à 1760, aura été une production des lointaines « marges pionnières » forestières. « Le fer étranger était arrivé à représenter environ 60 p. 100 de la consommation anglaise. » (B. Gille.) Entre les premières recherches effectuées pour obtenir un métal à partir du charbon de terre, substitut bon marché du bois (seconde moitié du XVIᵉ siècle), et les efforts couronnés de succès d'Abraham Darby Iᵉʳ (1678-1711), un siècle et demi ; cinquante ans pour se perfectionner et s'implanter. Le procédé est révolutionnaire seulement sur l'horizon anglais de la décennie 1780. Même processus, même démarche, celui d'un empirisme très indirectement influencé par l'atmosphère mentale de la philosophie mécaniste. Le métal permet de fabriquer vis, roues dentées, engrenages, dont la demande ne cesse de s'accroître. C'est peut-être là que l'esprit scientifique mécaniste fait en premier irruption, en raison aussi de l'écrasante avance de la géométrie et de la mécanique mathématique. La mécanique industrielle constitue le premier secteur de la technologie porté au bénéfice de la science ; il est vrai qu'il commande tous les autres. « Les difficultés, constate M. Daumas, que les créateurs de la machine à vapeur et des premières machines-outils eurent à surmonter, leur firent prendre conscience que seule l'élaboration d'une théorie des machines, alors inexistante, serait susceptible de leur suggérer des solutions générales. La notion de machine était encore extrêmement confuse. L'art de les inventer, de les construire et de les perfectionner était un véritable art au sens ancien du terme, imprégné d'empirisme. Aucune étude analytique et

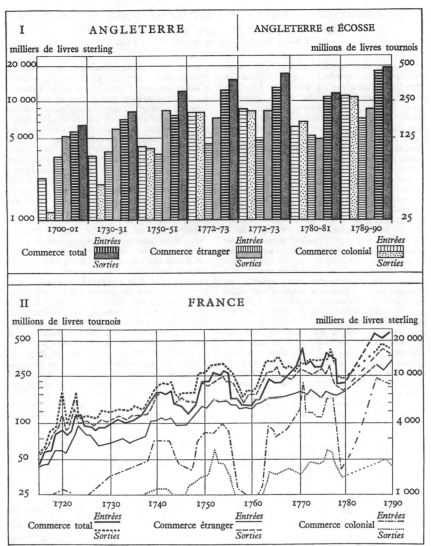

42. *LE COMMERCE EXTÉRIEUR ANGLETERRE/GRANDE-BRETAGNE/FRANCE*

(D'après les chiffres de Ph. Deane et W. A. Cole, op. cit.
et l'Histoire économique et sociale de la France.)

Nous avons superposé les évolutions respectives du commerce extérieur anglais (jusqu'en 1772) et britannique (à partir de 1772) en haut, français en bas. En haut, importations d'abord, exportations ensuite, dans deux secteurs fondamentaux : commerce colonial (obtenu en totalisant Indes occidentales, Indes orientales et Afrique), commerce avec l'étranger (Europe et reste des îles Britanniques, Écosse et Irlande, avant 1772; Irlande, Sund, après). Pour les exportations, un choix délicat. Fallait-il éliminer ou ajouter les réexportations particulièrement importantes pour l'économie britannique? En les éliminant, nous aurions souligné le phénomène bien connu du déséquilibre apparent de la balance du commerce anglais et britannique au XVIIIᵉ siècle. Mais il faut tenir compte de la valeur ajoutée sur les marchandises réexportées. Nous avons choisi d'additionner exportations et réexportations. Ce choix présente l'inconvénient de grossir exagérément l'écart favorable entre exportations et importations, mais il rend compte d'une réalité incontestable de l'économie anglaise au XVIIIᵉ : le bilan positif de la balance des comptes et l'enrichissement de l'Angleterre par le commerce extérieur. La balance du commerce extérieur est aussi un des points forts de la statistique économique française au XVIIIᵉ siècle. En gros, la conjoncture est identique. La croissance du commerce extérieur a été une des conditions préalables les plus décisives du take off des économies de l'Europe heureuse. Notez que la stabilité de la livre sterling est acquise à partir de la fin du XVIIᵉ, celle de la livre tournois en 1726 seulement; le rapport à partir de cette date ne varie plus : une livre sterling = 25 livres tournois. En valeur nominale, la croissance du commerce extérieur de la France est plus rapide encore que la croissance britannique (multiplication par 5 de 1730 à 1790, multiplication

par 3 en monnaie de pouvoir d'achat constant); multiplication par 2,5 et 1,75 (en pouvoir d'achat constant) pour la Grande-Bretagne. Les séries exagèrent une distorsion réelle mais légère. Les séries françaises sont beaucoup moins sûres au début du XVIIIᵉ que les séries anglaises, plus complètes. La situation du commerce anglais est exceptionnellement bonne au début du XVIIIᵉ (c'est au XVIIᵉ plus qu'au XVIIIᵉ, voir F. Crouzet, que l'Angleterre prend son avance sur la France), la situation de la France exceptionnellement mauvaise. A la fin du XVIIIᵉ, à l'inverse, l'Angleterre commerciale sort atteinte momentanément de sa défaite dans la guerre de l'Indépendance des colonies d'Amérique, la France passagèrement gonflée de sa victoire. Impossible toutefois d'écarter l'idée d'un rattrapage français que viennent compromettre les conséquences catastrophiques sur le plan économique de la Révolution française. On sera sensible à la croissance rapide des années 1750-1755 et à la prospérité des années 1764-1770. Les creux des années 1745-1748, 1756-1763 sont dus évidemment à la guerre. Le commerce étranger fait volant, les amplitudes les plus grandes se lisent sur la courbe du commerce colonial. En valeur, le commerce français et le commerce anglais sont sensiblement équivalents. Cette apparente égalité cache de profondes divergences. Le commerce anglais est constitué pour plus de moitié par le commerce colonial. C'est le commerce colonial qui alimente une partie des exportations britanniques vers l'Europe. Le commerce français est beaucoup plus européen. Mais la population de l'Angleterre ne dépasse pas, au milieu du XVIIIᵉ siècle, le quart de la population française. Le commerce extérieur par tête en Angleterre est donc quatre fois supérieur au commerce français. D'où le rôle du commerce extérieur et plus particulièrement colonial dans le take off britannique.

comparative des parties de machines différentes n'avait été tentée ; elle ne pouvait l'être avant que quelques éléments théoriques n'en constituent les bases fondamentales. » C'est sur l'horizon 1780 que commence à se construire, entre 1780 et 1820, une esquisse de théorie scientifique de la machine industrielle, ce qui ne restreint en rien la part de l'habileté de ceux qui furent intelligents avec leurs mains.

Restent les communications. Elles commandent tout. Le multiplicateur des connaissances et le multiplicateur de l'environnement passent par là. Il est naturel que les communications aient bénéficié des retombées du pragmatisme des Lumières. Le xixe siècle, c'est le chemin de fer et le télégraphe électrique ; le xviiie, la route pavée, le pont, la voiture bien jantée, suspendue, aux frottements réduits, les canaux et, tout à la fin, le télégraphe de Chappe, né du besoin, ressenti par l'État, d'une transmission rapide des pensées. Le problème technique des transports : une question de frottements. On ne sait pas construire une route ferrée avant les dernières années du xviiie siècle. Gain de vitesse, moindre usure des charrois, réduction de la force nécessaire au déplacement, tout bien pesé, le gain de productivité peut se situer, dans les cas extrêmes, dans un rapport de 1 à 10. Nous avons indiqué jadis quelques incidences sur les prix en Bourgogne. La mutation de la route se fait en deux temps. Le pavé du roi en France, sur l'horizon 1760 et 1770. Parmi les collaborateurs de Turgot qui créèrent, à partir de 1761, 160 lieues de chemins dans la généralité de Limoges, quelques novateurs ; au premier rang l'ingénieur en chef, Pierre Trésaguet : un énorme effort certes, mais ce n'est pas encore la réflexion méthodique et efficace sur l'art d'obtenir des chemins résistant au mauvais temps et à l'usure. A Trésaguet revient le mérite d'avoir senti la faiblesse de l'ancienne technique. « Lorsqu'on cherchait à établir une route solide [le premier pavé du roi est contemporain de cette technique], on plaçait une couche de pierres, entassées sans ordre, d'épaisseur variable, donnant une surface très bombée mais irrégulière et sans cohésion » (M. Daumas et B. Gille) ; la chaussée mal drainée se désagrégeait rapidement sous l'effet des roues et de la gelée. Très vite, ce chemin offrait une résistance énorme au roulage et cette résistance augmentait à son tour l'effet de désagrégation du passage.

43. LA RÉVOLUTION DES TRANSPORTS →

(D'après P. Mantoux, op. cit. et l'Histoire économique et sociale de la France.)

Ces deux cartes, à échelle différente, juxtaposées, permettent de mesurer à l'œil l'énorme avance de l'Angleterre. L'Angleterre maritime est prolongée par un réseau dense de voies fluviales aménagées et reliées, qui assure la pénétration de la houille, des matières premières et la sortie à meilleur compte du produit fabriqué. La France n'en vient pas moins en seconde position et, finalement, compte tenu de sa masse, largement en tête sur le continent. Jusqu'en 1790, les innovations anglaises passent rapidement, par la France, sur le continent. Il en va ainsi

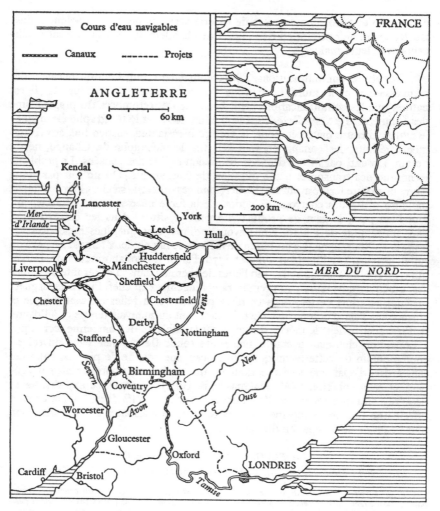

Cours d'eau navigables
Canaux   Projets

FRANCE

ANGLETERRE

0   60 km

Kendal

Lancaster

Mer
d'Irlande

York

Leeds

Hull

0   200 km

Huddersfield

Liverpool   Manchester

Sheffield

MER DU NORD

Chester

Chesterfield

Derby

Nottingham

Stafford

Nen

Birmingham

Coventry

Ouse

Worcester   Avon

Gloucester

Cardiff   Bristol

Oxford

LONDRES

Tamise

jusqu'à la rupture provoquée par les guerres catastrophiques de la Révolution et de l'Empire. La France a vingt ans de retard en 1790, trente en 1815, la restriction trop précoce et trop profonde des naissances achève de compromettre l'industrialisation française au XIXᵉ siècle.

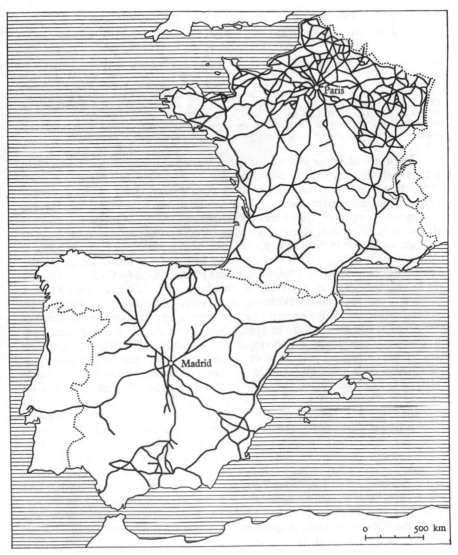

LA   CIVILISATION   DE   L'EUROPE   DES   LUMIÈRES

44.   *L'EUROPE DES ROUTES ET CELLE DES CHEMINS*

*(D'après P. Léon, op. cit., selon H. Cavaillès, la Route française, 1946 et J. Vicens Vives,
Historia social y económica de España y America, 1958.)*

La révolution des moyens de transport commence au XVIIIᵉ siècle dans l'Europe nombreuse au niveau des routes et des canaux. La France et l'Espagne couvrent sensiblement la même surface. Il suffit donc de comparer la densité respective des deux réseaux routiers après la révolution en France du pavé du roi et l'effort en Espagne des ministres éclairés. L'écart est im-mense entre la densité vraiment « anglaise » du tiers nord-est de la France et l'espace presque vide de la péninsule. Notez qu'entre la France riche du Nord et de l'Est, et l'Espagne méditerranéenne pauvre, en position intermédiaire s'interpose une France méridionale qui est devenue progressivement, au XVIIIᵉ siècle, une France pauvre, sous-éduquée et sous-équipée.

Le principal mérite d'une solution novatrice et révolutionnaire appartient à deux Britanniques, John Loudon McAdam ★ (1756-1836) et Thomas Telford ★ (1757-1834). McAdam expose ses idées dans *Present State of Road-making*. Pour obtenir une surface lisse, solide et roulante, sans risque de désagrégation, il importe d'employer des pierres grossièrement taillées et triées par couches d'épaisseurs différentes, afin que la pression des charrois renforce la cohésion de la route au lieu de la disperser. En un mot, deux mille cinq cents ans après sa découverte, le principe de la clef de voûte appliqué à la route. Le cantonnier cassant des cailloux sur le bord des chemins est une image symbolique : l'entrée de la réflexion dans les secteurs les plus humbles de la vie. Trésaguet l'avait pressenti, des applications existaient en France, en Suisse et en Suède, mais généralisation, perfectionnement et multiplication appartiennent à McAdam et à Telford et aux années 1780 et 1790. Telford renforce la technique McAdam-Trésaguet d'une étude systématique de la traction des chevaux. La Hire avait noté, en 1699, que la force de traction du cheval décroît beaucoup plus en fonction de la pente que celle de l'homme (un cheval = sept hommes sur le plat, moins de trois sur une pente moyenne de montagne). Telford en tire les conséquences quatre-vingt-dix ans plus tard : pas de pente supérieure à 3 p. 100 sur une route moyenne, 2,5 p. 100 sur une artère principale. L'amélioration de la chaussée et l'urbanisation entraînent une modification profonde des voitures destinées au transport des hommes. L'horizon 1780-1790 se signale, une fois de plus, comme l'horizon révolutionnaire de la vitesse et des communications. Premiers ponts de fer, larges ponts aux piles robustes et espacées, voyez Bayeux à Tours (1764-1777), Hupeau et Perronet déjà à Mantes (1757-1765). Mais tout est à faire, l'investissement nécessaire annonce un avant-chemin de fer. Rouen, troisième ville du royaume, ayant perdu son pont de pierre au XVIᵉ siècle, lors de la modification climatique qui accéléra le courant, se contente jusqu'au début du XIXᵉ siècle d'un pont de bateaux.

Le télégraphe de Chappe est à la transmission électrique de la pensée ce que la route ferrée est à la voie ferrée. L'invention de Chappe (1763-1805), réalisée pour la première fois en 1793, ne présente rien de révolutionnaire ; techniquement, elle était possible depuis un siècle. Elle supposait toutefois une puissance, un vouloir et un besoin de l'État, la fabrication à bon compte de lunettes à objectifs achromatiques. Conséquence normale : un espace économique plus homogène ; le processus engagé depuis le début du XVIᵉ siècle. Voyez l'immense travail de F. Braudel et F. C. Spooner. Nous mesurons l'homogénéisation de l'espace européen par l'uniformisation des prix. Laissons l'atténuation de l'amplitude cyclique et la lente réduction de la période. Ces facteurs ont leur incidence démographique, ils ont leur incidence sur la croissance en encourageant une rotation plus rapide des capitaux et des transferts spéculation-investissement.

Revenons à la géographie et au meilleur indicateur, le blé. Il y a eu longtemps trois Europes : au sud, une Europe qui fut longtemps une Europe chère, dans la mesure où elle était l'Europe développée. A l'est et au nord, une Europe bon marché et non encore saturée. Entre les deux, une Europe moyenne. Le grand fait n'est plus, dans ces conditions, les respirations attendues, les fluctuations séculaires, mais la fantastique ouverture de l'éventail, au départ, et, à long terme, sa fermeture. Entre Valence, pôle péninsulaire de la Méditerranée chère, et Lwow, centre médiéval de la Pologne bon marché, le rapport prix-argent du blé, au cours de la décennie 1440-1449, se situe dans la relation presque incroyable de 1 à 7 (de 6 à 43 g d'argent l'hectolitre). A la fin du XVIᵉ, quand le Sud est à 100, le Nord est à 76 et la Pologne à 25. 1650-1659 marque le premier changement important. La zone des hauts prix méditerranéens est maintenant rejointe par la côte de l'Atlantique et de la Manche. 1690-1699, le premier horizon des Lumières. L'Europe chère, l'Europe économiquement dominante se confond avec l'Angleterre et les Pays-Bas (Hollande), la moitié nord de la France centrée sur Paris. La Méditerranée est rétrogradée en seconde position. L'Est reste moins cher (Lwow, 44,31 g ; Lublin, 40,13 g ; Varsovie, 25,24 g/hl). « Les nouveaux riches du XVIIᵉ siècle mangent du pain cher. » 1740-1749, la nouvelle géographie s'est confirmée. Une Europe chère, qui est l'Europe riche, le long des côtes de l'Atlantique et de la Manche, de la mer du Nord. Une Europe de pain bon marché, qui est une Europe continentale à l'est. Une Europe à prix moyen, qui est le secteur rétrogradé de la Méditerranée. A la limite, on tend vers une bipolarisation simple entre le secteur atlantique cher et un secteur bon marché qui comprend la Méditerranée, le Centre, l'Est. Entre les pôles de hauts prix et de bas prix, l'écart est passé de

7,5/1 à 2/1 à peine. Bien sûr, le blé n'est pas tout. A partir de 1760-1780, le décollement de la Grande-Bretagne creuse de nouvelles disparités. L'homogénéisation d'un espace économique, longtemps profondément désarticulé, appartient pourtant à la retombée des Lumières au niveau des êtres et des choses.

Retour de la pensée sur l'économie. Il se fait au travers d'une structure sociale. C'est la matière d'un livre. Et ce livre existe. Le démarrage anglais du XVIIIe est indissociable pourtant d'une plasticité sociale antérieure aux Lumières, dont la pensée des Lumières s'est inspirée et qu'elle a renforcée de ses justifications. Les maîtres de l'horizon 80 se sont emparés avec délice de la parenthèse cartésienne. A la limite, qu'en ont-ils fait ? Peu de chose ! La réponse est grossièrement vraie, simpliste et injuste. Tout est question de lieu et de moment.

A l'est, la pensée des Lumières a colonisé l'État, disons qu'elle a tenu compte de l'État et qu'elle l'a rendu plus efficace. La pensée des Lumières a donné aux structures traditionnelles de l'État , au sommet d'une société de type féodal, domanial, patriarcal, cloisonnée, avec des rapports très lourds de domination, un plan d'action : le rattrapage. Rattrapage économique de l'Ouest dominant en fonction de la puissance de l'État ; cela impliquait de grandes transformations dans les moyens mis au service de la production, sans modification sensible des rapports de production. Le cas de la Russie est le cas limite, celui de l'Autriche moins appuyé, la Prusse en position intermédiaire. La conservation ici, le renforcement là, des structures nobiliaires de la société sont apparus comme la condition d'efficacité, au premier stade, de la révolution technologique qu'ambitionne le despote éclairé. Au vrai, il n'a pas le choix. Le despotisme éclairé, à court terme, consolide les structures sociales reçues. En diffusant des moyens de connaissance et tout d'abord un niveau très élémentaire et très partiel d'alphabétisation, en accroissant la production et le niveau des communications, il prépare la modification à long terme des rapports sociaux.

La situation, à l'ouest, est tout à fait différente. Deux cas, deux nuances capitales, Angleterre et France. La plasticité de la société anglaise est unique en Europe. En fait, la révolution sociale est par-derrière. Cette révolution accomplie, pour l'essentiel, au XVIe siècle, fait partie des longues conditions préparatoires du *take off* anglais. Le système seigneurial a craqué au XVIe, les redevances traduites en monnaie ont fondu rapidement, tandis que la réserve partait à la conquête de la mouvance. La *gentry* britannique se détournait de la rente et jouait le profit. On a vu son rôle dans le modèle de la transformation agricole du Norfolk. La révolution politique s'est jouée en 1688-1689. Une partie des doctrinaires proposaient en France, dans la campagne politique de 1829-1830, le modèle de la *Glorious Revolution*, Guizot voyait juste et nous donne la mesure de l'avance anglaise. Locke a justifié après coup le *new deal* de 1689. L'élite se confond, à peu de chose près, avec la classe dirigeante, le système est assez souple pour résoudre, en ajustements successifs, les contradictions naissantes. La chance de l'Angleterre découle de cette réalité. La pensée des Lumières a mieux à faire qu'à poursuivre l'utopie. Ces jeux stériles sont dépassés, de Thomas More (1516) aux systèmes communistes des illuminés et des spirituels de l'horizon 1650. Il est moins dangereux pour la réalisation de la croissance soutenue d'avoir l'inévitable folklore social derrière que devant, vers 1650 plutôt qu'en 1793. Quant aux radicaux de l'utilitarisme, Jeremy Bentham (1748-1832) notamment, leur impact est mince. Loin de récuser le jeu politique et social anglais, ils rêvent seulement d'en hâter une projection tendancielle et simplifiante.

Tout autre, le cas français : l'élite ne se confond pas avec la classe dirigeante. La société française a pris trois mauvais tournants : lors des réformations de la noblesse des années 1670-1680, au niveau de la Régence, et lors de l'échec du coup d'État Maupeou (1774). Le repli de la noblesse sur la rente, le maintien d'une petite exploitation paysanne aboutissaient à la scission artificielle de l'élite. La noblesse part à l'assaut de l'État, elle achève de perdre sur le plan économique. Elle polarise, contre un privilège injustifiable, les revendications des roturiers riches et éclairés. Après le rétablissement des parlements, du contrôle de la caste sur le pouvoir législatif et réglementaire de l'État, toute adaptation est impossible. Les contradictions ne peuvent manquer d'éclater au premier incident. La France et l'Angleterre, qui avaient suivi un *trend* parallèle — la France en arrière depuis 1530 —, ont divergé sur l'horizon 1680, avec les catastrophiques réformations qui renforcent la rigidité sociale. La pensée des Lumières s'est montrée très désarmée, et à la limite peu lucide, devant la complexité française. Elle a eu finalement peu de prise sur elle. Elle a été capable d'armer la Révolution, non de l'éviter. Schématiquement, elle est, dans un premier temps, extraordinairement conservatrice, voire réactionnaire. Dans un second temps, à partir de 1750, elle oscille entre deux positions irréalistes, la proposition orientale, le despotisme éclairé, et des modifications utopistes. Voltaire aux prises avec le chevalier de Rohan, la future Mme Roland aux cuisines plaident en faveur de la scandaleuse pesanteur des rapports sociaux. L'histoire intellectuelle et l'histoire sociale ont du mal à accorder leurs rythmes.

•

Mais le cadre de la vie : l'alimentation, la demeure, le vêtement, tout bouge ; un changement profond, qui respecte assez le cadre traditionnel pour n'être pas bouleversement, pour être vécu comme une réelle amélioration. Née en partie de l'expérience d'un progrès, dans son retour sur les choses, la pensée des Lumières contribue au progrès de la vie matérielle. Bien sûr, il y a, dans une certaine mesure, recul, à partir de 1550, dans la consommation de la viande. Cette oscillation n'efface pas le privilège de l'Europe par rapport au reste du monde. Bien situer la modification du xviiie : elle n'explose pas comme une révolution, elle est une accélération décisive dans un processus multiséculaire. L'Europe alimentaire, l'Europe des jardins, s'est enrichie d'une longue confrontation Nord/Sud, qu'Emmanuel Le Roy Ladurie a suivie dans la longue durée depuis le Languedoc. L'Europe riche, l'Europe dense, a reçu cette récompense de la mise en place d'une première ébauche d'économie-monde, qui en fait un lieu de confluence. Or le progrès de l'agriculture est lié aussi au renouvellement des souches, à l'extension du champ des communications. Voyez le blé languedocien. Au xviiie siècle, grâce à l'extension des réseaux d'échanges, de nouveaux venus viendront directement du Levant et du réservoir nouvellement promu de la mer Noire. « C'est ainsi qu'une partie des blés importés du Levant, par Marseille et par Sète, après l'hiver de 1709, fut semée dans les terroirs français. Par la suite, on rencontra encore dans les vieilles populations céréalières du Midi un blé de Marianopoli, qui mûrit près d'Avignon, un velu de Crète, barbu comme un Pallikare, un Smyrne ou blé d'Égypte ; et, bien sûr, après 1820 [...] les célèbres Odessa et Taganrog. » (E. Le Roy Ladurie.) Ce petit pan entrouvert d'une immense histoire qui commande la saveur du pain quotidien montre l'accélération, au xviiie siècle, du processus d'enrichissement, en Europe, du stock génétique au service de la table.

Même aventure pour la vigne, pour l'olivier, pour le cheptel ; et que dire de l'arrivée massive du maïs, qui diffuse depuis sa base ibérique et italienne conquise au xvie, et qui explose dans notre Midi océanique au xviiie siècle, du riz à Valence et dans la plaine du Pô, et de la pomme de terre qui part des îles Britanniques au xviie et de quelques points privilégiés du nord de l'Europe, à la conquête du continent profond dans les deux dernières décennies du xviiie siècle et la première du xixe ? Même aventure, plus surprenante encore, pour nos potagers : entre le xvie et le début du xixe, disons que la gamme s'est ouverte dans le rapport de 1 à 4. Une multiplication par quatre en trois siècles, et peut-être un doublement pratique au xviiie siècle. La démonstration languedocienne vaut, sans doute, pour presque toute l'Europe dense et nombreuse. Bienfait de la communication et retour sur les choses du pragmatisme actif des Lumières. Mais, comme toujours, pas de révolution, une accentuation de toutes les plasticités potentielles de très vieilles structures. Les Lumières, ce sont bien toutes les virtualités d'un très vieux monde, enfin mises en valeur avant la tourmente qui, depuis la petite Angleterre de l'horizon 1780, emporte, révolutionne, bouscule un horizon 1780 qui s'écrit 1830 ici, 1840 là, 1860 presque partout sur le continent conservateur de la longue durée.

Mais revenons aux études quantitatives de l'alimentation. Elles commencent. Venons au cas parisien. Un calcul sérieux et global, en partant de la statistique un peu sous-estimante et parcimonieuse des entrées. Ne pas trop se laisser influencer par le bilan énergétique à la fois confortable et modeste, au niveau de 2 000 calories. Hommes, femmes, enfants, pauvres et riches. La seule erreur possible est de sous-estimation. Un minimum dont on déduit à coup sûr 3 500 calories pour le travailleur manuel masculin. Or, ce qui frappe, c'est la qualité, déjà, de l'alimentation, avec l'excès de vin, heureusement un vin léger, et surtout la richesse en protéines animales. « A Paris [...], vers 1780 [...] les céréales n'interviennent que pour 50 p. 100 du total. » (Fernand Braudel.) L'Inde et la Chine ont encore beaucoup de chemin à parcourir pour rattraper le niveau alimentaire des Parisiens les plus pauvres de la fin de l'Ancien Régime. Le pain continue de se consommer massivement à la campagne ; mais cette nourriture riche par rapport aux anciennes bouillies, pauvre par rapport aux nouveaux raffinements, a perdu son monopole à la ville. A Londres, sauvée de sa tentative de suicide collectif au gin (1730-1740), à Paris, mais pas encore à Berlin. A Berlin, d'après W. Abel (cité par Braudel), le pain représente, pour une famille de maçon de cinq personnes, beaucoup plus de 50 p. 100 de la dépense alimentaire (alimentation 72,7 p. 100, 44,2 p. 100 du total pour le pain) contre 17 p. 100 seulement dans le budget parisien. Et quel pain ! gris d'un côté, blanc de l'autre ; on comprend l'étonnement des grenadiers poméraniens en 1792, dont Goethe nous a laissé la relation amusée.

L'homme est parti, en Occident, au XVIIIe siècle, à la conquête du superflu. Le luxe est le grand promoteur. « L'homme est une créature de désir et non pas de besoin. » Une véritable révolution, pour une fois le mot n'est pas trop fort, se produit sur la table et dans l'ordonnance de la table des riches, mais aussi des aisés, dans l'Europe heureuse ; vers 1720-1730 ici, vers 1740-1750 là. En France, d'abord, « la grande cuisine française ne s'affirme que plus tard, après le désarmement de " l'artillerie de gueule " que signifient la Régence et le bon goût actif du Régent » (F. Braudel). 1750, une seconde étape, sociale cette fois : « on mesure plus tard encore, en 1746, quand parut enfin la *Cuisinière bourgeoise* de Menon » (Fernand Braudel). « On ne sait manger délicatement, soutient même un Parisien en 1782, que depuis un demi-siècle. » 1730, donc, la même étape, qui se marque par une attention aux charmes modestes de la vie quotidienne. 1730 : voici les divines tisanes. Le thé de terre, le thé de caravane a précédé. En Russie, le thé est connu peut-être depuis 1567, mais sa généralisation suppose la route maritime, les *indiamen* anglais sur l'horizon 1730. Ne pas se laisser impressionner par la civilisation du samovar : entre la Russie et l'Angleterre, il y a différence de taille qui joue au profit de la mer et de la longue, de la séculaire éducation de la liberté. « A la fin du xviiiᵉ siècle, la Russie n'importe pas 500 tonnes de thé. Nous sommes loin des 7 000 tonnes que consomme l'Occident. » Il est introduit épisodiquement et sans succès dans l'entourage de Séguier (1635-1636), à la recherche de l'élixir de longue vie. « Samuel Pepys en but pour la première fois chez lui le 28 mai 1667. » 1720-1730, là aussi est le tournant. Dans la victoire contre la mort, le thé est une arme importante, par le canal involontaire de l'eau bouillie. Le café est plus ancien, mais sa diffusion contemporaine de la mutation du thé. La montée du café a été un stimulant de la prise en main par l'Europe de l'espace extra-européen. « Si, à partir du milieu du xviiiᵉ siècle, la consommation a tellement augmenté, et pas seulement à Paris et en France, c'est que l'Europe a organisé elle-même sa production. Tant que le marché mondial avait dépendu des seuls caféiers des environs de Moka, en Arabie, les importations européennes avaient été facilement limitées. Or, dès 1713, des caféiers étaient plantés à Java ; dès 1716 dans l'île Bourbon (la Réunion) ; en 1722 dans l'île de Cayenne (il a donc traversé l'Atlantique); en 1723-1730 à la Martinique ; en 1730 à la Jamaïque ; en 1731 à Saint-Domingue. Ces dates ne sont pas celles de la production car il a fallu que les caféiers grandissent, se multiplient. » (F. Braudel.)

Pour le vêtement, l'Europe du xviiiᵉ siècle continue de vivre sur deux étages : un monde populaire aux fluctuations lentes, un monde riche, qui est celui de la mode. La loi que F. Braudel a établie, de deux rythmes sociaux du vêtement, continue à s'appliquer à l'Europe des Lumières. Mais avec une différence : la mode est au sommet plus rapide, plus nerveuse, la couche populaire, à l'ouest, dans l'Europe nombreuse et heureuse, du moins riche, cesse d'être totalement immobile. Le peuple de Londres et de Paris commence même à obéir à une mode courte. L'évolution est générale vers un vêtement plus souple, moins lourd, qui laisse plus de liberté au corps ; un vêtement transformé par les indiennes. Les merveilleuses dénudées du Directoire poussent seulement à la limite, et peut-être à l'absurde, la tendance dessinée par l'arrivée des indiennes. Preuve tangible de la promotion du corps, de la promotion de la sexualité. Retombée presque caricaturale des Lumières. Comment sous-estimer cette promotion du mouvement dans le vêtement ? « En fait, l'avenir appartenait aux sociétés assez futiles, mais assez riches et inventives pour se soucier de changer les couleurs, la matière, les formes du costume, et aussi l'ordre des catégories sociales et la carte du monde [...] Tout se tient. » (F. Braudel.) Des cultures africaines ont payé le luxe des étoffes de couleur que leur industrie ne savait produire, mais que leur goût désirait, au prix élevé d'une exportation d'hommes. Des esclaves contre les *hanbels*, pour les plantations d'Amérique, des esclaves pour le sucre, ce grand promu du luxe quotidien, des esclaves pour les tinctoriaux... Et le cercle est bouclé.

Mais le luxe du vêtement apporte aussi de modestes victoires de l'hygiène. Le recul des bains publics, que l'on attribue à l'action de la syphilis et de l'ascétique propagée par le temps des réformes de l'Église est chose ancienne, la plongée de la crasse ne cède que lentement. Paris a ses bains, la civilisation urbaine redécouvre lentement les vertus des soins corporels. Le principal progrès est lié à la généralisation des sous-vêtements. Une bataille commencée au xvie, définitivement gagnée au xviiie siècle seulement, dans les profondeurs. La chemise et le caleçon, deux instruments modestes de la victoire sur la mort, effet bénéfique d'une réinvention du corps. Le caleçon l'emporte sur la culotte doublée vers 1770 en France, dans l'armée prussienne vers 1860. Décalage géographico-chronologique habituel d'ouest en est.

Reste la maison. Le xviiie siècle a beaucoup construit. Parce que la population a doublé, parce que l'habitat s'est amélioré, parce que le volume de la population urbanisée a quadruplé. La maison de pierre dure deux cent cinquante ans en moyenne. Le bâtiment reste, au xviiie, la première des activités non agricoles : le bâtiment, globalement, vient-il avant le textile ? La maison est un important outil économique, mais elle est plus encore le lieu privilégié de la vie, chargé d'un contenu affectif, trait d'union entre les générations. Le bâtiment que l'on aimerait saisir, c'est le bâtiment global, celui qui assure le toit des humbles et qui fait partie de l'appareil de production. La mise à l'écart du bâtiment de l'histoire économique quantitative a des causes documentaires : elle dérive des structures de l'élaboration statistique. Dans l'appareil de production, la frange qui n'entre pas dans les circuits d'échange échappe; on l'évalue, il est exceptionnel qu'on parvienne à la mesurer.

Au xviiie, une très vieille opposition subsiste : la Méditerranée, le reste de l'Europe. Le bassin de la Méditerranée, face à l'Europe non méditerranéenne, a conservé longtemps une immense avance dans le domaine de l'habitat. Rome eut toujours la maladie de la pierre ; la victoire de la pierre sur le bois a demandé deux mille ans. La maison lourde, la maison, disons, de 400 à 500 tonnes, l'a emporté très progressivement. Sur la Baltique, en Pologne, en Russie, en Scandinavie, la pierre ne s'est jamais imposée hors des quartiers résidentiels de la ville, au XVIIIᵉ. L'Amérique du Nord doit plus à la vraie Europe du Nord qu'à l'Angleterre : la solution américaine, la *lodge cabin*, s'inspire d'un modèle scandinave. L'habitat traditionnel, c'est l'habitat lourd, en pierre, la solution méditerranéenne transplantée pour des raisons plus psychologiques que techniques. L'habitat traditionnel culmine au XVIIIᵉ siècle. Dans tout le secteur européen où la pierre domine, là où la guerre n'a pas fait son office, une partie de l'habitat paysan date du XVIIIᵉ siècle. Une fois de plus, le XVIIIᵉ siècle nous apparaît sous sa vraie lumière, comme l'apogée d'une civilisation que nous appelons, faute de mieux, traditionnelle. Et pourtant, sur quelques secteurs déshérités, un habitat plus pauvre et plus ancien subsiste : des huttes, des trous couverts, des « gourbis ». Voici l'habitat de l'an mille; les brigands de 1789, les prétendus sorciers de l'ordonnance de 1670 sont sortis, en grand nombre, de cet infra-habitat.

L'habitat traditionnel peut se définir par le poids, le coût, la durée, le volant thermique. C'est une solution méditerranéenne : elle est absurde là où le bois est abondant. Mais l'habitat subit d'autres lois que des lois techniques et économiques. La maison est un lieu de confluences psychologiques. La mutation des niveaux de vie, partant le progrès technique, se fait au sommet, d'abord par imitation, diffusion séculaire des modèles aristocratiques. Le modèle méditerranéen ainsi l'aura emporté, bien au-delà des limites commandées par les impératifs du milieu. La maison traditionnelle obéit à des besoins psychologiques de durée, de solidité, de protection. Voilà pourquoi le XVIIIᵉ siècle juxtapose la pierre de la plupart des campagnes du Bassin parisien et les placages, bois, plâtres de la construction urbaine, à Paris, à Amiens, à Rouen. La ville construit plus léger que la campagne, sans doute parce que le coût exorbitant des transports commande le recours maximal au flottage, donc au bois, mais aussi parce que le coude à coude de la ville surcompense au point de vue psychologique le manque à gagner de la légèreté. La ville truque : la ville française cache son bois derrière la surface de revêtement qui joue l'illusion de la pierre. L'Europe moyenne, au XVIIIᵉ encore, se veut méditerranéenne par une étrange pesanteur, elle a la pudeur du bois qui est le privilège du Nord. Le Nord pourtant a besoin de se chauffer : le bois est bon isolant ; la maison de bois, moins coûteuse, laisse la place à de meilleures solutions pour résoudre les problèmes de chauffage. Le poêle continu, un avantage du Nord, se répand au xviie, triomphe au xviiie. Il trône à l'intérieur d'une construction pour l'essentiel en bois. Une maison de bois ne peut se contenter d'une cheminée médiocre, la maison de pierre concentre ses chances sur le volant thermique de ses tonnes de mur. La maison traditionnelle, la maison de pierre, principalement le type achevé, le plus proche du modèle méditerranéen, représente un investissement énorme. Elle a fini par s'imposer en Europe sur plus de 4 millions de km². En gros, elle dure deux à trois siècles. La substitution de sa masse à un infrahabitat, dont seule l'archéologie de la civilisation matérielle peut nous donner les clefs, se fait par étapes. La dernière étape a été franchie au cours du xviiie siècle. L'habitat traditionnel est fait pour durer. Il représente le maximum d'investissement, au départ, pour le minimum d'entretien. Il explique la masse énorme du volant-habitat. Si nous donnons une durée moyenne de deux cent cinquante ans à la maison traditionnelle, avec un effort d'entretien sur deux tiers de siècle égal à la moitié de l'effort initial de construction, nous arrivons — dans l'hypothèse d'une population stagnante, d'un niveau de vie stable et d'une couverture de type traditionnel lourd complète — à un investissement annuel égal à 0,4 p. 100 pour la construction et à 0,2 pour l'entretien, une fois la couverture assurée, 0,6 p. 100 du capital immobilier suffit à son entretien et à son remplacement. Dans l'hypothèse d'un accroissement de la population de 0,5 p. 100 par an (France 1750-1780), il convient d'ajouter 0,5 p. 100 ; l'investissement annuel, dans ce cas, atteint 1,1 p. 100 du capital immobilier. Avec 2 p. 100, une amélioration de l'habitat et une urbanisation accélérée deviennent possibles. Dans tous les cas, le volant économique est énorme. Le bâtiment obéit à la conjoncture longue de la population et des subsistances, mais il témoigne d'une hypersensibilité à la conjoncture courte, la conjoncture cyclique, la conjoncture dramatique interdécennale. Étant donné qu'avec 1 p. 100 du capital immobilier, l'entretien, le remplacement, la croissance du bâtiment sont facilement assurés, on comprend qu'on peut stopper sans inconvénient la production du bâtiment, mieux que toute autre. L'absence d'originalité à long terme de la conjoncture du bâtiment n'est nullement contradictoire avec l'hypersensibilité à court terme de l'industrie du bâtiment. Sur le plan social, cette flexibilité économique ne va pas sans inconvénient. Le bâtiment est la proie du chômage saisonnier et conjoncturel. Le bâtiment, secteur traditionnel de la production, n'en constitue pas moins, à la fin du xviiie et au xixe siècle, un secteur de tension sociale, de conflits, un secteur de pointe de la contestation sociale.

Il est très difficile de bien mesurer ce qu'a représenté pour le secteur sud de l'Europe occidentale la solution de la maison lourde. Les motifs sont psychologiques. La solution a des avantages et des inconvénients, elle est la solution d'un espace prématurément clos. Les grandes poussées du progrès matériel, le xviiie siècle donc, éprouvent une difficulté à investir. Deux investissements sont alors possibles. Des hommes et des maisons... Remplacer la tanière de l'an mille par la maison classique traditionnelle, c'est encore la solution idéale pour conserver dans un énorme volant de pierre le surplus fragile des grandes périodes de croissance ; la solution de la maison lourde répond peut-être à la difficulté de capitaliser les surplus de production. La maison lourde permet un gain permanent d'entretien et de chauffage. Elle coûte plus au départ, dix fois plus, mais moins à entretenir. L'isba vit trente, quarante ans en moyenne. Il n'est pas sûr que la maison traditionnelle de pierre constitue une solution plus coûteuse sur le long terme ; elle est peut-être plus économique. Le gain principal résulte sans doute du volant thermique : les murs font volant en proportion de leur masse. Le mur restitue la chaleur l'hiver, la fraîcheur l'été ; il combat l'effet contrastant de l'aération. Le mur épais s'est répandu dans le bassin de la Méditerranée comme une protection de la chaleur, dans une zone qui manque de bois. Au nord, c'est le bois qui protège contre le froid. Mais la maison lourde ne va pas sans inconvénient. Elle entretient des solutions de paresse. Le volant thermique aura bloqué longtemps le progrès technique dans l'ordre des moyens de chauffage. La maison lourde fige les situations anciennes. Elle protège contre la dilapidation du capital, mais elle procure à grands frais un outil qui freine la mobilité. Au xviiie siècle pourtant, la multiplication des granges de pierre assure une meilleure conservation des récoltes. Mais sa trop longue durée est son principal défaut. En période de faible plasticité technique, le poids du bâti agit comme frein, il est une entrave aux mobilités indispensables au progrès.

Il faudra bien s'attaquer, un jour, d'une manière systématique, au problème des progrès techniques dans le bâtiment. Là où elles ont été étudiées, les améliorations du xviiie vont dans le sens de l'étanchéité, de la durée, d'une meilleure protection thermique et d'un moindre coût d'entretien ; elles testent la marche de l'enrichissement, renforcent la caractéristique de choix, en faveur de la durée, qu'implique l'habitat lourd traditionnel, le choix en faveur de la capitalisation au départ, de la permanence. Un choix qui correspond à la famille conjugale exceptionnellement stable de la chrétienté latine. Mais, ce qui est plus important, c'est le gain de productivité. Tout, dans la maison traditionnelle, peut se ramener au transport : un grand progrès est lié à l'amélioration fondamentale des chemins dans la seconde moitié du xviiie siècle. L'habitat au XVIIIe siècle gagne en qualité. Les maisons du XVIIIe siècle sont encore debout et dans l'ensemble se portent bien. La construction du XVIIIe siècle a bénéficié de l'amélioration des transports, du niveau élevé de la construction. On construit plus et mieux. La maison de pierre fait reculer jusqu'aux extrémités des écarts les plus pauvres l'infra-habitat de l'an mille. La frontière de la maison lourde se déplace vers le nord. Voyez Saint-Pétersbourg : une ville de pierre se substitue au nord à la ville de bois, dans le domaine de l'isba et de l'archétype scandinave de la *lodge cabin* nord-américaine. Dans les campagnes de l'Europe occidentale, un bel habitat destiné à l'élite de la paysannerie se développe, avec de larges fenêtres, un étage, deux pièces à feu au moins sur quatre, un modèle rectangulaire, sensible à une harmonie d'équilibre à base d'esthétique classique. Progrès du matériau : la brique mêlée à la pierre ; recul du chaume devant la tuile et l'ardoise ; substitution à la brique crue et au simple torchis d'une brique plus cuite ou de la pierre ; progrès des mortiers à chaux et à sable sur les mortiers de paille et de glaise ; progrès de l'horizontalité et de la verticalité, donc progrès de l'équilibre ; diminution des flexions, cause d'usure ; du même coup, la maison plus haute est plus largement ouverte, mieux éclairée. Le XVIIIe siècle n'innove pas, mais il diffuse dans la masse des solutions qui sont intellectuellement possibles, effectivement désirées et économiquement réalisables dans des couches sociales qui n'y pouvaient prétendre. Le XVIIIe siècle donne l'impression, en outre, de s'être trouvé au rendez-vous d'un grand renouvellement de l'habitat existant. Une partie d'un habitat sommaire et de mauvaise qualité, qui datait de la reconstruction du XVIe siècle, est arrivé à bout de souffle ; deux siècles plus tard, au milieu du XVIIIe, un habitat brusquement vétuste a cessé, plus brusquement encore, de correspondre aux besoins et au goût de la société traditionnelle, maîtresse enfin de tous ses moyens ; la construction s'uniformise, elle referme l'éventail d'une gamme désormais un peu moins largement ouverte.

Faut-il essayer de déchiffrer l'influence de cette robe de pierre neuve dont l'Europe s'est vêtue au XVIIIe siècle ? Il n'est pas déraisonnable de penser que 60 à 70 p. 100 des maisons qui couvraient l'Europe à la fin du XVIIIe siècle, sous l'action de tous les facteurs évoqués, accroissement de la population, diffusion des modèles depuis le sommet de la pyramide sociale, améliorations techniques, vétusté du lot dense des XVe et XVIe, progrès économique..., avaient moins de cinquante ans. Un habitat renouvelé quand s'achèvent les Lumières, bien adapté aux genres de vie faiblement évolutifs du XVIIIe siècle, un habitat mieux fait pour durer que celui qu'il remplace, un habitat construit pour trois siècles et plus. L'Europe occidentale s'est dotée, au XVIIIe, d'un très riche capital immobilier. Quelle peut être l'influence de l'héritage sur les conditions préalables au *take off* du XIXe siècle ? Un niveau élevé de l'activité du bâtiment et des travaux publics au sens le plus large. Si le bâtiment a pu jouer, à un moment, un rôle d'entraînement, c'est au XVIIIe siècle. Une partie des capitaux formés au XVIIIe siècle, en proportion supérieure à celle jamais atteinte, s'est investie sous cette forme. Le haut niveau d'activité du bâtiment, sur près d'un siècle, a préparé l'économie à d'autres efforts tout en permettant, sous une forme archaïque, une première accumulation de capital. Au début du XIXe siècle, d'autres secteurs de l'économie prennent le relais. Le bâtiment s'accroît plus lentement. Le démarrage nécessite une masse plus élevée de capitaux. On a pu entasser les ouvriers de Lille et d'ailleurs dans les caves et les greniers d'immeubles construits pour l'essentiel au XVIIIe siècle. Les gros investissements immobiliers du XVIIIe siècle ont permis, au début du XIXe, un moindre effort relatif dans l'ordre de la construction. Le XVIIIe a légué au premier XIXe siècle une avance utile. Les maisons du XVIIIe ont permis d'utiliser ailleurs, et mieux, la masse toujours insuffisante des capitaux nécessaires aux besoins sans cesse accrus de la croissance accélérée. Une aide qui est bien plus qu'une aide. La belle maison du XVIIIe siècle, l'habitat traditionnel parvenu à son point d'équilibre et de perfection, s'impose partout où la pierre donne pour longtemps un cadre à la vie. Le XVIIIe siècle nous a légué les structures matérielles de nos foyers, un modèle durable que la révolution industrielle ne transforme qu'insensiblement. Par-delà les structures matérielles, c'est un style de vie familial, une sensibilité des attitudes et des gestes qui se conservent. Le legs immobilier du XVIIIe siècle, après avoir fourni une condition favorable à la mutation de croissance, a contribué à atténuer partout où domine l'habitat de pierre, à étaler dans le temps, une partie des ondes affectives de la trépidante révolution économique, technique et mentale du XIXe siècle. La génération de la révolution industrielle a vécu une partie de sa vie dans un cadre du XVIIIe siècle. Le legs immobilier du XVIIIe a établi un pont concret entre un avant et un après difficilement conciliables, préservé un peu de continuité au moment de la mutation. La maison du XVIIIe que nous côtoyons reste la meilleure ambassadrice de la civilisation traditionnelle qui achève de mourir en Europe, au niveau des années 60 du XXe siècle.

C'est en ville que l'Europe des Lumières a tenu son laboratoire privilégié. La croissance de la ville est donc un élément capital. Le fait urbain apparaît au XVIIIe, au-dessus du seuil des 2 000 habitants. La Flandre et le Brabant ont franchi le cap inouï des 50 p. 100 de peuplement urbain au XVIIIe siècle. Pour l'Espagne occidentale, la moyenne oscille entre 20 et 25 p. 100 vers 1780-1790, 16 p. 100 pour la France demeurée rurale. L'Angleterre est à 30 p. 100 au début du XVIIIe siècle. « Au voisinage de 50 p. 100, même de 40 p. 100 de population non rurale, une région entière bascule automatiquement dans la catégorie des économies urbaines. » En 1796, l'Overijssel a franchi le cap (45,6 p. 100 de ruraux, mais la Russie est à 4 p. 100). C'est en ville, presque exclusivement, que s'est opéré le retour des pensées sur les choses. C'est en ville que s'est élaborée l'esthétique des Lumières, disons plus simplement un cadre de beauté qui rend la vie plus humaine, un peu plus digne d'être vécue, par un peuple plus nombreux de sursitaires de la mort. Le retour des pensées sur les choses et sur la vie, c'est là qu'on est tenté de le saisir. Une civilisation se révèle dans les formes qu'elle crée, dans les couleurs et dans les sons. Cela est d'autant plus vrai, au XVIIIe, que l'élaboration esthétique n'y est pas le moins du monde privilège du petit nombre. L'âme des Lumières, l'âme du partage laïc si difficile à saisir, et qui toujours s'est dérobée quand nous pensions l'avoir cernée, l'âme des Lumières, nous risquons de la trouver maintenant.

CHAPITRE VII

L'ESTHÉTIQUE DES LUMIÈRES
FIN DU BAROQUE,
EMPIRE DE LA MUSIQUE

L'APPROCHE d'une civilisation est nécessairement arbitraire. C'est au niveau d'un corps de pensées abstraites que nous avons voulu saisir, en va-et-vient constant il est vrai avec le social, entendez la relation de l'homme à l'espace et de l'homme androgyne à lui-même, la civilisation des Lumières. Restait donc, le modèle construit, d'en éprouver la valeur. Nous avons appelé cette démarche : retour des pensées sur les choses, en passant du grossier au subtil, du brut au complexe.

C'est dans l'élaboration du beau que l'on saisit le mieux une civilisation. La civilisation des Lumières, en fait le XVIIIe siècle d'une Europe privilégiée nombreuse, méditerranéenne et atlantique, se confond presque, dans la perception que nous en avons aujourd'hui, avec une esthétique et un art de vivre. Soyons modeste et laissons un titre qui promet plus qu'il ne tient. L'esthétique des Lumières : entendez simplement l'effort des hommes de l'Europe devenue plus nombreuse pour construire autour d'eux un cadre de beauté, une beauté pour l'indispensable relation ontologique — se rappeler que le sommet esthétique du XVIIIe siècle est une prière que l'orgue prononce —, une beauté pour le cadre de la vie, d'une vie qui, en gagnant dix ans sur l'abstraite moyenne, a pratiquement doublé le temps arraché pour l'homme. L'esthétique des Lumières, soit encore le grand, l'interminable combat de l'homme et des choses pour élaborer à son service un environnement de beauté mouvante.

Il n'y a pas, au départ, une esthétique des Lumières sur l'horizon 1680. Il n'est pas sûr qu'il y ait, un siècle plus tard, une même conception du beau, valable pour la Méditerranée et l'Europe du Nord, pour l'Angleterre et pour la Russie, pour la musique et l'architecture, la Cour, la ville, et les générations, chaque décennie plus nombreuses, qui débouchent de la connaissance par voir-faire et ouï-dire sur la grande solidarité interséculaire de ceux qui ont accès au langage supérieur de l'écrit. Pourtant, de 1680 à 1780, en ce siècle de doublement du nombre des hommes en Europe et du décuplement des connaissances, le miracle se produit d'une relative unification. Cette unification a des causes externes, c'est pourquoi elle n'est pas nécessairement un gain. Elle découle de la multiplication des communications et de l'effet de domination exercé par l'Angleterre et la France sur l'ensemble de l'espace culturel européen, d'autant plus efficace que cette action s'accompagne, au niveau des élites, on l'a vu, donc de l'État à l'est, d'une volonté de rattrapage, c'est-à-dire d'alignement systématique sur l'Ouest. Cette unification découle partout du recul des cultures populaires. L'alphabétisation massive des populations là où elle se produit, à l'ouest notamment, fonctionne comme un front d'acculturation. Si une esthétique des Lumières existe, dominante et simplifiante, c'est à la fin du temps que l'histoire démographique et intellectuelle nous a appris à découper sur l'horizon 1750 qu'il nous faudra la chercher. Cette esthétique qui triomphe à la fin du XVIIIe siècle est celle d'une élite, paradoxalement d'un plus petit nombre. C'est ainsi que se pose au départ la question brûlante : du beau, pour qui et par qui ? Il faudra de nombreuses années de recherches encore pour que l'on soit à même de fournir une réponse globale à cette question naïve.

●

La petite Europe des années 1680 occupe un espace immense, dans l'ordre du beau, un espace fractionné. Parce que l'esthétique du XVIIe siècle finissant est, moins qu'on ne se plaît à le dire, une esthétique du petit nombre. Dans l'ordre du beau, l'Europe, en 1680, s'écrit au pluriel. Et nous laissons, bien sûr, la grande question neuve de l'Europe des « cultures traditionnelles ». Beauté du vêtement, beauté du chant choral, aménagement de l'espace villageois dans la maison et hors de la maison, tout un domaine infiniment multiple où le XVIIIe réalise souvent sans innovation fondamentale, avec le matériau traditionnel légué du passé, un nombre impressionnant de chefs-d'œuvre. La plupart des maisons de bois de Transylvanie démontées et reconstituées au musée de la maison paysanne à Bucarest sont contemporaines des Lumières. Lui appartiennent-elles vraiment ? On peut en douter. L'ethnographie de l'Europe traditionnelle est en partie encore à construire. Nous laisserons donc pour le moment la couche inférieure des deux cents (?) cultures paysannes qui sont masquées par la civilisation une en cours d'édification au XVIIIe siècle. L'histoire de l'art les ignore. Il nous faudra renoncer momentanément à les intégrer dans une synthèse impossible d'histoire vraiment totale. Même au niveau de l'élite de ceux qui lisent couramment, au niveau donc des bonnes histoires de l'art, l'espace esthétique de l'Europe vers 1680 est un espace fractionné. Plus sans doute qu'à la fin du Moyen Age, plus peut-être même qu'à la fin de la Renaissance. Voyez l'architecture.

L'Italie, au milieu du XVIIe, a porté le baroque à un point de réussite qu'il est difficile de dépasser ; un double sommet : le Bernin, Borromini. Dans l'église Santa-Maria-della-Vittoria à Rome, la chapelle Sainte-Thérèse. Tout a été dit sur la *Transverbération*. Elle date de 1646. Vingt ans plus tard, le chevalier Bernin achève les colonnades de Saint-Pierre. Elles font converger sur la façade de Maderna, vers la loggia des bénédictions, les milliers d'yeux des grandes foules pérégrines aux années jubilaires. La Scala Regia, sur un espace resserré entre la basilique Saint-Pierre et le palais pontifical, reste un des chefs-d'œuvre du trompe-l'œil. Borromini réalise en 1667 la façade aux frontons incurvés de Saint-Charles-aux-Quatre-Fontaines qui a hanté, un siècle durant, l'imagination architecturale de l'Allemagne catholique et de l'Europe danubienne.

L'Italie commande vers le nord un espace baroque que la victoire du Kahlenberg étend à travers la plaine pannonique jusqu'à la Transylvanie. L'horizon 1680 est pour toute l'Allemagne du Sud celui de la relève des architectes italiens par une génération d'architectes allemands qui vont aller au-delà, si possible encore, des positions du Bernin et de Borromini. Le premier baroque sud-allemand danubien a été dominé par des Italiens, voyez Guarino Guarini. Cet oratorien, mathématicien et philosophe, est aussi un théoricien. Il était né à Modène en 1624. Il a construit et conçu en Italie (on lui doit à Turin le palais Carignano et Saint-Laurent), au Portugal, en France, mais surtout dans l'Allemagne du Sud, en Autriche et en Bohême où il a proposé plus que réalisé. Voyez Santino Solari (il commence en 1614 la cathédrale de Salzbourg), Barelli et Zuccalli * (ils commencent en 1663 à Munich l'église des Théatins), Lurago (la cathédrale de Passau à partir de 1668), Petrini à Wurtzbourg (la Haug Kirche commencée en 1670). Carlo Canevale avait conçu le plan de l'église des Servites à Vienne (1651-1677), Francesco Caratti la façade du palais Czernin à Prague, aux trente-deux colonnes colossales engagées, qui jouent mieux que de simples pilastres avec la lumière plus rare du Nord, et c'est encore à un Italien, Domenico Martinelli, que l'on doit, entre 1692 et 1705, au Liechtenstein, à Vienne, l'avant-corps central du palais plus élevé que les ailes, une solution hardie qui fera fortune dans l'espace austro-allemand.

Or, voici que commencent à produire successivement la pléiade des géants,

Bernhard Fischer von Erlach * (1656-1723), Johann Lukas von Hildebrandt * (1668-1745), Andreas Schlüter (v. 1664-1714). On comprend qu'en 1691 Hans Jakob Wagner von Wagenfels, dans son *Ehren-Ruff Deutschlands*, ait pu proclamer, à égalité avec l'Italie, la supériorité de l'architecture allemande sur l'architecture française, dans le climat gallophobe de la ligue d'Augsbourg.

Une esthétique baroque domine l'Italie, l'Allemagne catholique, l'Europe danubienne en expansion ; elle prend un nouveau souffle dans la péninsule Ibérique et ses prolongements américains avec la génération des Churriguera (José Benito, 1665-1723 ; Joaquin, 1674-1724 et Alberto, 1676-1740). Mais elle a buté en France, après les succès éclatants du milieu du siècle, sur un môle de résistance. Il est inutile de rappeler la signification de l'échec du Bernin à Paris en 1665 et 1666, le choix de Colbert, la colonnade de Perrault, au moment où les grandes académies (Le Brun à la présidence de l'Académie de peinture, l'Académie des sciences et l'Académie de France à Rome en 1666, l'Académie d'architecture en 1671) promettent aux options classiques des années 1660 la longue durée de l'institution. Donc, dans l'Europe baroque, la France officielle avance le môle solide d'une esthétique classique. On mesure sans peine la puissance de rayonnement de l'exception, à partir des lignes droites des façades versaillaises.

France classique — nous avons montré jadis l'étroitesse et l'ambiguïté de cette victoire —, enkystée depuis le début des années 1660 dans un océan de formes baroques. Ce schéma est trop simple. Reste l'Europe du Nord. Nord profond qui vient mourir à Londres. Il aura fallu un siècle en France pour que l'esthétique de la Renaissance chasse de ses derniers bastions la fidélité au vieil art de bâtir. Au fur et à mesure que l'on s'éloigne du centre de diffusion italien, le temps de l'insensible substitution s'allonge. L'Angleterre, pourtant proche et communicante, a conservé tout au long du XVIIe siècle, malgré Inigo Jones (1573-1652) et la symétrie des belles demeures élisabéthaines du bassin de Londres, ses bastions gothiques. Inigo Jones luimême, le palladien, a dû s'incliner devant la volonté délibérée d'une demande précise. On lui doit la chapelle gothique de Lincoln's Inn. Christopher Wren, le « reconstructeur » de Londres après l'incendie, « le Bramante » de Saint-Paul, est aussi l'auteur, au seuil des années 80 (1681-1682), à Oxford, capitale de l'esprit et conservatoire des formes, de la Tom Tower gothique de Christ Church College. Au début de la Restauration, l'archevêque de Canterbury, William Juxon (1660-1663), a pu commander le grand hall gothique de Lambeth Palace. Un gothique anglais, minoritaire certes, mais bien vivant, est contemporain à la fois du Bernin et de Mansart. Cette Angleterre gothique sur l'horizon 1680 constitue le coin sud-ouest d'une Europe du Nord à définir et qui reste sur le plan architectural le conservatoire au demeurant vigoureux des solutions françaises en résurgence du glorieux xiiie siècle. Deux esthétiques bien vivantes à armes presque égales et une troisième qui ne se décide pas à mourir. Voilà, simplificatrice à l'extrême, ce qu'enseigne l'histoire, pourtant combien minoritaire, des églises et des palais.

L'architecture, mais la musique. Faut-il évoquer l'épisode célèbre voire révélateur de 1752 ? Le 1er août 1752, la troupe italienne des Bouffons fait ses débuts sur la scène de l'Opéra avec la *Serva padrona* de Pergolèse *. Le chef-d'œuvre de l'opéra bouffe date de 1734. Joué en 1746 à Paris mais aux Italiens, il était passé complètement inaperçu. Le public de l'Opéra, en 1752, lui fait un triomphe. Le parti philosophique court à la victoire. En novembre, le baron d'Holbach, en anonyme, ouvre le feu ; Jean-Jacques Rousseau, dans sa *Lettre sur la musique française*, le 25 novembre 1753, déclenche par la violence de ses attaques contre la tradition musicale française ce que l'on est convenu d'appeler la querelle des Bouffons. La querelle des Bouffons marque, si l'on veut, le point de départ du processus au bout duquel, à la fin du xviiie siècle, apparaît l'espace réunifié d'une Europe musicale. Mais en 1680 on est loin du compte. Sur l'univers musical français Lully règne qui meurt en 1687. Marc-Antoine Charpentier (1636-1704) et Michel-Richard de La Lande * (1657-1726) sont prêts pour la relève. Un univers musical français qui résiste à la montée, en direction de l'Allemagne du Sud et de l'Europe danubienne, des modes italiennes. Notez au passage la superposition des deux géographies. L'Europe de Lully est celle de Mansart et de Perrault. L'Europe de Frescobaldi, de Corelli, de Scarlatti et de Vivaldi correspond en gros à l'espace dominé par l'esthétique architecturale de Borromini, du Bernin, de Fischer von Erlach et de Hildebrandt.

L'historiographie française dans la ligne de la polémique célèbre derrière d'Holbach et Jean-Jacques d'une part, la réplique cinglante de Jean-Philippe Rameau d'autre part, dans ses *Observations sur notre instinct pour la musique* (1754), a été sensible essentiellement à la tension tragique mode française-mode italienne : « [...] aux xviie et xviiie siècles, le langage musical ne s'était pas encore internationalisé : l'école française et l'école italienne se séparaient par une foule de particularités qui permettaient de distinguer d'emblée l'appartenance d'un chanteur, d'un instrumentiste, d'un morceau ; la manière de traiter les agréments, la réalisation de la basse chiffrée, la texture harmonique [...] permettaient à coup sûr de situer le personnage ou l'œuvre en deçà ou au-delà des Alpes » (E. Borrel). Cette profonde cassure suivant un axe nord-ouest/sud-est de l'espace musical européen date du début du xviie siècle. Elle est liée au triomphe progressif de la musique instrumentale du style concertant et du contrepoint, à l'explosion de ce compromis génial et multiple, l'opéra italien. Au xvie siècle il n'en allait pas de même. « L'histoire de la musique de la Renaissance, c'est l'histoire de la suprématie de l'hégémonie glorieuse du génie franco-belge sur tous les autres centres artistiques de l'Italie, de l'Espagne et des États germaniques. » (M. Expert.)

Mais cette tension est simplifiante. Une analyse plus fine permet à Norbert Dufourcq, dans son *Jean-Sébastien Bach, le maître de l'orgue*, de distinguer aux sources du génie du maître les principales traditions dont la fusion s'opère lentement tout au long du xviiie siècle. Une tradition espagnole, anglaise et néerlandaise, une tradition française, une italienne ; une Allemagne méridionale et danubienne sous l'emprise des maîtres italiens en passe de relayer en musique comme elle le fait en architecture l'Italie en perte de vitesse, un Nord immense qui s'articule sur les Provinces-Unies et s'étend sur toute l'Allemagne protestante des plaines, la Scandinavie et la Baltique ; cinq Europes musicales, donc, au moins trois au prix d'un regroupement au sein des grandes articulations habituelles, l'Italie et son prolongement sur l'Allemagne alpestre, la France avec proche une Angleterre écartelée, le Nord. Une géographie qui n'est pas commandée seulement par des traditions d'écriture mais plus encore, sans doute, par des traditions de facture. Nous aurons l'occasion d'y revenir.

Une Europe résolument divisée en trois grandes zones, au moins. Sur l'horizon 1680, l'unité est avant ou après. 1680-1690. Le tournant du siècle est-il perceptible? Oui, certes, mais par un ensemble de signes modestes qui, à tout prendre, déçoivent. Ces signes, rappelons-les brièvement, puis essayons de comprendre. Dans la mesure où l'espace esthétique européen est apparu, à la fin du xviie siècle, comme un espace fractionné en dépit de la grande victoire du baroque, les signes qui marquent le tournant du xviie sont loin d'être univoques. Ils affectent presque exclusivement le secteur français *lato sensu* et ils peuvent dans une certaine mesure être interprétés dans une problématique de l'alignement. 1680-1690, le baroque italien achève la conquête de l'Allemagne catholique et de l'Europe danubienne. Aucune rupture mais une ligne de développement. La Réforme catholique a trouvé le mode d'expression architectural et plastique qui correspond à la fois à la théologie des clercs, à la représentation intellectuelle des élites et aux besoins de la sensibilité populaire. Nous verrons comment. Développement, ligne de pente et pesanteur.

Que le gothique tardif ait livré en Angleterre, un peu avant la *Glorious*

Revolution, son dernier combat, n'est pas pour surprendre : on y verra la simple liquidation d'un archaïsme. Dans l'Allemagne moyenne et dans l'Allemagne du Nord, le fait essentiel pour l'avenir réside dans la construction de l'infrastructure matérielle de grandes orgues nouveau style : le phénomène Jean-Sébastien Bach serait, sans ces modestes prolégomènes, en partie impossible. On sait que la géographie de la facture fait jouer une des grandes failles culturelles de l'Europe traditionnelle. L'orgue est né au nord dans l'espace médiéval privilégié de la France septentrionale et des Pays-Bas. Le roi de la musique instrumentale met en œuvre un ensemble complexe de techniques difficiles à maîtriser. L'Italie, qui a créé l'opéra, popularisé ce spectacle de Cour, reste fidèle à une forme musicale somme toute archaïque, qui recourt encore largement au support de la voix humaine. L'orgue italien, jusqu'à la fin du xviie siècle, est un instrument modeste, latéral, tout de finesse. L'Allemagne catholique lui reste pour l'essentiel fidèle. « En Allemagne du Sud au xviie siècle, un orgue tout de qualité, réputé pour la douceur de ses timbres, pour la luminosité de ses voix, la poésie de ses pleins jeux, un orgue italien au pédalier réduit doté de quelques jeux au clavier simple ou double mais rarement triple. » (Norbert Dufourcq.) L'orgue du Nord qui couvre l'Allemagne protestante, de la mer du Nord à la Baltique, s'apparente aux orgues françaises, néerlandaises, voire même espagnoles, « un imposant instrument aux manuels multipliés, au pédalier nanti de dix ou quinze registres — aux jeux nombreux, colorés, vivants, sources d'oppositions constantes ». L'espace privilégié de l'Allemagne moyenne : Westphalie, Thuringe, Saxe, Silésie, le temps privilégié du dernier quart du xviie siècle vont voir se réaliser l'indispensable et tardive synthèse entre les deux techniques et par-delà la technique entre deux mondes de musique. « Comme l'organiste, le facteur d'orgues voyage et ses déplacements contribuent à l'évolution de son art. Partout où il séjourne, il impose ses méthodes, ses goûts, mais il doit également satisfaire son client et s'adapter aux coutumes locales. Au brassage d'idées et de techniques l'orgue profite. » Deux grands noms résument assez bien cette mutation : André et Gottfried Silbermann. Ils commencent à travailler à la fin du xviie siècle. On leur doit l'instrument de l'empire musical de l'Allemagne moyenne sur l'Europe des Lumières.

Mais pour saisir le trouble esthétique de l'horizon 1680-1690, c'est en France qu'il faut se placer. Rien là qui puisse surprendre. Le glissement suivant le modèle que nous avons proposé du système mécaniste en ce système bis qui, par la traditionnelle crise de conscience européenne, conduit à la philosophie des Lumières s'est produit en France. En France et en Angleterre. Il est naturel que les premières répercussions esthétiques — même si les interactions d'un plan à l'autre sont difficiles à cerner — en soient d'abord perçues sur l'espace français.

On est tenté d'interroger d'abord l'architecture, l'art par excellence parce qu'il totalise et résume tous les autres, parce qu'il a trait à l'habitat, parce qu'il organise l'espace privilégié du foyer où l'ethnographe — Marcel Mauss aimait à le rappeler — nous apprend à découvrir le ressort secret d'une civilisation. Sa réponse est discrète et pourtant sans équivoque. Louis Hautecœur l'avait déjà noté. Le tournant architectural en France ne correspond pas à celui du règne mais aux deux dernières décennies du XVIIe siècle, l'horizon 80 de la crise de conscience. Trahard, lui, plaçait jadis au niveau de l'expression littéraire, vers 1720 environ, l'explosion, le déferlement de la nouvelle sensibilité, la manifestation littéraire du sensualisme lockien. Mais les premiers signes avant-coureurs sont antérieurs. En cherchant bien, on les trouverait sans aucun doute au rendez-vous fatidique. « Dès 1680-1690 sont nés des types inédits d'hôtels et de châteaux. » Ils sont l'œuvre de la nombreuse équipe Jules Hardouin-Mansart. Cet architecte est un pluriel, un pluriel libéré par l'achèvement du gros-œuvre dans le complexe versaillais. Le Grand Trianon ne saurait masquer le reflux des commandes du prince accaparé par le grand affrontement militaire de la Succession d'Espagne.

Côté Cour ou côté jardin, peu de chose distingue ces réalisations de celles plus rares du temps de Colbert. Peu de chose. Et pourtant. La première mutation est celle du nombre. Les dernières années du XVIIe annoncent les Lumières, ce phénomène urbain, par une décisive valorisation de l'espace urbain. Les derniers beaux jours de l'aristocratie aux champs se situent peut-être entre 1620 et 1650 ; une robe rouge et blanc dont le tout jeune Mansart a dressé l'archétype à Balleroy porte témoignage de la promotion aristocratique de la nouvelle noblesse issue, au XVIe siècle, de la marchandise détournée par l'État et figée, au XVIIe siècle, dans l'office par la robe. On a relativement peu construit en dehors des grandes commandes officielles, de 1660 à 1680, quand l'élite de la noblesse prend le chemin de la Cour. On construit paradoxalement beaucoup dans les dernières décennies du XVIIe siècle. Ce mouvement de la construction de luxe se situe, et ceci est révélateur, à contre-courant de la conjoncture des campagnes, en corrélation positive il est vrai avec les indices du commerce extérieur.

Au cours des dernières années de Jules Hardouin-Mansart (†1708) à la Direction des bâtiments, puis sous Antin qui y demeure jusqu'en 1736, la construction civile de luxe pivote. Après les belles demeures aux champs de la première moitié du XVIIe, les constructions somptueuses de Versailles, l'ère des hôtels à Paris et en province, reflet des nouvelles orientations de l'économie et de la société, progrès de la ville. Les élites, au seuil de la crise de conscience qui débouche sur la pensée éminemment sociale des Lumières, sont irrésistiblement attirées par l'espace urbain. Oppenord *, Boffrand *, R. de Cotte * et Jumel répondent aux besoins nouveaux créés par la dispersion de la Cour, par le mariage tout neuf de l'aristocratie avec Paris. Voyez les agrandissements du Palais-Royal. Oppenord s'en charge semble-t-il en 1708, R. de Cotte travaille pour le comte de Toulouse. On lui doit la galerie dorée. L'hôtel de Toulouse et le château de Rambouillet, l'hôtel du Maine et le château de Sceaux font partie de ces nouvelles implantations. La désertion du Marais commence, l'aristocratie, la robe et l'argent esquissent un *zoning* social de l'espace urbain. L'épée et l'élite de la robe commencent la colonisation du faubourg Saint-Germain — il s'entoure d'un mur entre 1704-1707, espace privilégié dans la ville dont le plan de Turgot conserve encore la trace —, la finance gonflée par les besoins de l'État engagé dans sa lutte difficile contre la première coalition (Ligue d'Augsbourg et Succession d'Espagne) jette les premières fondations du faubourg Saint-Honoré. L'hôtel Matignon est un bon témoin de cette phase et les folies de la chaussée d'Antin.

Paris n'est pas la France. Cæn, Valognes, Pont-l'Évêque, Bayeux en basse Normandie, Sens, Auxerre, Avallon, Dijon, Beaune, Mâcon, Besançon, Châlons-sur-Marne, Verdun à l'est, Bordeaux, Nantes, Le Havre grâce à la brutale reprise, très tôt, des activités maritimes, conservent les témoins d'un style Régence (d'une Régence qui commence vers 1690). Promotion du réseau urbain en dehors de la capitale, promotion donc de la ville. Cette démonstration vaut, en gros, pour l'Angleterre victorieuse des lendemains de la *Glorious Revolution*, de Guillaume et Marie à la reine Anne.

Répondant à des besoins neufs sur un espace urbain, cette nouvelle architecture, sous une apparence de continuité, s'ouvre à l'innovation créatrice. Extérieurement, la forme est classique. L'hôtel urbain de l'avant-Régence ne rompt pas avec les solutions typiquement françaises du temps de François Mansart et de Perrault. L'apparence, donc, est sauve, l'enveloppe intacte. Le vêtement mais le corps, le corps mais l'âme. L'hôtel de l'avant-Régence dissimule derrière ses façades classiques une décoration en rupture avec le passé. L'avant-Régence en France, au niveau de l'hôtel urbain, c'est essentiellement la fondamentale contradiction du cœur et de l'enveloppe, une nouvelle forme de la décoration baroque dont l'insolite éclate d'autant mieux qu'elle se réfugie derrière l'apparence trompeuse d'une ordonnance extérieure classique. Cette solution française des années 1690-1700 est appelée, à travers l'Allemagne et l'Angleterre, à un demi-siècle au moins d'étonnant succès. Elle exprime à sa manière le partage laïc des pensées. Elle est le symbole même des tensions et des ambiguïtés des systèmes de référence des Lumières.

Entre l'architecture et la décoration, un vieil équilibre est tout à coup rompu. L'architecture de cette avant-Régence de l'horizon 80 de la crise de conscience a pu être considérée — voyez le Palais-Royal d'Oppenord — comme tributaire de l'art du décorateur. L'enveloppe, un moment donc, est travaillée de l'intérieur par l'orgie en volutes d'un baroque qui s'apprête à vivre l'ultime avatar du rococo. Il est facile d'interpréter la transformation de la décoration de l'hôtel urbain, sur l'horizon 1690, comme la résorption d'une anomalie, le rétrécissement de la parenthèse classique franco-anglaise dans le déferlement de l'Europe baroque. Le tournant 1690, c'est cela d'abord, mais un peu plus encore. Cette révolution modeste est capitale, car elle affecte le cadre de la vie. Elle se situe donc dans l'espace le plus chargé de connotations affectives. La mutation du décor qui part de l'hôtel parisien à la conquête géographique et sociale de l'Europe par tranches successives peut se situer grossièrement dans la ligne baroque. Mais entre le baroque théologique et politique au service des affirmations fondamentales de la Réforme catholique, au service de l'élaboration difficile de l'État monarchique, à l'heure des *Stände*, et la décoration voluptueuse qui apparaît sur l'horizon 1690, au service de l'œil pour la fête des sens dans l'intimité élargie du foyer des puissants, la différence est grande.

Puisque la peinture tend au décor, il est naturel de s'y arrêter un instant et, comme tout part de la France et de l'Angleterre et qu'il n'y a pas de peinture autonome anglaise avant le début du XVIIIe siècle, d'interroger l'art pictural français. C'est autour de 1680 que commence la période de transition ; faut-il parler là aussi d'une pré-Régence? Cherchant à caractériser le passage, Albert Châtelet, après d'autres, nous propose une Régence conquérante, conséquence d'une histoire excessivement fractionnée. 1715-1723 « n'ont pu suffire à la naissance d'un nouveau style. Elles ont seulement connu l'épanouissement d'une évolution qui s'était amorcée dans les dernières décennies du XVIIe siècle et qui sera encore vivace après la mort du Régent. En fait, c'est sur plusieurs décennies que s'étendent les manifestations picturales de cette époque de transition. Elles apparaissent autour de 1680 dans les œuvres des peintres qui se font alors connaître à Paris. » On pourrait placer sur une première ligne Largillière, Rigaud, Desportes et Antoine Coypel. Largillière est né en 1656, Rigaud en 1659, Coypel et Desportes en 1661 ; puis, sur une seconde ligne, la génération brillante qui compte Jean-François de Troy (1679-1752), Oudry (1686-

1755), Le Moine (1688-1737) et, bien sûr, Jean Antoine Watteau (1684-1721). L'alignement pictural français passe curieusement par une orientation en direction du nord, par une redécouverte de Rubens. Le tournant pictural français se situe bien à la hauteur de la génération de Largillière et non à la hauteur de celle de Watteau : en un mot, la victoire des rubénistes sur les poussinistes. « C'est du Nord que vient le goût d'une palette vibrante comme la recherche d'une traduction des qualités tactiles de la matière qui s'affirment alors. De là, également une faveur nouvelle pour les sujets de genre. » (J. Thuillier, A. Châtelet.) Mais un changement de la thématique suppose surtout une modification au niveau de la commande. De la mythologie héroïque, l'aristocratie de la naissance, de la charge et de la finance passe « aux amours des dieux et aux scènes galantes ». Le marché se modifie. L'État, son implantation versaillaise achevée, absorbé par d'autres tâches, s'efface. « Les grandes entreprises décoratives deviennent rares. » L'hôtel urbain, sur un espace cher, a tendance à sacrifier les galeries somptueuses aux appartements intimes.

L'infléchissement social de la commande, l'évolution du goût, la promotion du corps, le raccourcissement eschatologique qui s'amorce — retour des pensées sur les choses —, la réduction et le morcellement des surfaces à couvrir contribuent à l'importante modification des thèmes. Des thèmes qui appellent le coloris frais de la chair féminine adolescente. La modification s'insinue là même où on ne l'attend guère. Quand Louis XIV vieillissant donne à travailler pour ses petits-enfants, l'art né dans le laboratoire trouble des nouveaux hôtels parisiens s'infiltre dans la commande officielle. Voyez les aménagements de la Ménagerie de Versailles pour la toute jeune duchesse de Bourgogne, en 1699, bientôt suivis par les transformations du château de Meudon destiné au Grand Dauphin. C'est au même moment que le mobilier à son tour esquisse une évolution. Il faut meubler les nouveaux hôtels. Le meuble devient un peu moins encombrant, il sera un peu plus nombreux. Le fauteuil et la chaise, « qu'un dossier moins volumineux et plus confortable rend plus mobiles, qu'une sculpture dorée et fouillée rend précieux par leur bois même et non plus seulement par leur garniture » (P. Verlet), font place à la courbe. Voyez le pied Régence : il apparaît peu avant 1700, il esquisse par la base la courbure Louis XV. Le corps prend ses aises. Le lit de repos et la chaise longue sont les auxiliaires d'un art plus détendu de la conversation, ils apparaissent dans les intérieurs privilégiés sur l'horizon 1700. Le lit allège ses superstructures, les tentures reculent, le grand lit à colonnes s'efface dans une pièce mieux chauffée. Les accessoires se multiplient : la banquette à billard, qui est née à la fin du XVIIe, s'affirme; le pied de table, le guéridon, la « chaise d'affaires », d'une facture raffinée et discrète qui la transforme en fauteuil ou en tabouret chargé d'in-folio, les petites tables ambulantes et des commodes plus petites, plus légères, qui commencent à s'élever au-dessus du sol, tous ces meubles plus nombreux et variés sont indissociables de la nouvelle décoration qui fait place à l'imprévu, à la courbe, à l'entrelacs avec, de-ci de-là, une pointe discrète d'érotique.

●

Tels sont quelques-uns des aspects de ce tournant des années 1680-1700. L'interpréter? Tout d'abord, bien le replacer à sa véritable dimension. Rien d'absolument fondamental n'oppose l'esthétique des Lumières à l'esthétique des années 1620-1680, que nous appelons, faute de mieux, l'esthétique de l'Europe tout à la fois baroque et classique. Rien de comparable à la flexure qui oppose, de part et d'autre de la première Renaissance, l'esthétique traditionnelle de la chrétienté médiévale au temps tout d'un bloc solidaire qui suit le tournant du retour à l'antique. A l'intérieur de ce *continuum* où les périodes se succèdent suivant des chronologies différentes — longtemps en gros l'Italie anticipe, l'Europe méditerranéenne ne perd son primat dans l'invention et dans la diffusion des formes qu'aux alentours de 1700 —, les styles s'engendrent par glissement, ils ont la plasticité dynamique des structures autonomes formées. Les très grandes modifications, osons bien le dire, sont nettement antérieures ou nettement postérieures. Le XVIII° a affirmé de toute manière sa solidarité avec le passé, entendez à la fois la rupture avec l'esthétique médiévale et la reconnaissance de l'antique comme archétype des arts et des formes. La grande cassure dans l'ordre de la pensée, voyez Voltaire, le XVIII° siècle la situe au niveau de la mathématisation de la connaissance, avec la naissance de l'analyse algébrique et avec la physique galiléenne, mais, au plan de l'esthétique, il affirme inlassablement sa solidarité moins avec l'antique qu'avec l'antique réinterprété dans les canons de la Renaissance italienne. A telle enseigne que la plus importante mutation esthétique du XVIII° siècle, celle des années 1750, est indissociable, nous le savons, d'un nouveau regard sur l'antique, d'une promotion de la connaissance historique. On sait à quel point la découverte du dorique archaïque de Sicile, l'étude archéologique des formes antiques désitalianisées auront été fécondes et libératrices. Elles ont permis un changement venu du Nord (l'Angleterre précède la France) qui ébranle et remodèle dans son ensemble l'espace de l'Europe des formes. Que la victoire des rubénistes ou la naissance du Louis XV à travers la première volute du pied de chaise Régence ne nous affole pas — le XVIII° siècle est tout entier solidaire des options de la Renaissance italienne dans ses aspects classiques, de la Renaissance réinterprétée par l'âge baroque italien dans ses aspects rococo et roca e. C'est elle qui est révolutionnaire et rien de comparable dans l'ordre esthéti e ne se produira avant le XIXe siècle. La Renaissance italienne commande par s modèles, par le pèlerinage à Rome qui reste obligatoire pour l'artiste du No , mais aussi par l'écrit. La Renaissance italienne ici, le baroque italien là. Qua sir Christopher Wren a reconstruit Saint-Paul, édifiant le second lieu de cul par la taille, de la chrétienté, Wren, l'ancien maçon, le moins suspect de cultu livresque, n'en a pas moins sous les yeux, par la gravure ou les *vedute*, les mc dèles italiens. Comment ne pas voir la filiation entre Saint-Paul et le modèl italien qu'il a sûrement choisi, Sainte-Agnès-in-Agone bâtie de 1625 à 1657 pa Borromini et Rainaldi ? « Il est clair, note E. H. Gombrich, que bien qu'il n< soit jamais allé à Rome, Wren a suivi l'architecte baroque dans la conception générale comme dans l'effet. » Saint-Paul est beaucoup plus vaste que Sainte-Agnès, « mais comme elle, elle comporte une coupole centrale, des tours latérales et un portique d'inspiration romaine encadrant l'entrée principale ». Même analogie entre les tours, surtout en ce qui concerne le second étage. Wren, certes, s'inspire librement avec la marque de son génie propre : « La façade de Saint-Paul n'est pas incurvée, la suggestion de mouvement a disparu pour faire place à la robustesse et à la stabilité. »

Empire de la forme, empire aussi du livre. Que penser de la tyrannie du pseudo-Vitruve, le Vitruve revu et corrigé, glose de la glose, commentaire du commentaire, à la lueur de l'édition italienne du XVIe siècle, indéfiniment reprise, traduite, adaptée à travers toute l'Europe du livre. Vitruve a l'excuse de l'antique, mais Palladio ? A bien des égards, Andrea di Pietro, dit Palladio (1508-1580), aura été pour l'Europe des Lumières un contemporain capital. Son œuvre architecturale est mince comparée à l'influence de ses écrits. L'Angleterre du XVIIIe siècle a vu Rome à travers ses planches. On lui doit en tant qu'architecte la basilique de Vicence, la villa Rotonda qui date de 1550, aux quatre façades identiques, « chacune comportant un portique de temple ionique et l'intérieur est une salle qui rappelle le Panthéon ». L'absurde dans l'imitation servile d'un antique interprété à contresens. Palladio, en fait, a un autre titre de gloire : on lui doit, pour l'essentiel, le fameux théâtre Olympique de Vicence, l'idée sinon la réalisation, puisque le travail ne fut achevé qu'en 1585, cinq ans après sa mort. On verra le rôle que joue le théâtre de Palladio dans une des révolutions qui marquent le plus profondément l'esthétique solidaire des XVIIe et XVIIIe siècles, la scène d'illusion à l'italienne. Palladio, par la scène de Vicence, aura contribué sans le savoir à la construction, bien modeste ent derrière Galilée, d'une nouvelle et combien féconde conception de l'univers. Depuis l'édition d'Oxford de 1709 dont les in-folio ont un prestige incomparable, Palladio exerce une véritable fascination sur l'architecture anglaise. Il aura contribué à maintenir en Angleterre un bastion de classicisme architectural froid tout au long du premier XVIIIe siècle. L'Angleterre, bastion classique assiégé, comme la France des années 1660-1680, par une Europe baroque des formes. Construire sa villa dans le style palladien apparaît comme le dernier mot de l'élégance. Chiswick House près de Londres est un bon exemple d'une architecture palladienne, qui semble anticiper à certains égards d'un demi-siècle notre Louis XVI. Chiswick House est un peu le cas limite. « Le corps central dessiné pour son propre usage par cet arbitre du goût que fut lord Burlington (1694-1753) » a été commencé vers 1725, décoré par William Kent (1685-1748) ; c'est une véritable imitation, presque un pastiche, de la villa Rotonda de Palladio. Comme tant de demeures de la classique Angleterre, Chiswick House peut bien comporter « un certain nombre d'ailes de pavillons dont l'agencement » fait superficiellement penser au Belvédère de Hildebrandt. A l'inverse de Hildebrandt, toutefois, « les auteurs de cette demeure ne transgressent nulle part les règles strictes du style classique. Le noble portique présente des formes semblables à celles d'un temple antique de style corinthien [Palladio à la villa Rotonda avait choisi l'ionique]. Les murs sont simples et nus ; pas de courbes, pas de volutes, pas de statues couronnant l'édifice, pas de décor rocaille. »

Mais la doctrine de la continuité, de la totale solidarité avec l'archétype italien du XVIe siècle a été formulée un peu partout dans l'Europe des Lumières. Nulle part, peut-être, avec plus de naïveté que dans l'Angleterre de la seconde moitié du XVIIIe siècle par sir Joshua Reynolds (1723-1792), qui est avec Hogarth (1697-1764) et Gainsborough (1727-1788) l'un des trois grands de la peinture anglaise. A la différence de Hogarth, modeste artisan de la gravure, Reynolds a suivi la tradition continentale du voyage italien. Promotion sociale au milieu du siècle, si l'on veut, de la peinture anglaise. Il pensera avec les amateurs du marché anglais, si différent sur ce point du modernisme déterminé du marché français, que les maîtres de l'Italie du XVIe siècle renaissant maniériste ou baroque (suivant une terminologie que le XVIIIe siècle ignore), Raphaël, Michel-Ange, le Corrège et Titien « demeurent comme des exemples incomparables de perfection artistique. Il fera sienne la doctrine attribuée au Carrache selon laquelle il n'y a de salut pour un artiste que dans l'étude attentive et dans l'imitation du meilleur de chacun de ces maîtres, le dessin de Raphaël, le coloris du Titien. » En tant que président de la Royal Academy nouvellement créée,

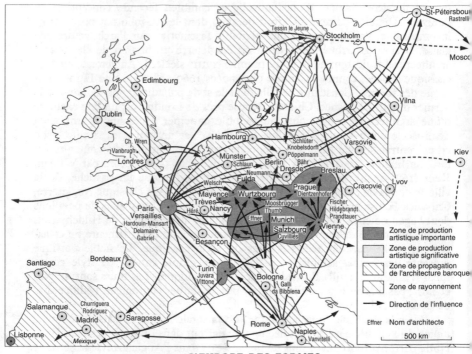

45. L'EUROPE DES FORMES
(*D'après le* Westermanns Atlas zur Weltgeschichte.)

L'axe de diffusion des formes baroques s'est déplacé vers le nord. Il couvre désormais toute la zone alpestre, Allemagne du Sud, Allemagne rhénane, Autriche, Bohême, Bavière. Paris diffuse une esthétique classique qui a beaucoup concédé au décor, à l'intimité des intérieurs. Londres est partagée. Dans l'ensemble, Paris isole et encercle l'empire italo-allemand des formes. Une chose est sûre, l'Europe des Lumières sur le plan de l'esthétique est moins uniformément française qu'on ne s'est plu trop souvent à l'affirmer. Elle se partage sensiblement en deux secteurs d'importance à peu près équivalente.

en une série de discours appelés à une large diffusion, Reynolds exposera avec autorité cette doctrine « académique » : Reynolds, comme tous les artistes et tous les amateurs de l'époque des Lumières, croit à l'étude systématique des maîtres de la Renaissance italienne ; de l'étude de l'antique à travers l'Italie du XVIᵉ siècle se dégage un ensemble de règles dont l'application est, avec beaucoup de métier, un des secrets de l'art.

Le modèle italien est une des clefs de l'esthétique des Lumières jusqu'au tournant du milieu du siècle, cette demi-rupture qui en appelle, du modèle antique trahi au XVIᵉ siècle au modèle antique restitué par les jeunes sciences auxiliaires de l'histoire, de Vitruve et de Palladio, à la vigueur archaïsante du dorique monumental de la Grande Grèce. De part et d'autre de 1750 pourtant, le beau des Lumières reste étroitement solidaire des choix de la Renaissance. Solidaire conscient des choix de la Renaissance italienne, le XVIIIᵉ siècle l'est aussi sans le savoir des tensions tragiques de l'art européen, au tournant des XVIᵉ-XVIIᵉ siècles. L'esthétique des Lumières, par-delà le choix global des moyens du XVIᵉ siècle, continue de vivre la tension tragique du tournant fondamental du début du XVIIᵉ siècle. Contemporaine de la mathématisation et de la physique galiléenne, la tension au sein d'un même système des aspirations classiques et baroques appartient à l'héritage intégré à l'esthétique des Lumières.

H. Wölfflin qui, depuis son *Renaissance et Baroque* jusqu'à ses *Principes fondamentaux de l'histoire de l'art*, s'est appliqué à dessiner le tournant décisif, à la fin du XVIᵉ siècle en Italie, au début du XVIIᵉ hors d'Italie, de la Renaissance au baroque a posé d'une manière toujours valable ce qui peut être considéré comme les deux pôles antithétiques et indissociables du système esthétique commun au classicisme et au baroque, d'un système qui appartient au XVIIᵉ et au XVIIIᵉ siècle. Entre ces deux pôles, le XVIIIᵉ siècle oscille, comme l'avait fait la période antérieure de 1621 à 1680, dont le XVIIIᵉ est solidaire. D'une part une option linéaire et plastique, de l'autre une option picturale. La figure arrêtée en ses contours dans l'option classique se dissout en image mouvante dans la vision baroque ; l'être n'est plus conçu comme immuable essence mais comme perpétuel devenir ; l'absolu n'est plus le parfait mais l'infini. La vision classique, répète-t-on, projette le spectacle, coupe les rayons de la « pyramide visuelle ». « La vision baroque pénètre l'espace en profondeur. » « Le classique procède par analyse [...] le baroque fait de la synthèse. » « Le classique exige l'absolue clarté ; le baroque préserve une obscurité relative. » Bernard Teyssèdre rappelle enfin avec raison qu'aucun de ces cinq concepts n'a de consistance autonome, de position absolue. Ne pas oublier l'intime cohérence des choix essentiels qui gravitent autour de deux pôles principaux, « la plénitude de l'être et la fluidité de l'apparaître » ou « le besoin d'ordre et l'aspiration à la liberté ».

A ce niveau de généralité, XVIIIe et XVIIe siècle ne se saisissent bien qu'ensemble dans la mesure où toute la pensée des Lumières découle, nous avons vu comment, des évolutions et des choix du début du XVIIe siècle. Reconnaissons-le, l'abandon du monde clos, de la physique statique des qualités pour l'univers infini de la physique mathématique, d'une connaissance essentielle pour une organisation phénoménologique des apparences, incline, par analogie et compensation, vers l'alternative baroque du système esthétique issu des choix globaux de la Renaissance. L'absolu identifié à l'infini, la vision en profondeur, la composition ouverte et le colossal appartiennent à l'analogie. Le choix en faveur de la synthèse et du clair-obscur est de l'ordre de la compensation.

Le baroque demeure la réponse artistique la plus parfaitement cohérente, peut-être, à la révolution intellectuelle du début du XVIIe siècle. Dans la mesure où la petite révolution intellectuelle des années 1680-1700 remet en cause les solutions provisoires proposées en attente sur l'horizon 1620-1640, il est à peu près fatal qu'elle relance dans la conscience artistique, en les développant, les réponses proposées par les artistes baroques du XVIIe siècle. Le premier baroque, dans son essence, est théologique. L'énorme poussée des basiliques, des abbatiales, des monastères, dans l'Allemagne catholique et l'Europe danubienne de 1680 à 1720, correspond à une extraordinaire vitalité religieuse dans ce secteur de l'Europe. Le siècle des saints culmine en France entre 1630 et 1650, il y a décalage chronologique à l'est d'un bon demi-siècle. Le baroque religieux au début du XVIIe siècle peut être considéré comme une tentative de réponse concrète et compensatrice aux défis lancés à la représentation intellectuelle de chrétienté, par l'univers infini écrit en langage mathématique, d'où Dieu, *Deus absconditus*, fuit à l'infini de sa totale transcendance. En marquant la distance de Dieu au créé, en sapant les bases de la théologie naturelle scolastique, la révolution intellectuelle de la première moitié du XVIIe siècle aboutit à une théologie beaucoup plus essentiellement centrée sur le mystère de l'Incarnation. En refusant l'interpénétration anodine du sacré dans le quotidien, elle esquisse une religion dualiste piétiste de l'attente quelque peu passive de l'accomplissement du royaume de Dieu. 1620 a esquissé le partage laïc qui, nous l'avons vu, triomphe dans la pensée du XVIIIe siècle, en permettant de sauver l'essentiel au prix de la délimitation des deux fors. Dans ces conditions, l'espace sacré du culte devient espace-refuge débouchant sur la réalité tangible du supranaturel. Même au prix d'une certaine illusion dont elle partage les techniques avec le théâtre baroque où le jeu se déroule sur une scène lointaine séparée du public, une scène d'illusion qui permet d'affirmer à sa manière l'existence d'une réalité distincte. Donner des preuves presque matérielles de l'existence d'un milieu divin nettement séparé, c'est ce à quoi tend l'Église baroque depuis le Bernin et Borromini, c'est ce que fait à la perfection le baroque allemand en plein siècle des Lumières. Affirmer l'existence de l'au-delà que déistes et athées rejettent, affirmer l'existence d'un au-delà qui est un refuge, c'est à la limite la seule manière acceptable, pour les secteurs les plus rationalistes de l'opinion éclairée, de concevoir la religion. Deux mondes peuvent coexister ainsi qui ne risquent pas de se rencontrer. La basilique du XVIIIᵉ siècle peut être interprétée comme l'affirmation d'une église triomphante, dans un premier mouvement ; elle est tout aussi bien l'expression du partage laïc, de la vie autonome du monde rationnel et de l'au-delà. A certains égards rien de plus significatif que Saint-Jean-Népomucène. Egid Quirin Asam * « possédait une maison à Munich et, vers l'âge de quarante ans, il commença à se préoccuper de sa gloire posthume. En 1731, il décida donc de construire à côté de sa propre maison une église dont il serait le propre donateur. Dédié à saint Jean Népomucène, l'édifice fut bâti entre 1733 et 1750. C'est une très petite église qui a moins de dix mètres de large ; relativement haute et étroite, munie sur tout son pourtour d'une tribune peu profonde, elle comporte deux autels, l'un au rez-de-chaussée, l'autre au-dessus, dans la tribune. Cette dernière repose sur les doigts de termes pirouettant ou d'anges-cariatides penchés plus ou moins en avant. La corniche supérieure s'élève puis s'abaisse, les couleurs sont des ors sourds, des bruns, des rouges sombres qui brillent soudain dans l'ombre quand la lumière les effleure [...] La fenêtre haute, à l'est, est placée de telle sorte qu'un groupe de la Sainte Trinité se détache à contre-jour : Dieu le Père tenant le crucifix est surmonté par l'Esprit Saint. Ils sont entourés d'anges et donnent une impression à la fois de fantastique et de merveilleuse réalité. » Pevsner, à qui nous empruntons ces considérations, n'hésite pas à placer Saint-Jean-Népomucène à la pointe de la perfection du baroque religieux, avant même ces sommets que sont l'église de Rohr, de Weltenburg ou le *Trasparente* de la cathédrale de Tolède, dans la mesure où il est sensible à la coordination parfaite « d'une composition strictement architecturale avec de simples trompe-l'œil, le tout produisant une extraordinaire sensation de surprise qui peut se muer, sans effort, en ferveur mystique ».

Cette impression d'indéniable réalité de l'au-delà, d'un inaccessible promis aux hommes par le sacrifice unique et parfait offert sur la croix et perpétuellement actualisé sur l'autel, on la retrouve dans toutes les églises des années 1670-1750, en Allemagne du Sud, en Autriche, en Espagne. Voyez les Théatins à Munich, la chartreuse de Grenade, les aménagements destinés à mettre en valeur le *Trasparente* de Tolède. Narciso Tomé a réalisé ce chef-d'œuvre théâtral. Le rituel catholique ne tolérant pas « qu'en faisant le tour du déambulatoire, les fidèles puissent passer derrière le tabernacle [on imagine] un dispositif [...] qui permette de voir et d'adorer le Saint Sacrement du déambulatoire comme de la nef ». Au centre, un ostensoir en verre, le *Trasparente*, où l'hostie, corps du Christ, occupe le point focal « d'un décor d'autel d'une magnificence inouïe dont la mise en place fut terminée en 1732 ». Tout un ensemble de trompe-l'œil grandit l'espace autour du corps du Christ, tandis que le ciel est présent au-dessus du lieu sacré où se réalise le mystère de l'Incarnation dans le sacrement de l'autel. « Des anges entourent l'ostensoir pour en masquer les supports et, de leur groupe, notre œil s'élève vers les personnages en marbre polychrome d'une Cène qui se déroule à une hauteur prodigieuse sous les pieds mêmes de la Vierge en Assomption. Pour augmenter cette impression d'apparition miraculeuse, tout ce décor baigne dans une lumière qui prend sa source en arrière de nous, d'une manière qui n'est pas sans rappeler l'éclairage indirect de nos théâtres modernes. L'architecte a supprimé les voûtains d'une demi-travée du déambulatoire [...] Il a couvert les bords de cette brèche d'une foule d'anges puis l'a coiffée d'une vaste cloche avec une fenêtre. Un flot de lumière dorée s'en échappe, vient frapper les anges, inonde la travée du déambulatoire où se tient le visiteur, et, finalement, illumine l'autel, ses statues et son ostensoir. Quand, pour contempler la source de cette lumière surnaturelle, nous levons les yeux, nous apercevons au-dessus des anges, dans la clarté éblouissante de la vitre, le Christ trônant en majesté entouré par les prophètes et les célestes multitudes. » (N. Pevsner.) A Tolède comme à Munich, présence physique de l'au-delà. Aussi réelle que les *Lettres philosophiques*, dont cet art est l'exact contemporain. Cette simultanéité entre deux espaces-temps presque sans contact conduit à une fausse contemporanéité.

Cet art est aussi un art du contact. Il s'efforce de traduire, avec un ensemble de moyens matériels, la rencontre avec le Dieu caché. La *Transverbération de sainte Thérèse* du Bernin rend compte à sa manière de l'expérience mystique. *La Mort de sainte Scholastique*, de Jean II Restout * vers 1730, s'efforce de concrétiser, avec moins de conviction, mais du métier et un certain bonheur, la présence du ciel. La *Transverbération* a une descendance à travers le baroque du XVIIIe siècle.

Le contact s'établit au niveau du saint sacrement. C'est pourquoi le *trasparente* est un élément presque obligatoire du baroque religieux, entendez le baldaquin imité du Bernin ; l'autel central de Vierzehnheiligen, point de convergence des regards et de tous les éclairages, centre focal de toutes les trajectoires elliptiques qui enserrent l'espace sacré de la basilique, met en valeur physiquement le mystère de l'inexprimable. La transsubstantiation, réponse catholique à l'éloignement infini dans l'espace mathématique indéfini de Dieu, *Deus absconditus*, est enserrée dans la pédagogie naïve, réaliste et efficace de l'architecture baroque. C'est au service de la transsubstantiation que le baroque religieux s'est placé : la transsubstantiation que la Cène protestante refuse, l'Incarnation que rejette la pensée philosophique, le Dieu impersonnel (*Deus sive Natura*) de Spinoza n'en a cure, puisque immanent du monde, le Grand Architecte de l'univers se désintéresse de son œuvre de plus en plus autonome chez les successeurs de Newton. L'architecture religieuse du premier XVIIIe siècle, solidaire du Bernin et de Borromini, est une architecture de combat, de Contre-Réforme au XVIIe, elle s'adapte sans difficulté à l'apologétique anti-philosophique du XVIIIe. Elle est démonstration de la Réelle Présence. L'Europe protestante a les mêmes problèmes, à quelques nuances près. Le protestantisme à tendance piétiste qui prend corps à la fin du XVIIe, en réponse au dessèchement rationaliste, est aussi religion de l'au-delà et, plus encore que la Réforme catholique, au service du *Deus absconditus*, donc de l'Incarnation, une incarnation réalisée dans le sacrifice unique et parfait, donc inactualisable. L'architecture de pierre et de stuc est impuissante à exprimer ce qui est d'éternité. Le miracle que le contrepoint architectural est incapable d'évoquer ici, le contrepoint musical, la cathédrale de sons et d'accords des grandes orgues de Silbermann au service de Bach, s'efforce de l'obtenir. Et c'est dans cet esprit que Pevsner a pu dire, à propos de Vierzehnheiligen : « Ce style est à l'architecture ce que la fugue est à la musique. »

Le baroque civil a mis au service de l'État, dans une société d'ordres, des moyens conçus au départ pour la démonstration du surnaturel. Les paysans, qui sont admis, certains jours de l'année, à contempler les décorations des palais princiers de l'Allemagne alpestre et de l'Europe danubienne, reçoivent communication de l'insurmontable distance qui les sépare de l'univers des ordres supérieurs qui est aussi celui du prince. Mais, du même coup, ce monde supérieur se donne à connaître. Le palais baroque est au service d'une communication, au même titre que la basilique. Pour la fête qui marque couronnement, mariage, baptême princier, l'État princier réduit de l'Europe médiane se donne à connaître, à aimer et à servir dans un élan affectif qui a sa valeur et son efficace.

En un mot, l'esthétique du XVIIIe siècle est largement solidaire de celle de la Renaissance et, étroitement, du baroque du XVIIe siècle. Mais il convient de se rappeler que le baroque est issu, historiquement, au moment du tournant fondamental de la pensée européenne, de la Renaissance, donc d'une esthétique classique ; que la France vers 1660-1680 et l'Angleterre, à l'époque de Jones, de Wren et des palladiens, du temps de la reine Anne et du premier George, ont pu maintenir dans un océan baroque des mers de classicisme. Le baroque est une possibilité à l'intérieur du système plastique issu de la Renaissance, l'antithèse dans un système qui comporte une thèse classique. L'océan baroque peut donc à tout moment réengendrer son apparent contraire qui est seulement son complémentaire. L'esthétique du xviiie siècle s'insère dans une structure pluriséculaire faite, tout d'abord, d'un ensemble de données, de moyens, de formes, de conditions économiques et sociales faiblement évolutives. Société et économie du xviiie siècle sont, dans l'ensemble, plus riches, mais la mutation vient après. Des améliorations techniques, des innovations de détail, mais le xviiie siècle recourt nécessairement à des moyens un peu mieux maîtrisés dont les architectes, les peintres et les musiciens de la Renaissance et du premier baroque disposaient avant lui. La commande, enfin, ne se modifie pas fondamentalement avant la seconde moitié du xviiie siècle. Voilà pourquoi le niveau des années 1680-1720, celui du creux démographique et de la crise de conscience européenne, se situe beaucoup plus sur un plan de continuité que sur un plan de rupture esthétique. Mais ce tournant modeste est un tournant certain. Il peut se caractériser par un ensemble de signes irréfutables : nouvel élan donné, dans l'Allemagne catholique et l'Europe danubienne, au baroque religieux et au baroque d'État. Construction dans l'Allemagne protestante de l'infrastructure du contrepoint d'orgue à son apogée ; en France et en Angleterre des novations subtiles : l'Angleterre prend la relève de la France classique tandis qu'en France un détournement de l'État, l'arrivée d'une nouvelle couche sociale, la promotion de l'espace urbain et la promotion du corps dans un reflux de la Réforme catholique et dans le trouble de la crise de conscience favorisent l'élaboration d'un nouveau décor au service subtil des sens.

●

Le tournant pris, on ne peut échapper à une rapide étude sectorielle. C'est par le théâtre et la musique qu'il faut commencer. La musique domine tout le xviiie siècle et c'est là que le siècle des Lumières atteint son sommet : Bach et Mozart. On peut suivre d'autres voies, on ne peut aller au-delà ; l'absolu, une seule fois, a été atteint. Mais le théâtre ? De cette grande liturgie sociale, le xviiie siècle a eu la passion. Et pourtant, dans l'ordre de la comédie et de la tragédie, ses réussites sont fugaces. Le xviiie a écrit au théâtre pour son plaisir ou son édification, il n'a rien légué de comparable au siècle qui le précède : Shakespeare, Lope de Vega, Calderón, Corneille, Racine ; le xviie siècle a été pour l'Europe le siècle unique du poème tragique. Marivaux, Voltaire, Goldoni, Sedaine, Alfieri, Goldsmith, Beaumarchais, Lessing, ni même le Goethe de *Götz von Berlichingen*, pour estimable que soit leur effort, ne font, avec le recul de l'histoire, réellement le poids. C'est intimement associé à la musique que le xviiie siècle exprime son génie théâtral. Le théâtre du xviiie siècle, c'est l'opéra : Jean-Philippe Rameau, Pergolèse, Haendel, Gluck. Après Mozart, une page est tournée. Né à l'aube du xviie siècle, l'opéra écrit ses plus belles partitions au xviiie ; il se survit après, spectacle d'antiquaire, témoin d'une société résolument périmée.

L'opéra, il faut bien commencer par lui — avantage énorme —, s'inscrit dans une chronologie courte : il est né dans l'Italie baroque, au début du xviie siècle, dans une société aristocratique, c'est-à-dire dans l'opulence, « et rien ne fut épargné pour que l'enfant fût paré d'atours dignes de lui ». L'opéra voit le jour dans l'Europe méditerranéenne qui, au début du xviie siècle, reste, pour un siècle encore, le laboratoire esthétique de l'Europe. Au départ, c'est un spectacle de Cour : « le public se compose de princes, de courtisans, d'ambassadeurs ». Voyez la liste des invités au mariage de Marie de Médicis avec Henri IV, le 6 octobre 1600 à Florence ; les historiens du spectacle, amoureux de la datation fine, s'entendent pour inscrire en face du 6 octobre l'acte de baptême du spectacle d'opéra. Enfin, autre date italienne, c'est en 1637, avec l'ouverture à Venise du San Cassiano, que se place le premier spectacle public d'opéra. Spectacle de riches d'abord. A Venise, au San Cassiano, le prix d'entrée de 4 lires vénitiennes est énorme. Mais le succès est tel, la catharsis sociale de ce spectacle de Cour popularisé si évidente, que, le prince aidant et la demande montant, irrésistible, les prix baissent. A partir des années 70 du xviie siècle, le spectacle d'opéra pour le peuple des villes, dans cette vieille civilisation de l'*agora* qu'est l'Italie, est ouvert presque à tous. L'opéra double désormais en Italie la liturgie religieuse d'une liturgie sociale. De son centre de rayonnement italien, l'opéra, par ondes concentriques, a gagné l'un après l'autre les différents espaces culturels de l'Europe baroque. La France est touchée une première fois en 1647, une troupe italienne interprétant à Paris l'*Orfeo* de Luigi Rossi. L'Allemagne, au plus tragique de l'effondrement démographique et économique qui suit la guerre de Trente Ans, dès 1650, voit apparaître des théâtres fixes au service de cette possibilité d'évasion qu'offre l'art des Italiens. Vienne (l'italienne) possède dès 1652 un bâtiment d'opéra construit par Giovanni Burnacini, Hambourg en 1678, suivi de Munich, de Dresde fière de son Opernhaus en 1719. Berlin doit attendre 1742. Inigo Jones fut en Angleterre l'introducteur de l'opéra et c'est en 1656 que fut donné « à Rutland House, domaine de d'Avenant, le premier opéra anglais, *The Siege of Rhodes* ».

Pourquoi ce succès ? On peut y voir deux causes. Son rôle de pont social dans une société fortement hiérarchisée. La participation du petit peuple du parterre et de la dernière galerie à un spectacle de Cour joue au même titre que la fête baroque ou l'entrée rituelle à dates fixes du peuple des campagnes dans les jardins et la galerie de la résidence princière, un rôle de fédérateur. Il rend, en l'atténuant un instant, supportable l'indispensable distance sociale ; il maintient le minimum de communication nécessaire à l'équilibre politique ; il constitue, en outre, le contrepoids de l'évolution irrésistible de l'art musical. La musique médiévale est une polyphonie vocale. La musique instrumentale déferle à partir du XVIe siècle. Elle va refouler progressivement la voix humaine. Outre qu'il n'est pas facile de remplacer la voix, le plus riche et le plus sensible de tous les instruments, cette rupture ne va pas sans provoquer des résistances. On sait le refus des calvinistes d'accepter pour le culte d'autre aide que le chant. Bach, lors de son séjour à Coethen (1717-1723), en fera cruellement l'expérience. L'opéra est un autre moyen, sorte de choral profane, de maintenir au chant sa place, accompagné, aidé, porté par la voix puissante de l'orchestre.

L'opéra est intimement associé en outre à une innovation capitale de l'Italie baroque : la scène d'illusion. C'est sur une scène éloignée du public, isolée par le proscenium et la fosse de l'orchestre, que le poème musical déroule son spectacle conventionnel. C'est en Italie, en Italie toujours, que le théâtre a pris au XVIIe siècle la forme que le XVIIIe siècle a, pour l'essentiel, à quelques aménagements près, reçue et léguée au XIXe. Hélène Leclerc, qui a écrit l'histoire de cette transformation capitale dans une étude qui fait autorité, résume ce qui constitue peut-être le legs essentiel de l'Italie sur ce point à l'Europe des Lumières : « La scène d'illusion en perspective avec sa machinerie sertie comme un plateau magique derrière l'encadrement du proscenium et la salle en étages des loges qui ont recueilli indistinctement toutes les formes du drame jusqu'à la réaction récente en faveur de la " scène ouverte ", ne visant plus au simulacre d'un autre lieu, sont des inventions de l'Italie de la Renaissance et du XVIIe dont la veine littéraire s'étiolait mais dont le génie plastique se transformait et proliférait. » Pour Hélène Leclerc, « cette conception répondait aux aspirations d'une société éprise d'ostentation ». Se borner à cette constatation serait sans doute rester à la surface des choses. La signification de la mutation au XVIIe de l'espace théâtral est vraisemblablement beaucoup plus profonde. La scène et la salle achèvent de former au XVIIIe siècle, lorsqu'en 1759 à Paris le dernier vestige de l'interpénétration disparaît avec les banquettes de scène, deux mondes résolument séparés. A l'heure d'une connaissance phénoménologique, la scène est à l'image du monde dont le savant ne saisit qu'un reflet ; entre le public et la scène, la distance est tout autant projection de l'espace social dans une société d'ordres dont l'éventail est largement ouvert. On peut contester cette assimilation rapide de l'espace privilégié du spectacle à la structure mathématique abstraite de l'univers infini, totalement insaisissable dans son essence ; mais une chose est sûre : ce qui se passe sur la scène, les techniques que l'art de l'ingénieur met au point grâce à la connaissance d'une géométrie physique de la lumière, inspire l'architecte du baroque religieux. Les auteurs des *trasparentes*, les architectes des grandes basiliques baroques ont tiré profit des leçons de la scène italienne. On peut même se demander dans quelle mesure la philosophie mécaniste de l'univers n'a pas bénéficié, au même titre que de l'art de l'ingénieur, de l'art de l'ingénieur de la scène, le machiniste créateur d'illusion. L'éducation phénoménologique des Lumières passe par l'opéra, microcosme de l'univers mécaniste, dépourvu, comme le théâtre d'illusion, de toute réalité essentielle.

« L'Italie a trouvé une des formes d'expression les plus originales de son génie plastique dans la scénographie, cet art d'illusion optique dont la naissance et les avatars sont intimement liés aux avatars de la perspective [...] » C'est au xviie que la scénographie devient l'art du décor de théâtre en perspective. Les premières bases en avaient été jetées par Sebastiano Serlio dont le *Second Livre de perspective* paraît à Paris en 1545. A partir de la *Pratica della perspettiva* de Daniele Barbaro, parue à Venise en 1568, le rythme des publications et de la recherche se précipite. Au mathématicien Guido Ubaldus le mérite de poser (dans le *De Scenis* paru en 1600) « les bases mathématiques de la scénographie en élaborant la théorie des points de fuite de la perspective ». Une machinerie complexe se développe parallèlement et l'architecture entre en ligne. Nicola Sabbattini, dont la *Pratica di fabricar scene e macchine né teatri*, publiée à Pesaro en 1637-1638, est appelée à un succès durable, est architecte de formation. Après les décors à glissières, voici la lourde mécanique des prismes tournants (*la scena versatilis*). Inigo Jones se fera en Angleterre le défenseur de la solution déjà moderne de la scène en coulisses qui associe la théorie des points en fuite à une machinerie relativement légère, donc efficace. Mais, à partir du milieu du xviie siècle, c'est dans la scène picturale en mouvement tournant que les progrès les plus rapides sont alors accomplis, sous l'égide de Giacomo Torelli de Fano, qu'on surnomma le sorcier. Torelli recourait encore largement aux machines. Les dernières décennies du xviie comptent sur les progrès de ce que l'on est convenu d'appeler l'illusionnisme pictural. Deux grands noms dominent, dans ce domaine faussement modeste, toute l'Europe des Lumières : le jésuite Andrea Pozzo, la dynastie des Galli Bibiena. La *Prospettiva di pittori e architetti*, publiée en italien de 1693 à 1700, sera traduite dans presque toutes les langues. Elle va de pair avec les « théâtres sacrés » du Bon Père pour les fêtes religieuses. « Pozzo insiste sur l'obliquité des coulisses qui rend plus délicat l'établissement du point de vue mais augmente l'illusion optique en adoucissant le dessin des lignes. Les six coulisses qu'il préconise de chaque côté allaient en décroissant vers le fond [...] » Pozzo, toutefois, reste fidèle au décor symétrique ; il ne décentre pas encore le point de vue. Aux Galli Bibiena cet ultime raffinement. « Ces prodigieux décorateurs et architectes de théâtre princier propagèrent en Italie, en Allemagne et en Autriche [toujours l'espace privilégié du baroque tardif italien] les derniers feux d'un art de Cour » parvenu à son apogée. Les grands traités se succèdent : 1711, 1731. On ne voit plus les architectures de face mais d'angle, alors que la scène prend un aspect fantastique d'immensité. Pour loger cette scène dévorante d'espace, une architecture s'impose. Le plus grand succès posthume de Palladio est un théâtre, le théâtre Olympique de Vicence, amphithéâtre semi-elliptique inauguré en 1585. Le monument s'inspire trop étroitement de réminiscences antiques. Une partie des constructions du XVIIIᵉ siècle continueront à dépendre du modèle classique de Palladio. L'Angleterre paie tribut par les relais prestigieux d'Inigo Jones et de Christopher Wren : Drury Lane, Covent Garden, Haymarket portent l'empreinte. Le progrès passait pourtant par une mise à l'écart des solutions trop peu théâtrales, trop uniquement architecturales de Palladio. Les théâtres du XVIIIᵉ siècle s'inscrivent dans un rectangle de plus en plus allongé dans le sens de la profondeur qui donne toujours plus de champ à l'espace scénique.

Côté spectateurs, le XVIIIᵉ siècle multiplie les loges. Elles sont la conséquence de l'ouverture au public payant à Venise en 1637. L'éclairage, lampes à huile ou chandelles de cire blanche, a fait des progrès. Au XVIIIᵉ la coutume s'impose d'obscurcir la salle avant le commencement de la représentation. Quelques privilégiés pallient l'obscurité au moyen de petites bougies (*cerini*) : elles permettent de suivre le texte des livrets vendus à l'entrée ; conservés dans nos bibliothèques, ils portent aujourd'hui encore marques de cire et traces de brûlures. Le XVIIᵉ siècle finissant a été séduit surtout par les processus mécaniques des machinistes décorateurs. L'Italie, au XVIIIᵉ siècle, répand à travers l'Europe la rage du *bel canto* lorsque Naples prend la tête de l'opéra italien, Naples qui reste la plus grande ville italienne et la troisième d'Europe. Comme le goût des Lumières valorise les hauts registres et que la coutume longtemps a tenu la femme à l'écart, Naples trouble et cruelle s'est spécialisée dans la production des castrats, malheureux enfants vendus à des maîtres de chant bourreaux par les familles nécessiteuses des bas quartiers ; l'un d'entre eux, le plus célèbre, Farinelli, gouverna l'Espagne — les ambassadeurs français du moins le prétendent — sous le règne de Ferdinand VI et de la reine portugaise, fervents de musique vocale. Sur le talent des castrats, l'Europe passionnée d'opéra est partagée. Dans le camp des adversaires, notons au passage le président de Brosses et Jean-Jacques Rousseau.

Le public italien se tient mal, au jugement du voyageur du Nord, comme à la messe. Si le parterre debout marche à fond, le public des loges affecte un grand détachement. Le silence n'est accordé qu'au moment des grands airs. La *barcaccia*, formée de plusieurs baignoires réunies et occupées par les membres d'un même groupe, prolonge la vie de société jusque devant la scène. « De Brosses a joué [du moins s'en vante-t-il] aux échecs dans un théâtre italien. » (Bronislaw Horowicz.) A Rome, beaucoup se livrent, malgré les interdits pontificaux, à des jeux moins innocents. Après la Tor di Nona à Rome, rasée en 1697 sous le pontificat d'Innocent XII, l'Alibert et le Capranica, sans parler de Venise et de Naples, ont, au XVIIIᵉ siècle, la première place dans la hiérarchie des mauvais lieux. C'est à Naples qu'en 1737, lors de l'inauguration du San Carlo élevé par Charles de Bourbon, un mode particulier de financement fut retenu. « Là, les loges furent vendues en toute propriété à un prix variant entre 580 et 770 ducats » sans préjudice d'un loyer annuel de 180 à 230 ducats. Au San Carlo de Naples, théâtre royal, par égard pour le prince, une stricte discipline règne qui fait contraste avec la coutume italienne : le public n'a pas le droit de battre des mains, d'allumer des chandelles en signe d'approbation, de réclamer un bis, privilège du roi.

Le problème majeur posé aux architectes des salles d'opéra — problème majeur et problème nouveau — est celui de l'acoustique dont il faut désormais concilier les exigences à celles, jadis uniques et souveraines, de la perspective. Souci qui s'apparente à celui du luthier, mais multiplié devant l'obligation d'édifier une boîte de résonance de forme harmonieuse. Les salles rectangulaires et oblongues des palais, les galeries traditionnelles où se donnaient les concerts, « leur plafond plat et leurs parois verticales » offraient des conditions favorables à la propagation des ondes musicales. « Le problème formel s'est posé avec la nécessité de répartir un public très nombreux, exigeant de bien voir et de bien entendre sans être mélangé arbitrairement dans un espace souvent restreint. Les rangs de loges superposés, en hiérarchisant un public qui payait inégalement [mais surtout de statut différent — le public d'opéra est un microcosme de la société d'ordres de la ville italienne], permettaient aussi à volume égal de placer beaucoup plus de monde qu'une autre disposition. » (Hélène Leclerc.) On aboutit, à la fin du XVIIe siècle, à une acoustique empirique qui donne des résultats étonnants. Les architectes italiens de l'époque « eurent l'intuition des formes et des matériaux favorables ». A leurs successeurs, au XVIIIe siècle, plus théoriciens, le soin de systématiser, de dégager les règles sinon les lois des démarches empiriques de la seconde moitié du XVIIe siècle et de les propager dans de savants écrits qui, en raison de la complexité du problème, laissent la part belle à l'intuition et aux tâtonnements. Présentées dans des images gravées, décrites dans de longs textes minutieux, les solutions découvertes en Italie furent largement diffusées à travers l'Europe du spectacle musical. L'archétype de la salle du XVIIIe siècle est fourni par la Tor di Nona à Rome que Carlo Fontana avait dérivée, sans doute, de l'expérience remarquablement réussie du théâtre Farnèse. Construite en 1671, devenue foyer de débauche, elle sera livrée à la pioche des démolisseurs en 1697 par Innocent XII. Carlo Fontana avait dû céder à la mode qui venait d'imposer les loges d'avant-scène. Leur inconvénient visuel est évident ; pourtant, sur le plan acoustique, elles contribuent à resserrer les côtés vers la scène. Nous arrivons ainsi au plan en fer à cheval réalisé à la Tor di Nona et qui s'impose à toute l'Europe des Lumières. Les ondes sonores condensées s'épanouissent plus librement vers le fond de la salle : le principe de la caisse de résonance est appliqué. Le triomphe de cette conception marque combien, dans l'hybride du spectacle lyrique, le côté spectacle, donc machine, prédominant au XVIIe siècle, s'efface au XVIIIe siècle devant la seule exigence musicale. Dans la descendance de Carlo Fontana, Alfieri s'inscrit à Turin, vers 1740, Soufflot pour le théâtre de Lyon en 1753, Gabriel à l'opéra de Versailles en 1770 et Patte en 1782. Mais l'Argentina construite par Teodoli à Rome, le San Carlo à Naples en 1737 et surtout la Scala de Milan élevée par Pier Marini en 1774-1778 sont tout aussi bien dans la brillante descendance de l'éphémère Tor di Nona. Une chose est sûre, même compte tenu de ses moyens sensiblement plus abondants, l'Europe des Lumières a consacré à la construction de ses grandes salles de spectacle de pierre, de stuc, d'ors et de marbre une masse de moyens comparables à ceux requis pour l'édification des cathédrales des XIIe-XIIIe siècles, pour le plaisir des sens et un mystérieux exorcisme social. Retombée sans conteste des pensées sur les choses.

Des salles pour mettre quoi ? La descendance de Monteverdi (1567-1643) et de l'école romaine qui culmine de 1620 à 1660. C'est aussi l'époque où le cardinal Rospigliosi, le futur Clément IX, crée cette variante facile appelée à un

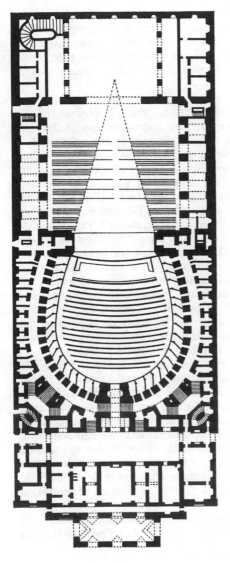

46. *THÉATRE DE LA SCALA
A MILAN (1774-1778)*
*(D'après l'Histoire des spectacles, 1965,
selon A. Nicoll.)*

Construite en quatre ans par Pier Marini, la
Scala est le temple par excellence du spectacle
d'opéra. Proportions gigantesques de la scène,
acoustique inégalée, profonde séparation de la
scène, caisse de résonance et lieu privilégié de
la salle socialement hiérarchisée à l'image de
la société d'ordres qui survit dans l'Italie de
la fin du XVIIIᵉ siècle.

371

grand succès, l'opéra bouffe, dont les intrigues puisent dans le répertoire de la *commedia dell'arte*, dont les types et les mimes ont amusé le petit peuple des faubourgs dans toute l'Europe au XVIIe et sous d'infinies variantes jusqu'à la fin du XVIIIe, peut-être même au-delà. L'école vénitienne après 1660 prend la relève de Rome épuisée, mais c'est Naples qui est, au XVIIIe siècle, la capitale de l'opéra.

Alessandro Scarlatti, le père du maître du clavecin, naquit en Sicile vers 1659. Il étudia à Rome puis dans le nord de l'Italie, vint à Naples en 1684, il fut maître de la chapelle royale jusqu'en 1702. On le considère en général comme le maître de l'opéra napolitain. Pendant toute la période napolitaine, de 1684 à 1702, il écrit en moyenne deux opéras par an. Il quitte Naples en 1702, séjourne à Rome et à Florence jusqu'en 1707 et retourne à Naples où il meurt en 1725. La plus grande partie de son œuvre (115 opéras) est aujourd'hui perdue : abondance ou négligence qui dénote une certaine spontanéité d'un art devenu de plus en plus un art populaire. Sur ce point, au moins, l'influence d'Alessandro Scarlatti aura été décisive. Nul plus que lui ne contribuera à l'évolution de l'orchestre. Nous l'avons retrouvé tout à l'heure dans l'évolution de la salle qui sacrifie toujours plus la vue à l'ouïe. L'orchestre, dans ses dernières œuvres, *Tigrane* (1715), *Telemaco* (1718) et *Griselda* (1721), croît en dimensions et en importance. « Après 1700 dans l'accompagnement du *recitativo strumentato*, qui consiste en solos dans le style *arioso* placés aux moments de violente tension dramatique et de conflits intérieurs [l'orchestre acquiert toujours plus d'importance]. Le chanteur est interrompu par les éclats de l'orchestre qui souligne ainsi les changements rapides des états d'âme et suggère des profondeurs d'émotion que la voix seule ne pourrait exprimer. » (Donald J. Grout.)

Les Italiens auront été aussi les grands pourvoyeurs de livrets : Apostolo Zeno * (1668-1750) d'abord, et surtout Métastase * (Pietro Antonio Trapassi, 1698-1782), la plus grande gloire de l'Arcadie, le librettiste universellement sollicité ; son *melodramma* s'inspire formellement du drame grec pour lui tourner le dos quant au fond. Homme adulé, comparé par ses contemporains à Homère et à Dante, on lui doit du moins l' « opéra aria » sous sa forme définitive, celle d'un drame raccourci condensé en trois actes, « basé sur des épisodes de l'histoire antique traités de façon à donner des exemples de vertu et des leçons de morale rationnelles. Une scène caractéristique d'un opéra de ce genre se divise en deux parties : un dialogue utile à l'action, en récitatif ; l'expression des sentiments ou des réflexions, en aria. »

La France a eu Lully (1632-1687) qui fut paradoxalement contre la musique italienne le rempart de la tradition française. On lui doit l'introduction du récitatif simple ou accompagné sans lequel il n'y a pas de véritable déroulement dramatique. Parti du ballet musical, il aboutit à ce que l'on peut appeler l'opéra français. Jean-Philippe Rameau (1683-1764), qui a tenu à manifester en toutes occasions sa piété filiale à l'égard du Florentin de Versailles, portera l'opéra français à son point de perfection. Dans l'intervalle, Lamotte, Campra et Destouches avaient monté en 1697 *l'Europe galante*, retour au ballet. « Entre 1697 et 1735, date des *Indes galantes* de Rameau », quarante opéras-ballets environ furent représentés à l'Académie royale. Au premier rang, les *Fêtes vénitiennes* de Campra (1710), *les Éléments* de La Lande et Destouches (1721), *les Amours des dieux* de Mouret (1727). Jean-Philippe Rameau est le contraire même du génie précoce. Bourguignon sévère, élève médiocre des jésuites, né du vivant de Lully, il aura connu les débuts à Paris de Gluck et de Mozart. Modeste organiste à Clermont-Ferrand, à quarante ans seulement il s'établit à Paris. Sa carrière est changée par le mécénat de La Popelinière, fermier général, prince de la finance, amateur d'art éclairé. « De 1733 à 1739, il donne cinq ouvrages dramatiques qui comptent parmi ses chefs-d'œuvre : *Hippolyte et Aricie*, *les Indes galantes, Castor et Pollux, les Fêtes d'Hébé* et *Dardanus*. » (Paul-Marie Masson.) Silence de 1739 à 1745. De 1745 à 1752 une douzaine de pièces au milieu desquelles émergent *Platée, Pygmalion, Zoroastre, Acante et Céphise*. On sait le rôle décisif joué par le vieux Rameau dans la querelle des Bouffons : chef de file de la tradition française, il relève avec vigueur les assertions injustes et délirantes de Jean-Jacques Rousseau, porte-parole des Italiens. Il importe peu que Rameau ait raison, Rousseau gagne. Le public français, au seuil du second XVIIIe siècle, travaillé en profondeur par la sourde revanche de l'affectif trop longtemps brimé par le rationalisme pratique du XVIIIe siècle *more gallico*, las de la rigueur toute classique du style musical français — la musique en France, de Lully à Rameau, est un des rares secteurs totalement à l'écart de la grande revanche baroque —, suit les Italiens parce qu'il attend autre chose.

Cette attente explique entre autres l'étonnant succès à contre-tradition de l'opéra bouffe : né au XVIIe siècle — on l'a vu —, l'opéra bouffe explose au XVIIIe, favorisé par les réformes de Zeno et de Métastase, qui, en abolissant le mélange traditionnel des genres, ont contribué indirectement au développement et à l'émancipation d'un opéra-comique. A l'origine de l'opéra-comique, la *commedia in musica*, si l'on veut, opéra sur un livret comique, de longueur normale. Dans cette ligne, *Il Trionfo dell'onore* d'Alessandro Scarlatti, écrit et monté en 1718. Mais la véritable origine de l'opéra-comique est plus ancienne, elle est étroitement napolitaine : l'*intermezzo* tel qu'il se pratique à Naples aux alentours de 1710. Une soirée normale comprenait un *opera seria* de trois actes coupé de deux *intermezzi*. Les premiers *intermezzi* écrits en dialecte napolitain empruntaient thèmes et personnages à l'inépuisable répertoire de la *commedia dell'arte*. Au départ, ces *intermezzi* étaient l'œuvre d'obscurs compositeurs. Après Alessandro Scarlatti, Leo, Vinci, Hasse, Rinaldo da Capua et, au premier plan, Pergolèse dont la *Serva padrona*, représentée pour la première fois à Naples en 1733, déclenche en 1752 à Paris la querelle des Bouffons.

L'opéra-comique aura contribué, du moins, à briser quelques préjugés indissociables de la tradition de l'*opera seria* : une réhabilitation des basses. On sait le coût humain atroce de la folle prisée du *tenor soprano*, la place dévorante du *solo*. Grâce à l'opéra bouffe, la place des ensembles va aller croissant au XVIIIe siècle. Servi d'abord par des talents modestes, puis par le dieu Nicola Logroscino à Naples à partir de 1738, Piccinni, Anfossi, Guglielmi, Paisiello, il est appelé à un prodigieux succès populaire. La promotion s'affirme vers 1760. Elle est due, en partie du moins, aux excellents livrets de Goldoni * et s'achèvera sur l'apothéose mozartienne, des *Noces de Figaro* à *Cosi fan tutte* en passant par *Don Giovanni*.

Mais l'attente parisienne, Gluck la comblera au terme de ce qui n'est plus tout à fait le temps des Lumières, au début d'un règne qui porte déjà les germes d'un tragique destin. Ce fils d'un ancien soldat du prince Eugène, garde forestier d'un prince tchèque, sujet de la maison de Habsbourg, Christoph Willibald Gluck, né à Erasbach en 1714, au fond de la forêt bavaroise proche de la Bohême, témoigne à sa manière du glissement vers l'Allemagne du Sud du centre musical de l'Europe, la fin de l'empire universel de la Thuringe et de la Saxe. Il a été formé à Vienne dans un milieu italianisant. Comme Rameau, Gluck n'est pas un précoce. C'est à Vienne, au contact de Ranieri Calzabigi, « poète, dramaturge, esthéticien, homme de finance » (Georges Favre), qu'il conçoit le nouvel opéra, cristallisant plus qu'il ne crée la ligne du drame lyrique, à l'heure du néoclassicisme, de l'antiquomanie archaïsante. De la collaboration Gluck-Calzabigi naissent, de 1762 à 1769, *Orfeo*, *Alceste*, *Paride ed Elena*, « où la préoccupation du drame et la recherche de lignes nobles et simples passent au premier plan », réplique dramatique du dorique archaïsant des façades Louis XVI.

La carrière parisienne de Gluck est liée à la Dauphine, bientôt reine en 1774. Le premier triomphe de Gluck, le 19 avril 1774, précède de peu la mort de Louis XV. Les échos des succès viennois du nouveau drame musical sont venus jusqu'à Paris. « Le bailli Du Roullet attaché à l'ambassade de Vienne » fournit un livret, une *Iphigénie en Aulide* d'après Racine. « Dans l'enthousiasme, il brosse une partition d'une unité et d'une largeur de ton encore jamais atteintes. » Le directeur de l'Opéra, Dauvergne, accepte l'œuvre proposée, mais il

sent bien qu'un pareil drame « tue tous ceux qui ont existé jusqu'à présent ».
De 1774 à 1779, Gluck exerce un empire tyrannique depuis Paris sur l'Europe
musicale : *Iphigénie en Aulide*, *Orphée* (2 août 1774), *Alceste* (1776), *Armide*
(1777), *Iphigénie en Tauride* (1779) jusqu'à l'échec imprévu, le 11 septembre
1779, de son *Écho et Narcisse* qui rompt le charme. Gluck, riche et honoré,
termine sa vie en publiant des études théoriques dont l'influence est durable.
Resserrement de l'action lyrique, choix exclusif « des passions fortes », langage
direct, dépouillé, constituent quelques-uns des thèmes de ce néo-classicisme
de la forme qui se place, en fait, sous l'empire de la passion héroïque, au seuil
d'une époque où les tensions sociales ébranlent déjà en profondeur les subtils
équilibres des Lumières.

L'opéra, art de compromis de l'équilibre, au destin constamment remis en
cause, fournit quelques-uns des exemples les plus typiques du génie des
Lumières. Art populaire, mais de simple participation — le public applaudit,
fredonne, assiste passif, loin de la scène d'illusion pourvoyeuse de rêves mélodi-
ques —, l'opéra, ce bâtard, est trop profondément intégré à une liturgie sociale
pour atteindre aux sommets de l'art. C'est à la musique instrumentale pure
que ce privilège incombe.

●

L'opéra, en maintenant un large champ d'expression à la voix humaine,
a favorisé la victoire écrasante au xviiie siècle de la musique instrumentale.
L'histoire musicale des Lumières est totalement indissociable de celle de la
facture. Le génie de l'Europe des Lumières a besoin, pour s'exprimer, d'un
ensemble de moyens : en deux mots, la corde pincée avec clavier et l'anche
métallique d'orgue.

Le xviiie siècle musical est un sommet dans l'exacte mesure de sa fidélité
à des traditions. Aucune rupture, mais un plan d'évolution. Dans l'ordre musical aussi l'Europe des Lumières se présente comme le palier culminant d'une
longue ligne ascendante. L'Europe des Lumières nous est apparue comme le
point d'arrivée, donc de mutation, d'un monde très ancien né entre le xiie et
le xive sur ce qu'il est commode d'appeler le Moyen Age en majesté. Le
xviiie siècle musical part, dans une hypothèse courte, du xvie ; dans une hypothèse plus généreuse, du xive siècle.

Il utilise des instruments dont la facture depuis des siècles a été portée à un
point haut. Il se développe dans quelques provinces privilégiées, en tête l'Allemagne moyenne des *cantors*, des *scholae cantorum*, du choral et du culte, associant le chant et l'orgue au milieu de la foule des fidèles. La musique dans la

Thuringe-Saxe de Jean-Sébastien Bach est le seul art auquel collabore tout un peuple. L'Allemagne moyenne, au début du XVIIIᵉ, aura réalisé le miracle de l'éducation totale. A la limite, le phénomène Jean-Sébastien Bach est le fruit de l'éducation, une victoire de ces *cantors* qui sont d'abord des maîtres d'école enseignant à prier en musique comme l'école du dimanche calviniste apprend à lire. La Thuringe et la Saxe au XVIIIᵉ siècle, après deux siècles d'intense préparation, ont utilisé tous les dons d'une population dont le génie est une longue patience, toutes les possibilités d'un instrument au croisement de toutes les traditions de l'Europe, de techniques progressivement issues d'évolutions séculaires.

Le XVIIIᵉ siècle a fait une large place à la musique de clavier. Clavecinistes et organistes sont souvent les mêmes hommes. Voyez les cinq, « les constructeurs du temple, que Couperin, Rameau, Bach, Haendel, Domenico Scarlatti ont érigé à la gloire des cordes pincées » ; trois d'entre eux sont à la fois les plus grands clavecinistes et organistes de leur temps : Couperin, Bach, Haendel ; Jean-Philippe Rameau s'est formé à la rude école de l'orgue de Clermont-Ferrand.

Voyez l'ensemble des instruments à cordes avec clavier : c'est un vieux legs déjà. Ils semblent bien nés au milieu du XIVᵉ siècle ; ils se divisent en deux groupes : les instruments à percussion, les instruments à corde pincée. Le XVIIIᵉ siècle a hérité des deux traditions. Le monocorde, le manicordion, le clavicorde sont les ancêtres du *pianoforte* ∗ au début du XVIIIᵉ et du piano, apparu soixante-dix ans plus tard. L'Europe des Lumières a reçu le clavicorde dans son héritage mais elle n'en a rien fait jusqu'à la mutation des années 1780-1790 qui voient s'affirmer brusquement le *pianoforte*. Le clavecin a sensiblement la même histoire. Né au XIVᵉ, transformé au XVIᵉ, il reçoit un deuxième clavier à la fin du XVIᵉ. Le grand clavecin de concert, qui s'affirme à la fin du XVIIᵉ, muni de ses ultimes perfectionnements, se détache du sein de sa famille à côté de la modeste épinette et du virginal d'Angleterre. Les Anglais désignent au XVIIIᵉ le clavecin complet à double clavier sous le nom de *harpsichord*. Ainsi, la place du clavecin dans la musique instrumentale du XVIIIᵉ siècle découle d'un choix inconscient. Le clavecin ne tient pas la note, à la différence du clavicorde. Le choix du clavecin, malgré et peut-être en raison même de ses limites, commande une esthétique musicale. A moins qu'il n'en découle. La famille claveciniste paraît surgir d'un presque néant avec une musique originale aux alentours des années 1620-1630. De là — l'ascension est lente en France et demande près d'un siècle —, la fortune subite du virginal en Angleterre et de la modeste épinette aux Pays-Bas, en Allemagne et en Italie. Au cours des trois derniers quarts du XVIIe, grâce au travail de quelques grandes dynasties de facteurs (les Rückers, les Loosemoor, les Player), l'instrument développe toutes ses possibilités : « La dernière amélioration d'importance dont les facteurs du XVIIe siècle font bénéficier l'instrument affecte leur accord. » « Le violoniste oppose le ré dièse au mi bémol [...] quelques tentatives pour " briser " tous les demi-tons de l'octave sont restées sans lendemain : l'instrument à quart de ton n'est pas viable. » Le problème est ainsi posé : « Comment parvenir à un " tempérament égal " dans lequel ré dièse se peut confondre avec mi bémol ? » Ici interviennent l'intuition, le doigté et l'oreille du facteur. « La solution consiste [...] à diminuer de quelques commas chaque quinte et par voie de conséquence à augmenter les tierces. » Le tempérament égal ainsi réalisé permettra de faire face à une exigence nouvelle des compositeurs français et allemands de la fin du XVIIe siècle : jouer en tous tons. Un demi-siècle avant Bach, l'immortel auteur du *Clavecin bien tempéré*, les facteurs ont répondu à la grande aspiration.

Toute une foule de petits progrès techniques sont légués, comme Norbert Dufourcq l'a bien établi, par les facteurs de la fin du XVIIe siècle aux musiciens du XVIIIe : le registre de seize pieds, monnaie courante, les pédales introduisant ou supprimant les registres qui viennent faciliter le jeu ; la plume de corbeau qui se casse et qui s'use rapidement laisse la place sur le sauteau à la pointe de cuir plus robuste et surtout plus douce. Pascal Taskin a été à Paris le propagateur de la pointe de cuir. Enfin, de plus en plus, les facteurs du XVIIIe siècle améliorent les instruments, épinettes et clavecins, que leurs clients leur confient par un enrichissement du côté des graves. La promotion des graves appartient aux besoins manifestés par l'oreille au fur et à mesure que l'on s'avance dans le XVIIIe siècle. Tel est le but du ravalement. « Ces quelques progrès réalisés, la facture du clavecin tend plus au raffinement qu'à l'innovation. » Le grand clavecin de concert, dès le début du XVIIIe siècle, a été porté à cinquante-cinq puis à cinquante-neuf touches, « les différentes grosseurs de cordes se sont multipliées jusqu'à quatorze : cuivre ou acier ».

Après les Rückers et les Conchet, parmi les plus grands facteurs des Lumières, l'Italie compte Rosso, Zanetti, Tacani, Cristofori — ce dernier, l'un des inventeurs, dans la première moitié du siècle, du *pianoforte* qui est appelé à bousculer l'architecture de l'orchestre dès le début du XIXe —, Zenti, Giusti, Sodio. Pour les Flandres, N. Dufourcq retient encore : « les Heinemann, Bull et Haghens, Dulcken, Bremer, Delin et Taskin ». Pour l'Allemagne, Gottfried Silbermann, originaire de Freiberg, dans l'Erzgebirge, né en 1683, Gottfried est plus connu encore avec son frère aîné André (né en 1678) comme facteur d'orgues, le plus grand de tous les temps. Au niveau de la facture comme au niveau de l'exécution et de la composition, nous retrouvons, une fois de plus, cette mystérieuse complicité de l'anche et de la corde pincée. A côté de Silbermann, voici encore Hass, Gleichmann, Hildebrand, qui lui aussi s'occupe de facture d'orgues, c'est lui qui a transporté et restauré en 1728 le plus petit des deux orgues de Saint-Thomas à Leipzig, un orgue Renaissance que Jean-Sébastien Bach a utilisé de 1728 à 1740 ; ajoutons à la liste J.-N. Bach, Osterlein; pour l'Angleterre, Schudi, Broadwood, Hitchcock, Townsend, les Kirkman ; pour la France enfin, avec Richard, les Denis, Goujon, les Blanchet, N. Dumont et Marius.

L'instrument est aussi un meuble d'apparat et une œuvre d'art. « On imagine sans peine qu'une fois le clavecin, l'épinette ou le virginal terminé, le client, sur la demande ou sur le conseil du facteur, s'adresse au menuisier, à l'ébéniste, puis au peintre [...] Le châssis, les pieds sont livrés à l'ébéniste, la console des claviers aux travailleurs de l'os, de l'ivoire, de l'écaille ou de la nacre ; les couvercles aux peintres qui se chargent d'y apposer figures et paysages, scènes mythologiques tant à l'extérieur qu'à l'intérieur. Car l'instrument doit être ouvert. » (N. Dufourcq.) Bruegel, Rubens, Teniers, Rosa et Van Dyck contribuèrent jadis presque autant que les Rückers à la réputation des clavecins flamands. Devises, monogrammes, signatures, dates ajoutent encore à cette décoration. « Certaines épinettes n'ont-elles pas été rehaussées de pierres précieuses ? » Instrument de Cour, de salon, auxiliaire indispensable de la musique de chambre, le clavecin a fini par apparaître, à la fin du XVIIIe siècle, comme le signe d'une civilisation, d'une société. On en sait la conséquence : les grands autodafés sous la Révolution, des clavecins parisiens. Le clavecin disparaît avec la Révolution, symbole délicat d'un temps raffiné et révolu.

Au service de la voix grêle, cinq au moins des plus grands génies du XVIIIe siècle, François Couperin, Jean-Philippe Rameau, Jean-Sébastien Bach, Georg Friedrich Haendel, Domenico Scarlatti. Leur œuvre, plus de mille numéros d'opus, sur un demi-siècle. De leur vivant, la gloire de Bach et de Rameau au clavecin n'a guère franchi la frontière de leur pays ; Couperin, Haendel et Scarlatti, toutefois, ont été presque immédiatement universellement célébrés. Leur œuvre a contribué plus qu'aucune autre à l'unification de l'espace musical européen. « Les idiomes nationaux tendent à se compénétrer et à donner naissance à un vocabulaire international. » (N. Dufourcq.) Pour la dernière fois, semble-t-il, dans l'histoire de l'art musical, les cinq parviennent à maintenir un fragile équilibre entre le style polyphonique, legs menacé du passé, et le style homophone. « La ligne livre alors un dernier combat à l'accord. Demain, l'harmonie l'emportera sur son adversaire. L'Europe musicale [ce qui n'est pas forcément un gain] délaissera le parallélisme des plans et des traits. » Ainsi, la première moitié du XVIIIe réalise le miracle de retenir tout le passé, de contenir déjà toutes les promesses de l'avenir.

François Couperin, né à Paris en 1668, issu d'une famille de musiciens, est le fils de Charles (1638-1679), le neveu de Louis (1626?-1661) et de François (1630-1700?), il se forme à l'orgue. « Il est en 1685 nommé organiste de Saint-Gervais, organiste de la Chapelle royale en 1693, maître de clavecin des enfants de France » en 1694. Il donne des leçons en ville et contribue à l'éducation musicale de futurs amateurs parmi les enfants de la Ferme générale montante sur l'horizon social. Presque toute sa vie, en effet, il trouve sur son chemin Michel-Richard de La Lande (1657-1726), de onze ans son aîné ; la France n'est pas l'Allemagne mélomane des Cours. Ses quatre livres de clavecin paraissent en 1713, 1717, 1722, 1730. De santé fragile, mari et père heureux, François Couperin aime retrouver la Champagne de son père et de ses oncles. Elle lui inspire un amour délicat et exceptionnel, alors, de la nature, qu'il exprime dans ses pièces champêtres « parmi lesquelles ces *Bergeries* que copia Bach » (P. Citron). Dans ses deux premiers livres, le spécialiste dénote une profonde admiration et une nette filiation avec l'art de Corelli qui meurt en 1713, après avoir porté à son sommet la tradition vénitienne, lorsque paraît, précisément, le premier livre de Couperin. Il s'en détache à la hauteur du troisième livre, plonge dans la tradition et accentue encore ses tendances linéaires dans le quatrième livre. « On ne discutera pas le côté descriptif et pittoresque chez Couperin; champenois, il pétille comme le vin [...] » (N. Dufourcq.) Il est homme de transition en période de transition. « Ses portraits ont parfois » une grandeur louis-quatorzième qui en impose. « Un Watteau de la musique? Il est possible, mais aussi un Lebrun, un Rigaud, un Largillière. La force ne manque pas à ce " petit maître ". Autoritaire et puissant, précis et tourmenté, il passe le front haut [...] Relisez sa *Passacaille en si mineur*. »

Couperin s'éteint en 1733, Jean-Philippe Rameau a cinquante ans. Son *Premier Livre de pièces de clavecin* date de 1706. Vingt pièces publiées en 1724. Entre 1727 et 1733, il livre au public ses *Nouvelles Suites de pièces de clavecin*. Rameau est beaucoup plus dépouillé que Couperin, il est aussi plus organisateur : « Les deux se complètent, comme se complètent Watteau et Chardin. » (N. Dufourcq.)

Mais le plus grand est encore Bach ; ce ruisseau est un fleuve, bien que le clavecin ne couvre qu'une petite part de son œuvre gigantesque. C'est à Coethen, dans cette terre calviniste qu'il n'a jamais aimée, que Jean-Sébastien a consacré la meilleure part de son activité au clavecin. Le premier livre du *Clavecin bien tempéré* est de 1722, les six *Suites allemandes* s'échelonnent entre 1726 et 1731. Mais s'il a entrepris ses *Suites françaises* à Weimar vers 1713-1717 sous l'influence de Couperin et ses *Suites anglaises* à Coethen et Leipzig (1720-1725), il travaille pour le clavecin pratiquement jusqu'à sa mort. Le deuxième livre du *Clavecin bien tempéré* est de 1744.

Bach, le premier en Allemagne, établit, comme on le fait couramment en France et en Angleterre, une frontière précise entre l'orgue et le clavecin. C'est dans l'*Air* suivi de trente variations publié en 1742 à la demande de Goldberg, disciple et ami condamné à calmer au clavecin les nuits d'insomnie et de souffrance de son maître Keyserling que Norbert Dufourcq place volontiers l'apogée de toute la musique du clavecin. 1742, donc, un des points culminants des Lumières.

Haendel, de son vivant, fut pourtant plus apprécié que Bach. Comme lui, il est né en 1685, en Saxe, à Halle-sur-Saale (dix-sept mois après Rameau, vingt-sept jours avant Bach). Sa famille était d'origine silésienne. Son grand-père Valentin, maître chaudronnier, s'était fixé en Saxe en 1609, où il avait acquis le droit de bourgeoisie. Son plus jeune fils, Georges, devient chirurgien, chambellan du duc de Saxe, puis du Prince-Électeur de Brandebourg. Georges Haendel épouse en secondes noces, à soixante ans, la fille d'un pasteur qui lui donne quatre enfants. Georges Frédéric est le second fils de cette union. Haendel appartient à la famille des génies précoces. A sept ans il se faisait entendre à l'orgue, en présence du duc de Saxe. Miracle du génie, certes, mais aussi de l'imprégnation musicale de l'Allemagne moyenne et de l'éducation saxonne. Son éducation à la fois musicale et humaniste, le jeune Georges Frédéric la reçoit au lycée municipal de Halle où professent les *cantors* des trois principales églises luthériennes de la ville. Wilhelm Zachow, organiste de la Marienkirche, lui enseigne l'orgue et le clavecin. Cette rencontre avec Zachow, qui avait été formé par des maîtres de la classe d'un Gerhard Preisensin ou d'un Johann Schelle, a son prix. Quelle pépinière que ce petit milieu de Halle où se trouvent réunis, au cours des années 1690, sur les mêmes bancs de l'école, à côté du génie précoce de Haendel, de très significatifs talents : un Gottfried Kirchhoff, un Johann Ziegler, un Johann Gotthilf Krieger entre autres. Comme jadis Schütz et Kuhnau, Haendel mènera sa formation musicale de front avec de hautes études juridiques qu'il poursuit auprès des maîtres de la jeune mais brillante université de Halle. A quinze ans, il se passionne pour l'opéra, à dix-sept ans le voilà organiste intérimaire de la cathédrale. A dix-huit ans, il est happé par Hambourg où va s'exercer l'attrait de l'Angleterre toute proche. Si

Bach, le *cantor* de Leipzig, « parle un idiome qui représente une valeur universelle » alors qu'il n'a jamais quitté la Saxe, Haendel, l'enfant prodige de Halle, « apparaît au contraire comme le musicien ambulant par excellence. Jean-Sébastien assimile en lisant, Georg Friedrich en écoutant. » Haendel visite, au cours d'une vie toute de réussite, les hauts lieux de l'Europe musicale, à l'exception de la France, « tantôt l'Allemagne du Nord [Hambourg, l'Électorat de Hanovre], tantôt l'Allemagne du Sud, parfois l'Italie. Finalement l'Angleterre », sa seconde patrie. Il témoigne de l'heureuse compénétration, sous la dynastie hanovrienne, de l'espace culturel anglais et de l'espace culturel de l'Allemagne du Nord protestante. Chrétien d'une foi ardente — elle s'exprime dans les pages inoubliables du *Messie* (1741) —, il assure presque à lui seul le financement de plusieurs fondations, le Secours aux veuves et orphelins, le Foundling Hospital, gestes qui, sur le piétisme allemand, portent la marque de l'activisme anglo-saxon au siècle de la bienfaisance.

En dehors de ses morceaux pour clavecin, Haendel (il survit neuf ans à Bach, il meurt en 1759, à soixante-quatorze ans) laisse une œuvre colossale : 40 opéras, 166 duos, airs ou cantates, des psaumes et motets, 5 *Te Deum*, 18 *Anthems*, une *Funeral Anthem*, 12 concertos d'orgue, 18 *Concerti grossi*, un répertoire de musique populaire, 2 Passions et le cycle des 32 oratorios. Ce qu'il faut admirer, sans doute, c'est que ce grand esprit théologique ait trouvé le temps de se consacrer aussi à la corde pincée. Un recueil pour clavecin paraît en 1720 ; Walsh édite à Amsterdam, en 1732 et 1733, deux cahiers des œuvres de jeunesse.du maître, sans sa participation ; en 1735, à Londres, paraissent six fugues ou *voluntaries* pour orgue ou *harpsichord*, en 1750 une sonate en ut majeur. Dans cet ensemble dominent les œuvres de jeunesse ; l'essentiel a été écrit entre douze et vingt ans. Lorsque meurt, en 1759, le maître saxon devenu anglais, le clavecin, au vrai, est sur son déclin.

Reste Scarlatti. Plus que Haendel et Bach, Domenico Scarlatti délaisse le passé. Sur le clavecin « prêt à disparaître, il prépare l'avenir de la sonate pour fortepiano (1685-1757) ». Ce Napolitain, fils d'un des maîtres de l'opéra, vient trop tard dans une Italie qui décline. Il est comme Haendel, mais pour des raisons différentes, condamné au voyage. Du même coup, il travaillera avec lui à la réunification de l'espace musical européen. Il a travaillé à Venise où il a rencontré l'Anglais Th. Roseingrave, comme Haendel à Rome ; il voyage en Angleterre, à Lisbonne, il se fixe à Madrid en 1729, où l'une des princesses de la famille de Bragance a épousé le futur Ferdinand VI, protecteur du castrat Farinelli. C'est à Madrid que Domenico Scarlatti compose les six cents numéros d'opus qu'il a consacrés au clavecin ; il y meurt en 1757. Sa gloire, de son vivant, est énorme ; elle éclipse celle de Bach qui n'a guère dépassé le milieu restreint de l'Allemagne moyenne et du Nord : « ses manuscrits circulent dans toute l'Europe et son nom figure dans tout recueil, dans toute collection de musique ». Cela compte aussi pour la juste appréciation du goût des Lumières. La gloire de son père, la passion universelle pour l'opéra y est pour quelque chose, peut-être aussi le prestige persistant de l'Italie : il explique l'attitude outrée de Jean-Jacques Rousseau en 1752. « Chez Couperin, Rameau, Bach et Haendel, le génie a été le résultat d'une longue patience. Chez Scarlatti il éclate, il s'impose, il se maintient. » (N. Dufourcq.) De la suite, Scarlatti garde les rythmes, la coupe binaire des mouvements de danse. Il lui faut dans ses *Essercizi*, disons ses études, mieux ses ingénieux badinages, réveiller les hidalgos un peu tristes des Cours endormies de Portugal et d'Espagne. De ce séjour dans la péninsule Ibérique et de ses origines, des thèmes émergent, visiblement empruntés aux accents populaires napolitains, au folklore de l'Espagne « quelques rythmes pris aux guitaristes [...] une écriture permanente à deux voix mais qu'il pimente à plaisir d'agaceries, de brusqueries [...] Il connaît le fort et le faible du clavecin [...], les trous, les " manques " entre deux notes pincées, le peu d'expression [...] il s'efforcera de les dissimuler. » Quelques-uns de ses accents annoncent déjà Haydn *. Et pourtant, dans cette œuvre de bonne humeur, dans cette œuvre de gaieté, Scarlatti a la légèreté aristocratique de la première moitié de son siècle.

Le génie du xviiie siècle est à l'orgue. Le roi des instruments, la grande cathédrale de notes, de sons et d'accords, est au terme d'une longue, très progressive démarche. Derrière l'orgue de Silbermann, six siècles, l'entière chrétienté, tout un peuple, le peuple chrétien de l'Allemagne moyenne, le Hanovre, la Thuringe, la Saxe, la Silésie. Cela aboutit à Bach. L'œuvre de Bach est toute de tradition. Jamais, à un degré comparable, la civilisation de l'Europe des Lumières n'a été aussi totalement solidaire du Moyen Age en majesté, de la grande mutation de l'Europe devenue nombreuse aux xiie-xiiie, de la mutation esthétique de la Renaissance, de l'ardente invention religieuse du xvie, de l'ascétique méditation d'un xviie siècle exceptionnellement sévère en Allemagne, de la grande imagination technologique des dernières décennies du xviie siècle. Œuvre de continuité. Norbert Dufourcq place Jean-Sébastien Bach au sommet de la troisième étape, sur son axe médian, de l'histoire musicale. Une première période s'inscrit entre le xiie et la fin du xve, qui voit lentement se constituer un art instrumental dissocié peu à peu de l'art vocal. Trois berceaux, d'entrée de jeu : l'Allemagne, l'Italie, la France. La musique qu'on y exécute affectait l'aspect d'un motet instrumental. Trois siècles pour la création d'un langage adapté aux possibilités de l'instrument. Une seconde période correspond à la Renaissance, mieux, au XVIᵉ siècle ; aucune rupture, en effet, même à cette époque, mais une ligne rapidement ascendante de continuité. Beaucoup d'orgues de la Renaissance, tel celui de Saint-Thomas de Leipzig, repris par Hildebrand, sont encore en service au XVIIIᵉ siècle. Au XVIᵉ siècle s'affirment à la fois l'autonomie de la musique instrumentale et à la suite d'un progrès trop rapide, à la fin du siècle, un fractionnement des techniques tant de facture que d'écriture. Les XVIIᵉ et XVIIIᵉ siècles sont d'une seule coulée : la pleine maturité en relation étroite sans conteste avec l'alphabétisation massive de l'Europe protestante, une éducation totale de tout un peuple sur une partie privilégiée — du moins sous cet angle — de l'espace allemand.

La chance de Bach et celle de l'Allemagne moyenne où le miracle musical européen s'est d'abord produit (dans la seconde moitié du siècle, l'espace privilégié glisse quelques centaines de kilomètres plus au sud sur le rebord alpestre de l'Allemagne catholique de Salzbourg à Vienne, à l'époque de Haydn et de Mozart, avant Beethoven le Rhénan), c'est de se trouver à la confluence de toutes les traditions musicales européennes.

Bach est né le 21 mars 1685, à Eisenach, en Thuringe, dans un pays profondément attaché au luthéranisme évangélique, où tout rappelle encore les premiers temps héroïques de la Réforme. Profondément ravagé pendant la guerre de Trente Ans, le pays a entamé sa phase active de reconstruction. Le tissu humain s'est reconstitué ; une vie économique de circulation et de relation a repris, plus active qu'avant, sur les deux grands axes nord-sud et ouest-est où circulent les idées, les techniques et les hommes. Dans la famille, on est musicien de père en fils, un peu facteur, un peu compositeur, un peu maître à chanter, virtuose sur tous les instruments et principalement à l'orgue. Un milieu d'artisans à mi-chemin de l'aisance et de la pauvreté. Un Bach, jadis, émigra en Hongrie qu'il dut quitter pour motif de conscience. Johann Ambrosius est « musicien de ville », violoniste de ville et son travail consiste à jouer, deux fois par jour, sur la tour de l'hôtel de ville et le dimanche à l'église. Imprégnation musicale de tout un peuple, un niveau de culture qui n'est pas sans rappeler, dans un secteur plus restreint, celui atteint par la Nouvelle-Angleterre à la fin du XVIIIᵉ siècle.

Après Eisenach, Ohrdruf en 1695. A dix ans, le voici orphelin, il doit y chercher refuge avec un plus jeune frère auprès d'un aîné — les Bach, heureusement, sont prolifiques —, l'organiste Jean-Christophe. Jean-Christophe a été à Erfurt l'élève de Pachelbel ; le jeune Jean-Sébastien s'exerce sous son contrôle, sur un petit positif avec pédale. Au retour du lycée, il travaille avec le *cantor*

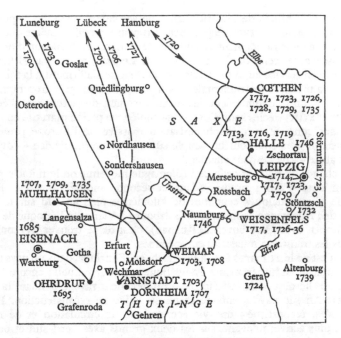

47. *DEUX EUROPES MUSICALES*

(D'après N. Dufourcq, Jean-Sébastien Bach, le maître de l'orgue, 1948 et P. Collaer et A. Van der Linden, Atlas historique de la musique.)

Deux Europes musicales, le premier et le second XVIIIe siècle, elles sont toutes deux allemandes. La première, celle de Bach, est plus réduite, plus orientale, plus nordique : Lusace, Thuringe et Saxe. L'Europe de Mozart longe le rebord autrichien des Alpes. Mais elle explose aux dimen-sions de l'Europe heureuse. Le miracle Bach est lié à la culture musicale traditionnelle de tout le petit peuple de la Thuringe, de la Saxe, de la Lusace et de la Silésie. L'espace que parcourt et qu'enchante Mozart se confond, lui, avec la totalité de l'Europe des Lumières.

Arnold ; la musique alterne dans son éducation — extraordinaire et féconde richesse de cette Allemagne moyenne — avec le latin, le grec, l'arithmétique et la théologie. La solidarité au sein de la grande famille est totale, le devoir d'éducation aussi incontesté que le droit à la vie ; rien n'a été négligé pour l'or-phelin. Après Ohrdruf, voici Lüneburg. En 1700, à quinze ans, Jean-Sébastien gagne, avec son camarade Erdmann, la petite ville au sud de Hambourg où

l'attend l'école Saint-Michel. Le voilà à la fois choriste et instrumentiste, engagé comme soprano à la *Mettenchor* de Saint-Michel. Tout l'art de la traditionnelle polyphonie lui est dévoilé. Dans cette petite ville si riche, comme le sont alors tant de petites villes de cette fabuleuse Allemagne de la musique, il peut encore se familiariser avec l'art de J. L. Loew, ami et disciple du grand Schütz, mort en 1672, qui joue à Saint-Nicolas, avec Georg Boehm au début de sa glorieuse carrière, qui joue encore à Saint-Jean. Deux ans qui comptent.

A dix-huit ans, en 1703, le voilà à Arnstadt pour inaugurer l'orgue de la nouvelle église, un bel instrument construit par J. F. Wender, de Mülhausen. Il y fait si belle impression qu'un poste d'organiste lui est offert. En août 1703, il prend officiellement possession de l'instrument. Mais Arnstadt n'offre pas, même à taille presque égale, les possibilités de Lüneburg. En 1705, il sollicite donc un congé d'un mois pour aller suivre à Lübeck l'enseignement de Buxtehude. Merveilleuse rencontre entre le vieux Suédois et le jeune Thuringien : Buxtehude est séduit, il offre à Bach sa succession avec sa fille ; Bach décline. Le consistoire d'Arnstadt n'a pas pardonné au *cantor* d'avoir prolongé son congé. Bach pose sa candidature à la succession de Georges Ahle à Mühlhausen, il épouse sa cousine Maria Barbara. Le voilà donc à Saint-Blaise, en 1707, pour peu de temps.

En 1708, Weimar l'appelle au poste double d'organiste de la Cour et de musicien de la Chambre de Wilhelm-Ernst de Saxe-Weimar. Neuf années de bonheur familial et de production gigantesque. On ne construit pas un orgue, on n'essaie pas un nouvel instrument à la ronde, sans que le jeune maître ne soit consulté. En 1713, une nouvelle charge s'ajoute : le voici *Konzertmeister*, c'est-à-dire que violon solo il dirige la musique du duc en l'absence du *Kapellmeister*. Weimar est un peu étriqué en 1717 ; il passe à Coethen. Cinq ans de paix au service d'un prince amateur, bienveillant et bienfaisant. Toutefois, le rigorisme calviniste le prive pratiquement de l'orgue, pièce maîtresse du culte. Le *Kapellmeister* de Coethen se consacre au clavecin. C'est là que le malheur l'attend : la mort, le 7 juillet 1720, de Maria Barbara dont trois enfants lui resteront sur sept. Le 21 décembre 1721, il épouse en secondes noces une jeune femme merveilleusement intelligente, claveciniste célèbre, qui sera la compagne et la collaboratrice de sa vie, Anna Magdalena Wülken, âgée de vingt et un ans et dont il aura quatorze enfants de 1722 à 1735.

Février 1723, dernière étape : Leipzig. Il y occupe le poste de *cantor* de la Thomasschule, l'école de Leipzig, laissé vacant par la mort du titulaire en juin 1722. Plus que jamais, retour à Dieu et à son service dans cette partie de la

Saxe en liaison dynastique avec la Pologne, où l'évangélisme luthérien a le plus totalement conservé le trésor de la tradition liturgique de la chrétienté médiévale. C'est là, dans cet évangélisme d'autant plus authentique qu'il est plus catholicisant dans la forme, que Bach accepte pleinement sa vocation de chantre de Dieu. A sa disposition, un très vieil orgue dans une église qui date de 1489. « Les cantates ont succédé aux cantates, les préludes et les fugues aux préludes et fugues. Et puis voici le *Magnificat*, l'*Oratorio de Noël*, voici les Passions selon saint-Jean, selon saint Matthieu [...] aux premières messes [...] succède la grande *Messe en si mineur*, aux motets, les motets, aux concertos pour clavecin les quatre parties de la *Klavierübung* ; et puis voici l'*Offrande musicale*, voilà l'*Art de la fugue* [...] Le 28 juillet 1750, il rend le dernier soupir. » Pour la seule période 1723-1750, un calcul rapide et forcément incomplet, car tout n'est pas parvenu jusqu'à nous, donne : cent soixante-quinze cantates d'Église, vingt cantates profanes, sept motets, quatre messes brèves et une grand-messe, deux Sanctus, un Christe, des airs et lieder, les deux Passions et deux oratorios.

Un sommet a été atteint. L'Europe ne s'en émeut guère et cela aussi est normal. Tant, dans l'œuvre de Bach, tout est terme parfait de l'incomparable effort collectif de cinq siècles de civilisation. N'exagérons rien. De son vivant, il n'est pas méconnu, seulement reconnu comme un des meilleurs parmi les meilleurs. Voyez, par exemple, l'hommage qu'en 1747 le roi de Prusse, le jeune Frédéric, roi philosophe et flûtiste, tient à rendre, presque en collègue, d'amateur à virtuose, au maître du clavecin et de l'orgue. Il faut être spécialiste pour parler correctement de cette œuvre où nous nous plaisons à voir la juste récompense de l'effort collectif de l'éducation totale de tout un peuple, du respect intelligent de la tradition et de la volonté de rendre un culte agréable à Dieu, par l'exercice des dons d'intelligence, de sensibilité et d'agilité que l'effort et l'exercice de chaque jour cultivent. Laissons parler Norbert Dufourcq. Voilà l'art de la fugue : « [...] l'organiste. Il est architecte. Il est virtuose. L'architecte est celui-là qui cherche d'abord à faire profiter son œuvre des plans sonores que lui offre l'instrument [...] Il est possible, en jumelant deux ou trois plans sonores, d'accroître la sonorité de tel ou tel fragment [...] L'orgue n'est pas seulement l'instrument de l'architecture. Il est aussi celui de la virtuosité. » Or, notez-le, à ce moment de l'histoire musicale, jamais le compositeur n'est coupé de l'exécutant. « Compositeur, Bach est également exécutant. Comme tel, il donne des auditions, inaugure des orgues et c'est à l'interprète d'enrichir une littérature susceptible de mettre en valeur l'instrument dont il a surveillé la construction ou la restauration [...] »

Voilà le choral, pièce maîtresse de la liturgie luthérienne. Cent soixante retrouvés, mais combien d'autres perdus ! Le choral est l'insertion traditionnelle, la plongée dans le collectif multiséculaire de la prière musicale. Ici, l'artiste ne peut que broder sur un sujet qu'il emprunte à une tradition. Toutes les formes se succèdent dans cet interminable registre du choral d'harmonie, du choral contrapuntique, rythmique, en canon, en trio, fugué, figuré, au choral orné ou varié. En composant ses chorals, Bach, dépositaire d'une tradition, a eu le vouloir de la transmettre enrichie à ses fils et à ses élèves : « [...] les chorals de l'*Orgelbüchlein* et ceux du Dogme ont été entrepris dans un double dessein [...] le désir d'initier les élèves à cet art sévère de la paraphrase. Mais il y a tout autant le besoin de commenter [...] les principales fêtes de l'année, de diffuser là un catéchisme [...] » Du même coup nous avons une des clefs, sans doute, de la décadence, au-delà de 1750, de l'art qui culmine dans la cathédrale de sons de l'œuvre de Bach : la foi collective qui la sous-tend en s'affadissant laisse sans âme, sans motif et sans élan le grand œuvre, ultime sommet du temps de la chrétienté à l'époque des Lumières.

●

Bach, de son vivant, était déjà archaïque. Le clavecin s'efface devant le *pianoforte* avec les dernières décennies du siècle, le violon, que la France aristocratique de la première moitié du XVIIIe siècle méprise parce qu'instrument populaire juste bon à faire danser les villageois lors de la fête paroissiale, réaffirme sa dignité. En un mot, la gamme instrumentale se modernise et s'élargit. Mais la substitution est progressive. Le clavecin ne cède pas avant 1770-1780, la basse de viole livre elle aussi un combat d'arrière-garde contre le violoncelle. « Discrétion, douceur un peu voilée de la sonorité, elle conservera ses fidèles jusqu'au milieu du XVIIIe siècle. » (Marc Pincherle.) Hubert Le Blanc publie en 1740, sous un titre révélateur, une *Défense de la basse de viole*. La France fut longtemps réticente au violon que l'Italie a très tôt promu aux plus hautes dignités. Les bandes de violons français en sont réduites à offrir à l'étranger des services d'ailleurs fort appréciés. « L'éclat de sa sonorité », un certain discrédit social lui interdisent, jusqu'aux alentours des années 1750, l'entrée des salons. Le tournant de sensibilité que traduit la querelle des Bouffons s'accompagne d'une acceptation et d'une promotion des violons; plus significative encore, la tardive victoire du violoncelle. Le combat de retardement du pardessus de viole n'a qu'un caractère anecdotique. La querelle des Bouffons, l'acceptation du violon si apte à traduire le trouble de l'âme et le déferlement des passions, et mieux encore du violoncelle, sont à mettre en relation avec la modification de la sensibilité au milieu du siècle, un préromantisme qui n'en finit pas de se manifester sous la carapace des formes anciennes.

Le nouvel âge — le sommet ou la fin des Lumières — est dominé par le phénomène Mozart, Mozart qui n'appartient finalement à aucun temps. Plus modestement, nous assistons, entre 1750 et 1770, à une décisive translation du centre de gravité de l'Europe musicale. L'Europe a été dominée jusqu'en 1750 par l'univers des petites Cours des *cantors*, des maîtres d'école et des maîtres de chapelle de l'Allemagne moyenne, l'Allemagne luthérienne et catholicisante du Hanovre, de la Thuringe, de la Hesse, de la Saxe à la Silésie. Gluck, Haydn, Mozart marquent la revanche esthétique de la Méditerranée. L'Europe musicale, au terme des Lumières, est dominée par l'Allemagne catholique alpestre, viennoise, italianisante et italianisée. Wolfgang Amadeus Mozart est né à Salzbourg le 21 janvier 1756, comme Bach et plus encore dans un milieu tout entier consacré à la musique. De l'âge de six ans à l'âge de vingt et un ans, il aura composé la moitié d'une œuvre qui compte parmi les plus abondantes, dans un voyage sans fin qui le conduit dans l'orbite de l'Europe autrichienne, de place en place, de Cour en Cour et de ville en ville. De 1769 à 1771, Venise, Turin, Milan et Naples. L'Allemagne de Salzbourg et de Vienne est résolument italienne. En décembre 1771, retour précipité à Salzbourg, en raison de la maladie du prince archevêque von Schrattenbach. Le jeune Mozart tient l'orgue pour ses funérailles ; le nouvel archevêque, point d'ancrage social, en fait son *Konzertmeister*. De Salzbourg, il continue de rayonner vers Milan, Vérone, Vienne et Munich, à travers l'Allemagne italienne. De cette période date le *Concerto en mi bémol* pour piano (notez l'apparition du nouvel instrument). En 1777, il a vingt et un ans : voyage décisif à Mannheim et à Paris. A Mannheim, double et fructueuse rencontre avec le « fameux orchestre qui fut l'un des facteurs déterminants de la création du style symphonique classique », avec Aloysia et Constance Weber ; faute d'avoir pu épouser Aloysia, il devra se contenter de Constance. La *Messe en ut mineur* : l'Europe se donne, Versailles, Strasbourg... Les offres se multiplient. 1777-1778, une bouffée romantique de *Sturm und Drang* ; 1781, la rupture avec Salzbourg. Une date, en fait, dans l'histoire sociale de la musique. Pour la première fois, fi des Cours et des tribunes d'orgue, Mozart « vivra comme créateur indépendant à Vienne, tout en continuant de rayonner à travers l'Europe, généralement pour monter un opéra ou interpréter une de ses œuvres ». Car malgré l'immensité du chemin parcouru depuis Bach, le lien subsiste, que le xixe siècle détruira, entre le compositeur et l'interprète. *L'Enlèvement au sérail* et la symphonie *Haffner* (1782) marquent la période des sommets... jusqu'à la *Fantaisie en fa mineur* et *la Flûte enchantée*. Quand Mozart meurt prématurément le 5 décembre 1791, dans une semi-clandestinité qui contraste avec les triomphes des années précédentes, l'Europe des Lumières achève de se dissoudre dans une tragique veillée d'armes avec le plus brillant et le dernier de ses enfants.

CHAPITRE VIII

L'ESTHÉTIQUE DES LUMIÈRES
LA COULEUR, LES FORMES,
LE DÉCOR DE LA VIE

C'EST par l'éducation de tout un peuple que l'Allemagne des Lumières a construit cet empire musical où la civilisation-monde, issue de la dilatation de l'Europe traditionnelle, continue de se nourrir. Une esthétique ne peut, quelle que soit l'indépendance relative d'une structure autonome formée, se concevoir en dehors du milieu social et d'une économie. L'éducation musicale de tout un peuple, cela implique évidemment, au sein d'une économie qui arrache si difficilement sa nourriture au milieu, au sein d'une civilisation que l'on peut globalement définir par rapport aux autres civilisations et aux cultures extra-européennes comme une civilisation du loisir rare, cela implique un tout petit supplément d'aisance, un accroissement de productivité, un meilleur rendement *per capita*, l'option fondamentale sur l'éducation qui caractérise la civilisation traditionnelle à l'époque des Lumières.

Le lien avec l'économique et le social est bien plus direct au niveau des arts plastiques et d'abord de l'architecture. La musique — l'orgue et l'opéra (qui appartient au spectacle) mis à part —, la musique coûte peu, si ce n'est en loisir, en possibilité de distraire du temps sur les tâches de la vie matérielle. L'accomplissement musical de l'Europe des Lumières s'apparente donc au gigantesque effort que représente dans le même temps le quadruplement du nombre de ceux qui déchiffrent, le décuplement, peut-être, de ceux qui lisent efficacement.

●

L'insertion dans le social et d'abord dans l'économique des arts plastiques est beaucoup plus considérable, le va-et-vient interstructurel beaucoup plus sensible, surtout pour l'architecture. Les chances de l'architecture sont liées, dans une mesure assez lâche, au volume de la construction. Entre la fin du xviie et la fin du xviiie, la population a doublé et la population urbaine triplé ici, quadruplé là. Une croissance sans précédent et pourtant une croissance maîtrisée : nous avons des taux d'occupation des maisons dans l'espace urbain au xviiie siècle. Ceux qui ont été calculés en Normandie, aussi bien à Rouen qu'à Coutances, petite ville moyenne, donnent, à Coutances notamment, à peine plus d'un habitant par pièce. Dans 45 p. 100 seulement des cas, le nombre d'habitants est supérieur à celui des pièces, les maisons surpeuplées, toujours dans le cas moyen et assez significatif de Coutances, ne dépassent pas 20 p. 100. La ville tentaculaire date du xixe siècle. L'entassement dans les caves ou dans les greniers est postérieur ou antérieur aux Lumières. Le xviiie siècle a construit dans l'espace urbain une masse architecturale environ trois fois supérieure au legs des siècles précédents. Toute l'histoire de l'architecture des Lumières est commandée par cette considération préalable.

Les techniques de la construction ont peu évolué si ce n'est par des gains modestes de productivité qui sont surtout des gains de qualité. La stéréotomie dans le bâtiment de prestige atteint la perfection. Telles voûtes surbaissées de l'abbaye Saint-Étienne de Caen, a-t-on remarqué, tel escalier de l'hôtel de ville à Rouen, des archevêchés de Tours et de Bordeaux sont des chefs-d'œuvre de précision. De cette perfection technique, de la certitude de trouver suffisamment d'hommes de la main capables d'exécuter sans jamais trahir la pensée du maître d'œuvre, les théoriciens de l'art de bâtir ont pleine conscience. Patte, à qui toujours l'on se réfère, attire l'attention de son lecteur avec orgueil sur la beauté de l'appareil de Sainte-Geneviève, qui est pourtant un monument colossal. Cette qualité technique de l'exécution assure l'architecte de toujours pouvoir obtenir même la chimère de son esprit. Sans cette infrastructure de la main — cette réponse des corps d'artisans formés pour le travail dans la ville à la rude école compagnonnique rappelle l'éducation musicale totale du petit peuple de Thuringe, de Lusace et de Saxe — l'hyperbaroque colossal d'Allemagne, la décoration rococo de France et de l'Europe médiane eussent été impossibles. Ce point de perfection technique obtenu dans le cadre d'une très vieille structure multiséculaire de moyens et de méthodes découle d'un environnement économique et du volume accru de la demande. Ce triplement de la masse urbaine commande tout. La maison paysanne est construite, selon un mode purement traditionnel, par des paysans dans les périodes creuses du travail agricole ; le plan d'édification urbaine est l'œuvre d'un ensemble d'entreprises de type beaucoup plus complexe qui sont, en fait, des laboratoires du progrès de productivité et du progrès de qualité. L'augmentation de la demande aura été cause d'un abaissement relatif des coûts ou du moins de leur plafonnement (voyez les presbytères, en milieu campagnard mais significatif), une multiplication générale de la capacité technique. Le multiplicateur des Lumières joue au niveau de l'urbanisme et de l'architecture.

Le fait majeur, sur l'horizon des années 1680-1720, se situe au niveau de l'explosion du baroque religieux, d'inspiration italienne, dans l'immense espace inventif de l'Allemagne alpestre et de l'Europe danubienne. Autriche, donc Allemagne catholique, Italie, Espagne d'une part, France, Angleterre, Allemagne protestante du Nord d'autre part. D'un côté, l'empire du baroque allemand, d'inspiration spirituelle, art de la fugue architecturale, musique contrapuntiste de pierre à la louange du *Deus absconditus* que la Réforme catholique rend accessible dans le mystère eucharistique, de l'autre dans ce qui reste, malgré tout, l'Europe des Lumières des pensées, un art profane au service des sens, au service d'une vie terrestre doublée dans la ligne de ce raccourcissement eschatologique qui accompagne, dans un premier temps de l'éthique, la diffusion rationaliste et pragmatique des philosophes. Le prix trop lourd, l'effort demandé trop long, la durée de l'œuvre toujours plusieurs fois séculaire, tout condamne l'architecture dans l'économie et la société traditionnelle à une ligne progressive d'évolution. En dépit de tout, la continuité l'emporte particulièrement à l'ouest, en France et en Angleterre. La fin du XVIIe siècle a été dominée par la commande royale et la forte personnalité de Jules Hardouin-Mansart, d'où la tentation — les anciennes histoires de l'art n'ont pas manqué d'y succomber — de choisir la mort, en 1708, de l'architecte du Grand Roi, pour marquer le début d'une époque.

Cette manière de voir est en réalité erronée. Pour trois raisons au moins : parce que les ensembles architecturaux des années 1665-1690, par leur masse et le prestige qui s'attache en France et en Europe aux accomplissements du règne de Louis XIV, pèsent sur tout le siècle des Lumières ; il y a par imitation dans l'axe de l'Europe allemande du Nord une diffusion de Cour en Cour de l'architecture Hardouin-Mansart ; le poids du cabinet Hardouin-Mansart — ce singulier est un pluriel —, les liens de famille et le jeu des successions permettent à la tradition Mansart de se poursuivre à travers presque toute la première moitié du XVIIIe siècle.

Autour de Jules Hardouin-Mansart, toute une pléiade : Cochery, son premier et plus ancien dessinateur, Jacques III Gabriel, petit-fils de l'auteur de l'hôtel de ville de Rouen, D'Aviler (né en 1653, entré à l'âge de trente-deux ans au service du maître, auteur d'un *Cours d'architecture* fameux, publié en 1691, mort prématurément à Montpellier en 1700), Pierre Le Pautre et Lassurance.

Mais se rappeler surtout que deux des plus grands noms du premier xviiie siè-cle français sont issus de l'atelier J. Hardouin-Mansart. Robert de Cotte est né en 1656 ; fils et petit-fils d'architectes, il apparaît comme entrepreneur à la machine de Marly. Il fait son entrée à trente ans, en 1685, dans l'agence de Mansart dont il épouse la belle-sœur Catherine Bodin. A partir de ce moment, sa carrière est faite : le 10 janvier 1687, il est admis à l'Académie d'architecture, cet extra-ordinaire instrument de continuité. Louis Hautecœur note que le meilleur de son œuvre, la partie la plus brillante (la chapelle de Versailles, le chœur de Notre-Dame, l'hôtel de ville de Lyon) est celle qu'il a accomplie avant 1708, sous l'autorité et la suprématie de Jules Hardouin-Mansart. On sait le rôle que Robert de Cotte a joué dans le Paris des grands hôtels, l'hôtel Tubeuf de la rue des Petits-Champs, l'hôtel de la duchesse d'Estrées, l'hôtel du Lude, l'hôtel de Toulouse, de la Grenouillère... Mais le plus brillant produit de la dynastie Mansart est Boffrand : fils d'architecte et de sculpteur lui aussi, neveu par sa mère de Quinault, il a double insertion au monde des arts et des lettres. Germain Boffrand est né à Nantes en 1667. Il entre chez Jules Hardouin peu après Robert de Cotte, plus jeune donc plus malléable, à vingt ans en 1687, comme dessinateur aux gages honnêtes de 600 livres par an dans l'intimité d'une vie à feu et à pot. Dans l'atelier Mansart on peut lui attribuer une participation originale aux travaux effectués à Dijon. Boffrand non seu-lement a beaucoup produit à partir de 1695, mais il a publié un gros livre d'architecture, en 1743 chez Guillaume Cavelier à Paris : Pierre Patte *, le publi-ciste de l'architecture française, lui fait un sort en 1753. Académicien assidu, averti de l'art de l'ingénieur, il construit les ponts de Sens et de Montereau ; ce qui reste de son œuvre est impressionnant : l'hôtel Le Brun à Paris, l'hôtel Amelot ; on sait son rôle en Lorraine, Boffrand a rebâti à partir de 1703, à la demande du duc, le château de Lunéville qui datait du milieu du xvie. Quinze ans de travail en perspective. On lui doit surtout la Malgrange, le Versailles nancéien et le palais ducal, disons le Louvre de Léopold. Mais reve-nons à Paris, avec l'hôtel d'Argenson, le château de Saint-Ouen, l'hôtel de Torcy, l'hôtel de Seignelay, l'hôtel de Duras, celui de Mme Julliet... Dernier fleuron encore de l'atelier Mansart, Jacques III Gabriel. Né en 1667, mort en 1742, il domine, avec Cotte et Boffrand, les premières décennies de l'architec-ture française des Lumières. 1708 ne constitue pas, enfin, une solution même légère de continuité dans la mesure où, nous l'avons montré, les transformations qui marquent le passage du siècle se sont préparées, en fait, à l'intérieur de l'atelier Jules Hardouin-Mansart, très tôt, presque imperceptiblement, dans les fissures discrètes du style Louis XIV.

LA COULEUR, LES FORMES, LE DÉCOR DE LA VIE

Tout se joue au niveau de la décoration. L'architecture française et l'architecture anglaise bougent peu en apparence de 1680 à 1720 ; l'écrin sacrifié à la tradition, la révolution est interne et elle est capitale. Conformité extérieure des pensées, respect apparent des structures politiques, économiques et sociales, tout se déroule au niveau de la conscience. Les façades des palais et des hôtels sacrifient à la tradition, affirment la continuité ; l'épiderme de la vie se frotte, dans l'intimité du for familial, à un nouveau décor. Un décor qui est à l'heure du sensualisme de Locke, de la promotion des sens, de l'allongement de la vie humaine, des exigences du corps promu de plusieurs crans dans l'ordre des valeurs, un décor chaud, un décor trouble dans les premières décennies du XVIII⁰ siècle qui marquent la promotion d'un érotisme de frôlement dans le style de vie aristocratique.

Le mobilier Louis XIV tardif se caractérise par la richesse de la matière, l'abondance et la lourdeur des bronzes, l'importance du travail. Pour le jeune Boulle * (1642-1732), Le Brun fut sans conteste le contemporain capital. C'est un peu la décoration du meuble qui monte à l'assaut du mur, à la fin du XVIIᵉ siècle. C'est pourquoi on ne saurait surestimer le rôle d'un Berain ou d'un Audran. Jean Berain, né à Saint-Mihiel en 1640, appartient à une famille du travail du fer ; il est fils d'arquebusier et sa décoration s'inspire du fer forgé. Mais Berain, qui meurt en 1711, marque surtout par la multiplication des grotesques. Dès 1670, il montre, dans la galerie d'Apollon au Louvre, une grande science de l'arabesque. Certes, la tradition des grotesques est fort ancienne, elle part de l'Antiquité romaine, et l'on ne peut ignorer les relais du XVIᵉ siècle, comment ne pas être sensible toutefois à la prolifération de la technique, à l'évolution de la forme et à l'enrichissement des thèmes ? Bien sûr, Berain emprunte quelques-uns de ses thèmes à la tradition, satyres, sphinx, tritons, chimères, griffons, mais ses agencements sont beaucoup plus légers, les vides plus nombreux mettent les figures en valeur, et le mouvement plus grand, grâce à des formes plus graciles. Surtout Berain assure la promotion des thèmes nouveaux. Les singeries ne sont pas tout à fait nouvelles, mais elles prennent de l'étoffe. Ses grotesques témoignent d'un monde élargi. Voici des personnages de la *commedia dell'arte*, de l'opéra, des musiciens qui jouent de la trompette, de la guitare, qui brandissent des tambours, qui marchent sur les mains, mais voici surtout les nouveaux mondes : le rêve exotique, les sages jardiniers et les philosophes chinois, « des Turcs de cavalcade assis à l'ombre des palmiers, des architectures de Néphélococcygie où tout est défi à la construction, revanche du décorateur sur la réalité ». Revanche du décorateur sur l'architecte. Les fontaines de Berain amusent l'œil et annoncent celles d'Audran, de Gillot et de Watteau. Berain s'en donne à cœur joie à la ville. Et cela aussi est annonciateur des changements de plan du XVIIIe siècle. Il est plus hardi à l'hôtel de Mailly-Nesles qui est aussi postérieur (vers 1686, à l'angle de la rue de Beaune et du quai Voltaire, ex-Malaquais). Des dessins retrouvés au National Museum de Stockholm montrent bien l'évolution de Berain, libéré des contraintes de la Cour. La décoration perd son relief, la ronde-bosse s'efface devant la couleur, elle devient picturale, des canaux incurvés d'entrelacs, des rubans, des fleurs, des têtes en médaillon, des grotesques, des amours et la traditionnelle forêt de palmes qui accompagne ailleurs Turcs et Chinois. Une telle décoration suppose l'étroite collaboration de peintres, en l'occurrence André Camot.

Les tendances que Jean Berain libère prudemment en raison des traditions de la Cour explosent dans le courant du nouveau goût de la ville dans l'œuvre de Claude III Audran (1658-1734). Audran est un Lyonnais, il appartient à une famille de peintres et de décorateurs. Ses premières arabesques courent sur le plafond du Grand Dauphin à Meudon. Amours, singes, Indiens, dauphins peuplent ses rinceaux. D'entrée de jeu, le style d'Audran déborde les frontières du royaume. La nouvelle décoration part très tôt à l'assaut des résidences princières de l'Allemagne catholique baroque où elle trouve finalement un cadre qui correspond mieux à son génie. Entre le Grand Dauphin et Joseph Clément de Bavière, un lien de parenté. Audran peuple d'un décor proche de celui de Meudon le Buen Retiro à Bonn ; le processus en Allemagne est enclenché. Au service de la Manufacture des Gobelins qui reprend son activité en 1699, Audran trouve ainsi un magnifique diffuseur à travers la France et l'Europe.

La mort de Colbert, l'éclipse et la mort de Le Brun, les difficultés économiques de la décennie 1690, les difficultés et la guerre contribuent, à leur manière, à cette révolution française, à vocation européenne. J. Hardouin-Mansart prend, à partir de 1689-1690, la responsabilité de la décoration des édifices du Grand Atelier. D'une décoration non incorporée, plaquée, donc lourde, qui joue sur la chaleur des tons, la masse impressionnante du travail et la richesse du matériau (bronze doré, marbres, ébènes, écailles), on passe à une décoration incorporée de bois peints qui contribuent au confort. Comment ne pas voir le lien — déjà signalé en 1691 par D'Aviler lui-même, le collaborateur de J. Hardouin-Mansart, dans son *Cours* — entre l'amélioration des moyens de chauffage et les lambris de bois ? « Les menuiseries rendent les lieux secs et chauds et par conséquent sains et habitables peu de temps après qu'ils ont été bâtis, outre qu'ils épargnent des meubles dans des pièces d'une moyenne grandeur et les plus fréquentées, car si elles sont boisées, il ne faut pour les meubler que quelques miroirs et tableaux qu'on attache sur les panneaux. Les lambris de bois servent encore à corriger les défauts dans les pièces comme un biais ou une enclave causée par quelque tuyau de cheminée, à côté duquel on pratique des armoires dont les guichets conservent la même symétrie que le reste. » Voilà donc le mobilier incorporé à la construction, partie intégrante de l'architecture intérieure. J. Hardouin-Mansart multiplie les lambris de bois, use plus généreusement du plâtre, matériau pauvre du temps de crise, des glaces que la technologie des années 1690 livre à moins cher sur de plus grandes surfaces. Les moulures qui gardent de 1680 à 1690 le gras du temps de Le Vau s'affinent sur l'horizon 1690-1700. L'or systématiquement recule devant le gris et le blanc. J. Hardouin-Mansart enfin introduit dans la décoration intérieure une innovation appelée à un durable succès à travers toute l'Europe. Il se souvient qu'il est architecte, il multiplie donc les ordres dans les salons. Voyez le cabinet ovale du petit appartement du roi, les salons du Trianon.

L'invention des conduites dévoyées a permis la construction de cheminées plus efficaces et moins volumineuses. La modification se situe toujours au même niveau 1680-1690. La cheminée nouveau style, signe obligatoire du confort dans l'habitat de luxe, se prête à une grande débauche d'invention. On passe à la cheminée à la mansarde ou à la cheminée à la royale. Pierre Le Pautre et J. Hardouin-Mansart lui-même en ont fixé un type qui dure jusqu'à la fin du XVIIIᵉ siècle. Il est employé déjà dans l'hôtel de Lorge que J. Hardouin-Mansart décore avant 1695. A la fin du XVIIᵉ, la cheminée a perdu son attique, et la glace, pièce maîtresse du nouveau confort, occupe tout le panneau ; bordée d'un cadre rectangulaire, elle est terminée par une courbe ou un plein cintre.

Sur les surfaces de bois et de plâtre que le nouveau mode de construire multiplie, la palette baisse de plusieurs tons. Laissons les raisons économiques, elles ont eu leur rôle, mais l'ostentation, la démonstration sociale, le cède au plaisir intime de l'œil. L'influence des Flamands contribue à contrebattre Le Brun. Les bleus et les jaunes précèdent de peu les gris et les blancs. L'équipe des réformateurs autour du duc de Bourgogne : Beauvillier, Saint-Aignan, Fénelon, justifient la nouvelle palette au nom d'une éthique de simplicité. La morale politique vient au secours du repos délicat des sens. Les transformations s'opèrent prudemment, par étapes. Mansart, dans ses intérieurs, ordonne les grandes masses de la décoration interne suivant la règle de symétrie de l'architecture classique et c'est à l'intérieur des panneaux — des panneaux dessinés au tire-ligne — que l'imagination cette fois authentiquement baroque de la microdécoration déferle tout entière, conçue sur la fantaisie de la ligne courbe. Avec l'aide philosophique des sujets de l'empereur de Chine, Berain, Audran et leurs émules n'ont plus qu'à puiser dans *l'État présent de la Chine en figures* de ce bon P. Bouvet qui vient de paraître en 1697. Au service de la nouvelle décoration mise au point en France par J. Hardouin-Mansart vieillissant, aidé de Berain, Boulle, Pierre Le Pautre, Lassurance, Robert de Cotte, Audran et toute l'équipe des dessinateurs plus ou moins anonymes des Gobelins, l'estampe et la gravure partent à l'assaut de l'Europe. Daniel Marot d'abord, les Allemands Gottfried Stern, Jeremias Wolff, J. C. Haffner diffusent ce qui est presque une nouvelle éthique. En 1747, le duc de Luynes, juste hommage au fondateur d'un style, décrivant les arabesques du Cabinet de la Dauphine à Versailles, les appelait, trente-six ans après sa mort, « des dessins de Berain ». C'est de l'imagination de Berain que sortent, au xviiie, Claude Audran, Gillot et Watteau. Que Berain fût aussi un homme de théâtre n'est pas dépourvu de signification. Au seuil du xviiie siècle, un décor d'opéra pénètre jusqu'en l'intimité, jusqu'au for intérieur du foyer, le genre de vie des riches et des puissants à la ville.

L'arabesque de Berain, même si elle semble svelte et gracile au regard des élèves de Le Brun, conserve jusqu'au bout, jusqu'à la mort du maître en 1711, une certaine étendue, un gras louis-quatorzième. Avec Audran l'arabesque s'affine. Elle perd toute réalité, elle n'est plus qu'une ligne souple et imprévue. Avec Audran la décoration intérieure tend résolument la main à la peinture. En fait, deux périodes se dessinent assez bien. De 1700 à 1725, une certaine retenue à l'intérieur des lignes de partage établies par J. Hardouin-Mansart se maintient ; après 1725 triomphe de la pure imagination dans la courbe poussée jusqu'aux ultimes conséquences du rococo. On doit à Audran quelques pièces magnifiques : voyez les *Portières des dieux* ou la *Tenture des douze mois*. Concierge du Luxembourg, il a accueilli Watteau. L'œuvre de Watteau décorateur a malheureusement disparu. Chinoiseries et singeries, parties de chasse et scènes bachiques ornaient le château de La Muette, les hôtels Chauvelin, Poulpry et l'hôtel de Law. Le souvenir nous en a été conservé toutefois par l'image dans les gravures de Boucher, Jeaurat et Aubert. Et dans la ligne de Watteau, Lancret encore, vers 1730, et les panneaux de l'hôtel de Boullongne. La décoration peut être confiée à un sculpteur ; c'est le cas de Toro (Bernard-Honoré Turreau de son vrai nom, né à Toulon, 1672-1731) qui travaille à Paris et dans son Midi. Audran, Watteau et Toro exceptés, la décoration du début du xviiie siècle reste pour l'essentiel un domaine d'architectes. Robert de Cotte, Boffrand, Lassurance, Oppenord peuvent être placés au premier rang des décorateurs des Lumières. Avec eux, une certaine lourdeur revient à la charge. Plus de plein, moins de délié, disons moins de vide.

On est tenté de placer un peu plus tard, dans le deuxième quart du siècle, le sommet de la décoration. Avec Herpin, à l'hôtel de Soubise, Oppenord, peut-être Nicolas Pineau et pourquoi pas Meissonnier ? Né à Turin en 1693 ou en 1695, Juste-Aurèle Meissonnier est d'ascendance française. Meissonnier est d'abord orfèvre ; à trente ans, il est orfèvre du roi et jusqu'à sa mort, en 1750, dessinateur du Cabinet. Il était en cette qualité « dessinateur pour les pompes funèbres, les fêtes galantes, les feux d'artifice », le théâtre. Qu'il dessine un autel, un tombeau, la décoration d'un intérieur d'hôtel, une tonnelle ou un chandelier, Meissonnier appose sa griffe. Meissonnier ignore la pesanteur, confond volontairement verticale et horizontale. Avec lui « toutes les matières deviennent plastiques, s'enroulent, se déroulent, se gonflent de protubérances, se creusent de cavités ». Meissonnier, c'est la décoration dévorante, le décor qui achève de manger l'architecture, la fin de l'hypocrisie des deux mondes, les continuités externes masquant les débordements intérieurs. Meissonnier, c'est à la fois une sorte de transposition érotique dans le décor, ou, si l'on suit Louis Hautecœur dans sa démonstration, une transposition des règnes : « Lorsqu'on regarde son *Livre de légumes*, ses carottes, ses choux, ses oignons, on découvre l'origine de ses conceptions : il a voulu donner à l'architecture, comme le feront en 1900 les créateurs du *modern style*, toute la flexibilité, toute la souplesse vivante de la flore. Ses lucarnes ressemblent à ses tabatières en coquilles, ses clochers à ses bougeoirs, ses fontaines à ses salières, ses candélabres à des arbustes, des palmiers, des madrépores. Son œuvre est une perpétuelle transposition des " règnes " et des matières. »

Meissonnier agit en Europe comme un révélateur de tendances et d'aspirations profondes. Meissonnier n'est pas le père à proprement parler du rococo. Les prestiges de sa carrière parisienne auront hâté une ultime explosion du baroque sauvage, détourné de la relation ontologique et de son rôle de fédérateur de l'architecture sociale. Le succès de Meissonnier est énorme au Portugal où il libère les tendances refoulées depuis deux siècles de l'art manuélin. Meissonnier est l'alibi privilégié de l'Europe centrale. Il permet à l'aristocratie anglaise de secouer un instant le carcan palladien. Le prince Czartoriski, faut-il s'en étonner, et le comte Bielinski lui demandent le dessin de leurs salons. « En 1724, il exécute pour le duc de Mortemart un cadran qui est un symbole : tous les souffles gonflent ses décors, entraînent ses formes, sans laisser jamais une ligne en repos. » Le véritable continuateur de Meissonnier, le révélateur d'une complicité profonde entre le décor élaboré pour satisfaire les aspirations de la nouvelle bourgeoisie, des fermiers généraux, des financiers et des munitionnaires en France, dans ce laboratoire unique qu'est l'hôtel parisien, et les aspirations du milieu aristocratique de l'Allemagne baroque, c'est Cuvilliès, le plus bavarois des Allemands d'origine française. Français du Nord, Jean-François Cuvilliès est né en 1695 dans le Hainaut, il a été l'élève sans doute de Boffrand et de Jean-François Blondel. Amalienburg, Falkenlust, l'opéra de Munich, plusieurs églises... Qui ne porte, aujourd'hui encore, à Munich, à vingt lieues à la ronde, la marque de Cuvilliès ? Une débauche de grotesques, une accumulation d'arabesques, une forêt vierge de singeries, des palmeraies pleines de Turcs et de Chinois avec de délicieux petits chapeaux pointus. Cuvilliès prend en charge, au moment où il commence à s'essouffler, le majestueux baroque allemand. Après la grande impulsion italienne des années 1670-1680, la petite secousse française des années 1720-1730, un dernier chapitre du baroque allemand est ouvert. Les chefs-d'œuvre de Cuvilliès sont au sommet de cette relance française. Le pavillon de chasse d'Amalienburg (1734-1739), dans le vaste ensemble de Nymphenburg, vaut surtout pour sa décoration intérieure et ses revêtements de céramiques d'un bleu inoubliable. Au Residenztheater (1750-1753) « la petite salle blanc et or est le cadre idéal pour les opéras » d'un Mozart à naître. Le plus paradoxal, le plus étonnant miracle, sans doute, du génie religieux de la Bavière, c'est Cuvilliès, architecte religieux : il collabore, en effet, avec J. M. Fischer *, à Saint-Michel de Berg-am-Laim (1738-1744) qui est une fondation de l'archevêque Électeur de Cologne. Notez au passage que dans cette étonnante, vivante et archaïque Allemagne alpestre, J. M. Fischer (1691-1766) construit l'abbatiale d'Ottobeuren près de Memminger (1747-1766), « l'édifice de style rococo le plus important de l'Allemagne du Sud », et qu'à Wiblingen se dresse de 1772 à 1781 « le dernier des grands édifices religieux de la Souabe baroque encore par son plan » avec une notable inversion, une curieuse agression de plans entiers de décoration néo-classique.

Cuvilliès est originaire du Hainaut : faut-il rappeler l'influence d'Anvers sur le rococo tardif ? Meissonnier, Cuvilliès certes, mais aussi les Slodtz, et J. Verberckt, originaires d'Anvers. Sébastien Slodtz a fondé la dynastie, il meurt en 1726 ; voici donc ses fils, Sébastien-Antoine, Paul-André et, sans modestie, Michel-Ange. Michel-Ange décora la salle de spectacle construite à Versailles pour le mariage du Dauphin en 1745, la salle des comédies en mai 1763, le catafalque du roi et de la reine d'Espagne à Notre-Dame en 1760. Toujours dans la décoration du tardif baroque, une curieuse complicité, une intimité bon enfant du théâtre, de la pompe funèbre et de la vie. Comme Sébastien Slodtz, J. Verberckt est né à Anvers en 1704 ; il sera l'ombre de Gabriel. Au cours de sa vie (il meurt en 1771), il aura vécu la fin du décor rococo qu'il a su illustrer mieux que quiconque.

Le décor est central, au cœur de toute réflexion sur une civilisation dans la mesure où il apparaît comme l'épiderme façonné de la main de l'homme au contact de la vie, dans la mesure où il emporte quelques lambeaux de l'intimité, du secret des êtres. La maison renferme d'autres secrets dans ses murs, dans son agencement, dans son plan, dans ses finalités pratiques. Tout d'abord, l'architecture du XVIIIe siècle, même quand elle se situe sur le registre noble, n'est jamais totalement coupée des modalités régionales de la civilisation traditionnelle, où elle s'insère. Cela a sa valeur, dans la perspective que nous avons défendue, d'un siècle des Lumières au sommet, en continuité, non en rupture avec un type de civilisation né cinq à six siècles plus tôt sur l'horizon de l'Europe médiévale nombreuse.

Voyez le matériau : le XVIIIe siècle a connu, grâce à la qualité de ses artisans formés sur le chantier urbain, à la prodigieuse école du compagnonnage, une virtuosité stéréotomique jamais égalée. La pierre noble est devant, en façade, mais à l'intérieur, là où on ne voit pas, d'autres matériaux : à Rouen, à Lisieux, même à Versailles * et à Paris, il arrive que le bois se venge, le bois et le plâtre. A Rouen, troisième ville du royaume, la maison au XVIIIe siècle est construite sur le modèle traditionnel, bois et plâtre. Paris * et Versailles ont leurs parois de bois bourrées de gravats et de moellons liés avec de l'argile. La noblesse de la pierre n'a pas réussi partout à éliminer la brique, que l'on s'efforce parfois de rendre plus légère par l'incorporation de tourbe ou de tan. C'est peut-être parce que le XVIIIe se résigne à ces concessions qu'il arrive à construire vite et bien.

Une aisance plus générale dans l'art difficile de la taille permet de multiplier les voûtes comme protection contre le danger d'incendie qui recule, certes, mais reste sérieux à l'intérieur de l'espace urbain. On voit parfois réapparaître de très vieilles techniques que l'on croyait abandonnées, telle, à la mairie de Cassel ou en Bourgogne, au milieu du siècle, la voûte à arêtes saillantes. Généralisation aussi d'une technique beaucoup plus hardie, témoin d'une grande maîtrise dans l'art de construire : les voûtes plates. Les premières en briques apparaissent à Castelnaudary, aux alentours de 1710, mais le procédé ne fait tache d'huile qu'au niveau des années 1750, à partir de la publication, en 1754, de l'ouvrage du comte d'Espie : fréquent dans le Midi, il gagne du terrain dans le Nord où l'on emploie la pierre. A Paris, Courtonne construit, sur le vestibule de l'hôtel Matignon, une voûte plate de 7,80 m dont la flèche ne dépasse pas 0,43 m.

La maison de prestige urbaine oscille entre deux plans : la maison sur rue qui ne se distingue pas, d'entrée de jeu, de l'habitation modeste à loyers, l'inconvénient est alors comblé par la solution du double escalier ; l'hôtel entre cour et jardin, solution d'abord presque exclusive à Paris, a fini par prévaloir en France et hors de France. Sur la rue, en général, deux ailes à destination de communs et un mur généralement incurvé avec portail. Le plein cintre domine ; le portail conduit à la cour d'honneur, soit directement, soit par un passage ; une cour ou, si l'espace le permet, deux cours, voire trois et quatre, qui permettent de résoudre le délicat problème des chevaux. Problème capital encore : le logement des domestiques ; il est assuré en général au-dessus des communs ; les dortoirs du XVIIᵉ siècle ont fait place à de petites chambres individuelles réparties autour d'un couloir. On assiste, au cours du XVIIIᵉ siècle, non pas certes à une augmentation du volume global des domestiques, mais à une différenciation des fonctions, à une augmentation relative du personnel féminin par rapport au personnel masculin largement majoritaire encore à la fin du XVIIᵉ siècle.

Au niveau des services et des communs, l'hôtel urbain du XVIIIᵉ révèle, à qui sait l'observer, un progrès dans l'art de vivre, une organisation plus intelligente du travail et de l'effort. On fait, au XVIIᵉ, des cuisines à l'écart du corps de logis des maîtres ; elles ont pour annexe le fournil — les riches font leur pain —, un garde-manger, un lavoir pour la vaisselle, un office pour le rangement. La distance très grande entre la salle à manger et la cuisine commande l'existence d'un office annexe voisin de la salle à manger pour réchauffer les plats. Perte de temps, efforts inutiles et nourriture froide à réchauffer. Un regard intelligent sur les choses humbles de la vie qui valorise l'effort et le plaisir aboutit à un certain nombre de modifications dans l'ordonnance générale de la maison de prestige du XVIIIᵉ. En règle générale, la cuisine se rapproche du corps de logis, l'amélioration des cheminées permet une meilleure évacuation des odeurs. Quand la cuisine reste à l'écart, un souterrain assure le passage couvert sans déperdition de chaleur. Mais d'autres solutions prévalent : la double cuisine. On garde la vieille cuisine dans les communs pour la nourriture des domestiques, une seconde cuisine incorporée au corps de logis assurant l'alimentation des maîtres. De plus en plus dans les constructions neuves, la solution de la cuisine unique en sous-sol prévaut, reliée souvent par un monte-charge. Cette solution implique une réduction de la taille des cuisines, compensée par un meilleur rangement et une disposition plus efficace des lieux.

Un même effort de rationalisation pour le corps de logis. Le corps de logis, comme au XVIIᵉ, comprend souvent une ou deux rangées de pièces, mais le plan massé qui n'est pas nouveau — il existe déjà au XVIᵉ — est le plus souvent employé. On multiplie les couloirs qui assurent l'intimité des pièces et permettent une meilleure utilisation de l'espace. Se rappeler que la croissance urbaine valorise la place. Les architectes aiment aussi à rompre avec les traditions. Boffrand, par exemple, à Wurtzbourg, combine un plan en Π avec un plan massé, adopte un plan en X à la Malgrange. Boffrand mais encore Héré *, Pigage, La Guépière font assaut d'imagination.

Un peu partout, on note un certain recul du grand escalier de pure ostentation dévoreur d'espace et coupant les communications. Des trésors d'imagination sont dépensés pour pallier ces inconvénients. En règle générale, la symétrie recule dans l'ordonnance intérieure. Une nouvelle organisation se précise, en outre, dans la répartition des pièces, dans l'ensemble plus petites et plus nombreuses, pour répondre à un besoin d'intimité croissant. Ce besoin correspond, nous l'avons vu, au grand repli de l'affectivité sur le for familial. Pour mener de front le besoin d'une vie sociale tournée vers l'extérieur, pour concilier le déploiement de faste d'une part, la promotion de l'affectivité familiale d'autre part, voire les replis complexes qu'exige une érotique beaucoup plus raffinée, de sensation et non plus seulement de pulsion, la répartition des appartements se fait traditionnellement sur trois plans.

Très tôt au XVIIIᵉ, la distinction est devenue traditionnelle (voyez Patte, voyez Blondel) entre les appartements de parade destinés à la représentation, les appartements de société destinés à recevoir journellement famille et connaissances pour le plaisir de la conversation portée à un point de perfection dans la haute société, et les appartements de commodité, refuge ultime de l'intimité familiale ou du plaisir sensuel.

Traditionnellement, « on accède aux appartements de parade par les vestibules où se tenaient les gens et les visiteurs, les antichambres où les valets attendaient les ordres et l'on parvient au salon, salle d'assemblée, chambre de parade, galerie ». Cette tradition va se modifier insensiblement. Les chambres de parade furent les premières sacrifiées dans les nouvelles constructions urbaines du deuxième tiers du siècle, les galeries perdent de l'ampleur. Elles deviennent grands salons, elles occuperont toute la profondeur du logis et se déploieront alors côté cour et côté jardin. L'hôtel Crozat dessiné par J. S. Cartaud (1675-1758) fait exception, mais le financier est collectionneur et la galerie dans ce cas prend son acception moderne. Les antichambres acquièrent une fonction nouvelle : elles servent de salle à manger comme en témoignent des buffets dans les enfoncements ou des fontaines (en marbre souvent qui reçoivent l'eau de dauphins de bronze). L'antichambre devenue salle à manger évolue très vite. Il arrive qu'elle se dédouble : salle à manger d'été en sous-sol, salle à manger à l'écart ; elle peut, dans les hôtels des financiers, être atteinte par des tables volantes qui montent toutes servies, à l'abri du regard indiscret des domestiques, lors des soupers très intimes ou trop galants ; exceptionnellement, une tabagie. Briseux, en 1743, dans *l'Art de bâtir les maisons de campagne*, évoque, un peu gêné, la chapelle : « L'usage [...] est différent en beaucoup de diocèses. Il est permis dans les uns de la renfermer dans le corps de logis et même dans les armoires [...] à l'architecte de se faire instruire de la règle du pays. »

Les appartements privés se composent ordinairement « d'une antichambre, d'une chambre, d'une garde-robe, d'un cabinet et de petits lieux ». A côté de la chambre se multiplient les cabinets, pour loger un domestique, faire attendre les gens d'affaires ; que le cabinet soit muni d'un lit de repos, le voilà boudoir. Robert de Cotte tire une sorte de philosophie du boudoir, où « le maître et sa famille puissent se retirer dans les jours où il ne se trouve pas de compagnie. On se plaît à habiter de petits lieux quand on est peu de monde. »

Les architectes ont dû répondre aux besoins accrus du confort : confort des petites pièces parfaitement indépendantes, confort de l'intimité gardée, du silence et de l'isolement, par le jeu des couloirs prolongés par des corridors, souci de l'orientation. D'où une sorte de dévalorisation des vieilles maisons construites en dehors des nouvelles normes. Le XVIIIe, en habitation comme en mobilier, est résolument moderne ; il ne respecte pas l'ancien, il le rejette et le méprise. Mme de Graffigny, par exemple, se plaint qu'à Cirey, sa chambre est ouverte à tous les vents et qu'elle y gèle. De telles notations sont presque impensables un siècle plus tôt. Le triomphe des petites pièces, faut-il le rappeler, n'est pas lié uniquement au besoin d'intimité, mais aussi au progrès des cheminées et des moyens de chauffage, cheminées coudées, poêles de l'Est, que l'Allemagne diffuse à travers l'habitat de luxe européen.

Fernand Braudel l'a bien vu, dans ce domaine tout change autour de 1720, l'horizon, selon Trahard, de la nouvelle sensibilité, le profond impact — le temps (vingt ans) de la pénétration d'une pensée de la spéculation à l'horizon pratique — du sensualisme, promoteur de l'épiderme, des sens et du corps, foyer de la perception. « Depuis le Régent, on a la prétention, en effet, de se tenir au chaud pendant l'hiver [comme le font les Allemands], et l'on y parviendra grâce aux progrès de la " caminologie " dus aux ramoneurs et aux fumistes. » Le foyer de la cheminée est rétréci, approfondi, le manteau s'abaisse, la cheminée proprement dite (le tuyau) se courbe. Des cheminées à foyers multiples (au moins doubles, dites à la Popelinière, toujours le financier) « vont même permettre de chauffer jusqu'aux chambres des domestiques ».

La France, obstinément, jusqu'à la fin du XVIIIe, s'accroche à la cheminée.

Malgré R. de Cotte qui a pu apprécier la supériorité des poêles, lors de ses séjours dans l'Allemagne des Électeurs rhénans. Maurice de Saxe en fera venir pour Chambord, poêles garnis de faïence de Delft ou de Rouen. Vers la fin du xviiie, le grand poêle de fonte triomphe grâce aux progrès de la métallurgie, il traverse sans hâte l'Europe d'est en ouest. Avec le goût du chauffage, une très lente promotion de l'hygiène corporelle. L'Antiquité qui se lavait était méditerranéenne, aristocratique et urbaine. On ne se lave pas au froid. Les baignoires apparaissent dans les hôtels parisiens, toujours dans la retombée du sensualisme des années 1720. Une promotion de l'épiderme lavé que nous déchiffrons aussi sur les toiles des petits maîtres et bientôt à longueur d'estampes et de gravures plus ou moins polissonnes. Lors de son introduction furtive et comme honteuse, l'appartement des bains est tenu à l'écart des pièces d'habitation : « Il comprend une antichambre, une chambre de repos avec des lits, la salle de bains, qui contient souvent deux baignoires, l'étuve où se trouve la chaudière, un chauffoir pour le linge, des lieux à l'anglaise », le tout dans un déploiement insolite de bronze doré et de faïence. Mais que le temps passe et l'on verra beaucoup plus logiquement les bains se rapprocher de la chambre à coucher. Enfin l'hôtel parisien très en avance sur la Cour voit se généraliser les petits lieux à l'anglaise, hommage indirect à l'avance anglaise dans l'ordre du confort et de l'hygiène.

Mais le progrès de l'hygiène est lié à la diffusion de l'eau. Paris retarde sur Londres qui a neuf pompes à feu en service, quand les frères Périer installent deux pompes sur les collines de Chaillot en 1782, qui approvisionnent en premier le riche faubourg Saint-Honoré. Paris est à l'eau de Seine diffusée par vingt mille porteurs qui montent chaque jour une trentaine de « voies », soixante seaux en moyenne, disons 15 millions de litres par jour. L'hôtel vit sur son puits ou sa citerne. Louis Hautecœur retient, pour un ordre de grandeur, un texte de La Hire de 1699, extrait des procès-verbaux de l'Académie royale d'architecture. La Hire soutenait devant l'Académie qu'à Paris pour une superficie de toiture de 100 toises une citerne pouvait accumuler 490 pintes d'eau par jour « ce qui suffisait, précisait-il, à l'usage ordinaire d'une famille de quatre-vingts personnes ». Et Hautecœur de conclure un peu vite, peut-être, en raison de l'appoint possible des porteurs d'eau de Seine : « La Hire se contentait donc de cinq litres d'eau environ par personne et par jour pour tous les besoins de la cuisine, de la boisson, de la toilette, de la lessive, etc. » Norme louis-quatorzième, elle n'est plus celle de l'habitation de prestige à la fin du xviiie.

L'habitat qui bouge, c'est l'habitat urbain; l'habitat des campagnes, demeure seigneuriale mise à part, reste figé dans des moules traditionnels cinq et six fois séculaires, ce qui n'exclut pas une certaine plasticité, nous l'avons vu. Mais l'urbanisme est une préoccupation du XVIIIe siècle. Une volonté politique vise une méta-architecture qui passe de la demeure à l'ensemble de l'espace urbain. L'incendie de Londres ici, le tremblement de terre de Lisbonne * là, mais surtout le quadruplement par rapport au point de départ ont permis cette conquête de la ville, le plus souvent grâce à l'État, par une architecture d'ensemble. Cette promotion, retour des pensées sur les choses au niveau le plus élevé, correspond à un besoin que Voltaire exprime en France dans le *Dialogue sur les embellissements du Cachemire* — lisez Paris — et le président de Brosses, dans ses *Lettres familières écrites d'Italie*, pour l'Italie, un besoin qui a donné naissance à toute une littérature technique ; retenons seulement dans la ligne de Palladio qui a inspiré tant d'architectes anglais au XVIIIe siècle depuis Colen Campbell, lord Burlington *, jusqu'aux John Wood *, William Adam *

48. *LONDRES AU XVIIIe SIÈCLE*
(*D'après le* Westermanns Atlas zur Weltgeschichte.)

Londres, le pôle de la croissance britannique, suivant le modèle proposé par E. A. Wrigley (v. p. 102), s'étend démesurément vers l'est, de part et d'autre de la Tamise. Londres descend le fleuve, marche vers la mer, oppose au chevelu complexe de la vieille cité les constructions en damier de Regent's Park dans un espace coupé de jardins, planté d'arbres. Ce qui pose avec acuité le problème des communications dans une ville démesurée (la première ville millionnaire).

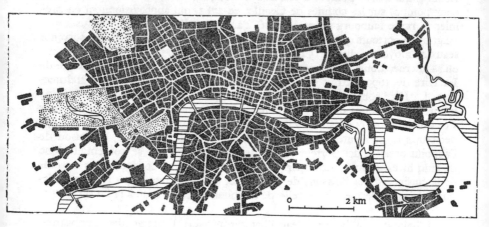

et ses quatre fils, René Alexis Delamaire, l'auteur de l'hôtel de Soubise, à qui l'on doit, en 1731, *le Songe et le réveil d'Alexis Delamaire* sur les embellissements de Paris, Jacques-François Blondel et Patte.

Jacques-François Blondel donne au début de son monumental *Cours d'architecture*, en 1771, une définition d'une sorte de méta-architecture qui est, en fait, une grande pensée d'urbanisme, celle qui anime Manuel da Maia à Lisbonne, les intendants dans leur province, Frédéric à Berlin, Catherine à Saint-Pétersbourg. Blondel le dit en peu de mots : « L'architecture [telle qu'il l'entend] voit tout en grand ; elle préfère dans nos villes à la décoration des façades, des accès et des communications faciles ; elle s'occupe de l'alignement des rues, des places, des carrefours, de la distribution des marchés, des promenades publiques. » Patte est plus clair encore. Ce Parisien né le 3 janvier 1723, qui voyage en Italie et en Angleterre, collabore à l'*Encyclopédie*, polémique contre Soufflot à propos de la solidité du Panthéon, est l'inépuisable polygraphe

49. LISBONNE
(D'après Joáo Pedro Ribeiro.)

Complètement détruite par l'incendie qui suit le tremblement de terre du 1er novembre 1755, c'est une ville neuve que l'on doit à l'énergie de Pombal et au génie de Manuel da Maia. Mesures de protection, grands axes, larges avenues et au cœur de la ville, près du bras de mer, cette magnifique place royale, au nom hautement symbolique, la place du Commerce, et les énormes dégagements plantés d'arbres du Passeio Publico.

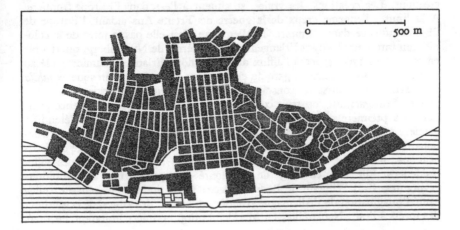

de l'architecture du xviiie siècle. En tête de ses *Mémoires sur les objets les plus importants de l'architecture* qui sortent en 1769, quatre ans à peine après les *Monuments érigés en France à la gloire de Louis XV*, il écrit dans la dédicace à Marigny ce beau passage cité par Pierre Lavedan : « Si l'on considère l'architecture dans le grand, on s'aperçoit que [...] l'on a vu sans cesse les objets en maçon tandis qu'il eût fallu les envisager en philosophe. Voilà pourquoi les villes n'ont jamais été distribuées convenablement pour le bien-être de leurs habitants ; perpétuellement, on y est la victime des mêmes fléaux, de la malpropreté, du mauvais air et d'une infinité d'accidents que l'entente d'un plan judicieusement combiné eût fait disparaître. »

Le réseau urbain est en place dans l'Europe nombreuse médiane et dans la vieille Europe urbaine méditerranéenne. Ces Europes-là sont celles des agrandissements, les dernières créations y datent du xviie siècle. Voyez Brest, Rochefort, Sète. A Versailles le damier et l'étoile sont à cheval entre l'âge classique et les Lumières. L'Espagne, pourtant, a eu son Versailles, création *ex nihilo* du second xviiie siècle. Aranjuez atteint 20 000 habitants à l'aube du xixe, elle est l'œuvre d'un architecte italien, Bonavia. En Angleterre, qui a construit à Londres deux fois et demie plus que la France à Paris, on pense à Tremadoc, petite ville à l'ouest du pays de Galles, création de l'extrême fin du xviiie, pour renforcer, face au danger français, les liaisons avec l'Irlande. La Scandinavie connaît, à la fin du xviie siècle, un épaississement substantiel de son réseau urbain, l'Allemagne a des reconstructions qui ressemblent à des créations. Les créations, les vraies, se situent à l'est, dans l'Europe frontière. A la limite, l'énorme creux de la guerre de Trente Ans aidant, l'Europe de l'Est commence dans l'Empire. L'Allemagne n'est-elle pas la terre de la colonisation intérieure ? Voyez Erlangen à 20 kilomètres de Nuremberg, qui double entre 1686 et 1700, grâce à l'afflux des huguenots. Erlangen, damier évidé au centre, pour laisser place au parc du château, est une création presque *ex nihilo* de l'horizon de la crise de conscience. Ludwigsbourg, le « Potsdam souabe », près de Stuttgart, est construit comme Versailles autour d'une résidence princière. La première pierre du château a été posée en 1704, la ville s'étend en damiers à partir de 1709. Mannheim, intégralement refaite après les destructions de la guerre en 1699, damier coincé dans un système complexe de fortifications. Karlsruhe apparaît à beaucoup comme la plus typique des villes résidences. Elle sort, en 1715, de la volonté d'un petit prince aux ambitions dévorantes, Karl Wilhelm de Bade Durlach. Cette indéniable réussite qui a hanté l'imagination de l'Allemagne frontière ouverte... des sables, de la tourbe et des forêts à l'est : Neustrelitz, en Mecklembourg, première imitation, en 1726,

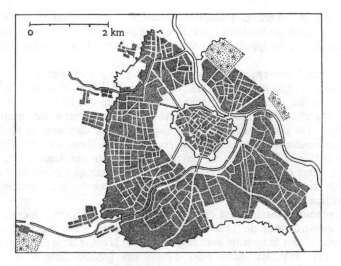

50. *VIENNE AUTOUR DE 1800*
(*D'après le* Westermanns Atlas zur Weltgeschichte.)

Vienne a beaucoup grandi au XVIIIe siècle. On est loin du petit polygone tassé qu'assiègent les Turcs en 1683. Vienne s'étend sur les deux rives, en damier, comme toutes les villes neuves. Elle bénéficie dans sa croissance de la puissance du second État du continent et des avantages de la sécurité, conséquence de la colonisation de la plaine hongroise et de la puissance militaire de la monarchie des Habsbourg.

modeste, à 100 kilomètres au nord de Berlin, du fait aussi d'un prince : Neustrelitz se présente sous la forme d'une étoile à huit branches avec au centre le château. Un peu plus tard, le Karlsruhe silésien, du fait d'un grand prince, cette fois, en 1743. Nouvelle édition modeste, tardive mais charmante, cette Ludwigslust au nom engageant, après 1765, à 170 kilomètres au nord-ouest de Berlin, du bon vouloir des ducs de Mecklembourg-Swerin. Mais rien ne peut être comparé aux créations de l'Est profond. Un nom, Saint-Pétersbourg *, véritable symbole de la volonté déterminée sur un siècle d'un despotisme de rattrapage. La première pierre, on s'en souvient, fut posée le 29 juin 1703. On sait dans quelles conditions atroces les travaux furent conduits à portée des canons suédois, dans les marais parsemés d'îles de l'Ingermanland. Saint-Pétersbourg a d'abord été une ville insulaire à l'embouchure de la Neva. Le premier ordonnateur des travaux, Domenico Trezzini, était un Italien de formation hollandaise. Andreas Schlüter, puis Homann passèrent sans rester avant l'arrivée de Le Blond, disciple français de Le Nôtre, en 1716, qui conclut la première étape. Trezzini (1670-1734) n'en a pas moins marqué le tout premier Saint-Pétersbourg de sa forte personnalité ; originaire du Tessin, il avait été à Copenhague au service du roi de Danemark. On a pu dire que l'architecture danoise de la fin du XVIIe siècle n'avait guère été qu'une ramification de l'architecture hollandaise. On comprend, du même coup, le choix de Pierre le Grand, qui voulait construire à l'embouchure marécageuse de la Neva, au fond d'un interminable golfe qui fait penser au Zuyderzee, une nouvelle Amsterdam. En raison d'un effort fantastique de rattrapage, tout commença par pousser dans un effroyable désordre. La première Pieterburkh n'a rien des plans rectilignes des villes artificielles.

La première marque est franchement baroque. Elle est donnée par les grandes constructions de Trezzini ; ce qui importait avant tout à l'État occidentaliseur, c'était la rupture avec le passé russe. L'église de la forteresse Pierre-et-Paul (1714-1733) est de ce point de vue une parfaite réussite. La rupture avec la tradition moscovite est consommée : « la nouvelle église n'a rien de commun avec les *sobors* russes à coupoles, c'est une véritable *Kirka* protestante d'aspect maussade et de proportions mesquines ». L'essentiel, pour Pierre, c'est le clocher, image d'occident, symboliquement calqué par Trezzini sur la Bourse de Copenhague. Dans le paysage urbain, cette flèche est à la capitale de la Baltique ce que le campanile de Saint-Marc est à Venise. A Trezzini appartiennent encore, dans l'île Vassili-Ostrov, le bâtiment des Douze-Collèges, les nouveaux ministères du nouvel État et le projet jamais réalisé de la Lavra d'Alexandre Nevski, première manière.

Seconde étape, la ville de Le Blond. Elle réunit les deux îles et un fragment de la rive sud du continent, un ovale dans un cercle de remparts. La majeure partie de l'île Vassili-Ostrov était découpée régulièrement en échiquier. « Un dessin de jardin, précise Lavedan, mais appliqué à une ville ; la diagonale vient au secours de l'échiquier. » Au second stade, la ville de Pierre gardait encore son aspect d'Amsterdam du Nord avec ses canaux mêlés aux rues à la manière hollandaise. Malheureusement, le plan de Le Blond, emporté par la variole en 1719, échoua. Nouvelle bouffée d'anarchie : la conquête urbaine de la rive gauche se fera sans ordre. Il appartiendra à Catherine II de discipliner le torrent et de donner à la ville devenue continentale la dignité architectonique qui fait aujourd'hui encore de Leningrad une des plus belles villes du monde.

51.   SAINT-PÉTERSBOURG VERS 1750
(Ibid.)

Saint-Pétersbourg, ville artificielle construite pour ouvrir la Russie vers l'ouest sur la mer, s'installe, Venise du Nord, sur un espace coupé d'arbres et d'eau. Le plan affirme clairement la vocation maritime de la capitale de la Russie du rattrapage.

Commencée dans une ligne néerlandaise et danoise, Saint-Pétersbourg va se couler de plus en plus dans un moule français. Et le tournant fondamental qui oppose l'architecture de Catherine à celle d'Élisabeth est un tournant européen, le grand plan de clivage franco-anglais de l'esthétique des Lumières n'apparaît nulle part plus agressivement que dans la capitale du Nord.

Une phase de liberté associe vers 1740 une remontée des traditions russes harmonieusement réinterprétées et les grandes lignes du rococo français épris d'exotisme. On revient aux églises à coupoles où la flèche allemande fait place de nouveau au campanile latéral et détaché. Le seigneur du deuxième Saint-Pétersbourg baroque est un sculpteur d'origine italienne élevé et formé à Paris : Rastrelli. A Rastrelli cette ultime victoire du plus noble baroque colossal, le Palais d'hiver, le Palais d'été, le palais Tsarskoié-Siélo et surtout cette perspective Nevski et sa bordure de palais qui dénote une pensée d'urbaniste aux dimensions d'un empire. Rastrelli, aidé de Quarenghi et de Rossi.

Catherine fait prendre, avec quelques années à peine de décalage, à cette façade plaquée de Russie européenne, le tournant néo-classique. L'instrument sera comme partout l'Académie des beaux-arts, fondée en 1758, à la fin du règne d'Élisabeth. Le palais de l'Académie des beaux-arts achevé en 1765 donne le ton néo-classique. Il est l'œuvre du Français Vallin de La Mothe. A lui encore le pavillon de l'Ermitage, l'église Sainte-Catherine et l'arc en briques de la Nouvelle-Hollande.

A côté de Vallin de La Mothe, l'excellent Rinaldi procure quelques bijoux, la montagne Russe, le pavillon Chinois, le palais de Marbre et le château de Gatchine, avant que Catherine, craignant de retarder sur les modes occidentales, ne s'engoue pour l'antiquisme archéologique de Mr. Cameron. La plus grande création urbaine des Lumières, marginale et exhaustive, n'a pu porter à son terme, de part en part, une seule et même pensée d'urbanisme. Mais c'est aussi pourquoi cette ville neuve est vivante, donc contradictoire et riche de tous les XVIIIe siècles amenés par la mer qui s'y heurtent et s'y croisent.

Le véritable urbanisme des Lumières est celui qui doit tenir compte d'un tissu ancien. La maison urbaine vit en moyenne trois siècles, on s'en souvient, dans la vieille Europe des villes, l'Europe de la pierre et de la brique. La place royale donne le ton : dans l'Europe du XVIIIe, « on nomme ainsi une place destinée à servir de cadre à la statue d'un souverain ». La France en a procuré les premiers modèles ; la date initiale : 1614, la statue d'Henri IV et autour la place Dauphine. Les artistes français se sont bornés à associer deux éléments fournis par l'archétype universel de la Renaissance italienne : une belle place régulière à arcades où l'élévation des façades doit obéir à des règles communes, la place à programme, la statue du prince généralement bien en vue. Dans la place royale à la française, imitée inlassablement par l'Europe des Lumières, nous arrivons à cette inversion significative : une place, pièce maîtresse d' « architecture dans le grand », envisagée en « philosophe », « créée pour servir de cadre » à la statue du prince, pour mettre en valeur une œuvre de sculpteur au service de l'exaltation de l'État civilisateur.

Les archétypes français datent de la première moitié du XVIIe siècle : la place Dauphine et la place Royale (aujourd'hui place des Vosges) ont été imitées par Jules Hardouin-Mansart, auteur de la place des Victoires et de la place Vendôme à Paris, de la place Royale (de la Liberté) à Dijon. La vague est lancée. A partir de 1686-1690, presque toutes les grandes villes de province voudront avoir, sur le modèle de Mansart, leur place à programme, servant de cadre à la statue royale d'un artiste en renom. Tours et Lyon appartiennent à la première vague. A Lyon, les travaux commencés par Mansart en 1686, qui passa immédiatement la main à Robert de Cotte, ne seront achevés qu'en 1731. Caen, Rennes et Montpellier suivent de très près. La mode lancée, c'est à la gloire de Louis XV que furent consacrées la plupart des places royales françaises : Bouchardon, J.-B. Lemoyne, Guibal, Cyfflé, Pigalle *, entre autres, furent mis à contribution pour la statuaire. A Rennes d'abord, Robelin et Gabriel dirigent la reconstruction après l'incendie de décembre 1720 qui ravage le centre et fait de la place. La grande pensée : deux places communiquant par la diagonale, celle de Louis XIV associée au palais du Parlement de Bretagne, celle de Louis XV à l'hôtel de ville. La seconde, plus vaste — dans l'intervalle la visée s'est accrue —, dessinant un rectangle irrégulier de 100 mètres sur 120 ; J.-B. Lemoyne a placé de propos délibéré la statue en position excentrée au bas de la tour de l'Horloge. Bordeaux s'agite autour des premiers projets en 1726 et 1728. Un second projet de Gabriel * est choisi en 1730, le plan définitif arrêté en 1733. La place Royale de Bordeaux, aujourd'hui place de la Bourse, est, comme la plupart des places royales, un peu à l'écart des grands axes de communication ; elle a la forme d'un rectangle court (120 m × 100 m) à pans coupés ; l'hôtel de la Bourse à droite, l'hôtel des Fermes à gauche, sur les petits côtés ; les grands côtés sont laissés aux particuliers. La statue de Lemoyne, qui fut préféré à Coustou, est mise en place en 1743.

Paris ne pouvait être en reste. Soixante-quinze ans séparent la place Louis-le-Grand de la place Louis-XV (la Concorde), dont l'histoire a été écrite dans le menu par Patte avec pas mal d'inexactitudes. Louis XV avait retenu Boffrand : sa mort, le 18 mars 1754, laisse le champ libre à Gabriel. L'ampleur du projet, le lent déroulement des travaux en changeront progressivement l'esprit. Les travaux commencèrent en 1757, ils durèrent une vingtaine d'années. Gabriel reste fidèle à « l'ordonnance traditionnelle de soubassement et à l'ordre colossal, mais il y a manifesta un goût nouveau et son œuvre annonce la transformation qui s'opère alors dans l'architecture. La statue de Bouchardon terminée par Pigalle fut inaugurée le 20 juin 1763. » La place Royale était, dans sa conception première, conforme à la tradition de la place royale, un lieu de promenade à l'extrémité ouest et champêtre d'une ville en extension rapide.

La place Royale de Nancy (place Stanislas) avait eu primitivement une fonction modeste de trait d'union entre un vieux Nancy dérisoire dans ses remparts ruinés par décision du traité de Ryswick et une ville nouvelle témoin d'une prospérité montante et construite sur un espace vide. Elle n'en reprend pas moins le plan de Bordeaux, soit le rectangle faiblement allongé de 120 m × 100 m.

Reims clôt la série des places Louis-XV : créée de 1755 à 1760, elle est l'œuvre de l'ingénieur Legendre et du grand Soufflot.

A cette époque, le remodelage urbain par cette architecture de statuaire au service de l'État a largement fait tache d'huile hors de France, marquant d'une touche française et monarchique l'espace urbain au temps des Lumières. La place Royale de Bruxelles, longtemps méditée, est commencée en 1776, œuvre collective où s'illustrent Fisco, Barnabé Guimard et surtout Barré; conçue comme une place fermée de 115 m × 80 m (peut-être vieille réminiscence espagnole), elle s'affirme par la lourdeur de ses contraintes autrichiennes et par la dignité de ses huit pavillons rigoureusement identiques. L'Amalienborg de Copenhague * s'encastre dans un complexe de plusieurs places et palais. Elle s'inspire, certes, de l'exemple de Nancy ; la place orthogonale toutefois lui confère son originalité. Bordée de quatre palais exactement identiques, destinés en principe aux quatre grandes familles des Moltke, Schaek, Brockdorff, Levetzau, Amalienborg est la place royale d'une monarchie aristocratique à structure d' « États ». A l'autre extrémité de l'Europe, sur l'espace libéré par le tremblement de terre, Pombal édifiait à Lisbonne à la gloire de son souverain Joseph Ier l'énorme rectangle de la Praça do Commercio (177 m × 119 m) qui, à la différence des autres places royales, se situe en raison des démolitions, d'entrée de jeu, comme son nom le rappelle, au centre commercial d'un port gonflé par la montée irrésistible de l'économie brésilienne dans la phase ascendante du cycle de l'or.

On peut reprocher à l'urbanisme un peu court de la place royale d'être un urbanisme de statuaire *. Du moins a-t-il contribué à soutenir un art en perte de vitesse depuis le XVIe siècle. La première partie du XVIIIe n'est pas une bonne période pour l'art du bronze et de la pierre. La sanguine ironique de Watteau qui imagine la sculpture sous les traits d'un petit singe goguenard et lyrique occupé à faire jaillir d'un bloc de marbre le buste accrocheur d'une jeune femme est peut-être symbolique.

Pas de grands noms mais bon nombre de talents estimables dans la première moitié du XVIIIe siècle. Le baroque rococo est un art pictural, un art de décor qui se prête peu à la ronde-bosse. La statuaire majestueuse de la place royale se fige dans quelque chose qu'a cessé d'animer une pensée originale. Il lui manque d'être soutenue par le besoin du public, par le grand souffle de l'agora antique. En contraste avec l'invention picturale de la Régence, le premier horizon du siècle des Lumières est celui de la monnaie des grands. En déficit d'un Bernin, la France est riche en talents, à l'heure des élèves de Girardon et de Coysevox. De Coustou à Falconet, la sculpture se laisse emporter par la sensibilité néo-baroque dominante, un baroque de divertissement et de gracieux art de vivre « dans un crescendo de lignes zigzagantes », d'attitudes de plus en plus pathétiques. Un moyen commode pour suivre une ligne d'évolution : prendre sur un demi-siècle les morceaux de réception à l'Académie des principaux acteurs de la statuaire française en ce premier xviiie siècle. On partirait d'*Apollon montrant à la France le buste de Louis XIV* de Nicolas Coustou en 1693, on retiendrait, onze ans plus tard, *la Mort d'Hercule* de Guillaume Coustou, puis successivement, dans une montée presque linéaire de pathétique et de tension, la *Mort de Didon* de Cayot (1711), le *Titan foudroyé* de Dumont (1712), le *Saint Sébastien* de Coudray (1713), *la Mort d'Hippolyte* de J.-B. Lemoyne (1715), *Ulysse tendant son arc* de Bousseau, le *Neptune calmant les flots* (1737) de L. S. Adam. Enfin, avec *la Chute d'Icare* de P. A. Slodtz (1743), le *Prométhée* de N. S. Adam et le *Milon de Crotone* de Falconet, on atteint le sommet dans la tension du baroque sculptural rococo.

Les frères Coustou ont été d'honnêtes artisans de la masse et du ciseau, solidement enracinés dans le milieu lyonnais, qui font la transition entre les deux siècles. Leur talent triomphe dans la chair mince et flexible des nymphes, dans la robuste santé aux formes pleines et harmonieuses de la statuaire des fleuves, *le Rhône, la Garonne* et peut-être plus encore cette *Saône* où Nicolas Coustou a mis tout l'amour de la terre généreuse de ses ancêtres. Incontestable point haut, la *Marie Leczinska* de Guillaume Coustou au Louvre et ses *Chevaux de Marly*. Robert Le Lorrain (1666-1743), voyez les *Chevaux du soleil* de l'hôtel Rohan, dont une partie est malheureusement perdue, retrouve un art de la ronde-bosse étroitement associé au mur, replacé, donc, dans le mouvement architectural. Avec les Lemoyne et les Slodtz, le pathétique triomphe ; Bouchardon a de la noblesse et le sens de la composition dont témoigne la fontaine de Grenelle.

Le grand moment de la sculpture française commence à la moitié du siècle avec le retour à l'antique et l'esthétique néo-classique. La sculpture est appelée de nouveau à collaborer à la décoration intérieure de la demeure de prestige. Voyez les arabesques sculptées des hôtels parisiens des années 1760. Avec les ordres, la ronde-bosse s'impose de plus en plus dans la décoration des belles demeures urbaines : « l'hôtel d'Hocqueville, à Rouen, contenait une admirable décoration qu'on a pu attribuer à Clodion » qui travaille dans le même temps au jubé de la cathédrale, à l'hôtel de Salm « les arabesques en stuc de la rotonde contiennent, à côté de rinceaux et de vases antiquisants, des violons et des palettes. A l'hôtel de Gallifet, des femmes dévêtues soutiennent des urnes et se tiennent en équilibre sur des lyres [...] ». On pourrait multiplier les exemples à l'infini. Cette mutation du goût correspond à une mutation de la demande et à une mutation de la vision dans l'espace. Le second xviiie a les sculpteurs de ses besoins, la sculpture qu'il mérite. J.-B. Pigalle (1714-1785), honnête et génial artisan issu du milieu parisien du meuble, a fait le voyage de Rome. Il s'impose brusquement à vingt-six ans avec son *Mercure attachant ses talonnières*. Pigalle est à la fois le portraitiste spirituel de Mme de Pompadour et l'homme des grands et nobles ensembles qui culminent dans le mausolée du maréchal de Saxe, de l'église Saint-Thomas à Strasbourg, c'est aussi l'homme des belles fontaines. Étienne Maurice Falconet (1716-1791) sort du même milieu parisien, cette espèce d'aristocratie de l'artisanat du meuble, où l'on est intelligent, et cultivé avec les mains. Falconet associe le goût de Boucher dans ses biscuits de Sèvres (voyez la *Léda*, la *Baigneuse*, le *Pygmalion*) à une sculpture d'idée qui témoigne d'une connaissance approfondie du legs classique de l'Antiquité. Pajou (1753-1809) est volontiers larmoyant (*Psyché abandonnée*). Au sommet, Jean Antoine Houdon (1741-1824), issu d'un milieu très humble : son père était domestique, mais à Versailles. Le voyage à Rome nous vaut sa *Vestale*, son *Écorché* et son étonnant *Saint Bruno* de l'église Santa Maria degli Angeli alle Terme à Rome. Il atteint à une sorte de perfection classique dans sa *Diane* du musée de l'Ermitage, qui est l'œuvre d'un homme de trente-six ans, au sommet de ses moyens, en 1777. L'année suivante, au milieu d'une production abondante, émerge l'inoubliable *Voltaire*.

L'Italie part du baroque sculptural qui est une abondante monnaie du Bernin, rempli de fontaines en grottes foisonnantes, de saints pudiquement drapés, de tombeaux un peu mièvres avec Serpotta, Le Gros, Parodi, Cametti, Schiaffino, Marchiori, Valle auquel on doit la très belle *Annonciation* de l'église Saint-Ignace à Rome, Calegari, Queirolo, Slodtz, à cheval sur toutes les Europes baroques, Spinazzi, Angelini, pour culminer avec Canova *, dans un néo-classicisme agressif contemporain de Houdon. L'Allemagne catholique reste dans la mouvance italienne. Le palais et l'église baroques, les grandes fontaines du plan d'urbanisme sont l'œuvre soit d'Italiens soit d'artistes formés à l'école italienne. Balthasar Permoser * (1651-1732), qui travailla quatorze ans à Florence, marque la liaison et la dépendance.

La sculpture, au départ, est méditerranéenne. Elle s'acclimate lentement au nord. La sculpture anglaise, par exemple, est plus tardive que sa peinture. Et pourtant, l'architecture palladienne appelle par imitation un complément sculptural ; Bird et Cibber sont d'honnêtes tâcherons du ciseau. Pierre Scheemaker (1691-1770) vient d'Anvers *, Laurent Delvaux (1696-1778) de Gand, Jean Michel Rysbraek (1692-1770) d'Anvers encore. La sculpture anglaise est un prolongement au XVIIIe de l'école française. Elle est l'œuvre, en fait, d'un homme qui a profondément marqué le milieu : un Lyonnais, élève de Nicolas Coustou, puis de Balthazar, sculpteur de l'Électeur de Saxe, Jean François Roubillac (1695-1762). Roubillac, révolution tardive, introduit le nu que redoutait la puritaine Angleterre du siècle précédent. Sa production est immense : elle imprime sa marque au goût du siècle. Voyez l'intelligente composition du tombeau de sir Peter Warren. Avec la génération proprement anglaise de Joseph Wilton (1722-1803), Joseph Nollekens (1732-1823), Bacon, Flaxman, une Angleterre néo-classique se révèle dans l'art familier du médaillon.

●

La tradition du polychrome s'est malheureusement perdue, art difficile qui suppose la naïveté des primitifs et la passion d'un génie populaire. Le marbre est froid. Or le XVIIIe siècle a passionnément aimé la couleur : sa physique de la lumière maladroite est une interrogation sur la couleur. Le baroque a légué aux Lumières les immenses perspectives en trompe l'œil de la scène d'illusion. Depuis que le dessin a résolu les problèmes de la perspective, la peinture, autant et mieux que l'art de la sculpture, a la profondeur et en plus la couleur. Le XVIIIe siècle a livré beaucoup de son âme à la palette et au pinceau : il est, dès le début, un grand siècle de la peinture.

Il faudrait tenter une étude quantitative des milieux à laquelle, malheureusement, les historiens de l'art ne nous ont guère habitués à ce jour. La peinture s'accroît, au XVIIIe siècle, dans des proportions considérables avec la demande. Il y a pourtant recul de la demande officielle en quelques secteurs minoritaires de l'Europe : l'État, la Cour, en France, commandent moins au XVIIIe qu'au moment des grandes constructions de Versailles. Leurs commandes ne permettent plus, comme Versailles à l'époque de Le Brun, des entreprises du type de ce que furent la décoration du Vatican ou de la chapelle Sixtine. La commande officielle en France se dilue : elle est passée de Versailles en province, où elle doit beaucoup à l'initiative des intendants. Quantitativement, il n'est pas certain qu'elle soit inférieure à la commande du Grand Roi, elle n'offre plus, toutefois, les mêmes possibilités. Il faudrait bien se garder de limiter l'Europe à la France. Tous les Versailles en chaîne des États territoriaux de l'Allemagne en pleine phase de récupération totalisent infiniment plus au XVIIIe siècle qu'aux époques précédentes, sans oublier la Russie d'Élisabeth et de Catherine, la Suède éclairée, l'Espagne des Bourbons, le Portugal de Pombal et l'Autriche danubienne de Marie-Thérèse. L'État, même en France, consomme plus de surfaces peintes au XVIIIe qu'au XVIIe, mais d'une autre manière, pour des projets beaucoup plus fractionnés, qui rejoignent, dans une large mesure, les nouveaux secteurs de la demande.

Au premier rang de la demande de type traditionnel, l'Église demeure, l'Église, entendez presque exclusivement la piété catholique. Le plus grand peintre de la relation ontologique au XVIIe, Rembrandt, certes, appartenait à la Hervormde Kerk, mais il répondait à la demande diffuse d'un grand peuple chrétien ; une demande née des exigences profondes de la foi ne passe pas nécessairement par l'institution. La piété protestante, même au second XVIIIe siècle, au temps des Réveils, n'est pas volontiers picturale : elle a coutume de couler sa prière dans la cathédrale d'harmonie, d'accords et d'élans mystiques de l'orgue à l'heure du contrepoint. Aussi, seule joue dans la demande l'Église catholique et, par conséquent, dans une large mesure, la commande passe au sommet, par les besoins de piété du haut clergé, le secteur, au XVIIIe, en France surtout, le plus prématurément et le plus profondément atteint. Cette crise sectorielle — il faut bien se garder d'en exagérer l'étendue — a des répercussions démultipliées sur la peinture religieuse française.

Le seul représentant de cette peinture — la critique, de nos jours, l'accable et il est à peine du XVIIIe siècle —, Jean Jouvenet (1644-1717) : « Parmi les peintres religieux de cette époque sceptique et libertine, le plus sincère et le mieux doué est assurément le Normand Jean Jouvenet que ses contemporains avaient baptisé non sans quelque emphase Jouvenet le Grand. » Jouvenet, issu d'une famille de peintres, cadet de quinze enfants — la fille d'un horloger, Marie Baronneau, qu'il épousa lui en donna à son tour quatorze —, est un honnête artisan de la peinture. La lointaine origine italienne que revendique sa famille ne lui permet pas pour autant le voyage de Rome. Il se veut dans la ligne du Carrache par le relais de celui qui fut son maître, Le Brun. Depuis la *Guérison du paralytique* (1673), il produit inlassablement de grandes toiles d'Église dont les couleurs sont aujourd'hui trop souvent enfouies sous la crasse et les vernis. De cette longue liste émergent le *Triomphe de la Justice et de la Religion* (1694), quatre toiles de très grandes dimensions peintes pour Saint-Martin-des-Champs, mises en place en 1706, la *Résurrection de Lazare*, le *Christ chassant les marchands du Temple*, le *Repas chez Simon*... Dévoré par la goutte, infirme, il réussit encore à brosser son *Magnificat*. Une pointe de pathétique qui fait penser au Carrache, beaucoup de bonne volonté, de l'application et de la technique, dans la ligne de l'enseignement de Le Brun, une soumission totale à la tradition sans aucune notation personnelle, telle apparaît l'œuvre considérable de Jouvenet. Une enquête récente, conduite sous la direction de V. L. Tapié, déploie les richesses de la peinture de retables. La production du xviiie, alimentée par la commande soutenue du petit peuple chrétien des provinces, par la piété fidèle et active du bas clergé, ne le cède en rien en quantité sinon en qualité à celle des siècles précédents. A travers l'Europe des Lumières, la commande d'Église reste un des points forts de l'activité picturale. A combien plus forte raison, dans les secteurs de piété traditionnelle de l'Europe baroque. Voyez, par exemple, l'activité inlassable d'un Francesco Solimena (1657-1743). Comme toute la peinture d'Église italienne au début du xviiie, son œuvre porte la marque du Carrache. Décoration du Gesù Nuovo à Naples, *Apothéose de saint Philippe de Neri*. Peintre des plafonds dans la pure ligne baroque, il produit encore une *Vierge glorieuse* parmi les saints et les saintes de l'ordre de Saint-Dominique. Après lui, Francesco Le Mura (1696-1782), Giaquinto (1699-1765), Andrea dell'Asta, Niccolo Rossi et d'autres couvrent des plafonds et des murs d'églises dans tout le royaume de Naples, sans renouveler jamais les thèmes, les techniques, les pensées. Plus au nord, l'Italie a Marcantonio Franceschini (1648-1729) qui a décoré les églises de Bologne pour le compte des philippiens, des célestins et des servites. C'est en Espagne qu'il faut se transporter pour trouver une peinture religieuse encore vivante et originale, non plus dans la filiation directe du Carrache, mais dans celle de Murillo. Madrid compte à côté de Houasse (1680-1730) de véritables talents : García Hidalgo (1642-1718), García de Miranda (1677-1749), Jacinto-Miguel Meléndez (1679-1731), « surtout Meléndez auquel on a restitué deux remarquables tableaux du Prado : le *Miracle de saint Augustin* et *l'Enterrement du comte d'Orgaz*, peints dans une gamme gris verdâtre et une atmosphère quasi fantastique qui font songer à Magnasco ». Mais tous relèvent, précise encore Paul Guinard, « de la tradition du Siècle d'Or, à son déclin, infléchie vers un baroque plus tourmenté ». Tout est question de commande, de demande et d'atmosphère. La fresque continue, vivante à Séville, dans la ligne de Murillo et de Valdés Leal. Lucas Valdés (1661-1725), Clemente de Torres (1665-1730), Domingo Martínez (1689-1750) couvrent inlassablement de grandes surfaces de « compositions historiques ou allégoriques encadrées de guirlandes, de fleurs et de ballets angéliques [...] ». Martínez est spécialiste de la production en série de Madones adroitement murillesques. En Andalousie, la peinture religieuse fait même un peu mieux que de reproduire, elle invente. Bernardo Germán Llorente (1680-1759) est le créateur d'une Vierge bergère portée par le milieu capucin, la *Divina Pastora*, au grand chapeau de paille, appelée à un grand succès à travers l'Andalousie. L'Espagne monastique réalise le miracle d'une peinture d'ascèse en plein âge des Lumières, dans la tradition de Zurbarán. C'est le cas de Juan de Espinal (†1783), dont le cycle consacré à la *Vie de saint Jérôme* supporte la comparaison avec les classiques du baroque italien. Excellente également, la série de la *Vie de saint Pierre Nolasque*, peinte pour la Merci à Cordoue par Cobo y Guzmán (1660-1740), un très beau *Repas de saint Francois et de sainte Claire* à Barcelone, dû au pinceau d'Antonio de Viladomat (1678-1755). Pays de foi intense, dont l'expression accrochée au passé n'a pas essayé de s'adapter aux nouveaux langages, l'Espagne n'est pas sans faire penser à la Russie, autre secteur encore au XVIIIe d'une peinture religieuse vivante. Bien sûr, le second grand siècle de la peinture russe est le XVIIe siècle, en liaison avec l'intensité de la vie spirituelle où éclate le Raskol. L'icône continue à vivre pendant tout le XVIIIe, au pays d'Andreï Roublev. Au XVIIIe, la peinture religieuse russe s'accommode de la cohabitation de l'*ikonopis*, reproduction des modèles sacrés et de la *jivopis*, la peinture sur modèle vivant, née au XVIIe sous l'influence immédiate des fils spirituels de Simon Ouchakov (1626-1686), au moment où les nouveaux locataires de Saint-Pétersbourg couvrent à grands frais les murs de leurs demeures occidentales de scènes de genre et de portraits réalisés par des artistes occidentaux qui font payer très cher l'ennui de leur exil. Dans cet immense secteur traditionnel de la demande, la Russie et l'Italie du Sud répètent, l'Espagne imite en innovant parfois dans le détail, mais il arrive aussi que la peinture religieuse dégénère. Dans un cadre traditionnel de la demande, dans un pays où le respect extérieur de la forme masque mal le pourrissement au fond, la profanation est immanente. Voyez Venise. Il arrive même qu'elle scandalise les tièdes venus du dehors.

Les tensions entre la forme et le fond, entre les structures institutionnelles de la demande d'une part, l'esprit de l'artiste et le goût du public d'autre part, ne sont jamais plus évidentes que dans la production religieuse de l'école véni-tienne, par ailleurs une des plus grandes écoles de peinture du XVIIIe siècle. Giovanni Antonio Pellegrini (1675-1741) est un bon élève de Sebastiano Ricci (1659-1734). Pellegrini est un homme de théâtre — le théâtre d'opéra, depuis 1637, le grand rêve collectif de Venise. Il travaille en Angleterre avec Vanbrugh, chez lord Manchester au château de Kimbolton, puis à Düsseldorf, pour situer l'homme à sa dimension européenne ; à Venise, il accepte, pour gagner de l'ar-gent, de produire à la chaîne de surprenants tableaux religieux. Voyons donc Pellegrini aux prises avec le thème rebattu dans la peinture vénitienne au XVIIIe de Rébecca au puits. « La version qu'en donne Pellegrini se présente d'emblée comme idyllique et irrévérencieuse à la fois. Le sujet [...] plaisait comme un épisode sentimental de la Bible — alors qu'on a dans ce tableau l'impression d'un véritable marchandage. Pellegrini semble même évoquer le thème de l'entremetteur car sa Rébecca blonde et séduisante semble à coup sûr en train de se prostituer [...] La scène ne se passe ni à une époque précise, ni en un lieu précis, conformément au goût nouveau, réaction délibérée contre l'attitude plus scrupuleuse et plus réaliste du XVIIᵉ siècle. » Et Levey poursuit son analyse : « dans ce décor désinvolte [deux arbres au feuillage argenté, un morceau de fontaine Renaissance, un mouton de poésie pastorale], pose une blonde Vénitienne au nez retroussé, elle a sa main sur une cruche de théâtre et d'un doigt élégant, elle retient un bout de corde, tout à fait superflu [...] Pellegrini brode une fantaisie de son cru donnant en même temps, par un titre biblique, de la hauteur et de la noblesse à l'idée qu'il se fait de la rencontre d'une jeune femme et d'un vieillard amoureux. » Désinvolture vénitienne : quand, pour un recueil de gravures, il faut transformer le *Banquet de Cléopâtre* de Tiepolo en *Banquet de Nabal*, on gratte la perle de la main de Cléopâtre et on imprime, sous l'image, un verset du Livre des Rois.

Le cas de Pellegrini illustre une longue série d'exemples de détournement, de captation par l'intérieur de la peinture religieuse à Venise. Voyez Piazzetta aux prises lui aussi avec Rébecca. Giambattista Piazzetta (1683-1754) est un appliqué, un honnête, un laborieux. « Un escargot », disait le comte de Tessin, admirateur, par contraste, de Tiepolo, qui « exécute un tableau pendant qu'un autre a à peine le temps de mélanger ses couleurs ». Les peintres à fresque sont des gens rapides, Piazzetta est un homme de chevalet, un peintre de genre bourgeois par opposition au génie souvent hyperbaroque du XVIIIᵉ siècle vénitien. Piazzetta fait de la peinture religieuse à sa manière, sans doute parce qu'on en demande, sans être trop regardant sur le contenu, et que cela se vend. Voyez, par exemple, son *Saint Jacques conduit au supplice*, peint en 1717 pour San Stae à Venise. Le drame cher à Piazzetta ici « tend vers le mélodrame ». Pas moins significatif, sans doute, le fait que l'esprit positif, faut-il dire terre à terre, de Piazzetta a choisi un sujet dénué de tout caractère surnaturel : « un vigoureux vieillard tirant en arrière en une confuse contorsion un jeune homme musclé et basané. Aucun choix moral ici entre le saint et son bourreau [...] » Piazzetta, à la différence du baroque même rococo, a le génie du rapetissage. Mais son génie prosaïque et mesquin est résumé dans sa version de *Rébecca au puits* « qui contraste vigoureusement avec la façon dont Pellegrini avait antérieurement traité le sujet. Il ne vise en rien aux grâces du style et la scène est présentée d'une manière bourgeoise. Rébecca et ses compagnes deviennent [une bande de joyeuses luronnes paysannes] tandis que le vieux serviteur d'Abraham est un brillant chevalier habillé à la Caravage [face à face dans] une scène de séduction rustique. Cette manière est celle d'un peintre de genre » travaillant pour le plaisir de l'œil et le confort d'un chaud intérieur de marchands aisés. La manière est différente de celle de Pellegrini mais l'esprit en est également absent. « Le peintre, une fois de plus, a négligé le véritable sujet biblique [...] Le tableau ne manque pas seulement de légèreté et de grâce mais aussi de grandeur. » Le serviteur à la trogne rougeaude est un homme mûr fasciné par la gorge opulente, offerte au toucher, d'une jeune paysanne un peu sotte mais que l'œil palpe chaude et vivante sous une robe qui la déshabille. Voilà pour le chaînon du grand plan de Dieu qui mène par l'élection d'Israël à l'avènement du Christ sur le chemin merveilleusement simple de l'Incarnation. Poussin jadis avait lui aussi rencontré Rébecca au puits. Une Rébecca qui écoutait le message d'Eliézer avec l'attention et l'attitude de la Vierge de *l'Annonciation,* dont elle est d'ailleurs dans l'ancienne alliance l'image prophétique. On comprend que toute l'Europe, même française, même anglaise, même celle qui se croit sceptique et qui, d'ailleurs, a aimé cette robuste scène champêtre, ait été choquée. La peinture religieuse du xvIIIe siècle n'échappe pas facilement aux deux écueils que lui inflige la retombée de la ferveur au niveau de l'élite : ou un surnaturel stéréotypé tout en apothéoses et visions de gloire, trop théâtral pour emporter la conviction pas plus que la scène finale d'un opéra-ballet ; ou bien, et c'est l'exception représentée par Piazzetta, « elle rabaisse la piété au rang de l'humanité commune ». Piazzetta est un peintre de genre bien à sa place dans une série qui comprend au sommet Pietro Longhi (1702-1785) après Giuseppe Maria Crespi (1665-1747), Giacomo Ceruti, Gaetano Zompini (1700-1778), Domenico Tiepolo (1727-1804), le fils de Giambattista le Grand. Son réalisme, teinté d'une note de fantaisie, est alors parfaitement à son aise dans *Une idylle au bord de la mer* du musée de Cologne ou *les Saltimbanques.* Piazzetta répond à ce qui constitue la raison sociale de la peinture au xvIIIe siècle. Contribuer à l'intimité, à l'agrément de la vie, couvrir les murs des nouveaux hôtels urbains, des somptueuses demeures, mais surtout des confortables habitations qui résultent de la multiplication par quatre de l'espace urbain, de taches de couleurs vives, de scènes aimables, de visages où accrocher les souvenirs, points de départ pour quelques rêves possibles d'une vie agréable et plus humaine, telle est la vocation sociale de la peinture au xvIIIe siècle ; telle est donc la condition même d'une multiplication de la demande. Le multiplicateur des Lumières a joué à plein pour la peinture. Il n'est pas déraisonnable de supposer une demande cinq à dix fois supérieure à celle du siècle précédent. Du même coup les conditions sociales du milieu sont bouleversées. Regardez les peintres du xviiie : ils sortent massivement de milieux relativement modestes, ils appartiennent souvent à la couche supérieure d e l'artisanat. Élargissement de la demande, élargissement du recrutement, descente dans des secteurs moins cultivés dont la diffusion du livre ne comble pas nécessairement toujours et partout le retard. Voilà qui tend encore à primer le genre par rapport à la peinture mythologique, à la peinture d'histoire et au grand genre.

Dernière caractéristique enfin : les nouvelles liaisons de la peinture, par le jeu des salons, avec la littérature. En France, voyez le rôle de Diderot. Paradoxalement, dans l'esprit du fondateur de l'*Encyclopédie*, les arts plastiques dérivent une partie de leur éminente dignité des arts, au sens le plus large, entendez les techniques. Il y a donc sur ce point inversion de l'ordre traditionnel des valeurs. Il fallait faire oublier jadis l'aspect matériel du travail de l'artiste pour lui conférer une dignité proche d'un art libéral. Dans la perspective de Diderot il en va tout autrement. La peinture, c'est aussi une technique, un support matériel à un ensemble de sensations qui s'organise en idées. Qu'on se reporte au prospectus de l'*Encyclopédie* publié en octobre 1750, au témoignage du fidèle Naigeon sur la manière de travailler de Diderot. A la limite, on peut légitimement se le demander, le salon, la critique d'art, ce pont jeté entre la peinture et la littérature, s'apparente au type d'enquête qu'il avait jadis pratiqué auprès de tous les métiers, avide de savoir et comprendre, pénétré de l'éminente dignité de la main qui communique l'idée à la matière par un jeu subtil d'aller-retour : « Diderot, écrit Naigeon (d'après J. Proust), passait des jours entiers dans les ateliers des plus habiles artistes et ne négligeant pas même les simples manouvriers qui sans avoir jamais réfléchi sur leur art, en connaissent très bien certaines parties et sont même parvenus par une pratique habituelle et par une longue expérience à laquelle la théorie ne peut jamais suppléer à perfectionner les méthodes connues [...] » Admettons que le travail de Diderot ait été beaucoup plus que Naigeon ne le prétend et que le prospectus ne le promet, un travail de seconde main. L'intention compte plus que l'acte. Il y a un certain désir de comprendre, un œil de technicien, de praticien sur la toile qui marque mieux qu'une étape. La peinture s'est intégrée plus que par le passé à l'univers des mots.

Art mécanique à vocation libérale, la peinture bénéficie de la promotion des arts mécaniques dans l'univers mental de l'*Encyclopédie* à l'ouest ; art de l'intimité du foyer, elle bénéficie de la promotion du foyer, du repli affectif sur le for familial. Art aux débouchés sans cesse accrus, surtout art en pleine expansion. La production de peinture, une demande qu'il est bien difficile d'arbitrer.

Une peinture naturellement influencée par les nouveaux débouchés. Bien sûr, les besoins pour la décoration intérieure de l'habitat urbain de nouvelles couches sociales promues à cette forme d'aisance ne suppriment pas le poids de la demande traditionnelle : le palais princier et l'Église. La part relative se réduit lentement. Mais, à la limite, la direction change. Le genre finira par modifier la structure de la peinture d'histoire et de la peinture religieuse. Giambattista Piazzetta nous a fourni, avec sa *Rébecca au puits*, l'exemple caricatural de ce que l'on peut appeler la grande inversion picturale du xviiie siècle.

De ces considérations, deux types de conséquences découlent. Une nouvelle géographie de la peinture : art italien, art flamand néerlandais, elle devient, au xviiie siècle, art français d'abord. La France nombreuse, la France bourgeoise, la France des pensées nouvelles, qui retombent en le modelant sur l'art pictural, voit triompher un type de peinture techniquement proche de la famille hollandaise, adapté au goût du jour, accordé sur les pensées. A côté de cet espace pictural français dominant, le xviiie voit se dresser, pour la première fois, une grande école anglaise. Peinture française et peinture anglaise l'emportent. L'art pictural domine là où le *corpus* des pensées des Lumières s'est constitué, la peinture colle aux hauts niveaux d'alphabétisation, elle prospère là où la nature est écrite en langage mathématique, où s'impose la mécanique céleste de Newton, elle suit le sensualisme de Locke, les pays où la part de la bourgeoisie, dans les structures de la richesse et du pouvoir, est croissante, les secteurs européens d'une technicité avancée où mûrissent les conditions préalables de la révolution industrielle.

Seconde conséquence : la peinture du xviiie siècle s'ouvre sur une querelle française, à propos de la couleur ; la peinture française à l'heure de la crise de conscience affirme, contre l'empire du dessin, les droits de la couleur. Restituons à l'épisode son titre : la querelle des Coloris.

Nous avons évoqué au départ le tournant de la peinture française sur l'horizon 1680. Admettons que le grand règne en peinture aille de 1660 à 1690 : Versailles, l'empire Le Brun ; à l'intérieur d'un trait précis, d'une construction rigoureuse, une lente transformation s'opère, qui prépare insensiblement l'esthétique picturale de la Régence. Colbert avait vu en Charles Le Brun l'homme capable de diriger, de coordonner « de répondre aux grands programmes par l'unité d'un style ». Autour de lui, une foule d'artistes, des rivaux comme Mignard, des comparses et des exécutants. Le Brun a des équipes de brosseurs, comme le sculpteur ses staffeurs, pour les plafonds et les guirlandes.

« Mais le décor et la fête, note Jacques Thuillier, prennent le pas sur le tableau. »

« La protestation suit de près. La " querelle des Coloris " qui, dès 1671, agite l'Académie semble n'opposer que " poussinistes " et " rubénistes " sur d'étroites questions de doctrine : elle traduit en fait l'immédiate revendication des " amateurs ", disons plus clairement, la montée, à l'horizon de la nouvelle commande, d'une nouvelle couche sociale dans le public, pour un autre usage, au service d'une autre vision du monde des amateurs qui entendent maintenir dans tous les droits la " délectation ", qui ne renoncent pas à réclamer au peintre des accords de couleurs raffinés, une touche ressentie, le charme de l'invention poétique. » Jean-Baptiste Monnoyer (1634-1699), dans quelques-unes de ses natures mortes, Pierre Mignard (1612-1695), dans la *Fillette aux bulles de savon*, annoncent les préparatifs d'une fête de la couleur.

Rubens ou Poussin, le débat est ouvert en 1671. « Une conférence de Champaigne [...] donna le signal des hostilités. » Derrière Philippe de Champaigne, les tenants de la ligne et de la pensée, en face les tenants du coloris. Les discours succèdent aux discours sur les mérites de la couleur. Un amateur éclairé, Roger de Piles, décide, procédure insolite, de porter le débat devant le public. « Son *Dialogue sur le coloris*, paru en 1673, eut un retentissement considérable. » En 1676, nouveaux écrits, nouveaux débats. La belle collection de Carraches et de Poussins du duc de Richelieu ayant été dispersée dix ans plus tôt, Roger de Piles le coloriste est chargé par le puissant mécène de décrire la collection perdue et de réunir, faute de mieux, une collection de Rubens disponibles ; l'opération est menée vite et bien. Assez pour permettre à Roger de Piles de publier, en 1681, une apologie de Rubens qui a, au départ, partie gagnée. Au niveau du public éclairé de la ville, les rubénistes ont gagné en 1681. En 1699, les derniers bastions de l'Académie s'inclinent : Roger de Piles est appelé à siéger dans ses rangs comme conseiller honoraire. La cause est entendue : de 1690 à 1780, de Watteau à David, les coloristes, pour un siècle, triomphent.

Sur la première ligne de la couleur, on est tenté de placer Charles de La Fosse (1636-1716), pour son *Moïse sauvé des eaux*, pour le coloris des carnations de la fille de Pharaon et de sa suivante ; Joseph Parrocel (1648-1704) pour sa *Halte de cavaliers* du musée de Lyon, tout de rouge et de mouvement, d'un style presque impressionniste, auprès de Rigaud, de Largillière et de Coypel.

Largillière est un grand peintre, un homme modeste qui a travaillé longtemps (né à Paris en 1656, il meurt en 1746) pour le nouveau public de la peinture. Dans sa clientèle, point de roi (à l'exception de Jacques II en exil), ni de princes du sang : « Il aimait mieux travailler pour le public, dit non sans humour

Dézallier d'Argenville, les soins en étaient moins grands et le paiement plus prompt. » A. Châtelet pense avec raison que ce choix est de propos délibéré. Ce fils de chapelier, né dans la boutique parisienne, a été élevé à Anvers. Son éducation en fait un peintre flamand, reçu à seize ans dans la guilde anversoise ; éducation renforcée encore par un séjour en Angleterre. A Paris, enfin, c'est le clan flamand, donc Van der Meulen, qui lui permet de faire carrière. L'*Ex-voto à sainte Geneviève* (1697) est une magnifique composition à la flamande où les robes rouges des échevins font tache, beau tableau de groupe, série de portraits juxtaposés où le motif religieux est simple prétexte. Largillière est, avant tout, le premier en date de la brillante série des portraitistes du XVIIIe siècle. Deux chefs-d'œuvre dominent une très large galerie : le portrait de famille au Louvre où Mme Largillière écoute recueillie les trémolos de sa fille ; plus troublant encore la *Belle Strasbourgeoise* du musée de Strasbourg qui date de 1703. « Dans un parc ombreux et chaud qui semble sorti du pinceau de Watteau — mais nous sommes en 1703 et ce dernier n'est encore qu'un peintre de dix-neuf ans —, une jeune femme » au port modeste nous regarde en esquissant un sourire timide. « Sa robe noire de velours ciselé et son grand chapeau sont propres à l'élégance strasbourgeoise. La richesse du corsage de brocart doré, lacé de rubans roses, dit un raffinement tout personnel comme le mignon " pyrame " noir et blanc de la race des chiens alors si prisée. C'est virtuosité que de donner tant d'éclat au noir, mais c'est plus encore : la jeune personne acquiert un attrait envoûtant que son discret sourire accentue. » La palette de Largillière s'approche de celle de Watteau — grand souffle du Nord — et le trait psychologique du visage est digne de Quentin de La Tour.

L'orgie de couleurs — elle monte vers les rouges — s'accentue avec le Catalan Rigaud (1659-1743). Rigaud est, à la limite, le peintre du vêtement, de ce luxe vestimentaire, entre autres, que célèbre *le Mondain* : voyez *le Président Gaspard de Gueidan jouant de la musette*, un Rigaud tardif de 1735 que conserve le musée Granet à Aix-en-Provence. Un portrait très sensible à la somptuosité chatoyante des étoffes, trait d'une génération, prédilection du pinceau 1700. L'étoffe, en 1680, participe à la majesté du rang social, l'étoffe de cette avant-Régence s'est incorporée déjà au confort de la vie. Jean-Baptiste Santerre (1658-1717) et Jean Raoux (1677-1734) ont en commun, avec Rigaud et plus que Largillière, cette délectation du vêtement.

La génération que le génie de Watteau domine est la génération, certes, de la couleur, mais elle reflète, quand on va au-delà, toutes les contradictions qui éclatent au niveau des pensées; peut-être reflète-t-elle plus simplement encore les différentes strates socio-culturelles de la commande.

Trois grandes familles, si l'on veut, fédérées par le culte commun de la couleur. Tout d'abord, ce qui est legs du passé : la majesté, le respect de la tradition, plus la couleur. Le chef de file, Antoine Coypel (1661-1722), a une formule heureuse, traditionnellement reprise, pour fixer les bornes d'un moment, d'une famille : le grand goût. Et comme toujours, c'est peut-être là où les apparences sont sauves qu'il faudra le mieux saisir l'évolution. Le « grand goût » — un « style dont la noblesse s'affirme dans le choix des thèmes, dans la conception du sujet, dans l'expression, dans la composition, enfin dans la facture » (A. Châtelet) — est lié, au départ du moins, au décor du Grand Trianon, c'est-à-dire à une forme traditionnelle de la commande de Cour. Le grand goût, c'est la montée de la peinture à l'assaut de la décoration intérieure : « les boiseries s'assouplissent et s'enrichissent, une large ornementation se développe qui envahit progressivement le plafond ». Les plafonds ouvrent la perspective d'immenses surfaces supplémentaires à couvrir, avec des exigences : la noblesse du thème, une composition en grandes masses, des couleurs claires et vives, une gamme infinie dans les bleus.

Voyez Antoine Coypel : c'est un enfant gâté. Fils de Noël Coypel, proche collaborateur de Le Brun, il est reçu à onze ans pensionnaire de la jeune académie de Rome, tout lui réussit ; à dix-neuf ans il reçoit la commande d'un May de Notre-Dame ; honneur, gloire, argent s'accumuleront sur sa tête. Le milieu dont sont issus François Lemoine (1688-1737) et Jean-François de Troy (1679-1752) est un peu plus modeste, mais celui de Jean II Restout (1692-1768), né à Caen dans une famille d'artistes, comme Coypel, est aisé et cultivé. On a le sentiment, au début du XVIIIe, d'une sorte de tri social. La commande traditionnelle, quand même la plus prestigieuse, celle qui consacre au premier rang et qui annonce le succès économique, cette commande à laquelle répond le grand goût, semble réservée à une élite issue d'un milieu d'artistes déjà consacrés. Le grand goût consacre la deuxième, voire la troisième génération et au-delà. Or, c'est à l'intérieur du grand goût que le tournant de la sensibilité s'affirme. Comment ne pas voir, sous l'apparente fidélité du thème, le glissement (chez Coypel, *la Mort de Didon*, 1704, chez Lemoine, *l'Apothéose d'Hercule*) vers une mythologie amoureuse dans une direction dont le point d'arrivée est Boucher ?

Second groupe parmi les amis de la couleur, les peintres animaliers ; faut-il dire les peintres de la chasse ? Nostalgie champêtre de citadins, de bourgeois qui aiment à entretenir à la ville le souvenir de leurs séjours champêtres, qui aiment à créer l'illusion d'une vie aristocratique. Chaque famille bourgeoise possède sa campagne, modeste train de culture le plus souvent, qui assure une partie de l'alimentation. Le décor animalier dans la peinture est lié à une commande urbaine et bourgeoise. Faut-il s'étonner, dans ces conditions, que l'archétype vienne de la très bourgeoise et très urbaine Hollande?

Pour répondre à une demande pour laquelle la peinture française n'a pas d'offre à présenter, le marché français a dû recourir d'abord à la peinture flamande. Louis XIV, le premier, a donné l'exemple de l'intérêt pour la peinture flamande hollandaise. En 1671, il acquiert l'*Autoportrait au chevalet* de Rembrandt et la *Vierge aux Innocents* de Rubens. En 1737 une des collections parisiennes les plus célèbres, celle de la comtesse de La Verrue, comptait trente Teniers et treize Wouwermans. Devant une telle évolution du goût et une attitude aussi nette de la demande, il était fatal qu'une réponse française s'organisât. Deux noms prestigieux plus qu'une véritable école : François Desportes (1661-1743) et Jean-Baptiste Oudry (1686-1757).

François Desportes — et ceci correspond parfaitement au modèle que nous avons proposé — est d'origine modeste. Ce fils de paysan ardennais a eu la chance d'être formé à Paris par un Flamand, Nicasius Bernaerts. Après avoir voyagé, remporté d'honorables succès à la Cour de Pologne, il revient en France, où il présume que les places de portraitistes sont prises. Mais la mort de Bernaerts lui ouvre une carrière de peintre animalier. En 1699, l'Académie le reçoit à ce titre. Il est le seul et dès 1702 les commandes royales se multiplient, assurant son succès. Le meilleur de son œuvre reste la décoration des nouveaux hôtels, au service de la nouvelle couche dirigeante qui nourrit à Paris sa nostalgie des champs. Les grandes scènes de chasse de Desportes alimentent les aspirations nobiliaires de la finance, elles lui promettent sur les murs la consécration seigneuriale de son ascension sociale, qu'elle va chercher aux champs.

Le génie, c'est Oudry qui l'a reçu. Sa carrière ressemble à celle de son maître Desportes. Desportes est un portraitiste qui a bifurqué pour faire face à une demande plus abondante, donc plus facile ; Oudry, un peintre religieux — l'Académie royale l'agrée en 1719 sur une *Adoration des Mages* destinée à Saint-Martin-des-Champs — qui s'oriente dans la voie que Desportes est impuissant à occuper seul. De la chasse active, Oudry glisse à cette forme de chasse passive qu'est la nature morte. *Les Chasses de Louis XV* consacrent sa gloire et le *Canard blanc* (1753) est au nombre des quatre ou cinq plus parfaits chefs-d'œuvre de la nature morte. L'œuvre d'Oudry a été conçue en fonction des grandes surfaces de tapisserie qui font partie du luxe croissant du décor au XVIIIe siècle. « La conception picturale de la tapisserie du XVIIIe siècle répondait au goût du temps. Le développement du décor des boiseries, l'invention fantaisiste de ses lignes ont peut-être concouru au désir de retrouver une imitation du réel, une ouverture sur l'espace dans les tentures. » (A. Châtelet.) La peinture de la chasse est, pour une aristocratie urbaine venue de la finance et des offices de l'impôt, une forme d'évasion vers un réel chargé de symbolique sociale et difficilement accessible.

Jean Antoine Watteau (1684-1721) va beaucoup plus loin. Sa peinture est toute de rêve : un rêve d'enfance sensuel, tout de caresse et d'hésitation. L'Académie, avec une extraordinaire présence d'esprit, lui avait ouvert ses portes en 1712, alors qu'il n'avait que vingt-huit ans. Embarrassée pourtant par cet irréductible, l'Académie forgea un mot, créa une catégorie que Watteau pour un temps remplit à lui seul, « peintre de fêtes galantes ». Watteau est un homme modeste. Il s'apparente au milieu social des peintres animaliers, tourne le dos au grand goût. Son père était couvreur, il le confia comme apprenti à un petit maître de Valenciennes, sa ville, Jacques Albert Gérin. Par son Hainaut natal, par Jacques Albert Gérin, par Nicolas Vleughels et Jean-Jacques Spoede qui l'accueillent à Paris, Watteau se rattache à l'école flamande néerlandaise. Rencontre décisive, Claude III Audran le prend à son service. Il connaîtra Berain : le voilà engagé, nous l'avons vu, dans la grande aventure de la décoration avant-Régence des nouveaux hôtels parisiens.

Soucieux de monter d'un cran dans l'échelle sociale, il se présente aux jeux d'Académie. Un second prix le déçoit en 1709. A vingt-cinq ans, il retourne à Valenciennes. Décisif repentir. Il voit la guerre, il en tire *la Recrue*. Le marchand de tableaux Sirois le remarque. Sa fortune est faite, son génie reconnu. L'agrément par l'Académie précède la présentation à Crozat. Le peintre de la fête galante devient le pourvoyeur du rêve sensuel de la finance. Voici *les Saisons*, le *Pèlerinage à Cythère*, *Pour garder l'honneur d'une belle*, *Belles n'écoutez rien*... Il se souvient du théâtre, cette autre forme de rêve, de ses origines modestes au soir d'une vie courte que ronge la phtisie, dans ses dernières scènes de genre. Voilà donc l'*Amour paisible* (toujours), l'*Amour au théâtre français*, l'*Amour au théâtre italien*. Le théâtre italien d'où sort le *Gilles*, un état d'âme sous un masque, *la Danse* et, avec une pointe d'érotisme un peu plus appuyée, *Jupiter et Antiope*, *la Toilette*, la *Toilette intime*, l'esquisse pour ce *Jugement de Pâris* qui invente ingénument une Vénus en soubrette ôtant sa chemise.

Watteau, le symbole d'une époque, celui qui a fixé le rêve d'une civilisation, le rêve de la conscience européenne en crise ; après lui la fête galante continue avec un peu moins de légèreté, un rien de trop appuyé, une note de vulgarité. Voici donc la monnaie de Watteau, une belle collection de réels talents.

Lancret (1690-1743) est le meilleur imitateur. Comme Watteau, de milieu modeste mais parisien, il exploite une veine qui est riche. Avec talent, certes, mais il appuie. Les galants du *Moulinet* (à Berlin) courtisent avec les mains. *A fortiori*, pour Jean-Baptiste Pater (1695-1736). François Octavien (†1740) descend d'un cran : la fête galante a quitté le rêve, elle est devenue la représentation concrète des préparatifs. Une peinture de boudoir pour mettre en appétit. Avec Boucher, on quitte les préparatifs. Le crescendo vient d'en haut. L'art ne transforme pas les mœurs, il correspond aux transformations des mœurs. En 1736-1737, Louis XV songe à la décoration des petits appartements. A Paris, Soubise s'occupe de la décoration intérieure de l'hôtel que lui a construit Boffrand. D'un côté, nous relevons Carle Van Loo, Charles Natoire et François Boucher, de l'autre Parrocel, Pater, et à nouveau Carle Van Loo et Boucher.

La peinture polissonne qui correspond à une évolution des mœurs aristocratiques, donc à la décoration des palais et des grands hôtels, découle non de la fête galante — elle est restée même, au terme de son évolution, avec le *Déjeuner au jambon* de Lancret, réponse au *Déjeuner aux huîtres* de Troy, à un niveau bon enfant qui fait penser à la truculence des Flamands ou à Hogarth — mais du grand goût. La porte est ouverte aux thèmes galants de la mythologie et aux aspects érotiques de la pastorale.

François Boucher, chef de file de ce grand goût dégradé, fait presque mentir la règle. Certes — et la loi s'applique —, il est à la seconde génération, mais à une toute petite seconde génération. Parisien de naissance, il est né en 1703 ; son père était un tout petit peintre en modèles de broderie. Successivement élève de Lemoine et employé chez le graveur Jean-François Cars, il remporte son grand prix à vingt ans sur un sujet d'histoire, *Evilmérodach délivrant Joachim emprisonné par Nabuchodonosor*, mais il manque de peu Rome. Le voilà donc revenu à la gravure : à la gravure des œuvres de Watteau auprès de Jean de Julienne ; il y gagne bien sa vie, il fera donc à ses frais le voyage d'Italie. En 1733, rencontre et mariage avec Marie-Jeanne Busseau, alors âgée de dix-sept ans, le modèle dont il ne se lasse pas. 1736-1737, il est introduit à la Cour. Apprécié du roi, aimé de Mme de Pompadour, sa fortune faite, il n'a plus qu'à se laisser aller à sa facilité. Du *Triomphe de Vénus* aux délicieuses chinoiseries du *Festin de l'empereur de Chine* (1742) en passant par le *Pigeonnier* (1750) qui révèle un étonnant paysagiste en verts, l'œuvre de Boucher est plus variée qu'on ne le croit généralement. Boucher nous offre un étonnant récital de tout ce qu'aime le xviiie siècle riche, frivole, sensuel et futile, entendez la fraction minoritaire mais le plus souvent étalée du Siècle des Lumières. D'où son succès. Avec le portrait de Victoire O'Murphy peinte nue en odalisque sur un sofa où elle offre à la vue les rondeurs du dos et une fort belle descente de reins, un meilleur Boucher s'affirme devant le modèle. Voyez également Louise O'Murphy. Boucher trouve alors là, mieux que dans les bleus et les roses lassants de ses trop vastes décorations murales, dans la sensualité d'une érotique sans vergogne, la véritable dimension de son modeste génie. Que l'on aime ou non, il faut bien le reconnaître, il n'y a pas plus de XVIIIe siècle sans Boucher que d'Europe des Lumières sans Voltaire, image inévitable d'une civilisation qui vaut, pourtant, infiniment plus et mieux. Boucher est un pluriel, avec lui Carle Van Loo ici, Charles Natoire (1700-1777), dix autres ont inlassablement produit : déesses au lit, sultanes amoureuses, croupes et seins généreux, mille et un accessoires de Parc aux cerfs.

Ce n'est, quand même, que l'accessoire. Il y a un esprit sérieux des choses que la peinture se plaît à rendre. Le XVIIIe siècle français a la passion du portrait, qui va au-delà de l'apparence, qui toujours sait trouver le visage derrière le vêtement et l'âme derrière le regard, le portrait, dans un monde qui voyage, dans un monde qui a renforcé les liens affectifs, au sein du *nucleus* de la famille restreinte, a une fonction sociale primordiale. Avant l'invention de la photographie, il est une protection contre l'angoissant écoulement du temps. Attaché à l'apparence, engagé dans la fragilité d'un temps prolongé, dont on ressent mieux la scandaleuse usure, le portrait arrache l'instant de l'être cher à l'écoulement inexorable de la durée, le portrait est une modeste parade contre le raccourcissement eschatologique du siècle. Le portrait, du même coup, se spécialise. Chaque groupe social a besoin d'un complice de la peinture qui puisse lui offrir le fragile refuge du pastel ou de l'huile en face de la désespérance de l'éternité troquée contre l'illusoire doublement de la vie humaine.

Admettons donc superficiellement que Quentin de La Tour (1704-1788), fils d'un chantre modeste de Saint-Quentin, a été le complice des salons, de Mme Geoffrin à Julie de Lespinasse, en passant par Mme du Deffand. Il est aussi le peintre des philosophes. En 1736, Voltaire pose pour lui. Virtuosité technique, un penchant pour l'effet, la passion excessive des Goncourt n'enlève rien au mérite qui est grand. Jean-Baptiste Perronneau (1715-1783) disputera à La Tour la gloire d'être le premier portraitiste du XVIIIe en majesté. Quentin est au service d'une sorte de néo-aristocratie de la pensée et de la mode, le portraitiste de la famille philosophique, marquise de Pompadour, maîtresse et protectrice en titre, en tête. Perronneau peint une *upper middle class* plus effacée : « La petite noblesse, la noblesse de robe, la riche bourgeoisie hollandaise, tel est le monde qui lui confie commande. » Portraitiste d'un monde dur et sérieux — voyez son *Abraham Van Robais* au Louvre (1767) —, Perronneau a beaucoup lutté, c'est un modeste qui sort de la gravure, un travailleur qui peint le monde travailleur, âpre et sérieux, qui contribue à la grandeur du XVIIIᵉ siècle.

Jean-Marc Nattier (1685-1766) a été plus favorisé par le sort. Son talent est plus éclatant. Quentin de La Tour peint l'aristocratie clinquante des parvenus, Perronneau le monde sérieux de la manufacture et de la robe, Nattier l'aristocratie de la naissance et de la politique. Ruiné par la banqueroute de Law * — mimétisme de milieu —, il lui faut batailler durement. Jean-Marc Nattier pourtant était déjà à la deuxième génération, d'où son succès aristocratique. Son père Marc était un talent reconnu et son frère aîné, qui se suicide en 1725. Il a vécu dans la proximité des grands. Il est appelé par Pierre le Grand, on lui doit un *Portrait du maréchal de Saxe* qui le consacre, une *Mademoiselle de Clermont prenant les eaux*. Son chef-d'œuvre, qui est peut-être le chef-d'œuvre insuffisamment reconnu du portrait au XVIIIᵉ, en 1740, l'inoubliable portrait symphonie dans tous les verts de la *Marquise de La Ferté Imbault*. Cette marquise en tenue de bal qui tient à la main un masque noir — « derrière elle, un drapé bleu léger et futile isole l'éclat de son visage et sa belle gorge découverte » —, en dépit de sa minceur psychologique, est digne de plaider avec Watteau pour l'insaisissable génie du siècle de l'art du laisser-vivre.

Mais il faudrait y joindre Chardin. La réalité qu'il saisit est bien plus sérieuse. Il est le vrai peintre du XVIIIᵉ, celui du repli au for familial, de l'éducation, de l'ascétisme puritain du travail, de l'intelligence, de la main en prise directe sur les choses, d'une piété vraie familiale, celle du *Bénédicité* qui pourrait être dans ce cadre une prière à la genevoise. Chardin (1699-1779) nous dévoile le vrai XVIIIᵉ, celui qui compte, celui qui prépare les conditions du *take off*. La plus grande partie de sa vie nous échappe. Fils d'artisan, destiné à l'artisanat, il témoigne de l'intelligence de la main comme une planche de l'*Encyclopédie*. Sa morale est intransigeante, elle appartient à l'impératif catégorique avant sa formulation. Lui qui sait la valeur de l'argent et qui l'aime pour la dignité et la sécurité dans le travail qu'il confère, il épouse sa fiancée ruinée et malade. Elle lui donne un fils unique en 1731 et meurt. Un fils auquel il consacre toute sa tendresse. Il se remariera plus tard parce qu'il le faut. *Le Buffet, la Raie, le Panier de fraises...* Il est le peintre des choses qui ont une âme, parce qu'elles sont la récompense de l'effort intelligent de l'homme, du travail, parce qu'elles sont saisies dans le réseau de l'affectivité dense du foyer ; il est le peintre génial de l'homme au foyer, le peintre de l'enfant éduqué (*la Gouvernante*), le peintre de la transmission du savoir. Ce modeste génial est le peintre de la civilisation.

De la civilisation et de la retenue : Chardin est né en 1699. Greuze, né en

1725, arrive à l'âge d'homme sur le tournant massif de la sensibilité : entre *le Bénédicité* et *le Père de famille expliquant la Bible à ses enfants* — tel est le titre du tableau qui révèle Greuze au salon de 1755 —, il y a un monde dans l'expression. Ce que Chardin suggère, Greuze (1725-1805) l'étale. Il faut beaucoup de courage ou de perversité pour supporter cette montagne de bons sentiments : un Churriguera de morale petite-bourgeoise. Et pourtant, ce peintre est un excellent technicien, fils d'un maître couvreur de Tournus — son père à l'ombre de la grande abbaye avait rêvé de faire un architecte de son fils —, un bon tâcheron du pinceau; un certain Grandon, à Lyon, lui apprend le métier qu'il possède, mais le goût? Le miracle Greuze — il existe dans l'incroyable rencontre avec Diderot —, c'est sans doute cette vacuité. Greuze était disponible au moment du grand tournant de la sensibilité. Peintre de genre — sa culture ne lui permet pas de viser au-delà —, il va coller aux deux grands axes éthiques du second XVIIIe siècle : le repli au for familial, l'ascétique du travail, la promotion de la main. Encouragé par Diderot, il exploite la veine, il devient sans le vouloir le peintre de l'éthique de la Révolution française et le peintre d'un milieu, les paysans et les artisans, que des éléments importants de la classe dirigeante et que les lecteurs de l'*Encyclopédie* se plaisent à voir ainsi, comme Greuze et Diderot les rêvent. Peu importe la médiocrité de Greuze, par-delà son œuvre ce qui subsiste aujourd'hui, c'est la promotion de la peinture comme genre littéraire.

Dans la mesure où Greuze est un peintre de genre, il a pu apparaître comme le drapeau d'un art au service d'une grande pensée, la reconstruction de la société et du monde à l'heure de l'*Encyclopédie*. Mais le tournant de la sensibilité se note plus discrètement, d'une manière plus convaincante, au niveau de ce que Châtelet appelle le portrait sensible. Pour bien comprendre Greuze, le replacer au milieu de ses contemporains : Alexandre Roslin, Drouais, Duplessis, Adélaïde Labille-Guiard et Élisabeth Vigée-Lebrun, sans oublier Nicolas-Bernard Lépicié (1735-1784). Dans la galerie des portraits de ce second XVIIIe siècle où défilent les grands noms, mais surtout une haute classe moyenne de décennie en décennie plus nombreuse à accéder au luxe du portrait, ce qui frappe désormais, c'est la volonté délibérée de traduire des sentiments que la politesse jadis dissimulait. Un portrait sensible est aussi un portrait fade, un portrait dilué.

Viennent les dernières années du XVIIIe siècle, et la peinture éclate. Le paysage s'affirme à l'époque de Louis-Gabriel Moreau (1739-1805), de Hubert Robert (1733-1808) ou de Joseph Vernet (1714-1789), producteur en série de marines dans la ligne un peu des védutistes, ces fabricants de souvenirs du voyage italien, tandis que le néo-classicisme, éminemment architectural et sculptural, finit par effleurer la peinture avec Joseph-Marie Vien (1716-1809) et les tentations de Fragonard (1732-1806), avant-dernière manière, à l'heure ambiguë de *la Fontaine d'amour*.

Fragonard, le dernier génie pictural du XVIIIe siècle — Fragonard hors catégorie qui réchauffe de tout le soleil de Provence —, de son passage chez Boucher retient la note polissonne. Mais avec Fragonard on passe du polisson au grivois ou au gaulois. Fragonard aime la vie, donc il aime les femmes, il peint sans arrière-pensée de beaux poèmes à la beauté sensuelle des corps, la *Bacchante endormie* du Louvre, les *Baigneuses*. Il multiplie des paysages pleins de vie avec, dans la *Fête à Saint-Cloud* (1775), des réminiscences de fêtes galantes, des scènes de genre pleines de vie, de vérité, d'amour des hommes, bien situées dans un cadre simple, robuste, vivant. Fragonard, c'est la santé, une santé un peu courte à la Renoir. Au point de rencontre de plusieurs XVIIIes siècles, Fragonard est de tous les temps.

Traiter à part la peinture française, c'est reconnaître l'évidence du nombre, du talent et d'une sorte d'empire qui s'étend progressivement à presque toute l'Europe : l'Italie à Rome et au sud de Rome, l'Espagne au sud de Madrid, la lointaine Russie, celle de Moscou, loin de Pétersbourg devant ses iconostases sorties du temps, marquent les frontières de cet empire pictural français, un empire qui se confond avec l'espace des Lumières. Ce qui caractérise le cas français et ce qui explique le rayonnement de la France, c'est la rencontre d'une demande accrue et d'un milieu suffisamment ancien, préparé, organisé, susceptible de répondre à l'agression d'une demande accrue et diversifiée. La peinture française se déploie dans la ligne majestueuse d'une croissance rapide et soutenue, l'Angleterre offre l'exemple proche et différent d'une prodigieuse demande qu'aucune tradition locale, avant Hogarth, ne parvient à satisfaire. L'Angleterre qu'on ne peut guère séparer, au départ, de ses pourvoyeurs traditionnels, les peintres de l'Italie du Nord et naturellement les Vénitiens.

L'Angleterre devenue riche et puissante, codominante, au soir de la *Glorious Revolution*, a été d'abord un pôle européen de la demande picturale. Les couches différentes multiples et puissantes de la classe dirigeante anglaise ont fait vivre une partie (à un moment un tiers peut-être) des artistes européens, surtout des Vénitiens. Se rappeler le jugement de Montesquieu voyageur : au XVIIIe, Venise est une pauvre chose pourrissante sur sa lagune, un des pôles pourtant de la peinture européenne, seul moyen d'expression toléré par un gouvernement policier et poltron. Cette absurdité économique eût été impossible sans les amateurs et les collectionneurs anglais. Canaletto, Guardi, Pietro Longhi, à l'exception du grand Giambattista Tiepolo, ont vécu en partie ou en totalité (Canaletto) de la commande étrangère, c'est-à-dire des nouvelles classes dirigeantes anglaises.

L'Angleterre, qui manque de peintres, a une de ses antennes à Venise où la peinture est traitée comme une annexe de l'*import-export*. A tel point même que la peinture vénitienne a sombré, à la fin du xviiie siècle, avec le ralentissement de l'importation britannique, quand l'offre d'une puissante école de peinture anglaise a pu couvrir enfin une fraction beaucoup plus importante de la demande intérieure. « Il y eut à Venise, dans les premières années du siècle, un groupe d'" amateurs " d'esprit ouvert et de culture cosmopolite connaissant fort bien les peintres vénitiens comme les peintres étrangers. Mais à mesure que ces amateurs vieillirent et moururent, personne ne vint prendre leur place. Venise cesse progressivement d'être un centre artistique [...] Vers 1789, John Straye écrit à son agent vénitien Sasso pour se plaindre d'une sorte de changement : les objets anciens ou étrangers sont méprisés, la mode est à la camelote moderne. » (M. Levey.) On ne peut pas mieux dire que la production vénitienne est affectée par l'évolution du goût en Angleterre. L'Angleterre de Reynolds et de Gainsborough a mieux désormais chez elle. La France, premier exportateur mais aussi importateur de bon rang derrière l'Angleterre, a réagi plus tôt que le marché anglais. Bien avant 1789, « Mariette mentionne le changement de goût qui fait prendre à l'art des Pays-Bas la place de l'art italien. En 1769, il reconnaît que son propre goût est démodé. Les gens dépensent maintenant des fortunes pour des œuvres hollandaises tandis que la peinture et le dessin italiens sont seulement considérés " avec une sorte d'indifférence ". »

Dans la première partie du siècle, en revanche, un réseau d'exportation était représenté à Venise par Rosalba et Sebastiano Ricci, travaillant en étroite liaison avec Paris et Londres. « Anton Maria Zanetti l'aîné, ami de Rosalba, habita à Londres chez Mr. Smith (plus tard consul à Venise), visita Hampton Court et se fit des amis anglais. Francesco Algarotti visita Londres et Paris. Smith s'installa à Venise [...] tous [...] entretenaient mutuellement une correspondance abondante, échangeaient des gravures et des pierres précieuses, des dessins, des commérages, des louanges et des compliments bien troussés. Mariette et Zanetti l'aîné [...] eurent une amitié de plus de cinquante ans [...] » Zanetti et son cousin, coauteurs de *Delle antiche statue Greche e Romane*, ont contribué à lancer Canaletto. Une réflexion sur Canaletto conduit naturellement vers l'Angleterre. Au sein d'une des plus grandes écoles de paysagistes, un genre se précise : les védutistes, entendez la photographie du paysage urbain à l'usage du voyageur du Nord en mal de souvenirs. Les *vedute* appartiennent à l'archéologie de l'histoire du grand tourisme international. Dans la hiérarchie italienne de la peinture, le paysage se place loin derrière la peinture d'histoire. Voyez le *Compendio* qu'Alessandro Longhi consacra aux peintres vénitiens contemporains, publié en 1762 : le *Compendio* omet de propos délibéré Zuccarelli et Canaletto.

Le paysage vénitien du XVIIIe est un paysage figé, dessiné, un paysage théâtral dans la mesure où la plupart des peintres de paysage à Venise gagnent leur vie dans l'industrie du décor de théâtre, pour la scène d'illusion. Au début du siècle, domine Marco Ricci (1676-1729), une deuxième génération (il est le neveu de Sebastiano). Canaletto, Marieschi et Guardi, parmi les plus grands védutistes, lui doivent beaucoup. Ricci aime les natures tourmentées. Son *Orage en mer*, impressionnant et invraisemblable, inspire la terreur sans donner le sentiment du danger. L'*Orage en mer* : ce type de production fait les délices de l'Angleterre; les sources littéraires le prouvent. L'appel du Nord consacre l'affinité. Les deux Ricci collaborèrent pour le tombeau du duc de Devonshire, une série de vingt-quatre peintures « dont l'impresario en faillite Owen Mac Swiny avait eu l'idée vers 1720 ». Ricci, Canaletto, Pittoni et Piazzetta y œuvrèrent. La nature de Ricci est faussement sauvage. Son baroque de théâtre est en harmonie préétablie et prophétique avec le goût à naître des préromantiques anglais de la fin du siècle. Ricci aura peut-être hâté une évolution de la sensibilité anglaise.

« Dans l'œuvre de Francesco Zuccarelli (1702-1788), la nature est soigneusement tenue en laisse, purifiée des aspérités de Rosa et de Magnasco, diligemment protégée contre les effets saisonniers de Marco Ricci. » Faut-il dire que les paysages de Zuccarelli sont ratissés comme des gazons à l'anglaise, tandis qu'avec Giuseppe Zaïs (1709-1784) le paysage se peuple et évolue vers la scène de genre avec des airs de fêtes galantes ?

Beaucoup plus que les paysagistes (ils ont le théâtre comme gagne-pain), les védutistes dépendent de la demande extérieure. A Venise même, on les tient en mépris. Dans la hiérarchie des statuts, ces exclus du *Compendio* se tiennent tout en bas de l'échelle. On peut voir dans un intérieur vénitien, au XVIIIe, un Zuccarelli, on chercherait en vain une image de Venise, fût-elle de Canaletto. Les védutistes vivent des achats des touristes principalement anglais dont Venise regorge. « Ces tableaux apportaient dans le monde glacé du Nord un peu de la chaleur et de la lumière méridionales. Ces images de Venise pouvaient même avoir quelquefois une valeur thérapeutique : ainsi quand, dans l'*Emma* de Jane Austen, Mr. Woodhouse malade a besoin de distraction, Mr. Knightley lui présente des gravures figurant " quelques vues de la place Saint-Marc à Venise ". »

« Un homme qui n'est pas allé en Italie, disait Johnson qui n'y était jamais allé, se sent toujours un peu inférieur aux autres. » C'est au xviiie que fut mise au point l'idée du « Grand Tour » et le Grand Tour comprend l'escale vénitienne. La séduction vénitienne agit toute seule sur le voyageur nordique. Il suffit d'une copie fidèle presque photographique de la réalité. « En Italie, dit Addison, on voit dans le visage du pays des traits plus singuliers et dans les œuvres de la nature des traits plus étonnants qu'on n'en peut rencontrer nulle part ailleurs en Europe. » Un pouvoir d'étonnement naissant de la merveilleuse infraction aux lois de la nature par laquelle Venise , contre Archimède et Galilée, semble jaillir au-dessus des eaux. Goldoni, de son côté, corrobore l'impression d'Addison.

Les *vedute* ignorent l'encombrante satire sociale. Ils regardent sans comprendre. Les védutistes sont d'abord attirés par la fête, parce qu'elle se vend bien, parce qu'elle participe au pittoresque que le Nord attend de la Méditerranée. Le mariage de la mer est un thème inépuisable que Canaletto a porté à sa perfection. Dans le paysage à la Canaletto ou à la Guardi, l'homme se dissout au point de n'être plus que mouches éparses sur la pierre. Ces silhouettes contribuent à une impression de fallacieuse gaieté. Sur un tableau de Canaletto, en regardant bien, on pourra distinguer par le costume les traits extérieurs des différents groupes ethniques et sociaux que le docteur Moore, bon touriste britannique, s'est plu à distinguer : « Sur la place Saint-Marc une masse mélangée de Juifs, de Turcs et de Chrétiens, avocats, chenapans et tire-laine, saltimbanques, vieilles femmes et médecins [...] » (d'après M. Levey). A noter que les ancêtres des védutistes, Heintz et Richter, au xviie, étaient des Allemands séduits par le séjour vénitien. Gaspar Van Wittel (1653-1736) pousse le mimétisme jusqu'à italianiser son nom en Vanvitelli. Le premier védutiste italien d'un certain rang est né en 1663 à Udine : Carlevaris qui meurt en 1730. Malgré sa célèbre *Entrée du duc de Manchester*, il faut, pour que le genre s'impose en Angleterre, du temps et le talent de Canaletto.

Giovanni Antonio Canaletto (1697-1768) est à la deuxième génération. Son père Bernardo avait atteint une certaine notoriété. On travaille en famille chez les Canaletto (Bernardo Cristoforo, Giovanni Antonio) aux décors de théâtre. A vingt ans, Giovanni rompt avec le théâtre, gagne Rome, peint les ruines du Forum, rencontre Joseph Smith et Mac Swiny. A vingt-six ans, fortune assurée, il croule sous la commande anglaise. On s'arrache en Angleterre les Canaletto : *vedute* et caprices seront achetés massivement, plus tard, par George III ; ils appartiennent aujourd'hui aux collections du château de Windsor. Non content de travailler pour les Anglais, il fait en sens inverse le voyage. Il arrive en 1746 en Grande-Bretagne muni des lettres de recommandation de Smith. Mais l'Angleterre rurale l'inspire peu. Peintre de la ville, le meilleur de son séjour anglais est donné par ses vues de Londres qu'il peint avec une minutie mieux que hollandaise, brique par brique. Après un long séjour dans la ville, il retourne vieillir et mourir à Venise.

Bernardo Bellotto (1720-1780) est proche de Canaletto mais ne le vaut pas ; Marieschi (1710-1743) meurt jeune ; le vrai, le seul successeur de Canaletto est Francesco Guardi qui vit, lui aussi, de la commande anglaise : *Vue à vol d'oiseau de tout Venise. Composée et peinte pour Mr. Slade.* A la fin de sa vie, il est aidé par son fils Giacomo Guardi (1764-1835), mais l'Angleterre se lasse.

La commande anglaise a contribué à soutenir aussi la peinture de genre. Le premier nom qui s'impose est celui de Pietro Longhi (1702-1785). Il est proche par plus d'un point de Crespi (Giuseppe Maria Crespi, 1665-1747), voire même de Giacomo Ceruti. Longhi et Crespi se sont plu à la description d'une misère trouble, dans une tradition picaresque adaptée à l'érotisme malsain de certaines couches de l'aristocratie du xviiie siècle. Cet étalage de la misère appartient à un aspect du rêve érotique septentrional. Il n'est pas douteux que cette forme de genre a été soutenue par la commande du Nord. Le Nord aime par contraste à marquer sa propre réussite économique et sociale. Il y a dans la ligne Crespi-Longhi une bonne dose de nostalgie de boue. *Les Deux Pauvres* de Ceruti sont justement célèbres ; peints sans la moindre sympathie, sans la touche de romantisme de Murillo, sans le réalisme humain des Hollandais, ces personnages hâves et rabougris évoquent une déchéance morale autant que physique. Avec un avant-goût d'érotisme sadien. « Quelquefois Crespi avait pris pour motif un seul personnage rustique, une jeune fille se cherchant les puces, par exemple, sur un arrière-plan sombre, et ces tableaux font réellement penser aux premières œuvres de Longhi, telle la *Jeune Paysanne* [...] » La jeune fille de Longhi est rien moins que repoussante. « Elle est même saine et séduisante au moins en intention » et l'on imagine sans peine les pensionnaires plus ou moins consentantes du très réel château provençal du marquis de Sade sous les traits des jeunes filles dénudées sous leurs loques, la chair offerte aux morsures préparatoires aux coups, peut-être même la fête sadienne s'est-elle nourrie des images de Crespi et de Longhi. Le Nord a besoin de la trouble chaleur méditerranéenne pour nourrir ses phantasmes.

LA COULEUR, LES FORMES, LE DÉCOR DE LA VIE

Giambattista Tiepolo (1696-1770) est le seul Vénitien que l'Italie ait voulu se garder, le seul qui ait pu se passer de l'Angleterre. Pendant toute la période active de son existence, de 1716 à 1770, « il ne peut jamais réussir à se faire un nom en Angleterre et on ne l'apprécie pas beaucoup plus en France ». Prié d'orner de fresques le palais royal à Madrid, en 1762, ce Méditerranéen choisit de finir ses jours en Espagne. Tiepolo n'est pas vraiment du XVIII\ :superscript:`e` siècle, ses ressemblances avec Véronèse surprennent, il est homme à la fois du baroque et de la Renaissance. Il illustre dans le plus pur baroque les pages pittoresques de l'Écriture sainte, il chante, après deux siècles de décadence, la gloire morte de Venise. Génie précoce — Levey, emporté par son sujet, écrit « comme Métastase et comme Mozart », la comparaison est hardie —, sa production, comme celle de Bach, est immense, aux dimensions d'une vie longue et d'un prodigieux labeur. Surtout, il reste fidèle à des techniques du passé. Il peint le plus souvent à la fresque. Le génie de Tiepolo est de tous les temps mais sa gloire, au XVIII\ :superscript:`e` siècle, étroitement méditerranéenne. L'Angleterre est, depuis le milieu du XVII\ :superscript:`e`, grosse consommatrice de peinture. La consommation ne cesse de monter avec l'essor de la *upper middle class* du commerce, de la manufacture, de la mer, avec l'urbanisation qui fait de Londres, et de beaucoup, la plus grande cité du monde. Au départ, l'Angleterre est cliente : elle recourt à l'Italie, à la Flandre, à la Hollande, accessoirement à la France.

Van Dyck était devenu anglais, sir Peter Lely, ce Hollandais, gravit à l'époque des Stuarts les mêmes échelons. Lely, avec James Thornhill, Godfrey Kneller, William Van de Velde et Francis Barlow, apparaît sur l'horizon des années 1700 sans que l'on puisse parler, même avec des éléments d'importation, d'une école anglaise.

Hogarth n'a pas usurpé son titre de père de la peinture anglaise. Au début du XVIII\ :superscript:`e`, le statut social du peintre reste au niveau des arts mécaniques, une profession tout à fait indigne d'un *gentleman*. L'Angleterre du XVIII\ :superscript:`e` siècle aura beaucoup de mal à rompre avec ses anciens préjugés.

Il appartient à Jonathan Richardson de plaider la promotion de la peinture, avec des arguments qui tournent le dos à ceux que Diderot emploie quarante ans plus tard. Richardson affirme que Raphaël est supérieur à Virgile, car le peintre (sous-entendu, le peintre d'histoire) doit avoir les mêmes connaissances que l'écrivain dans tous les domaines, plus le maniement d'un ensemble de techniques que l'écrivain ne possède pas. Cette réhabilitation assez théorique ne s'applique qu'à un genre limité et traditionnel et ne correspond pas à la demande bourgeoise et urbaine en pleine croissance.

Elle explique cependant, dans une certaine mesure, l'attitude de Hogarth (1697-1764). William Hogarth, sa vie durant, a visé au grand genre ; rien de plus révélateur que l'autoportrait de 1745. Reynolds, en toute modestie, s'était représenté avec, au fond, le buste de Michel-Ange (1733), Hogarth s'est peint avec un chien, les objets de l'art, la palette et une référence littéraire : sur la table, trois livres, Shakespeare, Milton et Swift, tradition et présent. Diderot annexe Greuze, Hogarth annexe la littérature et la philosophie au sommet, on pense au portrait traditionnel, au xviiie, de l'élite cultivée, Locke en main. Hogarth, lui aussi à la deuxième génération — n'est-il pas le gendre de sir James Thornhill, le grand maître du décor baroque, du colossal pictural anglais ? —, se place dans la ligne du grand genre.

Hogarth, homme cultivé — il a publié une *Analysis of Beauty* —, très tôt en réaction contre le baroque rococo — il sera célébré par l'école de Burlington —, attaché à des règles strictes de composition, symétrie en surface, symétrie en profondeur, double symétrie newtonienne qui se compose dans la fameuse ligne S (développé dans son *Analyse de la beauté*), Hogarth est le peintre au service de l'idée.

Au service d'une structure sociale et d'une éthique sociale, il fustige la décomposition morale d'une petite fraction de l'élite à l'époque de Walpole, au moment où la *gin drinking mania* ravage des secteurs importants de l'Angleterre urbaine, au moment du dessèchement rationaliste de l'Église anglicane, juste avant les grands Réveils du milieu du siècle. Hogarth critique mais il propose. Il critique et ce sont les fameux *Harlot's Progress* de 1731, malheureusement détruits dans un incendie en 1735 ; plus célèbres encore, les *Rake's Progress*, terminés en 1735, dirons-nous la plus fameuse et l'une des plus anciennes bandes dessinées ? Un art engagé, une réflexion, une interprétation et un commentaire de la condition sociale du temps.

Le *Rake's Progress*, comme toutes les séries hogarthiennes, a été conçu en vue d'une diffusion par le multiplicateur de la gravure. Pour des raisons commerciales, certes, mais en vue d'une forme nouvelle de prédication dans les perspectives d'un activisme chrétien-social propre au protestantisme anglo-saxon. Première scène : Tom Rakewell hérite ; second carton : le lever. La suite de l'histoire, c'est la déchéance du libertin par l'ivrognerie et la galanterie. Le voilà saoul, dépouillé par un troupeau de filles au bordel. Première visite à la prison pour dettes. Le héros, un moment, est sauvé par un mariage contre nature avec une vieille femme ravagée et hideuse. Nouvelle chute, le jeu : de nouveau la Prison pour dettes, la sinistre Fleet Prison et, pour finir, la grande hébétude à Bedlam, chez les fous, à l'époque du grand renfermement. La technique est reprise, poussée à son point de perfection, dans l'inoubliable série du mariage à la mode.

Mais Hogarth propose une morale de la probité, de l'élection par l'effort, de la puissance qui refuse le luxe, qui dignifie l'argent, signe puritain de l'élection, par la bienfaisance, célébration des mâles vertus. Voyez *Lord George Graham in his cabin* (1745), la puissance de l'Angleterre est sur l'eau. Mais rien n'est plus beau, plus grand, plus digne de la véritable grandeur du XVIIIe siècle, celui dont le meilleur de ce qui suit est l'héritier, que le gigantesque portrait (2,36 m × 1,45 m) du capitaine Thomas Coram, aujourd'hui encore à la Thomas Coram Foundation for Children, à laquelle le vieux loup de mer avait dédié sa fortune. Ce portrait, Hogarth l'a aimé et il l'a dit (le portrait que j'ai peint avec le plus de plaisir). Le petit homme assis, digne, simple et bon, avec tous les attributs du métier de la mer, le globe et le sextant, est le capitaine marchand Coram, vieux loup de mer au visage rouge brique qui a consacré sa fortune, gagnée en une vie de travail et d'aventures, aux enfants — cette noble et grande passion du XVIIIe siècle —, une fortune réalisée dans le grand commerce maritime, consacrée à l'aide sociale de l'enfance, pour la santé de jeunes hommes éduqués. Ce portrait, mieux que le prospectus de l'*Encyclopédie*, contient le programme des Lumières, les vraies. Pour cette œuvre au service du grand plan économique, social, moral et métaphysique du siècle, Hogarth s'est surpassé : il a mobilisé toute la science de l'Europe picturale.

La taille : il ne recule pas devant une pointe de gigantisme, toutes les règles du portrait du grand goût, dans la tradition de Rigaud que Hogarth connaît et admire, la colonne d'un ordre antique, les draperies, les attributs symboliques de l'état du fondateur-donateur, la pose, évidemment prise pour le temps et l'éternité, ce petit homme vaut bien tout à la fois Alexandre et Louis XIV, Hogarth le pense et il a raison. Il est bien là, ce petit homme rond, de soixante-dix ans, heureux du bonheur du devoir accompli, heureux jusqu'au bout, dans la pose emphatique qu'on lui demande, dans l'attirail aristocratique humaniste à l'italienne dont on l'entoure, car il importe que son acte ait valeur de prédication. Une attitude de grand roi pour affirmer une foi modeste, précise et concrète dans le progrès, par le respect de la loi morale et un regard intelligent et déférent sur les choses qui sont faites à la gloire de Dieu.

Un peu plus tard, Johann Zoffany, dans la représentation de la famille du quatorzième baron Willoughby de Broke (vers 1770), plaidera aussi pour l'éducation.

L'Angleterre urbaine, naturellement, aura ses paysagistes — l'échec de Canaletto est révélateur — qui seuls peuvent lui procurer à la ville le plaisir de sa campagne. Sur l'horizon des années 50, toute une génération : Samuel Scott qui affectionne les marines, le Gallois Richard Wilson et Thomas Gainsborough qui a bien d'autres titres de gloire. Elle a des témoins de toutes ses activités. Un des tableaux les plus éclairants, digne presque du portrait du capitaine Coram, est le chef-d'œuvre de Joseph Wright of Derby, témoignage de la passion pour l'expérimentation, au siècle de l'abbé Nollet, de Watt et de Lavoisier. *Experiment on a bird in the Air Pump* date de 1768. Les pompes à air sont fabriquées alors dans les Midlands pour d'autres fins que l'expérimentation scientifique. L'oiseau dans le globe va mourir, une étrange lumière illumine le centre de la scène où va se jouer ce drame, où s'exerce la nouvelle magie de l'exploration scientifique de l'ordre naturel des choses : la grande fille, à droite, qui ne peut en supporter la pensée ni la vue, se voile la face, tandis que la petite fille tend vers l'objet et l'oiseau un visage où la curiosité l'emporte, finalement, sur la crainte et la pitié. Voilà pour la science et l'expérience, retombée évidente de la pensée sur l'art et sur les choses.

L'Angleterre de l'horizon 1750 et au-delà peut aligner encore un des plus grands animaliers de tous les temps, George Stubbs, témoin de la passion urbaine pour la course et l'élevage d'un cheval façonné pour l'art, témoin du nouvel élevage, c'est-à-dire de la révolution agricole *lato sensu* qui commande en profondeur une des conditions essentielles du *take off*. La consécration de la peinture anglaise, c'est la présence simultanée de sir Joshua Reynolds * (1723-1792) et de Thomas Gainsborough * (1727-1788). Avec Reynolds, premier président de la nouvelle Royal Academy, anobli en 1769, la peinture a gagné en Angleterre. Reynolds propose par l'art et la littérature. Comme Hogarth, il est auteur : ses *Discourses* ont un énorme retentissement. Il a peint toutes les couches de la classe dirigeante. Comme Zoffany et mieux que lui, il est le peintre de l'éducation, du resserrement affectif au sein du *nucleus* familial, le peintre de l'enfance saisie dans sa véritable dimension, le peintre de l'enfance dignifiée. Ce que Reynolds réussit avec tant de bonheur, Gainsborough l'obtient avec un peu plus d'effort peut-être. Reynolds explique, Gainsborough suggère. Le visage de la comtesse Howe surtout et *la Promenade matinale*, en dépit d'un peu trop d'apprêt, approchent, avec *Lady Cockburn et ses trois aînés* et *Lord Heathfield* de Reynolds, des sommets de l'art pictural de la modernité.

●

La peinture a profondément évolué. La peinture baroque est, pour l'essentiel, élément du culte ou participation à l'affirmation de l'État au sommet d'une société d'ordres ; la peinture des Lumières fait partie intégrante du décor quotidien de la vie, elle participe à un art de vivre. Avec le mobilier, nous entrons plus avant encore dans l'intimité de la vie quotidienne. La multiplication du mobilier est générale au XVIIIe siècle à tous les échelons de la société. Le traitement sériel des inventaires après décès permet d'affirmer, même dans les milieux les plus pauvres, une multiplication peut-être par quatre, sur un siècle, en France, du contenu de la maison. Rien de plus éloquent, à l'appui d'une élévation modeste et pourtant sensible du niveau de vie. Cette multiplication par quatre, nous la retrouvons au niveau de l'habitat de prestige, hôtel urbain, manoir de campagne. Entre le milieu du grand règne et le milieu de la période de Louis XV, il y a doublement, à peu près, du contenu d'une pièce; à taille égale, sans doute, un autre doublement de 1750 à 1790. « Les ensembles les plus importants se composent d'une dizaine de pièces sous Louis XV et quinze à vingt, peut-être, sous Louis XVI, rarement plus [...] Le mobilier n'est pas encore trop nombreux : l'encombrement des sièges surviendra avec le XIXe siècle. » (P. Verlet.) Cette concordance des évolutions parallèles de l'intérieur de la maison populaire et de la maison de prestige a son prix : elle montre qu'on ne peut l'attribuer uniquement à des facteurs économiques, même si ces facteurs sont décisifs. La multiplication des pièces à l'intérieur de l'espace d'habitation correspond à une évolution de l'affectivité. Il convient de placer ce phénomène en relation avec la concentration affective sur le *nucleus* familial, avec le besoin de chaleur et d'intimité. Retenons pour l'ensemble du siècle une multiplication en moyenne par trois au moins, quatre au plus, du coefficient de remplissage des pièces qui s'ajoute au doublement moyen de la population. Partout où cela est possible, le XVIIIe a le goût passionné du neuf. « Il semble que l'on observe une sorte de hiérarchie des meubles, comme des demeures ou des personnes. Les châteaux royaux nous le montrent, où les meubles les plus nouveaux sont généralement réservés à Versailles et à la famille royale ; ceux qui sont déjà démodés peuvent être dirigés sur Fontainebleau, Marly, Compiègne ou servent à meubler des appartements secondaires. » Même mouvement dans toutes les couches supérieures de la société. Tous ces facteurs conjugués entraînent un développement considérable de la capacité productrice dans l'artisanat du meuble au XVIIIe.

Un artisanat diffus, dans les petits bourgs et les campagnes, qui établit, avec un décalage chronologique plus ou moins important, une série de compromis entre les traditions locales et un certain air du temps venant surtout des Lumières de Paris. Si, quantitativement, la France vient en tête, ne pas imaginer une domination française sans partage ; il y a aussi l'Angleterre. Le meuble anglais dans l'ensemble est moins chargé, sous l'influence sans doute des courants palladiens, plus classique, plus fonctionnel. Ne pas perdre de vue le poids d'entraînement du modèle anglais au XVIIIe sur tout ce qui touche l'art de la vie (à commencer par le petit lieu à l'anglaise et en règle générale tout ce qui concerne une hygiène plus efficace et plus rationnelle). Si l'influence du mobilier français s'exerce presque sans partage sur l'Europe méditerranéenne, sur l'Allemagne méridionale et centrale, elle est contrebattue par l'influence anglaise en Hollande et parfois dans l'Allemagne du Nord et en Scandinavie. Ce qui n'empêche des remontées constantes d'influence française sur l'Angleterre et ses dépendances, une teinte d'anglomanie en France, décisive, notamment, dans la seconde moitié du XVIIIe où elle hâte la mise en place du Louis XVI.

On est tenté d'établir avec Verlet une chronologie de la francomanie dans le domaine du mobilier en Angleterre : elle correspond aux années 1730, elle dure vingt à trente ans, « Hogarth ou Zoffany représentent non sans une intention ironique des sièges purement français ». Les ambassadeurs anglais à Versailles ont été les relais constants de cette action. On voit passer outre-Manche force Delanois, Gourdin, Lebas. Choc en retour, à l'heure néo-classique, le continent anglomanise dans les années 1770. Une chose est sûre, Paris constitue un centre unique en importance, de beaucoup le premier de toute l'Europe des Lumières. Son rayonnement comme diffuseur de mode et de type s'exerce sur 60 à 80 p. 100 environ, suivant les périodes, de l'espace européen. On a vu l'importance de ce milieu du meuble : près de la moitié des peintres français, la majorité des peintres de genre, des paysagistes et des animaliers en sortent ; on ne peut marquer plus clairement l'unité profonde du meuble et de la peinture dans l'art de l'aménagement et de la décoration du cadre de la vie.

Au début du XVIIIe siècle encore, la distance est grande entre menuisiers et ébénistes. Entre eux, une étroite collaboration, certes, mais souvent des origines ethniques différentes et pas d'intermariage. « Étymologiquement, le menuisier est celui qui débite et assemble à menu bois des ouvrages [...] destinés surtout au mobilier. L'ébéniste plaque du bois généralement exotique dont le plus employé fut d'abord l'ébène [...] » Au cours des temps, les deux branches longtemps rivales se rapprochent. Voyez toujours la France : « [...] des lettres de Louis XV données à Versailles au mois de mars 1744, enregistrées au Parlement le 20 août 1751, confirment les *Statuts privilégiés de la Communauté des maîtres menuisiers et ébénistes de la ville fauxbourg et banlieue de Paris* ». (P. Verlet.) Maison commune et confréries assurent la cohésion affective du corps ; une jurande que l'on appelle bureau, à partir de 1776, représente la garde du métier. Apprentissage, compagnonnage, maîtrise, chef-d'œuvre avec frais d'accès à la maîtrise dégressifs pour les fils ou gendres de maîtres ou de veuves de maîtres jurés appartiennent au moule commun des vieux et prestigieux métiers ou corporations. Cette forte structure n'empêche pas l'existence d'un artisanat libre sous privilège royal. Le roi a protégé quelques fortes individualités, permis l'installation d'étrangers contre le gré de la corporation. « Les fils de Boulle se maintiennent au Louvre jusqu'en 1745. Les Gobelins abritent le menuisier Germain, les ébénistes Desjardins, Œben, Georges Riesener; l'Arsenal voit Jean-Henri Riesener, Molitor et avant eux J. F. Œben. » (P. Verlet.) Il conviendrait d'y joindre les « marchands suivant la Cour ». Quelques ébénistes usèrent du privilège : Pierre Bernard, Joseph Baumhauer, Macret, Laurent Rochette. L'existence de communautés de plus en plus nombreuses d'ouvriers libres explique en grande partie le phénomène faubourg Saint-Antoine : l'Université, Saint-Jean-de-Latran et surtout l'abbaye de Saint-Antoine-des-Champs bénéficient traditionnellement du privilège d'exterritorialité quant aux corporations.

« Par leur origine et leur naissance, menuisiers et ébénistes semblent appartenir à deux mondes différents [...] » Ce n'est pas un mince mérite pour Pierre Verlet de l'avoir établi. Parmi les menuisiers, sur cent trente à cent quarante noms portés par les grands menuisiers du meuble à Paris au XVIIIe siècle, pas un étranger sauf Séfert qui est peut-être un Scheffer altéré. Les Delanois, Michard, Carpentier, Boulard, Chevigny, Bellangé, Dupain, Demay sonnent bien français. Il en va tout autrement des ébénistes : sur deux cent quarante à deux cent cinquante noms, un tiers d'étrangers ; une bonne partie vient d'Allemagne, des Pays-Bas et des Province-Unies. La proportion s'accroît singulièrement. Dans les cinq dernières années de l'Ancien Régime, presque autant d'Allemands que de Français ont accédé à la maîtrise à Paris : les Œben *, Bayer, Reizell, Schlichtig, Evalde, Rubestuck, Stumpff, Feuerstein, Grevenich, à côté des Ancellet, Angot, Barthélemy, Bury, Caumont, Cordié, Delaitre, Doirat, Dubuisson, Dubut, Duhamel, Bon Durand, Elleaume, Fléchy, Foureau, Genty, Leleu, Petit, Boudin, Montigny. Parmi les menuisiers qui émergent le plus constamment au XVIIIe retenons les Foliot, les Roubo, Delanois, Georges Jacob et, du côté des ébénistes, Gaudreaux et Joubert, Riesener *, Leleu, Œben et Lacroix, Cressent. Les ouvrages de Roubo constituent encore aujourd'hui notre meilleure source avec les planches de l'*Encyclopédie*.

L'outillage est sommaire, on attend plus de la main qui le conduit que de l'outil lui-même. Ascétique de la main, maîtresse d'elle-même et d'un petit nombre d'outils conduits à une sorte de perfection fonctionnelle, tel est un des secrets constants des réussites de la société traditionnelle, nous l'avons dit déjà, à la veille de l'explosion de croissance qu'elle prépare : scies à refendre, à débiter ou à tenon, égoïnes, scies à chevilles et à araser, quelques rabots, varlopes, ciseaux, gouges, bédanes, limes, une équerre, un compas, un maillet, un marteau et un établi très simple. On est frappé de l'économie des moyens. Le menuisier n'utilise que les bois indigènes, hêtre et noyer de préférence au chêne suspect, alisier, poirier, merisier — quelques exceptions régionales —, séchés longtemps, habilement préparés ; tout le secret, selon Roubo, dépend de la manière de refendre ; la technique du xviiie, solidaire du passé, reste fidèle au vieil assemblage à tenons et mortaises. Pour la finition, décor, sculpture, peinture et dorure, garnitures, le menuisier fait appel à la gamme proche des métiers complémentaires dont les relais expliquent le passage fréquent, de père en fils, de l'établi à l'atelier, de la mortaise à la cimaise.

L'attirail de l'ébéniste est un peu plus complexe, il lui faut en plus des guimbardes, un couteau de taille, des compas à verge, un tire-filet, des marteaux à plaquer et à chauffer, un ensemble de presses, grandes presses ou petites presses, dites vis à main. La gamme des matériaux, par contre, est très largement ouverte : elle va du bois de rose à l'amarante, du bois violet — violet palissandre — au Cayenne, bois de Chine, bois d'Inde, bois aurore, olivier, acajou, citronnier, amboine, ébène. Le placage et plus encore la marqueterie, dont le but est d'imiter la peinture, requièrent une grande habileté. Pour la finition, si le bronze recule, de la fin du xviie au milieu du xviiie, pour reprendre à la fin, l'art des laques et vernis est poussé très loin, sous l'influence des modèles de Chine et du Japon apportés par les Compagnies des Indes.

La gamme du mobilier s'est beaucoup ouverte au xviiie, par rapport à la relative simplicité des xvie et encore xviie siècles. Toute la gamme des sièges, tabourets, pliants, ixes, banquettes, chaises ou fauteuils à la reine, en cabriolet, meublants ou courants, suivant la hiérarchie des pièces auxquelles on les destine. Les sièges plus larges se prêtent davantage aux commodités de la conversation ou aux approches de galanterie, voici donc le confident ou tête-à-tête.

Mais le xviiie triomphe dans les canapés : plus de dix modèles ; le lit à colonnes recule — il se maintient dans les manoirs mal chauffés de la petite noblesse rétrograde des lointaines provinces —, avec le progrès du chauffage, devant les lits à la duchesse, à la polonaise, à la turque. Quant à l'armoire, qui chasse le coffre dans les campagnes reculées à partir de 1770-1780, on peut dire qu'elle correspond à une mutation des mentalités. L'armoire dans les campagnes où l'on range désormais, c'est le triomphe de l'espace géométrique sur la confusion, du rangement méthodique sur le vrac de l'espace sombre et indifférencié du coffre.

52. *DU COFFRE A L'ARMOIRE.*
LE « SUS-BOUT »

(*D'après F. Braudel, op. cit.*)

Nous avons dit ce que signifie le triomphe dans l'Europe nombreuse, riche et intelligente, de l'armoire sur le coffre. Le gain n'est pas qu'économique, il est intellectuel, il favorise une nouvelle organisation de l'espace mental. Fernand Braudel a su découvrir ici, dans la Bretagne du XVIIIᵉ siècle, un cas curieux de transition.

Le meuble est, avec le décor de l'hôtel urbain, le meilleur réactif des tournants de la mode, faut-il dire des grandes étapes du cheminement esthétique? On a vu le passage presque insensible du Louis XIV au Louis XV sur l'horizon très long de la pré-Régence, de 1680-1690 à 1710-1715. Le passage se fait par une ouverture de la gamme, l'apparition de nouveaux modèles, en relation

53. *AU CŒUR DE LA VIE DES RICHES ET DES PUISSANTS,* →
L'ÉVOLUTION DES FORMES

(*D'après P. Verlet,* l'Art du meuble à Paris au XVIIIᵉ siècle, *1958.*)

A. *Pieds de fauteuil : 1. Régence. —2.Louis XV.* B. *Bras de fauteuil : 1. Régence. — 2.Louis XV.*
— 3. Transition. — 4. Louis XVI. *— 3. Transition. — 4. Louis XVI.*

447

A

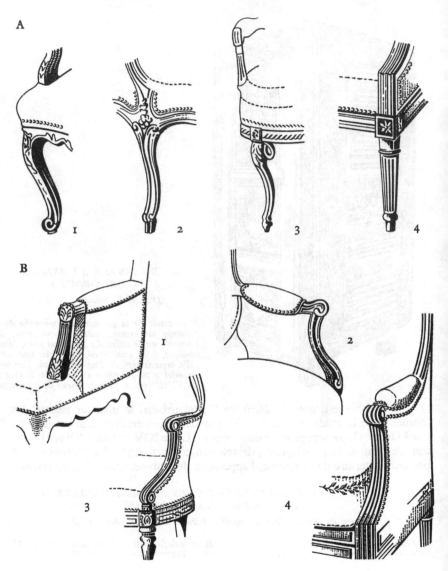

1   2   3   4

B

1   2

3   4

étroite avec la construction des grands hôtels urbains, et par une évolution des formes. « La forme même des meubles se trouve en pleine évolution. Elle demeura jusqu'au début du règne de Louis XIV dans la tradition médiévale rectiligne et conçue selon des assemblages séculaires. Les audaces qu'avaient permises les meubles d'argent et que reprendront ceux de bois doré, les pieds " de biche " ou " en console ", les galbes, que commencent à suivre certains meubles comme la commode, sont certainement dus pour une large part à l'influence des dessins de meubles composés par Berain et vont être largement exploités par le xviiie siècle. » (P. Verlet.) En un mot, le meuble répercute et amplifie le grand tournant des formes sur l'horizon de la crise de conscience. Les décennies 1690-1700 nous sont apparues exceptionnellement importantes au niveau de l'aménagement intérieur de l'habitat urbain de prestige. Nous avons interprété ce mouvement comme une annexion au baroque, dominant sur la plus grande part de l'espace européen, d'un des secteurs qui longtemps lui avait échappé. Deux facteurs du moins avaient contribué à maintenir, jusque vers 1660-1680, le mobilier dans un cadre rigide d'apparence classique : les difficultés de l'assemblage — le poids donc d'une très vieille technologie —, le rôle de la France comme fournisseur de modèles rayonnants, la France, dernier réduit avec l'Angleterre des formes classiques, dans l'océan déferlant de la plastique baroque. Le Louis XV, c'est donc un double alignement : alignement du mobilier sur le décor et sur les formes de l'architecture interne de l'habitat de prestige, alignement de la France et de l'Angleterre sur le secteur géographique majeur de l'Europe continentale et méditerranéenne baroque.

C'est pourquoi rien n'est plus probant que le mouvement (on ose à peine le qualifier d'inverse) qui est le passage par la transition du Louis XV au Louis XVI. L'évolution des styles est lente, elle se fait à des rythmes différents suivant les niveaux. L'ébénisterie réagit plus vite, la menuiserie fait volant. Le rococo a conquis le décor de l'hôtel dès 1720, il n'est pas maître du meuble avant 1740, en raison de la résistance des habitudes, des exigences inéluctables du travail traditionnel du bois. « Il faut attendre, précise Verlet, les abords de 1740 pour voir la ceinture des meubles s'arrondir délibérément, les pieds s'élancent et s'amincissent avec hardiesse encore qu'avec prudence. Que l'on compare les dessins donnés par les Slodtz en 1738-1739 pour des meubles destinés à Louis XV à l'exécution même de ces meubles et l'on constatera combien les servitudes et peut-être aussi les traditions de métier ont sérieusement alourdi l'audacieuse sveltesse souhaitée par le dessinateur. » Le Louis XV, entendez le rococo au niveau du mobilier, a demandé trop d'efforts, trop d'habileté supplémentaire pour ne pas durer l'épaisseur d'une génération. L'Angleterre moins profondément convertie — en fait elle a importé pendant la rage baroque dont Hogarth rend ironiquement compte — réagira plus vite et passera plus rapidement au mobilier néo-classique.

De 1760 à 1780, les deux formes ont cohabité. Le Louis XVI, même à Paris, n'a chassé qu'insensiblement la facture Louis XV. Alors que dire de la province ? Que dire surtout de l'Allemagne du Sud, de l'Autriche, de l'Europe danubienne, de la plaine du Pô, attachées au mobilier baroque jusqu'aux alentours de 1785-1790 ? « Un ébéniste de premier plan comme Carlin demeure fidèle, dans ses petits meubles des environs de 1780, aux pieds galbés hérités de Louis XV. Riesener exécute, en 1784, pour le château de Fontainebleau, un grand secrétaire à cylindre que l'on a longtemps considéré, à ne juger que ses formes, comme un ouvrage Louis XV ; et Salverte a noté qu'en 1789 plus du dixième du stock qui se trouve chez le menuisier Forget comporte encore des pieds-de-biche. » (P. Verlet.)

C'est sur l'horizon de la décennie 1765-1775 que s'opère la transition. A Paris, Œben et Georges Jacob* jouent un rôle décisif. « Georges Jacob invente des pieds en " console " qui, partant d'une ceinture rectiligne, abandonnent les courbes continues des cabriolets Louis XV ; Louis Delanois pour les chaises qu'il crée pour Mᵐᵉ du Barry, adopte les pieds à gaine effilés et droits qui ont fini par caractériser le style Louis XVI. » L'architecte Delafosse aurait pesé sur Delanois et Gourdin et fini par les convertir. A partir de 1775, l'évolution se précipite. Les accoudoirs se redressent, les pieds parcourent le chemin inverse des années 1690-1710. Ils prennent désormais naissance dans la ceinture même, sont de nouveau presque droits. Voici les pieds en gaines formant balustre, ou en forme de balustre. En 1763-1764, Foliot et Babel emploient des cartels, des agrafes, des palmettes ; en 1769, des fleurons et des perles accompagnent des couronnes de fleurs ; 1770, au niveau de la Cour, feuilles de refente, fleurons à l'antique, jasmins et giroflées ; 1771 : « Pour Trianon rais de cœur, feuilles d'eau, perles et rubans tournants », tandis que la polychromie diminue. La ligne droite triomphe avec le Louis XVI — qui n'est guère plus qu'une transition prolongée vers le vrai, dur et massif néo-classique des années 1800-1810 —, la ligne droite s'impose raisonnablement en maintenant une volonté de mouvement, de légèreté et d'agilité qui prouve qu'une unité de style de vie de l'élite urbaine subsiste de 1730 en gros à 1790.

●

Le mobilier Louis XVI — il s'appelle George III pour toute l'Europe du Nord — n'est qu'un aspect assez secondaire d'une très grande affaire, faut-il dire le tournant artistique de la fin du siècle? Une affaire embrouillée, où il faut essayer de voir clair.

On peut adopter, en présence du tournant néo-classique, une écriture naïve, étroitement calquée sur la chronique du temps. Cela ressemble à un conte de Perrault : il était une fois à Versailles une favorite... Et voilà introduits le rôle de Mme de Pompadour et le voyage à Rome d'Abel Poisson, M. de Vandières (d'avant-hier, disait-on), en un mot Marigny pour l'histoire. Ce voyage a eu son rôle, sans conteste, pour la France, mais cette affaire n'est pas exclusivement française. Mieux vaut s'efforcer de la réinsérer dans la longue durée, bien voir à quel point le cadre de beauté d'une civilisation appartient au domaine des pesanteurs, aux structures les moins plastiques.

On est tenté de rappeler, d'entrée de jeu, un certain nombre de vérités élémentaires. La grande mutation esthétique vient de l'Italie des XIVe-XVe, elle s'est imposée à la chrétienté latine, par vagues concentriques, en partant de l'épicentre de l'Italie renaissante. L'esthétique classique qui rapproche le premier XVIe siècle italien, la France monarchique des années 1660-1680, une fraction importante d'Angleterre palladienne, s'oppose à l'intérieur d'un vaste ensemble esthétique en liaison avec une structure technique, économique, sociale, politique, à l'esthétique baroque. Le baroque doit être recherché au niveau de l'architecture, de la plastique et de la musique religieuse ; le baroque, au départ, assure une médiation ontologique et sociale, il est la médiation à Dieu, au point de rencontre du système des pensées de la chrétienté scolastique et de l'univers infini écrit en langage mathématique, dans une société d'ordres, au moment de la construction de l'État monarchique. Le baroque est une réponse globale à la tension tragique du monde géométrique vide et du Dieu lointain. L'effort est architectural et plastique au sud, en liaison avec la théologie de la transsubstantiation eucharistique, l'effort est musical au nord, en liaison avec la double Inspiration de l'Écriture, Parole vivante de Dieu. Les formes baroques sont nées de l'art religieux, le baroque est presque une nécessité dans un système qui s'efforce de retenir la vérité de Dieu qui Se Révèle et l'hypothèse d'un monde mathématique vide de toute essence, qui s'efforce de concilier la construction de l'État avec la réalité séculaire d'une société d'ordres. Le baroque crée des formes qui peuvent être comprises et cesser de l'être. La conquête, sur le tournant de la fin du XVIIe, en France et en Angleterre, de l'intérieur de la demeure et du cadre de vie, en un mot du décor par des formes nées ailleurs et dans un environnement tout à fait différent d'un baroque dégénéré en rococo, découle à la fois d'un alignement sur l'univers des formes majoritaires en Europe et d'une réaction contre l'effort d'un règne ambitieux, contre le poids d'une tradition. Les formes du rococo découlent du baroque, mais elles sont vidées de leur signification première. Elles sont un jeu, une invitation à la distraction, à la jouissance sensuelle d'un monde de l'apparence. La rocaille, entendez le baroque vidé de sa médiation ontologique, le baroque désacralisé, profane, s'adapte parfaitement à la vulgate continentale du sensualisme lockien. Il est même doucement sacrilège, sacrilège à la mythologie païenne réduite à la seule dimension galante, sacrilège à l'égard des formes qui furent chargées d'exprimer l'élan vers Dieu et le mystère de la Rencontre. Le baroque au service d'un cadre d'évasion de fantaisie, de rupture avec la tradition, le baroque profane du décor de l'habitat de prestige correspond à la crise de conscience, tant qu'il est senti comme une nouveauté. Cinquante ans, c'est trop pour une nouveauté. Le rococo n'est plus compris, au milieu du XVIIIe, il n'est plus compris comme refus de la rigueur classique imposée par la théologie janséniste et l'État monarchique du début du règne de Louis XIV, dans sa réaction anti-Fronde, anti-espagnole, anti-italienne ; le baroque religieux, *a fortiori*, est rejeté comme esthétique de médiation, et s'il était compris, il serait *a fortiori* rejeté comme esthétique d'une médiation que les courants rationalistes et sensualistes sont unanimes à rejeter, à l'époque de Jean-Jacques Rousseau.

D'où l'impression qui commence à se faire jour, en Angleterre d'abord, vers 1740, en France ensuite, vers 1750, d'un univers de beauté totalement désaccordé avec l'univers des pensées, avec ces contradictoires non senties comme contradictoires, la raison, la nature et l'Antiquité. Cette prise de conscience sera hâtée par les progrès des sciences auxiliaires de l'histoire, la diffusion des planches archéologiques et le progrès des communications, particulièrement en Angleterre et en France, c'est-à-dire dans les secteurs de l'espace européen les plus profondément et prématurément touchés par les progrès des techniques et des rendements.

Le tournant est particulièrement sensible au niveau de l'architecture et du décor, il se produit en deux temps. Sur la décennie 1755-1765, un ensemble de signes discrets affectent la France et l'alignent sur les positions anglaises légèrement en flèche. Sur l'horizon 1780, tandis que la France et l'Angleterre évoluent vers un néo-classicisme agressif, l'unité de l'espace européen se rétablit. L'Europe baroque, à son tour, rejoint : une sorte d'unité est retrouvée. La première moitié du XVIIIe aimait affirmer sa solidarité avec le XVIIe, une sorte d'impatience se fait jour au milieu du siècle. On sait que toutes les pentes des courbes se modifient sur l'horizon des années 1750, à commencer par le plus important, entendez la démographie. Une situation propre, sans doute, à une certaine impatience à l'égard du passé.

LA COULEUR, LES FORMES, LE DÉCOR DE LA VIE

Les remarques de Louis Hautecœur dépassent l'architecture et la France. « Le style rocaille français qui nous semble si léger, si gracieux, lorsque nous le comparons au style noble des fondateurs de l'Académie, au style un peu sec et gourmé de certains antiquisants de 1780-1815, apparut pourtant aux défenseurs de la tradition comme un objet de scandale. Au milieu du siècle, des esprits chagrins déclarèrent que tout n'allait pas pour le mieux dans le meilleur des mondes : ce n'est pas seulement la Cour que l'on critique pour ses dépenses et sa dissipation, le gouvernement pour ses mesures fiscales, c'est aussi cette architecture et ce décor qui furent accusés d'être le symbole de la décadence. Lafont de Saint-Yenne, Bachaumont, le P. Laugier, Jacques-François Blondel, Diderot et les autres reprochèrent aux architectes et aux peintres d'avoir perdu le sens de la dignité et de la grandeur, à l'État de ne plus leur donner l'occasion de manifester leur génie. Après 1750, des artistes vont désirer renouer la tradition de Louis XIV et reprendre les grandes ordonnances de jadis. »

Ce n'est pas si simple. Beaucoup de choses bougent avec le milieu du siècle, le cadre et les pensées. Le *corpus* des Lumières change de dimensions, il pénètre en profondeur à l'époque de l'*Encyclopédie*. Il devient de plus en plus englobant, exigeant. En 1750, sans remonter jusqu'aux options de la Renaissance que personne ne songe à remettre en cause, comment ne pas sentir ce décalage qui se creuse entre le rythme de toutes les transformations et le cadre plastique et architectural des formes qui semble tout entier appartenir à l'héritage ? La crise de conscience de la fin du XVIIe a pu être interprétée comme la fin de la mise entre parenthèses de la politique et de la religion ; la crise de conscience esthétique du milieu du XVIIIe peut être sentie aussi comme la fin de la mise entre parenthèses implicite de l'esthétique, entendez, plus simplement, de l'héritage des formes.

Mais cette prise de conscience a besoin d'un médiateur. Ce médiateur, c'est, en France et en Angleterre, dans la fraction de l'Europe où le baroque mué en rococo n'a jamais réussi à s'imposer totalement, à faire vraiment corps avec l'univers de la pensée et de la sensibilité, dans l'Europe de la révolution des pensées, des économies, des modes de production et des rapports sociaux, l'Europe dominante, grâce au voyage et à l'archéologie, c'est la découverte d'une Antiquité connue directement, autrement qu'à travers le prisme déformant de ses traducteurs partiaux de la Renaissance italienne. C'est pourquoi Louis Hautecœur a raison, il faut voir d'abord sur l'espace français et anglais l'impact de la nouvelle Antiquité, le retour à l'antique, avant le trouble des esprits qui s'appelle le contradictoire retour à la nature et à la raison.

Revenir à l'événement : le voyage de M. de Marigny ; 1749-1750, une génération d'artistes voit l'Italie sous une lumière insolite, en rupture avec la tradition ; la découverte puis la diffusion d'un antique architectural, archaïsant, le dorique de la Grande Grèce, fait choc. Cette espèce de révélation primitive, ce retour à la source depuis la Renaissance italienne, proclamée, permet de mesurer le degré d'évolution ou de perversion d'une tradition récente ; voici enclenché le processus classique de l'appel de la tradition récente, présente, oppressive, à la tradition ancienne. *Mutatis mutandis,* le recours à l'écriture contre la tradition, l'appel à l'esprit contre l'institution.

Abel Poisson, le jeune frère de la Pompadour, qui a la survivance, à vingt-quatre ans, de la direction des Bâtiments qu'Antin jadis occupa, après avoir reçu une initiation aux Beaux-Arts de la main de Leblanc, auteur d'une *Lettre sur les salons de 1747,* flanqué de mentors, Poisson est envoyé en 1749 en solennelle mission à Rome. Un commando de choix accompagne le jeune homme : Cochin, l'auteur, précisément, neuf ans plus tard, du fameux *Voyage d'Italie,* et Soufflot. Cette visite va provoquer l'évolution des maîtres du goût en France. La France qui s'apprête à rallier l'Angleterre, c'est le ralliement à moyen terme de l'Europe des Lumières.

Le séjour de M. de Vandières à Rome dura un an à peine (du 17 mars 1750 au 3 mars 1751), une partie de la mission reste plus longtemps et va plus au sud. Le choc ébranle un terrain largement et profondément préparé. Tout au long du premier XVIIIᵉ, l'érudition historique, dont on a vu le modeste et significatif essor sur l'horizon 1680-1700, fournit les éléments d'une version plus objective de l'Antiquité. *L'Antiquité expliquée* de Montfaucon a, malheureusement, de fort mauvaises planches, recopiées des ouvrages antérieurs de Spon, Bartoli et Bellori; le comte de Caylus, qui visita en 1716 l'Asie Mineure, imprime à partir de 1752 son *Recueil d'Antiquités égyptiennes, étrusques, grecques et romaines.* L'influence de Caylus est considérable comme en témoigne la polémique dirigée contre lui par les tenants de la « chicorée » rocaille. De Rome, une avalanche de dessins, sanguines traitées par les procédés perfectionnés de la gravure, s'accroît d'année en année. On trouve sans peine, en 1750, une bonne cinquantaine de titres en librairie depuis les gros in-folio jusqu'aux multiples guides de voyageurs et itinéraires instructifs de Rome, en faveur des étrangers. L'œuvre la plus importante semble encore celle de Piranèse, relayé par Bouchard et Gravier. On a eu trop tendance à grossir l'influence de Pompéi et d'Hercu-lanum. Par ordre du roi des Deux-Siciles, les ruines, en effet, furent longtemps inaccessibles. La grande collection scientifique des *Antichità d'Ercolano* s'éche-lonne entre 1757 et 1792 et les volumes sont de valeur inégale. *Les Lettres sur les peintures d'Herculanum,* de Cochin en 1751, les gravures de Bellicard et les planches de Caylus sont médiocres. Il convient de tenir compte, en outre, du rythme des travaux. Le dégagement des ruines commence à peine. En 1750, à Herculanum, Soufflot peut à peine se rendre compte de la forme semi-circulaire du théâtre. A Pompéi, l'amphithéâtre ne fut dégagé qu'en 1755, la caserne des gladiateurs en 1766, le temple d'Isis et de Zeus Meilichios en 1767, la villa de Diomède en 1771. Les architectes pouvaient étudier des colonnes doriques moins massives qu'à Paestum, lever le plan de maisons anciennes dont s'inspirèrent Clérisseau et Lequeu. La publication du grand travail scientifique de Sylvain Maréchal, dont les *Antiquités d'Herculanum* compteront onze volumes, commence en 1781 seulement. Ne pas mêler les plans : le grand choc vient de Rome et c'est une onde romaine qui contribue à hâter le dégagement de Pompéi, non l'inverse.

Le véritable élément révolutionnaire est plus au sud : les temples grecs archaïques de Paestum. La première description est l'œuvre, en 1745, de D. G. Antonini, dans son *Trattato della Lucania*. Soufflot visita Paestum en compagnie de Natali, Dumont et quelques autres architectes napolitains. Le choc sur Soufflot est immense, c'est la découverte de cet inconnu insoupçonné, le dorique sans base, le vrai dorique archaïque, dont la robustesse et la nu-grandeur surprennent : une Antiquité grecque vue pour la première fois hors du prisme de l'Antiquité romaine et sans les lunettes de la Renaissance italienne. C'est pourquoi le *corpus* des publications consacrées à Paestum compte. Il est copieux : un premier volume de Dumont, 1764, les gros livres de Berkenhout et de Major (Londres et Paris), 1767, 1768, tiennent la tête d'une longue série. Une discussion passionnée sur le dorique sans base s'était ouverte avant même que le public puisse juger sur pièces, avec les notes de Barthélemy et de Winckelmann. La convergence sur Paestum ouvre la route aux pactoles archéologiques de la lointaine Sicile, une « Sicile néolithique » serait-on tenté de dire *cum grano salis*, que seul l'intérêt archéologique rattache brusquement à l'Europe des Lumières. Ici c'est l'Angleterre et sans hésitation qui emporte le mouvement vers Agrigente, Ségeste et tout le pittoresque des « îles de la Sicile ». Patrick Brydone, Borah, Swinburne dès 1773, avant Saint-Non et ses cinq in-folio, en 1781. Viennent alors Hackert, Ducros, Bellisard et la collaboration, enfin, du pouvoir politique des Deux-Siciles : Naples finit par comprendre l'intérêt économique d'un tel engouement. Au bout de la Sicile, il y avait la Grèce : la supériorité des Grecs sur les Romains est en France comme en Angleterre, depuis le xviie, un thème de collège et d'académie — Caylus et le président de Brosses opinent à leur tour au xviiie — d'autant plus théorique qu'il y a entre la Grèce et l'Europe des Lumières l'épaisseur de l'Empire turc. Or il se trouve que l'écran turc se fait moins épais, grâce au remarquable réseau des consuls français, grâce à la redoutable puissance maritime anglaise en Méditerranée, et à la pression autrichienne dans la plaine danubienne. La première publication importante est anglaise. Richard Dalton donne en 1749 ses *Antiquities and views of Greece and Egypt* et en 1751-1752 ses *Series of engravings representing views in Sicily, Grece, Asia minor and Egypt*. A partir de là, une heureuse émulation s'établit entre Londres et Paris, les publications alternent, d'une année sur l'autre, en anglais et en français, à raison, presque, d'une publication par an à partir du milieu du siècle. Après Dalton, Stuart et Revett, Le Roy, Chandlers, Pars, Worsley. Autour de planches et de relevés, d'intenses polémiques se poursuivent sur les mérites respectifs des deux antiquités, l'Europe proclame unanimement, contre Piranèse, la supériorité des Grecs.

Mais la grande affaire est celle des ordres. Le problème, la difficulté, celui de l'acclimatement aux formes archaïques du dorique et de l'ionique, le dorique surtout. Robert Wood, en 1753, constate, pour le regretter, que le dorique du Parthénon ne coïncide pas avec les normes de Vitruve. Soufflot et Goethe, encore en 1787, auront bien du mal à admettre le dorique court, sans base, de Paestum. A David Le Roy le mérite d'une classification historique qui finira par s'imposer. Le Roy distingue trois ordres qui correspondent à trois périodes : « la première, où la colonne mesure quatre diamètres, par exemple au temple de Corinthe ; la seconde, où les proportions sont plus élancées (temple de Thésée, Parthénon) ; enfin la troisième, où les colonnes atteignent six diamètres (temple d'Auguste à Athènes)». La classification de Le Roy ayant été adoptée par Winckelmann en 1760 fait désormais autorité. Même remarque pour l'ionique. Voilà que circule à travers les planches archéologiques un ionique fort différent de celui codifié par la Renaissance italienne, différent de celui de Vignole, de Scamozzi et de Michel-Ange. Sur le chemin de la connaissance à la pratique se trouve l'Angleterre. Préparée par la tradition palladienne, en tête de la découverte archéologique du bassin oriental de la Méditerranée, la première, elle saute le pas. Le dorique archaïque sans base apparaît pour la première fois, en Angleterre, en 1759, au temple rond de Stowe. L'Italie s'y refuse, mais la France se laisse fléchir. J. D. Antoine (1733-1801), le premier, avec le portail de l'hôpital de la Charité, à Paris, Brongniart, au cloître des Capucins de la chaussée d'Antin, Chalgrin aux loges du théâtre de Brunoy. Ni Antoine, ni Brongniart ne sont prix de Rome, et ces tentatives françaises sont de vingt à trente ans postérieures aux expériences anglaises.

L'Égypte fournit l'appoint de ses formes. Une égyptologie balbutiante est née dans les années 1680 de la crise de conscience, les publications s'échelonnent à un rythme toujours plus rapide : une première mutation à la hauteur de l'année 1700. M. de Chazelles mesura les pyramides et Pouchard inséra en 1701, dans les *Mémoires de l'Académie des inscriptions*, son travail sur les obélisques. Seconde mutation, les années 1750, «les voyageurs sont plus nombreux après 1750», leurs relations, il est vrai, ne parlent guère que des pyramides. Date importante, la traduction française, donc la large diffusion, de 1774 à 1780, des quatre volumes du *Voyage en Arabie et pays voisins* de Niebuhr. Les objets égyptiens pénètrent en Europe, les voyageurs, les consuls en rapportent, les amateurs en exposent. Faut-il rappeler le mémoire, en 1783, de Quatremère de Quincy couronné par l'Académie des inscriptions et belles-lettres ? Une troisième mutation se situe bien sûr au niveau de l'expédition d'Égypte, elle explique le déferlement des thèmes de décor égyptien sur le lourd néo-classicisme d'Empire.

Une Antiquité sans la médiation renaissante. Et pourtant, paradoxalement, faut-il rappeler que l'une d'entre elles, au moins, contribuera à préparer en Angleterre, puis, par le relais anglais, sur le continent, le retour à l'antique ? Cette médiation privilégiée est celle de Palladio. Nous avons signalé déjà le rôle des belles éditions d'Oxford ; l'engouement en Angleterre remonte plus haut. C'est Inigo Jones qui lança durablement la mode palladienne. La mode lancée d'Angleterre passe sur le continent. Entre Paris et Londres, l'édition rivalise autour du plus antiquiste des architectes renaissants. En fait, Palladio compte par la méthode, les palladiens dépassent Palladio ; Palladio, c'est une affirmation théorique et pratique de la fidèle copie du modèle antique. Faut-il s'étonner, dans ces conditions, que nous retrouvions autour de Palladio les mêmes noms qu'autour des antiquités de Rome à Paestum, de Paestum en Sicile, de Sicile en Grèce, et de Grèce en Égypte et en Mésopotamie ? Après Jones, Webb et Vanbrugh, Burlington, Stuart, Revett, les quatre frères Adam, ces palladiens furent les plus acharnés à faire passer dans la pratique les élévations, les nouvelles proportions et les motifs décoratifs décalqués des modèles antiques. L'Antiquité, se hâte-t-on de dire, fournit les formes. Ce n'est pas tant l'Antiquité que l'intensification des réseaux d'échanges et de communications avec un vieux monde méditerranéen que la géographie du premier XVIIIe laissait en dehors de l'espace privilégié des Lumières, que de nouveaux moyens de diffusion, que les progrès de la dimension historique du savoir et, plus que tout, un œil neuf.

Cet œil neuf est la conséquence de l'impact tardif, avec un bon demi-siècle de décalage, de pensées déjà anciennes ; écoutons donc le discours sur l'art des années du tournant du siècle. Au milieu du siècle, d'une part, on note une sorte de multiplication du discours esthétique : deux idées très anciennes, deux mots, peut-être, « hantèrent les esprits : philosophes, esthéticiens, littérateurs, moralistes, économistes prêchèrent en même temps le retour à la raison et le retour à la nature ». Ces deux revendications, dont les tenants du discours esthétique ne mesurent pas les contradictions, sont en réalité portées par les courants de pensée les plus opposés du XVIIIe siècle, contradictoires comme la pensée des Lumières elle-même. Un des traits les plus profonds du XVIIIe siècle n'est-il pas précisément de réunir les contradictions dans un plan d'action pratique ? C'est ce qui se passe pour l'art du tournant du siècle. Le courant de retour à la raison appartient au rationalisme, dans la ligne du XVIIe siècle, un rationalisme qui, au fur et à mesure qu'on avance dans le cours du XVIIIe siècle, livre de plus en plus un combat sur un double front. Le courant de retour à la nature réunit toutes les formes du sensualisme. Il a pour lui Diderot, une bonne partie de l'Encyclopédie ; Rousseau, avec son postulat de la bonne nature, réussit à réunir les deux courants. Au nom de la raison, on pourra condamner la fantaisie des plans d'élévation, la courbe architecturale, et, au nom de la nature, primer le jardin à l'anglaise et à la chinoise sur le rigide modèle du jardin à la française.

La réaction contre le décor de l'architecture rocaille commence au moment même, disons en 1740, où le style exagère ses formes, à l'époque où Meissonnier déteint sur Boffrand, sur Thomas Germain et tant d'autres. Voltaire raille, dans *le Temple du goût*. Soufflot, Caylus manifestent épisodiquement : 1744 ici, 1747 là ; les premières réserves se font jour en France qui a pris le relais de l'Europe alpestre et danubienne à la tête de l'extrémisme rocaille. Cochin, membre du voyage de Marigny, prend l'initiative d'une polémique qui débute en décembre 1754, dans le *Mercure de France*, par sa *Supplication aux orfèvres, ciseleurs, sculpteurs*. Dans cette percée s'insère un ensemble de publications de plus en plus nombreuses, de plus en plus affirmatives au fur et à mesure que l'on descend le cours du temps. En France, le P. Laugier de la Compagnie de Jésus, en Italie Milizia, nommé surintendant des Bâtiments du roi des Deux-Siciles en 1761, malgré son affirmation de la supériorité romaine sur la Grèce archaïque, mère du nouveau style ; sur l'horizon 1760, les académies se rallient : une mode, mieux un style est né, réalisé dans la pratique, justifié par l'écrit, dans le fond, les éléments du néo-classicisme couvaient depuis le début du XVIIIe, l'intrusion des formes antiques aide à se former en système. Vers 1765, se notent les premières manifestations d'un intérêt pour le gothique, conséquence peut-être bénéfique de l'anglomanie, mais premier jalon, sûrement, des futures mutations.

Une nouvelle génération d'hommes à l'œuvre et cela aussi compte. Pour la France, un nom domine, Soufflot, le vrai successeur de Gabriel, Soufflot marqué par le voyage d'Italie et assuré de l'appui de Marigny ; après avoir marqué Lyon de sa griffe, le voilà durablement à Paris, de 1752 à sa mort, en 1780. C'est dans la reconstruction de l'église Sainte-Geneviève, le Panthéon, que Soufflot exprime le mieux son génie qui est aussi celui d'une époque. De 1755 à 1765, premières manifestations dans les formes ; mise en place du nouveau style de 1765 à 1785. Au-delà, rupture d'un équilibre et durcissement en liaison avec un autre monde, une autre société, une autre économie, une autre éthique sociale. Voyez l'architecture religieuse : au nom de la logique, l'ordre colossal, en façade, en lieu et place des ordres superposés. L'idéal proposé par Soufflot, incomplètement réalisé au Panthéon, en raison des résistances du clergé, c'est la coupole et les quatre bras égaux. Autre tentation : la basilique ; le plan de Chalgrin pour Saint-Philippe du Roule va faire école. Une chose est sûre, ces édifices peuvent flatter l'œil, ils peuvent, comme Sainte-Geneviève, heureusement détournée de sa fin, servir une grande liturgie sociale, politique, humaine ; ils n'ont pas vocation religieuse. Le baroque, par essence, était religieux, il manifestait l'unité du peuple chrétien dans la relation qui le lie à Dieu, à la fois aristocratique et populaire ; le néo-classicisme se situe sur la grande retombée religieuse du siècle, ses églises sont des lieux vides de présence, calquées sur des temples morts, élevées pour le plaisir profane de l'œil par des hommes qui n'ont plus la foi, pour une religion d'habitude. Il importe peu qu'au sommet et dans l'Europe de l'Est une nouvelle sève se prépare, l'architecture, plus que toute autre forme artistique, fait volant, le néo-classicisme se situe bien sur la retombée, au creux de la vague.

Le génie néo-classique, c'est dans l'hôtel urbain, dans la résidence de prestige aux champs, dans les plans de masse d'un urbanisme beaucoup plus ambitieux qu'il faut le chercher et, comme toujours, dans la décoration, qui traduit, mieux que toute autre forme de l'art, les véritables complicités. La décoration suit le meuble, à moins que le meuble ne marche au pas de la décoration de l'habitat de prestige. Comme pour le mobilier, lenteur des évolutions et persistance, longtemps, du style rocaille, dont la discrète sensualité correspond si parfaitement à l'éthique et au style de vie de la minorité des anciens et nouveaux privilégiés.

Les premières touches sont légères. A coups de pinceaux sur les lambris, les thèmes exotiques s'étalent avec l'ouverture du monde des communications, à l'époque de Cook et de Bougainville. Les thèmes champêtres apparaissent beaucoup plus nombreux, concession au goût de la nature. « Ledoux, à Benouville, accrochait des fleurs peintes sur un treillage simulé. Certaines pièces sont décorées en trompe l'œil et offrent à ces dévots de la nature l'illusion de n'être pas des citadins : la chambre de Beaujon, en sa " Chartreuse " du Roule, représentait un bosquet; sur les murs étaient peints des arbres dont les ramures s'étendaient sur le plafond bleu de ciel. » (L. Hautecœur.) Un peu partout, des fleurs, des troncs, des treillages. La rupture en vertu d'un modèle de retour cyclique, voire de l'appel contre la génération en place à la génération antérieure, devait se marquer d'abord par une réhabilitation du style Louis XIV. Le style Régence, l'horizon 1700, avait fait appel contre l'ostentation, la rigueur du devoir de représentation du style Louis XIV et ce qui lui restait d'ascétisme de la tradition chrétienne; le style Louis XVI, l'horizon 1760, fait appel contre «la manière dépravée de leurs contemporains au grand goût du XVIIe siècle ». Un phénomène, si l'on veut, de « belle époque ». Quand les Lafont de Saint-Yenne, les Caylus, les J. F. Blondel se mettent à vanter les mérites de Mansart, de Perrault et de Jules Hardouin-Mansart, on est en face, certes, d'un phénomène de ce type, mais il y a plus. La nouvelle rigueur du décor Louis XVI, une rigueur bien tempérée, correspond jusqu'à un certain point à une prise de conscience du devoir social. Le seul plaisir des sens — la fantaisie sans plus — auquel la naissance donne droit, ou la réussite, les traditionnels devoirs d'état et la hantise du salut écartés, ne suffisent plus. Le décor de l'habitat de prestige, par-delà le mystère du for intérieur de l'affectivité familiale ou de la complicité érotique du partenaire dans l'exercice du plaisir, va retrouver un devoir de cohésion sociale et de représentation. Le décor Louis XV est sûr de son intimité, le décor Louis XVI, lui, prend des garanties contre une éventuelle irruption d'intrus.

La mode archaïsante a aidé à marquer le passage, mais il y a beaucoup plus et mieux dans le Louis XVI qu'un cyclique retour au grand goût des années 1670-1680. Comme toujours, l'exemple, pour s'imposer dans les formes, a besoin de l'écriture. Au début de la nouvelle vague, sur l'horizon des novations archaïsantes, voici Jean-François de Neufforge, voici Delafosse. Les moulures perdent le grêle et retrouvent le gras et l'épaisseur, un instant même on verra reparaître le stuc et le brocart. Sans lendemain. On se rappelle que le Louis XV avait été une révolte de l'intérieur, qui avait fini par troubler la rigueur classique des façades. En 1760, on a souvent le sentiment d'un mouvement inverse, un peu comme si la rigueur hellénique des façades — voyez l'hôtel de Salm — pesait tout à coup sur la disposition intérieure. C'est sans doute ce que veut dire Grimm quand il s'écrie, en 1763 : « Tout à Paris est à la grecque. » L'escalier, élément de démonstration sociale et d'ostentation, ici et là, reprend une partie de l'importance que le premier xviiie lui avait refusée. Mais les deux traits les plus caractéristiques de la modification du décor des années 1755-1775, c'est l'introduction systématique des ordres et le triomphe déjà signalé de la ronde-bosse sur la peinture.

Distance prise à l'égard du décor théâtral, conçu comme une scène d'illusion, revendication subconsciente d'une réunification de la vie. Le premier xviiie opposait la façade et l'intérieur, et pour lui, seul comptait vraiment l'intérieur. Les ordres, colonnes et pilastres (voyez le corinthien foisonnant de la salle à manger du château de Maisons, due à Bellangé, l'ionique intérieur de l'hôtel de Gallifet, le pavillon Saint-Vigor à Viroflay), plaident, du moins en intention, en faveur de l'unité de la vie. Que la façade dévore l'intérieur n'est pas non plus dépourvu de sens. Serait-ce la revanche de l'utilité sociale sur le for intérieur ? Ne pas aller trop loin, nous n'avons pas de textes et les mouvements du subconscient collectif sont trop mystérieux encore pour que l'on se risque à les interpréter sur un trop petit nombre d'apparences. Le Louis XVI a de délicieuses hypocrisies. Il autorise la fantaisie mais la préfère savante. L'exotisme du second xviiie a quelque chose de plus guindé, une pointe de pédantisme. Ses mandarins n'ont plus la fantaisie échevelée des Chinois du premier xviiie. La fantaisie, surtout, est antique.

À Rome, les artistes français avaient étudié, comme les frères Adam l'avaient fait du côté britannique, « les grotesques du Vatican et les stucs antiques », Clérisseau et Lhuillier emboîtent de leur propre chef le pas des artistes anglo-écossais. Piranèse fournit les modèles récemment découverts de Torre de'Schiavi. En 1769, paraissent ses *Diverse maniere d'adornare i camini ed igni.* « Griffons, femmes ailées se terminant en fleuron, palmettes, dauphins, animaux divers [...] » partent de Piranèse à la conquête du décor intérieur de l'habitat de prestige de l'Europe des Lumières déclinante. L'arabesque systématiquement sort du mur. Elle prend du relief, nous l'avons déjà signalé à Rouen. Après Piranèse, les recueils se multiplient, ils contribuent à la diffusion. On copie en province, en Allemagne, aux Pays-Bas, en Hollande, dans le Nord et l'Est profond. Une réunification du décor s'achève sur ces bases à travers toute l'Europe, vers 1780 : G.-P. Cauvet, Camporesi, Volpato, Pietro Colombani qui édite à Londres un *New Book of ornaments* en 1775, G. Richardson et Pergolesi qui diffusent aussi de Londres.

Et partout, dans la pierre, le marbre, le fer des escaliers monumentaux et des grilles, l'art, redevenu envahissant, du sculpteur prend le relais du peintre, au service d'un décor qui cherche un difficile équilibre entre un art sensuel de vivre et les exigences d'une éthique sociale.

●

Entre la traduction concrète d'un grand dessein, rapport à Dieu, construction d'ordre, et la contribution précise à un art de vivre, l'art oscille, nécessairement, l'un n'excluant jamais totalement l'autre ; le baroque aura été, pour l'essentiel, la dernière forme d'un art commandé par une volonté de service et l'expression de deux rapports fondamentaux de l'homme à Dieu et de l'homme à l'homme. Cet art domine la plus longue tranche chronologique et l'espace le plus important qui correspond à ce que nous appelons l'Europe des Lumières. Le baroque est l'hôte capital de l'Europe au cours des deux phases successives et étroitement mêlées de ce qu'il est commode d'appeler l'Europe classique et l'Europe des Lumières. Le baroque est au temps des Lumières, sans être totalement — si l'on excepte les formes dégradées du rococo — du temps des Lumières. Faut-il opposer, au niveau restreint du décor et de l'architecture de l'habitat de prestige, à l'art du pur style de vie du premier XVIIIe, un art de plus grande participation sociale pour le second XVIIIe ? C'est possible, à la rigueur, tentant, sinon convaincant.

Revenons à la grande question : du beau par qui et pour qui ? Le décor, par le mobilier, par la copie, l'imitation, de proche en proche, par l'image, par la mode, ce phénomène de l'Europe du XVIIIe, pénètre vite et loin. L'architecture religieuse est un art ouvert. Même si la commande et l'exécution du plan sont le fait d'un petit nombre, le peuple tout entier participe. Mais l'architecture religieuse décline. En outre, elle est l'exception. Les arts plastiques, au XVIIIe siècle, sont, dans une faible mesure, des arts de large participation. Il en va autrement de la musique. Nous avons souligné à son heure l'étendue de la culture musicale allemande, dans quelques provinces favorisées, au milieu du siècle.

La clef des pensées profondes du XVIIIe, la traduction concrète de grands desseins, c'est dans l'expression musicale qu'il faut la chercher. Les cathédrales, les acropoles du XVIIIe siècle sont musicales. Bach et Mozart sont tout à la fois Eupalinos et Michel-Ange à l'ère des Lumières.

Les arts plastiques — c'est pourquoi nous avons privilégié le décor — sont d'abord une contribution à un art de vie. Le fonds musical de l'Allemagne des *cantors* appartient à tous. Le décor qui nous a retenu est un décor aristocratique qui, par le biais du mobilier, de la place royale, des plans de masse, pénètre lentement des tranches un peu plus larges de vie sociale. Cependant ces arts issus d'un milieu privilégié, destinés, par essence, à un milieu privilégié, ne se muent vraiment en un style de vie que pour un petit nombre. La participation est plus généreuse à la fin qu'au début. Art aristocratique, les arts plastiques au xviiie restent au service d'une aristocratie, chaque décennie plus large, de la naissance et de l'argent, de la réussite et du talent. Ce sont des arts de style de vie, c'est pourquoi leur production compte aujourd'hui encore parmi les documents qui donnent le mieux accès à la civilisation des Lumières.

CONCLUSION

Tout a muté sur l'horizon 1630. Tout a rebondi autour de 1680. L'Europe des Lumières est née à cette hauteur, au point d'intersection des pensées d'une étroite élite conquérante, à l'ouest, avec les structures presque immobiles d'un monde très vieux, manières de produire, de vivre ensemble, d'aimer : l'Europe des Lumières a grandi. Ils sont mille au départ, ils sont quelques millions à l'arrivée. Entre ce sommet plus lourd à l'ouest, mince au sud et à l'est, et la masse peu sensible au trouble des pensées, le temps ne coule pas au même rythme. Mais à partir de 1730 ici, de 1750 là, le retour se fait de la pensée sur les choses. Le sommet des Lumières cesse de glisser, il pénètre et modifie les très vieux rapports, les manières d'être et d'agir. Tout a muté au sommet, au niveau des années 1630, tout a muté, de nouveau, au sommet, autour de 1680, tout craque et bouge, en profondeur, dans l'Angleterre privilégiée des pensées et du mouvement sur l'horizon 1780. De là, par vagues concentriques, l'Europe et le reste du monde basculent dans l'ordre nouveau de la croissance soutenue, entendez de la modification devenue structurelle des pensées et des choses.

D'où l'ambiguïté, sans doute, de la civilisation des Lumières. Nulle période n'est autant un commencement et une fin. Commencement de la croissance soutenue, fin de la société traditionnelle où la connaissance et l'éthique se transmettaient par voir-faire et ouï-dire, fin de la chrétienté, que le XVIe siècle avait tuée au niveau des princes et que le XVIIe siècle avait préservée et réchauffée au cœur d'un peuple nombreux.

Ambiguïté. Certes, mais fragilité des Lumières ? La civilisation est un héritage, un héritage qui se transforme et qui s'accroît. De tous les legs du passé qui commandent notre présent, le legs du xviiie siècle est un des plus importants. C'est, au vrai, que tout ce qui nous vient d'un très lointain passé nous vient à travers l'optique, les choix, les parcimonies des Lumières. Le *sapere aude*, la philosophie mécaniste transformée en culture scientifique, mathématique, phénoménologique et opérationnelle nous viennent d'un xviie profondément remodelé à l'époque des Lumières. Mais le xviiie siècle nous a légué aussi d'autres sagesses discrètes, disons les parcimonies des Lumières.

Impossible de tout embrasser, donc fractionnement. Repli affectif sur le foyer, repli ontologique au for intérieur. On ne rompt pas facilement avec les parcimonies des Lumières. Elles sont choquantes pour la raison, pour le cœur, et pour la vérité, mais elles sont aussi la punition d'un succès. Elles permettent de combiner la croissance la plus rapide avec le maximum de liberté et laissent le choix sur l'essentiel : progrès, liberté et, par la liberté, le droit à l'espérance.

INDEX
DOCUMENTAIRE

INDEX DOCUMENTAIRE

Les termes composés en petites capitales renvoient à une autre rubrique de l'index documentaire.

A

ABBAYES

Le XVIIIe siècle reste, on ne le souligne pas assez, un grand siècle religieux. On l'a vu du côté des réformés : méthodisme, piétisme, MUSIQUE sacrée, etc. Du côté des catholiques, l'Église exerce — en Europe centrale surtout mais même en FRANCE, patrie des PHILOSOPHES — un mécénat à grande échelle. Maurice Eschapasse a dressé dans son *Architecture bénédictine en Europe* (Paris, 1963) le riche inventaire des constructions et des reconstructions monastiques du grand ordre : à Caen, au Bec-Hellouin, à Saint-Denis, à Saint-Germain sous l'impulsion mauriste ; au Mont-Cassin, à Saint-Georges-Majeur de Venise, à Melk, Einsiedeln, Ottobeuren, Zwiefalten, Neresheim, etc. En RUSSIE orthodoxe, le grandiose couvent Smolny rivalise avec Tsarskoïé Siélo.

ACADÉMIES

A l'exemple des académies royales, les académies de province se multiplièrent en France, comme dans une toute l'Europe, au cours du XVIIIe siècle. Elles joueront un rôle très actif dans le développement et la diffusion des idées et des connaissances, contrairement aux universités.

ADAM, les frères

Célèbre famille d'architectes-décorateurs, originaires d'Édimbourg. Fils d'architecte, les quatre frères Adam ouvrent un cabinet à LONDRES en 1759, sous la direction de Robert (1728-1792), qui revient d'un long voyage avec Clérisseau en Italie et sur la côte dalmate. Les dessins de *Ruins of the palace of the emperor Diocletian at Spalato* (1764) et ceux que conserve le Soane Museum indiquent clairement les sources de leur art. Leur ARCHITECTURE aux lignes très pures et les motifs aux tons légers de leur style décoratif marquent une des étapes du retour à l'antique, celle d'un art aristocratique et raffiné avant la phase austère des années 1780. Leur influence décline à cette époque en ANGLETERRE, mais se prolongera sur le continent (Bélanger, Lemoine, etc.) jusqu'au Directoire et à l'Empire. Décors intérieurs de Syon House (duc de Northumberland), d'Osterley Park, de Bowood (lord Shelburne), de l'institut Courtauld, etc. Construction de l'université d'Édimbourg, de la façade sud de Keldston Hall, etc.

ALEMBERT, d'

Jean le Rond, du nom de l'église Saint-Jean-le-Rond, sur les marches de laquelle il fut déposé par sa mère (Mme de Tencin), dit d'Alembert, 1717-1783. Membre de l'Académie des sciences en 1741 et de l'Académie française en 1754. Cofondateur avec DIDEROT de l'ENCYCLOPÉDIE dont il compose le *Discours préliminaire* (1751). Un des grands mathématiciens du XVIIIe siècle (*Traité de dynamique*, 1743).

ALLEMAGNE

Le mot ne s'imposera qu'à la fin du XVIIIe siècle, pour désigner l'ensemble des pays de LANGUE allemande. Politiquement, l'Allemagne est un puzzle que l'EMPIRE, entité plutôt que réalité, est plus que jamais hors d'état d'ordonner. Sur le plan culturel, deux Allemagnes, dominées réciproquement par une Autriche qui regarde ailleurs et une PRUSSE en expansion, se différencient par la religion et les traditions, celle du Nord née de la Réforme, celle du Sud encore imprégnée d'influences romaines et italiennes. L'Allemagne catholique du Sud est le domaine par excellence de la sensibilité et de l'art BAROQUES.

ALPHABÉTISATION

Ses progrès accompagnent presque partout la révolution démographique et en multiplient les effets, avec des nuances régionales. Atteint sa densité maximale dans la « petite Europe » nombreuse et heureuse du Nord-Ouest.

AMÉRIQUE

Le mot, peu usité au XVIIe siècle (on dit alors plus volontiers les Indes, voire les Indes occidentales), apparaît au XVIIIᵉ siècle dans le titre de nombreux récits de voyage (La Condamine, Poivre, etc.).

AMSTERDAM

Elle semble bien avoir atteint 100 000 habitants vers la fin du XVIᵉ. Roger Mols la place au huitième rang des villes européennes (Russie exclue) vers 1600, au quatrième rang vers 1700 et au cinquième rang vers 1800. Le DÉNOMBREMENT de 1795 lui accorde 221 000 habitants, plus du quadruple de Rotterdam qui vient en deuxième position avec 53 000, très avant La Haye (38 500), Utrecht (32 300) et Leyde (31 000). Mais il ne faudrait pas se laisser prendre aux apparences : le rôle d'Amsterdam a beaucoup changé au XVIIIᵉ. MONTESQUIEU, à qui rien n'échappe, compare Amsterdam au début du XVIIIᵉ à Venise au XVIᵉ. Le recul relatif du grand commerce est masqué par une fièvre immobilière. Amsterdam, ville de rentiers, d'imprimeurs, d'artistes, ville industrielle, est désormais battue en brèche par le triomphe insolent de LONDRES devenue capitale du grand commerce colonial. Le cœur d'Amsterdam date des XVIᵉ et XVIIᵉ, il est construit sur pilotis. Jamais peut-être l'art du pilotis, de la digue, du pont et du canal n'a été poussé plus loin. L'élément liquide est ici emprisonné dans un réseau de petits canaux disposés géométriquement « comme pour mieux imposer à l'eau la marque de la volonté humaine ». Les fameux demi-cercles concentriques d'Amsterdam qui dessinent « un des plus beaux plans de villes connues » datent du milieu du XVIIᵉ siècle seulement. Aucune trace sur les cartes de Cornelis Anthonisz ou de Pieter Bost (1544 et 1597), ferme dessin par contre sur le plan de 1667. Des raisons évidentes de sécurité ont commandé la construction d'une enceinte fortifiée de vingt-six bastions, œuvre de l'ingénieur Cohorn. Le modèle urbain d'Amsterdam s'est imposé dans de nombreuses villes du Nord : COPENHAGUE façonnée par des ingénieurs hollandais. Göteborg et BERLIN sur la Sprée comptent au nombre des remontées les plus incontestables du modèle vers le Nord et l'Est. Protégée au sud par les places de la « barrière », par la puissance financière d'un État qui a repoussé les attaques de Louis XIV et par l'alliance anglaise, Amsterdam double au XVIIIᵉ, en dehors de ses fortifications, comme la plupart des villes au cours d'un siècle où l'urbanisation bénéficie des progrès de la sécurité. De ses splendeurs passées, Amsterdam conserve au XVIIIᵉ son rôle de refuge et de centre d'édition. Elle continue d'accueillir libéralement toutes les hétérodoxies. Voyez Jean Labadie, après Antoinette Bourignon. Les communautés de collégiants auront joué jusque vers 1720 un rôle important dans la diffusion de toutes les formes de rationalisme. A partir de 1720 toutefois, les rationalismes hollandais apparaissent aux courants philosophiques français et anglais entachés de MYSTICISME et de religiosité, d'où la déception de Montesquieu : la libérale Amsterdam du XVIIᵉ est en passe de devenir sans aucun reniement un des foyers de la vie religieuse la plus intense, la plus riche toujours, la plus libre, une modalité très nordique donc de la géographie intellectuelle des Lumières.

ANGLETERRE

Au XVIIIᵉ siècle, à la tête du mouvement (*Vital Revolution*, nouvelle agriculture, expansion coloniale, progrès technologiques) qui annonce la révolution industrielle du XIXᵉ siècle.

ANOMALIE THERMIQUE

L'anomalie thermique ou le « petit âge glaciaire » des historiens anglais est une des acquisitions récentes de l'histoire sérielle. Pour la première fois une donnée naturelle objective est saisie par la démarche historique. Un faisceau convergent de preuves irréfutables. « Le climat, une fonction du temps », note Emmanuel Le Roy Ladurie dans sa fondamentale *Histoire du climat depuis l'an mil*, « il varie ». Longtemps l'histoire est restée sans prise, impuissante à mordre sur cette variable capitale. Aujourd'hui elle est

armée d'un ensemble de certitudes. La donnée de la variable climatique s'affine journellement. Elle n'est plus susceptible de correc-
tions qui remettraient en cause une insertion
prudente de cette nouvelle donnée dans un
effort d'explication globale. La collecte et
l'élaboration sérielle de témoins diserts sont
commencées, en Europe et en Amérique,
avec des succès divers. Les séries météorolo-
giques rigoureuses ne sont pas plus longues
que nos statistiques générales. Comme elles,
elles ne couvrent totalement, pour près d'un
siècle, à partir de 1860, 1870, 1880, que
l'Europe et l'Amérique heureuse. Entre la
statistique météorologique et un Ancien
Régime de la mesure de l'air et du temps, un
protostatistique s'insère, qui permet quelques remontées spectaculaires dans l'Europe
des Lumières dense de toutes les réussites.
La FRANCE de Louis XVI et l'ANGLETERRE
bien sûr, depuis 1698, appartiennent à ce
protostatistique. Le fonds de Vicq d'Azyr, le
secrétaire de l'Académie de médecine, promet vingt ans (1774-1794) d'observations à
l'échelle d'une couverture nationale de forte
densité qui préfigure la fin du XIXe siècle.
Nos observateurs du XVIIIe siècle français et
surtout anglais ont été trahis, moins par
l'esprit qui est bon que par l'instrument qui
n'offre pas encore toutes les garanties
d'homogénéité désirables. Aujourd'hui,
l'histoire quantitative du climat repose essentiellement sur trois instruments : les anneaux
de croissance, les dates de vendange et de
floraison, l'observation des glaciers. Les
Américains ont poussé à son point de perfection l'étude des anneaux de croissance des
arbres. La dendroclimatologie permet, au
prix d'un gros effort, une datation fine. Les
séquoias du versant pacifique des Rocheuses
offrent une série de bandes enregistreuses de
500 à 1 500 ans dont les leçons ont une portée
qui dépasse l'espace géographique américain. Mais le totalisateur de mesures le plus
efficace reste encore l'appareil glaciaire. Les
avances et les reculs des glaciers sur les zones
habitées des Alpes, de la Scandinavie, de
l'Islande, voire du Groenland, et, plus

récemment, de l'Alaska, ont fait l'objet d'une
masse impressionnante de notations. Ces
sources se complètent, se contrôlent et se
confirment. Il y a, en outre, partage des
tâches. Le cumulateur glaciaire constitue, et
de loin, le meilleur instrument des variations
significatives, entendez d'une certaine durée.
Le séquoia est une excellente bande enregis-
treuse de l'accident à court terme sur un laps
de temps qui peut, exceptionnellement, couvrir douze à quinze siècles. Les Alpes orientales offrent, pour la variation pluridécennale
et multiséculaire, ce merveilleux outil naturel, la tourbière de Fernau. L'alternance des
sables et de la tourbe donne la lecture que
contrôle le carbone 14. Fernau procure, sur 8
à 9 000 ans, la tendance séculaire, toute
l'épaisseur de l'histoire. Le rapprochement et
l'utilisation systématique des instruments ont
relégué au second plan un certain nombre de
voies explorées hier. Et notamment les
grandes séries événementielles, que nos col-
lègues médiévistes ont cherché à établir, au
prix de grands efforts. L'entreprise reste
valable, mais, dans l'état actuel de la
recherche, elle est de moindre rendement.
L'originalité de la nouvelle climatologie historique, sa belle assurance scientifique
résident dans l'utilisation systématique d'une
méthode régressive qui permet de raccorder
les données moins précises du proto et du
préstatistique, le temps des Lumières, aux
certitudes de la période statistique. Une fluctuation climatique bien cernée, tout entière
bien campée dans le champ de séries
incontestables, correspond aux 90 ans qui
vont de 1860-1870 à 1950-1960. Pour elle,
aucun doute, le recul spectaculaire des glaciers depuis un siècle correspond à un
réchauffement planétaire d'un peu moins de
1° C. Ce réchauffement séculaire du climat,
sous nos yeux, en pleine période statistique, a
fait l'objet d'une série décisive de travaux
plus ou moins synthétiques. Nous en
connaissons les articulations. L'adoucisse-
ment des hivers a précédé, à la fin du XIXe, le
réchauffement des étés dans la première moitié du XXe siècle ; l'hémisphère Nord a été

plus touché que l'hémisphère Sud, le réchauffement a été particulièrement sensible dans toute l'Europe du Nord, beaucoup plus faible dans la zone méditerranéenne. En Islande, l'écart atteint 1,5° C pour le réchauffement hivernal. Aux États-Unis, « entre la décennie la plus froide (celle qui prend fin en 1875-1876) et la décennie la plus chaude, l'écart thermique atteint 2° C ». Ce réchauffement séculaire de l'ère statistique fournit un modèle. Les corrélations multiples, que météorologistes et climatologistes ont pu calculer dans ces limites chronologiques, permettent de traduire en degrés centigrades et en millimètres de pluie telle avance ou tel recul des fronts glaciaires, tel écart à la moyenne des anneaux de croissance des arbres. Le réchauffement séculaire récent a permis d'étalonner nos bandes enregistreuses naturelles des variables climatiques. Le petit âge glaciaire, qui va de 1570, en gros, à 1850 et qui constitue le symétrique inverse du réchauffement séculaire contemporain, peut être, grâce à l'étalonnage des séries, exactement cerné, assez exactement mesuré avec une précision qu'on n'aurait pas osé imaginer voici quinze ou vingt ans à peine. On arrive à cerner, avec une plus grande marge d'incertitude, le réchauffement du haut Moyen Age, le rafraîchissement de 1200-1350, le réchauffement des XVᵉ et XVIᵉ, de 1400 à 1550-1560. On a calculé qu'entre le XIᵉ siècle chaud et le XIIIᵉ froid, la fin XVᵉ-début XVIᵉ chaud, le XVIIᵉ-XVIIIᵉ froid, le XXᵉ chaud, les écarts planétaires sont de l'ordre du degré, ils n'atteignent qu'exceptionnellement, sur des espaces bien circonscrits et étroitement limités, 1,5° C. Faut-il parler, après cela, du paramètre climatique du temps lourd de l'histoire des civilisations, et, du même coup, dépasser la querelle, de toute manière dépassée, entre historiens fixistes et évolutionnistes ? On aura pu superficiellement observer que deux des plus importantes révolutions de l'histoire européenne, la révolution du XIIIᵉ et la double révolution mentale et technique des XVIIᵉ-XVIIIᵉ-premier XIXᵉ, s'inscrivent dans le temps difficile d'une variation climatique négative. Bien se garder, naturellement, d'un déterminisme rigide et univoque. La notion d'un optimum confondu avec l'anomalie thermique positive est à écarter, pour faire place à des optima complexes construits sur le modèle de celui que Slicher von Bath a procuré pour la culture du blé en Hollande et en Angleterre. La composante climatique affecte peu l'Europe méditerranéenne et l'Europe dense de l'axe des 40 hab./ km². Tout au plus aura-t-elle, à partir de la fin du XVIIᵉ siècle, quand ses effets cumulés se marquent par une série de graves accidents rapprochés, handicapé les plaines limoneuses céréalières largement ouvertes aux masses d'air froid au profit des zones de cultures plus variées. Nous l'avions noté pour l'Ouest français et le Bassin parisien, Wrigley nous apporte un témoignage concordant pour l'Angleterre des XVIIᵉ et XVIIIᵉ siècles. La composante climatique agit peu et à quelques moments relativement limités. Au départ, quand elle surprend. Au bout d'un long temps, quand ses effets s'accumulent. Pour l'Europe nombreuse, deux moments possibles : vers 1570-1580, quand la tendance se renverse, autour de 1640 et de 1690-1710, quand des poussées de sévérité se manifestent. On peut en discuter. Par contre, aucun doute possible pour la RUSSIE. Le recul persistant de l'économie agricole dans le POMORJE dès la fin du XVIᵉ, la poussée de la Russie du Sud au détriment du Nord, l'exceptionnelle sévérité des difficultés du Temps des Troubles ne peuvent ignorer ce qui est bien, à cette latitude, et à cette latitude seulement, une profonde détérioration climatique. Se garder pourtant d'un déterminisme naïf. La modification climatique surprend. Elle contribue aux difficultés russes et scandinaves de la charnière des XVIᵉ-XVIIᵉ à la charnière des XVIIᵉ-XVIIIᵉ. Elle pèse lourd sur l'Europe du Nord, assez peu finalement sur le destin de l'Europe nombreuse.

ANVERS
Cette grande capitale du XVIᵉ siècle, bloquée par la malveillance hollandaise au fond de

INDEX DOCUMENTAIRE

l'Escaut, fournit l'exemple le plus typique peut-être d'une évolution à contre-courant. Si l'on suit Blockmans et son extrapolation, sans doute un peu simpliste, d'après le nombre des baptêmes, Anvers passe de quelque 67 000 habitants en 1699 à un peu plus de 42 000 en 1755. Ce recul — de 37 p. 100 — est sans doute exagéré, mais il est incontestable. Ce reflux démographique s'explique, entre autres, par la renaissance de l'industrie rurale flamande, le retour des réfugiés à la campagne, la diminution de l'immigration en provenance des plats pays. Le renforcement des places de la Barrière a porté un autre coup sévère à la prospérité d'Anvers qui ne se relève pas vraiment avant le début du XIXe siècle.

ARCHITECTURE
Sur le plan esthétique : le BAROQUE, originaire d'ITALIE (XVIe, XVIIe), tend à se propager dans le reste de l'Europe, sinon toujours dans les structures, du moins dans le décor intérieur. Sur le plan social : plus encore que les grands chantiers (palais, monastères, URBANISME) fréquents surtout dans le Centre et l'Est, ce sont les constructions d'hôtels et de maisons qui se multiplient dans toutes les villes, gagnent en solidité (emploi de la pierre) et en confort (agencement et ameublement).

ARKWRIGHT, sir Richard
Preston, 1732-Cromford, 1792. Le *water-frame*, machine hydraulique à filer, qui fut brevetée en 1769, et qui fut fabriquée en série après 1775, permit la filature en continu du coton et augmenta ainsi considérablement la production anglaise.

ASAM
Les frères Asam ont joué un rôle important dans l'évolution du BAROQUE bavarois. Kosmas Damian, l'aîné (1686-1739), était peintre, Egid Quirin (1692-1750) stucateur. Après un séjour à Rome, ils regagnent la Bavière où, devenus architectes, ils construisent plusieurs églises (Weltenburg,

Rohr, Straubing, etc.) et l'étonnant oratoire Saint-Jean-Népomucène, accolé à leur maison.

AUDRAN, Gérard
1640-1703. Issu d'une famille de graveurs et dessinateurs. Graveur de l'atelier HARDOUIN-MANSART.

AULNOY, comtesse d'
Marie Catherine Le Jumel de Barneville, comtesse d'Aulnoy, 1650-1705. Auteur de romans historiques et surtout de contes qui connurent la popularité. Sa *Relation du voyage d'Espagne* (1690) témoigne d'un significatif désenchantement.

B

BACH, Jean-Sébastien
Une longue notice biographique lui a été consacrée dans l'index de *La Civilisation de l'Europe classique*.

BAROQUE
V. l'index documentaire de *La Civilisation de l'Europe classique* et chapitre VII.

BELLOTTO
Bernardo Bellotto (1720-1780). Peintre paysagiste, élève de CANALETTO, grand voyageur, il compte parmi les artistes italiens qui, avec les Français, ont le plus contribué à l'épanouissement artistique de l'Europe du Centre et du Nord. On le trouve successivement à Vienne, à Munich, à Varsovie où il fut le protégé d'Auguste III, puis de Stanislas II Poniatowski.

BERAIN, Jean
1639-1711. Dessinateur de la Chambre du roi. Un des décorateurs de la galerie d'Apollon au Louvre, le grand créateur de décors et de costumes pour les fêtes baroques de Versailles. On lui doit aussi de nombreux dessins de meubles, tapisseries, décors muraux...

BERKELEY, George
Dysert (Irlande), 1685-Oxford, 1753. Missionnaire puis évêque anglican (1734). Auteur d'une apologie de la religion chrétienne. Sa théorie de la connaissance s'oppose à la fois à celle de LOCKE et à celle de Descartes, dont il cherchait à concilier l'empirisme et l'idéalisme (*Dialogue d'Hylas et de Philonoüs*).

BERLIN
Berlin est le symbole, avec SAINT-PÉTERSBOURG, de la promotion de l'Europe du rattrapage. La guerre de Trente Ans avait ramené de 14 000 à 8 000 habitants ce modeste centre du Brandebourg. Berlin capitale, deuxième ville de l'EMPIRE, est né d'une décision administrative. Il suit la mutation provoquée par l'arrivée du Refuge huguenot. « En 1688, une unification administrative réunit en un premier "Grand Berlin" cinq villes contiguës groupant 56 000 habitants dont 20 000 pour le Berlin primitif. » (R. Mols.) A l'origine de cet essor, évidemment, l'État. La croissance est foudroyante dans la dernière décennie du XVIIe siècle : Berlin qui talonne Vienne a dépassé 100 000 habitants au milieu du XVIIIe. La ville intérieure saturée débouche sur les faubourgs. Elle double presque à nouveau dans la seconde moitié du XVIIIe. Elle atteint 170 000 habitants au moins à la fin du siècle. Berlin s'est donc accru au rythme de l'État prussien, d'un presque quadruplement en cent vingt-cinq ans. Modeste *Residenzstadt* au XVIIe, le Berlin du XVIIIe prépare les bases de la *Weltstadt* qu'il sera au XIXe siècle : de toute manière, il est la capitale intellectuelle de l'Europe orientale. On l'a vu acquérir, vingt à trente ans à peine après LONDRES et PARIS, toutes les institutions du rayonnement intellectuel des Lumières. Le très vieux Berlin a été d'abord une ville hollandaise construite sur une grande plaine glaciaire marécageuse sur les bords imprécis de la Sprée, par des techniciens hollandais. La dynastie des Hohenzollern, calviniste en terre luthérienne, se rattache intellectuelle-

ment à Leyde où le Grand Électeur a fait ses études. L'eau est partout et la rudesse du climat commande un habitat robuste, clos et bien chauffé. *Unter den Linden* est l'œuvre du Grand Électeur. Elle marque le point de départ de l'influence française. Artistes hollandais et français partagent, à la fin du XVIIe, la responsabilité des transformations de Berlin. Le XVIIIe siècle commence à Berlin en 1688 avec l'unification de l'espace urbain, à la mort du Grand Électeur. Deux tendances dominent : l'unification de la ville, l'édification d'une parure monumentale digne du puissant État brandebourgeois prussien. Berlin vers 1700 reste la juxtaposition de plusieurs cités : le vieux noyau Köln-Berlin que le Grand Électeur avait enfermé dans un robuste rempart ; à l'ouest, la Dorotheenstadt qui a trois murailles et la Friedrichswerden ; au nord, Spandau ; à l'est, Königsstadt ; à l'ouest, la ville de Frédéric Ier, la Friedrichsstadt près de Dorotheenstadt. Avec Frédéric Ier (1688-1713) prédomine la construction en damiers. Une rive en damiers, la rive gauche de la Sprée, s'oppose à la disposition radioconcentrique de la rive droite. La commission de construction créée en 1721 et la politique de subvention de FRÉDÉRIC II aboutissent à l'édification d'un habitat solide, uniforme et monotone. Le règne de Frédéric Ier est marqué par le génie d'Andreas Schlüter : le temps et les moyens lui manquent pour édifier l'ensemble architectural dont il rêve, sur un modèle parisien et des réminiscences romaines. L'esthétique de l'alignement multiplie statues, ponts, places et portes. La plus réussie reste la tardive porte du Brandebourg (1788-1791). J. G. Langhaus cède à l'antique : six hautes colonnes doriques flanquées de piètres bâtiments à colonnes et frontons. A noter, toutefois, que Berlin romanise quand Paris et Londres bellivisent. Le dorique du Brandebourg a une base, l'attique est romain et sur un modèle latin le tout est couronné par le quadrige de la Victoire.

BERNIN
Gian Lorenzo Bernini, dit le Bernin, Naples, 1598-Rome, 1680. Son œuvre de peintre, de

sculpteur et d'architecte influencera tous les artistes BAROQUES. Biographie dans l'index de *La Civilisation de l'Europe classique*. La *Transverbération de sainte Thérèse*, archétype baroque.

BERNOULLI, Daniel
Groningue (Hollande), 1700-Bâle, 1782. Un des maîtres, avec EULER, de l'école de mathématiciens bâloise. Sa famille, originaire de HOLLANDE, avait compté déjà deux remarquables mathématiciens, au temps de NEWTON et de LEIBNIZ : son oncle, Jacques (1654-1705), et son frère, Jean (1667-1748).

BERTHOUD, Ferdinand
1727-1807. Horloger suisse, coinventeur de l'« horloge marine ».

BIBLE
Développement des études critiques, en rapport avec le progrès des sciences naturelles, de l'HISTOIRE et de la PHILOLOGIE. Une nouvelle herméneutique s'impose plus facilement — paradoxalement — dans l'Europe du Nord protestante que dans l'Europe du Sud catholique.

BIOLOGIE
Progrès tributaires de l'expérimentation (SPALLANZANI) et du MICROSCOPE (LEEUWENHOEK).

BLONDEL, Jacques-François
1705-1774. Professeur d'ARCHITECTURE. Partisan du retour au classicisme et auteur d'un traité sur l'architecture française (1752-1756) où il fait œuvre de novateur en matière d'URBANISME. Architecte de l'hôtel de ville de Metz.

BOERHAAVE, Hermann
1668-1738. Professeur de médecine à l'université de Leyde. Un des tenants du système dit solidiste (par opposition au système « hydraulique » de Hoffmann). Dans l'ensemble, la physiologie de Boerhaave reste dominée par la philosophie mécaniste.

Cependant il fait intervenir des facteurs chimiques dans certaines fonctions comme la digestion, contrairement à Pitcairn qui n'y voit qu'une activité mécanique (mastication). Sa « doctrine » médicale, plus éclectique que celle de ses prédécesseurs, cherche à concilier l'expérience et la théorie ; c'est ainsi qu'il fonde sur la découverte par Graaf et Sténon des canaux excréteurs de la parotide et du pancréas, son explication partiellement chimique de la digestion.

BOFFRAND, Germain
1667-1754. Un des diffuseurs de l'art du grand atelier J. HARDOUIN-MANSART nouvelle manière (après 1690). ARCHITECTURE classique à décoration intérieure rocaille (celle-ci avec la collaboration d'ADAM, de Nattoire, etc.). Parmi ses œuvres : l'hôtel Amelot de Gournay à Paris, les deux salons ovales de l'hôtel de Rohan ; en Lorraine, pour le duc Léopold, la reconstruction du château de Lunéville ; les plans pour La Malgrange, à Nancy l'hôtel de Craon, avec le dessin de la future place Carrière.

BONHEUR
Un des mots clefs du XVIIIᵉ siècle. (BIBL. : R. Mauzi, *l'Idée du bonheur au XVIIIᵉ siècle*, Paris, 1960, rééd. 1965.)

BOUCHER, François
1703-1770. Peintre favori de Mᵐᵉ de Pompadour pour laquelle il décore Bellevue, peintre du roi en 1765. Auteur de scènes galantes travesties en scènes champêtres ou mythologiques qui firent de lui le peintre à la mode de la minorité riche, sensuelle et frivole de la société française au XVIIIᵉ siècle.

BOUGAINVILLE
Louis-Antoine de Bougainville, Paris, 1729-1811.

BOULLE, André-Charles
1642-1732. Ébéniste, peintre, graveur, bronzier. Ébéniste du roi, du duc d'Orléans et du duc de Bourbon. Meubles remarquables par leur marqueterie (écaille et laiton).

BOULLÉE, Étienne-Louis

1728-1799. Son ARCHITECTURE, d'inspiration antique, évolue de la minutie raffinée (décoration des petits appartements de l'hôtel d'Évreux) à la monumentalité la plus grandiose (projets pour un mausolée de Newton, pour un amphithéâtre, etc.). Exemple rare après HARDOUIN-MANSART d'une création orientée vers la majesté : ici, celle de la science et de la puissance humaines à l'échelle du cosmos.

BRUXELLES

La croissance de Bruxelles a été beaucoup plus lente mais beaucoup plus régulière que celle d'ANVERS : elle a dû approcher des 50 000 habitants à la fin du XVIᵉ, dépasser Anvers au XVIIᵉ et atteindre près de 80 000 habitants à la fin du XVIIIᵉ sous l'administration autrichienne. C'est au XVIIIᵉ qu'elle prend l'aspect extérieur d'une capitale, plus particulièrement sous l'excellente administration de Charles de Lorraine (1744-1780), Bruxelles souffrira cependant jusqu'à la fin du siècle dans une enceinte médiévale, la seconde, celle de 1383 (la première datait du XIIIᵉ). Le terrain est fort irrégulier : à l'ouest, une partie basse marécageuse vers la Senne, à l'est les pentes d'une colline. Il y a donc une ville basse et une ville haute. La Grand-Place au centre de la première, la place Royale qui date des années 1770 et qui est due à Guimard, domine la ville haute de sa géométrie rigoureuse. Bruxelles offre avec LONDRES et ses environs un exemple bien nordique de gothique tardif. « Malgré son aspect médiéval la Grand-Place [centre de la ville basse] est sous sa forme actuelle une œuvre de l'extrême fin du XVIIᵉ siècle. » A l'origine le marché de la ville, moitié sur un marécage, moitié sur un banc de sable. En 1695, sur l'ordre de Louis XIV, le maréchal de Villeroi bombarde Bruxelles pendant deux jours. Le centre est détruit, la Halle au drap de 1353 disparaît, de l'hôtel de ville, de la Maison du roi, seuls subsistent les gros murs. Le gothique tardif des Lumières qui caractérise le centre de Bruxelles découle

d'une décision d'URBANISME. Une ordonnance du Magistrat, du 24 avril 1697, « considérant qu'il importe de ne pas laisser déformer la place par des édifices ou pignons trop différents », soumet les places à l'acceptation préalable de ce dernier. La reconstruction de la ville basse, au début du XVIIIᵉ, respecte le tracé des petites rues tortueuses et étroites : fidélité à l'histoire. La plus grande modification accomplie dans la ville basse au XVIIIᵉ fut la création au nord de la Grand-Place, reconstruite en gothique tardif, « de la place Saint-Michel, aujourd'hui place des Martyrs, ensemble régulier aux constructions uniformes à qui manque seulement une statue pour être comptée parmi les places royales ». La place Saint-Michel fait partie d'un plan d'urbanisme qui tend à faire de Bruxelles l'égale de Vienne. L'effort principal porte sur la ville haute... L'incendie, en 1731, du palais et du couvent de Conchenberg libère le terrain qui, nivelé en 1769, servira d'emplacement pour la construction de la place royale. A Guimard revient le mérite de l'ensemble place et jardin, le parc fut dessiné par le Viennois Joachim Zinner, qui avait travaillé au Belvédère, soit un ensemble énorme de 450 x 320 m, entouré de rues sur ses quatre faces. Tilleuls, ormes, hêtres, une forêt de statues. JOSEPH II refuse l'obélisque que Godecharle aurait voulu exécuter en l'honneur de MARIE-THÉRÈSE. Rue Royale, rue Ducale, rue de la Loi, les deux places, le parc font de Bruxelles, à la fin du XVIIIᵉ, une petite capitale, « une des plus jolies villes de l'Europe », qui rivalise un instant avec PARIS.

BUFFON

Georges-Louis Leclerc, comte de Buffon, 1707-1788. Élève des JÉSUITES à Dijon, traducteur après un voyage en Angleterre de *La Méthode des fluxions* de NEWTON, membre de l'Académie des sciences dès 1733, intendant du JARDIN DU ROI en 1739, élu à l'Académie française en 1753. Élabore après 1740 un vaste ouvrage descriptif et théorique sur la nature, ses origines et son « histoire » (voir surtout le cinquième supplément, *Traité des époques de la nature*) avec la collaboration d'un groupe de savants (DAUBENTON, Guyton de Morveau, l'abbé Bexon, etc.). Cette *Histoire naturelle*, 36 volumes, est publiée entre 1749 et 1788 par les soins de l'Imprimerie royale.

BURLINGTON

Richard Boyle, comte de Burlington (1694-1753), riche esthète, intelligent, amateur d'art, marque profondément l'évolution esthétique de l'ANGLETERRE dans la première moitié du XVIIIᵉ, et du continent après le tournant NÉO-CLASSIQUE. Burlington préconise très tôt un retour aux normes classiques. Il fut gagné aux idées de Palladio par Colen Campbell, l'architecte écossais († 1729), auteur d'une célèbre villa palladienne aux environs de LONDRES (Wanstead). Burlington dessine lui-même « pour ses jardins de Chiswick, près de Londres, un *bagno* palladien ». De retour d'Italie, il finança une somptueuse édition des œuvres de Palladio et aida William Kent à publier Inigo Jones, cet autre relais anglais des courants néo-classiques. La maison qu'il se fit construire à Londres fit, à son heure, scandale, comme Blenheim quelques années avant. Aux origines du tournant néo-classique, on ne saurait surestimer, donc, le rôle tout à fait décisif de ce grand seigneur dilettante.

C

CACOUACS

Nom de tribu imaginaire, inspiré par la vogue des récits de VOYAGE et sous lequel l'avocat J. N. MOREAU désigne les PHILOSOPHES dans son pamphlet *Nouveau Mémoire pour servir à l'histoire des Cacouacs* (1757).

CALCUL INFINITÉSIMAL

La définition contemporaine la plus simple est donnée par VOLTAIRE dans ses *Lettres philosophiques* (1734) : « méthode de soumettre partout l'infini au calcul algébrique ».

LEIBNIZ est plus précis dans les titres qu'il donne aux deux mémoires où il a exposé sa méthode : « Nova methodus pro maximis et minimis itempe tangentibus, quae nec fractas nec irrationales quantitates moratur, et singulare pro illis calculi genus » (*Acta eruditorum*, 1684) et « De Geometria recondita et analysi indivisibilium atque infinitorum » (*Acta*, 1686). NEWTON a rédigé son premier essai en 1669 : *De analysis per aequationes numero terminorum infinitas*. Leibniz, qui n'est encore en 1672 — avant ses entretiens avec Huygens — qu'un « géomètre autodidacte [...] peu expérimenté », rattrape Newton, qui n'a pas encore publié son essai, en quelques années (1671-1675). On doit donc les considérer comme les deux coinventeurs — avec certaines nuances de méthode — de l'analyse infinitésimale. Mais l'un et l'autre ont bénéficié des travaux d'approche élaborés par les savants de la première moitié du XVIIᵉ siècle, de Viète à Descartes, Fermat, Cavalieri, Roberval, Huygens, Gregory, Barrow, etc.

CANALETTO

Antonio Canale, dit Canaletto (1697-1768). Le grand maître de la peinture de *vedute*, ces tableaux souvenirs qu'achetaient en ITALIE les voyageurs et particulièrement les voyageurs anglais. Son introducteur auprès de la clientèle londonienne fut le consul Joseph Smith, grand collectionneur, dont George III devait acheter en 1762 la bibliothèque et les gravures. Canaletto fit trois longs séjours à LONDRES, pendant lesquels il peignit de très belles vues de White Hall et de la Tamise. Peintre de paysages urbains, il dessina avec une minutie presque sèche à force de netteté les formes architecturales. Il a mieux qu'aucun peintre rendu les couleurs légères et plombées des ciels vénitiens.

CANOVA, Antonio

1757-1822. Le principal représentant en sculpture du NÉO-CLASSICISME italien et européen. Le réalisme élégant des premières œuvres vénitiennes (1770-1780) évolue après un voyage à ROME, Naples et Pompéi, vers un art d'esthète à la recherche d'une Antiquité modèle. Une grâce baroque subsiste dans la plupart de ses œuvres, où la présence antique paraît ressentie dans une sorte d'extase.

CARLOVTSI

Ville sur le Danube (Yougoslavie), où fut signé, en 1699, un traité entre l'Empire ottoman et la Sainte Ligue. Il marque le début du recul turc en Europe centrale, au profit des puissances chrétiennes.

CARTÉSIANISME

Rallie, en France, de 1637 à 1738, tous les opposants à la tradition aristotélicienne figée dans la scolastique universitaire. Plus que le physicien — assez tôt contesté (par Huygens lui-même, dès 1650, et par LEIBNIZ à travers Rohault) —, c'est le mathématicien et plus encore le théoricien de la mathématisation des connaissances qui exercera son influence sur le monde savant. Cette influence contribue au XVIIIᵉ siècle à la modernisation de l'enseignement, tant en FRANCE (JÉSUITES, Oratoriens, qu'en ANGLETERRE (dans le Cambridge de NEWTON) et en HOLLANDE (Leyde). A partir du milieu du XVIIIᵉ siècle, Newton, dont les « lois » *(principia)* reçoivent d'éclatantes confirmations expérimentales, apporte dans l'explication des phénomènes un esprit de rigueur et de prudence *(hypotheses non fingo)* qu'on opposera — un peu hâtivement — à l'*apriorisme* idéaliste du cartésianisme.

CASSINI

Sur cette famille célèbre d'ASTRONOMES et de topographes français, voir l'index de *La Civilisation de l'Europe classique*. Jean-Baptiste Cassini, organisateur de l'OBSERVATOIRE de Paris.

CATHERINE II DE RUSSIE

1729-1796. Catherine d'Anhalt-Zerbst (Allemagne) épouse en 1762 le tsar Pierre III, héritier d'Élisabeth de Russie. Estimant le tsar incapable de régner, elle s'empare du pouvoir l'année suivante et poursuit pendant trente ans l'œuvre de Pierre le Grand dont elle se proclame la véritable héritière : œuvre de centralisation administrative et de rattrapage économique.

CHAMBERS, William

Göteborg, 1723-Londres, 1796. Grand voyageur, il a visité la Chine et l'INDE, séjourné à PARIS, en ITALIE où il resta cinq ans. Architecte original et éclectique dont les théories NÉOCLASSIQUES (*Treatise on Civil Architecture* [1759]) ne définissent pas tout le génie. Très nombreuses constructions, dont Albany House, Piccadilly, Whitehall, Somerset House à LONDRES et le fameux et curieux ensemble de Kew avec pagodes, temples, pavillons, jardins (1761). Surintendant des Bâtiments royaux en 1782.

CHAPPE, Claude

1765-1805. Inventeur du télégraphe mécanique (1794).

CHARDIN, Jean-Baptiste-Siméon

1699-1779. Voir biographie dans l'index de *La Civilisation de l'Europe classique*. Fils d'artisan, Parisien de la rive gauche (quartier de l'Odéon), il restera le peintre de la vie simple : natures mortes, tableaux de mœurs, scènes de la vie familiale. Son triomphe au Salon de la place Dauphine en 1728 le fait recevoir à l'Académie royale des arts. Logé au Louvre à partir de 1757. Un des grands peintres français du XVIIIᵉ siècle avec FRAGONARD et WATTEAU.

CHAULNES

Michel Ferdinand d'Albert d'Ailly, duc de Chaulnes, 1714-1769. Lieutenant-général et pair de France. Célèbre amateur et protecteur des sciences. Le Conservatoire national des arts et métiers conserve le MICROSCOPE construit pour lui par l'opticien Magny.

CHAVATTE, Pierre Ignace

Auteur d'un livre de raison.

CHIMIE

Ne se constitue en SCIENCE que dans le troisième quart du XVIIIᵉ siècle, avec l'établissement par LAVOISIER d'une nomenclature systématique et les premières ébauches de théorie atomique. L'intérêt des chercheurs, souvent des amateurs comme PRIESTLEY, s'est d'abord porté vers les corps ou les phénomènes qui avaient antérieurement attiré l'attention des médecins, des apothicaires ou des agronomes : c'est le cas du chlorure de potasse, de la magnésie, du phosphore, de l'air lié à la respiration et de l'eau liée à la croissance des végétaux. Beaucoup de métaux découverts le furent par des voyageurs, à titre de curiosités, tel le platine rapporté de la Jamaïque et du Pérou, vers 1750. Un des premiers progrès fut l'isolement des corps simples, celui de la soude et de la potasse, par exemple, extraites du sel (dépuratif) de seignette. Mais longtemps on considéra l'air et la terre comme des corps simples. A mesure que l'on apprenait à décomposer les corps, la question se posait de connaître les raisons qui faisaient s'associer leurs éléments. Ce problème des « affinités » devait mobiliser à la fin du siècle la plupart des savants : Geoffroy l'Ancien, BOERHAAVE, Baumé, etc., et il raviva les dissensions entre cartésiens et newtoniens. La grande affaire du siècle fut la découverte des gaz, que Robert Boyle et Stephen Hales avaient enseigné à mieux manipuler. Vers 1755 Joseph Black identifie le gaz carbonique, en 1765 Henry Cavendish isole l'hydrogène, enfin Lavoisier et Priestley découvrent en même temps (1775) l'oxygène, dont ils précisent les propriétés vitales.

CHRONOMÈTRE
Instrument de grande précision pour la mesure du temps, le chronomètre est le résultat de recherches entreprises, au cours du XVIIIᵉ siècle, pour le progrès de la NAVIGATION (acte de 1714 portant création du *Board of longitude*). Faute de chronomètre, les marins naviguent à l'estime, incapables de déterminer leur position exacte. Les cartes dont ils disposent comportent encore de fréquentes erreurs. Après des essais insatisfaisants, HARRISON met au point l'instrument que devaient utiliser COOK et WALLIS.

CHURRIGUERA
Famille de sculpteurs et d'architectes espagnols, dont le plus remarquable est José Churriguera (1661-1725). Avec le concours de ses frères et de Garcia de Quinones, il transforma Salamanque qui devint un haut lieu de l'art BAROQUE : remodelage de l'église de la Clerecia, de la cour de l'église, de la grande place centrale qu'il dota d'un décor fastueux. On lui doit également plusieurs retables. Son frère Albert a sculpté les très belles stalles baroques du chœur de la cathédrale.

CLAIRAUT, Alexis-Claude
1713-1756. Enfant prodige comme Pascal, élu à l'Académie des sciences à dix-huit ans. MATHÉMATICIEN et physicien, auteur de nombreuses études relatives à la géométrie et à la rénovation de son enseignement (*Éléments de géométrie*, 1741), à l'analyse infinitésimale et ses applications, à la mécanique des fluides et à la géodésie (*Théorie de la figure de la Terre*, 1743), etc.

CLAVECIN
Instrument de musique à cordes pincées et à clavier, né au XIVᵉ siècle et dont l'apogée se situe aux XVIIᵉ et XVIIIᵉ siècles. Double apogée des FACTEURS de clavecins et de la musique de clavecin avec les œuvres de COUPERIN, RAMEAU, J.-S. BACH et les clavecinistes italiens.

COKE
Dit Coke of Norfolk, 1754-? *Self-made-man* créateur d'un immense domaine agricole considéré comme le modèle de la nouvelle agriculture. Membre du parti whig et opposant à George III.

COLLÈGE ROYAL
L'actuel Collège de France, ancien Collège du Roi, fondé en 1530 par François 1ᵉʳ, en dehors de l'Université. Son enseignement limité d'abord aux « trois langues » : latin, grec, hébreu, se diversifia beaucoup avec le temps. Vingt chaires au début du XVIIIᵉ siècle.

COMPAGNIES DES INDES ORIENTALES

La plupart datent du XVIIᵉ siècle, l'ancienne Compagnie des marchands de Londres remonte même au temps d'Élisabeth (1599). 1602 : la Compagnie néerlandaise des Indes orientales ; 1642 : la Compagnie d'Orient des marchands de Dieppe ; 1664 : la Compagnie frnçaise des Indes orientales (une des quatre compagnies créées par Colbert). Au XVIIIᵉ siècle, les Anglais remplacent l'Old Company londonienne par une compagnie qui regroupe tous les marchands d'Angleterre ; en France, LAW ressuscite avec l'aide des armateurs malouins la compagnie colbertienne, ruinée au début du siècle. Le trafic européen s'étend au-delà de l'INDE (Macao, Bombay), à l'Insulinde (Batavia), à la Chine (Canton), au Japon. Les voyages de retour s'effectuent via l'Afrique et l'Amérique (trafic triangulaire, traite des Noirs). Les importations consistent en épices, soieries, PORCELAINES, peu d'opium. R. Picard, J.-P. Kerneis, Y. Bruneau chiffrent à 4 000 environ le nombre des voyages anglais entre 1660 et 1800, 3 750 hollandais, 1 200 portugais, 650 français (*Les Compagnies des Indes*, Paris, 1966).

CONDILLAC

Étienne Bonnot de Condillac, 1715-1780. Disciple de LOCKE et théoricien du sensualisme, collaborateur de l'ENCYCLOPÉDIE. *Essai sur les origines des connaissances humaines* (1746), *Traité des sensations* (1754).

COOK, James

Né en 1727, dans une ferme du Yorkshire, mort en 1779 aux îles Hawaii, à la suite d'une rixe avec les indigènes. Marin, cartographe, astronome. Un des grands pionniers des VOYAGES d'exploration scientifique.

COPENHAGUE

66 000 habitants au début du XVIIIᵉ ; la PESTE des années 1709-1713, la peste de la Baltique, y fait 22 500 morts. Copenhague récupère et atteint 100 000 habitants à la fin du siècle. Au XVIIᵉ encore, du point de vue architectural, une annexe de la HOLLANDE. L'influence artistique de la FRANCE se manifeste sous le règne de Christian V (1670-1699). Le nombre et l'influence des artistes français ou des élèves de la France ne cessent d'augmenter jusqu'au milieu du siècle. Par une place, Krongen Nystorv, Chrisitan V a effectué la soudure de l'ancienne et de la nouvelle ville. Au centre, la statue équestre du souverain est l'œuvre de Lamoureux, un élève de COUSTOU. Krongen Nystorv n'est pas une place royale : il y a, certes, la statue, mais il lui manque la régularité et la symétrie. Copenhague, au début du XVIIIᵉ, est encore une ville du Nord, c'est-à-dire une ville de bois. L'incendie de 1728 va permettre une reconstruction sur le modèle occidental. Rues rectilignes, passage à la pierre et disparition d'une partie des canaux. Le nouveau palais royal est d'ordonnance classique. Les modèles français diffusent à travers l'Académie des beaux-arts créée par Frédéric V en 1748. La place d'Amalienborg, authentique place royale, appartient à un remodelage qui est aussi un alignement.

COTTE, Robert de

1656-1735. Beau-frère, disciple et collaborateur de J. HARDOUIN-MANSART au grand atelier. Participe avec lui à de nombreux travaux : la Chapelle royale, le Grand Trianon à Versailles. Les chantiers s'étant ralentis à Versailles, il s'emploie à PARIS : hôtel d'Estrées, château d'eau du Palais-Royal, façade de Saint-Roch, reconstruction de l'abbaye de Saint-Denis. Surtout, répondant aux sollicitations des Cours étrangères, il fournit vingt ans durant des idées, des plans, des collaborateurs pour de nombreuses constructions princières, en Allemagne (Bonn, Schleissheim, Brühl, Wurtzbourg), en Espagne, en Italie, puis en Alsace et en Lorraine où il construit les palais épiscopaux de Verdun et de Strasbourg.

COUPERIN, François

Dit le Grand, 1668-1733, pour le distinguer de son oncle François l'Ancien. Cette famille de musiciens compte, en dehors de François, deux grands organistes (tous à l'église Saint-Gervais) : Louis au XVIIe siècle et Armand-Louis au XVIIIe. François Couperin a entretenu avec J.-S. BACH une correspondance qui a été perdue. Son œuvre de compositeur (ORGUE et CLAVECIN surtout) s'accompagne d'un important ouvrage théorique, *L'Art de toucher le clavecin*.

COUSTOU

Famille de sculpteurs lyonnais. François, le père, sculpteur sur bois, aura deux fils célèbres : Nicolas (1658-1733), prix de Rome, un des statuaires du Trianon et de Marly (*Vénus à la colombe, Adonis*, etc.); Guillaume (1677-1746), auteur de la statue funéraire du cardinal Dubois, de la statue de Marie Leczinska et des *Chevaux de Marly* (1745), un des chefs-d'œuvre du style BAROQUE sous la Régence.

COYPEL

Famille de peintres français des XVIIe et XVIIIe siècles. Au XVIIe : Noël Coypel (1628-1707), directeur de l'Académie de France à Rome en 1672 et de l'Académie de peinture en 1695. Antoine (1661-1722) fut premier peintre du roi sous la Régence. Collaborateur de HARDOUIN-MANSART, on lui doit de grandes compositions décoratives à la chapelle de Versailles (*Dieu le Père dans sa gloire*) et aux Invalides; il avait aussi travaillé à Meudon, au Trianon et surtout au Palais-Royal pour le futur Régent (galerie de l'Énéide). Son frère Noël-Nicolas (1690-1734), peintre de « mythologies », subit l'influence de Rubens plus que celle de la Hollande et des Vénitiens qui avaient marqué la personnalité de son aîné. Charles-Antoine (1694-1752), qui a exécuté des cartons pour les Gobelins (*Don Quichotte*), est le fils d'Antoine.

CUVILLIÈS, Jean-François

Soignies (Hainaut), 1695-Munich, 1768. Élève de Jacob Effner (élève lui-même de BOFFRAND) et des grands ornemanistes fran-çais et allemands de l'époque (OPPENORD, Hörmannstorffer, etc.). Architecte et décorateur des Électeurs de Bavière et le maître de l'atticisme baroque. Œuvres principales : le pavillon d'Amallienburg au château de Nymphenburg, le cabinet des Miroirs à la Résidence de Munich. Cuvilliès a laissé un recueil de motifs décoratifs qui est un des grands répertoires stylistiques du décor BAROQUE.

D

DANEMARK

Démographie (chapitres I et II) V. aussi COPENHAGUE.

DAUBENTON

Louis Jean Marie d'Aubenton, dit Daubenton, 1716-1800. Naturaliste français, professeur au Collège royal (1778) et membre de l'Académie des sciences (1760). Collaborateur de BUFFON.

DE LA LANDE, Michel-Richard

1657-1726. Organiste de Saint-Gervais avant François COUPERIN, maître de la Chapelle royale, surintendant de la musique de la Chambre. Ses œuvres, composées en grande partie sur commande, comptent de nombreux chefs-d'œuvre : les *Symphonies pour les soupers du roi* et surtout les grands *Motets*, qui serviront de modèle à tout le siècle.

DÉNOMBREMENTS (en France)

Suivons Jacques Dupâquier, le meilleur spécialiste en la matière : un premier dénombrement en 1636, quand la FRANCE entame le grand conflit ouvert contre l'ESPAGNE. L'effort de guerre incite au bilan. En 1664, l'enquête de Colbert sur laquelle Bertrand Gille, après Esmonin, a attiré l'attention. Le modèle est emprunté aux trois provinces nouvellement acquises de l'Est, Alsace, Trois-Évêchés, Lorraine occupée. Le but dépasse largement la stricte démographie. La mutation fondamentale de la MONARCHIE administrative en France commence bien par un bilan détaillé. Depuis 1670, les statistiques de l'état civil parisien ont été publiées régulièrement et depuis 1709 sans lacunes. En 1693-1694, pendant la grande famine, le Contrôle général procède à un important sondage à travers toute la France. Les travaux de VAUBAN s'insèrent entre la révocation de l'édit de Nantes (1685) et la grande enquête de 1697. « Cette enquête est incontestablement la plus connue. » (B. Gille.) C'est justice, par la masse des travaux statistiques et des mémoires qu'elle a suscités, par le retentissement obtenu par la publication partielle de Boulainvilliers à LONDRES en 1728. Destinée au dauphin, inspirée par le personnel réformiste éclairé de la fin du règne, mû souvent par des mobiles de réaction aristocratique, l'enquête de 1697 est une arme des Lumières, un argument en faveur de la tolérance et de l'assouplissement des moules économiques rigides du colbertisme. Le dénombrement dit de 1709 du fonds Delamare de la Bibliothèque nationale « donne pour la France entière une population de 20 339 980 habitants » (J. Dupâquier). Malheureusement, certaines données sont reprises d'enquêtes antérieures, d'autres ont été calculées en appliquant un coefficient (4 ou 5) au nombre de feux. Le Dénombrement du royaume du libraire Saugrain, paru en 1709, constitue un outil commode souvent utilisé. C'est une compilation solide de chiffres relativement anciens, dans l'ensemble vraisemblables, mais de valeur inégale. « Le dénombrement de 1713, ordonné par le contrôleur Desmarets » est un bilan de fin de guerre, tronqué, faute de temps (il couvre les deux tiers seulement du royaume). En 1720, une réédition de Saugrain, ne comprenant que peu de modifications (une moitié, en gros, du royaume). En 1726, encore Saugrain, mais sous la forme nouvelle, dans l'air, d'un dictionnaire. Le Dictionnaire universel donne pour presque toutes les 42 000 paroisses de France le nombre d'habitants. Le contrôleur général Dodun, il est vrai, avait lancé, le 15 janvier 1724, une nouvelle enquête à travers le

royaume. Le rythme se précipite, Orry en 1730 puis en 1745, Butin et L'Averdy en 1762 et 1764. Trois grandes enquêtes encore, dans les toutes dernières années de l'Ancien Régime. Reste le grand travail d'Expilly, contemporain de Messance et de Moheau-Montyon. Ce Provençal est né en 1719, à Saint-Rémy-de-Provence. Pendant qu'il rédige son Dictionnaire, il réside habituellement à Avignon. En janvier 1780, il habite Nice, à la périphérie du royaume. Puis on perd sa trace. Sa mort, en 1793 vraisemblablement, est passée inaperçue. Ce laborieux, ce tâcheron de l'histoire topographique et d'une géographie érudite a accumulé des milliers de pages. Son grand œuvre est le Dictionnaire géographique, historique et politique des Gaules et de la France, malheureusement inachevé, six volumes infolio, Paris, 1762-1770. Travail inégal, et pourtant sérieux, minutieusement critiqué par Esmonin. Parmi les travaux d'approche, des comptages de baptêmes, mariages et sépultures de 1690 à 1701, d'une part, de 1752 à 1763, d'autre part, dans plus de 15 000 paroisses françaises, opérés à son initiative (sur 42 000 environ) et publiés en appendice des tomes III et IV du Dictionnaire.

DESPORTES, François
1661-1743. Peintre animalier français. Peintre de la Verrerie du roi qui lui commanda de nombreux tableaux, exécutés d'après la nature, pour la Ménagerie de Versailles et les résidences de Marly et de la Muette.

DIDEROT, Denis
1713-1784. Connu surtout de ses contemporains comme codirecteur (avec d'ALEMBERT) de l'ENCYCLOPÉDIE, et comme auteur de pièces de théâtre. Ses principales œuvres n'ont été publiées qu'après sa mort : Le Rêve de d'Alembert (1830), le Supplément au voyage de Bougainville (1796), Le Neveu de Rameau (publié d'abord en allemand, par Goethe, 1805), Les Salons (1795-1857), etc. Mais à

travers l'*Encyclopédie* son influence a fortement marqué le troisième quart du XVIIIe siècle.

DIDOT, François-Ambroise
1730-1804. Fils de l'imprimeur François Didot (1689-1759) et père de Firmin Didot, éditeur des premiers classiques à bon marché. Le caractère Didot, créé par François-Ambroise, s'inspirait des lettres des inscriptions romaines (fouilles d'Herculanum et de Pompéi). Il est une des manifestations du retour à l'antique à partir des années 1760.

DUCLOS
Charles Pinot, dit Duclos. Dinan, 1704-Paris, 1772. Secrétaire perpétuel de l'Académie française en 1755. Auteur de romans licencieux et d'intéressantes *Considérations sur les mœurs de ce siècle* (1751).

DUHAMEL DU MONCEAU
Henri Louis, 1700-1782. Ingénieur et agronome. Membre de l'Académie des sciences à vingt-huit ans, inspecteur général de la Marine. Esprit encyclopédique, il s'est intéressé à la botanique, à la technique agricole, à l'ÉCONOMIE, à la construction navale (*Éléments de l'architecture navale*, 1752). Son premier ouvrage, un *Traité de culture des terres* (1750-1756), est un hommage à Jethro TULL.

DUPLEIX
Joseph-François, marquis de Dupleix, 1697-1763. Gouverneur des établissements français de l'INDE (1741-1754) Successeur et disciple de Dumas, le créateur des « cipayes ». Diplomate et homme de guerre, Dupleix cherche à devancer les Anglais dans la colonisation qu'il prévoit après l'installation en Inde des COMPAGNIES commerciales. Prend Madras aux Anglais avec l'aide de la flotte de Mahé de La Bourdonnais (gouverneur de l'île de France) et repousse la contre-offensive de l'amiral Boscowen à Pondichéry (1748). Contesté et critiqué en France, il doit rendre Madras aux Anglais (traité d'Aix-la-Chapelle, 1748) et fini par succomber devant

l'effort militaire de Robert Clive (1752). Rappelé à Paris en 1754.

E

ÉCONOMIE
Une lente amélioration des TECHNIQUES, le développement des ENCLOSURES (en ANGLETERRE), l'action un peu partout — moindre dans l'Europe méditerranéenne — de l'État favorisent l'accroissement des ressources, au moment même où s'accroît la population. D'où une élévation du niveau de vie — malgré la persistance d'écarts saisonniers ou régionaux — et le recul de la mort (fin des grandes famines et diminution des épidémies). Voir l'ensemble du chapitre VI et les rubriques relatives aux différents pays.

EMPIRE
Le titre d'empereur, traditionnellement attribué (depuis 1437) aux Habsbourg d'Autriche, n'est plus guère qu'un titre honorifique. La Diète, en partageant le pouvoir impérial avec l'empereur qu'elle élit, l'a rendu inefficace et illusoire par ses divisions. Le pouvoir réel et souverain s'exerce au sein des trois cent cinquante États qui composent l'Empire, avec des nuances diverses. L'essor de la PRUSSE et l'expansion autrichienne, l'opposition des deux ALLEMAGNES, catholique et protestante, allemande et cosmopolite, contribuent encore à l'éclatement de l'Empire.

ENCLOSURES
Extension générale au XVIIIe siècle, en ANGLETERRE. Voir sur le début de ce phénomène l'index de *La Civilisation de l'Europe classique*.

ENCYCLOPÉDIE
Simple adaptation, au départ, de la *Cyclopaedia or Universal dictionary of the arts and*

sciences d'Ephraïm Chambers (1728), l'entreprise prend, sous l'impulsion de DIDEROT, grâce à Le Breton et MALESHERBES, une dimension continentale. La publication s'effectue sans encombre de 1751 (le *Prospectus* est d'octobre 1750) à 1759. L'entreprise est alors soutenue par 3 500 souscripteurs — jusqu'à l'incident provoqué par la publication de *De l'esprit* d'Helvétius —, dix volumes sortent en bloc en 1765 et les planches en 1772. L'influence de l'*Encyclopédie* ne cesse de croître avec les ans. Elle atteint l'impact maximal au cours des années 1780, avec la réédition de Panckouke qui couvre littéralement toute l'Europe éclairée.

L'*Encyclopédie*, c'est d'abord une équipe ; « les avertissements des volumes de discours ou des volumes de planches livrent 142 noms » (Jacques Proust). Sur 17 d'entre eux, nous ne savons rien et sur beaucoup d'autres restés anonymes : 200, 250 travailleurs, peut-être, au total. Les collaborateurs de l'*Encyclopédie* appartiennent à la gamme la plus étendue et la plus ouverte de la bourgeoisie française. Beaucoup, de condition modeste au départ, partant ou non de ce tremplin, se sont élevés dans l'échelle sociale. C'est le cas de Diderot lui-même, écrivain besogneux en 1745 quand il s'entend avec Le Breton, nanti, vingt ans plus tard, d'un nom, de titres et de quelques rentes. Desmarets, ancien répétiteur de MATHÉMATIQUES, chargé dans l'équipe, en 1757, de visiter les fabriques de drap, poussé par Trudaine et Turgot, fait une belle carrière dans l'inspection des manufactures et finira en 1786 par accéder à la direction des manufactures de France. Si modeste soit-il au départ, le collaborateur de l'*Encyclopédie*, en raison des conditions mêmes de l'accession à la haute culture, est propriétaire foncier. Cela va de la condition modeste de Diderot qui possède quelques terres à Langres après 1759, aux belles, voire énormes fortunes de MONTESQUIEU, BUFFON, d'Holbach, QUESNAY, Véron de Forbonnais, VOLTAIRE. Pierre La Salette appartient au commerce, à la manufacture, à la finance, mais il est surtout

« seigneur engagiste » d'un domaine appartenant au duc d'Orléans. La noblesse n'est pas absente, mais elle est très minoritaire, généralement de fraîche date et, de propos délibéré, ne revendique pas ses titres. « Le nom même des princes et des grands n'a droit de se trouver dans l'*Encyclopédie* que par le bien qu'ils ont fait aux sciences. » (D'ALEMBERT.) Au nombre des exceptions donc, d'Hérouville de Claye (comte), d'Holbach (baron), JAUCOURT (chevalier), Montesquieu (baron), Tressan (comte), Turgot (chevalier). L'équipe de Diderot et de d'Alembert s'est constituée en dehors de l'échelle sociale traditionnelle des valeurs. Pas de haute noblesse, pas de haute robe, des avocats, de petits abbés (on en a compté neuf), de la bourgeoisie d'affaires, beaucoup de représentants de l'appareil de l'État (26,4 p. 100), 64 p 100 exerçant une profession libérale, des savants, des artistes, des médecins. L'*Encyclopédie* a été une grosse affaire de librairie qui permet de mesurer la mutation des moyens de diffusion. Le point de départ est modeste. Il se situe dans la famille des dictionnaires, mais le projet gonfle. En 1749, on prévoit une dépense de 250 000 livres. Le prix de souscription est énorme : 280 livres, le revenu annuel d'un travailleur manuel. Mille deux souscriptions sont enregistrées à la date du 29 avril 1749, 60 120 livres encaissées. Le succès, en dépit du prix, est considérable. En 1757, quatre mille souscripteurs pour un tirage de 4 200 exemplaires. La grosse affaire, ce sont les planches. On peut évaluer à 2 400 000 livres au total le profit des libraires. L'*Encyclopédie*, c'est aussi un esprit et, sous sa forme radicale, le *corpus* des pensées des Lumières. On a cherché les collections de l'*Encyclopédie* à travers les bibliothèques privées. Le corps social qui est touché est assez proche de l'éventail des collaborateurs : académiciens, parlementaires, avocats, officiers des finances. Le prix a fait barrage vers le bas. Mais les thèmes sont repris dans une petite littérature de grande diffusion. Le *corpus* encyclopédique pénètre par tranches successives à travers l'Europe des lisants efficaces. On peut supposer que le maximum de diffusion se place à la hauteur des années 1780.

(BIBL. : Jacques Proust, *Diderot et l'Encyclopédie*, Armand Colin, Paris, 1962; René Hubert, *Les Sciences sociales dans l'Encyclopédie*, Lille, 1923.)

ESPAGNE

Après l'effondrement économique et démographique du XVIIe siècle, l'Espagne, débarrassée du poids mort de ses prolongements impériaux en Europe, se redresse vigoureusement. La population de la péninsule double au XVIIIe siècle. La puissance politique de l'Espagne de Charles III est considérable. Mais l'invasion française en 1808 jette à terre une œuvre de rattrapage trop étroitement cantonnée à une mince élite. L'Espagne éclairée est sans épaisseur, séparée des masses populaires par le mur de l'analphabétisme et une part de résistance à l'acculturation.

ÉTAT
V. chapitre III.

EUGÈNE, le Prince
Eugène de Savoie-Carignan, dit le Prince Eugène, Paris, 1663-Vienne, 1736, fils d'Eugène-Maurice de Savoie, comte de Soissons, et d'Olympe Mancini. Vainqueur des Turcs à ZENTA (1697) et à Belgrade (1717).

EULER, Leonhard
1707-1783. Analyste et géomètre, disciple de LEIBNIZ, comme son compatriote bâlois Daniel BERNOULLI. Séjourne à SAINT-PÉTERSBOURG et à BERLIN où il participe longuement aux travaux des nouvelles Académies des sciences. Esprit encyclopédique et synthétique, chrétien sincère et profond, il domine avec d'ALEMBERT les MATHÉMATIQUES de son temps, avant les grandes synthèses de l'école française à la fin du siècle.

F

FACTEURS D'INSTRUMENTS
Terme utilisé à partir de la fin du XVIIe siècle (1699) pour désigner les fabricants d'ORGUES et de CLAVECINS, puis de pianos. Le XVIIe siècle est avec le début du XVIIIe siècle (Ruckers) l'âge d'or du clavecin. Par contre la grande facture d'orgues se situe au XVIIIe : Clicquot, Lefebvre, ou Silbermann (ALLEMAGNE).

FALCONET, Étienne
1716-1791. Sculpteur préféré de Mme de Pompadour, qui lui fit exécuter de nombreux modèles pour la manufacture de Sèvres (biscuits). Parmi ses œuvres, *La Musique* (1751) représentant la marquise en Églé, *Pygmalion et Galathée* (1763) qui lui valut l'admiration de DIDEROT. Une œuvre se détache : la statue de Pierre le Grand commandée par CATHERINE II.

FEUCHTMAYER
Nom de deux sculpteurs et stucateurs allemands, les frères Joseph Anton (1696-1770) et Johann Michael (1710-1772) dont les compositions pathétiques et mouvementées ornent les églises de Birnau, de Zwiefalten (1747-1758), d'Ottobeuren, Vierzehnheiligen, etc.

FISCHER, Johann Michael
1691-1766. Un des grands architectes religieux de l'Allemagne BAROQUE. On lui doit notamment les églises de Zwiefalten (1738-1765) et d'Ottobeuren (1737-1766), de plan basilical et celles d'Aufhaüser (1736-1751) et de Rott-am-Inn (1759-1763), de plan centré. Baroque paisible, sans surcharge, et qui tranche sur les ARCHITECTURES éclectiques de son homonyme et contemporain J. B. FISCHER VON ERLACH.

FISCHER VON ERLACH
Famille d'architectes viennois dont le plus remarquable est Johann Bernhard (1656-1723). Avec lui commence la lignée des grands architectes de l'école nationale allemande, relayant les maîtres italiens : Zuccalli ou Bibiena. Élève plusieurs églises à Salzbourg sous l'influence persistante de Borromini. Les résidences princières de la Rossau

et surtout de Frain (1688) avec la fameuse salle des Ancêtres inaugurent un style plus personnel, imprégné d'un fantastique typiquement germanique. Il élabore à cette époque un type de résidence qu'il reproduira au palais Schwarzenberg à Vienne et au palais du Prince EUGÈNE. Style composite où l'antique se mêle au BAROQUE et dont le chef-d'œuvre sera la grande église Saint-Charles-Borromée (1716). Mais la plus originale et la plus parfaite de ses œuvres est sans doute l'église qu'il construisit en 1694 pour le collège des JÉSUITES à Salzbourg. Son fils Josef Emanuel a élevé dans un style voisin plusieurs grands édifices dont l'hôtel des Invalides à Prague.

FLAMSTEED, John

1647-1720. Premier astronome de l'OBSERVATOIRE de GREENWICH, qui fut organisé sur ses conseils pour établir des catalogues d'étoiles et des tables des mouvements de lune, indispensables à l'ASTRONOMIE et à la navigation. Son *Historia coelestis Britannica* (1725), résultat de ses observations, donne la position de trois mille étoiles.

FRAGONARD, Jean Honoré

1723-1806. Un des trois grands, avec CHARDIN et WATTEAU, de la PEINTURE française au XVIIIᵉ siècle. Fréquente successivement les ateliers de Chardin, de BOUCHER et de Van Loo. Un long séjour en ITALIE en compagnie de GREUZE, Hubert Robert et l'abbé de Saint-Nom lui fait découvrir l'Antiquité, la campagne romaine (les jardins de la villa d'Este) et TIEPOLO. A une première manière (avant son mariage en 1769) appartiennent les toiles à sujets libertins : *Les Hasards heureux de l'escarpolette, Les Baigneuses*, tableaux rapides et brillants d'une facture presque impressionniste. De 1769 à 1775, Fragonard évolue vers un art plus tempéré, beaucoup plus sensible que sensuel : *L'Escalade, La Poursuite, La Déclaration* et *L'Amant couronné* (1772) commandés par Mᵐᵉ du Barry pour Louveciennes et décommandés par Louis XV, *La Fête à*

Saint-Cloud, commande du duc de Penthièvre pour l'hôtel de Toulouse. Un nouveau VOYAGE en Italie avec le financier Bergeret manque de finir mal. A partir de 1777, Fragonard ne dessine plus que des portraits et des scènes de la vie familiale : *L'Enfant costumé en Pierrot, La Visite à la nourrice, Monsieur Fanfan*, etc. Expulsé du Louvre à la Révolution, il meurt presque oublié sous l'Empire.

FRANCE

Voir démographie, chapitre II, et *passim*.

FRANCKE

1663-?. Fondateur avec Spener du piétisme allemand. Son enseignement se fonde essentiellement sur la description et la communication écrite (contrairement aux « échanges oraux » de Spener) du phénomène fondamental de la conversion (*Aufgang und Fortgang der Bekehrung*, édit. Kramer, 1861). Exerce une profonde influence sur la nouvelle université de Halle (1692) qui deviendra le grand foyer du piétisme.

FRANKLIN, Benjamin

Boston, 1706-Philadelphie, 1790. Participe très jeune à l'activité scientifique qui se développe dans les colonies anglaises d'AMÉRIQUE. Fonde une société savante en 1727 puis, en 1743, l'American Philosophical Society de Boston, avant de créer en 1756 l'université de Pennsylvanie. Les expériences auxquelles il se livre sur le « feu électrique » entre 1749 et 1750 l'amèneront à dégager les notions fondamentales de charge électrique, d'électricité positive et négative, puis, ayant démontré la nature électrique de la foudre, invente le paratonnerre, expérimenté pour la première fois par Dalibard à Marly (1752). En 1776, Franklin accomplit en FRANCE un voyage de propagande en faveur de l'indépendance des colonies révoltées. Il était depuis 1773 (le premier en date) membre associé étranger de l'Académie royale française des sciences.

FRÉDÉRIC le Grand

1712-1786. Succède sur le trône de PRUSSE à Frédéric-Guillaume, le Roi-sergent. Bien préparée par ses prédécesseurs, la montée de la Prusse aboutit, après la période critique de la guerre de Sept Ans (1756-1763), à une véritable restructuration de l'Europe autour d'un axe nordique. La politique invariable des premiers Hohenzollern, fondée sur un dynamisme étatique inspiré de la MONARCHIE louis-quatorzième, fait de la Prusse le noyau dur d'une ALLEMAGNE morcelée (*Kleinstaaterei*) mais appelée à la réunification : triomphe partout du Nord sur le Sud (Autriche). L'ÉTAT frédéricien est essentiellement concentration et accélération : concentration de pouvoir et de ressources aux fins d'autonomie, accélération par immigration et colonisation systématiques, par l'utilisation privilégiée des cadres, etc. Prime, du haut en bas, le service de l'État « dont le prince est le premier serviteur ». L'édit de Tolérance, qui s'applique à la liberté de croyance et d'expression (voir les « gazettes » de Spener ou de Hartung) facilite, en fait, l'adhésion des piétistes comme des JÉSUITES (en Silésie) et implique la séparation radicale entre la pensée pensante et la « pensée agissante » au sommet de l'État. Position qui s'oppose fondamentalement à l'activisme social des néo-calvinismes et du méthodisme anglo-saxon.

FRONTIÈRE
Région d'expansion pionnière, de rattrapage économique (PRUSSE, RUSSIE, AMÉRIQUE...).

G

GABRIEL
Famille d'architectes, alliée aux Mansart et aux COTTE, dont les plus importants sont : Jacques (III) Gabriel (1667-1742), ingénieur, architecte et urbaniste. Il a construit à PARIS plusieurs hôtels (Biron), décoré les appartements du roi et de la reine (1735) à Versailles, élevé de nombreux ponts, à Lyon (la Guillotière), Blois, Poissy, Saint-Maur, etc. Ange Jacques (1698-1782), fils du précédent qui l'associa à ses derniers travaux (vers 1720-1725). Premier architecte du roi en

1742, à la mort de son père, il domine l'ARCHITECTURE française du milieu du XVIIIe siècle. Plus français qu'antiquisant à la PLACE ROYALE de Bordeaux, il revient au monumental et austère classicisme à la Perrault avec les palais de la place de la Concorde. A Versailles, ses principales œuvres sont, avec l'opéra, la décoration des appartements royaux et, sa plus parfaite réussite, le Petit Trianon, commencé en 1751, une folie attique.

GAINSBOROUGH, Thomas
1727-1788. De l'influence de Van Dyck, qu'il a reçue peut-être plus que tout autre, il s'est dégagé pour peindre selon ses goûts, et d'après nature, ses paysages et ses portraits de femmes ou d'enfants. Son art est moins savant, moins parfait que celui de l'éclectique REYNOLDS, moins vigoureux et moins franc que celui de HOGARTH, mais plus proche de la poésie et de la musique, avec une sorte d'apprêt parfois et comme de préciosité (sans la mièvrerie de GREUZE). Il n'isole plus la figure humaine, s'évade du face à face social ou moral, et l'on voit ses promeneurs ou ses promeneuses se fondre au paysage dans une même réalité à demi imaginaire, qui annonce Constable et le proche romantisme.

GLUCK, Christoph Willibald
1714-1787. Peut-être originaire de Bohême. Grand voyageur (Prague, Milan, Hambourg, LONDRES, surtout PARIS et Vienne). Élève du symphoniste italien Sammartini à Milan, mais médiocre contrapontiste (au témoignage de HAENDEL), il se tourne vers l'OPÉRA. Son *Alceste* (1767) marque avec éclat sa conversion au style français illustré par Lully. Opposé à Piccini par les partisans de l'opéra italien, il quitte Paris et se retire à Vienne.

GOLDONI, Carlo
1707-1793. Auteur de comédies vénitiennes. A PARIS de 1761 à 1793, période sur laquelle il a laissé d'intéressants Mémoires. Sauve la comédie italienne de la vulgarité et des conventions de la *commedia dell'arte* décli-

nante. Pièces principales : *La Femme de tête*
et *Le Bourru bienfaisant*. Goldoni est aussi un
excellent librettiste.

GOYA

Francisco Goya y Lucientes (1746-1828).
Peintre d'histoire, portraitiste, graveur. Le
plus illustre exemple d'originalité foncière,
irréductible, en ce temps de doctrines et
d'écoles, à toute classification. A Madrid, où
il arrive en 1774, il est le protégé de Mengs,
théoricien militant du NÉO-CLASSICISME mais
aussi l'admirateur des TIEPOLO ; à Rome il a
connu des BAROQUES et des classiques ; il
échappe en définitive à toutes les influences.
Atteint de surdité, il s'enferme dans sa maison, guetté par la folie. Il en sort, après le
siège de Saragosse, pour laisser éclater sa
révolte et son génie. Géricault, Delacroix
verront en lui un précurseur. Du baroque au
néo-classicisme, l'art cheminait en dehors
des doctrines et des modèles à la rencontre de
la modernité.

GOUDAR, Ange

Auteur de second ordre : *L'Espion chinois ou
l'envoyé secret de la Cour de Pékin pour examiner l'état présent de l'Europe* (1765-1774).

's GRAVESANDE, Willem Jacob

1688-1782. Physicien hollandais, professeur
à l'université de Leyde, fut en HOLLANDE un
des premiers disciples de NEWTON et contribua à répandre le goût de la physique expérimentale.

GREENWICH

OBSERVATOIRE astronomique fondé par
FLAMSTEED à l'embouchure de la Tamise
(1675). Le plus grand centre de recherches et
de mesures astronomiques au XVIII\ siècle
avec l'Observatoire de PARIS (1767).

GREUZE

1725-1805. Peintre de genre, habile technicien, bon portraitiste, ses œuvres les plus
louées au temps de DIDEROT déçoivent
aujourd'hui par leur mièvre ou mélodrama-
tique sensiblerie.

H

HABITATION PRIVÉE

Elle se modifie du tout au tout dans son
agencement intérieur. La réfection des
appartements du roi par HARDOUIN-MAN-
SART au cours des années 1680-1690 inaugure
au sommet ce changement. A l'intérieur des
palais, l'espace se cloisonne : repli sur la
famille, repli aussi sur le confort, voyez les
petits appartements de Louis XV. Même
évolution à l'échelle des hôtels particuliers,
de la maison de ville, voire de la maison des
champs.

HAENDEL, Georg Friedrich

Halle, 1685-Londres, 1759. Années
d'apprentissage en ALLEMAGNE et en ITALIE
(1706-1710). Maître de chapelle de l'Électeur
de Hanovre qu'il retrouvera comme roi
d'ANGLETERRE à LONDRES (1714). Un des
trois directeurs de l'Académie royale de
musique et du théâtre de Haymarket où il
crée de nombreux OPÉRAS « italiens ». A la
suite de plusieurs échecs, se tourne vers la
musique religieuse et l'oratorio. Naturalisé
anglais (1726), il est enterré à Westminster.

HAMANN

1730-1788. Un des maîtres de l'« irrationa-
lisme religieux ». Sa première œuvre, conformément à la tradition piétiste, est une méditation sur sa propre conversion (1758). Mais
Hamann, témoin de Dieu, se veut aussi, à la
manière des Prophètes, « accusateur et
contradicteur » de l'« idolâtrie » moderne de
la raison. Au *Cogito* de Descartes, il oppose
son *Est, ergo cogito* et à KANT sa *Métacritique*.
Assez éloigné du luthéranisme (favorable à la
séparation de l'Église et de l'État), il repro-
chera à FRÉDÉRIC II le caractère laïque et
technocratique donné à l'État. Sa réhabilitation de la nature et du génie teinte son anti-
rationalisme d'un certain romantisme.

HARDOUIN-MANSART

Jules Hardouin, dit Hardouin-Mansart,
1646-1703. Architecte du roi à partir de

1675, premier architecte en 1685, surintendant des bâtiments, 1699. Une des plus grandes figures de l'ARCHITECTURE française, le véritable créateur de Versailles, auquel il donne, à partir de 1678, ses dimensions et son caractère définitif. Dans son agence, le « grand atelier », se regroupent quelques-uns des meilleurs architectes du temps : Robert de COTTE, Lassurance, GABRIEL, BOFFRAND... Son œuvre immense d'architecte, de décorateur et d'urbaniste exercera une influence considérable sur l'Europe entière, Versailles servant de modèle à la plupart des grandes résidences princières ou royales du temps. Œuvres principales, en dehors de Versailles, de Marly et du Trianon : le dôme des Invalides, les places des Victoires et de Vendôme, la place des États à Dijon...

HARGREAVES, James
1710-1776. Inventeur de la *spinning-jenny* qui remplace en ANGLETERRE, dans les années 1760, le rouet et le fuseau.

HARRISON, John
1693-1776. Le type de l'artisan « éclairé » — ancêtre de l'ingénieur — du XVIIIᵉ siècle anglais. Réalisant ce que Huygens avait tenté à partir de données théoriques, il met au point entre 1715 et 1762 un CHRONOMÈTRE d'un fonctionnement régulier et précis qui va ouvrir, en permettant le calcul des longitudes, une ère nouvelle dans la NAVIGATION. V. COOK.

HAYDN
1732-1809. La vie de Haydn se confond presque entièrement avec son activité de musicien. Marié à une femme acariâtre, il eut à quarante-sept ans une passion pour l'une des jeunes sopranos de son orchestre. Il fut de 1761 à 1790 le maître de chapelle des princes Esterhazy, dont le château au bord du lac de Neusiedler était l'une de ces résidences princières construites à l'imitation de Versailles : elle comportait un opéra de 400 places, une *Kafeehaus* et un théâtre de marionnettes. A partir de 1780, ses partitions sont publiées et sa musique est célèbre dans toute l'Europe. Il fait plusieurs séjours à VIENNE où il rencontre MOZART (1785) et où il s'installera plus tard (1790), deux longs voyages à LONDRES (1790-1792 et 1794-1795), où il est fêté par la Cour. Il meurt à Vienne, pendant l'occupation française. Un des maîtres au XVIIIᵉ siècle de l'*ars nova*, musique instrumentale et du spectacle, qui l'emporte désormais sur la traditionnelle polyphonie religieuse.

HÉRÉ, Emmanuel
Nancy, 1705-1763. Architecte de Stanislas Leczinski. L'ensemble constitué par la place Stanislas et la place de la Carrière à Nancy, qui amorçait la restructuration de la ville en direction des faubourgs en extension, est une des belles réussites de l'URBANISME au siècle des Lumières.

HERPIN, Jacques
?-1748. Décorateur des grands appartements de l'hôtel de Soubise, il participe plus tard à la décoration intérieure de Versailles et de Marly. Contemporain de BOFFRAND qu'il n'égale pas.

HERSCHEL, William
1738-1822. Astronome anglais d'origine hanovrienne. Type du savant amateur suscité par la diffusion des connaissances au XVIIIᵉ siècle. Musicien et chef d'orchestre, passionné d'ASTRONOMIE, il se voue à la construction de TÉLESCOPES et à l'exploration systématique du ciel. Découvre le 13 mars 1781 la planète Uranus, qu'il prend d'abord pour une comète. Observe la Voie lactée et les nébuleuses à l'aide de télescopes géants. Son plus grand réflecteur atteindra 122 cm (soit la taille du télescope Schmidt du mont Palomar). Émet l'hypothèse de l'état fluide des nébuleuses qu'il distingue des groupes d'étoiles du système solaire.

HILDEBRANDT
1668-1745. Contemporain et rival de FISCHER VON ERLACH, à Vienne. Élève de Fontana et

de Borromini qui lui inspire l'immense coupole ovale de Saint-Pierre de VIENNE. Moins composite que celle de Fischer, son ARCHITECTURE baroque se tempère parfois sous l'influence des modèles français (par exemple au Belvédère). Sa marque : l'escalier colossal, aux voûtes portées par des piliers en forme d'atlantes, autour duquel s'ordonne le palais, tels le Belvédère, le palais Mirabell de Salzbourg, le palais Kinsky à Vienne.

HISTOIRE
Comprendre le mot dans son acception la plus générale : il s'agit de l'insertion du TEMPS au XVIIIe siècle dans l'analyse mécaniste des phénomènes. Apparition éclatante et longuement préparée de l'histoire, élargie dans l'espace (voir l'apport des JÉSUITES et autres voyageurs) et dans le temps (voir les développements de l'érudition mauriste, de la PHILOLOGIE, de l'herméneutique), élargie enfin chez MONTESQUIEU et VOLTAIRE aux mœurs et aux lois. Apparition plus timide, plus troublante, du temps comme nouvelle dimension du monde, à côté de l'espace, et pour commencer comme nouvelle dimension de la géologie : voir les « visionnaires » Maillet et KIRCHER et essentiellement le BUFFON, infiniment plus solide et sérieux, des *Époques de la nature*. Il est encore trop tôt pour une histoire de la vie : l'évolution selon Buffon et Maupertuis reste la modification en surface d'un fixisme fondamental, ce n'est qu'avec Lamarck, au tournant du siècle, qu'elle se lira dans les structures mêmes du vivant.

HOGARTH, William
1697-1764. On l'a souvent comparé à GREUZE qu'il aurait contribué à orienter vers la peinture moralisante (Greuze, venant de Lyon, arrive à PARIS en 1743, l'année où Hogarth découvre CHARDIN à Paris), mais sa palette crue, sa verve satirique, son dessin puissamment caricatural donnent à ses célèbres suites de tableaux, les *Harlot's progress* et Rake's progress ou son *Mariage à la mode* une dimension quasi épique (on se souviendra de cet autoportrait où figurent sur la table

proche les trois volumes révélateurs des œuvres de Shakespeare, Milton et Swift). Fils d'un très modeste artisan, promu grand peintre national, Hogarth ne s'est jamais mieux dépeint peut-être que dans le portrait de cet autre pionnier, de cet autre modeste promu de la grande ANGLETERRE laborieuse, puritaine et conquérante : le capitaine Thomas Coram. C'est ici l'envers de la satire et cette image de salut, ce portrait si cher au peintre, fait enfin et à elle seule contrepoids à toute une œuvre vouée, ne disons pas à la satire, mais à l'exorcisme.

HOLLANDE
A l'origine, l'une des sept provinces des PAYS-BAS du Nord, qui s'étaient libérées de la domination espagnole (Union d'Utrecht, 1579). Par extension, l'ensemble des PROVINCES-UNIES.

HONGRIE
Reconquise sur les Turcs grâce aux victoires de Jean Sobieski (KAHLENBERG) et du Prince EUGÈNE (ZANTA, 1797). Une des zones pionnières des « FRONTIÈRES » de l'Europe des Lumières. Le taux de croissance démographique le plus élevé du XVIIIe siècle.

HOOKE, Robert
1635-1703. Contemporain de NEWTON, avec lequel il entretient une vive polémique au sujet de la nature de la lumière. Publie dès 1665 des observations faites au MICROSCOPE (*Micrographia*) dont l'intérêt considérable favorisera le perfectionnement décisif de l'instrument.

HOUDON, Jean-Antoine
1741-1824. Élève du sculpteur Michel-Ange SLODTZ à travers lequel il subit d'abord l'influence du Bernin : il en gardera le goût et le sens d'une animation que PIGALLE lui enseignera à maintenir harmonieuse. Grand prix de sculpture en 1661. Passe quatre ans à Rome où il s'intéresse plus aux leçons d'anatomie des amphithéâtres médicaux qu'à celles des théoriciens du NÉO-CLASSICISME.

Son art réaliste et sensible échappe à la froideur de l'académisme et apparaît souvent plus proche de celui de la Renaissance que de l'Antiquité romaine ou grecque. G. Bazin a fortement rapproché « le nu lisse et élégant » de sa *Diane* (1776) des modèles français de l'école de Fontainebleau. Son extrême souci de la vérité dans la représentation des corps, dans l'expression des visages, sa technique parfaite du modelé donnent à ses sculptures une étonnante intensité de vie. Parmi ses œuvres : le *Saint Bruno* colossal de Santa Maria degli Angeli, inspiré de l'*Écorché*, la *Diane* (acquise par CATHERINE II), l'*Apollon* de la collection Gulbenkian, le *Voltaire assis* de la Comédie-Française, les bustes de ROUSSEAU, BUFFON, FRANKLIN, etc., celui de Mme Houdon (Louvre) et de remarquables natures mortes.

HUME, David
1711-1776. Chef de file de l'école écossaise de psychologie (Stuart Mill, Bain, etc.). Reprenant l'idée fondamentale de LOCKE sur la formation de l'esprit (entendement) par l'expérience, il la complète par la théorie de l'association, sorte d'attraction qui organiserait la connaissance à partir d'éléments simples et isolés, d'où le nom d'atomisme psychologique donné parfois à cette doctrine.

I

IMPRIMERIE
Peu de progrès techniques avant la presse en FER de lord Stanhope (1800), mais une multiplication des imprimeurs et des publications en rapport avec la révolution démographique et l'augmentation massive des lisants. L'essor de la bibliophilie (Lavallière, Harley, von Bünau) incite imprimeurs et relieurs à soigner le décor des LIVRES (vignettes, décors aux fers, etc.), tandis que l'effort de vulgarisation augmente le nombre et les tirages des collections à bon marché. La fonderie voit naître de nouveaux caractères avec la réaction classique de la seconde moitié du siècle :

DIDOT en France, Bodoni en Italie, Baskerville et Caslon en Angleterre.

INDES
Indes occidentales, on dira bientôt l'AMÉRIQUE. Indes orientales, empire décadent du Grand Mogol. Aux conflits anglo-espagnols ou anglo-hollandais succède la rivalité franco-anglaise : au Canada, dans l'Inde.

INDUSTRIE
Chapitre VI.

ITALIE
Politiquement en déclin depuis la décadence vénitienne, à l'exception du royaume piémontais. Son influence reste vivace avec l'expansion BAROQUE en Europe centrale et les succès de l'OPÉRA et du *bel canto* napolitain.

J

JACOB, Georges
1739-1814. Maître ébéniste en 1765. Un des créateurs du style Louis XVI, en matière de MOBILIER : sièges et tables surtout, pour lesquels il utilise l'acajou. Ses fils Georges II et François-Honoré-Georges lui succèdent dans l'atelier de la rue Meslée.

JACOBI, Friedrich Heinrich
1743-1819. Philosophe et romancier, issu de la grande bourgeoisie rhénane comme Goethe. Ses œuvres, qui revêtent le plus souvent la forme épistolaire, témoignent du renouveau de la vie spirituelle et philosophique en ALLEMAGNE. Piétiste quelque peu hétérodoxe, Jacobi hésitera longtemps entre les « deux clartés » de la raison et de la foi. Ses lettres à Mendelssohn *Sur la doctrine de Spinoza* contiennent le récit d'un entretien avec LESSING (6-11 juillet 1780), où celui-ci rapprochait curieusement le déterminisme spinoziste du serf-arbitre luthérien.

JARDIN DU ROI
Le Jardin des plantes médicinales, créé en 1635 par le médecin Guy de la Brosse. Les

Italiens avaient donné l'exemple, à Bologne, Padoue, ROME... Au XVIIIe siècle, les jardins se multiplient dans toute l'Europe : Iéna, Leipzig, AMSTERDAM, Édimbourg. C'est là que s'élaborent les premières classifications botaniques. Des descriptions de plantes étaient publiées dans des catalogues illustrés, aujourd'hui encore précieux, avec la collaboration de dessinateurs et de peintres en renom.

JAUCOURT, Louis de
1704-1779. Collaborateur et commanditaire de l'ENCYCLOPÉDIE, homme à tout faire de DIDEROT, le plus prolixe de tous les collaborateurs de l'*Encyclopédie*.

JENNER, Edward
Berkeley, 1749-1823. Médecin anglais, inventeur de la vaccination antivariolique qui remplace à la fin du siècle l'inoculation de pus prélevé sur les malades humains. L'avantage du nouveau vaccin réside dans son innocuité.

JÉSUITES
La Compagnie de Jésus fait preuve au XVIIIe siècle d'une extrême activité sur les plans missionnaire (AMÉRIQUE et Chine) et pédagogique, où elle favorise la rénovation de l'enseignement. Son modernisme jugé suspect par les jansénistes et les PARLEMENTS, inquiétant pour le parti philosophique, entraîne Choiseul à fermer ses établissements et en 1767 à expulser les jésuites du territoire. Voir au contraire la politique réaliste de FRÉDÉRIC II.

JOSEPH II
Vienne, 1741-1790. Fils et successeur en Autriche (1780) de MARIE-THÉRÈSE, empereur dès 1765. Esprit systématique qui portera le despotisme éclairé à l'état radical et utopique (joséphisme). Sa triple réforme administrative, sociale et religieuse tente d'imposer une rationalisation uniforme de l'État dans un empire disparate dont les traditionalismes locaux sont restés très vivaces.

D'où le demi-échec final et les résistances violentes en HONGRIE et en Belgique.

JOURNAUX SCIENTIFIQUES
Au premier stade de la nécessaire communication entre savants, représentée par les Correspondances, succède celui du journalisme scientifique : la plupart des ACADÉMIES et sociétés savantes publient périodiquement les travaux de leurs membres.

JOUVENET, Jean-Baptiste
1644-1717. Issu d'une famille de peintres rouennais. Son œuvre est d'inspiration essentiellement religieuse (tableaux pour Notre-Dame de Paris, la chapelle royale de Versailles, l'église des Invalides). Collaborateur de Le Brun, il appartient à l'école poussiniste.

JUSSIEU
Célèbre famille de naturalistes des XVIIIe et XIXe siècles. Plusieurs d'entre eux contribuèrent à perfectionner la classification et la nomenclature des plantes établies par LINNÉ. Le plus remarquable est Antoine-Laurent (1748-1836), neveu de Bernard (1699-1777), le botaniste de Trianon, et à qui l'on doit l'identification et la dénomination de nombreuses familles végétales (*Genera Plantarum*, 1789).

JUVARA, Filippo
1678-1736. Architecte et décorateur. Premier architecte de Victor-Amédée de Savoie en 1714. Auteur, avant cette date, de décors de fête et de théâtre en Sicile, où il est né, et à ROME, où il est un moment l'élève de Fontana et où il se lie avec les membres de l'Académie de France. A Turin, qui est depuis Guarini un des grands foyers de l'art BAROQUE, Juvara réagit contre les excès et les complications du ROCOCO issu de Borromini. Son ARCHITECTURE s'organise en masses imposantes parfois un peu lourdes, comme à la Superga, mais le plus souvent d'une élégante sobriété. Certaines façades rappellent l'art tempéré du Bernin architecte et parfois

même annoncent le proche retour au classicisme. Parmi ses principales créations : le palais Madame (1718-1721), l'église des Carmes (1723-1725) et surtout l'immense et étonnant Stupinigi (1730) aux quatre ailes déployées en X autour du pavillon central. Juvara a contribué autant que Guarini et plus que Vittone au rayonnement de l'art piémontais en Europe.

K

KAHLENBERG
1683. Victoire remportée aux portes de VIENNE — assiégée par l'armée turque de Mustapha KOEPRILLI — par Jean Sobieski, roi de Pologne, et le duc de Lorraine. Elle marque le début du recul ottoman en Europe.

KANT, Emmanuel
Königsberg, 1724-1804. La *Critique de la raison pure*, parue à Riga en 1781, marque dans l'histoire de la pensée un tournant que l'on peut, jusqu'à un certain point, comparer au tournant marqué en 1636 par le *Discours de la méthode*. Kant, à la fois somme des Lumières et prophète du XIXe siècle, marque le grand rattrapage intellectuel de l'Est. Aux deux extrémités des Lumières, NEWTON et Kant dessinent de LONDRES à Königsberg et Riga, une route bordée de la pensée des Lumières.

KAY, John
?-1764. Tisserand du Lancashire, inventeur de la navette volante (1733), qu'il introduisit en France.

KING, Gregory
La grande figure, le véritable prophète d'une science sociale rigoureuse de la population. Le plus grand des « arithméticiens politiques » est né en 1648, à Lichfeld, dans le Staffordshire, d'une famille modeste, mais instruite. Son père, habile mathématicien, gagnait sa vie en fabriquant des cadrans solaires, en enseignant la comptabilité, en

dressant des plans. Dans ce milieu intellectuel, à la seconde génération, Gregory fut un enfant prodige. Il lisait à trois ans ; à sept ou huit ans, il apprenait le latin et l'hébreu, le grec à dix ans. Très tôt, il entra au service des grands. Il parachève sa culture par une excellente connaissance du français. A LONDRES, il dessine et grave des cartes, tout en se consacrant à une fructueuse carrière d'héraldiste. C'est sans doute au cours des années 1690 que mûrit l'*opus magnum*, ses *Observations and Conclusions, Natural and Political upon the State and Condition of England* (1696), qui marquent un tournant fondamental, on serait presque tenté d'écrire l'acte de naissance d'une science humaine. Intimement mêlé à la vie politique de l'ANGLETERRE, au lendemain de la *Glorious Revolution*, il est l'auteur aussi d'ouvrages polémiques. Il arrive en effet que King soit emporté par la passion. Emmanuel Le Roy Ladurie l'a souligné dans un article au titre révélateur : « les Comptes fantastiques de Gregory King ». Quand on lit par exemple dans sa *Political Arithmetic* que « les peuples et les territoires du roi d'Angleterre sont ceux de la France, quant à la richesse et quant à la force », on comprend que Louis XIV en ait été offensé. Dans un autre ouvrage écrit pendant la guerre de la Ligue d'Augsbourg, en 1696, *An estimate of the comparative strength of Great Britain and France*, il admettait que le revenu de la FRANCE fût double de celui de l'Angleterre, mais encourageait son pays à poursuivre la lutte en tentant de prouver (par la statistique, jeune science britannique) que « la guerre de la Ligue d'Augsbourg était plus nuisible à la France qu'elle ne l'était à l'Angleterre et à la Hollande » : « de 1688 à 1695, écrivait-il, l'Angleterre a perdu 50 000 habitants, la France 500 000 et la Hollande en a gagné 40 000. L'Angleterre a perdu un million de revenu, et la France, dix millions, mais la Hollande est augmentée d'un million ». Ce père de la science sociale est le père d'une science engagée dans la politique. Et pourtant, E. Le Roy Ladurie a bien raison de noter : « Le caractère hypothétique de ces conclusions ne diminue pas l'intérêt des travaux de King. » Bien au contraire : son analyse statistique des effets de la guerre sur une économie du XVIIᵉ siècle demeure un modèle de pénétration intellectuelle. M. O. Piquet Marchal le montre fort bien, qui traduit les calculs de King dans le langage contemporain de la comptabilité nationale. Sans nul doute, King combat d'avance les historiens qui sous-estimeront l'influence de la guerre... La guerre, comme il le suggère par ses chiffres, « restreint l'épargne nationale, publique et privée, freine les investissements et compromet l'expansion à long terme du pays ». N'est-il pas révélateur enfin que Phyllis Deane et W. A. Cole, en tête de leur monumental *British Economic Growth, 1688-1959*, en 1964, puissent partir du tableau du revenu social de l'Angleterre et du pays de Galles, dressé pour 1688 par King ? Il ne serait pas juste cependant d'isoler King de ses contemporains et de l'avance globale de l'Angleterre dans le domaine de la statistique sociale. L'Angleterre, en 1694-1695, a tenté le premier véritable recensement sur une grande échelle, cette véritable révolution mentale, cette première mathématisation du social des glorieuses années 1695-1696 préparée en Angleterre par la génération de la Restauration. « Du coup, on vit naître, écrit Marcel Reinhard, la race des arithméticiens politiques. » En 1662, John Graunt avait ouvert la voie avec ses *Observations naturelles et politiques* sur les bulletins de mortalité. D.V.G. Glass n'hésite pas à écrire : « la démographie comme champ de recherche prend naissance en 1662 avec la publication des *Observations* de John Graunt ». Coup sur coup, en 1683 et en 1687, William Petty donnait ses *Observations sur les bulletins de mortalité de Dublin* et ses *Essais d'arithmétique politique*. Charles Davenant s'inscrit dans le prolongement de Graunt et Petty avec ses publications de 1695 et 1699, sur ce qu'il faut bien appeler l'ÉCONOMIE britannique. Le prérecensement de 1694-1695 est lié aux nécessités de l'économie de guerre, à la fructueuse recherche d'un système plus efficace d'impôts. Roger Mols

écrit : « Peu après la suppression des *Hearth Taxes* en 1689, le premier relevé concernant l'histoire de la population — si l'on ne tient pas compte de la *Poll Tax* de 1692 — fut celui entrepris en vertu de l'*Act of Indemnity* de 1694. Sous les apparences d'une *Poll Tax* habituelle, cette mesure visait en réalité un but plus démographique que fiscal. » Relevé nominatif, pointages minutieux de maison en maison (« Gregory King intervient lui-même dans le relevé à Harefield [Middlesex] et à Lichfield [Staff.] »). Tout est désormais en place. Autre mesure symptomatique de 1695, prise sans doute à l'instigation de Gregory King, l'obligation faite aux dissidents de déclarer leurs actes aux *vicars*, fonctionnant, en quelque sorte, comme officiers d'état civil. La création de la Banque d'Angleterre se situe dans cette foulée prodigieuse de l'Angleterre mutante des Lumières. Tout était en place et pourtant le vrai recensement total, en Angleterre comme en France, devra attendre plus d'un siècle encore, 1801. « Il semble, conclut Mols, que le résultat ne répondait pas aux espoirs. Le fait est que l'administration ne réitère plus cet essai et que les histoires de la population du XVIIIᵉ siècle préfèrent avoir recours aux données courantes comme moyen de déterminer la population globale.

KIRCHER, Athanasius

1602-1680. JÉSUITE allemand, voyageur et collectionneur, auteur d'un traité visionnaire du monde souterrain, *Mundus subterraneus* (1664). Il semble que sa curiosité ait été éveillée par une éruption du Vésuve à laquelle il avait assisté en 1638. Derrière l'imagerie et l'imagination encore naïves, une idée d'avenir : celle que la Terre a une histoire décelable par l'observation de la nature.

KOEPRILI

Nom d'une dynastie de grands vizirs, originaire d'Albanie (VOLTAIRE écrit, dans l'*Essai*, Cuprogli). Le redressement turc amorcé par Ahmed Koeprili en 1656 (reprise de Candie sur Venise en 1669) fut définitive-

INDEX DOCUMENTAIRE

ment compromis après l'échec de Kara-Mustapha Koeprili devant VIENNE et la défaite turque du KAHLENBERG (1683).

L

LA ENSENADA
Homme d'État espagnol, inspirateur du grand cadastre qui couvre la majeure partie du territoire espagnol au milieu du XVIIIe siècle. Source fabuleuse pour l'histoire quantitative, en cours d'exploitation systématique, grâce à l'école historique française (travail en cours de M. Amalric).

LAGRANGE, Joseph-Louis
1736-1813. Sans doute le plus grand génie MATHÉMATIQUE du siècle avec EULER. Originaire de Turin, succède à Euler à l'Académie des sciences de BERLIN (1766) où il séjourne jusqu'à la mort de FRÉDÉRIC II. Se fixe alors à PARIS, à la requête de Louis XVI. Nommé sénateur et comte par Napoléon. Auteur d'une *Mécanique analytique* (1788), d'une *Théorie des fonctions analytiques* (1797) et de nombreux ouvrages originaux.

LA HIRE, Philippe de
1640-1718. Géomètre et astronome, fils du peintre Laurent de La Hire (1606-1656), continuateur de Descartes dans sa *Nouvelle Méthode de géométrie pour les sections des superficies coniques et cylindriques* (1672). Professeur au Collège de France et collaborateur de Picard à l'OBSERVATOIRE de PARIS.

LAMY, Bernard
1640-1715. Professeur et érudit, membre de la Congrégation de l'Oratoire. Exilé d'Angers où il enseignait, en raison de son cartésianisme.

LANCRET
1690-1743. Un des petits maîtres disciples de WATTEAU, auquel il emprunte ses thèmes champêtres et galants. Son chef-d'œuvre : « la délicieuse esquisse du *Déjeuner au jam-*

bon » (P. Jamot). Ajoutons encore *La Leçon de musique, La Conversation galante...*

LANGUES
Recul du latin au profit du français, devenu langue de culture universelle, mais aussi au profit des langues nationales dont l'usage se développe à tous les niveaux. D'où la nécessité et le nombre croissant des traductions, l'apprentissage plus fréquent des langues étrangères (exemple de VOLTAIRE, BUFFON, etc.).

LA PÉROUSE
1741-1788. Jean-François de Galaup, comte de La Pérouse. Élève de l'École de marine, se distingue comme officier lors de la guerre d'Indépendance américaine. L'expédition scientifique dont il prend la tête en 1785 s'insère dans la série dense des explorations du Pacifique (1770-1788), facilitées par le CHRONOMÈTRE. Avec COOK (et BOUGAINVILLE) achève d'être mise au point la technique préparatoire des expéditions à but scientifique. Bateaux-laboratoires dotés de salles de cartes, de bibliothèque, d'instruments d'observation. Équipages spécialisés (autour de La Pérouse : Louis MONGE, Lamann, La Martinière, Lesseps, etc.). La Pérouse parti de Brest relèvera les côtes nord du Pacifique : de Monterey au mont Saint-Élie (Amérique), puis de Manille au Kamchatka (Asie). Jetés par la tempête sur des bancs de corail la *Boussole* et l'*Astrolabe* de La Pérouse sont perdus corps et bien après trente mois de navigation, au voisinage de Vanikoro, dans les Hébrides. Épaves retrouvées en 1829 par Dumont d'Urville.

LAPLACE
1744-1817. Pierre Simon, marquis de Laplace. Mathématicien et astronome. Membre de l'Académie des sciences en 1795. Auteur de Mémoires relatifs au calcul des probabilités et à ses applications. Son œuvre, aboutissement de celle du XVIIIe siècle, résume la science de son temps.

LARGILLIÈRE
Nicolas de Largillière, 1656-1746. Études à ANVERS et à LONDRES (auprès de Peter Lely).

Un des portraitistes du premier XVIIIᵉ siècle, excellent coloriste. *Portrait du peintre, de sa femme et de sa fille.*

LA TOUR
Maurice Quentin de La Tour, 1704-1788. Peintre de pastels, dessinateur plus encore que peintre. Nul n'a su mieux que lui saisir sur un visage les jeux de la lumière et de l'esprit.

LAVATER, Johann Kaspar
1741-1801. Fils d'un médecin zurichois, attiré par le piétisme dont il s'éloigne pour verser dans l'occultisme et la théosophie. Directeur de conscience, adulé, il a la vision d'une science nouvelle des rapports du physique et du moral : la physiognomonie, dont le seul nom fascinera Balzac. Obsédé par les « signes », par l'attente d'une illumination imminente qui ne viendra jamais (d'où ses *Perspectives sur l'Éternité* et le poème intitulé *Soif d'une présence du Christ*), il apparaît comme le « mage » d'une sorte de baroque désespéré. Lavater, lui aussi, comme MESMER, témoigne des besoins insatisfaits par le raccourcissement eschatologique des Lumières.

LAVOISIER, Antoine-Laurent
1743-1794. Ce grand administrateur, ce grand savant est un des esprits les plus vastes et les plus brillants du second XVIIIᵉ siècle. Issu d'une riche famille de robins, il reçoit une éducation soignée au collège des Quatre-Nations, au JARDIN DU ROI, au cours de chimie de Rouelle. Entre presque au même moment à l'Académie des sciences et à la Ferme générale (1768). Nommé en 1776 régisseur des Poudres et Salpêtres à l'Arsenal. Il est lié avec Turgot et Necker, participe à leurs efforts de rénovation économique. Mais son grand œuvre est d'un autre ordre : il crée la science de la CHIMIE. Adversaire de la phlogistique, il consacre dix années à l'étude de l'oxygène isolé par PRIESTLEY (1774), de ses propriétés et de son rôle dans la respiration. Développe à partir de l'expé-

rience un ensemble théorique dont le principe se rattache à la mécanique corpusculaire de NEWTON. Ses théories s'exprimeront dans sa classification nouvelle des corps chimiques, inspirée de la nomenclature linnéenne et fondée sur l'analyse quantitative substituée au qualitativisme alchimique. D'abord vivement contestées, ses théories s'imposeront après sa fameuse expérience publique sur la composition de l'eau, le 7 mars 1785, et seront dès lors enseignées grâce à son *Traité élémentaire de chimie*. Arrêté en novembre 1793 avec les fermiers généraux, il est guillotiné le 8 mai 1794.

LAW
Banquier, homme d'affaires, économiste écossais. Son nom est lié à la grande entreprise financière malheureuse de la Régence. Fils d'un orfèvre d'Édimbourg, né en 1671, John Law s'était fait connaître en ÉCOSSE dès 1705 par la publication d'un ouvrage où il préconisait une émission de papier monnaie garantie par les terres du pays. Il précise ses idées deux ans plus tard dans un mémorandum présenté au gouvernement français aux prises avec les difficultés dues au financement de la guerre de Succession d'Espagne. Ses idées achèvent de prendre corps entre 1707 et 1715 dans les nombreuses démarches qu'il fait, à Turin d'abord, puis à PARIS, en vue de la création d'une banque d'émission. Law est l'homme d'une conjoncture difficile. Au début du XVIIIᵉ siècle, les prix-argent sont à peu près partout à 40 ou 50 p. 100 du niveau atteint au début du XVIIᵉ. Même les prix nominaux sont orientés vers la baisse. A partir de 1605-1610 ici (Méditerranée), 1630-1635, 1630-1650 ici et là (Europe médiane et Europe de l'Est), « pendant 70 à 80 ans, on n'assistera plus désormais qu'à des hausses de courte durée, sortes de fièvres cycliques résorbées assez vite [...] » (E. Labrousse). Les ajustements monétaires qui sont commandés par l'insuffisance de la production des métaux précieux et par les besoins croissants de l'État tendent à pallier une partie des effets de la dépression des prix, à

savoir l'accroissement de la rente, le recul du profit, l'augmentation du coût du capital. Mais ces palliatifs sont tout à fait insuffisants. Le marasme atteint le continent et le secteur agricole le plus profondément, l'ANGLETERRE et les puissances maritimes sont, dans l'ensemble, moins touchées et aussi mieux armées pour se défendre. La FRANCE est durement atteinte en raison du poids du secteur agricole (moindre que dans l'Europe de l'Est, mais supérieur à ce qu'il est en ANGLETERRE ou en HOLLANDE), en raison de la densité spécifique de l'État au terme d'une guerre qui a opposé le royaume, pendant près de trente ans (1689-1697 et 1701-1714), à l'Europe coalisée. Les dépenses de l'État en valeur nominale avaient doublé de 1689 à 1697. Elles doublèrent une deuxième fois de 1701 à 1714 où les seules charges militaires viennent à tripler. « Les dépenses publiques qui se situaient autour de 120 à 150 millions en 1700-1701 montèrent jusqu'à 264 millions en 1711 pour se tenir encore au-delà de 200 millions jusqu'en 1714. » La création en 1694-1695 de la capitation assura au maximum une rentrée de 20 à 22 millions en partie absorbée par le recul, dû à la misère, des impôts indirects. L'accroissement des dépenses ne peut être couvert que par un ensemble d'expédients plus ou moins dommageables à l'ÉCONOMIE et les recours à l'emprunt. Une série de refontes des espèces monétaires (la première date de 1707) permet toute une série de dévaluations suivies de la très irréaliste déflation de 1713-1715, la livre tournois passant de 6,93 g (30 livres de marc) d'argent à 5,31 g (42 livres de marc), puis remontant à 6,93 g pour s'effondrer par paliers successifs à 3 g en 1717, avant la stabilisation du duc de Bourbon qui l'établit définitivement à 5 g d'argent (métal monétaire 4,5 g de fin). L'avantage de la refonte, c'est qu'elle permet une émission de papier monnaie, sous la forme la plus contestable des billets de monnaie. Expédient en 1701, les billets deviennent une constante à partir de 1704. Peu après la refonte de 1704, le volume s'élève à 7 millions, puis, au rythme

d'une émission de 4 à 8 millions par mois, on atteint 100 millions en janvier 1706, 140 en août, 180 en avril 1707. Pour maintenir la valeur de cette monnaie fiduciaire, on avait eu recours d'abord à l'expédient d'un intérêt qui fut supprimé en 1706. Le roi avait dû recourir au cours forcé, accepter le paiement partiel seulement (ce qui était contradictoire) de l'impôt en billets. Les billets perdirent rapidement 80 p. 100 de leur valeur sur les marchés extérieurs, et à l'intérieur même, quoique beaucoup plus lentement, jusqu'à 62 p. 100 en 1710. Des édits de 1710-1712 convertissent les billets en rente, accroissent du même coup la charge pesant sur les rentes de l'État. Pour bien comprendre l'offre du système de Law, tenir compte d'abord de ces deux conditions : un assez large recours pendant la guerre de Succession à un papier monnaie, le poids effroyable de la dette publique. Face à cette situation, Law a un programme que l'on peut reconstituer et qui s'applique plus particulièrement à la FRANCE : relever le crédit de l'État à l'aide d'une institution publique de crédit en s'inspirant de la Banque d'Angleterre fondée en 1691 ou de l'exemple suédois. Bienfait attendu : fin de la pénurie monétaire (politique Desmarets) grâce à un papier solide, résorption et consolidation de la dette publique. Avec les moyens monétaires et les ressources de l'État ainsi dégagées, politique de développement à l'intérieur et à l'extérieur, ROUTES et grand commerce colonial. Le système de Law apparaît comme l'agencement ingénieux et original de recettes et de solutions déjà éprouvées. Il repose sur l'hypothèse d'un sous-emploi de l'appareil de production imputable à une insuffisance de médiation monétaire. Le système de Law est donc un antimercantilisme qui accepte à peu près toutes les hypothèses de base du mercantilisme. Le 2 mai 1716, le conseil des Finances, sous la présidence du duc de Noailles, autorise l'ouverture d'une banque générale au capital de 6 millions (1 200 actions de 1 000 écus), banque d'escompte et d'émission au service du commerce, habilitée à émettre des billets. La souscription ne se fit qu'au quart. 375 000 livres numéraires, mais 1 125 000 en billets d'État. C'est l'aspect consolidation. Les débuts sont lents, mais le succès est énorme, car le rendement de l'escompte en France est insuffisant. Les billets de banque de Law commencent à se substituer à la lettre de change traditionnelle. Le billet de Law fait prime à AMSTERDAM. La plus vieille institution bancaire de l'Europe maritime lui rend les armes. Les receveurs de taille sont invités à utiliser désormais les nouveaux billets de banque au lieu des lettres et des transports onéreux de numéraire. 60 millions de billets sont émis au cours de l'année 1717. C'est alors que Law entame la deuxième étape de son programme : la création d'une grande compagnie destinée à mettre en valeur le territoire récemment acquis à la LOUISIANE. La Compagnie d'Occident prend la relève de la compagnie créée en 1712 par le financier Antoine Crozat. Elle reçoit pour vingt-cinq ans la propriété de toutes les terres et mines du Nouveau Monde et le monopole du commerce des peaux de castors du Canada. Un capital de 100 millions à payer en billets d'État. Le but est évident : consolider la dette et fixer dans le grand commerce colonial une partie du capital qui avait contribué à soutenir l'effort de la guerre de Succession d'Espagne. La première faille se fait jour à la fin de l'année 1717 sous la forme d'une résistance au sein du milieu parlementaire et à l'intérieur des Conseils à l'égard d'une politique dont la hardiesse déroute. Ces résistances n'empêchent pas Law de franchir une troisième étape : la transformation par l'édit du 4 décembre 1718 de la banque générale en banque royale. Un réseau de succursales est rapidement mis en place : après PARIS, La Rochelle, Tours, Amiens, Lyon, la plus vieille place bancaire du royaume, refusant la nouveauté et l'ouverture. Au cours de l'année 1719, quatrième étape. La Compagnie d'Occident s'étend par l'absorption de la Compagnie du Sénégal en décembre 1718, des Indes orientales et de la Chine le 13 mai, de la Compagnie d'Afrique le 1er juin 1719.

L'opération est couverte par une émission massive de 50 000 actions arrachées le 17 juin à l'hostilité de d'Argenson et du PARLEMENT. Changement de nom symbolique : l'Occident fait place aux Indes plus chargées de connotations affectives. Law met la main sur les frappes, s'attaque au bail des fermes et au remboursement de la dette publique par une émission à jet continu de monnaie fiduciaire. Enfin, grand rêve de tous les transformateurs — Law est le contemporain et presque le compatriote de Gregory KING —, un plan hardi de refonte fiscale. Law envisage de remplacer tous les impôts directs et indirects par un impôt unique sur le capital qui avantagerait le capital actif et punirait *ipso facto* toutes les formes de thésaurisation. Les historiens économistes situent généralement en décembre 1719 l'apogée du système. 620 millions de billets convertibles qui, paradoxe, font prime sur le métal. Le 5 janvier 1720, Law accède au Contrôle général : le mariage avec l'État est consacré. La chute du système est provoquée par un concours de circonstances en partie inévitables : la crise cyclique, le mauvais climat des affaires qui entraîne en Angleterre l'échec de la South Sea Company et un certain nombre d'imprudences (le volume excessif des émissions, la fureur spéculative dans un pays sans grande éducation dans l'ordre de la banque de crédit, le recours de Law à la contrainte). Profitant du pouvoir que lui offre le Contrôle général, Law répond aux premiers signes d'essoufflement du marché par des reports autoritaires d'échéances. Le 22 juin 1720, union de la Banque et de la Compagnie. Pour faire affluer le capital, Law dévalue radicalement. Du même coup, il atteint le billet de banque. Loin de freiner la baisse qui avait commencé à s'esquisser depuis les sommets incroyables de 1719, il la précipite. L'estocade est portée par le retrait spectaculaire du duc de Bourbon et du prince de Conti. Les mesures déflationnistes arrivent trop tard : l'édit du 21 mai 1720 destiné à ramener la confiance est considéré comme l'aveu d'un échec. Un ultime recours à l'inflation (l'arrêt du 31 juillet amène la livre brusquement de 30 à 120 au marc) ne parvient pas à stopper durablement le décri du billet. Les décrets du 10 octobre et du 26 décembre 1720 marquent l'acte de décès du billet et de la banque. Le vieux personnel des financiers de la fin du règne de Louis XIV a repris depuis octobre 1720 les avenues du pouvoir, les Paris, Samuel Bernard, Crozat évincés par Law qui quitte la France ruiné, et mourra en exil en 1729. Le bilan du système reste difficile à faire. Comment se dégager de l'image littéraire de la spéculation débordante ? Elle conserve une part, mais une part seulement, de la réalité : les bousculades de la rue Quincampoix, l'agiotage qui gagne tous les milieux, les ascensions brutales et les ruines spectaculaires. Elles ont choqué profondément une société qui reste très attachée à la notion d'ordre et de statut, où la mobilité sociale ne se conçoit qu'au rythme lent de plusieurs générations. Un élan a été donné à la colonisation de la Louisiane, malheureusement, faute de durée, sans grand lendemain. Médecine de cheval, le système et sa liquidation ont contribué à une première simplification fiscale, à une relance des affaires, aux conditions préalables à la stabilisation monétaire remarquablement réussie en 1726 par le duc de Bourbon. La dette sort allégée, au détriment, bien sûr, d'un certain nombre de débiteurs ruinés de l'État. Il est difficile de mesurer, par contre, les dégâts psychologiques. Le système de Law appliqué sans ménagement à une société dans l'ensemble mal préparée, pour avoir voulu brûler les étapes, aura compromis pour longtemps le crédit et le papier monnaie, conditions pourtant de progrès, dans une fraction importante de la société française. Négative à très court terme, positive à moyen terme, l'application sans ménagement au modèle français des idées du génial Écossais aura été vraisemblablement dommageable à long terme.

LEEUWENHOEK, Antony Van
1632-1723. Exemple illustre d'expérimentateur en avance sur la science. Une grande part des révélations sur le monde des infiniments petits (infusoires, globules rouges du sang, spermatozoïdes) resteront au stade de « curiosités », sans portée scientifique immédiate, faute d'être éclairées, chez cet autodidacte, par un génie théorique.

LEGENDRE, Adrien Mario
1752-1833. Géomètre français, auteur d'études remarquables sur la théorie des nombres.

LEIBNIZ
Voir l'index de *La Civilisation de l'Europe classique*.
Co-inventeur avec NEWTON du calcul infini-simal.

LESSING, Karl Gottheld Ephraïm
1729-1781. Auteur dramatique (*Minna von Barnhelm, Nathan le Sage*) et critique théâtral (*Dramaturgie de Hambourg*), Lessing s'est intéressé, comme Leibniz, dont il se voulait le disciple, à tous les problèmes « philosophiques » de son temps. Son rationalisme religieux paraît avoir évolué, dans ses dernières années, en partie sous l'influence de la connaissance de la pensée religieuse hindoue, vers un nouvel avatar du SPINOZISME, *Deus sive Natura*. Plus qu'un homme des Lumières, il est un représentant de ce néo-humanisme qui apparaît en ALLEMAGNE — avant un classicisme et un romantisme presque synchroniques — comme une sorte de brève Renaissance après la Réforme.

LINNÉ
1707-1778. Carl von Linné. Naturaliste suédois, auteur d'une classification des plantes fondée non plus sur la disposition des corolles (Tournefort) mais sur celle des organes reproducteurs des fleurs. Sa façon de désigner les plantes par un substantif et un adjectif (ex. : *Rosa Gallica*) indiquant l'un le genre, l'autre l'espèce, a été conservée jusqu'à nos jours. Son *Système de la nature*, critiqué par BUFFON, fut adopté par la majeure partie des naturalistes.

LISBONNE

Elle émeut par ses malheurs : la PESTE de 1723 et le très philosophique tremblement de terre de 1755. Mauvais coup porté aux efforts de POMBAL. Lisbonne, qui avait dépassé 100 000 habitants (130 000 sans doute) à la fin du XVIe siècle, avait cédé comme Séville à la conjoncture maussade du XVIIe siècle. Elle n'a plus guère que 70 000 à 75 000 habitants sur l'horizon 1680-1690 des Lumières. Malgré les ponctions subies (on a attribué jusqu'à 180 000 victimes du désastre de 1755), elle obéit à la règle du doublement séculaire avec 180 000 habitants dans les dernières années du XVIIIe siècle. Elle est alors très loin derrière Naples (426 000), un peu devant MADRID et ROME (160 000-165 000), Palerme (138 000), Milan, Venise (135 000), Marseille et Barcelone (100 000), la deuxième ville de l'Europe « méditerranéenne ». Lisbonne est favorisée par son site. L'estuaire du Tage a 5 ou 6 km de large en aval, 2 km encore en amont, la ville est construite sur un amphithéâtre naturel percé de collines, qui domine la baie d'environ 100 mètres. Un espace urbain brillant, donc, mais difficile. Sa reconstruction a été exemplaire. Elle fait de Lisbonne, avec SAINT-PÉTERSBOURG, la masse architecturale la plus originale du XVIIIe siècle.

LIVRE

Instrument essentiel au XVIIIe siècle de la diffusion des connaissances. Voir aussi IMPRIMERIE.

LOCKE, John

1632-1704. Voir sa biographie dans l'index de La Civilisation de l'Europe classique.

LONDRES

La première ville, et de loin, de l'Europe des Lumières. C'est aux alentours des années 1670-1680 que Londres a pour longtemps rattrapé PARIS. Elle a joué, tant dans la croissance de l'ÉCONOMIE britannique que dans le développement du grand commerce colonial, un rôle capital à partir du milieu du XVIIe siècle. Le décollage de Londres se situe, en fait, au début du XVIIe siècle, bien avant le grand incendie de septembre 1666 qui déblaie le terrain pour une grande œuvre d'URBANISME. Jacques Ier en avait eu parfaite conscience, à qui l'on prête la prophétie : « Bientôt Londres sera toute l'Angleterre. » En 1600, Londres, avec 200 000 habitants, vient en troisième position, loin derrière Paris (400 000 environ) et Naples (280 000). L'évaluation de N. G. Brett James, 250 000 en 1603, est vraisemblablement un peu généreuse. Elle aurait atteint 320 000 en 1625 et 460 000 en 1660. A la fin du XVIIe siècle, avec plus de 500 000, Londres a sensiblement dépassé Paris (un peu moins du demi-million). Sir William Petty, le célèbre arithméticien politique, lui attribue 670 000 habitants en 1682, c'est trop. Le calcul de Gregory KING, beaucoup plus sûr d'après le nombre de foyers, mais sans doute un peu trop timide, donne 527 000 en 1695. Contre les estimations trop généreuses de Mrs. M. D. George, E. A. Wrigley adopte 575 000 en 1700, 675 000 en 1750 et 900 000 en 1800. Le recensement de 1801 donne 745 000 seulement, mais pour un territoire qui ne recouvre pas l'ensemble de l'agglomération. Paris n'occupe plus qu'une lointaine deuxième place avec 550 000. Premier trait original, la part insolite occupée par Londres dans l'ensemble de la population de l'ANGLETERRE. Paris de 1650 à 1800 ne dépasse jamais 2,5 p. 100 de la population du royaume. AMSTERDAM, certes, a pu osciller entre 8 et 9 p. 100 de l'ensemble des PROVINCES-UNIES ; Londres, qui atteignait déjà 7 p. 100 de l'Angleterre en 1650, s'élève à 11 p. 100 en 1750 et à 9,5 et 10 p. 100 encore en 1800. Ce poids insolite de la ville de Londres est loin d'avoir un effet bénéfique sur la croissance d'ensemble de la population britannique. Londres, particulièrement pendant la gin drinking mania des années 1725-1730, est un vaste mouroir, mais de 1650 à 1750, la population de Londres s'est accrue de 275 000 âmes. L'excédent des décès sur les naissances pouvant être évalué au moins à

10 p. 100 par an, c'est donc un solde migratoire net de 8 000 par an sur un siècle qu'il faut supposer à Londres, pour assurer un croît annuel de 2 750 habitants par an. Ce solde migratoire est, pour l'essentiel, le fait de jeunes gens, la relative mobilité de la population avant le mariage contrastant avec l'extrême stabilité une fois le foyer fondé. Un rapide calcul permet d'établir que Londres a absorbé, épongé et dilapidé 50 p. 100 au moins du croît naturel de l'Angleterre de 1650 à 1750. On peut déduire de même des taux comparés des naissances et des décès à Londres et dans le reste de l'Angleterre (v. E. A. Wrigley, *Past and Present*, 1967, n° 37, p. 49) qu'un sixième de la population adulte du royaume Angleterre-pays de Galles vit à Londres. Un étonnant creuset où se retrouvent des immigrants de tous les comtés, mais aussi de jeunes Écossais, des Gallois, des Irlandais et en outre des Hollandais, des Français (principalement huguenots) et des Allemands. Première certitude, ce creuset aura contribué à désagréger rapidement coutumes, préjugés, modes de vie, de penser et de sentir de l'Angleterre rurale traditionnelle. Comme une partie des immigrants sont des résidents temporaires, Londres façonne ainsi par choc en retour l'ensemble du royaume. Paris joue sensiblement le même rôle en FRANCE, mais à une échelle beaucoup plus restreinte ; le rapport est en gros de quatre ou cinq à un. E. A. Wrigley observe que le brassage urbain, suivant le modèle de Max Weber qui s'applique parfaitement ici, renforce les comportements « rationnels » par opposition aux modes de faire « traditionnels ». Londres a créé, en outre, la plus importante société de consommateurs. Le mode de vie urbain crée une incitation beaucoup plus grande à consommer. Sucre, tabac, thé, alcool y sont, beaucoup plus tôt qu'ailleurs, dans l'Angleterre rurale et sur le continent, des produits de consommation courante intégrés au niveau de vie populaire. D. C. Coleman a donc bien observé (*Econ. hist. Review*, t. VIII, 1955-1956), quand il note que le genre de vie londonien contribue à faire passer la recherche des hauts salaires avant celle des loisirs. Londres façonne, par opposition aux sages équilibres de la société traditionnelle, la psychologie de l'*homo oeconomicus* des économistes libéraux du début du XIXe siècle. Ajoutez à cela que Londres a des niveaux d'ALPHABÉTISATION, et partant de lecture utile, beaucoup plus élevés que ceux du reste du royaume. En 1838-1839, par exemple, 88 p. 100 des hommes et 76 p. 100 des femmes signent les registres au moment du mariage, contre 67 et 51 p. 100 pour les moyennes nationales. Cela signifie, compte tenu du solde migratoire, que les enfants élevés à Londres sont, depuis la fin du XVIIIe, alphabétisés pratiquement à 100 p. 100. Performance réalisée depuis 1750, il est vrai, sur le continent par bon nombre de villages normands. Le « zoning » socioprofessionnel reste jusqu'à la fin du XVIIIe nettement préindustriel. Les quartiers riches sont au centre, les périphéries plus pauvres (l'inverse se produit au XIXe et surtout au XXe siècle.) Le centre de la ville est donc peuplé par ce que A. Everitt (*Past and Present*, 1966, n° 33, p. 71) a proposé d'appeler récemment la « pseudo-gentry », entendez « cette classe de familles oisives à prédominance urbaine qui, par son genre de vie, est communément assimilée à la gentry, bien que leur revenu ne découle pas pour l'essentiel de la propriété du sol ». La présence d'une fraction très importante du sommet de la classe dirigeante entraîne une concentration importante des revenus, donc du pouvoir d'achat, à Londres. Il n'est pas irrationnel de supposer que Londres a concentré, au milieu du XVIIIe, entre le quart et le tiers du pouvoir d'achat de l'Angleterre. La demande londonienne a donc contribué aux transformations de l'économie britannique. La révolution agricole est née des besoins alimentaires du marché de Londres. Kent et East Anglia sont touchés vers 1650, et beaucoup plus profondément, le Norfolk au XVIIIe. L'influence du marché londonien a agi non seulement dans le sens d'un accroissement, mais plus encore d'une spécialisation

de la production agricole. Entre 1650 et 1750, suivant un calcul qui apparaît assez sûr, la population agricole de l'Angleterre est restée à peu près stable : 3 060 000 (1650), 3 150 000 (1750), compte tenu de l'accroissement de la population de Londres, du recul des importations et de l'augmentation des exportations, c'est un gain de productivité de 13 p. 100 qu'il faut supposer durant cette période. Ce gain, qui à lui seul suffirait à déclencher le *take off*, est pour l'essentiel imputable, depuis les comtés du marché de Londres, au pôle de transformation de la grande cité. Même action pour la production du charbon de terre. De 1650 à 1750, les exportations de houille du Tyneside et du Wearside vers le sud en direction de Londres ont doublé pour atteindre 650 000 tonnes par an vers 1750. On a pu calculer l'effet d'entraînement dans tous les secteurs. Dans presque tous les domaines, Londres pèse autant que le reste de l'Angleterre. Le passage du système domestique au *factory system* s'est donc opéré dans l'ouest de l'Angleterre pour l'essentiel et paradoxalement en fonction des besoins du marché londonien et grâce à des capitaux constitués par l'accumulation des bénéfices réalisés sur le marché de Londres. En un mot, le handicap représenté pour ce petit pays qu'est l'Angleterre par la constitution de la Mégalopolis de la trop vaste cité de Londres aura été un facteur permanent de déséquilibre, donc de fuite en avant et de transformation qui prépare la révolution industrielle. On peut, entre autres avec Wrigley, attribuer à la croissance de Londres (la plus rapide croissance urbaine des XVIIᵉ et XVIIIᵉ siècles réunis) et à l'initiative londonienne : la fusion des marchés régionaux en une première ébauche de marché national, la révolution agricole, l'apparition de nouvelles sources de matières premières, l'accroissement des échanges et l'extension du marché financier, la création d'un réseau plus efficace de communications, une croissance soutenue à un rythme jamais encore égalé du revenu national. En dépit de la ponction exercée sur le croît naturel, le mou-

roir londonien a empêché la formation du blocage malthusien dans les campagnes anglaises. Londres a donc maintenu l'Angleterre dans une situation favorable de « FRONTIÈRE » ouverte. Londres enfin a contribué dans des proportions nulle part égalées aux modifications des mentalités économiques qui commandent en profondeur les conditions préalables de la mutation de croissance. Complètement détruite en 1666, Londres aura été aussi le plus grand chantier de construction urbaine antérieur à la révolution industrielle. Il a fallu construire de 1667 à 1800, en un peu plus d'un siècle, l'habitat de près d'un million d'hommes. Se rappeler qu'en 1700 la population urbaine de l'Europe ne dépasse pas 7 à 8 millions. Londres, entendez 10 p. 100 de l'Europe urbaine préindustrielle. Londres est née sur la rive gauche de la Tamise au point de passage du fleuve jusqu'où remonte la marée. La Cité et Westminster à trois kilomètres l'un de l'autre, la cathédrale et l'hôtel de ville. Au début du XVIIᵉ, la ville tient dans un rectangle qui occupe 2 kilomètres au maximum sur le fleuve. Westminster sur le territoire d'une ABBAYE, lieu de résidence du roi et du Parlement, est un peu le Versailles avant la lettre de la Cité commerçante. Entre les deux court le Strand bordé de maisons, au nom caractéristique (rivage). L'incendie de septembre 1666 offrait une opportunité unique. Mais ce que POMBAL obtient à LISBONNE après 1755 au bénéfice des plans de Manuel da Maia, Charles II ne peut l'obtenir pour WREN, architecte frustré dans sa vocation d'urbaniste. La reconstruction de la Cité à la fin du XVIIᵉ n'a pu se libérer du legs du passé. Elle a été rapide et fonctionnelle. 13 200 maisons détruites, 400 rues, 87 églises dont la cathédrale, 6 chapelles, de nombreux monuments, même ce qui paraît debout est irrémédiablement perdu. C'est le cas de Saint-Paul dont la pierre est altérée. Deux projets ont été confrontés : celui de Wren et celui d'Evelyn. Celui de Wren, alors *Deputy Surveyor of his Majesty's Works*, l'emporte, mais la hâte et la résistance du corps ne permettent pas de le réaliser entièrement. Ne pas minimiser pourtant l'effort de rénovation. Londres est une ville neuve, c'est sa chance, et sans rupture avec le passé, donc sa force. L'ancien plan est conservé dans ses grandes lignes. La continuité voulue est ainsi gardée au-delà du cataclysme, Londres a conservé ses racines. Cependant Wren a préservé 40 pieds le long du fleuve pour un quai, Fleet Street est élargie, portée à 45 pieds jusqu'à Saint-Paul. 40, 30 pieds et, pour beaucoup de rues, 10 pieds seulement. Le passé avec quelques amodiations. La novation s'impose au niveau de l'habitat, dans une sorte d'urbanisme à rebours des premiers plans de masse du continent. Quatre types de maisons, 2, 3 et 4 étages suivant la largeur de la rue avec garantie de sécurité, une épaisseur minimale pour les murs. Plusieurs maisons de Wren ont tenu jusqu'aux bombardements de 1940. « Après l'incendie qui a purgé la Cité, les maisons, précise l'*Angliae Metropolis*, sont infiniment plus belles, plus commodes, plus solides qu'avant [...] » « Les façades, de hautes et pointues qu'elles apparaissent dans la gravure de Hollar (1647), sont devenues larges et plates : petits cubes de briques tracés de fenêtres carrées : géométrie rigoureuse ; dédain complet non seulement des effets, mais de toute saillie [...] » (Lavedan). A la Cité intégralement reconstruite après l'incendie, le XVIII⁰ ne devait apporter que des transformations de détail : Fleet Ditch comblé en 1737, les maisons du port de Londres détruites en 1739, un certain nombre de portes et l'enceinte rasées en 1760-1762. Mais Londres s'étend désormais sur la rive sud. Southwork rend à remplir la haute bande du fleuve. Deux nouveaux ponts : Westminster Bridge (1756) et Blackfriars Bridge (1760) débouchent sur deux grands axes, New Road et Great Surrey Street, qui se rencontrent sur une grande place ronde décorée d'un obélisque et qui marque au sud l'entrée de la ville. A l'est, un quartier industriel s'accroît lentement autour de Spitalfields, le quartier des huguenots. Comme toutes les grandes capitales au XVIII⁰,

Londres pousse à l'ouest. Tout avait commencé, au milieu du XVII⁰, avec le lotissement de Covent Garden : une PLACE ROYALE centrée non sur une statue mais sur une église. Dans un des axes de cette Covent Garden Piazza qui porte la marque d'Inigo Jones, viennent encore Lincolns Innfield et Red Leon Square. Guillaume III donne le signal de la marche vers l'ouest, lorsqu'en 1691 il abandonne Westminster, après l'incendie de Whitehall, pour Kensington, plusieurs kilomètres à l'ouest. Un but, désormais, rattraper Kensington. Un tracé en échiquier. Le gigantisme de Londres commande le recours aux voitures, donc de larges avenues. Cela, Nash (1752-1835) l'a compris. Les squares sont une des caractéristiques de l'urbanisme londonien au XVIII⁰ siècle. Toutes les formes géométriques viennent s'inscrire à l'intérieur d'un vaste rectangle. Depuis Soho Square qui date du règne de Charles II et Golden Square (1700) suivi de St. James Square (début XVIII⁰), Hannover Square, Berkeley Square, en passant par Grosvenor Square, Leicester Square, Bloomsbury Square, Cavendish Square... Un urbanisme sans excessive rigueur laisse à la Mégalopolis des Lumières une touche d'imprévu. Aucune des nombreuses places qui agrémentent le damier du nouveau Londres « ne paraît avoir comporté, même à l'origine, un programme de constructions uniformes, sauf peut-être St. James Square ». Les frères ADAM sont de bons architectes, mais John Nash, seul, est doué d'un véritable génie d'urbaniste ; les grandes pensées de Nash ne prennent corps qu'à l'extrême fin du XVIII⁰ siècle et au début du XIX⁰. Londres du moins, et c'est une supériorité sur Paris, a su prendre souffle sur de grands jardins : Green Park, St. James Park, Hyde Park... sont sans réel équivalent sur le continent.

LONGHI
Pietro Falca, dit Longhi, 1702-1785. Fils d'un fondeur d'argent. Élève de Crespi à Bologne. Peint à Venise depuis 1730 de très nombreux tableaux de genre et des portraits,

qui forment, comme les pièces de GOLDONI, une sorte de chronique des mœurs vénitiennes.

LOUISIANE

Explorée par Cavelier de La Salle, la Louisiane formait en 1713 le sud des territoires occupés par les Français depuis les Grands Lacs jusqu'au golfe du Mexique. La Nouvelle-Orléans est fondée en 1718. La Louisiane ne compte guère au XVIIIᵉ siècle plus de dix mille colons. L'ANGLETERRE obtient en 1763 la partie orientale (rive gauche du Mississippi). La Louisiane occidentale cédée à l'ESPAGNE est restituée à la FRANCE par le traité de Versailles (3 septembre 1783) contre Minorque et la Floride, en attendant d'être vendue par Napoléon aux États-Unis.

M

MABLY

Gabriel Bonnot de Mably, dit l'abbé Mably. 1709-1785. Frère aîné de CONDILLAC, familier du salon de Mᵐᵉ de Tencin dont le frère, le cardinal-ministre Pierre de Tencin, le prend comme secrétaire et compagnon de ses voyages (1741-1746). Auteur de plusieurs ouvrages sur les rapports de la morale et de la politique : *Entretiens de Phocion...* (1763) et *la Législation ou Principes des lois* (1776).

MAC ADAM

1756-1836. Ingénieur anglais de la voirie, il systématisa et perfectionna la technique de construction des ROUTES préconisée en FRANCE par l'ingénieur des ponts et chaussées Pierre Trésaguet.

MACHINES, MACHINISME

Le machinisme est lié à l'automatisme et donc à la découverte et à l'utilisation mécanique d'énergies capables de se substituer à l'énergie motrice primitive de l'homme et de l'animal domestique. Après avoir d'abord exploité l'énergie « naturelle » du vent et de l'eau (moulins, turbines) ou de la gravité

(pendules), on va apprendre au cours du XVIIIᵉ siècle à « fabriquer » des énergies nouvelles. Celle de la vapeur actionne dès 1700 le piston du forgeron Newcomen. Mais il faudra attendre les progrès de la production du FER (liée à celle du charbon), des TECHNIQUES métallurgiques et mécaniques, l'accumulation des capitaux et la multiplication des hommes éduqués au moment du *take off*, enfin d'une « théorie » de la machine, pour déclencher la deuxième révolution industrielle, au début du XIXᵉ siècle.

MADRID

Devenue la plus grande ville espagnole depuis la catastrophe qui a coûté à Séville, en 1649, la moitié de sa population, elle est à peu près à égalité avec LISBONNE, qui atteint 180 000 habitants à la fin du siècle, peut-être même légèrement en tête. On lui attribue 130 000 habitants environ en 1727. On dénombre alors dans la *Corte* 95 473 âmes de communion, « *sin religiosos, monjas, soldados ni hospicio* ». En 1797, on compte 170 000 âmes environ. La croissance est modeste. Elle suffit pourtant à assurer une bonne première place à Madrid devant Barcelone qui a triplé, de 37 000 habitants à la fin du siège en 1714 à 100 000 en 1797, Valence 95 000, Séville 80 000, Cadix 70 000, Porto 64 000, Grenade 60 000, Saragosse 55 000 et Malaga 50 000. Madrid doit trop au XVIIᵉ siècle pour que le XVIIIᵉ l'ait aussi profondément marqué. Malgré la dynastie et le personnel français amené en masse par les Bourbons, Madrid résiste beaucoup mieux que les VILLES du Nord à la séduction des modèles français. Madrid appartient avec l'ESPAGNE à l'univers des formes baroques persistantes. On s'en aperçoit dans les constructions de Rivera, la Caserne des gardes et ses nombreuses fontaines. Le pont de Tolède (1719-1731) avec ses fontaines, ses tourelles, ses oratoires, participe à un univers des formes qui comprend l'ALLEMAGNE catholique, l'Autriche danubienne et l'ITALIE du Nord. Sacchetti et

Rodriguez reconstruisent le Palais royal détruit par l'incendie de 1734, en respectant le plan de masse de JUVARA. Le XVIIe avait multiplié les PLACES à programme, l'effort d'URBANISME de Charles III (1759-1788) porte sur les jardins et les promenades, suivant le modèle de LONDRES, de PARIS et des villes du Nord : au nord, le long du Manzanares, les allées de la Florida, au sud, les Delicias. La promenade du Prado a été commencée plus tôt, dès 1745, sous l'impulsion de Hermosilla et de Ventura Rodriguez. Madrid, sur son plateau aride, reçoit l'eau de la Sierra. Elle a le goût méditerranéen des fontaines. Dans la grande perspective du Prado, trois d'entre elles placées au milieu de la chaussée contribuent au dessin d'une voie triomphale : la fontaine d'Apollon ou des Quatre-Saisons, la fontaine de Neptune et l'imposante masse de la fontaine de Cybèle qui est due au ciseau du Français Robert Michel. Madrid s'étend au-delà des jardins du Prado. C'est là qu'elle place l'équipement scientifique des Lumières : le Jardin botanique en 1755, réaménagé et agrandi en 1781, le musée des Sciences naturelles. Un quartier résidentiel prend appui sur le Retiro, à l'est de la masse centrale (Puerto Mayor, Calle Mayor, Plaza Mayor), legs de la tradition et du Siècle d'or.

MAGNASCO, Alessandro
1667-1749. Peintre génois, il séjourne à Florence où il entre au service de la Cour de Toscane, puis à Milan où il passera la plus grande partie de sa vie. Alliant le maniérisme et le fantastique, il crée pour exprimer ses mythes personnels un style d'une étrange et puissante originalité. Certaines de ses toiles annoncent de loin GOYA et les romantiques.

MALASPINA
Officier espagnol d'origine italienne, il participa à la fin du XVIIIe à l'exploration du Pacifique, au large des côtes de la Californie. De 1791 à 1794, il parvient jusqu'au mont Saint-Élie. Il est ensuite impliqué dans la disgrâce de Godoy.

MALESHERBES
Chrétien-Guillaume de Lamoignon de Malesherbes. 1721-1794. Descendant d'une famille de la noblesse parlementaire, directeur de la Librairie sous Louis XVI, émigré, rappelé en France par le procès du roi, guillotiné le 22 avril 1794. Illustration du libéralisme de la MONARCHIE administrative et de la profonde pénétration des pensées politiques des Lumières au sein de la « classe » politique et administrative, même en France à la fin de l'Ancien Régime.

MARIAGE, âge au
Mariage tardif, caractéristique de la démographie européenne (Est et Sud-Est exceptés). Relative ancienneté de ce modèle. Les moyennes européennes (Europe médiane, occidentale et méridionale) ont été calculées à partir de très nombreuses études régionales, qui permettent d'autre part d'établir une carte de plus en plus précise, au niveau des pays et des groupes de paroisses, des variations « moléculaires » du modèle. Voir entre autres les études de Beltrami sur Venise, de Desprez sur la Flandre rurale, le sondage de l'I.N.E.D. pour la Bretagne et l'Anjou, les études de Mohamed Ali El Kordi sur le Bessin, de Mme Quesnel sur le pays d'Auge, de Marie-Hélène Jouan sur Villedieu-les-Poêles.

I) Le Bessin. Nous le connaissons bien grâce à Mohamed Ali El Kordi : 112 paroisses, 500 km², 110 paroisses rurales ; 9 164 personnes soumises à la taille en 1700, 10 833 en 1750, 11 161 en 1789. A l'écart, Bayeux d'abord. Une ville moyenne, 6 020 habitants au début du XVIIe siècle, un peu plus de 10 000 à la veille de la Révolution. Il y a 100 cités de cette taille en France, 400 en Europe. Une bonne norme, à tout prendre, de la petite ville administrative et rentière. De 1660 à 1790, l'âge moyen au premier mariage des hommes s'établit à 28,4 ; 26,5 pour les femmes. Point haut à la fin du XVIIe avec 29,9 et 29 pour 1691-1700, haut niveau au début du XVIIIe siècle (28,8 et 27 pour 1701-1710), fléchissement normal à la fin du xviiie (24,2 et 25,2 pour 1781-1790). Notons au passage l'inversion d'âges assez fréquente à la fin du xviiie siècle. Ganiage, dans trois villages de l'Ile-de-France, arrive à 26,2 et 25,5 pour les filles. A Bayeux, l'âge moyen au remariage pour les hommes est de 37,8 et de 29,4 pour les femmes. Pour le Bessin rural, l'étude porte sur un comptage total et sur un échantillon de 367 familles complètes reconstituées, prises dans les paroisses de Trévières, Isigny et Saint-Vigor-le-Grand. Comme on peut en juger, les bases en sont saines. A Trévières, l'âge est élevé, les hommes ont en moyenne deux ans de plus que les nouvelles épousées. Bornons-nous aux femmes. 1672-1711 : 27,21; 1712-1721 : 27,26; 1772-1781 : 25,27; 1782-1792 : 21,18. Comme à Bayeux donc, fléchissement à la fin du siècle. Le gros bourg d'Isigny marque une modalité plus précoce : 1732-1742, hommes 29,1, femmes 26,8; 1753-1762, 26,9 et 24,2; 1783-1792, 27,9 et 24,9. 2) Villedieu-les-Poêles. Apparemment, peu de différence fondamentale. Tout se joue sur l'intervalle intergénésique. On connaît les âges réels vérifiés pour 606 hommes et 648 femmes dans le gros bourg de Villedieu, de 1711 à 1790. « L'âge modal est légèrement plus élevé pour l'homme que pour la femme : 26 ans contre 25. Par contre, la moyenne d'âge pour l'homme est inférieure (25 ans) : les hommes se marient en majorité avant 26 ans, ce que confirme l'âge modal (24,7 ans) plus faible que l'âge moyen, au contraire de ce qui se passe dans la plupart des cas. Pour la femme, l'âge médian est légèrement plus élevé (24,98 ans), la moyenne se situe à 25,2 ans. » Mlle Jouan, parfaitement au courant des moyennes françaises, peut donc écrire, d'un point de vue strictement comparatiste à l'intérieur de la structure européenne du mariage des Lumières : « On peut conclure en disant que hommes et femmes se marient jeunes. Qu'il y a plus d'hommes que de femmes mariés avant 26 ans, qu'après 35 ans la proportion des premiers mariages est inférieure surtout pour les hommes. » 3) le pays d'Auge. Le travail de Mme Ques-

nel sur Deauville, Saint-Arnault, Saint-Pierre, Saint-Thomas-de-Touques et Daubeuf s'intègre dans l'ensemble en cours de dépouillement des 600 000 actes de l'élection de Pont-l'Évêque. Ce point du pays d'Auge maritime appartient à une molécule de comportement proche de l'équilibre, obtenu ici avec un large intervalle intergénésique, une faible mortalité infantile, une augmentation progressive, à contre-courant de la tendance européenne, de l'âge moyen des premières noces féminines. Mme Quesnel s'appuie sur 1 435 mariages, 631 familles reconstituées, de 1680 à 1790 (peu de chose de 1620 à 1680). La moyenne d'âge des hommes, 26,8 ans, coïncide exactement avec l'âge moyen, de 26 à 27 ans. Mais l'âge recule. « Avant 1730, la tranche la plus épaisse est dans le groupe des 25-29 ans, après 1730, l'homme se marie plus tard, 30-34 ans. Pour la femme, la moyenne est à 26,4, le mode à 26. Notez la parfaite parité d'âge du couple. Elle est typique de la Normandie orientale. Avant 1730, le groupe d'âge privilégié est celui de 25-29 ans, après 1730, la proportion des femmes mariées avant 24 ans décroît, la proportion de celles mariées après 39 ans croît, mais la majorité des cas se place de façon presque égale de 25 à 34 ans. La proportion des femmes mariées de 20 à 24 ans décroît au moins jusqu'en 1760, tandis que le groupe des 30 à 34 ans est en augmentation constante au moins jusqu'en 1760 pour décroître très doucement ensuite. Il semblerait donc qu'on se marie de plus en plus tardivement jusque vers 1750-1760 pour revenir par la suite à un âge légèrement inférieur. » La cause est plaidée et bien plaidée !

MARIE-THÉRÈSE D'AUTRICHE

1717-1780. Succède à Charles VI en vertu de la Pragmatique Sanction et malgré l'opposition d'une partie des Grands Électeurs de l'empire. Épouse Charles de Lorraine, empereur en 1745, mort en 1765. Amorce, après la guerre de Succession d'Autriche et la guerre de Sept Ans, une série de réformes qui

INDEX DOCUMENTAIRE

concourent au développement de l'ÉCONO-
MIE et de l'instruction. On hésite à ranger la
pieuse Marie-Thérèse au nombre des despotes éclairés. Mais elle prépare la voie à
JOSEPH II.

MATHÉMATIQUES

Liées au départ à la physique, voire à la
comptabilité — Stevin est comptable, Cardan
médecin (XVIᵉ siècle) —, les mathématiques
se forment à la fin du XVIIᵉ siècle en science
autonome. Le mathématicien est le premier
savant au sens moderne du mot et le
XVIIIᵉ siècle cesse, dans son domaine, d'être
le siècle de l'amateurisme. Seule l'ASTRONO-
MIE, que la géométrie et la mécanique ont
dotée avant toute autre science d'un système
et d'une théorie, partage ce privilège avec les
mathématiques. Les perspectives ouvertes au
XVIIᵉ siècle par l'algèbre symbolique (Fermat, Descartes) et l'analyse infinitésimale
(LEIBNIZ et NEWTON) s'enrichissent au cours
du XVIIIᵉ grâce aux travaux des deux écoles
de Bâle (BERNOULLI, EULER) et de Paris
(d'ALEMBERT, CLAIRAUT, LAGRANGE).

MÉDECINE

Si l'esprit de système, inspiré par un mécanisme simpliste, cherche encore une explication commune à toutes les maladies (modification des mouvements internes de la
machine corporelle, déséquilibre entre les
humeurs et les parties solides, etc.), l'observation clinique développe au contraire une
séméiologie de plus en plus différenciée ;
c'est le vrai mérite du « solidiste » BOER-
HAAVE. L'anatomie pathologique contribue à
ce progrès avec les remarquables études de
l'Italien Morgagni. La lutte contre la MORT
bénéficie de l'emploi généralisé du forceps,
surtout d'une hygiène accrue et de mesures
de prudence telles que les quarantaines en cas
d'épidémie. La variole (qui intervient pour
30 p. 100 dans la mortalité infantile avant
quatre ans) recule en ANGLETERRE grâce à
l'« inoculation » en attendant, à l'extrême fin
du siècle, la vaccine de JENNER.

MEISSONNIER, Juste Aurèle
Turin, 1693-Paris, 1750. Orfèvre du roi puis
décorateur du Cabinet, chargé à ce titre de

créer les décors des cérémonies de la Cour.
Ses œuvres, civiles et religieuses, sont parmi
les plus caractéristiques du style rocaille.

MESLIER, Jean
1664-1729. Curé d'Étrépigny de 1689 à 1729.
Auteur de Mémoires — publiés après sa mort
— que leur violent anticléricalisme fit longtemps attribuer à VOLTAIRE.

MESMER, Franz Anton
1733-1815. Fameux magnétiseur et illuministe dont les « démonstrations » publiques,
ou celles de ses disciples (Deslon), connurent
un succès populaire de 1778 à 1784. L'Académie des sciences les condamna et Mesmer
dut quitter définitivement Paris. L'illuminisme quelque peu aberrant de Mesmer
s'intègre dans le grand courant de dépassement des positions courtes du rationalisme
voltairien et encyclopédiste qui prend appui,
dès le milieu du siècle, dans l'Europe du
Nord, et nourrit à la fin du XVIIIᵉ, partout, la
contre-offensive romantique. Les démarches
de Mesmer peuvent être comprises également comme une maladie infantile des
sciences nouvelles encore en gestation à la fin
du XVIIIᵉ siècle. Son succès accompagne à
cette époque les expériences menées depuis
MUSSCHENBROEK (1746) sur le magnétisme et
l'électricité et qui semblaient rendre vraisemblable le « fluidisme » mesmérien. (De
influxu planetarum in corpus humanum et
Mémoire sur la découverte du magnétisme animal, 1779.)

MÉTASTASE
Pietro Antonio Trapassi, dit Métastase. 1698-
1782. Un des grands librettistes classiques de
la première moitié du siècle. « Poète » officiel
de l'OPÉRA de VIENNE à partir de 1730, ses
succès tiennent plus à la musicalité du texte
qu'à la MUSIQUE elle-même.

MICROSCOPE
Contemporain de la lunette de Galilée (début
du XVIIᵉ siècle). Son optique reste pratique-

ment inchangée au XVIIIe siècle, mais cet instrument ouvre en profondeur un champ d'observations inépuisable qui révèle peu à peu la complexité de la nature vivante. La BIOLOGIE, l'anatomie tissulaire s'orientent grâce à son utilisation vers de nouvelles recherches. Mais dans l'ensemble une science très en retard sur l'expérimentation s'épuisera à chercher tout au long du siècle l'explication des phénomènes observés.

MONARCHIE
Régime très largement prépondérant dans l'Europe des Lumières et dont la théorie fera l'objet d'études nombreuses (tel *L'Esprit des lois* de MONTESQUIEU). Quelques exceptions mineures en ALLEMAGNE et en ITALIE, celle de la Suisse, celles dans une certaine mesure de la HOLLANDE sinon de la POLOGNE. Mais les régimes monarchiques varient sensiblement d'ouest en est : monarchie parlementaire en ANGLETERRE, monarchie administrative en FRANCE, despotisme éclairé dans les royaumes pionniers de PRUSSE, de RUSSIE, d'Autriche et de HONGRIE, formes archaïques et bâtardes en Pologne-Lituanie.

MONGE, Gaspard
1746-1818. Fondateur de la géométrie descriptive. Son œuvre, qui couronne les efforts entrepris dès le XVIIe siècle par les pionniers de la géométrie projective (Desargues, 1639), appartient au début du XIXe siècle. Mais les débuts de sa carrière — sa formation à l'École royale du génie à Mézières — illustrent l'importance du rôle joué, face à la déficience de l'enseignement universitaire, par les grandes écoles d'application militaires et techniques.

MONTESQUIEU
Charles de Secondat, baron de La Brède et de Montesquieu. 1689-1755. Études chez les oratoriens. Conseiller, puis président au PARLEMENT de Bordeaux (1714-1726). Accomplit un long VOYAGE d'études à travers l'Europe. *Lettres persanes*, 1721. En 1748, son ouvrage fondamental : *L'Esprit des lois*.

MOREAU, Jacob Nicolas
Avocat, auteur d'un pamphlet dirigé contre les encyclopédistes : le *Nouveau mémoire pour servir à l'histoire des Cacouacs* (1757). A rapprocher de la comédie satirique de Palissot (*Les Philosophes*, 1760).

MORT
Le recul de la mort qui permet à l'Europe de doubler sa population au cours du XVIIIe siècle se manifeste tant au niveau de l'enfant (diminution de la mortalité infantile) qu'à celui des adultes (augmentation de l'espérance de vie). Les causes de ce recul tiennent à un ensemble de progrès modestes plus qu'à une véritable mutation ; amélioration de l'hygiène et surtout de l'alimentation, mieux et partout plus régulièrement assurée. Les attitudes devant la mort changent elles aussi. Ce qui n'est pas surprenant. On commence seulement à s'en rendre compte, grâce à l'utilisation sérielle de sources nouvelles. Au premier chef, les testaments et, en pays catholique, les représentations picturales incorporées à la décoration des autels consacrés à la dévotion des âmes du purgatoire. (XVe-XIXe siècle). Dans toute l'Europe catholique et vraisemblablement même dans une bonne partie de l'Europe protestante (les pays où l'Église évangélique luthérienne est majoritaire) domine ce que l'on peut appeler avec Michel Vovelle une sensibilité baroque devant la mort. En Provence, l'apogée de cette piété baroque semble bien se placer entre 1680 et 1710. La fin du XVIIe siècle correspondrait donc à une sorte de sommet d'un style de mort qui s'est substitué, à la fin du Moyen Age et au début des temps modernes, à un style plus ancien, plus dépouillé et qui aurait survécu dans l'Europe orientale orthodoxe pendant toute la période moderne. Ce style de mort — nous l'avions déjà signalé — peut se caractériser par une hypersocialisation, un goût du spectacle ou de la prédication qui subsiste dans les milieux populaires jusqu'à la fin du XVIIIe siècle. Il se caractérise encore, en Provence, par un ensemble de traits que l'on peut résumer de

la manière suivante, à travers les témoignages des testaments retrouvés et analysés par Gabrielle et Michel Vovelle. Une relative homogénéité d'abord. Il y a un style uniforme au départ, à 80, 90 p. 100, qui ne tolère que de faibles variations. La crainte de la mort subite est à mettre en relation avec la dramatisation dans l'architecture du salut du dernier instant. Cette crainte appartient à une dramatisation générale : dramatique, la sensibilité BAROQUE oppose à une conception tragique de la vie une dramatisation du dernier moment du temps, avant l'irréversible engagement dans l'éternité. Il importe donc que toute la communauté entre en prière au moment de l'agonie. On se préoccupe de son vivant de l'organisation « au moment et à l'heure de la mort » des secours spirituels. « Ainsi le testateur », note Michel Vovelle avec beaucoup de finesse dans sa thèse, « entend-il se prémunir à l'égard des *surprises de la mort* [...] tout n'est peut-être pas joué [...] dans le jugement individuel qui suit la mort, il importe cependant de faire vite [...] tel notable marseillais met à la tâche les églises conventuelles aussi bien que paroissiales pour célébrer au jour de son décès 500 messes de *mortuis*, quitte [...] à terminer le lendemain si elles n'y peuvent suffire dans la journée. Désormais [...] l'âme du défunt ne peut plus être aidée que par les intercessions des vivants : du "cantat" à la neuvaine au bout de l'an et aux anniversaires, un rituel se déploie [...] » Rien là qui ne soit déjà de longue tradition. Une modification pourtant assez importante et qui va se préciser dans les premières décennies du XVIIIe : à la fondation de messes sont préférés désormais les achats de messes. Méfiance à l'égard des héritiers. Entrée d'un esprit de calcul dans une forme bizarre de comptabilisation de l'au-delà, voire amère expérience des liquidations de fondations au lendemain de la banqueroute de LAW? A l'égard du cadavre s'ébauche aussi un premier tournant. « Seul un peintre de Grasse », dans la longue série des testaments provençaux de Michel Vovelle, « déclare en 1743 donner son âme à Dieu, son corps aux vers et à la pourriture jusqu'à ce qu'il plaise à Dieu de le faire ressusciter. » « Si classique soit-il, note Vovelle, ce rappel isolé sonne presque comme incongru. De fait, sauf au niveau de l'Espagne, la version quelque peu morbide de la décomposition charnelle recule. Deux préoccupations toutes nouvelles, la crainte ou l'attrait du scalpel, la peur d'être enterré vivant. Cette préoccupation aura joué dans l'extension continue, au XVIIIe, du temps d'attente entre la mort et l'inhumation ; peut-être, aussi, aura-t-elle contribué à généraliser le cercueil qui prend la place de l'"à même la terre" ». Autre modification, la toilette mortuaire ; la chemise ou le linceul des danses macabres cède la place aux cadavres revêtus. Au début du XVIIIe siècle encore, un grand souci des détails de la cérémonie. Ce souci témoigne sur plusieurs plans. D'abord, d'un souci certain du rang. Admettons-le avec Vovelle, projection d'une société d'ordres qui ne le cède que très lentement aux progrès de l'individualisme. Une formule domine quant aux obsèques : « selon la coutume, selon l'usage, selon sa qualité, selon son état ». D'autres sont un peu moins précises : honorablement, honnêtement, dignement, avec honneur, décemment, convenablement. Du début à la fin du siècle, le tassement des formules est sensible. Vovelle l'a calculé avec précision — les formules apparaissent en Provence, dans 17 p. 100 des cas avant 1700, 5 et 6 p. 100 seulement à la veille de 1789. Mais les pourcentages sont plus élevés en pays niçois, à côté de l'Italie. C'est, au vrai, que le testament dévoile tout un déploiement rassurant de précautions et de gestes. Fondations de messes ou achats massifs de messes pour le temps court supposé décisif des premiers temps qui suivent la mort, un peu comme si le temps gagnait dans les représentations populaires sur l'éternité, déploiement de luminaires, intervention des pauvres... relayés souvent par les confréries de pénitents. Donc disposer pour l'aumône de l'intercession privilégiée des pauvres, des pauvres qui sont riches en esprit. Intercession du monde des vivants, intercession de l'armée du ciel. Toute une histoire est en cours qui permet de faire progresser la connaissance de la piété populaire vécue. Aux seuls mérites du Christ se superposent les chaînes multiples d'intercesseurs régionalisés, socialisés au gré des traditions, des coutumes, des périodes et des lieux. 1700, une piété baroque, solide, vivante, confortante... un peu simplette cherche dans la solidarité d'une société d'ordres, dans la multiplication des gestes au moment de l'agonie, et dans le temps incertain qui suit immédiatement la mort, réconfort et assurance. Mais la piété baroque majoritaire laisse la place chez une élite déterminée, partie *a contrario*, partie par un approfondissement personnel, à une attitude de totale pauvreté, de total dépouillement, d'absolu abandon à la seule grâce du Christ. Verbe incarné, mort et ressuscité, courant mystique, sensibilité augustinienne, archaïsme aussi. Ce sont ces attitudes opposées, donc solidaires, qui se dégradent tout au long d'un siècle à des vitesses différentes qui aboutissent à une géographie infiniment complexe et contrastée à la fin du XVIIIᵉ siècle. Vovelle distingue trois temps : 1710-1740, recul rapide, 1740-1760, palier, consolidation, voire courte remontée (en France, au sommet, ROUSSEAU contre l'athéisme encyclopédique), 1760-1790, l'effondrement. En un mot, la réduction des gestes, des sommes engagées, se place dans l'ordre de trois à un. Réduction des messes, du poids des cierges, des listes d'intercesseurs. Dieu cesse de s'incarner dans l'humainement accessible du Christ pour n'être que Dieu seul, mi-chrétien, mi-philosophe. Tous les dimorphismes du XIXᵉ s'ébauchent puis se creusent : dimorphisme sexuel de la piété féminine, dimorphisme des bons et des mauvais pays, des grands détachés et des petits fidèles, dimorphisme inversé des villes au XVIIᵉ encore meilleures que les campagnes, des campagnes résistantes et des populations urbaines déchristianisées. Il s'ensuit que la remontée des hautes eaux religieuses qui culmine dans les profondeurs sociales de la

pratique entre 1690 et 1710, en retard sur le cours des pensées, reflue très tôt et très vite au XVIIIᵉ siècle. Sans que les signes soient toujours faciles à interpréter, le recul de la sensibilité baroque, cette dégestualisation, est à la fois voulu par des courants chrétiens réformés et par le rationalisme philosophique. Dans un premier stade, religion de l'âme, christianisme éclairé et purifié et rationalisme des Lumières s'entendent contre les expressions baroques d'une civilisation traditionnelle, de transmission orale, depuis le début du XVIIᵉ siècle de plus en plus coupée des pensées de l'élite. Mais le fond est encore solide, il évite aux pensées des Lumières de prendre la mesure de leur échec face à l'essentiel.

MOZART, Wolfgang Amadeus 1756-1791. Fils et élève de Léopold Mozart (1719-1787), compositeur et maître de chapelle à Salzbourg. La courte vie de Mozart peut se subdiviser en quatre périodes : celle de l'enfance prodige et des récitals-exhibitions à travers l'Europe (1762-1772); celle du *Konzertmeister* au service des princes-archevêques de Salzbourg; celle du musicien indépendant (Vienne, Prague, mariage avec Constance Weber); enfin les trois dernières années, difficiles et fécondes : 1788-1791, qui suivent les grands triomphes des *Noces* et de *Don Juan*. La vie de Mozart coïncide, au terme des Lumières, avec une période de crise — celle d'une transition — qui affecte à la fois la MUSIQUE et les musiciens : la musique, art et service de Cour ou d'Église, achève de devenir partout art de ville, négocié par la finance et le grand public. Le musicien devient un créateur autonome, livré à lui-même pour le meilleur et pour le pire — Mozart en fit la tragique expérience. Age de transition marqué par le retour aux sources méridionales (la tradition se renforce des VOYAGES en Italie, de Winckelmann à Goethe). L'œuvre (six cents numéros de catalogue Köchel) est celle d'un génie exceptionnel, mais elle ne s'expliquerait pas sans cette « explosion musicale » qui accompagne dans

INDEX DOCUMENTAIRE

toute l'Europe médiane le progrès des Lumières.

MUSIQUE
Quatre foyers essentiels au XVIIIᵉ siècle : l'ALLEMAGNE moyenne de J.-S. BACH, PARIS, VIENNE, NAPLES. En Allemagne, outre Bach et ses fils, HAENDEL (qui suivra George Iᵉʳ à Londres), Telemann. A Paris, DE LA LANDE, COUPERIN, RAMEAU ; à Vienne, HAYDN, MOZART, GLUCK (qui suivra Marie-Antoinette à Paris); à Naples, SCARLATTI (mais VIVALDI est à Venise). Le sommet de l'ORGUE et du CLAVECIN avec BACH et COUPERIN, la promotion du VIOLON, dès le XVIIIᵉ, dans l'orchestre, l'apparition du PIANOFORTE dans la sonate et le concerto... Engouement pour l'OPÉRA, mais aussi succès grandissant de la musique instrumentale. Le XVIIIᵉ siècle est sans doute le grand siècle musical et baroque.

MUSSCHENBROEK, Pieter Van
1692-1761. Un des premiers disciples continentaux de NEWTON. Professeur de physique à l'université de Leyde. Se rendit célèbre par la fameuse expérience dite de la bouteille de Leyde, sur l'accumulation de l'électricité (janvier 1746).

MYSTICISME
Plusieurs courants mystiques ont traversé les Lumières, les uns nés au sein même des Églises comme les Réveils wesleyen et piétiste, fortement étayés par une discipline de vie, les autres en quelque sorte conjoncturels et liés directement ou indirectement — fût-ce en réaction contre lui — au mouvement philosophique : c'est le cas des illuministes et des pseudo-scientistes (mesmériens, lavatériens) de la seconde moitié du siècle. V. MESMER, LAVATER, WESLEY, etc.

N

NATTIER, Jean-Marc
1685-1766. Peintre de mode et de travestis mythologiques de la Régence (*Madame Victoire en allégorie de l'Eau*), émule, dans quelques toiles, de WATTEAU.

NAVIGATION
Peu de progrès dans la construction navale par rapport au XVIIᵉ siècle. Progrès toutefois des gréements, plus développés, surtout beaucoup plus maniables. Mais la navigation, en pleine croissance, va bénéficier de deux remarquables inventions techniques : le CHRONOMÈTRE et le sextant. Elles ont été favorisées par la création, à la demande des marchands du port, du Board of longitude de LONDRES. Depuis 1650, le problème du calcul exact des longitudes aura dominé, commandé l'avenir de la navigation. VOLTAIRE a cru sa solution impossible, Huygens lointaine. Vers 1775, le problème est pratiquement réglé. Car tout se tient : le sextant et le chronomètre expérimentés, testés par les grandes expéditions de la fin du siècle vont permettre de dresser, pour l'usage de tous, des cartes de plus en plus précises (voir Beautemps-Beaupré). L'État prend en charge leur publication : Dépôt des cartes et plans (1720), monopole de la fabrication (1773), Bureau des longitudes (1795). Mutation technique donc, mais dont on ne peut dissocier les multiples facteurs favorisants : économique, social, voire scientifique.

NÉO-CLASSICISME
Tendance générale de l'art après 1760. A l'origine, plus que les fouilles d'Herculanum et de Pompéi — peu avancées en 1760 —, ce qui a compté c'est la redécouverte du dorique à Paestum. Mais bien d'autres facteurs ont joué sans lesquels ne s'expliquerait pas le tournant de 1760 à l'ouest, de 1780 à l'est où le BAROQUE s'attarde. Changements sociaux apportés par la guerre de Sept Ans, fin de la surchauffe intellectuelle et de l'agitation mondaine des années 1720-1750 — ROUSSEAU en sera l'un des premiers conscient —, essor de l'HISTOIRE et de l'archéologie, etc. Le changement d'ailleurs est loin d'être simple et uniforme.

NEUMANN, Johann Balthasar
1687-1753. Sans doute le plus grand des
architectes de l'ALLEMAGNE baroque avec
HILDEBRANDT. Officier et ingénieur, il vient
assez tard à l'ARCHITECTURE. En 1723, il
soumet à Robert de COTTE et à Germain
BOFFRAND son premier grand projet, celui de
la Résidence de Wurtzbourg. Puis il donne
toute sa mesure avec la construction des
châteaux de Brühl et de Bruchsal, des églises
de Vierzehnheiligen et surtout de Neresheim : ici, pour la première fois, son architecture apparaît dépouillée de l'encombrante
scénographie des stucateurs rococo tandis
qu'à Wurtzbourg, elle sera parfaite, l'année
de sa mort, par un collaborateur d'un égal
génie, TIEPOLO : la voûte de l'immense escalier rococo s'augmente d'un ciel mythologique.

NEWTON, Isaac
1643-1727. Un des plus grands esprits de
tous les temps, constructeur de l'univers
moderne. Sa biographie (voir l'index de *La
Civilisation de l'Europe classique*) peut se résumer, pour l'essentiel, à son enseignement à
l'université de Cambridge, à ses travaux
d'astronome et de physicien, publiés dans ses
Principia (1687), son *Opticks* (1704) et sa
Method of fluxions and infinitiseries (1711), à
son activité de président de la ROYAL SOCIETY
(1703-1727). Les dates, tardives, de ses
publications ne livrent pas la chronologie
exacte de ses découvertes : le CALCUL INFINI-
TÉSIMAL (quelques années avant — et indépendamment — de LEIBNIZ) vers 1665, la
gravitation entre 1666 et 1686, le spectre vers
1672. Bien que cette œuvre appartienne
presque tout entière au XVIIᵉ siècle, elle dessine à hauteur des années 1680 un nouvel
horizon scientifique et, par la fécondité des
méthodes ainsi que des théories, esquisse
comme le plan de recherches du siècle qui
vient.

O

OBSERVATOIRES
C'est aux observations astronomiques organi-
sées dans les grands observatoires de PARIS

et de Londres-GREENWICH, autant qu'à VOL-
TAIRE et à Maupertuis, que NEWTON doit aux
alentours de 1750 sa renommée universelle :
la théorie entrait dans les faits. On leur doit
aussi ces précieuses tables de positions des
étoiles établies par FLAMSTEED, Hallers, Bradley, Mayer (à Göttingen) pour la NAVIGA-
TION. V. aussi TÉLESCOPES, HERSCHEL, etc.

OPÉRA
Né en 1606 avec l'*Orfeo* de Monteverdi,
l'opéra ne cesse de se modifier au cours des
siècles suivants, selon l'importance relative
accordée au texte, au chant, aux chanteurs, à
l'action ou à la musique. Le XVIIIᵉ siècle,
grand siècle de la MUSIQUE, est aussi grand
siècle de l'opéra. Mais le succès de l'opéra
témoigne — avec celui des concerts publics
de musique instrumentale (les concerts spirituels de Philidor par exemple) — de la place
croissante prise par la musique, à une époque
de relatif déclin théâtral.

OPPENORD
Gilles-Marie Op den Oordt, dit Oppenord,
1672-1742, fils de l'ébéniste Oppenhordt,
originaire de Hollande. Élève de J. HAR-
DOUIN-MANSART qui l'envoie à ROME où il
passera sept ans « à faire des études sur
l'Antique et sur le Moderne », entendez le
BAROQUE. A son retour (1709), il devient
l'architecte et le décorateur préféré du
Régent qui lui fait aménager le Palais-Royal.
Son style fait transition entre celui d'AUDRAN
et celui de MEISSONNIER. Un peu plus jeune
que Claude III Audran et Robert de COTTE,
il est le contemporain de BOFFRAND, qu'il
n'égale pas comme architecte. C'est essentiellement un décorateur ; en tant que tel, il
contribuera par ses dessins à répandre à
l'étranger le style rocaille français des années
1720-1730. Parmi ses œuvres, en dehors du
Palais-Royal : les boiseries de l'hôtel de Pomponne (1713-1715), les boiseries du salon de
l'hôtel d'Assy (1719-1729).

ORGUE
L'origine de l'instrument est ancienne
(hydraule alexandrine). Il n'a cessé de se

perfectionner jusqu'au siècle dernier : jeux d'anche, clavier à pédales, sommiers à registre et à gravures, augmentation — de un à cinq — du nombre des claviers, etc. Le XVIIIe siècle est celui de l'apogée, pour la MUSIQUE comme pour la facture. FACTEURS français : Clicquot, Thierry, Lefebvre ; Silbermann, l'Allemand, est le plus célèbre. Les premières pièces pour orgue semblent dater du XIVe siècle. Au XVIe siècle, le meilleur organiste est à Rouen : Titelouze. Au XVIIe : François Couperin, Buxtehude (le maître de Lübeck), Frescobaldi, organiste de Saint-Pierre. Le XVIIIe est dominé par J.-S. BACH.

OUDRY, Jean-Baptiste
1686-1755. Peintre de chasses, de natures mortes, mais aussi de paysages. Fournit dès 1726 de nombreux modèles à la Tapisserie de Beauvais dont il devient directeur — avec Nicolas Besnier — en 1734. On lui doit aussi une série de deux cent soixante-seize croquis que Cochin reprit pour illustrer les *Fables* de La Fontaine parues en quatre volumes de 1755 à 1759.

P

PALÉONTOLOGIE
La paléontologie ne s'impose que lentement. Elle suppose, elle aussi, une révolution des esprits qu'un VOLTAIRE même ne parviendra pas à accomplir, que BUFFON patiemment imposera. La paléontologie, née de la stratigraphie, restera liée à la géologie autant qu'à l'étude des fossiles et à l'anatomie comparée.

PALLADIANISME
A travers l'œuvre du Maître de Vicence, l'Antiquité a servi de modèle à plusieurs générations d'architectes, du XVIe au XVIIIe siècle. Palladien, notamment, le classicisme anglais, celui du « renaissant » Inigo Jones et dès le seuil du XVIIIe siècle, celui de Lord BURLINGTON, de Kent et de Campbell, après la tentation baroque du mi-XVIIe siècle, sous Charles Ier et Charles II.

PARIS
Faut-il accorder 400 000 habitants à Paris au début du XVIIe siècle ? Le chiffre de 500 000 vers 1700 est plausible, 550 000 en 1801 est sûr. Admettons près de 600 000 habitants à la veille de la Révolution. Si les 400 000 au départ du XVIIe ne sont pas trop généreux — mais ce point est sans doute à revoir —, la croissance de Paris a été lente au XVIIe et au XVIIIe. Au XVIIIe plus encore qu'au XVIIe. Le contraste avec LONDRES est frappant. Presque quintuplement d'une part, une croissance de 50 p. 100 d'autre part. Paris n'en est pas moins la capitale intellectuelle et artistique de l'Europe, plus que Londres qui est un pôle de croissance incomparable de l'ÉCONOMIE anglaise et mondiale. Dans le domaine scientifique, les deux capitales sont sensiblement à égalité. Paris, bien sûr, dès 1670 a souffert de VERSAILLES. Versailles, à la différence de Schönbrunn ou de Westminster et Kensington, est trop éloigné pour être rapidement absorbé par l'espace urbain principal. En toute justice, ce sont les 650 000 habitants de l'ensemble Paris-Versailles, vers 1785, qu'il faut comparer, alors, aux 800 000 de Londres. La distance subsiste, mais elle apparaît plus tolérable. Second contraste : si la population a évolué lentement, l'espace construit s'est rapidement multiplié. Gain, donc, de prospérité, preuve d'une concentration de puissance, de pouvoir et d'un gain substantiel de productivité. L'hôtel parisien est un laboratoire privilégié de l'esthétique des Lumières. Paris a souffert psychologiquement de l'éloignement de l'État. La plainte s'en est exhalée souvent et particulièrement dans un pamphlet intitulé *L'Ombre du grand Colbert* (1749, 2e éd. 1750) dû à La Font de Saint-Yenne. La MONARCHIE pourtant n'a jamais négligé Paris et elle a travaillé en collaboration avec la municipalité. Parmi les grands prévôts, on peut retenir après Pelletier (1668-1676), Trudaine (1716-1720) et Turgot (1729-1740), le père du grand Turgot. Assurer la police et d'abord la sécurité sur l'espace urbain a nécessité une prise en

charge de responsabilité par le roi. La fonction de lieutenant de police fut créée en 1667 pour Nicolas de La Reynie qui l'occupa trente ans. Rattaché à la Maison du roi, le préfet de police se substitue progressivement à la tête de la ville au prévôt des marchands. Mais Paris doit plus encore, au XVIIIᵉ siècle, à l'initiative privée, et plus encore à la spéculation foncière. L'enceinte de Louis XIII n'aura eu qu'une durée éphémère. La défense reportée aux frontières par la ceinture de fer de VAUBAN permet à Louis XIV de renoncer, dès 1670, à ce mythe gênant. Louis XIV autorise la transformation des fortifications en boulevards, de la porte Saint-Denis à la Bastille. La construction des portes à partir de 1670, Saint-Antoine appelé à disparaître, Saint-Denis et Saint-Martin toujours debout, marque d'une manière évidente la fin des fortifications : le mur des Fermiers-Généraux, à la veille de la Révolution, est plus fiscal que militaire. Il est déjà dépassé au moment où il s'élève. Paris, au XVIIᵉ siècle, juxtaposait, à l'intérieur de l'enceinte de Louis XIII, des espaces libres cultivés et un incroyable entassement entre les mailles trop minces des ruelles. L'œuvre d'aménagement du XVIIIᵉ tend à une certaine égalisation : disparition des espaces libres, mais aussi détassement du plus vieux bâti. Un règlement de 1783, par souci d'air et de lumière, fixera une largeur minimale aux rues nouvelles (30 pieds), une hauteur maximale aux façades des maisons (60 pieds). Mais l'œuvre du XVIIIᵉ, c'est aussi les nouveaux quartiers : la chaussée d'Antin, le faubourg Montmartre, etc. On multiplie les lotissements (voyez Choiseul, le duc d'Orléans...). « Depuis trente ans, écrit Mercier en 1788, on a bâti à Paris 10 000 maisons nouvelles ; la maçonnerie a recomposé un tiers de Paris ; on a spéculé sur les terrains ; on a appelé des régiments de Limousins. » La place est un élément important du XVIIIᵉ. On a vu les PLACES ROYALES. Le débordement du vieil espace urbain entraîne la naissance de places de portes. Un dessin en éventail vers la porte ; le modèle est romain. Le projet Aleaume (XVIIᵉ) à l'est n'ayant pas abouti, la place Louis-XV — telle que l'impose enfin GABRIEL — est un exemple mixte : place royale par la statue, place de porte par sa topographie. SOUFFLOT établit devant la colonnade du Louvre son projet de place de palais. Le travail de dégagement s'opère aussi devant les églises : places de parvis. Et comme tout est heureusement prétexte à dégagement, voici à la fin du siècle les places de théâtre : place de l'Odéon (1782) en face du monument de Peyre et Wailly construit de 1779 à 1782. Moins généreusement qu'à Londres, l'espace élargi de Paris s'agrémente également de promenades et de jardins. Dans la série des jardins clos, le Palais-Royal commencé par l'architecte Louis, à l'initiative du duc d'Orléans en 1780, dans la ligne des réussites du XVIIᵉ (Luxembourg et JARDIN DU ROI). Particularité de Paris par rapport à Londres : à côté des jardins, espaces plantés, soustraits à la circulation, les grandes avenues promenades. L'initiateur en est Louis XIV qui a transformé les fortifications en boulevards. Le XVIIIᵉ poursuit. D'Antin reprend l'œuvre de Le Nôtre, du Rond-Point (édifié en 1670) à la Butte de l'Étoile (1724) et Marigny jusqu'à la porte de Neuilly (1770-1772). En 1788 commence l'aménagement de la ligne des Fermiers-Généraux. L'URBANISME de la capitale, son aménagement deviennent de plus en plus affaire d'État : l'Académie royale d'architecture, depuis Colbert, le corps, puis l'École des ponts et chaussées après 1715 et 1741, le service topographique (plan régulateur de Verniquet) en 1785 contrôlent et déjà planifient. Le XVIIIᵉ siècle a construit peut-être plus que tout autre, on l'a vu. Non seulement des maisons et des hôtels (Soubise, Rohan, Biron, Bourbon, Matignon...), mais des écoles. Datent de cette époque l'École militaire (Gabriel, 1752-1769), la Monnaie (Antoine, 1768-1775), l'Odéon (Wailly et Peyre), l'École de chirurgie (Gondouin, 1769-1785), l'École de droit (Soufflot, 1771). Une telle masse architecturale suppose une concentration de richesses. Sur une échelle beaucoup plus modeste, Paris exerce sur l'espace français du XVIIIᵉ un rôle d'entraînement qui rappelle de très loin celui de Londres dans la transformation de l'économie et de la société anglaise.

PARLEMENT
(Opposition parlementaire en France au XVIIIᵉ siècle.) La MONARCHIE absolue en FRANCE est d'abord une monarchie administrative. Le roi, entendez l'État, c'est aussi ce corps collectif que Roland Mousnier dans une étude récente (*Le Conseil du roi de Louis XII à la Révolution*, P.U.F., Paris, 1970) a pu évaluer avec beaucoup de précision, en 1665, au début du ministère de Colbert, grâce à un document : *État général de la valeur et prix courant de tous les offices du Royaume, contenuz ès tables et Estatz faitz pour chacune des Générallitez cy après sur les procès verbaux et advis de Messieurs les Trésoriers de France*, à « 46 047 officiers royaux, soit 8 648 magistrats de judicature, 4 968 magistrats de finance, 4 245 receveurs payeurs et teurs contrôleurs, 27 327 officiers ministériels (huissiers, sergents, notaires), 1 059 officiers domaniaux et de police [...] » Au XVIIIᵉ siècle 60 000 officiers environ constituent la charpente de l'État. D'où l'importance du Parlement de Paris au sommet du corps des officiers, et d'où l'importance de l'opposition parlementaire (v. Jean Egret, *Louis XIV et l'opposition parlementaire, 1715-1774*, A. Colin, Paris, 1970). Traditionnel au XVIᵉ et au XVIIᵉ, le droit de remontrance avait été pratiquement aboli dans la pratique du règne de Louis XIV. La déclaration du 24 février 1673 avait enjoint aux cours souveraines d'enregistrer immédiatement tous les actes royaux « sans aucune modification, restriction ni autres clauses qui en fassent surseoir ou empêcher la pleine et entière exécution ». Une des premières conséquences de la réaction aristocratique de la Régence est le retour à la pratique des remontrances. Par la déclaration du 15 septembre 1715, le Régent admet qu'avant d'enregistrer, les cours sou-

veraines « puissent nous représenter ce qu'elles jugeraient à propos et ce [...] dans la huitaine au plus tard [...] » Les cours souveraines, parlement de PARIS en tête, étaient réintroduites dans la discussion des affaires publiques : douze parlements et deux conseils souverains (Perpignan et Colmar), le parlement de Paris les dépasse toutes par le nombre, le pouvoir et le prestige. Les ducs et pairs peuvent siéger à la Grand'Chambre et aux chambres assemblées. La Grand'Chambre est composée d'environ quarante magistrats à quoi s'ajoutent les cinq chambres des enquêtes et deux des requêtes. Certains parlements de province — les plus importants, Toulouse, RENNES, Rouen, Metz, Bordeaux — comptent environ une centaine de magistrats, les cours moyennes 60 à 70, les petites 20 à 30. Le ressort du parlement de Paris couvre le tiers du royaume. Paris, Besançon, Douai, Grenoble anoblissent au premier degré, les autres parlements ne donnent qu'une noblesse graduelle. Mais au XVIIIᵉ siècle, ce privilège — F. Bluche l'a montré — a beaucoup perdu de son intérêt : 80 p. 100 environ de ceux qui accèdent à cette magistrature suprême sont nobles ou anoblis. Cette structure nouvelle contribue à la dévaluation régulière des offices de judicature. Un office de conseiller de Paris qui valait 100 000 livres en 1715 n'en valait plus, malgré la dévaluation de la livre et le commencement de la hausse des prix, que 34 000 en 1751. Le premier conflit qui oppose les cours souveraines au pouvoir des ministres et des conseils se situe autour de l'enregistrement de la constitution *Unigenitus*. La bulle *Unigenitus* qui a été signée le 8 septembre 1713 par Clément XI, sur les instances de Louis XIV soucieux d'en finir avec l'opposition janséniste du monde de la robe, condamne cent une propositions contenues dans un livre qui a nourri pendant quarante ans la piété de la classe moyenne cultivée, dans les pays de langue française et de sensibilité augustinienne, les *Réflexions morales sur le Nouveau Testament* du père Pasquier Quesnel de l'Oratoire. Le milieu parlementaire s'était soumis par crainte. La constitution accompagnée d'une instruction pastorale commune rédigée par une commission de prélats français avait été acceptée par une assemblée réduite d'évêques (40 voix contre 9) qui s'était tenue du 16 octobre 1713 au 5 février 1714. Le parlement de Paris, par crainte et sur l'ordre exprès du roi, avait enregistré le 15 février 1715. Cette acceptation contrainte, dans les facultés de théologie, le bas clergé, les communautés régulières, une fraction importante de la robe, était une acceptation du bout des lèvres. La réaction contre la bulle constitue un des aspects les plus populaires de la réaction de la Régence. La résistance commence après la mort du grand roi (1ᵉʳ septembre 1715), elle culmine le 5 mars 1717 dans l'appel des quatre évêques au pape mal informé du futur concile. Dans la guerre des appels et des mandements qui se déchaîne de 1717 à 1720 et les condamnations romaines à l'encontre des appelants, le milieu parlementaire occupe une position apparemment centriste. Apparemment seulement. Certes, il s'inquiète du richérisme des éléments les plus en flèche du bas clergé, mais dans l'ensemble, il gêne Rome et les évêques constitutionnaires. « Plusieurs parlements n'hésitent pas à frapper les mandements des prélats trop fidèlement dévoués à Rome ». Presque partout où un conflit surgit entre l'évêque constitutionnaire et un corps intermédiaire d'Église appelant, le parlement prend parti contre l'évêque, entendez contre Rome et le feu roi. Le Régent qui veut la paix a obtenu par transaction entre les évêques et les deux partis un corps de doctrine qui précise le sens des propositions condamnées et qui est susceptible d'être accepté par les modérés des deux camps. Une déclaration royale du 4 août 1720 ordonne l'observation de la bulle éclairée par les commentaires de 1714 et de 1720. Une longue bataille va s'engager autour de l'enregistrement de cette nouvelle formule de paix. A Paris, le combat est conduit par un conseiller — clerc de la Grand'Chambre —, René Pucelle. On ne

peut arracher à ce parlement de Paris qu'un enregistrement restrictif et du bout des lèvres le 4 décembre 1720. Fleury, après la mort du Régent, s'attaque à ce travail de Pénélope. La déclaration du 24 mars 1730 réclame à nouveau et cette fois avec moins de précautions l'acceptation de la constitution *Unigenitus* comme loi de l'Église et du royaume. Nouveau combat, long, multiple et harassant. Le combat de l'opposition projanséniste du milieu parlementaire se prolonge sous des formes diverses jusqu'au milieu du siècle. C'est alors que le conflit prend une violence extrême dans l'affaire des sacrements. Christophe de Beaumont devient en 1746 archevêque de Paris. Sous son ministère, le refus des sacrements aux jansénistes notoires se multiplient à partir de 1749. On sait les très graves conséquences civiles qu'une telle décision est susceptible d'entraîner. Le combat parlementaire soutenu par le parti philosophique glisse donc insensiblement et plus ou moins consciemment du plan purement théologique au plan de la défense des libertés individuelles. Après plusieurs refus dont sont victimes quelques membres notoires de la robe janséniste parisienne, le Parlement, défenseur du corps et du droit, passe à l'attaque dans ses remontrances du 4 mars 1751. Au cours de l'année 1751, les incidents se multiplient entre l'archevêque Christophe de Beaumont et le chancelier Lamoignon d'une part, la majorité du parlement de Paris d'autre part, jusqu'aux lettres de cachet du 28 novembre 1751. En septembre 1754, après trois ans de paralysie de l'appareil judiciaire, le roi capitule devant les parlements. Encouragé par son succès, le Parlement part en guerre contre les évêques constitutionnaires les plus actifs. La tension est à nouveau extrême au moment du lit de justice du 13 décembre 1756. L'expulsion des JÉSUITES EN 1764 est une victoire de la robe parlementaire. Enhardie par son succès de 1754-1756, l'opposition parlementaire va désormais s'attaquer à la politique fiscale de la monarchie. Deux impôts sont régulièrement visés : le vingtième et la corvée. Le vingtième

parce qu'il ne respecte pas le privilège nobi-
laire, le vingtième et la corvée parce que leur
administration est du ressort exclusif des
intendants. La résistance antifiscale des cours
souveraines est une réaction aristocratique
qui affecte de parler au nom de l'intérêt
commun. Voyez la remontrance de la cour
des aides de Paris du 6 mars 1775 qui ose
proclamer que le vingtième « est une injustice commise envers la Nation d'après le
grand principe qu'un roi ne doit jamais imposer sur ses sujets ni plus ni moins que ce
qu'exigent les besoins de l'État ». L'hostilité
au vingtième provient du fait qu'il est assis
sur les propriétaires fonciers, petits mais surtout grands, du fait que l'établissement du
rôle confié aux agents de l'intendant échappe
aux complicités locales protectrices des officiers. L'hostilité des cours s'exerce
constamment à l'encontre des fermiers généraux entre les mains d'une bourgeoisie
d'affaire dynamique qui s'oppose aux
couches anciennes de l'office et de la robe.
Ces attaques constantes et la rancune du roi
qui ne pardonne pas ses échecs de 1753 à
1757 et l'exil des jésuites, le désir de réformes
d'une partie des membres du gouvernement
vont amener à l'épreuve de force des années
1770. Le procès du duc d'Aiguillon constitue
le *casus belli*, mais il est préparé par une suite
convergente d'incidents. Conflits à Besançon
et à Dijon, les enregistrements forcés de 1763
à Grenoble, Rouen et Toulouse, la punition
des parlements rebelles de Pau et de Rennes.
Le 3 mars 1770, le parlement de Rouen
ouvre une information contre le duc d'Aiguillon. L'ancien commandant en chef responsable des poursuites contre le conseiller
La Chalotais demande à être jugé contre
l'avis du roi par la cours de Paris. Le procès
d'Aiguillon change rapidement de forme : il
devient le procès par les cours souveraines de
la monarchie administrative centralisée. Le
roi arrête le procès. Le Parlement perd toute
mesure. C'est alors que le chancelier Maupeou décide cette réforme profonde de la
magistrature et de l'enregistrement des lois
qui commandait tout progrès ultérieur de

l'État, toute réforme en profondeur, toute
réduction progressive des privilèges, 22 janvier 1771, départ pour l'exil des parlementaires ; février 1771, réorganisation profonde
des structures administratives de la France.
Les débuts sont difficiles. Après quatre ans,
il semble que le combat est gagné, le public
commence à apprécier à l'usage la supériorité
des nouvelles juridictions ; malheureusement, la mort prématurée de Louis XV et
l'insigne médiocrité de son successeur
entraînent l'annulation de l'édit de février
1771. Le triomphe parlementaire de 1775
ouvre la voie sans frein à la réaction aristocratique. Du même coup la Révolution
l'emporte, à terme, sur la réforme.

PARMENTIER, Antoine-Augustin
1737-1813. Pharmacien dans l'armée de
Hanovre, durant la guerre de Sept Ans, pharmacien en chef des Invalides en 1772.
Recommande en 1769 — année de mauvaises
récoltes en FRANCE — la culture de la pomme
de terre, introduite en PRUSSE dans le cycle
de l'assolement.

PASSAROWITZ
1718. Les victoires de Jean Sobieski au KAH-
LENBERG (1683) et du Prince EUGÈNE à
ZENTA (1697) avaient obligé les Turcs à
consentir d'importantes concessions aux
puissances européennes pour obtenir la
trêve, à CARLOVTSI, le 26 janvier 1699. Ils se
reprirent dans les années suivantes ; les
Russes, battus au nord du Prut, durent leur
rendre AZOV, les Vénitiens harcelés éva-
cuèrent la Morée. Mais l'Autriche intervint et
le Prince Eugène infligea aux Turcs une
seconde série de défaites, à Peterwardein et à
Belgrade. Le traité de Passarowitz (21 juillet
1718) marquait le deuxième recul turc en
Europe ; la Turquie abandonnait à l'Autriche
le banat de Temesvar, Belgrade et la vallée de
la Morava, qui couvrent désormais l'EMPIRE,
dans ce secteur clef des Balkans.

PATTE, Pierre
1723-1814. Architecte, décorateur, théoricien d'un URBANISME inspiré de BLONDEL et

de considérations nouvelles sur l'hygiène, l'aération, etc. dans les villes. Il achève entre 1774 et 1777 le *Cours d'architecture* que Blondel n'a pas terminé. Publie des *Mémoires sur les objets les plus importants de l'architecture* en 1765 et, quatre ans plus tard, son recueil des *Monuments à la gloire de Louis XV*.

PAYS-BAS MÉRIDIONAUX
Les Pays-Bas méridionaux, séparés des Pays-Bas du Nord (PROVINCES-UNIES ou HOLLANDES), amputés de plusieurs provinces par Louis XIV, passent en 1713 sous la domination autrichienne (1713-1790). Le XVIIIᵉ siècle est un siècle de développement et de paix relative (occupation française de 1745 à 1748, après Fontenoy) comparativement au XVIIᵉ, « le siècle du malheur » des historiens belges.

PEINTURE
L'évolution qui mène *grosso modo* le siècle (après 1680) du BAROQUE au NÉO-CLASSICISME ne va pas sans rupture, sans exceptions, ni variations. Aussi faudrait-il mettre au pluriel classicisme, baroque, néo-classicisme. ROCAILLE française des menus décors, baroque des grands édifices religieux et royaux de l'Europe médiane, néo-classicisme antifrançais de l'ALLEMAGNE de Winckelmann, retour à l'antique des enfants prodigues de la latinité, classicisme intimiste et romantisant anglais. Des déclins : la HOLLANDE, l'ESPAGNE (avant GOYA), l'ITALIE (Venise exceptée), une continuité française, une renaissance anglaise... Ici et là des écarts économiques, des différences dans l'état des sociétés influencent l'esthétique, retentissent sur le nombre, la taille, la nature des commandes. Mais presque partout les grands sujets, les grandes surfaces — sauf dans l'Allemagne catholique — sont abandonnés. La grandeur ne se survit que dans l'imaginaire, jusqu'au réveil passager de la Grèce et de Rome. Le portrait, le décor de boudoir réduisent les toiles. La peinture s'accorde aux dimensions nouvelles de la vie sociale repliée sur la famille ou... la fête galante. Pour la

FRANCE : WATTEAU, BOUCHER, CHARDIN, GREUZE, FRAGONARD. Pour l'ANGLETERRE : HOGARTH, REYNOLDS, GAINSBOROUGH. Pour l'Italie : TIEPOLO, Guardi, CANALETTO, Vénitiens.

PELLEGRINI, Giovanni Antonio
1675-1741. Élève de S. Ricci. Peintre mondain de tableaux religieux.

PERGOLÈSE
Giovanni Battista Pergolesi, 1710-1736. Premières études au conservatoire des Pauvres de NAPLES. Son œuvre tient tout entière dans les cinq dernières années d'une vie tôt interrompue par la maladie : trois opéras bouffes dont la fameuse *Servante maîtresse*, qui fut à l'origine de la querelle des Bouffons en 1752, un OPÉRA *seria (L'Olympiade)*, quelques belles pièces de musique religieuse dont un *Stabat Mater*.

PERMOSER, Balthasar
1651-1732. Sculpteur allemand né en haute Autriche. Auteur de la STATUAIRE qui orne à Dresde le Zwinger de l'architecte PÖPPELMANN. Exemple significatif de l'influence italienne prédominante dans la première moitié du XVIIIᵉ siècle allemand, avant la diffusion du style ROCAILLE par les gravures d'Augsbourg.

PESTE
Disparaît au cours du siècle. Entre 1708 et 1713, la longue guerre du Nord (1699-1721) et la crise de subsistances la firent réapparaître en plusieurs pays : en POLOGNE, en PRUSSE-Orientale, en Scandinavie. Dans l'Europe du Nord-Ouest, elle cède aux rigoureuses mesures de prévention prises par les États : la peste de Marseille est un accident.

PHILOLOGIE
L'horizon 1680 s'ouvre, comme en d'autres domaines, sur des perspectives nouvelles en matière de linguistique. Le comparatisme avait pris son premier essor avec LEIBNIZ, l'étude des langues anciennes reprend, après un XVIIᵉ siècle assez terne, un développement qui rayonne depuis Leyde et la jeune université de Halle. Principaux artisans de ce nouveau départ philologique : Keller et

INDEX DOCUMENTAIRE

WOLFF à Halle, les Français Du Cange et
Richard SIMON.

PHILOSOPHES, PHILOSOPHIE
Philosophes : pour DIDEROT comme pour
Palissot et beaucoup de leurs contemporains
français, les « encyclopédistes ». Dans un
sens plus général, tous ceux qui osent, selon
la définition kantienne de l'*Aufklärung*, penser par eux-mêmes en dehors de toute tutelle
autoritaire. L'impératif kantien suggère
l'aspect moralisant, souvent militant, des diffuseurs des LUMIÈRES. Quant à la philosophie
— mot moins fréquent dans les textes de
l'époque —, son objet varie de Descartes à
LOCKE et à KANT, les uns distinguant formellement son champ d'application des
domaines réservés de la foi et du for intérieur, les autres l'étendant à tout le domaine
de la connaissance et de l'être (Nature) — il
faut l'entendre ici au sens de Cassirer, de tout
ce qui concourt à définir l'esprit de l'époque.

PHYSIOCRATIE
C'est plus qu'une doctrine, une véritable
philosophie économique, fondée sur le postulat d'un « ordre naturel » : *Constitution
naturelle du gouvernement*, précise le sous-titre
de QUESNAY (*Physiocratie*) maître à penser de
la nouvelle école. Le *Tableau économique*, de
Quesnay encore, contient sur le plan technique une analyse pour la première fois précise des circuits économiques, des relations
sociales dans leur lien avec la position de
chacun dans la chaîne des échanges. Cependant, l'attribution à la seule agriculture et aux
seuls paysans de la capacité de « produire »
(le « revenu net » des physiocrates), en
contraste avec les autres catégories économiques, facteurs de transformation (industriels, commerçants), apparaît à la veille de la
première révolution industrielle comme une
thèse partielle et dépassée.

PIANOFORTE
Les premières pièces pour piano — les
sonates de HAYDN — datent de 1763. Elles
marquent le début de ce que l'on a appelé

l'ère du piano, c'est-à-dire de sa diffusion
généralisée et de sa substitution au CLAVECIN.
Le piano dérive non du clavecin, instrument
à cordes pincées, mais du clavicorde, à
cordes frappées, lui-même issu de l'ancien
« cymbalum », et dont l'usage s'était développé à partir du XVe siècle. Le premier FAC-
TEUR de pianos semble avoir été Bartolomeo
Cristofori, à Florence, qui désigne encore son
instrument du nom de cymbalum : *gravicem-
balo col piano et forte*, d'où l'on tirera par
réduction le nom de piano. Silbermann, le
fameux facteur de clavecins, fut le premier
grand diffuseur du nouvel instrument (J.-
S. BACH l'utilisera avec quelque réticence).
Mais c'est au Français Érard qu'on doit, au
début du XIXe siècle, la mise au point définitive de la mécanique « à double échappement » qui assurera la victoire du piano sur
les instruments traditionnels à cordes pincées
ou frappées.

PIAZZETTA, Giambattista
Venise, 1683-1754. Élève du peintre bolonais
Crespi, comme Pietro LONGHI, il subit aussi
l'influence des Carrache. Compose sur
commande de nombreux tableaux à sujets
religieux (*La Gloire de saint Dominique*,
L'Assomption, Éliézer et Rébecca). Ses toiles,
assez sombres et contrastées avant 1740,
s'éclairent de tons légers dans le style vénitien
caractéristique de l'époque. Piazzetta est
aussi l'illustrateur de plusieurs ouvrages dont
une *Jérusalem délivrée* (1745).

PIGALLE, Jean-Baptiste
1714-1785. Élève à Paris de Robert Le Lorrain, l'auteur des *Chevaux du soleil*, et de
J.-B. Lemoyne (1704-1778). Fait à son
compte le VOYAGE d'Italie, ayant échoué au
concours de l'Académie. Il y est reçu à son
retour après la réalisation de son *Mercure
attachant ses talonnières* dont il avait esquissé
le modèle en Italie. Cette première œuvre lui
attire les faveurs du roi et de Mme de Pompadour. Professeur à l'Académie en 1752, il en
devient le recteur en 1777. Style animé et
harmonieux où s'équilibrent les deux

influences BAROQUE et antiquisante. Principales œuvres : les mausolées de Maurice de Saxe (Saint-Thomas de Strasbourg) et du comte d'Harcourt (Notre-Dame de Paris), le fameux nu de Voltaire (1776), des statues « mythologiques » d'une facture réaliste comme *La Déesse de l'amitié* (Mme de Pompadour), de nombreux bustes et de remarquables petites effigies d'enfants.

PIRANÈSE

Giambattista Piranesi, 1720-1778. Architecte, dessinateur et graveur. Ses planches gravées ont fourni aux artistes néo-classiques un abondant et superbe répertoire de motifs décoratifs inspirés de l'antique. Les suites les plus célèbres sont *Les Prisons, Les Vues de Rome antique* et *les Vues de Paestum* (1778). Piranèse, né à Venise, s'installa à ROME en 1745 et c'est là qu'il exécuta la plus grande partie de ses gravures. C'est un védutiste visionnaire et son interprétation grandiose des modèles anciens en fit à la fois l'un des maîtres du retour à l'antique et l'un des précurseurs du romantisme européen.

PLACES ROYALES

La place royale constitue, du XVIe au XIXe siècle, l'élément principal des programmes architecturaux urbains. Le rôle de ces places reste au XVIIIe siècle l'embellissement des villes plutôt que leur aménagement. VOLTAIRE, vers le milieu du siècle, en fait aigrement la remarque. Elles sont le signe au sein de la ville de l'alliance entre celle-ci et la MONARCHIE, le lieu d'une présence glorieuse matérialisée par la statue royale. Mais, avec le roi, ces places progressivement « représentent » l'État par la réunion des principaux édifices publics : hôtel de ville, palais du gouverneur, théâtre, etc. qui vont faire de telle d'entre elles un centre à la fois gouvernemental, commercial et culturel ; voyez en province RENNES et Nancy, à PARIS la Concorde dans la perspective du Louvre. A Nancy, la place royale — actuelle place Stanislas, à l'origine place Louis-XV — n'était qu'un des éléments d'un ensemble propre-

ment urbanistique destiné à relier la ville ancienne à ses nouveaux faubourgs. Cette évolution en trois étapes est significative. P. Lavedan souligne le caractère « recueilli » des premières places royales (voyez la place Dauphine), « établies à l'écart du courant de circulation », fermées sur elles-mêmes. Plus tard, au contraire, ces places concentreront une grande partie de l'activité urbaine avant d'être ouvertes au XIXe siècle au trafic. Il serait instructif de dresser la carte de cet URBANISME de prestige (on a évoqué ici LISBONNE, COPENHAGUE, BRUXELLES, SAINT-PÉTERSBOURG) et d'y suivre à travers l'Europe des Lumières l'évolution de cet urbanisme vers un urbanisme d'aménagement, amorcé à la fin du XVIIIe siècle, prioritaire au XIXe siècle en raison de la croissance accélérée des villes et des problèmes, déjà, de la pollution.

POLOGNE

La grande Pologne des Jagellon est en voie de décomposition depuis la mort du dernier roi héréditaire (1572). Elle subit le sort du Saint Empire, sans qu'aucune PRUSSE ou aucune Autriche n'émerge de la poussière de ses petites « républiques » aristocratiques, où les diétines, et quelques magnats, font le roi et la loi. Hors d'état d'organiser au-dedans l'indispensable « rattrapage », la Pologne se trouve au-dehors à la merci de toutes les convoitises et de toutes les pressions : Charles XII en 1704 lui impose Stanislas Leczinski, en 1764, CATHERINE lui imposera Stanislas Poniatowski. Les réformes tardives et maladroites des Czartoryski (1764-1767), le catholicisme militant et intolérant des Confédérés de Bar (1768) serviront de prétexte à l'intervention étrangère et au premier partage de la Pologne en 1772. De nouvelles réformes entreprises plus tard dans l'esprit du chancelier ZAMOYSKI ne pourront pas éviter la disparition de l'État polonais.

POMBAL

Sebastião José de Carvalho e Melo, marquis de Pombal (1699-1782). Premier ministre de

Joseph Ier de Portugal, il applique une politique étroitement apparentée à celle du despotisme éclairé. Élimination des résistances politiques et religieuses (exécution du duc d'Aveiro, condamnation et expulsion des JÉSUITES), renforcement de la centralisation administrative. Sur le plan économique : mesures protectionnistes, création de manufactures privilégiées, politique de grands travaux (parmi lesquels la reconstruction de LISBONNE après le tremblement de terre de 1755) développement et laïcisation de l'instruction. Cette politique de réformes, rigoureuse et autoritaire, lui attire des haines qui entraînent sa démission et son exil sur ses terres après la mort de Joseph Ier (1771).

POMORJE
Région de la RUSSIE du Nord située en bordure de la mer Blanche.

POPPELMANN, Mattheus Daniel
1662-1736. Architecte allemand, auteur de la cour du Zwinger à Dresde. Cette cour, destinée à servir de cadre permanent aux fêtes données par l'Électeur de Saxe, Auguste Le Fort, s'apparente par son style à l'art de l'école autrichienne. La STATUAIRE qui la décore est l'œuvre de PERMOSER. Cas limite de l'expérience BAROQUE, qui se désintègre ici de façon significative, la décoration se détachant de l'architecture pour vivre une existence autonome, en communication directe avec la nature.

PORCELAINE
La porcelaine européenne date du deuxième quart du XVIIIe siècle. Antérieurement à 1720 la porcelaine vraie (kaolin et pétunse) est importée de Chine (voir COMPAGNIES DES INDES ORIENTALES). On fabriquait à la vérité dans plusieurs manufactures des porcelaines tendres, très répandues en ANGLETERRE, et des porcelaines dures à base d'ingrédients divers, par exemple de poudre d'os, fragiles et rayables, de consistance vitreuse et non translucide. C'est vers 1710-1720 que fut connu à la faïencerie de Meissen sa composi-

tion et son mode de fabrication, tenus secrets par les artisans de Ching-tö-chen. Les manufactures de porcelaine se multiplient dès lors en ALLEMAGNE : après Meissen, Vienne (1732), Höchst (vers 1750), Nymphenburg (vers 1760), etc. En Angleterre, Chelsea fabrique de la porcelaine après 1750, comme en FRANCE Strasbourg et Vincennes (1752), puis Sèvres (1756), sous l'impulsion de Mme de Pompadour. Les motifs chinois du décor sont imités, puis librement interprétés par les peintres, après avoir été rassemblés dans plusieurs recueils de gravures (Fraisse, *Livre de dessins chinois*, 1735). WATTEAU décore le château de la Muette de « chinoiseries » et BOUCHER fournit dans sa *Suite de figures chinoises* des modèles qui seront reproduits dans toute l'Europe.

PRANDTAUER, Jakob
1660-1726. Architecte autrichien, auteur du chef-d'œuvre de l'architecture religieuse BAROQUE : l'abbaye de Melk.

PRIESTLEY, Joseph
1733-1804. Théologien calviniste, attiré par le jansénisme, converti plus tard à l'unitarisme, défenseur en ANGLETERRE de la minorité catholique, Priestley semblait voué à une carrière exclusivement religieuse. La passion de la recherche, des dons exceptionnels d'expérimentateur, le hasard des rencontres ou des voisinages — une brasserie voisine sera l'occasion d'études sur la fermentation — le conduisent sur le chemin des découvertes. La plus importante est celle de l'oxygène, qu'il isole en 1774 en chauffant de l'oxyde de mercure à l'aide d'une lentille. Puis, en 1775, il montre que ce gaz, qu'il appelle air déphlogistiqué, car découvreur croit encore à l'animisme de Stahl, entretient la respiration (communication du 25 mai 1775 à la ROYAL SOCIETY). Dans le même temps, LAVOISIER faisait en France des observations à peu près identiques, mais seul en tira la conclusion que l'oxygène constituait un des composants de l'air, qui cessa enfin d'être considéré comme un corps simple.

PROVINCES-UNIES

Première puissance commerciale et maritime de l'Europe au XVIIᵉ siècle, elle est supplantée vers 1730-1740 par l'ANGLETERRE. Les crises politiques (conflits avec les stathouders) et surtout la guerre avec l'Angleterre (1780-1784) amènent un déclin. Mais la banque hollandaise reste l'une des premières d'Europe. Déclin de l'art après une extraordinaire floraison picturale au XVIIᵉ siècle. La science est représentée par les savants de l'université de Leyde, le physiologiste BOERHAAVE et l'expérimentateur MUSSCHENBROEK (bouteille de Leyde).

PRUSSE

A l'origine, simple marche de l'EMPIRE aux confins du monde slave, puis, en 1356, électorat de Brandebourg entre Elbe et Oder. Avec l'avènement des Hohenzollern (1415) et grâce à la *Disposito Achillaea* de 1473, règle de succession qui empêche le démembrement des domaines électoraux, le Brandebourg devient un des États importants de l'Empire. Le partage de la succession du duc de Clèves (1614), l'héritage de la Prusse à la mort du duc Hohenzollern, Albert Frédéric, l'acquisition lors des traités de Westphalie (1648) des évêchés de Minden, Magdebourg, Halberstadt et de la Poméranie agrandissent le territoire mais accroissent son éparpillement du Rhin au Niémen. Les réformes centralisatrices et la constitution d'une armée permanente, menées à bien par le Grand Électeur Frédéric Guillaume (1640-1688), marquent le début d'une politique qui permettra à la Prusse de faire pièce à l'hégémonie autrichienne sur les pays germaniques. Le XVIIIᵉ siècle s'ouvre sur la transformation de l'Électorat en royaume (Frédéric Iᵉʳ, premier roi de Prusse, 1700). Ainsi l'ascension de la Prusse est le fruit d'une politique dynastique de continuité dont les objectifs et les moyens sont pour une large part déterminés dès le XVIIᵉ siècle. Il revient aux deux souverains du XVIIIᵉ; le Roi-sergent (1713-1740) et surtout à FRÉDÉRIC II (1740-1786) de faire accéder la Prusse au rang de grande puissance. Grâce au génie de ce dernier, la Prusse, État-frontière d'une Europe en expansion, tend à « rattraper » dans tous les domaines la FRANCE et l'ANGLETERRE.

Q

QUESNAY

1694-1774. Chirurgien du roi, passionné d'ÉCONOMIE, un des principaux représentants, avec Turgot, de l'école PHYSIOCRATIQUE. Rédigé pour l'ENCYCLOPÉDIE des articles consacrés à l'agriculture. Auteur de nombreux ouvrages, dont les *Maximes générales du gouvernement économique d'un royaume agricole* (1760) et une *Physiocratie ou Constitution naturelle du gouvernement le plus avantageux au genre humain* (1768).

R

RAMEAU, Jean-Philippe

Dijon, 1683-Paris, 1764. Biographie dans *La Civilisation de l'Europe classique*. Auteur dès 1722 d'un important *Traité d'harmonie* (l'harmonie « réduite à ses principes naturels ») et d'autres traités théoriques. Compositeur de musique de la Chambre en 1745, des OPÉRAS (*Hippolyte et Aricie, Les Indes galantes*, etc.), où pourtant se marquent des influences italiennes (par exemple dans l'ample orchestration des ouvertures), sont jugés trop « français » par Grimm et ROUSSEAU, collaborateurs de l'ENCYCLOPÉDIE (querelle des Bouffons, 1752-1754). Il dénoncera leurs erreurs dans son *Code de musique pratique* (1760). Renouvelle la musique de CLAVECIN et le rôle de l'instrument dans le concerto (pièces de clavecin de concert).

RASTRELLI, Bartolomeo Francesco

V. 1700-1771. Fils du sculpteur Francesco Carlo, auteur à Paris du tombeau d'A. de Pomponne (1703), et l'un des artistes préférés de Pierre le Grand. Le père et le fils ont contribué après TREZZINI à marquer du sceau italien les « enbellissements » de SAINT-PÉTERSBOURG. Au fils, architecte, inspecteur général des bâtiments sous la tsarine Élisabeth, la ville doit plusieurs de ses plus beaux monuments baroques : le Palais d'hiver, le pavillon du parc de Tsarskoié Siélo.

RÉAUMUR
René Antoine Ferchault de Réaumur. 1683-1757. Physicien, ingénieur, naturaliste. Biographie détaillée dans l'index de *La Civilisation de l'Europe classique*. L'échelle dite de Réaumur, pour la mesure des températures, compte quatre-vingts divisions ; le zéro, degré correspondant à la température de la glace fondante, 80 correspondant à celle de l'eau bouillante.

REGISTRES PAROISSIAUX
Une des sources essentielles depuis 1950 de la démographie historique.

RELIGION
Voir l'ensemble du chapitre V.

RENNES
Ville moyenne qui double — de 18 000 à 35 000/40 000 habitants environ — au cours du siècle. Détruite par un grand incendie qui dura du 20 au 25 décembre 1720 (800 maisons détruites, 5 000 sans-abri). L'intendant en profita pour imposer un grand plan d'URBANISME dont l'ingénieur architecte Robelin est l'auteur. Jacques GABRIEL vint en étudier l'exécution sur place, en 1725. Parmi les mesures de sécurité imposées : la substitution générale de la pierre au bois, caves voûtées, façades et murs de refend en pierre de taille. Il fallut, pour venir à bout des résistances, faire quelques concessions. Places publiques, perspectives monumentales, lignes droites et grands dégagements. Rennes subit une transformation complète. Mignot de Montigny, en 1752, la décrit comme « une des plus jolies capitales que nous ayons dans nos provinces ».

RESTIF DE LA BRETONNE
Nicolas Restif, dit de la Bretonne, 1734-1806. Fils de paysans de l'Auxerrois, ouvrier

typographe à Paris, auteur à partir de 1767 de nombreux romans de mœurs, largement autobiographiques (*La Vie de mon père*, 1779, *Le Paysan perverti*, 1776). La tentation parisienne, comme la critique parisienne, la veine picaresque comme la prétention moralisante témoignent de l'influence du milieu provincial — la tension est déjà sensible entre PARIS et province — et d'un rousseauisme de pensée et de style (*Monsieur Nicolas ou le Cœur humain dévoilé*, 1794-1797).

REYNOLDS
1723-1792. Héritier de Van Dyck et de Rubens, ces peintres à demi anglais « qui ont réveillé l'Angleterre de son sommeil » artistique, Reynolds est aussi tributaire des grands Italiens de la Renaissance, de Raphaël, du Titien. C'est un esprit cultivé, raffiné, est son art est savant. Mais cette science cosmopolite n'est chez lui qu'un moyen de porter à leur perfection les dons d'un génie purement anglais.

RIESENER, Jean-Henri
1743-1806. Ébéniste français d'origine allemande, élève d'Oeben auquel il succède et dont il épouse la veuve en 1767. Il est, avec son maître, le plus remarquable représentant de ce qu'on appelle le « style de transition », où les courbes se maintiennent mais s'épurent, dégagées des complications et de la surchage ornementale.

ROCAILLE, ROCOCO
Style décoratif plus qu'architectural, caractéristique du premier XVIIIᵉ siècle européen. Sa durée a été très variable selon les pays, son domaine aussi. La rocaille française, issue de BERAIN et d'AUDRAN, culmine sous la Régence et au début du règne de Louis XV, avec OPPENORD et surtout MEISSONNIER. BOFFRAND l'avait introduite dans les lambris de l'hôtel de Soubise. En France, ce style affecte peu l'ARCHITECTURE (façade de l'hôtel de ville de Nancy, par HÉRÉ), mais il réapparaîtra curieusement dans les parcs et les jardins « à l'anglaise », voire dans certaines

fabriques au moment même du retour à l'antique, dans la seconde moitié du siècle. La SCULPTURE est relativement peu touchée, mais si le génie de WATTEAU lui échappe, celui de BOUCHER s'y abandonne volontiers. En revanche, la rocaille apparaît dans tous les arts mineurs : orfèvrerie, ferronnerie, MOBILIER (voir surtout Meissonnier et Caffieri). Le rococo domine dans la plupart des arts d'Europe centrale et d'Espagne, où il succède au BAROQUE de Borromini et de Guarini. Architectes et stucateurs y ont collaboré pour réaliser les œuvres les plus imposantes et les plus originales de l'époque. ROME, patrie du baroque, n'aura guère qu'un architecte rococo, le Sardi de Sainte-Marie-Madeleine-du-Champ-de-Mars, et le retour à l'antique y sera précoce. Noter cependant les fontaines (celle de Trevi, par Sardi : 1733-1765), l'escalier de la Trinité-des-Monts (1728), et surtout en sicile l'étonnant Noto et le fameux « château de l'absurde » de Baghiera. En PEINTURE, c'est Venise qui, avec Guardi et le grand TIEPOLO, se rapprochera pour un temps de l'art du Nord. Protagonistes donc du rococo : l'Italie encore, la France, en matière de décoration, les pays germaniques dans tous les arts, souvent réunis par une sorte de dramaturgie monumentale, l'Espagne de Narciso TOMÉ.

ROME

L'ITALIE est l'espace le plus anciennement urbanisé de l'Europe, NAPLES, Venise et Milan avaient franchi le cap des 100 000 au XVe siècle. Rome oscille longtemps, avec Florence, entre la quatrième et la cinquième place. Le XVIIe siècle a été pour la population urbaine italienne un siècle de relative stagnation. Mais il y a sensible croissance de tout l'espace urbain au XVIIIe. L'Italie ne fait pas exception. En 1700, Rome a retrouvé une deuxième place depuis longtemps perdue. Avec 135 000 habitants, elle se place derrière Naples (215 000), déchue du rôle de première ville d'Europe qu'elle avait au XVIe siècle, devant Milan (124 000), Venise (132 000), Palerme (100 000), Florence

(78 000), Gênes (65 000) et Bologne (63 000). Une croissance modérée mais régulière maintient Rome en deuxième position (153 000 en 1750, 163 000 vers 1790) tout au long du XVIIIe siècle, derrière Naples qui accentue son avance (plus de 300 000 en 1750, 426 000 en 1790), devant Milan (134 000) et Venise (134 000), Palerme (130 000), Gênes (90 000), Florence (81 000) et Bologne (71 000) aux alentours de 1800. L'influence de Rome a sensiblement reculé au XVIIIe. Son rayonnement décline avec celui de l'Église catholique. Rome reste un centre de rayonnement plastique et musical. Surtout pendant la première moitié du siècle. elle continue à dominer avec Venise et Naples le spectacle d'OPÉRA. On a vu le regain de vigueur des modèles romains du début du tournant NÉO-CLASSIQUE. Sur Rome même, l'esprit de la grande ombre du Bernin continue de s'étendre. Rome ne reçoit guère d'influence esthétique que de son passé. La construction du port de Repetta sur le Tibre débute en 1704, sous le pontificat de Clément XI. Les travaux sont l'œuvre d'Alexandre Specchi, de G. Fontana. Le XVIIIe a multiplié les places à Rome, on notera les places Saint-Ignace, d'Espagne, de Tuvi, des Chevaliers-de-Malte.

RÖMER, Olaus

1644-1710. C'est en 1675 qu'Olaus Römer, astronome et mathématicien danois, calcule à Paris la vitesse exacte de la lumière en utilisant des observations sur les variations du temps de révolution apparent des satellites de Jupiter.

ROUSSEAU, Jean-Jacques

1712-1778. Rousseau commence son œuvre à trente-huit ans, au milieu du siècle ; ses œuvres fondamentales se pressent, après une vie vagabonde et méditative : 1761, *La Nouvelle Héloïse;* 1762, *Du contrat social* et *l'Émile.* Toutes trois auront sur ses contemporains une influence considérable : en fait, elles reflètent, en les précisant et les approfondissant, des idées et des sentiments latents dans cette société du second XVIIIe siècle, travaillée d'inquiétudes et d'ambitions nouvelles, conséquences de la diffusion et de la multiplication rapide des connaissances. Face à l'ENCYCLOPÉDIE, Rousseau fait figure d'archaïsant : Genève est une sorte de Rome protestante. Son déisme, fondé sur l'intuition pure et l'expérience personnelle, s'oppose au déisme rationaliste et pratique de VOLTAIRE. Sa politique, fondée sur les idées nouvelles de droit naturel et de volonté générale, principes transcendants aux « faits » de l'HISTOIRE, s'oppose à l'empirisme raisonné d'un MONTESQUIEU. On se souvient de l'étude consacrée par Jean Fabre à l'utopisme rousseauiste. L'analyse du modèle genevois a, de fait, précédé chez Rousseau l'élaboration de son système. Celui-ci annonce, à certains égards, l'idéalisme transcendantal de KANT. « De même qu'à l'avis de Rousseau, la volonté générale est pour les volontés particulières une manière d'idéal en quoi elles sont destinées à se renoncer, la loi pratique universelle de Kant va se présenter comme immanentisant en celui qui obéit quelque chose dont la source inconditionnée doit nous être insaisissable parce qu'elle nous est transcendante. » (Le Senne.) On s'explique ainsi l'importance attribuée par un Cassirer à Rousseau, « personnage central » des Lumières.

ROUTES

L'État des Lumières a été un grand constructeur de routes, terrestres, fluviales et maritimes. En ANGLETERRE d'abord, en FRANCE où le pavé du roi modifie la carte économique, en PRUSSE, en RUSSIE, la « révolution du pavé et du canal » réduit les distances et active les échanges. L'extension des réseaux de communications est favorisée par le progrès technique, dû pour une grande part à la création de corps d'ingénieurs spécialisés. En matière de NAVIGATION, la grande innovation est le CHRONOMÈTRE qui permet de faire le point exact, de rectifier les cartes et d'assurer la sécurité des navires.

ROYAL SOCIETY

On relira, à défaut de l'ouvrage nouveau et capital de D. Stimson : *Scientists and Ama-*

teurs. A history of the Royal Society, New York, 1948, la vingt-quatrième lettre philosophique de VOLTAIRE : « Les Anglais ont eu longtemps avant nous une Académie des sciences (dès 1662-1668), car si elle avait été formée après l'Académie de Paris, elle aurait adopté quelques sages lois et en aurait perfectionné d'autres [...] La Société Royale de Londres manque des deux choses les plus nécessaires aux hommes, de récompenses et de règles [...] L'Académie des sciences est sagement bornée à l'étude de la nature [...] Celle de Londres mêle indifféremment la littérature et la physique. Puisque la Société de Londres a peu d'ordre et nul encouragement, et que celle de Paris est sur un pied tout opposé, il n'est pas étonnant que les Mémoires de notre Académie soient supérieurs aux leurs [...] Il est vrai que la Société Royale a eu un Newton [...] » Voir aussi SOCIÉTÉS SAVANTES.

RUSSIE

A partir du vieux noyau forestier de peuplement, la Russie invente sous Pierre Ier et CATHERINE II de nouveaux espaces : croissance et ouverture en direction de l'Occident (Baltique), puis en direction de la Méditerranée (acquisition d'Azov, 1774, mainmise sur la Crimée et les rives de la mer Noire, création en 1794 d'Odessa). A la conquête militaire succèdent l'occupation et l'exploitation méthodiques du sol : urbanisation du Nord-Ouest (SAINT-PÉTERSBOURG) puis du Sud sous Catherine (Ekaterinbourg), développement des mines dans l'Oural, colonisation de la steppe. La Russie devient la nouvelle frontière, la grande pourvoyeuse d'espace de l'Europe et, comme la PRUSSE et l'Autriche, s'efforce par une politique autoritaire et réformiste de « rattrapage » de s'aligner intellectuellement et économiquement sur l'Europe dense de l'Ouest. L'entreprise est conduite de haut par les deux « Grands » du XVIIIe siècle : Pierre jusqu'en 1725, Catherine de 1762 à 1796. L'ALLEMAGNE proche, l'ANGLETERRE même fournissent, à l'appel des tsars, colons et techniciens. A la FRANCE est réservée la meilleure et la plus large part. L'art français, la culture française, la langue française imprègnent et modèlent durablement la nouvelle société russe. Plus que le BAROQUE d'Europe centrale, le classicisme renaissant à l'ouest s'impose, de Pierre à Catherine. Le XVIII⁰ siècle a fait de la Russie une des grandes puissances occidentales.

S

SAINT-MARTIN, Louis-Claude de

1743-1803. Un des représentants avec MESMER, LAVATER, Azaïs, de cette philosophie « où se rencontrent, à la fin du XVIII⁰ siècle, les deux courants mystique et positiviste » (B. Guyon). Mais c'est en définitive vers le spiritualisme qu'évoluera la science occulte chez Saint-Martin. L'influence de SWEDENBORG s'affirmera dans les dernières années et les dernières œuvres.

SAINT-PÉTERSBOURG

Création *ex nihilo*. Les travaux commencent en mai 1703. Elle est le symbole d'une RUSSIE qui veut s'arracher à son passé, d'une volonté forcenée de rattrapage et d'alignement sur l'Ouest. Saint-Pétersbourg arrive à peu près à la moitié de la population de Moscou. On attribue 80 000 habitants à Moscou en 1700, 140 000 vers 1730, 400 000 à la fin du XVIII⁰. Mais Moscou est un caravansérail oriental au pied d'un *Krem'l*, Saint-Pétersbourg est une vraie ville de pierre. On évalue sa population à 70 000 habitants vers 1730 et 200 000 à la fin du XVIII⁰ siècle. En 1712, Pierre le Grand lui confère le titre de capitale. On estime ordinairement à 100 000 hommes le gaspillage humain nécessaire pour vaincre, à l'embouchure de la Neva, les marais de l'Ingermanland.

SAINT-PIERRE

Charles-Irénée Castel, abbé de Saint-Pierre, 1658-1743. Aumônier de la duchesse de Bourbon, exclu de l'Académie française en

1718 (à la suite de son *Discours sur la polysynodie*). Esprit curieux et inventif, marqué par le temps de paix durable (depuis 1713) et bénéfique de la Régence, futuriste et perfectionniste impénitent : *Projet pour rendre les chemins praticables en hiver*, *Projet pour perfectionner l'éducation*, *Projet pour perfectionner la médecine*, etc. Il est surtout le fondateur du Club de l'Entresol, où se réunissaient à l'entresol de l'hôtel du président Hénault (place Vendôme) quelques aristocrates libéraux, échangeant leurs informations sur tous les problèmes d'actualité. Parmi eux : le marquis de Balleroy, d'Argenson, de Caraman, d'Oby, Ramsay, l'abbé Alary, etc.

SCARLATTI, Alessandro

1660-1725. Aîné de sept enfants dont cinq seront musiciens, il aura lui-même dix enfants dont Domenico, le claveciniste. En 1683, Alessandro Scarlatti s'installe à NAPLES où il passera la majeure partie de sa vie (il fera plusieurs séjours à ROME, Florence, Venise). Il est le maître de l'OPÉRA italien classique. Ses ouvertures qui imposeront l'organisation d'orchestres importants annoncent déjà les *Sinfonie* de VILVADI. Scarlatti, compositeur d'opéras populaires à Naples, n'a pas toujours su éviter la facilité, mais on n'oubliera pas qu'il est aussi le créateur du quatuor à cordes et surtout l'auteur de remarquables cantates de chambre.

SCARLATTI, Domenico

1685-1757. Fils du précédent, né à NAPLES, mort à MADRID. Organise à Naples, aux côtés de son père, de la chapelle royale, puis à ROME maître de chapelle de la reine de Pologne (Maria Casimira), de l'ambassade du Portugal et de la villa Giulia (Vatican). Maître de chapelle à LISBONNE en 1720, à Madrid de 1728 à sa mort. Organiste mais surtout claveciniste, Domenico Scarlatti est le créateur d'un type original de sonate, la sonate libre à deux thèmes, des *Esercizi*, qui servira de modèle, avec celles de J.-S. BACH, à la sonate classique pour un ou deux instruments.

SCIENCES

V. Chapitre IV : Élargissement du champ de la connaissance. Le XVIII⁰ siècle reste, pour l'essentiel, tributaire de la longue révolution scientifique accomplie au siècle précédent. Les développements de la science élaborée au siècle précédent, comme les nouvelles percées en direction des sciences de l'homme et de la vie, sont dus pour une large part aux multiplicateurs des sens (TÉLESCOPES, MICROSCOPES) et des connaissances (enseignement, technologie, VOYAGES, etc.). La prise en considération d'un nouvel élément constitutif de la « nature des choses », le TEMPS, oriente de plus en plus la recherche vers le comparatisme (ethnologie, HISTOIRE, linguistique, etc.) et la génétique... Au-delà, et souvent à la faveur, des classifications descriptives, l'idée de formes-temps se fait jour, qui débouchera sur celles d'évolution, et plus tard de transformisme.

SIMON, Richard
Dieppe, 1638-1712. L'Histoire critique du Vieux Testament s'inscrit, à deux années près, sur cet horizon 80, point de départ de notre étude sur le XVIIIe siècle. Il se trouve que ce livre marque aussi, à son plan (celui de l'exégèse), une date : la coïncidence est significative. La tradition exégétique était certes déjà longue. Mais avec R. Simon, les méthodes, l'esprit, l'objet de la « critique » changent. Il ne s'agit, rappelle P. Hazard, « ni d'attaquer, ni de défendre la théologie [mais] d'établir le degré de sûreté, d'authenticité des textes » qu'elle étudie. Bossuet — qui perdit et fit perdre beaucoup de batailles — perdit celle qu'il fit à l'exégèse oratorienne, pour ne pas avoir compris le bénéfice qu'eût pu tirer le catholicisme de cette herméneutique historique.

SLODTZ
Des trois frères Slodtz, l'aîné Sébastien-Antoine (1695-1754) était ornemaniste, le cadet Paul-Ambroise (1702-1758) peintre et dessinateur, le plus jeune Michel-Ange (1707-1764) sculpteur. Le premier fut avec OPPENORD et MEISSONNIER un des maîtres de la décoration ROCAILLE, le troisième, qui avait longuement séjourné à ROME, avait un style d'un BAROQUE plus tempéré.

SOCIÉTÉS SAVANTES
Leur existence et leur multiplication à la fin du XVIIe siècle et au cours du XVIIIe attestent la profonde mutation sociale et intellectuelle des années 1620-1630. Ces sociétés sont nombreuses et diverses. Ce sont d'abord les ACADÉMIES. On se souvient des réserves de VOLTAIRE concernant la structure « multi-disciplinaire » des académies anglaises et en premier lieu de la ROYAL SOCIETY. En France, l'activité des savants et des techniciens se trouve distribuée entre plusieurs académies spécialisées : Académie française, Académie d'architecture, Académie de sculpture et de peinture, etc. Mais à côté de ces sociétés royales, officielles, fondées par le roi pour le service de l'État — et, de l'historiographie à la peinture, pour ce temple de la gloire que fut le VERSAILLES de Louis XIV —, il existe d'autres sociétés savantes. Ce sont en France des académies de province, constituées souvent sur le modèle anglais de la société royale et qui sont non plus des corps professionnels mais des associations de savants et d'amateurs. Beaucoup portent, par imitation et par respect, le nom d'académies, mais d'autres à Paris même prennent celui de sociétés, voire de clubs, mot nouveau et qui connaîtra bientôt la célébrité en passant de l'entresol de l'hôtel Hénault aux jacobins ou aux feuillants. C'est dans ce mélange d'amateurisme et de professionnalisme que réside l'originalité du siècle. La SCIENCE et les TECHNIQUES ont reçu de deux générations de découvreurs une extraordinaire impulsion : leur champ de recherches et d'applications brusquement agrandi constitue ainsi un énorme marché d'embauche et tout ce qui cherche, observe et réfléchit se trouve mobilisé et valorisé par ce puissant courant ; voir HARRISON, voir COOK ou PRIESTLEY.

SOUFFLOT, Jacques Germain
1713-1780. Une carrière exemplaire, au tournant esthétique du siècle. Promoteur du retour à l'antique après son deuxième VOYAGE en Italie (1749), Soufflot a

commencé sa carrière par des réalisations de caractère encore BAROQUE (façade de l'Hôtel-Dieu à Lyon). Son séjour à Paestum, où il découvre le dorique, modifie sensiblement ses conceptions et sa manière. Après 1750, Mme de Pompadour qui l'a donné comme mentor à son frère, le marquis de Vandières, appelé à la direction des Bâtiments royaux, lui fait confier d'importants chantiers. Soufflot dresse les plans de l'église Sainte-Geneviève (Panthéon actuel), qui sont âprement critiqués par Pierre PATTE, disciple de BLONDEL. Des fissures dans l'édifice en construction manquent d'arrêter les travaux qui ne seront achevés qu'après la mort de Soufflot, par ses collaborateurs. Le plan originel qui cherchait à concilier puissance dorique et légèreté gothique n'a pu être que partiellement exécuté. Tel quel, le monument annonce plutôt le style un peu grandiloquent de l'Empire.

SPALLANZANI, Lazzaro

1729-1799. Savant naturaliste de l'université de Pavie : un des créateurs de la physiologie. Ses observations au MICROSCOPE l'amenèrent à d'intéressantes expérimentations, sur la digestion, puis sur la fécondation animale. Il ne sut pas cependant en tirer tous les enseignements et crut, à la suite d'une erreur, qu'elles confirmaient la thèse de la « préformation » et de l'« animalculisme ». L'épigénèse sera la découverte de C. F. WOLFF.

SPINOZISME

Peu profonde au XVIIe siècle, son influence diffuse, encore inavouée au début du XVIIIe siècle, se fera plus clairement sentir à la fin du XVIIIe siècle, où l'on sait que VOLTAIRE et LESSING, en attendant Goethe, en seront, à la fin de leur vie, fortement marqués. Une lettre du philosophe à Oldenbourg, datée d'octobre 1665, citée par Charles Appuhn, explique dans quelle intention il écrivit son *Traité théologico-politique*, œuvre fondamentale pour l'historien : « Les motifs qui m'ont fait entreprendre ce travail sont : *primo*, les préjugés des théologiens : à

mes yeux le plus grand empêchement qui soit à l'étude de la philosophie ; je m'efforce donc de les rendre manifestes et d'en débarrasser l'esprit des hommes un peu cultivés ; *secundo*, l'opinion qu'a de moi le vulgaire ; on ne cesse de m'accuser d'athéisme, et je suis obligé de redresser autant que je le pourrai l'erreur faite à mon sujet ; *tertio*, mon désir de défendre par tous les moyens la liberté de pensée et de parole que l'autorité trop grande laissée aux pasteurs et leur jalousie menacent de supprimer dans ce pays. »

STANHOPE

Charles, comte de Stanhope, 1753-1816. Amateur et constructeur anglais, inventeur de la stéréotypie et de la presse typographique en fonte (1800).

STATUAIRES, SCULPTEURS

La statuaire, si abondante au XVIIe siècle en France, où parcs, palais se peuplent de statues, se réduit au XVIIIe siècle et tend à émigrer vers l'Europe centrale, le Nord et l'Est, où s'érigent de grandes œuvres monumentales, églises, palais surtout, et où le grand mécénat se développe ou se perpétue, dans la tradition royale louis-quatorzième. Statues des PLACES ROYALES, à PARIS encore, mais surtout en PRUSSE, en RUSSIE, en Scandinavie ; statues de parcs et de palais en ALLEMAGNE et en Autriche, à la Granja bourbonienne en ESPAGNE. Mais les artistes sont souvent italiens et le plus souvent français : RASTRELLI, FALCONET, Roubiliac, Larchevêque, etc. En Prusse et en Autriche cependant, Andreas Schlüter et Georg Raphael Donner sont de grands artistes nationaux. Fait nouveau, caractéristique : la fonte et le marbre — on n'oublie pas les marbres lisses et lumineux du Napolitain Sammartino, ceux, plus tard, de CANOVA — font place, au XVIIIe siècle, au stuc : tradition allemande et plus encore bavaroise (voyez le village d'artisans de Wessobrunn) qui fait fortune avec le déploiement des grandes scénographies ROCOCO au chœur des églises et dans les halls des palais. Il s'agit d'ailleurs moins de statuaire que de sculpture. La plupart des stucateurs sont des ornemanistes, décorateurs de murs et de plafonds, de corniches, de colonnes et de balustres. Les Allemands sont ici les maîtres : FEUCHTMAYER, ASAM, Holzinger, ZIMMERMANN, et pour les palais, le grand Franco-Allemand CUVILLIÈS. En Espagne, l'art des retables et des « camarin » est un produit original de la sculpture monumentale, voyez TOMÉ et CHURRIGUERA. Mais à côté de cet art monumental se développe et va proliférer partout un art plus modeste, celui de la statuette, du buste, du portrait sculpté : là, les créations sont innombrables, au rythme croissant des commandes venues désormais de la bourgeoisie et de l'aristocratie urbaines des hôtels et des petits appartements. La sculpture de prestige fait place à une sculpture plus intime et plus familière, sauf, dans certains cas, à mêler encore spectacle et for intérieur, dans l'admirable statuaire funéraire d'un PIGALLE ou d'un COUSTOU.

STOCKHOLM

Le parallélisme est assez étroit avec COPENHAGUE. Les deux villes sont nées dans une île. Mais Stockholm, beaucoup plus accidentée, n'a jamais été une ville à canaux. L'influence hollandaise y est discrète et l'influence française dominante. Ville de bois au départ, les incendies de la fin du XVIIᵉ permettent le remodèlement, en profondeur, du vieil espace urbain. Les quartiers nouveaux sont construits en damier de part et d'autre de larges avenues (11 m pour les grandes artères, 5,50 m à 8,20 m pour les voies secondaires). Bien qu'il n'ait pu réaliser tous ses projets, Stockholm est marqué, au début du XVIIᵉ, par le génie d'un grand architecte, Nicodème Tessin († 1728).

SUÈDE

Le XVIIIᵉ siècle se termine en Suède sur le redressement intérieur amorcé par Charles XI

après 1680, mais la minorité de Charles XII ramène l'anarchie. Les victoires du roi contre les coalisés (1700-1706) restaureront un moment le pouvoir monarchique et le prestige du pays. La désastreuse campagne de Russie (1708-1709), puis la mort du roi le 11 décembre 1718 amènent l'effondrement définitif. Les traités de Stockholm (1720) et de Nystad (1721) consacrent l'échec de la politique conquérante du *Mare Suevicum* et le démembrement de l'Empire suédois. Le XVIIIᵉ siècle sera l'époque du repli sur l'État national, dans l'orbite anglaise.

SWEDENBORG, Emanuel

1688-1772. Acquiert à l'université luthérienne d'Upsal (Suède) dont son père, exégèse et théologien, est le recteur, une double formation scientifique et religieuse. Il voyage longuement à l'étranger avant d'accepter la charge d'assesseur à l'École royale des mines. Une seconde vie commence pour lui à partir des années 1740. Une série de visions lui révèle alors un au-delà sans fondamentale rupture avec la vie terrestre, monde non pas étranger mais second, où s'achève l'ascension spirituelle des êtres. Cette révélation l'amène à une réinterprétation de la Bible, dans un sens exclusivement allégorique. Le Christ lui apparaît non plus comme le rédempteur — Swedenborg nie la chute originelle —, mais comme le grand purificateur. Il a exposé sa doctrine dans une série d'ouvrages parus à partir de 1745 et dont le plus important est les *Arcana coelestia* (1749).

T

TECHNIQUES, TECHNOLOGIE

Le développement des techniques au XVIIIᵉ siècle s'intensifie avec l'accroissement de la population et des besoins. L'ANGLETERRE conserve et accentue son avance, voir les KAY, HARGREAVES, HARRISON, Smeaton, STANHOPE, WATT, etc. Le « front technologique » gagne en étendue plus qu'il n'accélère sa progression. Ce n'est qu'après

LA CIVILISATION DE L'EUROPE DES LUMIÈRES

1820 que se produira le grand démarrage, corrélatif à la première révolution industrielle.

TÉLESCOPE

Le télescope, lunette astronomique à réflexion, n'a été mis au point qu'en 1670-1672 par NEWTON et Cassegrain. Le père Mersenne en avait eu l'idée quelque trente-six ans plus tôt, mais le dispositif qu'il avait imaginé était malaisément utilisable. La lunette de Galilée, on le sait, était un appareil à réfraction : la lumière traversait l'objectif et l'oculaire, mais le verre ne réfractant pas les couleurs de la même façon, la vision était gênée par cette « aberration chromatique ». D'où l'idée de Mersenne d'utiliser des miroirs qui « recueilleraient la lumière en concentrant les rayons de couleurs différentes émanant d'un même objet sur le même foyer » (Fred Hoyle). Les « réflecteurs » cependant présentent eux aussi des inconvénients et la première difficulté fut de réaliser des miroirs plus réfléchissants que ceux que l'on obtenait avec le verre. Malheureusement, les métaux utilisés présentaient un autre inconvénient, celui de se déformer par suite des variations de température. Quand, vers 1730, Chester Moor Hall, un amateur londonien, réussit à l'aide d'un double oculaire à réduire l'aberration chromatique provoquée par la réfraction, le télescope a réfraction, perfectionnement de la lunette de Galilée, devint d'un usage fréquent. Sa supériorité se maintiendra près d'un siècle, jusqu'à la découverte par Foucault de l'argenture du verre.

TEMPS

L'observation du temps, la prise en considération du temps comme nouvelle dimension du monde et de la vie, est une des lentes acquisitions du siècle des Lumières. On vit naître et se développer au cours du siècle cette préoccupation du temps à la faveur de certaines expérimentations, de certains observations — celles d'un BUFFON ou d'un C. F. WOLFF —, de l'expérience aussi des

VOYAGES et de la connaissance plus objective et plus familière des autres « civilisations ». L'HISTOIRE, la géologie, la biologie naissantes supposent ou suggèrent des épigénèses, une nature évoluant encore après la création, sinon une création indéfinie.

THÉÂTRE

Une des grandes passions au XVIIIe siècle, avec l'OPÉRA. La comédie se survit allègrement (en France, avec Marivaux et Beaumarchais, en Italie avec GOLDONI), mais la tragédie, qui évolue vers le drame et le mélodrame, est en déclin après les chefs-d'œuvre du théâtre élisabéthain, du Siècle d'or espagnol, et du siècle de Louis XIV. VOLTAIRE s'efforcera de le mettre à la mode du jour en adoptant un répertoire cosmopolite (Chine, Pérou, Orient, etc.) Quelques grands acteurs : Garrick, Le Kain, Mlle Clairon. La mise en scène, contrairement à celle de l'opéra, tend à se simplifier (voyez Voltaire encore, veillant à l'exactitude et à la sobriété, après Adrienne Lecouvreur et avant Talma). Si le répertoire reste en grande partie celui du siècle dernier — Racine, Molière, Shakespeare et les Espagnols —, les salles nouvelles se multiplient dans les villes et les résidences princières : théâtre de Voltaire à Ferney, de Mme de Pompadour à Bellevue, des Esterhazy à Einsiedeln, des Électeurs de Bavière à Nymphenburg (voir CUVILLIÈS).

TIEPOLO, Giambattista

1696-1770. Le dernier des grands peintres vénitiens. Si « la France [...] envoie ses peintres et ses architectes dans toute l'Europe Venise colonise [...] l'Angleterre, s'étend en Pologne et jusqu'en Russie. Plus officiellement, elle s'introduit en Autriche et en Bavière [...] » (Michel Florisoone). A Wurtzbourg, Tiepolo et son fils (Giandomenico, 1727-1804) décorent les vastes salles et les plafonds de la Résidence construite par Balthasar NEUMANN. Venise, par eux, marque de nouveau l'Espagne, aux plafonds du palais royal de Charles III. Peinture lumineuse, aérienne, toute chargée en Bavière et en Espagne des souvenirs d'une Venise que son déclin semble n'avoir fait que rendre plus chère à ses artistes, de GOLDONI à CANALETTO et aux Guardi, comme à Tiepolo.

TOMÉ, Narciso
Architecte et décorateur espagnol, contemporain des CHURRIGUERA. Son chef-d'œuvre est l'admirable et baroque *Transparente* de la cathédrale gothique de Tolède. L'accord parfait établi entre les deux arts et les deux « monuments », exaltés et non gênés l'un par l'autre — la lumière tenant ici le rôle de la musique d'orgue —, est l'un des témoignages les plus impressionnants de mise en scène et d'adaptation BAROQUES.

TOWNSHEND, Charles
1674-1738. Homme politique originaire du Norfolk. Grand propriétaire, favorable à l'ENCLOSURE et partisan actif de l'agriculture nouvelle, il sera un des interlocuteurs en Angleterre de la culture du turnip. Jethro TULL bénéficiera de son soutien.

TRADUCTIONS
Elles se multiplient au XVIIIe siècle, du fait notamment de l'abandon du latin au profit des LANGUES nationales (le français parlé dans toutes les Cours d'Europe ne le remplace pas complètement comme langue écrite, en dépit de quelques exemples illustres). L'inventaire général de ces traductions reste à faire. Elles concernent, en France, un grand nombre d'ouvrages latins, italiens, anglais, voire, à la fin du siècle, allemands : ouvrages scientifiques, religieux ou littéraires. La plupart des traducteurs sont des exilés ou des voyageurs comme MONTESQUIEU, BUFFON, VOLTAIRE, Prévost. On sait le rôle joué sur l'évolution de la littérature française par les préromatiques anglais et allemands, et par les premières traductions de Shakespeare par Le Tourneur. Une étude sérielle des traductions est à entreprendre. Elle constituera une contribution capitale à l'étude de la communication, donc de la croissance et du développement.

TREZZINI, Domenico
1670-1734. Architecte de Pierre le Grand, auteur des premiers monuments de SAINT-PÉTERSBOURG (forteresse Pierre-et-Paul).

TULL, Jethro
1674-1740. Agronome anglais, un des théoriciens de l'agriculture nouvelle. Introducteur du semoir et de la houe à cheval. Il recommandait, conformément à sa théorie de la nutrition des plantes (qui absorbaient les substances du sol sous forme de particules infinitésimales), de fractionner la terre par des sarclages fréquents. Au cours d'un voyage en France, il avait été frappé par la manière dont les vignerons aménageaient et cultivaient les vignobles.

U

URBANISME
Il se borne le plus souvent dans l'Europe anciennement urbanisée (France, Angleterre, Pays-Bas, Italie, etc.) à des remodelages. Voyez les PLACES ROYALES, puis les places aménagées au voisinage des portes, des ponts, des grands monuments. Dans les villes, partout en expansion, les quartiers neufs, plus aérés, mieux construits, sont reliés au noyau ancien par la prolongation des avenues palatiales, par des places en enfilade (Nancy), par l'ouverture de boulevards à l'emplacement des enceintes antérieures. A l'est et au nord, dans l'Europe de la « frontière », Russie, Prusse, Autriche, etc., se développe par contre un urbanisme de villes neuves, villes en damier (Erlangen, Mannheim), villes en étoile (Neustrelitz), villes à plan rayonnant, etc. Parmi les théoriciens de l'urbanisme naissant, D'Aviler, BLONDEL, PATTE et Le Blond. Voir LONDRES, PARIS, SAINT-PÉTERSBOURG, etc.

UTRECHT
1713. Ensemble de traités signés, au lendemain de la guerre de Succession d'Espagne, entre la FRANCE (Louis XIV) et l'ESPAGNE

(Philippe V, petit-fils de Louis XIV) d'une part et les coalisés : ANGLETERRE, PROVINCES-UNIES, Brandebourg, Bavière, Savoie. Philippe V, reconnu roi d'Espagne, renonçait à la couronne de France. L'Angleterre, soucieuse de ne pas voir se prolonger une guerre ruineuse, avait entamé avec la France des préliminaires de paix (Londres, 1711) : Louis XIV retirait son soutien au prétendant Stuart, cédait quelques territoires en Amérique... Amédée de Savoie obtenait la Sicile, Nice et une partie du Dauphiné. L'Électeur de Bavière recouvrait ses États et recevait la Sardaigne. L'Électeur de Brandebourg se voyait reconnu « roi en Prusse ». Les Provinces-Unies, protégées des incursions autrichiennes par une barrière de places fortes, gagnaient Tournai, Ypres, Furnes et Menin, contre restitution à Louis XIV de Lille, Aire, Béthune et Saint-Venant. La France perdait peu sur le continent, mais elle abandonnait à l'Angleterre la suprématie sur mer et au-delà des mers.

V

VAUCANSON
1709-1782. Mécanicien français, créateur d'automates.

VANCOUVER, George
1758-1798. Compagnon de COOK lors de ses deuxième et troisième voyages autour du monde. Promu lieutenant en 1780, il est nommé en 1782 commandant de l'expédition chargée par les Anglais de relever les côtes ouest du continent américain (1791-1795).

VAUBAN
1633-1707. On doit à Vauban les premiers essais systématiques et la publication d'une méthode pour parvenir à un bon DÉNOMBREMENT. Le 14 mai 1686 paraissait à PARIS, sans nom d'auteur, chez la veuve d'Antoine Chrestien, une méthode générale et facile pour faire le dénombrement des peuples. L'auteur anonyme, comme l'a établi Esmo-

nin, était Vauban. Cette brochure de douze pages semble avoir été assez largement diffusée à divers échelons de l'administration. Ainsi, dès 1686, « c'est-à-dire plus de vingt ans avant la publication de la Dîme Royale [mais elle sortit sous couvert de l'anonymat un mois avant la mort de l'auteur] et dix ans avant la parution de la statistique de l'élection de Vézelay (1696), Vauban avait compris la nécessité de mettre entre les mains des gouvernants des données numériques précises pour éclairer leur action, et il est convaincu que, contrairement à l'opinion communément répandue jusque-là, l'établissement de ces données par des comptages individuels remontant jusqu'aux faits élémentaires était possible avec les moyens dont il disposait ». Vauban aura donc été, et c'est un de ses grands mérites, en statistique sociale un des pionniers du recensement nominatif par tête, seule méthode qui permette d'obtenir directement la coupe pyramidale par âge. Bien sûr, de petites cités italiennes y avaient eu recours, sporadiquement, sans doute dès le XVIe siècle. Mais l'ITALIE est pleine d'initiatives prophétiques qui n'ont pas réussi à s'imposer. Quelques tentatives ont été faites plus tard en FRANCE, à l'échelle d'une ville, à Lille, à Laon. « On faisait bien, précise Esmonin, quand on le pouvait, des recensements par tête, mais cela n'avait lieu que pour de petits groupes : tel est le cas du Canada, où Colbert a réussi à faire faire des recensements périodiques depuis 1666 [...] L'administration se sentait impuissante à compter un à un les habitants d'une grande ville ou d'une province. » Les dénombrements de la fin du XVIIe partent du nombre de feux donné par les rôles d'impôts, suivant une tradition plusieurs fois séculaire. Le premier, Vauban a soutenu que les dénombrements nominatifs et individuels, « seuls valables », étaient possibles. Il a inventé les tableaux à colonnes imprimées d'avance, qu'on devait faire remplir par les autorités locales : consuls, curés de paroisses ou « dizainiers », et montré que l'opération était faisable dans un temps relativement court.

C'est la méthode suivie, un siècle plus tard, en ESPAGNE, dans le *censo*, en tout point remarquable, de 1787. Sur les autres activités de Vauban, et notamment son rôle décisif dans l'art des fortifications et la mise en place de la ceinture de fer, ses projets de réformes, etc., voir *La Civilisation de l'Europe classique*.

VERSAILLES
Le type même de la cité construite autour d'un château pour les besoins de l'État. Quand Louis XIV décide l'élargissement du relais de chasse de son père, il devait y avoir (sur l'emplacement du grand commun et de l'aile du midi) un village de 400 à 500 habitants environ. La lettre de Louis XIV accordant en 1671 maints privilèges à ceux qui viendraient s'établir dans son voisinage est un peu la charte fondatrice. Les sources hésitent : la population a oscillé au XVIIIᵉ entre 10 000 et 50 000 habitants. Necker accorde 60 000 âmes, ce qui est sans doute généreux. Versailles est mieux qu'un caprice : le modèle s'est imposé à l'Europe et la fascination reste grande encore au XVIIIᵉ siècle. Un moment abandonné sous la Régence, Versailles redevient rapidement sous Louis XV la capitale politique de la FRANCE. Au centre, un faisceau de trois larges avenues convergeant devant le château ; à droite le vieux village ; à gauche un quartier neuf autour d'une place octogonale. L'élément central devant le château offre un bel exemple de plan rayonnant : l'ensemble unique de 350 m de base, 220 m de hauteur, près de 6 hectares, destiné à passer des troupes en revue. Ces avenues, respectivement de 93,60 m, 78 m et 70 m de large, sont à peu près sans équivalent. Tout aboutit au château, tout part du château. La capitale royale est conçue comme un point d'arrivée, non comme un lieu de transit. Elle regarde vers le nord-est, c'est-à-dire en direction de PARIS. « Le quartier des avenues de la place d'Armes constituait le quartier officiel et la résidence de la noblesse de Cour. » Sur les grandes avenues s'alignent les hôtels des plus grands noms : Condé, Turenne, Grammont, Villecerf, La Feuillade, Coislin, Marcillac, Roquelaure, Luxembourg. Ardoise, brique rouge et pierre blanche de rigueur. A ce quartier résidentiel s'oppose le quartier bourgeois pour l'approvisionnement et le commerce. Versailles a plus que doublé de 1725 à 1789. Il a grandi dans le quartier Saint-Louis, il a multiplié des « carrés purs traités comme de petites places à angles fermés. » Voyez la place devant la cathédrale, le marché Saint-Louis. Sous Louis XVI, nouvelle croissance : lotissements et construction d'un habitat plus modeste ; les deux boulevards du Roi et de la Reine deviennent les axes de cet ultime Versailles d'avant la déchéance.

VÊTEMENTS
Sens général de l'évolution : réduction de l'écart traditionnel entre les rythmes d'évolution chez les riches et chez les pauvres.

VICQ D'AZYR, Félix
1748-1794. Médecin anatomiste, fondateur de la Société royale de médecine (1776), collaborateur de l'ENCYCLOPÉDIE. Précurseur d'une climatologie médicale.

VIENNE
A la fin du XVIIIᵉ siècle, la première ville de la langue allemande. Le KAHLENBERG et la montée territoriale de la monarchie des Habsbourg lui donnent un remarquable élan. Elle comptait 60 000 habitants en 1637, plus de 100 000 en 1700. La sécurité lui permet de sortir de ses murailles : 175 000 habitants en 1754, 200 000 en 1783, 232 000 en 1800. A la fin du siècle, Prague en a 80 000 et Budapest un peu moins de 50 000. Vienne en moyenne représente 40 p. 100 de l'agglomération parisienne, à peine plus du quart de LONDRES. C'est quand même la plus grande ville de l'Europe orientale. Elle est la capitale du BAROQUE et, à partir du milieu du siècle, elle occupe la tête de l'Europe musicale (voir HAYDN, MOZART). Vienne a reçu au XVIIIᵉ un aspect monumental digne du deuxième État

du continent. Elle porte la marque de FIS-CHER VON ERLACH et de HILDEBRANDT. La première construction monumentale de Fischer von Erlach est le palais Schwarzenberg (1697-1705), une sorte de prébelvédère qui donne sur les jardins dessinés par Jean Trebit. L'État à Vienne doit compter avec l'aristocratie. Au palais Schwarzenberg succédèrent les palais Schönborn et Trantsen, l'hôtel du Prince EUGÈNE, la chancellerie de Bohême. Le rez-de-chaussée en ordre rustique forme soubassement et sert de socle à un ordre colossal de pilastres. Schönbrunn, esquissé par Johann Bernhard Fischer von Erlach, sera continué par son fils, Josef Emmanuel (1695-1742), à qui l'on doit également l'église votive Saint-Charles-Borromée. Johann Lukas von Hildebrandt (1688-1745) construisit le palais Kinsky (1709-1713) et bien sûr le Belvédère (1694-1724), palais d'été du Prince Eugène, en dehors de la vieille ville et en surplomb sur le Danube. Claude Lefort du Plessy, Dorigny et Ignace Parrocel participent à la décoration. MARIE-THÉRÈSE termine Schönbrunn. Jean Nicolas Sadot donne le palais des Sciences (1753-1755), chef-d'œuvre du baroque tardif.

VIOLON

L'instrument, jusqu'à la fin du XVIᵉ siècle, passe pour vulgaire. C'est celui des musiciens ambulants et des noces villageoises. Monteverdi lui donne ses lettres de noblesse en l'utilisant largement dans son *Orfeo*, dont l'orchestration comporte une des premières partitions spécialement écrites pour violons ; *violino piccolo* dit « à la française », *violino da braccio* (le violon « à bras »), par opposition à l'ancienne viole de gambe), etc. Le violon prend dès lors une place éminente dans l'orchestre de l'OPÉRA, dans les petits ensembles de musique de chambre, plus tard dans les grands ensembles symphoniques. Les grands compositeurs de l'école italienne : Corelli, VIVALDI, puis SCARLATTI, en feront leur instrument favori. C'est à la fin du XVIᵉ siècle que paraissent les grands ateliers de lutherie pour violon : à l'origine deux Italiens, Salo à Brescia, Amati à Crémone. Parmi les luthiers célèbres : Maggini, successeur de Salo, et le grand Antonio Stradivarius (1644-1737), Jacob Stainer (XVIIᵉ) en Autriche, Nicolas Lupot (XVIIIᵉ).

VILVADI, Antonio

1678-1741. Un des maîtres, avec Corelli et Tartini, de l'école italienne des grands violonistes compositeurs de sonates et de concertos. Ordonné prêtre en 1703, il doit renoncer à son ministère pour raison de santé. Maître de musique de l'hospice-orphelinat de la Piété à Venise, où il forme de jeunes exécutantes, et maître de chapelle à la Cour de Mantoue. Impresario d'OPÉRAS à ROME où il fait jouer plusieurs de ses œuvres. Célèbre à quarante ans, oublié dix ans plus tard, meurt à VIENNE misérable. Auteur des *Saisons* et de nombreux concertos pour VIOLONS et instruments à vent.

VOLTAIRE

1694-1778. Représente plus que tout autre le goût classique et l'esprit français au XVIIIᵉ siècle. Sa philosophie restera toutefois, après un long séjour à LONDRES, tributaire de NEWTON et de LOCKE, auxquels il consacre cinq de ses *Lettres sur les Anglais*. Mais il n'adopte ni Shakespeare — malgré l'éloge tempéré de la dix-huitième lettre — ni LEIBNIZ (*Candide*, 1759). Il achèvera en PRUSSE auprès de FRÉDÉRIC II, son *Siècle de Louis XIV* (1751). Sa collaboration à l'ENCYCLO-PÉDIE est modeste (il traite de l'éloquence, de l'esprit, de l'élégance, laisse à MONTESQUIEU le goût). En 1764, il publiera sous le nom de *Dictionnaire philosophique* sa propre encyclopédie. On ne retiendra pas trop aujourd'hui sa défiance à l'égard des fossiles, mais bien plutôt les observations sagaces qu'il fait sur son temps dans l'*Essai sur les mœurs* (1756) et dans l'*Histoire de la Russie sous Pierre le Grand* (1763). Symbole de la France des Lumières, son nom déchaînera longtemps les passions : « C'est la faute à Rousseau, c'est la faute à Voltaire [...] » En dépit de ses limites, il reste dans trois secteurs au moins le maître inégalé, le plus grand « journaliste » de son temps. Sa correspondance reflète tout un siècle d'événements et de pensées. Il est l'écho conservé de toutes les querelles, de toutes les hésitations, de tous les progrès. Il est le plus grand styliste de la langue française arrivé à son point vrai de perfection, celui qui a fait muter le discours historique. Avant Michelet, il annonce, au niveau de l'*Essai sur les mœurs*, l'ambition d'une histoire totale.

VOYAGE

L'Italie reste — après la Réforme et la Renaissance — le pays le plus visité. La tradition se maintiendra au XVIIIe siècle, notamment pour les artistes, du voyage de ROME. Mais d'autres échanges, d'autres circuits se dessinent : entre la FRANCE et l'ANGLETERRE, entre l'Angleterre et les pays du Nord, entre la France et la plupart des pays européens. L'explosion scientifique, la création de nouvelles ACADÉMIES — en PRUSSE, en RUSSIE — favorisent encore les contacts. Au voyage d'Italie traditionnel tend à se substituer un nouveau « tour d'Europe » (voir MONTESQUIEU). Plus exceptionnels, sauf dans les milieux d'affaires ou les missions, les voyages lointains. Du moins leur influence (voir la Chine) n'est-elle pas négligeable sur les arts et la pensée elle-même. Fait caractéristique, le voyage revêt plus fréquemment que dans le passé un caractère éducatif ou scientifique : lettres de voyage, les lettres philosophiques, récits scientifiques, le voyage de BOUGAINVILLE, de COOK et bientôt ceux de Humboldt.

W

WALLIS

L'expédition de Wallis-Carteret, partie de Plymouth en 1766, annonce les expéditions scientifiques de Kerguelen, COOK, BOUGAINVILLE... Mais elle ne dispose encore ni du CHRONOMÈTRE ni d'équipement scientifique.

Le but est ce qu'il restera jusqu'au deuxième voyage de Cook : la reconnaissance des îles qui jalonnent les abords du « continent » austral. Parti de Plymouth avec trois navires, ayant comme seconds Carteret et Furneaux Wallis passe le détroit de Magellan, perd de vue Carteret et sa corvette à la suite d'une tempête, débarque en Patagonie, aborde à Tahiti — qui deviendra un centre important d'acclimatation de plantes et d'animaux —, puis par Batavia, Le Cap et Sainte-Hélène regagne l'ANGLETERRE en mai 1768. Carteret, que l'on pensait perdu, rentrera à bon port lui aussi après une traversée du Pacifique fertile en découvertes.

WATT, James

1736-1819. Le premier des grands ingénieurs industriels. Simple ouvrier, son habileté manuelle se double, au contact des physiciens de l'université de Glasgow (où il est préparateur), de sérieuses connaissances théoriques. Il n'a découvert ni la force d'expansion de la vapeur (Papin), ni le principe du moteur à vapeur (Worcester, Newcomen). Mais seule la machine qu'il met au point en 1769 permet un emploi industriel par réduction de la consommation (grâce au condenseur) et augmentation du rendement (grâce au piston à double effet). Face au traditionnel moteur animal, la machine devient « concurrentielle ». La carrière de Watt est inséparable de celle de son associé, Mathew Boulton (1728-1802), qui assura le succès de l'inventeur et créa avec lui la première entreprise moderne de construction de machines.

WATTEAU, Antoine

1684-1721. Bien se garder de trop chercher à éclaircir l'originalité d'un talent par la spécificité d'une époque. Les liens cependant sont ici évidents entre l'un et l'autre : Watteau naît, après le départ de Le Brun, au moment où le rubénisme l'emporte enfin à l'Académie et avec lui la couleur et la mythologie galante. Mais Watteau, BAROQUE et rubéniste fasciné par le THÉÂTRE et par la fête, transpose plus qu'il n'utilise, invente même sous l'influence des autres, atteint ou s'efforce d'atteindre son secret en surprenant celui de ses maîtres.

Pour lui qui a commencé — en 1790 — par être peintre de guerre à Valenciennes et qui a trente ans à la mort de Louis XIV, la Régence est temps de tentation, temps insouciant, un peu ivre, des entre-deux-guerres, mais temps aussi d'illusions et mal assuré de durer. Les couples s'embarquent pour Cythère. Mais voyez la suite : c'est Gilles, Gilles ou le retour. Costume de fête, dérisoire vestige de l'imaginaire. Visage désabusé, ou peut-être seulement désappointé, tant était grande l'innocence de l'acteur qui a cru à la réalité du théâtre et de la fête. Le réalisme avec lequel est peint, à dessein, le costume, est déjà, avec une sorte d'humour mélancolique en plus, celui des décors romantiques.

WESLEY, John
1703-1791. Fondateur de l'Église méthodiste. Voir biographie dans l'index de *La Civilisation de l'Europe classique*.

WOLFF, Christian von
1679-1754. Disciple de LEIBNITZ, professeur à l'université de Halle (1707-1723), puis à celle de Marbourg après son bannissement par Frédéric-Guillaume de PRUSSE. Esprit didactique, moins subtil et moins vaste que celui de Leibniz, il a quelque peu schématisé la pensée de son maître mais son rationalisme libéral a contribué en ALLEMAGNE à réduire le conflit entre croyants et rationaux. Il fait précéder l'*Éthique* de SPINOZA, publiée en 1744 dans la traduction de L. Schmidt, d'une présentation-réfutation qui sera passionnément lue par Goethe et JACOBI. Wolff a été un des maîtres de la jeunesse de KANT.

WOLFF, Caspar Friedrich
1733-1794. Ses études de médecine à l'université de Halle se terminent en 1759 par une thèse, sa *Theoria generationis*, où il s'affirme comme un précurseur de l'embryologie expérimentale. Mais ses observations, comme beaucoup de celles que permettait dès cette époque le MICROSCOPE, ne seront vraiment comprises qu'un siècle plus tard : elles démontraient en effet que l'embryon élaborait des structures postérieurement à la constitution du germe et réfutait ainsi la thèse de la « préformation ».

WOOD, John I
1704-1754. Architecte de la première génération palladienne, contemporain de lord BURLINGTON et de William Kent. Architecte à LONDRES, puis à Bath, chargé du remodelage de la cité alors en plein essor. Il y a dessiné les rues et les nouveaux quartiers d'habitation en s'inspirant des constructions élevées par les architectes londoniens à l'ouest de la capitale. Plusieurs des monuments dont il a fourni les dessins ont été construits par d'autres architectes : Ralph Allen, qui dirigea les travaux à Prior Park, et surtout son fils John II (1728-1782) qui est le constructeur du Royal Crescent. Wood est aussi l'auteur de deux livres consacrés l'un à Bath, l'autre à Stonehenge, grandiose ensemble mégalithique et objet, dès cette époque, d'un vif intérêt de la part des architectes et des archéologues.

WOODWARD, John
1665-1728. Naturaliste, un des maîtres de l'école géologique anglaise avec le célèbre HOOKE, Lhuyd, Lister, etc. Il est un des premiers, avec Lhuyd, à observer les fossiles dans les couches géologiques et à pressentir l'importance de la stratigraphie. C'est aussi un botaniste et ses observations sur la physiologie végétale, et le rôle de l'eau et du sol dans la croissance des plantes contribueront à la naissance de l'agronomie.

WREN, sir Christopher
1632-1723. Le constructeur de la nouvelle cathédrale Saint-Paul à LONDRES, après l'incendie de 1666, est un homme de haute culture. Mathématicien, astronome, il est cité avec éloge dans les *Principia* de NEWTON. C'est le calcul, les MATHÉMATIQUES de l'ingénieur qui le conduisent à l'ARCHITECTURE. Chargé par Charles II de fournir un

plan de restauration pour la cathédrale, il manifeste clairement son intention de s'écarter des formes barbares de l'église gothique et de reconstruire les parties endommagées selon ce qu'il appelle la *good roman manner*. Son plan est refusé par le Chapitre et il doit le modifier à plusieurs reprises, d'autant que la cathédrale a achevé entre-temps de se dégrader, au cours de l'incendie qui ravage la ville. Il remaniera en cours d'exécution le plan enfin accepté par le Chapitre et qui est un compromis entre le monument à rotonde et dôme qu'il a imaginé, en s'inspirant du Panthéon romain et de certains projets du Bernin, et l'aménagement pur et simple de l'église gothique souhaité par le Chapitre. La nouvelle cathédrale, commencée en 1675, est achevée en 1710. Wren établit ensuite, à la demande du roi, un plan de remodelage et de reconstruction de Londres qu'il avait ébauché dès avant l'incendie. Mais des obstacles juridiques et financiers empêchent de le réaliser. Wren a reconstruit un grand nombre d'églises, Saint Michael, Saint Bride, Saint Mary-le-Bow, Saint Stephen, etc., ainsi que de nombreux hôtels — aujourd'hui détruits pour la plupart —, l'Ashmolean Museum, la Tom Tower de Christ Church, la chapelle de Queens' College à Oxford, la bibliothèque de Trinity College à Cambridge. Député de Plymton, contrôleur des bâtiments royaux, il était depuis 1681 président de la ROYAL SOCIETY.

WRIGHT OF DERBY
Joseph Wright, dit Wright of Derby, 1734-1797. Peintre de paysages et de sujets scientifiques. Très lié avec les amis anglais de Jean-Jacques ROUSSEAU et de l'ENCYCLOPÉDIE, il s'apparente par son moralisme à GREUZE, par son style à Vernet. Son *Miravan forçant la tombe de ses ancêtres* et son *Soldat mort* sont déjà presque romantiques.

YOUNG, Arthur
1741-1820. Journaliste, écrivain, voyageur, Young est un homme d'enquêtes, de repor-tages, de compilations, mais c'est un bon observateur de l'état social et économique de la FRANCE et de l'ANGLETERRE à la veille du grand démarrage de la société préindustrielle. Principales œuvres : *Les Lettres d'un fermier au peuple anglais* (1768), un *Voyage en Irlande* (1780), une encyclopédie en quarante-cinq volumes, les *Annals of Agriculture*, œuvre collective à laquelle collabore le roi George III (sous la signature de Ralph Robinson), enfin et surtout le célèbre *Voyage en France* qui paraît en deux volumes en 1792.

Z

ZAMOYSKI
Chancelier de POLOGNE sous le règne de Stanislas-Auguste Poniatowski. Les réformes qu'il avait entreprises ne furent que partiellement réalisées mais servirent en 1788 de modèle aux partisans d'une monarchie libérale, à Stanislas Staszic notamment, qui en exposa l'essentiel dans ses *Remarques sur la vie de J. Zamoyski*.

ZENO, Apostolo
1668-1750. Originaire de Venise, Zeno fut à VIENNE, entre 1718 et 1729, le poète officiel de la Cour. Écrivain châtié mais froid, souvent lourd, il a écrit de très nombreux mélodrames et composé plusieurs livrets d'OPÉRA.

ZENTA
Ville de Hongrie aux abords de laquelle le Prince EUGÈNE anéantit l'armée ottomane en 1697.

ZIMMERMANN
Des deux frères Zimmermann, Dominique (1685-1766) est architecte et stucateur, Jean-Baptiste, décorateur et peintre. Ils travaillent ensemble au grand chantier d'Ottobeuren (1714-1717), puis à l'église de Steinhaussen dont Jean-Baptiste peint les voûtes

(*L'Assomption de la Vierge, Les Habitants des quatre parties du monde*). Zimmermann est aussi l'architecte de l'église de Wies, construite comme la précédente sur plan elliptique, et de nombreuses églises de moindres dimensions, aux stucs parfois envahissants mais que rendent plus légers les teintes claires des peintures.

ORIENTATION
BIBLIOGRAPHIQUE

Pas plus que dans notre précédent ouvrage, il ne saurait être question de fournir une bibliographie qui nécessiterait plusieurs volumes, mais tout au plus une orientation sur les thèmes que nous nous sommes fixés. En raison, en outre, des superpositions chronologiques entre ce volume et ceux qui l'encadrent dans la collection « Les Grandes Civilisations », nous renvoyons une fois pour toutes à la bibliographie de *La Civilisation de l'Europe classique* (P. CHAUNU) et de *La Civilisation et la Révolution française*, I, *la Crise de l'Ancien Régime* (A. SOBOUL).

Au point de départ d'une liste nécessairement longue, partant égalisatrice, il convient de bien détacher les quelques ouvrages qui ont plus spécialement nourri notre réflexion, fourni l'occasion d'un constant et fructueux dialogue.

Ernest CASSIRER, *la Philosophie des Lumières*, 1re éd. Tubingen, 1932 ; Fayard, l'Histoire sans frontières, 351 p., Paris, 1966. Paul HAZARD, *la Crise de la conscience européenne*, x-474 p., Boivin, Paris, 1935 ; *la Pensée européenne au XVIIIe siècle. De Montesquieu à*

Lessing, 469 p., Fayard, Paris, 1963 et 1968. Alexandre KOYRÉ, *Du monde clos à l'univers infini,* 278 p., P. U. F., Paris, 1962. Georges GUSDORF, *les Sciences humaines et la pensée occidentale,* 4 vol., Payot, Paris, 1966-1969. François FURET et coll., *Livre et Société dans la France du XVIIIe siècle,* 2 vol., Mouton, Paris, La Haye, 1965 et 1970. René TATON et collaborateurs, *Histoire générale des sciences,* P. U. F., Paris, tome 2, VII-800 p., 1958 ; tome 3, I, VIII-756 p., 1961. Maurice DAUMAS et collaborateurs, *Histoire générale des techniques,* tome 2, XIX-750 p., et tome 3, XXIV-864 p., P. U. F., Paris, 1965 et 1968. Fernand BRAUDEL, *Civilisation matérielle et Capitalisme,* 463 p. + planches, Armand Colin, Paris, 1967. Emmanuel LE ROY LADURIE, *les Paysans de Languedoc,* 2 vol., 1 066 p., SEVPEN, Paris, 1966 ; *Histoire du climat depuis l'an mil,* 379 p., Flammarion, Paris, 1967. Fernand BRAUDEL et C. E. LABROUSSE, *Histoire économique et sociale de la France,* t. II, *Des derniers temps de l'âge seigneurial aux préludes de l'âge industriel (1660-1789),* (plus particulièrement la collaboration capitale de Pierre Léon sur l'industrie), XVI-779 p. + planches, P. U. F., Paris, 1970. Phyllis DEANE et W. A. COLE, *British Economic Growth, 1688-1759, Trends and Structure,* XVI-348 p. + graph., At the University Press, Cambridge, 1964. Louis HAUTECŒUR, *Histoire de l'architecture classique en France,* gr. in-4°, Picard, Paris ; t. 2, *le Règne de Louis XIV* (2e partie), pp. 528-939, 1948 ; t. 3, *la Première Moitié du XVIIIe siècle, le style Louis XV,* IX-673 p., 1950 ; t. 4, *la Deuxième Moitié du XVIIIe siècle, le style Louis XVI,* VI-577 p., 1952. Peter LASLETT, *Un monde que nous avons perdu,* éd. anglaise, Methuen, Londres, 1965 et 1968 ; éd. française, 297 p., Flammarion, 1969. E. A. WRIGLEY, *Société et Population,* 255 p., Hachette, l'Univers des Connaissances, Paris, 1969. Faire un sort à part à quelques revues et particulièrement : pour les problèmes de la société traditionnelle, à *Past and Present,* 49 n^os parus en 1970, Corpus Christi College, Oxford ; pour l'histoire économique, tout à fait irremplaçable, *The Economic History Review,* Broadwater Press Ltd., Welwyn Garden City (Hertfordshire), G.-B. ; *le XVIIe Siècle, revue de la Société d'histoire du XVIIe siècle ; le Dix-Huitième Siècle,* 1 vol. par an chez Garnier depuis 1969 ; les *Annales de démographie historique,* Sirey, 1 vol. par an depuis 1964 ; *Population,* I. N. E. D., 6 vol. par an depuis 1946 ; *Population Studies,* London School of Economics, 3 n^os par an depuis 1946 ; et naturellement les *Annales E. S. C.* et la *Revue historique.*

I. CADRE HISTORIQUE

La bibliographie est commune avec *l'Europe classique.* On se reportera donc aux manuels éprouvés déjà cités, depuis les LAVISSE et RAMBAUD, les Clio d'E. PRÉCLIN et V. L. TAPIÉ, pour la période 1680-1788, les HALPHEN et SAGNAC où le tome XI de Pierre MURET *(1715-1763)* est difficilement remplaçable pour l'histoire politique de la période. Le succès mérité des tomes 4 et 5 de l'*Histoire générale des civilisations* de Maurice CROUZET, dus à Roland MOUSNIER et à Roland MOUSNIER et Ernest LABROUSSE (avec collab. de M. BOULOISEAU), entraîne de nombreuses rééditions (8e éd.) toujours soigneusement mises à jour. Rappelons encore de Leonard W. COWIE, *Seventeenth Century Europe,* 384 p., et *Eighteenth Century Europe,* 397 p., dans les Bell Modern History Series. Dans *The New Cambridge Modern History,* on verra le vol. VI, *The Rise of Great Britain and Russia (1688-1715/25)* édité sous la responsabilité de J. S. BROMLEY (collaborateurs), XXXIV-947 p., 1970 ; le vol. VII, *The Old Regime, 1713-1763,* éd. par J. O. LINDSAY (coll.), XX-625 p., 1957 et 1963 ; le vol. VIII, *The American and French Revolutions, 1763-1793,* XXIII-748 p., éd. par A. Goodwin, 1965 et 1968. En cours de publication, « la Nouvelle Clio, l'histoire et ses problèmes » des P. U. F. sous la direction de Robert BOUTRUCHE et de Paul LEMERLE. Pour la période qui nous

intéresse : Pierre CHAUNU, *l'Expansion européenne du XIIIe au XVe siècle* (n° 26), 396 p., 1969 ; *Conquête et Exploitation des Nouveaux Mondes* (n° 26 bis), 445 p., 1969. Frédéric MAURO, *l'Expansion européenne (1600-1870)* (n° 27), 417 p., 1964, 2e éd. 1967, permettent de faire la liaison avec les mondes extra-européens. Jean DELUMEAU, *Naissance et affirmation de la Réforme* (n° 30), 417 p., 1965, 2e éd. 1968 et *le Catholicisme entre Luther et Voltaire* (n° 30 bis), 358 p., 1971, ouvre d'utiles perspectives sur les périodes postérieures. On retiendra de même, pour des raisons méthodologiques, de Frédéric MAURO, *le XVIe Siècle européen. Aspects économiques* (n° 32), 387 p., 1966 ; Robert MANDROU, *la France aux XVIIe et XVIIIe siècles* (n° 33), 335 p., 1966 ; remarquable par la très grande qualité de son information, Pierre JEANNIN, *l'Europe du Nord-Ouest et du Nord aux XVIIe et XVIIIe siècles* (n° 34), 420 p., 1969.
A l'usage des étudiants des premiers cycles, nouvelle venue, la collection U d'Armand Colin. On retiendra pour notre période en tout ou partie : P. GUILLAUME et J. P. POUSSOU, *Démographie historique*, 415 p., 1970 (excellent) ; F. G. DREYFUS, *Histoire des Allemagnes* (précis, bien informé), 495 p., 1970 ; François LEBRUN, *le XVIIe Siècle*, 378 p., 1967; Michel DENIS et Noël BLAYO, *le XVIIIe Siècle*, 351 p., 1970 ; Georges DURAND, *États et Institutions*. *XVIe-XVIIIe siècle*, 309 p., 1969 ; Pierre GOUBERT, *l'Ancien Régime*, t. 1, 271 p., 1969 (excellent), t. 2 à paraître. Tout à fait remarquable, Pierre LÉON, *Économies et Sociétés préindustrielles*, t. 2, *1650-1780, les Origines d'une accélération de l'histoire*, 460 p., 1970. Nous retiendrons, également dans U, idées politiques, *Politique de Bossuet* présentée par Jacques TRUCHET, 378 p., 1960 ; *la Politique de Montesquieu* présentée par Jean EHRARD, 332 p., 1965 ; *la Politique de Voltaire*, présentée par René POMEAU, 243 p., 1963, et le très remarquable *Jansénisme et Politique* présenté par René TAVENEAUX, 258 p., 1965 ; Leo GERSHOY, *l'Europe des princes éclairés, 1763-1789*, 1944 et trad. française de José FLEURY, préface D. RICHET, 295 p., Fayard, Paris, 1966. Voir encore Michel DEVÈZE, *l'Europe et le monde à la fin du XVIIIe siècle*, 703 p., Albin Michel,

l'Évolution de l'humanité, Paris, 1970.

•

Pour les grandes histoires nationales, nous renvoyons aux ouvrages cités dans *l'Europe classique*.

Pour la France, LAVISSE, jamais remplacé.

Pour l'Angleterre, l'Écosse et l'Irlande, nous avions retenu Élie HALÉVY, la collaboration très brillante de G. M. TREVELYAN à la *Political History of England* et surtout ce guide incomparable, la *Oxford History of England*, t. IX, par G. DAVIES, *1603-1660*, 1937, éd. rév. 1958 ; t. X, G.N. CLARK, *1660-1714*, 1934, éd. rév. 1956 ; t. XI, B. WILLIAMS, *1714-1760*, 1939, éd. révisée par C. M. STUART, 1962 ; t. XII, J. S. WATSON, *1760-1815*, 1960.
On ajoutera quelques titres, en raison de l'importance des îles Britanniques dans l'histoire des Lumières. Dans les *Pelican History of England*, deux manuels commodes : *England in the 17 th century*, 2e éd., 1954 ; J. H. PLUMB, *England in the XVIIIth century*, 1950. Reste toujours valable la très classique *Histoire d'Angleterre* de T. B. MACAULAY pour laquelle il existe une traduction française, *Histoire d'Angleterre depuis l'avènement de Jacques II*, 2 vol., 1853, et *Histoire d'Angleterre sous Guillaume III*, 4 vol., 1861. C. H. FIRTH a donné une excellente édition de ce grand classique de l'historiographie anglaise du XIXe siècle, 6 vol., 1913-1915, et un *Commentary on Macaulay's history of England*, Londres, 1938, 2e éd. 1966.

Pour l'Écosse, G. S. PRYDE, *Scotland from 1603 to the present day*, Édimbourg, 1962.

Pour l'Irlande, E. CURTIS, *A History of Ireland*, Londres, 1936, 2e éd. 1952 ; W. E. M. LECKY, *History of Ireland in the eighteenth century*, 5 vol., Londres, 1892 ; J. C. BECKETT, *Protestant dissent in Ireland, 1687-1780*, Londres, 1948 ; K. H. CONNELL, *The population of Ireland, 1750-1845*, Oxford, 1950 ; C. MAXWELL, *Dublin under the Georges, 1714-1830*, Londres, 1956 ; G. O'BRIEN, *Economic History of Ireland (XVIIe-XVIIIe)*, 2 vol.,

Dublin, 1918-1919 ; W. A. PHILIPPS, *History of the Church of Ireland*, 3 vol., Londres, 1933 ; J. G. SIMMS, *The Williamite Confiscation in Ireland, 1690-1703*, Londres, 1956.

Pour la Hollande, nous avions retenu la fondamentale *Algemene Geschiedenis der Nederlanden* et, existant heureusement en traduction anglaise, les ouvrages fondamentaux de Pieter GEYL, 3 vol. pour la période 1555-1715. Les volumes consacrés au XVIIIe (1648/1751-1751/1798) de Pieter Geyl, Anvers, Amsterdam, 1949-1959, ne sont malheureusement pas encore traduits, tout comme la fondamentale histoire économique de J. A. VAN HOUTTE, *Economische en sociale Geschiedenis van de Lage Landen*, Anvers, 1964. Bien qu'un peu ancien, heureusement écrit en allemand et traduit en anglais, l'ouvrage de P. J. BLOK n'a jamais été complètement remplacé, voir donc *Geschichte der Niederlande*, tomes III à VI, Gotha, 1907-1918, à quoi on ajoutera pour le plan culturel la réédition de J. HUIZINGA, *Holländische Kultur im Siebzehnten Jahrhundert*, Bâle, Stuttgart, 1961.

Pour la Belgique, évidemment, d'abord, les tomes 4, 5, 6, bien qu'un peu vieillis, de l'incomparable Henri PIRENNE (5e éd. revue en 1928 et éd. illustrée en 4 vol.). Les écoles historiques belges sont, il est vrai, très actives, on fera la mise à jour avec *Un quart de siècle de recherche historique en Belgique, 1944-1968*, éd. sous la direction de J. A. Van Houtte, XIV-586 p., Nauwelaerts, Paris-Louvain, 1970. Le statut international des Pays-Bas autrichiens au XVIIIe siècle a été précisé par J. LEFÈVRE, *Annales de la Fédération archéologique historique de Belgique*, 36e Congrès, t. 2, 1956, pp. 21-328. P. LENDERS a souligné l'impact de la pensée des Lumières sur les événements politiques belges, *De politicke crisis in Vlaanderen omstreeks het midden des XVIIIe eeuw, Bijdrage tot de Geschiedenis der Aufklärung in België*, XXVI-379 p., Bruxelles, 1956. Voir encore, *l'Europe au début du XVIIIe, Correspondance du baron Karl von Babenbourg*, 2 vol., CLXV-I 364 p., éd. L. Jadin, Bruxelles, Rome, 1968. Beaucoup à prendre et facilement accessible, Paul HARSIN, *Recueil d'études*, LIV-474 p.,

F. Gothier, Liège, 1970.

Pour la Suisse et Genève, on aura recours à J. DIERAUER, *Histoire de la Confédération suisse*, 6 vol., Lausanne, 1911-1919 ; au fondamental H. NABHOLZ, L. von MURALT, R. FELLER, E. DURR, E. BONJOU, *Geschichte der Schweiz*, Zurich, à partir de 1932 ; aux études d'Antony BABEL, J. F. BERGIER, GUICHONNET, Pierre LÉON et le centre de Lyon, Anne-Marie PIUZ (notamment affaires et politique, *Recherches sur le commerce de Genève au XVIIe siècle*, 456 p., A. Jullien, Genève, 1964) et aux articles de l'excellente *Revue suisse d'histoire*.

Pour l'Italie, Alessandro VISCONTI et Franco VALSECCHI, 1958 et 1961, déjà cités (*Europe classique*). Pour Naples, Benedetto CROCE, Giulio GIACCHORO, *Storia economica del Settecento genovese*, Gênes, 1951. Voir encore, en français, H. BEDARIDA, *Parme et la France de 1748 à 1789*, 648 p., Champion, Paris, 1928 ; *les Premiers Bourbons de Parme et l'Espagne (1731-1802)*, Paris, 1928 ; *Parme dans la politique française au XVIIIe*, 259 p., Alcan, Paris, 1930 ; H. BEDARIDA et P. HAZARD, *l'Influence française en Italie au XVIIIe*, Paris, 1935 ; René BOUDARD, *Gênes et la France dans la seconde moitié du XVIIIe siècle*, 539 p., Paris, 1962. Source incomparable, Charles DE BROSSES, *Lettres familières*. Presque intégralement en français, en dépit du titre, *Decadenza economica veneziana nel secolo XVII*, Rome, Venise, *Istituto per la collaborazione culturale*, XXIII-317 p., 1961. Hélène TUZET, *la Sicile au XVIIIe vue par les voyageurs étrangers*, 528 p. + planches, P. H. Heitz, Strasbourg, 1955.

Pour le Portugal, Damião PERES et la grande histoire collective de l'expansion, 3 vol., Lisbonne, 1937-1940.

Pour l'Espagne, aux ouvrages fondamentaux déjà cités de MENENDEZ PIDAL — le tome XXVI est paru, *La España de Fernando VII*, par Miguel ARTOLA GALLEGO, XXXVI-994 p., gr. in-4°, 1968 —, BALLESTEROS BERETTA, ALTAMIRA CREVEA, AGUADO BLEYE, R. B. MERRIMAN et surtout de l'incomparable Jaime VICENS VIVES et de l'équipe des collaborateurs de *l'Indice historico español* et de *l'Historia social y económica de España*, il convient d'ajouter : J. H. ELLIOT, *The Revolt of the Catalans*, XVI-623 p., Cambridge, 1963. Pierre VILAR, *Crecimiento y desarrollo Reflexiones sobre el caso español*, 542 p., Ariel, Barcelone, 1964. Richard HERR, *The Eighteenth Century Revolution in Spain*, New Jersey, 1958, trad. *España y la revolución del siglo XVIII*, Aguilar, Madrid, 1964. Profiter de la réédition de Manuel COLMEIRO, *Historia de la economía política en España*, 2 vol., Ed. Taurus, Madrid, 1965. Duque DE MAURA, *Vida y Reinado de Carlos II*, Madrid ; 2ᵉ éd., 2 vol., 1954 ; *La España del Antiguo Regimen*, 1 vol., éd. Miguel Artola, 1967 ; *Castilla la Vieja*, en cours. Pedro VOLTES, *Carlos III y su tiempo*, Barcelone, 1964.

Pour l'Allemagne, voyez à nouveau Karl LAMPRECHT, J. HASHAGEN et les études classiques de E. LAVISSE, G. LIVET, G. PAGES, V. L. TAPIÉ, G. ZELLER. On ajoutera J. BÜHLER, *Deutsche Geschichte*, t. 4, *Das Barockzeitalter*, Berlin, 1950 ; H. HOLBORN, *Deutsche Geschichte in der Neuzeit*, t. I, *1500-1790*, Stuttgart, 1960 ; R. LORENZ et H. SCHNEE, *Die Grundlagung des Absolutismus* au tome II du *Handbuch der deutschen Geschichte* de J. L. JUST, Constance, 1956 ; G. SCHILFERT, *Deutschland von 1648 bis 1789*, au tome 4 du *Lehrbuch der deutschen Geschichte*, Berlin-Est, 1959. Plus spécialement centrés sur le XVIIIᵉ siècle, E. ERMATINGER, *Deutsche Kultur im Zeitalter der Aufklärung*, au tome 5 de la justement célèbre *Geschichte der deutschen Lebens*, Berlin, 1935 ; K. O. ARETIN, *Heiliges Römisches Reich, 1776-1806*, *Reichsverfassung und Staatssouveränität*, 2 vol., Wiesbaden, 1967. R. BENZ, *Deutsche Barokkultur des 18. Jahrunderts*, Munich, 1949 ; E. KEYSER, *Bevölkerungs Geschichte Deutschlands*, Berlin, 1943 et H. E. WEBER, *Reformation, Orthodoxie und Rationalismus*, 2 vol., Berlin, Munich, 1937-1951. A quoi on ajoutera en français : G. PONS, G. E. *Lessing et le christianisme*, Didier, Paris, 1964 ; Louis GUINET, *Zacharias Werner et l'ésotérisme maçonnique*, 426 p., Mouton, Paris, 1962 et *De la franc-maçonnerie mystique au sacerdoce ou la Vie romantique de Friedrich Ludwig Zacharias Werner (1768-1823)*, 247 p.,

Caen, 1964 ; G. DREYFUS, *Sociétés et Mentalités à Mayence dans la seconde moitié du XVIIIᵉ siècle* (important), 618 p., A. Colin, Paris, 1968 ; J. B. NEVEUX, *Vie spirituelle et vie sociale entre Rhin et Baltique au XVIIᵉ siècle* (important), XLVII-934 p., C. Klincksieck, Paris, 1967.

Pour l'Autriche, on partira de la magnifique et lumineuse synthèse de Victor Lucien TAPIÉ, *Monarchies et peuples du Danube*, 493 p., Fayard, Paris, 1969. Voir également les articles et ouvrages de Jean BERENGER, principalement *Finances et absolutisme autrichien dans la seconde moitié du XVIIIᵉ siècle*, multigraphié, 900 folios, 1970, B. S. ; A. von ARNETH, *Maria Theresa*, 10 vol., Vienne, 1863-1879 ; Max BRAUBACH, *Prinz Eugen von Savoyen*, 5 vol., 1960-1965 ; K. et M. UHLIRZ, *Handbuch der Geschichte Österreichs und seiner Nachbarländer*, 4 vol., Vienne, 1927-1944 ; Robert A. KANN, *The multinational Empire*, New York, 1950, et traduction revue et augmentée, *Das Nationalitäten-Habsburgmonarchie*, 2 vol., Graz-Köln, 1964 ; *The Habsburg Empire. A study in integration and desintegration*, New York, 1957. Et, bien sûr, toujours actuelles, sur la Bohême, les études justement classiques d'Ernest DENIS et de V. L. TAPIÉ.

Pour la péninsule scandinave, outre Pierre JEANNIN, « Que sais-je ? » n° 704, *Histoire des pays scandinaves*, Paris, 1956, et B. J. HOUDE, *The Scandinavian countries, 1720-1865, The rise of the Middle classes*, 2 vol., Boston, 1943, l'article fondamental de B. GILLE, « The demographic history of the Northern European Countries in the 18th Century », *Population Studies*, III, 1949, pp. 1-65.

Pour le Danemark, V. VON ARNIM, *Krisen und Konjunkturen der Landwirtschaft in Schleswig Holstein von 16. bis zum 18. Jahrhundert*, Neumünster, 1957, toute une série d'études en allemand sur le Schleswig-Holstein de I. AST REIMERS... H. BEHREND... dans la cinquantaine de volumes des *Quellen und Darstellungen zur Geschichte Schleswig-Holsteins*. Dans la grande *Danmarks historie* éditée par J. Danstrup et H. Koch, les tomes

VIII de G. OLSEN et F. ASKGAARD, *1660-1721*, IX de S. CEDERGREEN BECH, *1721-1784*, et J. VIBAEK, *1784-1830*, Copenhague, 1964-1965. Et, d'un point de vue économique : A. FRIIS et K. GLAMANN, *An history of prices and wages in Denmark, 1660-1800*, t. I, Londres, 1958 ; A. NIELSEN, *Dänische Wirtschaftsgeschichte*, Iéna, 1933 et *Industriens historie i Danmark*, t. I de A. E. CHRISTENSEN jusqu'en 1730 et t. II de J. O. BRO-JØRGENSEN de 1730 à 1820, Copenhague, 1943.

Pour la Norvège, le tome V par A. COLDEVIN, *1660-1814*, de la grande histoire, *Vårt folks Historie*, de Th. DAHL, A. COLDEVIN et J. SCHREINER. M. DRAKE suit la population, « The growth of population in Norway », dans la *Scandinavian Economic History Review*, 1965, pp. 97-142, et O. A. JOHNSEN l'économie dans sa *Norwegische Wirtschaftsgeschichte*, Iéna, 1939 ; H. KOHT, *les Luttes des paysans en Norvège du XVIe au XIXe siècle*, Paris, 1929 et K. LARSEN, *A History of Norway*, New York, 1948.

Pour la Suède, les ouvrages fondamentaux en suédois sont ceux de S. CARLSSON et J. ROSÉN, *Svensk historia*, 2 vol., Stockholm, 1961-1962 ; E. F. HECKSCHER, *Sveriges ekonomiska historia från Gustav Vasa*, les tomes I₂ pour le XVIIe, II₁ et II₂ pour le XVIIIe siècle, Stockholm, 1935-1949. Et pour la politique étrangère : *Den svenska utrikespolitikens historia*, I₃, *1648-1697*, par G. LANDBERG ; t. II₁, *1697-1721*, par J. ROSÉN ; t. II₂, *1721-1792*, par O. JAGERSKIÖLD, Stockholm, 1952-1960. En français, nous disposons maintenant d'une brillante synthèse : Claude NORDMANN, *la Suède au XVIIIe siècle*, Centre de recherches de la civilisation de l'Europe moderne, Paris, 1971, et, en anglais, de l'étude de A. GUSTAFSSON, *A history of Swedish literature*, Minneapolis, 1961, qui embrasse de nombreux aspects de la civilisation.

Pour la Finlande, on retiendra, en allemand et en anglais, A. J. ALANEN, « Der Aussenhandel und die Schiffahrt Finnlands im 18. Jahrhundert... », *Annales Academiae Scientiarum Fennicae*, t. 103, Helsinki, 1957 et de E.

JUTIKKALA, *A history of Finland*, New York, 1962 et « Die Bevölkerung Finnlands in den Jahren 1721-1749 », *Annales Academiae Scientiarum Fennicae*, t. 55, fasc. 4, 1945.

Pour la Russie, on s'appuiera sur les onze volumes parus de 1959 à 1970 des *Cahiers du monde russe et soviétique* et sur la *Revue des études slaves*. Renvoyons aux ouvrages déjà cités dans *l'Europe classique*, depuis MILIOUKOV, SEIGNOBOS et EISENMANN, 1932, 3 vol. et Roger PORTAL, *les Slaves*, A. Colin, 1965. Aux ouvrages déjà cités : *Readings in Russian History* (collectif), J. BLUM, M. CONFINO, B. GILLE, E. HAUMANT, G. HAXTHAUSEN, V. O. KLATCHEVSKI, A. LEROY-BEAULIEU, B. NOLDE, de Pierre PASCAL, avant tout *Avvakum et les débuts du Raskol* (fondamental), 1938, 2e éd., XXV-623 p., 1963, et une série d'articles lumineux, Roger PORTAL, le *Pierre le Grand* du Club du Livre, Zinaïda SCHAKOVSKOY, D. STREMOOUKHOFF, à quoi on ajoutera Michael CONFINO, après *Domaines et seigneurs en Russie à la fin du XVIIIe. Études des structures agraires et des mentalités*, 311 p., P. U. F., Paris, 1960, *Systèmes agraires et progrès agricole. L'assolement triennal en Russie aux XVIIIe et XIXe siècles*, 495 p., Mouton, Paris, La Haye, 1969 ; Simone BLANC, « Tatiščev et la pratique du mercantilisme », *Cahier du monde russe et soviétique*, X, 3-4, 1970, pp. 353-370 ; M. CADOT et J. L. VAN REGEMORTER, « le Commerce extérieur de la Russie en 1784 », *C. M. R. et S.*, X, 3-4, 1970, pp. 371-391 ; G. VEINSTEIN, « les Tatars de Crimée et la seconde élection de Stanislas Leszczynski », *C. M. R. et S.*, XI, I, 1971, pp. 24-92 ; « Missionnaires jésuites et agents français en Crimée au début du XVIIIe siècle », *C. M. R. et S.*, X, 3-4, 1970, pp. 419-458. Ne pas omettre l'excellent recueil constitué par les *Mélanges Pascal*, 257 p., Paris, 1961.

Pour la Pologne, *The Cambridge History of Poland*, Cambridge, 2 vol., 1950-1957, et les ouvrages précédemment cités de J. A. GIEYSZTOR, S. HERBST, B. LESNODORSKI ; la thèse, les articles et les études de A. JOBERT, L. KONOPCZYNSKI, B. LESNODORSKI, J. RUTKOWSKI, à quoi s'ajoutera, bien que marginal quant à la Pologne proprement dite, Jean FABRE, *Stanislas-Auguste Poniatowski* et *l'Europe des Lumières, étude de cosmopo-litisme*, 748 p., Belles-Lettres, Paris, 1952, et, bien sûr, en français, la revue de l'institut Zachodni Poznan, *la Pologne et les affaires occidentales*, 6 vol. parus en 1970.

Pour les peuples des Balkans, la partie de l'Europe qui reste encore sous la domination turque, se reporter aux ouvrages déjà cités de J. Ancel, A. Blanc, E. Haumant, R. Man-

TRAN, J. Mousset, N. Samic et Stoyanovic. On utilisera en français l'excellente *Revue roumaine d'histoire*, 4 n[os], 800 pages par an depuis 1961, Bucarest, les travaux de M. Berza, Elian, Netea, A. Oteta, Stànescu, la *Revue du Sud-Est européen*, 4 n[os] par an depuis 1963, Bucarest, les *Documenta Romaniae Historica*, Bucarest, qui atteignent maintenant le xviie siècle.

II. RELATIONS INTERNATIONALES. PROBLÈMES DE FRONTIÈRES. ARMÉES

Pour avoir tenu longtemps une place excessive, l'histoire diplomatique, disons mieux l'histoire des relations internationales, a été injustement négligée. Il importe donc de reprendre le contenu de l'histoire diplomatique traditionnelle, de la fondre et de la dépasser dans une histoire, pour l'essentiel à inventer, de la communication au sens le plus large.

Nous renvoyons aux études déjà citées d'Émile Bourgeois, Henri Lapeyre, Pierre Renouvin, Gaston Zeller.

Il convient de mentionner encore pour les rapports franco-espagnols dans la première moitié du xviiie, pendant toute la période de mise en place du système dynastique bourbonien sur l'Europe méditerranéenne, ce modèle, chef-d'œuvre de l'histoire diplomatique traditionnelle, Alfred Baudrillart, *Philippe V et la Cour de France*, 5 vol., 704, 611, 623, 579 et 548 p., Firmin Didot, Paris, 1890 *sqq.*

Rappelons pour mémoire quelques classiques : E. Bourgeois, *la Diplomatie secrète au XVIIIe siècle*, 3 vol. ; *le Secret du Régent et la politique de Dubois*, t. I, 1909 ; *le Secret de Farnèse, Philippe V et la politique d'Alberoni*, t. II, 1909 ; *le Secret de Dubois, cardinal et premier ministre*, Paris, 1910. A. Baraudon, *la Maison de Savoie et la Triple Alliance*, Paris, 1896. Duc de Broglie, *Histoire de la politique étrangère de Louis XV, 1741-1756*, 10 vol., Paris, 1883-1895. G. J. Duren, *le Duc de Bourbon et les Anglais*, Paris, s.d. J. Syveton, *Une cour et un aventurier au 18e siècle, le baron de Ripperda*, Paris, 1896.

Paul Vaucher, *Robert Walpole et la politique de Fleury, 1731-1742, la Crise du ministère Walpole (1733-1734)*, Paris, 1925. R. Waddington, *le Renversement des alliances*, Paris, 1876 ; *la Guerre de Sept Ans*, 4 vol., Paris, 1899. L. Wiesener, *le Régent, l'abbé Dubois et les Anglais*, 3 vol., Paris, 1891-99.

Problème important pour la seconde moitié du siècle, la mise en place en France d'une diplomatie parallèle, le Secret du Roi, chargé plus particulièrement des affaires de Pologne. La question a été renouvelée, récemment, par Didier Ozanam et Michel Antoine. On partira d'un classique, duc de Broglie, *le Secret du Roi. Correspondance secrète de Louis XV avec ses agents diplomatiques, 1752-1774*, Paris, 2e éd., 460 et 617 p., indissociable de l'édition d'Edgar Boutaric, *Correspondance secrète inédite de Louis XV sur la politique étrangère avec le comte de Broglie, Tercier, etc.*, 2 vol., in-8o, 501 p. et 527 p., Paris, 1866. On complétera à l'aide des études et éditions plus récentes de Didier Ozanam et Michel Antoine, *Correspondance secrète du comte de Broglie avec Louis XV*, Soc. Hist. France, Klincksieck, I, 1756-1766, cxiv-392 p. ; II, 1767-1774, xii-536 p., Paris, 1956 et 1961. Cette correspondance doit être replacée dans l'histoire de la question d'Orient, telle qu'elle se dessine dans la seconde moitié du xviiie. Voir les sources et les travaux disponibles d'Alfred d'Arneth et Auguste Geffroy, *Correspondance secrète entre Marie-Thérèse et le comte de Mercy-Argenteau avec les lettres de M.-Th. et de Marie-Antoinette*, 3 vol., Paris, 1874 ; Louis

BONNEVILLE DE MORSANGLY, *le Chevalier de Vergennes. Son ambassade à Constantinople,* 2 vol., Paris, 1894, et *le Comte de Vergennes. Son ambassade en Suède (1771-1774),* Paris, 1898 ; Eugène MOTTAZ, *Stanislas Poniatowski et Maurice Glayre. Correspondance relative aux partages de la Pologne,* Paris, 1897 ; SAINT-PRIEST, *Mémoires,* 2 vol., éd. baron de Barante, Paris, 1929. Albert SOREL, *la Question d'Orient au XVIIIe siècle. Le partage de la Pologne et le traité de Kaïnardji,* 4e éd., Paris, 1902.

L'histoire des relations extérieures doit être reprise au niveau des sources : les grandes collections de documents et l'inédit. Pour l'Europe et le monde vus d'Angleterre, voyez les inépuisables *Calendars of State Papers* : pour le règne de *Charles II,* 28 vol. in-4°, 1860-1939 ; *Jacques II,* 2 vol., 1960-1964 ; *Guillaume et Marie,* 11 vol., 1895-1937 ; début du règne d'*Anne* jusqu'en 1704, 2 vol., 1916-1924, etc. Voyez encore nos *Recueils des instructions données aux ambassadeurs et ministres de France depuis les traités de Westphalie jusqu'à la Révolution française,* 28 tomes, nombreux bis, enrichis récemment des volumes de Didier OZANAM pour l'Espagne (t. XXVII, 1960, supplément au recueil *Espagne* par A. MOREL FATIO et H. LÉONARDON, t. XI, XII, XII bis, 1894-1899) et de Georges LIVET pour les Électorats du Rhin, t. I, *Électorat de Mayence,* 1966, *Électorat de Cologne,* 1963, *Électorat de Trèves,* 1966. Toute l'Europe est entièrement ou partiellement couverte. *The Royal Historical Society* s'est mise à publier à son tour une série : 2 vol. pour la Suède, *Sweden 1689-1727* et *1727-1789,* Londres, 1922 et 1928 ; 3 vol. pour le Danemark, *Denmark, 1680-1789,* J. F. Chance éd., Londres, 1926 ; 4 vol. pour la France, *1689-1721 ; 1721-1727 ; 1727-1744 ; 1745-1789,* L. G. Wickham Legg éd., Londres,

1925-1934 ; etc. A compléter avec les séries *Correspondance politique, Correspondance consulaire* (déposées aux Archives nationales) et *Mémoires et Documents des archives du ministère des Affaires étrangères.* Nombreux inventaires imprimés. Pour se retrouver dans ce dédale, on se reportera avec profit à Amédée OUTREY, « l'Administration française des Affaires étrangères », *Revue française de science politique,* t. III, 1953, nos 2, 3 et 4, pp. 298-318, 491-510, 714-738 ; J. BAILLOU et P. PELLETIER, *les Affaires étrangères,* 378 p., P. U. F., Paris, 1962, et Didier OZANAM, *les Sources de l'histoire de l'Amérique latine, Guide des chercheurs dans les archives françaises,* I, *les Affaires étrangères,* 111 p., I. H. E. A. L., Paris, 1963.

●

Pour le problème des frontières et la guerre, nous renvoyons aux travaux cités (*Europe classique,* pp. 666-667) de HIRSCHAUER, PFISTER, REUSS, ZELLER, LIVET (tout à fait fondamental), CABOURDIN-LESOURD, DION, LATTIMORE, SANABRE, ELLIOT, ANDRÉ, MURAISE, BERWICK, CLAUSEWITZ, ELZE, GUIBERT, E. G. LÉONARD, THUAU, J. U. NEF, G. CLARK, M. GIRAUD, B. T. OURLANIS, H. VAN HOUTTE, le *Catalogue de l'Histoire de France* et les revues spécialisées, *Revue historique de l'armée, Carnet de la Sabretache, Revue internationale d'histoire militaire.*

Une place de choix doit être réservée aux travaux d'André CORVISIER, qui débordent sur une histoire sociale de l'armée et de ce grand fait de civilisation, le fait militaire. Voyez donc *l'Armée française de la fin du XVIIe au ministère Choiseul,* 2 vol., XVIII-1 089 p., P. U. F., Paris, 1964, et *les Contrôles des troupes d'Ancien Régime,* t. I, *Une source d'histoire sociale,* VII-144 p. + pl., Paris, 1969.

III. ÉTAT. INSTITUTIONS

L'histoire politique, après une longue traversée du désert, arrive à déboucher sur une étude des structures de la décision, sur une étude sociale de l'État. On se bornera à l'exemple français, complètement renouvelé

grâce à l'impulsion donnée à ces études, entre autres par Roland Mousnier au Centre de recherches d'histoire de la civilisation moderne de la Sorbonne. Voyez d'abord les ouvrages cités dans la bibliographie procurée

ORIENTATION BIBLIOGRAPHIQUE

par A. SOBOUL (*op cit.*, pp. 610-613) : notamment A. ESMEIN, Fr. Olivier MARTIN, J. ELLUL, les volumes de la collection Thémis, le dictionnaire de M. MARION, G. PAGÈS, J. EGRET, L. VILLAIN. On partira des études de Roland MOUSNIER, *la Vénalité des offices sous Henri IV et Louis XIII*, XXIX-618 p., Rouen, 1945 ; *le Conseil du Roi de la mort de Henri IV au gouvernement personnel de Louis XIV*, Paris, 1947 ; *Lettres et Mémoires adressés au chancelier Séguier* (fondamental au plan de la méthode), 1 277 p., P. U. F., Paris, 1964. R. MOUSNIER, J. P. LABATUT et Y. DURAND, *Problèmes de stratification sociale. Deux cahiers de la noblesse, Problèmes de stratification sociale*, Actes du Congrès international (1966) publiés par R. MOUSNIER, 283 p., P. U. F., Paris, 1968 ; *les Hiérarchies sociales de 1450 à nos jours*, 196 p., P. U. F., Paris, 1969 ; R. MOUSNIER (et collaborateurs), *le Conseil du Roi de Louis XII à la Révolution*, 378 p., P. U. F., Paris, 1970 ; enfin, recueil très commode d'articles jusqu'alors dispersés, R. MOUSNIER, *la Plume, la Faucille et le Marteau. Institutions et Sociétés en France du Moyen Age à la Révolution*, 404 p., P. U. F., Paris, 1970.
Jean EGRET couronne une œuvre consacrée aux résistances à la monarchie administrative au XVIIIᵉ siècle par son *Louis XV et l'opposition parlementaire, 1715-1774*, 253 p., A. Colin, Paris, 1970, qui suit l'étude sur *le Parlement du Dauphiné et les affaires publiques dans la deuxième moitié du XVIIIᵉ siècle*, 2 vol., Arthaud, Grenoble, Paris, 1942 ; *les Derniers États du Dauphiné*, ibid., 1942 ; *la Révolution des notables, 1789*, A. Colin, Paris, 1950 et *la Pré-Révolution française. 1787-1788*, P. U. F., Paris, 1962.
La meilleure étude structurelle d'une institution est celle d'un élève de R. Mousnier, Michel ANTOINE., *le Conseil du Roi sous le règne de Louis XV*, XXX-666 p., Droz, Genève, 1970, qui s'ajoute à une série d'études remarquées sur *les Fonds du Conseil d'État*, 1954 et 1955, *Henry Desmarest (1661-1741)*, et *l'Inventaire des arrêts du Conseil du Roi (1715-1720)*, SEVPEN, Paris, 1968.
Rappelons rapidement quelques-unes des sources imprimées essentielles pour une histoire de l'État en France à l'époque des Lumières : P. BONNASSIEUX et E. LELONG,

Inventaire analytique des procès-verbaux du Conseil du Commerce et du Bureau du Commerce (1700-1791), Paris, 1900.
Les correspondances : *Correspondance des contrôleurs généraux avec les intendants (1613-1715)*, éd. A. de BOISLISLE, 3 vol., Paris, 1878-1898 ; *Correspondance administrative* [...] (ne dépasse pas 1715), éd. G. B. DEPPING, 4 vol., Paris, 1850-1855 ; *Correspondance politique et administrative de Miromesnil*, éd. P. LEVERDIER, 5 vol., Rouen-Paris, 1900-1902 ; *le Recueil général des anciennes lois françaises*, t. XX-XXII, 1687-1774, par ISAMBERT, JOURDAN, DECRUSY et TAILLANDIER, 3 vol., Paris, 1830. Le recueil pour l'histoire de l'impôt de DIONIS DU SÉJOUR, *Mémoires pour servir à l'histoire du droit public* [...] *en matière d'impôts* [...] *depuis 1756 jusqu'au mois de juin 1775*, Bruxelles, 1779.
Les journaux : *le Journal de l'abbé de Véri*, éd. J. DE WITTE, 2 vol., Paris, 1928-1930 ; *le Journal de la Régence (1715-1723) par Jean Buvat*, éd. E. CAMPARDON, 2 vol., Paris, 1865 ; *le Journal de l'abbé Dorsanne* (pour l'affaire de l'*Unigenitus*), 2 vol., Rome, 1753 ; *le Journal d'Olivier Lefèvre d'Ormesson*, éd. A. CHERUEL, 2 vol., Paris, 1860-1861 ; *le Journal du marquis de Dangeau*, éd. L. DUSSIEUX, E. SOULIÉ, etc., 19 vol., Paris, 1849-1860 ; *Journal et Mémoires de Mathieu Marais*, éd. M. DE LESCURE, 4 vol., Paris, 1863-1868 ; *Journal et Mémoires du marquis d'Argenson*, éd. E. J. B. RATHERY, 9 vol., Paris, 1859-1867 ; *Journal historique et anecdotique du règne de Louis XV par E. J. F. Barbier*, éd. A. DE LA VILLEGILLE, 4 vol., Paris, 1847-1856 ; *Journal inédit du duc de Croÿ, 1718-1784*, éd. vicomte de GROUCHY et P. COTTIN, 4 vol., Paris, 1906-1907. Les éditions des lettres : *Lettres de Louis XV à son petit-fils, l'infant Ferdinand de Parme*, éd. Ph. AMIGUET, Paris, 1938 ; *Lettres inédites du chancelier d'Aguesseau*, éd. D. B. RIVES, Paris, 1823 ; *Mémoires de Louis XIV pour l'instruction du Dauphin*, éd. Ch. DREYSS, 2 vol., Paris, 1860 ; *Mémoires de Saint-Simon*, éd. A. DE BOISLISLE et L. LECESTRE, 43 vol., Paris, 1879-1930 (plus *Écrits inédits de Saint-Simon*, éd. P. FAUGÈRE, Paris, 1880-1893) ; *Mémoires du duc de Luynes sur la cour de Louis XV*, éd. L. DUSSIEUX, E. SOULIÉ, 17 vol., Paris, 1860-1865 ; *Mémoires du maréchal de Villars*, éd. DE VOGUÉ, 6 vol.,

Paris, 1884-1904 ; *Mémoires et Lettres de F. J. de Pierre, cardinal de Bernis (1715-1758)*, éd. Fr. MASSON, 2 vol., Paris, 1878 ; *Mémoires authentiques du maréchal de Richelieu (1728-1757)*, éd. A. DE BOISLISLE, J. DE BOISLISLE, L. LECESTRE, Paris, 1918 ; *Mémoires sur les règnes de Louis XV et Louis XVI et sur la Révolution par J.N. Dufort, comte de Cheverny*, 2 vol., éd. R. DE CRÈVECŒUR, 2 vol., Paris, 1886 ; *Mes Souvenirs par J. N. Moreau*, éd. C. HERMELIN, 2 vol., Paris, 1898-1901 ; *Œuvres de M. le chancelier d'Aguesseau*, 13 vol., Paris, 1759-1789 ; *Remontrances du Parlement de Paris au XVIIIe*, éd. J. FLAMMERMONT, 3 vol., Paris, 1888-1898 ; *Remontrances du Parlement de Bretagne au XVIIIe* (A. LE MOY), Angers, 1909. Parmi les ouvrages anciens ayant valeur de source, on peut relever encore : marquis D'ARGENSON, *Considérations sur le gouvernement ancien et présent de la France*, Amsterdam, 1764 ; BOSSUET, *Politique des propres paroles de l'Écriture Sainte*, Paris, 1709 ; G. DE BURLE DE REAL, *la Science du gouvernement*, 8 vol., Paris, 1762-1764 ; P. J. J. G. GUYOT, *Répertoire universel et raisonné de jurisprudence civile, criminelle, canonique et bénéficiale*, 17 vol., Paris, 1784-1785 ; P. J. J. G. GUYOT et P. A. MERLIN, *Traité des droits, fonctions, franchises, prérogatives et privilèges annexés en France à chaque dignité*, 4 vol., Paris, 1786-1788 ; G. Ch. LEGENDRE DE SAINT-AUBIN, *Traité de l'opinion*, 6 vol., Paris, 2e éd., 1733-1735 ; J. J. A. LEFÈVRE DE LA PLANCHE, *Mémoire [...] ou Traité du Domaine*, 3 vol., Paris, 1764-1765 ; J. L. MOREAU DE BEAUMONT, *Mémoires concernant les impositions et droits de l'Europe*, 5 vol., Paris, 2e éd. 1787-1789 ; G. SÉNAC DE MEILHAN, *Considérations sur l'esprit et les mœurs*, Londres, 1787.
Sur le gouvernement de la France et son administration au XVIIIe, on pourra consulter encore M. BENOIT, *la Polysynodie*, Paris, 1928 ; R. BICKART, *les Parlements et la notion de souveraineté nationale au XVIIIe*, Paris, 1932 ; J. BOUTEIL, *le Rachat des péages au XVIIIe d'après les papiers du Bureau des péages*, Paris, 1925 ; *Catalogue général des livres imprimés à la Bibliothèque nationale*, Actes

royaux, t. V, *1715-1755* ; t. VI, *1756-1789* ; Paris, 1957 ; J.-J. CLAMAGERAN, *Histoire de l'impôt en France*, 3 vol., 1 800 p. (le tome 3, 510 p., 1876, couvre la période 1683-1789), Paris, 1867-1876 ; A. DUCHÊNE, *la Politique coloniale de la France : le ministère des colonies depuis Richelieu*, Paris, 1928 ; J. FLAMMERMONT, *le Chancelier Maupeou et les parlements*, Paris, 1886 ; H. FRÉVILLE, *l'Intendance de Bretagne (1689-1780)*, 3 vol., Rennes, 1953 ; P. GAXOTTE, *le Siècle de Louis XV*, n. éd., Paris, 1958 ; V. R. GRUDER, *The royal provincial Intendants. A governing elite in XVIIIth century France*, Ithaca (N. Y.), 1968 ; A. DE JOUVENCEL, *le Contrôleur général des Finances sous l'Ancien Régime*, Paris, 1910 ; dom H. LECLERCQ, *Histoire de la Régence pendant la minorité de Louis XV*, 3 vol., Paris, 1921 ; A. LE MOY, *le Parlement de Bretagne et le pouvoir royal au XVIIIe siècle*, Angers, 1909 ; M. MARION, *Dictionnaire des institutions de la France aux XVIIe et XVIIIe siècles, op. cit.*, Paris, 1923 ; *l'Histoire financière de la France*, t. I, *1715-1789*, Paris, 1919 ; *les Impôts directs sous l'Ancien Régime, principalement au XVIIIe siècle*, Paris, 1910 ; MACHAULT D'ARNOUVILLE, *Étude sur l'histoire du contrôle des Finances de 1749 à 1754*, Paris, 1891 ; J. PETOT, *Histoire de l'administration des ponts et chaussées (1599-1815)*, Paris, 1958 ; H. REGNAULT, *les Ordonnances civiles du chevalier d'Aguesseau*, 2 tomes, 3 vol., Paris, 1929-1938-1965 ; Lionel ROTHKRUG, *Opposition to Louis XIV. The political and social origin of the French Enlightenment*, XV-533 p., Princeton (N. J.), 1965 ; E. VIGNON, *Études historiques sur l'administration des voies publiques avant 1789*, 4 vol., Paris, 1862-1880 ; J. VILLAIN, *le Recouvrement des impôts directs sous l'Ancien Régime*, Paris, 1952.

On ne peut qu'arbitrairement séparer l'histoire de l'État de celle de la société. Mais l'histoire de la société est commandée d'abord par les rapports du nombre et les liens séculaires qui unissent l'homme au sol défriché à l'ouest depuis le lointain néolithique ou la proche révolution médiévale des XIe-XIIe siècles.

IV. OCCUPATION DU SOL. POPULATION.
DÉMOGRAPHIE HISTORIQUE

C'est pourquoi il n'est pas paradoxal de commencer par la révolution du peuplement qui crée, entre 1000 et 1300, une Europe dense à l'ouest. Donc, dans une perspective fondamentale de longue durée, on partira des classiques de l'histoire médiévale en privilégiant Georges DUBY, *l'Économie rurale et la vie des campagnes dans l'Occident médiéval*, 2 vol., 822 p., Aubier, Paris, 1962-1964, et ce que l'on peut considérer désormais comme la thèse du peuplement, Robert FOSSIER, *la Terre et les Hommes en Picardie jusqu'à la fin du XIIIe siècle*, 2 vol., 828 p. + planches, Paris, Louvain, Nauwelaerts, 1968. Naturellement, la grande leçon des « villages désertés », qui permettent de suivre les flux et reflux des fronts de colonisation, sera, comme précédemment (P. CHAUNU, *op. cit.*, p. 667), entendue. *Villages désertés et histoire économique*, 619 p. + planches, cartes et graphiques, SEVPEN, Paris, 1965, à quoi on ajoutera les classiques des *Wüstungen*, Wilhelm ABEL, *Die Wüstungen des ausgehenden Mittelalters*, Stuttgart, 1955, et Maurice BERESFORD, *The Lost Villages of England*, Londres, 1954. On se reportera avec profit à Guy FOURQUIN, *Histoire économique de l'Occident médiéval*, 446 p., A. Colin, Paris, 1969 et *Seigneurie et Féodalité au Moyen Age*, 243 p., P. U. F., Paris. On prendra les *Caractères originaux* de Marc BLOCH, dans la 2e édition en 2 vol., A. Colin, Paris, 1961-1964, et on recourra systématiquement aux historiens de la terre et du peuplement dans la longue durée, qui, comme Marc Bloch, le maître, sont médiévistes de formation, donc, W. ABEL, *Geschichte der deutschen Landwirtschaft vom frühen Mittelalter bis zum 19. Jahrhundert*, Eugen Ulmer, Stuttgart, 1962 ; *The Cambridge Economic History of Europe*, t. I, *The Agrarian Life of Middle Ages*, éd. M. M. POSTAN, 2e éd., Cambridge, 1966 ; R. DION, *Histoire de la vigne et du vin en France au XIXe siècle*, Paris, 1959 ; Friedrich LÜTGE, *Geschichte der deutschen Agrarverfassung vom frühen Mittelalter bis zum 19. Jahrhundert*, Eugen Ulmer, Stuttgart, 1969 et B. H. SLICHER VAN BATH, *The Agrarian History of Western Europe*

(A. D. 500-1850) trad. du néerlandais, Edward Arnold, 2e éd., Londres, 1966. Toute cette histoire doit être replacée dans les perspectives de la longue durée, les rythmes lents de la civilisation matérielle et plus encore, acquisition capitale, l'histoire du climat, donc, Fernand BRAUDEL, *Civilisation matérielle*, *op. cit.*, Paris, 1967, Emmanuel LE ROY LADURIE, *les Paysans de Languedoc, op. cit.*, 2 vol., SEVPEN, Paris, 1966, et la fondamentale *Histoire du climat depuis l'an mil, op. cit.*, Flammarion, 1967, et à leur propos nos réflexions, P. CHAUNU, « la Pesée globale en histoire », *Cahiers Vilfredo Pareto*, t. XV, Genève, 1968, pp. 135-169 ; « A partir du Languedoc. De la peste noire à Malthus. Cinq siècles d'histoire sérielle », *R. H.*, t. CCXXXVII, fasc. 2, 1967, pp. 359-380 et « le Climat et l'histoire », *R. H.*, t. CCXXXVIII, fasc. 2, 1967, pp. 365-376. Cette forme d'histoire cherche nécessairement à préciser la relation à l'espace. Elle appelle donc un effort de cartographie historique. On saluera le grand travail lancé par la Belfram sous l'impulsion de François MICHEL, Béatrice A. ANGLIVEL, André RIGADE, Robert Henri BAUTIER et le très regretté R. P. François DE DAINVILLE. Un atlas paru, *Atlas historique, Provence, Comtat, Orange, Nice*, gr. in-4°, 222 p. + 326 cartes et croquis, Armand Colin, Paris, 1969, par Édouard BARATIER, Georges DUBY, Ernest HILDESHEIMER et collaborateurs ; trois atlas sous presse, plusieurs en préparation. L'*Atlas historique de Normandie* du Centre de recherches d'histoire quantitative de Caen ouvre une perspective nouvelle de recherches, il est le point de départ d'une étude de l'occupation du sol et de la croissance sur la très longue durée. Voyez, à ce propos, Pierre GOUHIER, *la Généralité de Caen*, Caen, 1966, multigraphié ; Jean-Marie VALLEZ, *la Généralité d'Alençon (1636-1789), étude de géographie historique*, multigraphié, Caen, 1969 ; Pierre CHAUNU, « les Sources statistiques de l'histoire de France » (collaboration Pierre GOUHIER et Gabriel DÉSERT), *Annales de Normandie*, n° 1, 1965, pp. 3-52 ; « Programme de re-

cherche du C. R. H. Q. de Caen », *Annales de démographie historique*, 1967 ; « l'Histoire géographique », *Revue de l'enseignement supérieur*, n° 44-45, 1969, pp. 67-77 ; « l'Histoire sérielle. Bilan et perspectives », *Revue historique*, n° 464, 1970, pp. 297-320 ; « les Enquêtes du C. R. H. Q. de Caen. Bilan et perspectives. Réflexion sur l'échec industriel de la Normandie », *Colloque C. N. R. S. de Lyon sur l'industrialisation* (à paraître) et « Malthusianisme démographique et malthusianisme économique. Réflexion sur l'échec industriel et la Normandie au moment du démarrage », *Annales E. S. C.*, 1971, et surtout Pierre GOUHIER, Anne VALLEZ, Jean-Marie VALLEZ, introd. par Pierre CHAUNU, *Atlas historique de Normandie*, t. I, *Cartes des communautés d'habitants. Généralités de Rouen, Caen et Alençon*, in-folio, 100 p., C. R. H. Q., Caen, 1967 ; tome II, 1971. Tout à fait capitale, l'œuvre du R. P. DE DAINVILLE pour retrouver dans le passé le langage des géographes. Depuis *la Géographie des humanistes*, XVIII-562 p., Beauchêne, Paris, 1940 ; *les Cartes anciennes de l'Église de France*, 323 p., 20 fig., XVI pl., Vrin, Paris, 1956 ; *les Cartes anciennes du Languedoc*, 228 p., XXVI pl., Montpellier, 1961 ; un maître livre, surtout, *le Langage des géographes. Termes, Signes, Couleurs des cartes anciennes, 1500-1800* (concours F. GRIVOT), XXIV-384 p., A. et J. Picard, Paris, 1964.

On reprendra en outre les titres déjà cités (P. CHAUNU, *op. cit.*, p. 668) de Marc BLOCH ; Fernand BRAUDEL, *la Méditerranée*, à consulter désormais dans la seconde édition revue et augmentée, 2 vol., 590 et 629 p., A. Colin, Paris, 1966-1967 ; Pierre BRUNET, Michel DEVÈZE, G. DUBY, G. FOURQUIN, I. GUÉRIN, L. MERLE, P. RAVEAU, G. ROUPNEL, Th. SCLAFERT, M. VENARD, H. LAPEYRE, N. SALOMON et P. CHAUNU. Nécessité pour tous ces problèmes d'un dépouillement attentif de la revue *Études rurales* (10 tomes, 40 numéros de 1961 à 1970, sous la direction de Georges DUBY) et de la collection des *A. A. G. Bijdragen der Afdeling Agrarische Geschiedenis Landbouwhogeschooll*, à Wageningen (Pays-Bas), articles en français, anglais, allemand et néerlandais, 15 tomes parus en 1970.

La démographie historique constitue aujourd'hui le champ le plus ouvert et le plus fé-

cond de la recherche sur la société traditionnelle. On en suivra les progrès à travers les revues et collections spécialisées : *Population*, 6 vol. par an depuis 1946 ; *Population Studies, London School of economics*, 3 vol. par an depuis 1946 ; *les Annales de démographie historique*, Sirey, puis SEVPEN, 1 vol. annuel de 500 p. depuis 1964 ; les collections de l'I. N. E. D., 27, rue du Commandeur, Paris, 14e, diffusées par les P. U. F., 70 vol. parus fin 1970, dont une trentaine directement utilisables pour l'histoire démographique de l'Europe des Lumières. On retiendra d'abord les ouvrages et les articles déjà cités (P. CHAUNU, *Europe classique, op. cit.*, pp. 668-670) de A. LANDRY, A. SAUVY (2e éd.), R. PRESSAT (on utilisera la 2e édition, entièrement refondue, de 1969, XII-322 p.), Michel HUBER. On utilisera désormais la 3e éd., entièrement refondue et mise à jour, de la classique et fondamentale *Histoire de la population* de Marcel REINHARD (avec la collaboration d'André ARMENGAUD et de Jacques DUPÂQUIER), x-708 p., Montchrestien, Paris, 1968. On s'en tiendra au fondamental Roger MOLS pour la ville, que l'on complétera toutefois par deux monographies récentes qui nous donnent enfin une démographie urbaine dans la longue durée, pour de petites unités — en attendant les résultats de la grande enquête de Jean-Pierre BARDET (C. R. H. Q., Caen) sur une grande ville, Rouen (XVIe, XVIIe, XVIIIe, de 60 000 à 100 000 hab.), à savoir Marcel LACHIVER, *la Population de Meulan du XVIIe au XIXe siècle (vers 1600-1870). Étude de démographie historique*, préface de Pierre GOUBERT, 339 p., SEVPEN, Paris, 1969, et Mohamed EL KORDI, *Bayeux aux XVIIe et XVIIIe siècles. Contribution à l'histoire urbaine de la France* (E. P. H. E. et C. R. H. Q.), x-369 p., Mouton, Paris, La Haye, 1970. Plus que jamais FLEURY et HENRY, le *Manuel de dépouillement*, 2e éd. et Louis HENRY, le *Manuel de démographie historique*, 150 p., Droz, Genève, 1967. Toujours aussi fondamental — se rappeler le rôle pionnier de ce grand livre — Pierre GOUBERT, *Beauvais et le Beauvaisis*, 1960, résumé dans *Cent mille provinciaux au XVIIe siècle*, Flammarion, Paris, 1968, et à rajeunir avec les pages excellentes du même auteur au tome II de *l'Histoire économique et sociale de la France*

(1660-1789) aux P. U. F. (pp. 9-84). On retiendra tous les titres cités des cahiers de l'I. N. E. D. et plus particulièrement J. HENRIPIN, Ch. H. POUTHAS, *les Anciennes Familles genevoises* de L. HENRY, *Économie et population. Les doctrines françaises avant 1800*, 680 p. presque intégralement consacrées au XVIIIᵉ siècle. Albert SOBOUL (*op. cit.*, p. 590) a donné une bibliographie sommaire des classiques français de la prédémographie du XVIIIᵉ, à base de Vauban, Saugrain, Deparcieux, Expilly, Messance, Moheau, Necker, Des Pommelles ; il faudrait y joindre les Anglais, les arithméticiens politiques en partant de John GRAUNT, *Observations natural and political*, 1662, William PETTY, 1683 et 1687 et surtout le génial Gregory KING, dont les *Observations and Conclusions, Natural and Political, upon the State and Conditions of England*, véritable discours de la méthode des sciences humaines, datent de 1696-1697, que suivent SHORT, Ch. DAVENANT, John RICKMANN qui jalonnent aux siècles suivants W. FARK, G. T. GRIFFITH, J. BROWNLEE, P. G. OHLIN. Pour tous ces problèmes, cf. REINHARD, *op. cit.*, et *Population in history. Essays on historical demography*, éd. par D. V. GLASS et D. E. C. EVERSLEY (fondamental), XII-692 p., E. Arnold, Londres, 1965.
Ayanori OKASAKI, que l'on complétera avec le remarquable article de Akira HAYAMI, « Aspects démographiques d'un village japonais, 1671-1871 », *Annales E. S. C.*, nᵒ 3, 1969, pp. 617-639, qui complète, du même, « Épanouissement du nouveau régime seigneurial aux XVIᵉ et XVIIᵉ siècles », dans *Keio economic Studies*, vol. I, 1963. Toujours exemplaire, le *Crulai* de E. GAUTIER et L. HENRY. L'ouvrage collectif sur *la Prévention des naissances dans la famille*, 406 p., Paris, 1959, doit être complété désormais par J. T. NOONAN, plus théorique au plan des systèmes et des représentations, *Contraception. A history of its treatment by the Catholic Theologians and Canonists*, Harvard Un. Press, Cambridge (Mass.), 1966, et, trad. en français par Marcelle Jossua, *Contraception et mariage. Évolution et contradiction dans la pensée chrétienne?*, 722 p., Éd. du Cerf, Paris, 1969 ; Jean-Louis FLANDRIN, « Contraception, mariage et relations amoureuses dans l'Occident chrétien », *Annales E. S. C.*, nov.-déc. 1969,

pp. 1370-1390 ; E. A. WRIGLEY, « Family limitation in preindustrial England », *Economic History Review*, 2ᵉ série, XIX, nᵒ 1, 1966 ; A. CHAMOUX et Cl. DAUPHIN, « la Contraception avant la Révolution française : l'exemple de Châtillon-sur-Seine », *Annales E. S. C.*, nᵒ 3, 1969, pp. 662-684 ; J. DUPÂQUIER et M. LACHIVER, « Sur les débuts de la contraception en France, ou les deux malthusianismes », *Annales E. S. C.* (1969, nᵒ 6, *Histoire biologique et sociale*, pp. 1273-1634 + XLVI p.) et Jean-Louis FLANDRIN, *l'Église et le contrôle des naissances*, in-16, 139 p., Flammarion, 1970. On conservera, bien sûr, les monographies déjà citées de Jean GANIAGE, Pierre VALMARY, Édouard LIPINSKI (P. CHAUNU, *op. cit.*, p. 669) et on ajoutera quelques cahiers dont les démarches sont à retenir, soit au plan de la méthode : Paul VINCENT, *Recherches sur la fécondité biologique*, 270 p., I. N. E. D., Paris, 1961 ; Alain GIRARD, *le Choix du conjoint*, 202 p., I. N. E. D., Paris, 1964 ; Jean SUTTER, *l'Atteinte des incisives latérales. Étude d'une mutation à l'échelle démographique*, 148 p., I. N. E. D., Paris, 1966 ; soit au plan des résultats : Gaston MALICOT, *Probabilités et hérédité*, 356 p., I. N. E. D., Paris, 1966 ; Hubert CHARBONNEAU, *Tourouvre-au-Perche aux XVIIᵉ et XVIIIᵉ siècles. Étude de démographie historique*, XIV-424 p., I. N. E. D., Paris, 1970. On complétera les monographies de l'I. N. E. D. par les études déjà citées (P. CHAUNU, *op. cit.*, p. 669) de Philippe ARIÈS, 1943, 1948, 1954 et 1960, et un remarquable article qui annonce le grand travail en cours sur la mort : Ph. ARIÈS, « la Mort inversée. Le changement des attitudes devant la mort dans les sociétés occidentales », *Archives européennes de Sociologie*, t. VIII, 1967, pp. 169-195 ; Philippe Ariès a ouvert la voie à un dépassement de la démographie dans une étude sérielle du mental. Voyez le chef-d'œuvre, à paraître, de Michel VOVELLE (E. P. H. E., VIᵉ sect.), *Piété baroque et déchristianisation : Attitudes provençales devant la mort au siècle des Lumières d'après les clauses des testaments*. Les monographies publiées par la VIᵉ section de l'E. P. H. E. déjà citées, depuis Pierre GOUBERT, Raymond ROUSSEAU, Henri LAPEYRE, Georges NADAL et Émile GIRALT, Édouard BARATIER, René BAEHREL, à compléter par Pierre CHAUNU, Élisabeth CARPENTIER, BOULOISEAU..., VOVELLE, Ch. PÉTOURAUD. Les enquêtes en cours au C. R. H. Q. à Caen sur Rouen (J.-P. BARDET) et sur l'élection de Pont-l'Évêque (P. GOUHIER, P. CHAUNU) ont été préparées par les monographies publiées de Pierre GOUHIER, 1962, M. CAILLARD, M. DUVAL, Ph. GUILLOT, M. C. GRICOURT, P. CHAUNU, 1963 ; M. BOUVET, M. C. BOURDIN, P. CHAUNU, *A travers la Normandie des XVIIe et XVIIIe* (II), 525 p., *Cahiers Annales de Normandie*, Caen, 1968 ; les articles cités des *Annales de Normandie*. On ajoutera les études publiées de P. CHAUNU, M. H. JOUAN, « les Originalités démographiques d'un bourg artisanal normand au XVIIIe siècle : Villedieu-les-Poëles (1711-1790) », J. LELONG, « Saint-Pierre-Église (1657-1790) », Ph. WIEL, « Une grosse paroisse du Cotentin aux XVIIe et XVIIIe siècles, Tamerville », *Annales de démographie historique*, 1969, pp. 85-189. Pour une mise au point rapide, les monographies normandes encore inédites, cf. J.-P. BARDET, P. CHAUNU, J.-M. GOUESSE, P. GOUHIER, A. et J.-M. VALLEZ, collaboration à *Histoire de Normandie*, Toulouse, Privat, 1970, pp. 255-389, et plus particulièrement, pp. 319-346, bibliographie, pp. 344-346. Deux grandes études en cours d'achèvement recourent aux possibilités offertes par l'utilisation sérielle des sources momentanées à l'heure de l'informatique : Pierre GOUHIER, *la Population de Normandie du XIIIe au XIXe siècle*, bénéficie de la grille spatiale de l'*Atlas historique de Normandie*, dont il est le principal inventeur ; Jacques DUPÂQUIER achève une thèse très importante sur *la Population du Bassin parisien*. De ses nombreux articles tant factuels que de méthode on retiendra d'abord « Sur la population française au XVIIe et au XVIIIe siècle », *R. H.*, fasc. 485, janv.-mars 1968, pp. 43-79. On reprendra les *Actes*, déjà cités, du Colloque de Liège sur la mortalité, 535 p., éd. par P. HARSIN et E. HÉLIN, Paris, Genève, 1965 ; l'étude d'Antonio MEIJIDE PARDO sur l'immigration intrapéninsulaire au XVIIIe siècle en Espagne ; le travail novateur d'Aksel LASSEN au Danemark et les très classiques K. J. BELOCH pour l'Italie. On s'appuiera pour des comparaisons avec d'autres continents sur A. OKASAKI, A. HAYAMI pour le Japon,

PING-TI-HO pour la Chine (Harvard, Cambridge, 1959), M. F. DOBYNS, S. F. COOK, W. BORAH..., les travaux de l'École de Berkeley, P. CHAUNU (*R. H.*, no 4, 1960 et *R. H.*, no 3, 1964), pour l'Amérique espagnole.

A cette bibliographie, il convient d'ajouter l'importante contribution sur la peste de Ch. CARRIÈRE, M. COURDURIÉ, F. REBUFFAT, *Marseille, ville morte, la peste de 1720*, 354 p., M. Garçon éditeur, Marseille, 1968 ; B. BENNASSAR, *Recherches sur les grandes épidémies dans le nord de l'Espagne [...] à la fin du XVIe*, problèmes de documentation et de méthode, 194 p., SEVPEN, Paris, 1969 ; *Valladolid au siècle d'or*, 634 p., Mouton, Paris, La Haye, 1967 ; les études en cours de J. M. BIRABEN, articles dans les *Annales E. S. C.*, le *Concours médical, Population* ; E. CARPENTIER ; cf. encore R. POLLITZER, *la Peste*, Organisation mondiale de la santé, Genève, 1954.

Une place dans la nouvelle démographie historique doit être faite, pour finir, à Emmanuel LE ROY LADURIE, *Paysans de Languedoc, op. cit.* ; aux enquêtes en cours de publication de l'I. N. E. D. (*Population... et Annales de démographie historique*), de l'E. P. H. E., du C. R. H. Q. de Caen et du Cambridge Group for the History of Population and Social Structure. Voyez donc *Population in History*, Londres, 1965, déjà cité ; Peter LASLETT, D. E. C. EVERSLEY, W. A. ARMSTRONG, *An introduction to English Historical Demography*, XII-283 p., Weidenfeld and Nicolson, Londres, 1966 ; les articles des membres du Cambridge Group, dans le bulletin du groupe, dans *Economic History Review*, *Population Studies* de la London School of Economies..., les *Annales de démographie historique*, cf. notamment les articles de P. E. H. HAIR, « Bridal Pregnancy in Rural England in earlier centuries » et « Bridal Pregnancy in earlier Rural England further examined », *Population Studies*, t. 20, 1966, pp. 233-243 et *Population Studies*, t. 24, 1970, pp. 59-70, et les ouvrages fondamentaux de Th. HOLLINGSWORTH, *Historical Demography*, Londres, 1969 ; Peter LASLETT, *The World we have lost*, 1965, 1968 et *Un monde que nous avons perdu, op. cit.*, Flammarion, Paris, 1969 et E. A. WRIGLEY, *Société et Population, op. cit.*, Hachette, Paris, 1969.

Dans la mesure où la société traditionnelle se décode bien au début du XIXᵉ siècle, on pourra utiliser la réédition récente de A. D'ANGEVILLE, *Essai sur la statistique de la population française considérée sous quelques-uns de ses* *rapports physiques et moraux*, précédée d'une introduction par Emmanuel LE ROY LADURIE, XXXIX-367-XXXIV p., Mouton et Wakefield, Paris, La Haye, N. Y., 1969.

V. HISTOIRE SOCIALE

La production est considérable. Elle ne cesse de s'accroître. L'histoire sociale a beaucoup gagné au fructueux débat qui a opposé les tenants de l'analyse marxiste, aux possibilités très étendues, aux partisans d'une stratification plus complexe et mieux adaptée à la réalité et aux représentations de la société traditionnelle. Se reporter, donc, au débat désormais historique entre Boris Porchnev et Roland Mousnier, commencé en 1958 par la publication d'un article à un grand retentissement, R. MOUSNIER, « Recherches sur les soulèvements populaires en France avant la Fronde », *Revue d'histoire moderne et contemporaine*, V, nᵒ 2, 1958, pp. 81-113, repris dans R. MOUSNIER, *la Plume, la Faucille et le Marteau, op. cit.*, pp. 335-368. L'histoire sociale hésite devant les possibilités offertes par les machines de la troisième et de la quatrième génération. Marcel Couturier, inventeur d'une méthode qui permet un gain considérable de productivité au niveau de la collecte de l'information, ouvre des possibilités qu'on n'a pas encore parfaitement maîtrisées. Voyez Marcel COUTURIER, « Vers une nouvelle méthodologie mécanographique ». La préparation des données », *Annales E. S. C.*, juillet-août 1966, pp. 769-778 ; *le Langage Forcod*, 30 p. multigraphiées, E. P. H. E., VIᵉ section, juillet 1967 ; *Recherches sur les structures sociales de Châteaudun, 1525-1789*, 284 p., SEVPEN, Paris, 1969. L'article de 1966 est repris et explicité au chapitre premier de cette thèse, « Esquisse de méthodologie mécanographique », pp. 15-46.
Nous avons dit les chevauchements inévitables entre ce chapitre d'histoire sociale et le chapitre sur l'État et les institutions.
Toute l'œuvre de Roland Mousnier est à replacer ici. C'est sous son impulsion, en effet, que l'histoire sociale du XVIIIᵉ siècle a marqué en France, depuis dix ans, quelques points décisifs. Aux ouvrages déjà cités (p. 629), ajouter *Fureurs paysannes. Les paysans dans les révoltes du XVIIᵉ siècle (France, Russie, Chine)*, 354 p., Calmann-Lévy, Paris, 1967 et à ce propos P. CHAUNU, *la Quinzaine littéraire*, février 1968. Nous renvoyons aux ouvrages cités dans *l'Europe classique* (pp. 670-672) : aux articles de Pierre GOUBERT, Georges LIVET, Jean MEUVRET, Roland MOUSNIER, Victor L. TAPIÉ dans le *Bulletin de la Société d'étude du XVIIᵉ siècle*, on ajoutera *le Dix-Huitième Siècle*, dont la publication est reprise chez Garnier ; aux livres et articles d'Ed. ESMONIN, Henri HAUSER, Georges MONTGRÉDIEN, Georges PAGÈS. Pour ESMONIN, l'essentiel, outre la *Taille en Normandie*, 560 p., Paris, 1913, et l'édition du Mémoire de Voysin de la Noiraye, 183 p., 1913, se trouve dans le recueil publié dans la collection des publications de la faculté des lettres de Grenoble, intitulé *Études sur la France des XVIIᵉ et XVIIIᵉ siècles*, 540 p., P. U. F., Paris, 1964 ; on joindra Michel ANTOINE (et plus particulièrement, *le Conseil du roi sous Louis XV, op. cit.*, Genève, 1970, à ce niveau, l'histoire institutionnelle rejoint l'histoire sociale), François BLUCHE, *les Magistrats au parlement de Paris au XVIIIᵉ siècle* (fondamental), 460 p., Les Belles-Lettres, Paris, 1960, *l'Origine des magistrats de Paris au XVIIIᵉ siècle*, 413 p., Klincksieck, Paris, 1956, *les Honneurs de la Cour*, 2 vol., 1957, *les Magistrats du Grand Conseil au XVIIIᵉ siècle*, *les Pages de la Grande Écurie, les Magistrats de la Cour des monnaies de Paris au XVIIIᵉ siècle*, en collaboration avec Pierre DURYE, *l'Anoblissement par charge avant 1789*, et un excellent essai de François BLUCHE, *le Despotisme éclairé* (important), 380 p., les Grandes Études historiques, Fayard, 1968 ; les études déjà citées d'Adeline DAUMARD et François FURET, Paris, 1961,

d'Herbert LÜTHY, Paris, 1959-1961, sur la banque protestante, et de V. L. TAPIÉ. Pour un certain nombre de catégories sociales, groupements professionnels et groupes d'existence, plusieurs grandes thèses viennent d'aboutir. On a déjà signalé Michel ANTOINE ; ajoutons Yves DURAND, *les Fermiers généraux au XVIIIe siècle*, thèse multigraphiée, 4 vol., 1 269 folios, Paris, 1969 ; Jean-Pierre LABATUT, *les Ducs et pairs de France au XVIIe siècle*, thèse multigraphiée, LVII-740 folios, Paris, 1970 ; voyez encore l'article annonciateur d'une thèse à paraître de Marc PERRICHET, « Plume ou Épée : Problèmes de carrière dans quelques familles d'officiers d'administration de la Marine au XVIIIe siècle », *Actes du 91e Congrès national des sociétés savantes*, Rennes, 1966, Paris, 1969, pp. 145-181 + nombreux tableaux généalogiques hors texte. Sur Paris on ajoutera : Pierre GAXOTTE, *Paris au XVIIIe siècle*, 377 p., Arthaud, Paris, Grenoble, 1968 ; Alphonse Marie MBWAKI, *les Structures sociales des quartiers du Marais (ou du Temple), de Saint-Antoine, de Saint-Avoye et de Grève de la Ville de Paris, de 1783 à 1788* (sur une base notariale et d'après les méthodes Mousnier), thèse multigraphiée, 792 p., Paris, 1970 ; et on mordra, pour mieux comprendre, sur le XIXe, avec L. CHEVALIER, *Classes laborieuses, classes dangereuses*, XXVIII-560 p., Plon, Paris, 1958, 2e éd. 1970 ; *la Formation de la population parisienne au XIXe*, I. N. E. D., Paris, 1950 et Adeline DAUMARD, *la Bourgeoisie parisienne de 1815 à 1848*, 670 p., SEVPEN, Paris, 1963 ; *Maisons de Paris et propriétaires parisiens au XIXe siècle*, 296 p., Cujas, Paris ; Jean VIDALENC, *la Société française de 1815 à 1848*, I, *le Peuple des campagnes*, 401 p., Marcel Rivière, Paris, 1969. Pour le tableau social de la France à la veille de la Révolution, on fera une large place au lumineux essai, si original, de François FURET et Denis RICHET, *la Révolution*, 2 vol., les Grandes Heures de l'histoire de France, Paris, 1965. Et, tout récemment, Régine ROBIN, *la Société française en 1789. Semur-en-Auxois*, 522 p., Plon, Paris, 1970. S'inspirer d'un renouveau dû à l'historiographie anglo-saxonne, notamment R. R. PALMER, *The Age of the Democratic Revolution*, 2 vol., Princeton, 1959-1964 et *1789, les Révolutions de la liberté et de l'éga-*

lité, 315 p., Calmann-Lévy, Paris, 1968. L'histoire sociale s'est beaucoup écrite au niveau de la monographie régionale. Partir de trois chefs-d'œuvre récents de l'historiographie française : Pierre GOUBERT, *le Beauvaisis, op. cit.*, 1960 (on y joindra *les Danse et les Motte*, Paris, 1959, pour la ville de Beauvais ; *Louis XIV et 20 millions de Français*, 252 p., Fayard, Paris, 1966) ; Emmanuel LE ROY LADURIE, *les Paysans de Languedoc*, 2 vol., 1966 (à leur propos, P. CHAUNU, *Annales de Normandie*, 1960, no 4, pp. 337-365 et *R. H.*, 1967, t. CCXXXVII, fasc. 2, pp. 359-380) et Jean MEYER, *la Noblesse bretonne au XVIIIe siècle*, 2 vol., CVI-1 292 p. + cartes, SEVPEN, Paris, 1966. On retiendra encore les monographies citées (*Europe classique*, p. 671) de René BAEHREL (voir mise au point de P. CHAUNU in *Mélanges Antony Babel*, Genève, 1963, t. I, pp. 337-356), de Henri FRÉVILLE, Georges LEFEBVRE (fondamental), Georges LIVET (fondamental), André PLAISSE (voir mise au point de P. CHAUNU, *Annales E. S. C.*, 1962, no 6, pp. 1152-1168), Abel POITRINEAU, B. PORCHNEV, Pierre DE SAINT-JACOB, Marcel COUTURIER. A ces études, on peut encore ajouter Pierre DEYON, *Amiens, capitale provinciale, étude sur la société urbaine au XVIIe siècle* (important), X-610 p., Mouton, Paris, La Haye, 1967 ; M. GARDEN, *Lyon et les Lyonnais au XVIIIe siècle* (important), Les Belles-Lettres, Paris, 1971 ; M. EL KORDI, *Bayeux, op. cit.*, 1970, pour la ville ; pour les campagnes, H. SÉE, *les Classes rurales en Bretagne au XVIe et la Révolution*, Paris, 1906 ; R. H. ANDREWS, *les Paysans des Mauges au XVIIIe*, Tours, 1935 ; G. DEBIEN, *En haut Poitou. Défricheurs au travail*, Paris, 1952 ; Louis MERLE, *la Métairie et l'évolution de la gâtine poitevine de la fin du Moyen Age à la Révolution*, Paris, 1958 ; Paul BOIS, *Paysans de l'Ouest. Des structures économiques et sociales aux options politiques depuis l'époque révolutionnaire*, Le Mans, 1960 ; J. CARCOPINO, *Une terre normande à la veille de la Révolution : Verneuil*, Paris, 1967 ; Pierre LÉON et collaborateurs, *Structures économiques et problèmes sociaux du monde rural dans la France du Sud-Est (fin du XVIIe-1835)*, 383 p., Les Belles-Lettres, Paris, 1966 ; Michel VOVELLE, « État présent des études de structure agraire en Provence à la fin de l'Ancien Régime », *Provence historique*, n° 74, 1968, sans oublier la leçon des géographes, Roger DION, A. DEMANGEON, M. PHILIPPONNEAU, Pierre BRUNET, Jules SION, René MUSSET, Étienne JUILLARD, P. DEFFONTAINES, M. CHEVALIER, P. BOZON, R. LIVET.

Hors de France, nous renvoyons en priorité aux ouvrages déjà cités (*Europe classique*, pp. 671-672) de Pierre VILAR, *la Catalogne*, 3 vol., 1 800 p., SEVPEN, Paris; de P. CHAUNU, *R. H. E. S.*, 1963, pp. 145 à 182, Jaime VICENS VIVES (*Historia social y económica* + 100 titres), Miguel ARTOLA; Annie BERTRAND et P. CHAUNU; DESDEVISES DU DÉSERT, *l'Espagne de l'Ancien Régime* jamais remplacé; M. DÉFOURNEAUX, la série de José DELEITO Y PIÑUELA, G. DEMERSON, Antonio DOMINGUEZ

ORTIZ (très commode, ajouter du même auteur *la Sociedad española en el siglo XVII*, II, *El estamento eclesiastico*, 273 p., XIV, C. S. I. C., Madrid, 1970) et Pierre CHAUNU, *Bulletin hispanique*, tome LCVIII, 1966, n⁰ˢ 1 et 2, pp. 104-115; J. H. ELLIOT, Richard HERR, Hermann KELLENBENZ, Henri LAPEYRE, John LYNCH, Mercédès MAULEÓN ISLA, Albert SILBERT, l'impressionnante série des *Estudios de Historia Social de España*, 4 tomes, 5 volumes, sous la direction de Carmelo VIÑAS Y MAY, poursuivie, depuis 1968, par *l'Anuario de Historia Económica y Social* (1er numéro, 963 p., Facultad de Filosofía y Letras de la Universidad de Madrid), Madrid, janv.-déc. 1968; J. DELUMEAU.

VI. HISTOIRE ÉCONOMIQUE

L'histoire économique s'inscrit dans la longue durée. La bibliographie est, pour l'essentiel, commune aux deux périodes. Toutes les études importantes ont donc été citées dans la bibliographie de *l'Europe classique* (*op. cit.*, pp. 672-675). Au premier plan, les deux grandes études de C. E. LABROUSSE : *Esquisse du mouvement des prix et des revenus en France au XVIIIᵉ siècle*, 2 vol., XXIX-306 p. et 307-697 p., Dalloz, Paris, 1933 ; *la Crise de l'économie française à la fin de l'Ancien Régime et au début de la Révolution*, I, *Aperçus généraux, sources, méthode, objectifs, la crise de la viticulture*, LXXXV-664 p., P. U. F., Paris, 1944 ; le tome 2, déjà cité, de *l'Histoire économique et sociale de la France (1660-1789)*, sous la direction de F. BRAUDEL et C. E. LABROUSSE, XVI-779 p., P. U. F., Paris, 1970 où ont collaboré Ernest LABROUSSE, Pierre LÉON, Pierre GOUBERT, Jean BOUVIER, Charles CARRIÈRE, Paul HARSIN. Tout à fait fondamental, la *Cambridge Economic History* : le tome IV, *The Economy of Expanding Europe in the Sixteenth an Seventeenth Centuries*, éd. par E. E. RICH et C. H. WILSON, XXXII-642 p. (particulièrement remarquable et débordant la période, le chapitre VII par Fernand BRAUDEL et C. SPOONER, *Prices in Europe from 1450 to 1750*, pp. 375-486 et pp. 605-614) ; le tome V, qui nous intéresse plus directement,

reste à paraître et le début du tome VI apporte beaucoup, *The Industrial Revolution and After*, 2 vol., éd. par H. J. HABBAKUK et M. M. POSTAN, XII-602 ; XII-603-1040 p., Cambridge, 1965. David S. LANDES a développé sa participation au tome VI de la *Cambridge* dans un livre très important intitulé *The Unbound Prometheus : Technological Change and Industrial Development in Western Europe from 1750 to the Present*, IX-566 p., Cambridge University Press, 1969 ; synthèse commode, Amintore FANFANI, *Storia Economica*, XI-683 et XVI-528 p., Turin, 2ᵉ éd., 1965-1970 et, modèle de l'histoire quantitative, la fondamentale étude de Ph. DEANE et W. A. COLE, *British economic growth, 1688-1959*, XVI-348 p., Cambridge University Press, 1962 (2ᵉ éd. 1964) et Elizabeth Boody SCHUMPETER, *English Overseas Trade Statistics 1697-1808*, At the Clarendon Press, Oxford, 1960. Les prix ont joué en histoire économique un rôle pionnier. Nous renvoyons donc aux études déjà citées dans *l'Europe classique* (*op. cit.*, pp. 672-673). Voyez à nouveau N. DE WAILLY, D'AVENEL, G. WIEBE, Th. ROGERS, MAYOLDI E FABRI, BARTOLINI, Amintore FANFANI, Johann FALKE, BAHLMANN, G. VON BELOW, DITTMANN, FRIDERESBERG, HELFERICH, HILDEBRAND, KELLER, KINS, UNGER, le fondamental ELSAS,

PRYBRAM, Paul RAVEAU, François SIMIAND, Henri HAUSER, Ernest LABROUSSE, Jean MEUVRET, Fr. C. SPOONER, E. J. HAMILTON, V. M. GODINHO, St. HOSZOWSKI, A. G. MANKOV, le fondamental W. H. BEVERIDGE et le non moins fondamental N. W. POSTHUMUS, CRAEYBECKX, VERLINDEN, SCHOLLIERS, FRIIS et GLAMANN, et, naturellement, F. BRAUDEL, et F. C. SPOONER. A ces titres, on ajoutera W. ABEL, *Agrarkrisen und Agrarkonjunktur in Mitteleuropa vom 13. zum 19. Jahrhundert*, Berlin, 1935. W. ACHILLES, « Getreidepreise und Getreidehandelsbeziehungen europäischer Raüme im 16. und 17. Jahrhundert », *Zeitschrift für Agrargeschichte und Agrarsoziologie*, 1959. T. S. BERRY, *Western Prices before 1861*, Cambridge (Mass.), 1943. A. BEZANSON, R. D. GRAY, M. HUSSEY, *Prices in colonial Pennsylvania, 1770-1790*, Philadelphie, 1935 ; *Wholesales Prices in Philadelphia 1784-1861*, 2 vol., Philadelphie, 1936-1937. G. CALÒ, *Indagine sulla dinamica dei prezzi in Genova durante il secolo XVII*, vol. I, *Universitá degli studi di Genova*, 1957-1958. A. CHABERT, C. M. CIPOLLA, A. H. COLE, *Wholesale Commodity Prices in the United States, 1700-1861*, Cambridge (Mass.), 1938. G. CONIGLIO, *La Revoluzione dei prezzi nella città di Napoli nei secoli XVI e XVII*, Spoleto, 1952. V. FRANCHINI, *Contributo alla storia dei prezzi in Italia*, Rome, 1928. M. FRIEDMAN (éd.), *Studies in the quantity Theory of money*, Chicago, 1956. E. W. GILBOY, *Wages in XVIIIth Century England*, Cambridge (Mass.), 1939. G. IMBERT, *Des mouvements de longue durée Kondratieff*, Aix-en-Provence, 1959. N. D. KONDRATIEFF, « Die langen Wellen der Konjunktur », *Archiv für Sozialwissenschaft und Sozialpolitik*, 1926. Simon KUZNETS, *Secular Movements in production and prices*, Boston, 1930. A. DE MADDALENA, *Prezzi e aspetti di mercato ni Milano durante il secolo XVII*, Milan, 1950. G. PARENTI, *Prezzi e mercato del grano a Siena (1546-1765)*, Florence, 1942 ; *Prime ricerche sulla revoluzione dei prezzi in Firenze*, Florence, 1939. H. QUIRING, *Die Geschichte des Goldes*, Stuttgart, 1948. A. SOETBEER, *Edelmetall-Produktion und Wertverhältnisse zwischen Gold und Silber seit der Entdeckung Amerikas bis zur Gegenwart*, Gotha, 1879. E. WASCHINSKI,

Währung Preisentwicklung und Kaufkraft des Gelds in Schleswig-Holstein von 1226-1864, 2 vol., Neumünster, 1952-1959.

•

Pour les économies de branche et les études sectorielles, on reprendra les études déjà citées dans *l'Europe classique* (*op. cit.*, pp. 673-675). Pour le secteur agricole dominant partout, et mutant en Angleterre, Michel AUGÉ-LARIBÉ, E. LABROUSSE, Jan CRAEYBECKX, Roger DION... A. J. BOURDE, *Agronomie et Agronomes en France au XVIIIᵉ siècle* (fondamental), 3 vol., 1 740 p., SEVPEN, 1967. On ne négligera pas les classiques de l'agronomie au XVIIIᵉ siècle : DAUBENTON, *Introduction pour les bergers et les propriétaires de troupeaux*, Paris, 1782 ; le grand DUHAMEL DU MONCEAU, *Traité de la culture des terres suivant les principes de M. Tull, Anglais*, 6 vol., Paris, 1750-1756, 2ᵉ éd. augmentée, 1753 sqq. ; *Traité de la conservation des grains et en particulier du froment*, Paris, 1753 ; *Traité des arbres et arbustes*, 2 vol., Paris, 1755 ; *la Physique des arbres*, 3 vol., Paris, 1756-1760 ; *Éléments d'agriculture*, 2 vol., Paris, 1762 ; *Réflexions sur la police des grains en France et en Angleterre*, 1764 ; *De l'exploitation des Bois...*, 2 vol., 1764 ; *Traité des arbres fruitiers*, 2 vol., Paris, 1768 ; DUPONT (DE NEMOURS), *Lettre sur la différence qui se trouve entre la petite et la grande culture*, Soissons, 1764 ; LA QUINTINIE, *Instruction pour les jardins fruitiers et potagers*, Amsterdam, 1692, nombreuses rééd. ; L. LEPECQ DE LA CLOTURE, *Collections d'observations sur les maladies et les constitutions épidémiques*, Rouen, 1778 ; L. LIGER, *Économie générale de la campagne*, Paris, 1700, nombreuses rééd. ; R. X. MALLET, *Précis élémentaire d'agriculture [...] à la flamande*, Paris, 1780. A. A. PARMENTIER, *Traité de la châtaigne*, Paris, 1770 ; *Examen chimique des pommes de terre*, Paris, 1773 ; *Recherches sur les végétaux*, 1787 ; M. TILLET, *Précis des expériences [...] sur la cause qui corrompt les blés*, Paris, 1756 ; A. YOUNG, *Voyage en France (1787-1788-1789)*, Paris, éd. H. Sée, 3 vol., 1934 ; *A six weeks tour through the southern countries of England*, 1768 ; *A six monthes tour through the north of England*, 4 vol., 1770. On consultera, en outre, Marc BLOCH, Michel DEVÈZE, G. DUBY, Jean JACQUART, *Société et vie rurales dans le sud de la région parisienne du milieu du XVIe au milieu du XVIIe siècle* (très important), thèse multigraphiée, 3 vol., I 100 folios, Paris, 1971, A. MEYNIER ; B. H. SLICHER VAN BATH, *The Agrarian History of Western Europe*, Londres, 1963, et toute la collection des *A. A. G. Bijdragen*, Wageningen (Nederland) qu'il dirige.

Restent les industries et le commerce.

Avant tout, Paul MANTOUX, *la Révolution industrielle au XVIIIe siècle* (sans une ride), 573 p., Paris, 1906, 2e éd. 1947.

Pour le bâtiment, J.-P. BARDET, P. CHAUNU, G. DESERT, P. GOUHIER, H. NEVEUX, *le Bâtiment dans la société traditionnelle. Enquête d'histoire économique, XIVe-XIXe siècle*, 550 p., Mouton, Paris, 1971.

Pour la métallurgie, on reprendra G. et H. BOURGIN, B. GILLE (fondamental), P. LÉON (fondamental) et Jean VIDALENC.

Pour le textile et les autres secteurs de l'économie, on aura recours aux ouvrages cités (*Europe classique*, p. 673) de Pierre BALLOT, *l'Introduction du machinisme dans l'industrie française*, Paris, 1920. Pierre BELON, P. BOISSONNADE, François DORNIC, Germain MARTIN et Ch. SINGER, E. J. HOLMYARD, A. R. HALL, Trevor I. WILLIAMS, *A history of technology*, t. III et t. IV, Oxford, 1957-1958 et les deux volumes déjà cités de l'*Histoire générale des techniques* de Maurice DAUMAS. Pour les principaux secteurs régionaux, nous renvoyons aux ouvrages cités (*Europe classique*, pp. 673-674). Voyez Jorge DE MACEDO et Albert SILBERT, *le Portugal méditerranéen à la fin de l'Ancien Régime* (important), 2 vol., SEVPEN, Paris, 1966 ; J. CARRERA PUJAL, Manuel COLMEIRO (éd. G. ANES ALVARES), les *Actes des Conférences internationales d'histoire économique de Stockholm, Aix-en-Provence, Munich, Bloomington et Leningrad* ; Nina BANG et Knud KØRST, CHRISTENSEN,

Huguette et Pierre CHAUNU, P. CHAUNU, TENENTI, CRAEYBECKX, MAURO, LAURENT, DELUMEAU, DARDEL, DERMIGNY (important), Michel MOLLAT, V. M. GODINHO, Ch. R. BOXER (important). On ajoutera l'étude très importante de Jean MEYER, *l'Armement nantais dans la deuxième moitié du XVIIIe siècle*, 468 p., SEVPEN, Paris, 1969, et la thèse de Ch. CARRIÈRE sur « le Négoce de Marseille au XVIIIe siècle », Paris, B. S., 2 000 folios, 1970, E.P. H. E. VIe Section, 1971, à paraître. Pour une étude de croissance, les 11 volumes parus de l'*Histoire quantitative de l'économie française* sont irremplaçables ; l'article de François CROUZET, « Angleterre et France au XVIIIe siècle. Essai d'analyse comparée » (fondamental), *Annales E. S. C.*, 1966, n° 2, pp. 254-291, ainsi que Ph. DEANE et W. A. COLE souvent cités. On retiendra encore B. GILLE et SLICHER VAN BATH. Pour les recherches du C. R. H. Q. de Caen et les développements de l'histoire quantitative et de l'histoire sérielle, cf. Pierre CHAUNU, « l'Histoire sérielle. Bilan et perspectives », *R. H.*, 1970, n° 2, fasc. 494, pp. 297-320 (abondante bibliographie).

Sur les prodromes de la révolution industrielle, outre Paul MANTOUX (fondamental), T. S. ASHTON, le tome VI de la *Cambridge Economic History* ; David S. LANDES, *The Unbound Prometheus* (capital), *op. cit.* ; François CROUZET, *l'Économie britannique et le blocus continental* (fondamental), 2 vol., 953 p., P. U. F., Paris, 1958 ; B. GILLE et Maurice LÉVY-LEBOYER, *les Banques européennes et l'industrialisation* [...] (très important), 813 p., P. U. F., Paris, 1964 ; on ajoutera encore Paul BAIROCH, *Révolution industrielle et sous-développement*, Sedes, 3e éd., Paris, 1969 ; R. M. HARTWELL, *The Causes of the Industrial Revolution in England*, XII-177 p., Methuen, Londres, 1967, 3e éd. 1970, et les travaux de Rondo CAMERON.

VII. MENTALITÉ. NIVEAUX DE CULTURE

Toutes les études citées (*Europe classique*, pp. 675-676) seront évidemment retenues, voyez A. DUPRONT, H. J. MARTIN, F. FURET et collaborateurs, Michel FOUCAULT, L. TRÉNARD, J. QUÉNIART, M. AGULHON, CHAUNU, BOUTELET, GÉGOT, CRÉPILLON, J. IMBERT.

Peu de domaines ont autant muté. L'histoire quantitative devenue histoire sérielle gagne par pans successifs des secteurs nouveaux à une connaissance précise. Quelques noms émergent : Alphonse DUPRONT pour l'exploration scientifique du mental collectif, François FURET, qui conduit les enquêtes de la VIe section de l'E. P. H. E. sur tous les éléments mesurables de la culture, Maurice AGULHON, Michel VOVELLE, pour une thèse sur la mort, à paraître, E. P. H. E. VIe section, Mouton, 1972, qui fera date, *Piété baroque et déchristianisation : attitudes provençales devant la mort au siècle des Lumières.* Voir encore Gaby et Michel VOVELLE, *Vision de la mort et de l'au-delà en Provence d'après les autels des âmes du purgatoire XVe-XXe siècle,* 100 p., A. Colin, Paris, 1970.

V. L. TAPIÉ a promu au tout premier plan l'analyse sérielle de l'image dans sa grande enquête sur les retables, V. L. TAPIÉ et collaborateurs, *les Retables,* Paris, 1971, P. U. F., Centre de recherches sur la Civilisation moderne, 2 vol. (à paraître). Une place de premier plan doit être faite à l'équipe qui anime, à Oxford Corpus Christi College, la très remarquable revue *Past and Present.* On doit à *Past and Present* toute une série de travaux sur les niveaux d'éducation. Voir à ce propos M. FLEURY et P. VALMARY, « les Progrès de l'instruction élémentaire de Louis XIV à Napoléon III, d'après l'enquête de Louis Maggiolo » (fondamental), *Population,* 1957, n° 1 ; W. M. MATHEW, « Glasgow Students 1740-1839 », *Past and Present,* avril 1966, n° 33, pp. 74-94 ; deux études capitales de L. STONE, « The Educational Revolution in England, 1560-1640 », *Past and Present,* juillet 1964, n° 28, pp. 41-80 et « Literacy and Education in England, 1640-1900 », *Past and Present,* février 1969, n° 42, pp. 69-139. La production des livres est fonction du nombre des lisants. Une série d'études récentes, MARTIN, QUÉNIART, TRÉNARD, et particulièrement la grande thèse de Henri Jean MARTIN, *Livre, pouvoir et société à Paris au XVIe (1598-1701),* 2 vol., 1 091 p. + cartes et graphiques, Droz, Genève, 1969 ; *Libraires parisiens au XVIe siècle* (ouvrage publié d'après les manuscrits de Philippe

RENOUARD) a paru (début de la lettre B) en 1969 également. Mais pour le XVIIIe siècle, l'étude fondamentale sur le contenu de l'imprimé est celle réalisée sous l'impulsion d'Alphonse Dupront par François Furet et l'équipe qu'il anime, *Livre et Société dans la France du XVIIIe,* t. I, 238 p., Mouton, La Haye, 1965, par G. BOLLÈME, A. DUPRONT, F. FURET, D. ROCHE, J. ROGER, et plus particulièrement l'article de F. FURET, « la Librairie du royaume de France au XVIIIe siècle », (pp. 3-32) , t. II par M. T. BOUYSSY, J. BRANCOLINI, J. L. FLANDRIN, A. FONTANA, F. FURET et D. ROCHE, 228 p., Mouton, Paris, La Haye, 1970 ; on ajoutera l'important article de Daniel ROCHE, « la Diffusion des Lumières, un exemple : l'académie de Châlons-sur-Marne », *Annales E. S. C.,* 1964, n° 5, pp. 867-922 ; un travail parallèle a été fait pour l'académie de Caen sous la direction de P. Chaunu par Jean-Pierre MARTIN. Dans la ligne tracée par Robert MANDROU dans *De la culture populaire aux XVIIe et XVIIIe siècles. La bibliothèque bleue de Troyes,* 222 p., Stock, Paris, 1964, Geneviève BOLLÈME, de l'équipe de F. Furet, a sorti *les Almanachs populaires aux XVIIe et XVIIIe siècles. Essai d'histoire sociale,* 149 p., Mouton, Paris, La Haye, 1969, qui fait suite à la monographie languedocienne de Madeleine VENTRE, *l'Imprimerie et la librairie en Languedoc au dernier siècle de l'Ancien Régime (1700-1795),* 290 p., Mouton, Paris, La Haye, 1958, et à l'importante recherche de Robert ESTIVALS, *la Statistique bibliographique de la France sous la monarchie au XVIIIe siècle,* 460 p., Mouton, Paris, La Haye, 1965. Secteur privilégié de la diffusion de l'écrit, le journal ; on partira de l'*Histoire générale de la Presse française* (sous la direction de Claude BELLANGER, Jacques GODECHOT, Pierre GUIRAL et Fernand TERROU, préface de Pierre RENOUVIN), t. I, *Des origines à 1814,* par Louis CHARLET, Jacques GODECHOT, Robert RANC et, pour l'essentiel, l'excellent travail de Louis TRÉNARD (pp. 27-402), xv-633 p., P. U. F., Paris, 1969.
On prend la mesure d'une partie du matériau à dominer dans le *Catalogue collectif des périodiques conservés dans les bibliothèques de Paris et les bibliothèques universitaires,* 43 vol., B. N., Paris, 1940-1962. Les travaux anciens ne sont pas tous dépassés. On a réé-

dité récemment une des études pionnières, en son temps, d'Eugène HATIN, *Bibliographie historique et critique de la presse périodique française*, CXX-660 p., Didot, Paris, 1866, rééd., Anthropos, Paris, 1965. A plus forte raison, Claude SAUGRAIN, *Code de la librairie et de l'imprimerie de Paris, 1550-1744*, Paris, 1744, demeure irremplaçable. Sur les occasionnels et les canards, les nombreuses études d'Élise et Jean-Pierre SEGUIN. Au niveau de l'essentiel, se rappeler que la collection du *Journal des savants* représente 111 gros volumes de 1665 à 1792, les *Mémoires de Trévoux*, 265 volumes de 1701 à 1767 et les collections du *Mercure (Mercure galant, Nouveau Mercure galant, Nouveau Mercure, Mercure, Mercure de France)*, 1 577 volumes de 1677 à 1791. Pour la proche et complémentaire Hollande, l'*Histoire des ouvrages des savants* de BASNAGE DE BEAUVAL, 24 vol. de 1687 à 1709 ; la *Bibliothèque ancienne et moderne*, 29 vol. de 1686 à 1727 ; la *Bibliothèque raisonnée des ouvrages des savants de l'Europe* par Armand DE LA CHAPELLE..., 50 vol., Amsterdam, 1728-1753. L'Angleterre, seule, dans l'Europe du XVIII⁰ siècle, est susceptible d'aligner une masse presque comparable à la masse d'expression française qui, de France, des Pays-Bas et de la Hollande, surtout, domine l'Europe continentale.

La langue et son histoire nous introduit au cœur des strates de la culture. Elle permet de suivre les avances du front d'acculturation de la civilisation écrite. Pour chacune des grandes langues de l'Europe, voir donc les équivalents approximatifs de notre fondamental Ferdinand BRUNOT. Voyez le tome IV, *la Langue classique (1660-1715)* en 2 volumes ; le tome V, *le Français en France et hors de France au XVII⁰ siècle* ; mais surtout, pour notre sujet, les tomes VI, VII, VIII, récemment réédités avec des bibliographies mises à jour par Frédéric DELOFFRE pour le tome VI, Frédéric DELOFFRE et Jacqueline HELLEGOUARC'H pour les tomes VII et VIII ; tome VI, *le XVIII⁰ Siècle*, 1ʳᵉ partie, XXXIV-519 p., A. Colin, 2ᵉ éd., 1966 ; tome VI, 1ʳᵉ partie (2), pp. 520-824 ; tome VI, 2ᵉ partie (1), XVI-pp. 860-1408, *ibid.* ; tome VI, 2ᵉ partie (2), pp. 1410-2191, *ibid.* ; tome VII, *la Propagation du français en France jusqu'à*

la fin de l'Ancien Régime, 360 p., A. Colin, 2ᵉ éd., Paris, 1967 ; tome VIII, *le Français hors de France au XVIII⁰*, XLVI-768 p., A. Colin, 2ᵉ éd., Paris, 1967 ; tome VIII, 2ᵉ et 3ᵉ partie, *l'Universalité en Europe et le français hors d'Europe*, pp. 769-1209, 2ᵉ éd., Paris, 1967.

L'attitude devant l'enfant fait partie des mentalités. Voyez donc Philippe ARIÈS, 1960, et Ivy PINCHBECK et Margaret HEWITT, 1969, *op. cit.* Capitales pour la diffusion des connaissances, les publications du R. P. François DE DAINVILLE, S. J., « Collèges et fréquentation scolaire au XVII⁰ », *Population*, 1957, pp. 473 *sqq.* ; « Effectifs des collèges et scolarité aux XVII⁰ et XVIII⁰ dans le nord-est de la France », *id.*, pp. 455-488, 1955 ; « l'Enseignement des mathématiques dans les collèges de France des XVI⁰ et XVII⁰ siècles », *Revue d'histoire des sciences*, t. VII, 1954 ; « l'Enseignement des mathématiques au XVII⁰ siècle », *XVII⁰ Siècle*, nᵒ 34, 1956, pp. 62-68... et sa participation à l'excellent recueil *Enseignement et diffusion des sciences en France au XVIII⁰ siècle*, éd. René TATON, 780 p., Hermann, Paris, 1964, et le colloque *Niveaux de culture et groupes sociaux (7-9 mai 1966 à l'École normale supérieure)*, 289 p., Mouton, Paris, La Haye, 1967. Georges SNYDERS, *la Pédagogie en France aux XVII⁰ et XVIII⁰ siècles*, 459 p., P. U. F., Paris, 1965. Robert MANDROU, *Magistrats et sorciers en France au XVII⁰ siècle*, 583 p., Plon, Paris, 1968 (cf. Pierre CHAUNU, « Sur la fin des sorciers au XVII⁰ siècle », *Annales E. S. C.*, 1969, nᵒ 4, juillet-août, pp. 895-911) éclaire un point capital de l'histoire des mentalités. Marc SORIANO, *les Contes de Perrault, culture savante et traditions populaires*, 525 p., Gallimard, Paris, 1968, renouvelle le problème des contacts entre littérature parlée et littérature écrite. Alain LOTTIN, *Vie et mentalité d'un Lillois sous Louis XIV* (fondamental), 443 p. + cartes, Émile Raoust, Lille, 1968, éclaire le problème de la culture populaire au début de l'alphabétisation.

Maurice AGULHON fait la liaison XVIII⁰-XIX⁰ dans *Pénitents et Francs-Maçons de l'ancienne Provence*, 452 p., Fayard, Paris, 1968, et *la République au village*, 543 p., Plon, Paris, 1970.

Aux études déjà citées (*Europe classique*,

pp. 675-676) sur l'histoire sérielle de la criminalité, on ajoutera la suite de l'enquête en cours à Caen et les articles à paraître dans les *Annales de Normandie*, 1971.

VIII. HISTOIRE DE LA PENSÉE, DES SCIENCES ET DES TECHNIQUES

On trouvera l'essentiel dans la seconde édition de *la Civilisation de l'Europe classique* (*op. cit.*, pp. 676-678). Voir donc, en première position, l'œuvre maîtresse d'Alexandre KOYRÉ, puis dans l'ordre : Émile BRÉHIER, René TATON et collaborateurs, Maurice DAUMAS et collaborateurs ; le tome II de *History of Technology* de Cambridge ; Maurice DAUMAS, de nouveau ; la série des *Actes du Congrès d'histoire des sciences*, un congrès annuel depuis 1947 ; les colloques du C. N. R. S. et de diverses universités (on ajoutera à la liste *la Lorraine dans l'Europe des Lumières*, 376 p., Nancy, 1968, et *le Marquis de Sade*, *Colloque d'Aix-en-Provence*, au Centre aixois d'études et de recherches sur le XVIIIe siècle, de 1966, 308 p., A. Colin, Paris, 1968 ; le colloque de Royaumont de 1957 ; le recueil Taton sur la diffusion des sciences au XVIIIe siècle ; les *Mélanges Koyré* ; toute l'œuvre d'Alexandre KOYRÉ ; Yvon BELAVAL, F. BOUILLIER, E. BOUTROUX, A. BROOKS, Pierre BRUNET, sur la diffusion de Newton et Maupertuis, L. BRUNSCHVICG, Pierre BURGELIN, E. A. BURTT, Émile CALLOT, Ernest CASSIRER (fondamental), A. CASTIGLIONI, Maurice CAULLERY, Pierre CLAIR, Pierre COSTABEL, François DE DAINVILLE, Mlle G. DREYFUS, René DUGAS, G. FRIEDMANN, François GIRBAL, Henri GOUHIER, Émile GUYÉNOT, Élisabeth C. LABROUSSE, Pierre LACHIÈZE-REY, J. LAPORTE, L. LECHEVALIER, Robert LENOBLE, G. LEWIS, Louis MERLE, Pierre MESNARD, Hélène METZGER, Paul-Henri MICHEL, Serge MOSCOVICI, Roland MOUSNIER, P. MOUY, E. NAERT, Georges PETIT (et Jean THÉODORIDÈS), Raymond POLIN (fondamental sur Locke), Jacques ROGER, E. ROLLAND, Paul VERNIÈRE, François VIAL.

A cette bibliographie on ajoutera : Michel FOUCAULT, après l'*Histoire de la folie à l'âge classique*, 1960, et *la Naissance de la clinique*, 1961, *les Mots et les choses, une archéologie des sciences humaines* éclaire les origines des sciences humaines au XVIIIe siècle, 400 p., Gallimard, Paris, 1966 ; Georges GUSDORF, *les Sciences humaines et la pensée occidentale* (fondamental), 4 vol., 336 p. ; 500 p. ; 404 p. ; 485 p., Payot, Paris, 1966-1969, est un instrument de travail irremplaçable ; A. LAMING-EMPERAIRE, *Origines de l'archéologie préhistorique en France*, 243 p., A. et J. Picard, Paris, 1964. Jacques MERLEAU-PONTY, *Cosmologie au XXe siècle. Étude épistémologique et historique des théories de la cosmologie contemporaine*, 533 p., Gallimard, Paris, 1965, permet de mesurer *a posteriori* l'ampleur de la révolution galiléenne ; Alexis PHILONENKO est essentiel pour Kant et ses prolongements immédiats ; voyez, entre autres, *l'Œuvre de Kant. La philosophie critique*, t. I, 356 p., Vrin, Paris, 1969 ; André ROBINET, *Malebranche et Leibniz*, 525 p., Vrin, Paris, 1955 ; *Système et existence dans l'œuvre de Malebranche*, 507 p., Vrin, Paris, 1965.

IX. HISTOIRE LITTÉRAIRE ET PARALITTÉRAIRE

On suivra de même la bibliographie de *l'Europe classique* (2e éd., pp. 678-680) : Paul HAZARD, Jean EHRARD, Robert MAUZI, d'abord, et René PINTARD puis Antoine ADAM, Louis ALTHUSSER, Geoffroy ATKINSON ; on ajoutera W. H. BARBER, *Leibniz in France. From Arnauld to Voltaire. A Study in French reactions to leibnizianism (1670-1760)*, 276 p., Clarendon Press, Oxford, 1955. Pierre BARRIÈRE, M. BOUCHARD, R. BRAY ; on ajoutera Richard BROOKS, *Voltaire, Leibniz and the problem of Theodicy* [...], 217 p., New York, 1959, F. BRUNETIÈRE, F. BRUNOT ; on ajoutera E. A. BURTT, *The metaphysics of* [...] *Newton*, IX-349 p., Londres, 1925, et J. B. BURY, *The idea of progress*, XVI-377 p., Londres, 1921 ; Maurice D. BUS-NELLI, *Diderot et l'Italie*, Paris, 1925 ; abbé J. CANDEL, Georges CANGUILHEM, Henri CARRÉ, J. R. CARRÉ, Pierre CHEVALLIER (un 2e ouvrage sur la franc-maçonnerie, paru, Vrin, 1968, prend la suite des *Ducs sous l'Acacia*), G. CHINARD, A. J. DEDIEU ; on ajoutera Frédéric DELOFFRE, *Une préciosité nouvelle : Marivaux et le marivaudage. Étude de langue et de style*, 603 p., Les Belles-Lettres, Paris, 1955 ; J. DELVAILLÉ, J. DEVOLVÉ, J. DENIKER, Robert DÉRATHÉ, A. R. DESAU-TELS, *les Mémoires de Trévoux et le mouvement des idées au XVIIIe (1701-1734)*, XXVII-256 p., I. H. S. J., Rome, 1956 ; M. DRÉANO ; Joseph DROUET, *l'Abbé de Saint-Pierre, l'homme et l'œuvre*, VIII-399 p., Champion, Paris, 1912 ; René DUGAS, R. ÉTIEMBLE, Jean FABRE, W. FOLKIERSKI, *Entre le classicisme et le romantisme. Étude sur l'esthétique et les esthéticiens au XVIIIe*, 504 p., Champion, Paris, 1925 ; Maurice FOUCAULT, H. GIL-LOT, R. GONNARD, J. L. GORÉ, B. GROE-THUYSEN, Pierre GROSCLAUDE, Gaston GRUA ; Ch. GUYOT, *Diderot par lui-même*, 191 p., Paris, 1953 ; H. HASTINGS, *Man and beast in French thought of the eighteenth century*, 297 p., Baltimore, 1936 ; Paul HAZARD (capital), Pierre HERMAND, René HUBERT (important), R. P. JAMESON, Elsie JOHNSON, Ch. JOURDAIN ; Werner KRAUSS, *Cartaud de La Villate*, 2 vol., Berlin, 1960 ; Jacqueline DE LA HARPE, A. LALANDE, G. LANSON, Albert LANTOINE, G. LARROUMET, G. LEROY, A. LOMBARD, *l'Abbé Dubois (1670-1742)*, VIII-616 p., Paris, 1913 ; Louis MAIGRON, *Fontenelle*, 405 p., Paris, 1906 ; J. P. MARTIN (et P. CHAUNU), Pierre MARTINO, P. H. MASSON, Georges MATORÉ, Robert MAUZI (fondamental), Jean MAYER ; Roger MERCIER, *la Réhabilitation de la nature humaine (1700-1750)*, 491 p., Villemomble, 1960 ; Hélène METZGER, *les Doctrines chimiques*, 496 p., Paris, 1923 ; *Newton, Stahl, Boerhaave*, Paris, 1930 ; *la Notion de la loi morale*, Oxford, 1955 ; K. H. MONDJIAN, *la Philosophie d'Helvétius*, 440 p., Moscou, 1959 ; Albert MONOD, Frances K. MONTGOMERY, *la Vie et l'œuvre du P. Buffier*, 230 p., Paris, 1930 ; A. R. MOREHOUSE, André MORIZE, Daniel MORNET (très im-

portant), R. MOUSNIER, P. MOUY, Raymond NAVES, *le Goût de Voltaire*, 566 p., Paris, 1930 ; Pierre NAVILLE ; Jean ORIEUX, *Voltaire* (très important), 824 p., Flammarion, Paris, 1966 ; R. R. PALMER ; Virgile PINOT, *la Chine et la formation de l'esprit philosophique en France (1640-1740)*, 480 p., Paris, 1932 ; René PINTARD, Raymond POLIN, René POMEAU, à *la Religion de Voltaire* et aux nombreuses études voltairiennes, on ajoutera (très important) : *l'Europe des lumières. Cosmopolitisme et unité européenne*, 240 p., Stock, Paris, 1966 ; Jean POMMIER, E. H. PRICE ; G. VON PROSCHWITZ, *Introduction à l'étude du vocabulaire de Beaumarchais*, Stockholm, Paris, 1956 ; Joseph PROST, Jacques PROUST, maître des études consacrées à Diderot, Hippolyte RIGAULT, C. DE ROCHEMONTEIX, Daniel ROCHE, Henri RODDIER, Jacques ROGER, M. W. ROMBOUT, L. C. ROSENFIELD, Raymond RUYER ; Dorothy SCHLEGEL, *Shaftesbury and the French Deists*, VII-143 p., Un. North Carolina Press, 1956 ; Robert SHACKLETON, René SIMON, Pierre TRAHARD, Paul VAN TIEGHEN ; Ch. E. VAUGHAN, *Studies in the history of political philosophy before and after Rousseau*, 2 vol., 2e éd., Manchester, 1939 ; Franco VENTURA, Paul VERNIÈRE (très important), Fernand VIAL ; Auguste VIATTE, *les Sources occultes du romantisme. Illuminisme-théosophie, 1770-1820*, 2 vol., Champion, Paris, 1928 ; G. WEULERSSE, et Basil WILLEY.

Pour l'Espagne, voir encore Luis ASTRANA MARÍN, Jean BARUZI, A. A. VAN BEYSTER-VELDT, *Répercussion du souci de pureté de sang sur la conception de l'honneur dans la « comedia nueva » espagnole*, 239 p., E. J. Brill, Leyde, 1966 ; P. W. BOMLI, P. CHAUNU, Maxime CHEVALIER, *l'Arioste en Espagne*, 539 p., Bordeaux, 1966 ; Edmond CROS, *Protée et les gueux*, 506 p., Paris, Didier, 1967 ; G. DELPY, Jean KRYNEN, *le Cantique spirituel de saint Jean de la Croix refondu au XVIIe siècle*, 337 p. + 157 p., Salamanque, 1948 ; MENENDEZ Y PELAYO, Manuel NUÑEZ DE ARENAS, *l'Espagne, des Lumières au romantisme*, 430 p., Paris, 1964 ; RODRÍGUEZ MARÍN, Noë, SALOMON (Pierre CHAUNU, « Structures sociale et représentation littéraire », *Revue d'histoirs économique et sociale*, vol. XLV, 1967, n° 2e pp. 153-174), Jean SARRAILH.

LA CIVILISATION DE L'EUROPE DES LUMIÈRES

X. HISTOIRE DE L'ART

Signalons tout d'abord les ouvrages dont nous nous sommes le plus directement et le plus constamment inspiré : Jean BABELON et collaborateurs, Michel FLORISOONE, Jacques VANUXEM, I. ANDRÉ-VINCENT, *Histoire de l'art de l'Encyclopédie de la Pléiade*, t. III, 1684 p., Paris, 1965 ; Norbert DUFOURCQ, *Jean-Sébastien Bach, le maître de l'orgue*, 431 p., Librairie Floury, Paris, 1948 ; *le Clavecin*, 128 p., P. U. F., Paris, 1949, 2e éd., 1967 ; Guy DUMUR et coll., *Histoire des spectacles* de l'Encyclopédie de la Pléiade, XX-2040 p., Paris, 1965 ; Paul GUINARD, *les Peintres espagnols*, 403 p., Librairie générale française, Paris, 1965. E. H. GOMBRICH, *l'Art et son histoire*, t. 2, 380 p., trad. Julliard, Paris, 1967 ; Louis HAUTECŒUR, *Histoire de l'architecture classique en France*, tome II, *le Règne de Louis XIV*, 2e partie, gr. in-4°, 525-939 p., A. et J. Picard, Paris, 1948 ; tome III, *Première Moitié du XVIIIe siècle. Le style Louis XV*, gr. in-4°, IX-673 p., *ibid.*, Paris, 1950 ; tome IV, *Seconde Moitié du XVIIIe siècle. Le style Louis XVI. 1750-1792*, gr. in-4°, VII-577 p., *ibid.*, Paris, 1952. Pierre LAVEDAN, *Histoire de l'urbanisme. Renaissance et Temps modernes*, in-4°, 504 p., Henri Laurens, Paris, 1941 ; Hélène LECLERC, *les Origines italiennes de l'architecture théâtrale moderne*, E. P. H. E., Paris, 1946. Michaël LEVEY, *la Peinture à Venise au XVIIIe siècle*, 1959, trad. française, 1964, 383 p., Julliard, 2e éd., Paris, 1967. André MICHEL, *Histoire de l'art*, t. VII, *l'Art en Europe au XVIIIe siècle*, 1re partie, in-4°, 448 p., A. Colin, Paris, 1923 ; 2e partie, in-4°, 449-902 p., A. Colin, Paris, 1925. Nikolaus PEVSNER, *Génie de l'architecture européenne*, 2e partie, 1re éd., 1943, trad. française, 319 p., Julliard, Paris, 1970. David PIPER, *Painting in England, 1500-1880*, 177 p., Pelican Book, A 708, 2e éd., Londres, 1965. Roland MANUEL (et coll.), *Histoire de la musique* de l'Encyclopédie de la Pléiade, t. I, *Des origines à Jean-Sébastien Bach*, XIII-2238 p., Gallimard, Paris, 1960 ; t. II, *Du XVIIIe siècle à nos jours*, XI-1878 p., Gallimard, Paris, 1963. V. L. TAPIÉ, *Baroque et Classicisme*, 385 p., Plon, Paris, 1957. J. THUILLIER et Albert CHÂTELET, *la Peinture française de Le Nain à Fragonard*, gr. in-4°, 277 p., Skira, Genève, 1964. Pierre VERLET, *l'Art du meuble à Paris au XVIIIe siècle*, 128 p., P. U. F., Paris, 1958 ; *les Meubles du XVIIIe siècle*, t. I., *Menuiserie*, VIII-125 p. + XXXII planches, P. U. F., Paris, 1956 ; t. II, *Ébénisterie*, VIII-133 p. + XXXII planches, P. U. F., Paris, 1956 ; Heinrich WÖLFFLIN, *Renaissance et Baroque*, 1961, trad. française, 348 p., Paris, 1967.

●

Peut-être faut-il rappeler les sources ? L'Europe des Lumières a beaucoup produit. Elle s'est interrogée aussi sur le beau. Peintres et architectes se sont appuyés sur le livre. Voyez les peintres. Et rien que pour la France : Abraham BOSSE, *Sentiments sur la distinction des diverses manières de peinture*, Paris, 1649 ; *le Peintre converti aux précises et universelles règles de son art*, Paris, 1667. Roland FRÉART DE CHAMBRAY, *Idée de la perfection de la peinture*, Le Mans, 1662. André FÉLIBIEN, *Entretiens sur les vies et les ouvrages des plus excellents peintres*, Paris, 1666-1688. Roger DE PILES, *Dialogue sur le coloris*, Paris, 1673 ; *Conversations sur la connaissance de la peinture*, 1677; *Dissertation sur les ouvrages des plus fameux peintres*, Paris, 1681 ; *Abrégé de la vie des peintres*, Paris, 1699. Jacques RESTOUT, *la Réforme de la peinture*, Caen, 1681. Antoine COYPEL, *Discours prononcés dans les conférences de l'Académie royale*, Paris, 1721. PIGANIOL DE LA FORCE, *Description de Paris, de Versailles [...] et de toutes les autres belles maisons et châteaux des environs de Paris*, Paris, 1742, 8 volumes. A. J. DEZALLIER D'ARGENVILLE, *Abrégé de la vie des plus fameux peintres de Paris*, 3 vol., Paris, 1745-1752. LAFONT DE SAINT-YENNE, *Réflexions sur la peinture*, 1746. Charles Nicolas COCHIN, *Recueil de quelques pièces concernant les arts*, Paris, 1757. Comte de CAYLUS, *Nouveaux sujets de peinture et de sculpture*, Paris, 1755 sqq., *Vies d'artistes au XVIIIe siècle*, éd. André FONTAINE, Paris, 1910. Denis DIDEROT, *les Salons (1759-1781)*, éd. ASSERAT, Paris, 1876 ; éd. Jean SEZNEC

562

ORIENTATION BIBLIOGRAPHIQUE

et Jean ADHÉMAR, Oxford, 1957 (fondamental). BACHAUMONT, *Lettres sur les peintures exposées au Louvre (1767-1774)*, Londres, 1780 ; *Mémoires secrets*, éd. Paris, 1859. Du côté de l'architecture, on retiendra : MARIETTE, *l'Architecture française*, 4 vol. in-folio, Paris, 1727-1738, rééd. L. HAUTECŒUR, 3 vol., Paris, 1927. J. F. BLONDEL, *l'Architecture française*, 4 vol. in-folio, Paris, 1752-1756. J. F. BLONDEL puis PATTE, *Cours d'architecture*, 8 vol. in-8°, Paris, 1771-1779. J. Ch. KRAFFT, *Recueil d'architecture civile contenant les plans, coupes et élévations des châteaux et maisons de campagne situées aux environs de Paris*, in-folio, Paris, 1806-1807. J. Ch. KRAFFT et N. RANSONNETTE, *Plans, coupes et élévations des plus belles maisons et hôtels construits à Paris et dans les environs (1771-1802)*, in-folio, Paris, an IX et X. *Procès-Verbaux de l'Académie royale d'architecture*, Paris, 1911-1929 ; éd. H. LEMONNIER, 10 vol. in-8°. THIÉRY, *Guide des voyageurs et des étrangers voyageurs à Paris*, 2 vol. in-12, Paris, 1787.
On ne saurait éviter non plus les classiques du retour à l'antique : MONTFAUCON, *l'Antiquité expliquée*, Paris, 1719. Ch. Nic. COCHIN, *Lettres sur les peintures d'Herculanum*, 1751 ; *Observations sur les antiquités d'Herculanum*, 1754 ; *Lettres d'Italie*, 1758. Richard DALTON, *Antiquities and views of Grece and Egypt*, Londres, 1749 ; *Series of engravings representing views in Sicily, Grece, Asia minor and Egypt*, Londres, 1751-1752. Comte de CAYLUS, *Recueil d'antiquités égyptiennes, étrusques, grecques et romaines*, Paris, 1752 sqq. WINCKELMANN, *Observazione sull'Architecture degli antichi*, 1760. Fr. PIRANÈSE, *Magnificenza ed architettura de' Romani*, Rome, 1761. QUATREMÈRE DE QUINCY, *l'Architecture égyptienne considérée dans son origine, ses principes et son goût et comparée sous les mêmes rapports à l'architecture grecque*, Paris, 1803.

•

On ajoutera : M. APPOLONIO, *Storia dell' Arte*, Rome, Milan, 1930 ; *Storia del teatro italiano*, 4 vol., Florence, 1938-1950 ; *Ars Hispaniae* (14 vol. jusqu'à la fin du XVIIIe ; tome 14, important par G. KUBLER), Madrid, 1947-1957. G. ATTINGER, *l'Esprit de commedia dell' arte dans le théâtre français*, Paris, Neuchâtel, 1950. A. T. BOLTON, *Adam*, 2 vol., Londres, 1922. Michel BRENET, *Haydn*, Paris, 1909. André CHASTEL, *l'Art italien*, 2 vol., Paris, 1956 ; éd. *Actes du Colloque ; Nicolas Poussin*, 2 vol., Paris, 1960. E. CROFT-MURRAY, *Decorative Painting in England*, 2 vol., Londres, 1962-1964. Émile DACIER et A. VUAFLART, *Jean de Jullienne et les graveurs de Watteau au XVIIIe*, Paris, 1922-1929. G. DEHIO, *Geschichte der deutschen Kunst*, 6 vol., 2e éd., Berlin, 1921-1931. J. von DERSCHAU, *Sebastiano Ricci*, Heidelberg, 1922. Carlo DONZELLI, *Pittori Veneziani del Settecento*, Florence, 1957. Giuseppe FIOCCO, *Francesco Guardi*, Florence, 1923 ; *Venetian Painting of the Seicento and the Settecento*, Londres, 1929. Karl GEIRINGER, *Joseph Haydn*, Potsdam, 1932 ; *Haydn a creative life in music*, Londres, 1947. Karl GEIRINGER, *la Famille Bach*, Paris, 1954. Jules et Edmond DE GONCOURT, *l'Art du XVIIIe siècle*, 3e éd., Paris, 1882 ; *Portraits intimes du XVIIIe siècle*, Paris, 1878. J. A. GOTCH, *Inigo Jones*, Londres, 1928. Edmund HILDEBRANDT, *Malerei und Plastik des 18. Jahrhunderts in Frankreich*, Wildpark-Potsdam, 1924. J. V. HOCQUARD, *la Pensée musicale de Mozart*, Paris, 1958. René HUYGHE, *l'Art et l'homme*, t. III, Paris, 1960 ; *la Peinture française des XVIIe et XVIIIe*, Paris-Bergame, 1962. René HUYGHE (et A. ADHÉMAR), *Watteau, sa vie, son œuvre, l'univers de Watteau*, Paris, 1950. H. KINDERMANN, *Theater Geschichte Europas*, t. III, *Barockzeit*, Salzbourg, 1959. Marques DE LOZOYA, *Historia del Arte hispánico*, 5 vol., in-4°, Barcelone, 1931-1949. V. MOSCHINI, *Guardi*, Milan, 1952 ; *Canaletto*, Milan, 1954 ; *Pietro Longhi*, Milan, 1956. A. NICHOLL, *The development of the Theater*, 4e éd., Londres, 1957. Pierre DE NOLHAC, *Boucher*, Paris, 1907 ; *Boucher, premier peintre du roi*, Paris, 1925 ; *Nattier, peintre de la Cour de Louis XV*, Paris, 1905, 2e éd. 1925 ; *Élisabeth Vigée-Lebrun*, Paris, 1911 ; *Versailles et la Cour de France*, Paris, 1925-1930. A. OULIBICHEFF, *Nouvelle biographie de Mozart*, Moscou, 3 vol., 1843. P. PATTE, *Essai sur l'architecture théâtrale*, Paris, 1782. Nikolaus PEVSNER, *The buildings of England*, Londres, 1951 sqq., 8 vol. parus en 1970. Louis RÉAU, *Histoire de la peinture française au XVIIIe*, Paris,

Bruxelles, 1925-1926 ; *Histoire de l'expansion de l'art français*, Paris, 1924-1933 ; *l'Art au XVIIIe siècle (époque Louis XVI)*, Paris, 1953 ; *l'Europe française au siècle des Lumières*, Paris, 1938 ; *le Rayonnement de Paris au XVIIIe*, Paris, 1946. Romain ROLLAND, *Haendel*, Paris, 1910, 2e éd. 1953 ; *Voyages au pays du passé*, Paris, 1920. Hans SELDMAYR, *Johann Bernhard Fischer von Erlach*, in-4°, 348 p., Verlag Harold, Vienne, Munich, 1956. J. SUMMERSON, *Architecture in Britain, 1530-1830*, 4e éd., Londres, 1962 ; *Architecture in England since Wren*, 2e éd., Londres, 1948. B. TAYLOR, *Animal Painting in England*, Londres, 1955. U. THIEME et F. BECKER,

Allgemeines Lexikon der bilderen Kunstler, 37 vol., Leipzig, 1907-1950. H. A. TIPPING, C. HUSSEY, *Vanbrugh in English Homes*, t. 4, 2e partie, Londres, 1928. Pierre VERLET, *Versailles*, Paris, 1961. F. VERMEULEN, *Handboek tot de Geschiedenis der nederlandsche Bouwkunst*, 3 vol., La Haye, 1928 sqq. G. WEBB, *Wren*, Londres, 1937. Roger Armand WEIGERT, *Catalogue de l'exposition Claude Audran*, B. N., Paris, 1950. Georges WILDENSTEIN, *Lancret*, Paris, 1924 ; (collab. A. BERNARD), *La Tour*, Paris, 1928 ; *Chardin*, Paris, 1933 et 2e éd. augmentée, Zurich, 1963 ; *Fragonard*, Londres, 1960.

Wren Society, 20 vol., Londres, 1923-1943.

XI. HISTOIRE DE LA VIE RELIGIEUSE

On se reportera à la bibliographie de *l'Europe classique* (*op. cit.*, pp. 681-685), à nos articles de 1960 (*Table ronde*), 1962 (*R. H.*), 1965 (*R. H.*), 1965 (*R. H. M. et C.*), 1965 (*Revue suisse d'histoire*), 1967 (*Annales E. S. C.*), 1967 (*Cahiers d'Histoire*), 1969 (*Annales E. S. C.*). On ajoutera : P. CHAUNU, « Deuxième et troisième réforme? Le XVIIe siècle des hétérodoxes », *Annales E. S. C.*, 1970, n° 6, pp. 1574-1590. Reprendre les grandes histoires de l'Église : FLICHE et MARTIN, DUROSELLE, JARRY ; l'histoire de LATREILLE, DELARUELLE et PALANQUE ; de L. J. ROGIER, R. AUBERT et M. D. KNOWLES ; les tomes II et III de l'*Histoire générale du protestantisme* d'E. G. LÉONARD ; les études de Gabriel LE BRAS, Jean ORCIBAL, Henri DE LUBAC, E. APPOLIS, Julien EYMARD D'ANGERS, Ch. BERTHELOT DU CHESNAY, Henri BRÉMOND, Pierre BLET, Émile BROGLIE, Michel DE CERTEAU, éd. *Correspondance de Jean Joseph Surin*, D. D. B., 1966, et *la Possession de Loudun*, 343 p., Julliard, Paris, Lucien CEYSSENS, F. CHARPIN, Ernesto CODIGNOLA, P. COCHOIS, L. COGNET, P. COSTE, J. DAGENS, F. DE DAINVILLE, J. DELUMEAU, Nouvelle Clio, n° 30 bis, Paris, 1971 (très important), J.-C. DHOTEL, *les Origines du catéchisme moderne*, 471 p., Aubier, Paris, 1967, Jeanne FERTÉ, *le Colloque de Lyon 1963*, Augustin GAZIER, Lucien GOLDMANN, Mario GONGORA, P. JANSEN, A. C. JEMOLO, Leszek

KOLAKOWSKI, *Chrétiens sans Église. La conscience religieuse et le lien confessionnel au XVIIe siècle* (très important), 1re éd. polonaise, 1965, trad. Anne POSNER, 824 p., Gallimard, Paris, 1969, et P. CHAUNU, *Annales E. S. C.*, 1970, n° 6, pp. 1574-1590, Christiane MARCILHACY, Miguel F. MIGUELEZ, G. NAMER, Bruno NEVEU (important), L. VON PASTOR, Louis PEROUAS (important), L. P. RAYBAUD, A. REBELLIAU, Th. J. SCHMITT, J. A. G. TANS, René TAVENEAUX (fondamental), J. TOUSSAERT, J. F. THOMAS, J. TRUCHET, Michel VOVELLE (très important), L. WELTER, Leopold WILLAERT, et la fondamentale *Revue d'histoire de l'Église de France*. Côté protestant, rappelons : E. G. LÉONARD, A. BIELER, Jean BOISSET, Jean DELUMEAU, Lucien FEBVRE, Paul F. GEISENDORF, H. HAUSER, A. DE LA GORCE, K. S. LATOURETTE, Jacques PANNIER, E. RODOCANACHI, E. SCHAEFER, R. VOELTZEL, M. WEBER, *le Bulletin de la Société d'histoire du protestantisme* et la *Revue d'histoire et de philosophie religieuse* de Strasbourg.

Pour l'orthodoxie, Pierre PASCAL.

Pour le judaïsme, I. S. REVAH, J. AMADOR DE LOS RIOS, J. CARO BAROJA, A. A. SICROFF, B. BLUMENKRANZ, André CHOURAQUI, Arnold MANDEL, G. G. SCHOLEM, G. VAJDA et la *Revue des études juives* diffusée par Mouton (VIe section-E. P. H. E.).

Pour l'infrarelig ieux, outre Francis BAVOUX,

le R. P. DE CERTEAU, *op. cit.*, Étienne
DELCAMBRE, Lucien FEBVRE, Ch. PFISTER et
naturellement R. MANDROU, *Magistrats et
Sorciers, op. cit.*, 1968 et P. CHAUNU, *Annales
E. S. C.*, 1969, n° 4. Pour le problème essen-
tiel de la mort : Philippe ARIÈS et Michel
VOVELLE.
Pour l'exploration sérielle de l'image, Victor
Lucien TAPIÉ.

XII. BIBLIOGRAPHIE ET SOURCES

Les grands instruments sont communs au
XVIIe et au XVIIIe siècle, on se reportera donc
à *l'Europe classique* (*op. cit.*, p. 675). Entre
le XVIIe et le XVIIIe siècle, la masse des documents conservés a, en gros, décuplé sous
l'effet du multiplicateur de la civilisation
de l'écrit. C'est dire que tout est à la fois plus
simple et infiniment plus complexe.

Plus que la glose, donc, préférer le texte, les
milliers de volumes, à travers l'Europe, des
grandes éditions. L'érudition littéraire ne
cesse de nous procurer de nouveaux moyens.
Voyez la belle *Correspondance de Diderot*
publiée par Georges ROTH et Jean VARLOOT
(Éditions de Minuit, 14 vol. parus en 1968).
Ceux qui écrivent, cinq et six fois plus nombreux à la fin du siècle qu'au début, ceux donc
que nous connaissons, sont ceux-là qui emportent l'Europe du *take off* vers la folle
croissance, la croissance pour la croissance,
la croissance à vide. Ne pas oublier pourtant
le destin de ceux qui restent enfermés pour
un temps encore dans la transmission traditionnelle par voir-faire et ouï-dire. Pour
ceux-là, l'image et l'objet n'ont livré qu'une
part infime de leurs possibilités. L'histoire
sérielle doit avoir aujourd'hui pour ambition
d'atteindre, au-delà de la frontière fondamentale de l'écrit, les sourds et muets de
l'histoire. L'armée de réserve de l'Europe
des Lumières vaut la peine d'un long et
patient labeur. Elle attend la constitution
d'une ethnohistoire à inventer.

TABLE DES
MATIÈRES

567

TABLE DES MATIÈRES

Aubin Imprimeur

LIGUGÉ, POITIERS

Achevé d'imprimer en avril 1993
N° d'édition 14368 / N° d'impression L 42676
Dépôt légal avril 1993
Imprimé en France